Leonhard Bauer
Herbert Matis:
Geburt der Neuzeit
Vom Feudalsystem zur Marktgesellschaft

W0222878

Deutscher
Taschenbuch
Verlag

dtv

Originalausgabe
1. Auflage Januar 1988
2. Auflage April 1989: 9. bis 14. Tausend
© Deutscher Taschenbuch Verlag GmbH & Co. KG,
München
Umschlaggestaltung: Celestino Piatti
Vorlage: »Äquatorial-Armille« (1584/85), aus: Tycho Brahe,
Astronomiae instauratae mechanica (1598)
Gesamtherstellung: C. H. Beck'sche Buchdruckerei,
Nördlingen
Printed in Germany · ISBN 3-423-04466-7

Inhalt

Vorbemerkung

> Geschichte schreiben, ist eine Art, sich das Vergangene vom Halse zu schaffen.
> Goethe, Maximen und Reflexionen, 193

Dieses Buch geht auf eine Reihe von Diskursen, auf immer wieder erneuerte und in verschiedene Richtungen weitergeführte Gespräche zurück, welche die beiden Autoren – ein Ökonom und ein Historiker – miteinander geführt haben. Ein dabei im Laufe der Zeit entstandener relativ breiter Konsens in den Grundpositionen und gemeinsame wissenschaftliche Interessen sollen in diesem Buch ihren Niederschlag finden. Der Entschluß zur Abfassung einer Sozial- und Wirtschaftsgeschichte mit Einschluß der ökonomischen und sozialwissenschaftlichen Theorien, die wir in ihrer wechselseitigen Verschränkung und Interdependenz aufzeigen wollen[1], wurde aber auch durch den Wunsch bestimmt, dem Leser in einer Zeit ohne historische Perspektive eine Orientierungshilfe zu geben und vermeintliche Sachzwänge zu relativieren. Der Adressatenkreis bestimmt daher nicht zuletzt die Konzeption und die Perspektive dieses Buches in räumlicher, zeitlicher und methodisch-didaktischer Hinsicht. Wir beschränken uns auf eine Betrachtung der europäischen Welt des ausgehenden Mittelalters und der Frühen Neuzeit, mit Einschluß ihrer Ausstrahlung auf andere Erdteile seit den großen Entdeckungen des 15. und 16. Jahrhunderts, aus der so etwas wie eine gemeinsame industriell-kapitalistische »Zivilisation« entstanden ist, die für andere Kulturen vorbildlich wurde. Dieser »große Transformationsprozeß« von der »traditionalen« zur »modernen« Gesellschaft steht jedenfalls im Mittelpunkt der folgenden Betrachtungen[2].

[1] Die Verbindung dieser beiden Elemente spielt in der Theoriegeschichte eine wichtige Rolle. Wie schon François Quesnay im Vorwort zu seinen ›Essais physiques sur l'économie animale‹ (Paris 1736) argumentiert: »Diese beiden Teile, ich meine die Theorie und die Erfahrung, vertragen sich sehr gut miteinander, wenn sie sich in einer Person vereinigt finden, doch liegen sie zu allen Zeiten miteinander in dauerndem fruchtlosen Streit, wenn sie voneinander getrennt sind.«

[2] Vgl. Polanyi, Great Transformation, 1978; ders., Ökonomie und Gesellschaft, 1979.

Modernisierung (Eisenstadt), wirtschaftliches Wachstum (Rostow und Lewis), zivilisatorisch-institutioneller Wandel (Elias), technische und organisatorische Innovationen (Schumpeter), Rationalisierung (Weber), Entwicklung und damit Änderung der »Produktivkräfte« (Marx) und soziale Umschichtungsvorgänge stellen heute einen bevorzugten Gegenstand sozialwissenschaftlicher Analyse dar. Perspektiven und methodischer Zugriff können dabei durchaus verschieden sein: zunächst unter dem Aspekt der Einzeldisziplinen, je nachdem, ob es sich beim Betrachter um einen Historiker, Kulturphilosophen, Soziologen, Ökonomen, Anthropologen, Ethnologen oder Kulturgeographen handelt; die Notwendigkeit einer methodischen Offenheit und interdisziplinärer Ansätze ergibt sich daraus zwingend. Entscheidend erscheint uns jedoch die Erarbeitung einer die traditionellen Fachgrenzen überschreitenden Globalperspektive der gesellschaftsbewegenden Kräfte. Es geht uns dabei nicht darum, neue »Theorien« zu begründen oder alte zu bestätigen, sondern um eine Darstellung der gesellschaftlichen Prozesse unter Einbeziehung der Theorie.

Im Zentrum des Interesses steht somit jener bei weitem noch nicht abgeschlossene Umwandlungsprozeß säkularen Ausmaßes, jene »große Transformation« (Polanyi), die man traditionell nur sehr unzureichend und in Verkürzung der komplexen Sachverhalte als Aufstieg des modernen Kapitalismus zu charakterisieren versuchte. Das Phänomen ist jedoch zweifellos vielschichtiger und umfassender, als es jener oft zur bloßen Wortschablone erstarrte Begriff auszudrücken vermag. Gesellschaft und Wirtschaft, Staat und Kultur und nicht zuletzt die Menschen selber, ihre Mentalität, ihr Weltbild, ihr Verhalten und ihre Denkmuster befinden sich seither in einem fundamentalen Wandel, der in seiner Konsequenz auf das menschliche Leben am ehesten noch mit jener »neolithischen Revolution« verglichen werden kann, als der Mensch seßhaft wurde, zu Akkerbau und Viehzucht überging, Dörfer und Städte gründete und damit die kulturelle Evolution auf eine qualitativ neue Stufe brachte[3]. Der Kapitalismus ist von seinem globalen Anspruch her nicht nur ein ökonomisches System, sondern eine umfassende »Kulturrevolution«[4].

Obwohl es sich evolutionsgeschichtlich nur um einen kurzen

[3] Vgl. Galbraith, Industriegesellschaft, 1968.
[4] Vgl. Claessens/Claessens, Kapitalismus, 1979.

Zeitraum handelt, hat sich seit dem Beginn dieses fundamentalen Transformationsprozesses die Kultur- und Naturlandschaft drastisch verändert; neue Energiequellen wurden erschlossen und neue Techniken entwickelt, der Mensch selbst änderte sich in seiner Psycho- und in seiner Soziostruktur, in seiner Wahrnehmungsfähigkeit und Gefühlswelt, und eine »traditionale« Gesellschaft, für die es »eine obere Grenze der erreichbaren Produktivität pro Kopf« (Rostow) gab, wandelte sich zur »industriellen Leistungsgesellschaft« (McClelland), für die der biblische Auftrag »Erfüllet die Erde und macht sie euch untertan« seine zeitgemäße Verallgemeinerung[5] in einem exponentiellen Wachstum fand, das heute allerdings an erste Grenzen zu stoßen scheint. Diesen komplexen Prozeß der Transformation, seine Bedingungen, Ursachen und Konsequenzen darzustellen, ist eine lohnende Aufgabe für jeden historisch arbeitenden Sozialwissenschaftler, vor allem dann, wenn er auch an sich selbst die Frage nach dem Nutzen und Sinn der Historie, nach ihrer gesellschaftlichen Relevanz stellt.

Der Erkenntnisgegenstand liegt, wie gesagt, theoretisch wie forschungspraktisch im Feld verschiedener, sich überschneidender sozialwissenschaftlicher Disziplinen und Theorien. Dementsprechend kann man die »Wirtschaft« erstens im Sinne der Neoklassik als autonomen Bereich (Markt) betrachten, der quasi »mechanistisch« nach eigenen Gesetzen funktioniert, die es aufzudecken gilt, zweitens als Betätigungsfeld von Unternehmern, etwa im Sinne des Schumpeterschen Innovators geistig-politischer und sozioökonomischer Mobilisierungsprozesse, wie dies etwa – abgeschwächt – auch in der Klassik gesehen wird[6], drittens aber auch als soziales Interaktionsfeld verschiedener gesellschaftlicher Gruppen. Wir wollen kein Hehl daraus machen, daß wir letzterer Position zuneigen. Wirtschaftswissenschaft kann so gesehen nur als »Sozial- und Menschenwissenschaft« im weitesten Sinne aufgefaßt werden.

Eingedenk der Feststellung des britischen Historikers Lord Acton, wonach »Universalgeschichte« das ist, »was sich von der kombinierten Geschichte aller Länder unterscheidet«[7], widerstanden wir der Versuchung, in kompilatorisch-enzyklopä-

[5] Dies bezieht sich hier auf den Begriff der modernen Leistungsgesellschaft, in der es nicht mehr um kollektive, sondern um private Aneignung geht.

[6] Unternehmer hier nicht als Wirtschaftssubjekt im Sinne der neoklassischen Theorie, d.h. als rein technischer Term.

[7] Zit. nach Carr, Was ist Geschichte? 1963, S. 148.

discher Weise die Geschichte der einzelnen Staaten nach bewährtem Vorbild einfach aneinanderzureihen. Die ökonomischen und gesellschaftlichen Probleme stellen sich nicht erst heute in globaler Dimension; für ihre Bewältigung erweisen sich die Konzeption und das Instrumentarium des Nationalstaates als unzureichend. Wir halten daher die Betrachtung der differenzierten Entwicklungspfade einzelner Länder für nicht sinnvoll. Uns geht es um Systeme, Strukturen, allgemeine Entwicklungszusammenhänge und gesellschaftliche Prozesse. Daß diese je nach Situation, Tradition und Rahmenbedingungen unterschiedliche Auswirkungen haben, muß allerdings bewußt bleiben.

Primär geht es uns auch nicht darum, Einzelereignisse oder auch das Wirken großer Persönlichkeiten in den Vordergrund zu stellen, deren historische Dignität und Relevanz keineswegs bestritten werden sollen[8]. Wir möchten vielmehr die langfristigen Prozesse und die daraus sich bildenden Strukturen darstellen und darüber hinaus die zeitgenössische Reflexion darüber miteinbeziehen, wie sie in sozialökonomische Theorien und Modelle eingegangen ist. Das bedingt größere Generalisierungen und Abstraktionen; dies dürfte möglicherweise nicht die Billigung von Sir Karl Popper finden, der einmal für die Geschichte feststellte: »Die Generalisation gehört einfach einem anderen Interessengebiet an, und dieses ist scharf abgegrenzt vom Interesse an spezifischen Ereignissen und ihrer kausalen Erklärung zu unterscheiden – worin die Hauptaufgabe für den Historiker besteht.«[9]

Der gegenwärtige Wissenschaftspragmatismus der Ökonomie sperrt sich gegen historische und theoretische Fundierungen, mit denen mehr erreicht werden soll als die ergebnisorientierte Abarbeitung aktueller Probleme. Versuche, dem ökonomischen Denkansatz seine eigene Geschichte zu vermitteln, werden vernachlässigt. Die Theoriengeschichte ist aber notwendig, um ökonomische Probleme im gesellschaftlichen Zusammenhang

[8] G. Ch. Lichtenberg meinte: »Große Eroberer werden immer angestaunt werden, und die Universalhistorie wird ihre Perioden nach ihnen zuschneiden. Das ist traurig, es liegt aber in der menschlichen Natur ... bei einem Viehmarkt sind immer die Augen auf den größten und fettesten Ochsen gerichtet.« Aphorismen, Heft 2, 1796–99, S. 37. Hegel spricht – auf die welthistorischen Persönlichkeiten gemünzt – von den »Geschäftsführern des Weltgeistes«.

[9] Popper, Offene Gesellschaft, II, 1975, S. 326. Die Rigidität des Popperschen Begriffs der Generalisation ist primär auf die klassische naturwissenschaftliche Theoriebildung bezogen.

und als Ergebnis geschichtlicher Verhältnisse zu begreifen. Es geht auch um die Aktualität der Gesellschaftsgeschichte, und darum, die theoretische Analyse und die Politik vor ihrer Faktengläubigkeit und der Naivität erster Einfälle zu bewahren.

Weil die Ökonomie kein partieller Sektor gesellschaftlicher Praxis ist, kann die Theorie auch nicht auf die Analyse der Güterproduktion und -verteilung – Allokation und Distribution – eingeschränkt werden, mit der erklärten Absicht, den »Rest« sozialer Interaktion als ökonomische Austauschbeziehung in den Griff zu bekommen[10]. Vielmehr werden außer den materiellen Gütern auch Ideen, Gewohnheiten und Verhaltensformen produziert, und diese wirken wiederum auf die ökonomische Produktion zurück. Die Formen der Produktion sind das Ergebnis von gesellschaftlichen Verhältnissen; und man versteht die Realität wie auch die gängige Theorie der modernen Industriegesellschaft nur, wenn man erkennt, aus welchen historischen Konstellationen sie sich entwickelt haben und in welchen sie noch immer verhaftet sind. Erst in der Auseinandersetzung mit der Geschichte wird ein Teil der Möglichkeiten ökonomischen Handelns theoretisch erschlossen.

Abschließend gilt es, jenen zu danken, die uns während der Arbeit an diesem Buch mit kritischer Diskussion vor manchen Irrtümern bewahrten, denen wir Anregungen schulden und die uns ermutigten, fortzufahren. Es waren dies unter anderen Gunnar Adler-Karlsson, Karl Bachinger, Peter Berger, Rudolf Burger, Norbert Elias, Herman Freudenberger, Werner Gabriel, Peter Gleichmann, Franz Hrubi, Wolfgang Pircher, Gilbert Probst und Manfred Sauer; besonderer Dank für die Texterfassung mittels Computer gilt Brigitte Büchler und für ihre einfühlsame Redaktion Brigitte Haider-Urban.

[10] Daß dieser Denkansatz auch in der Gegenwart noch mehr als relevant ist, sei anhand einer Aussage Gary Beckers aus dem Jahre 1977 demonstriert, eines führenden Vertreters der Humankapitaltheorie: »Die Wirtschaftstheorie tritt nunmehr in ihr drittes Stadium ein; während sie sich zuallererst auf die Untersuchung der Funktionsweisen der Produktion und des Konsums materieller Güter beschränkte . . ., wurde sie in der zweiten Phase auf die Analyse sämtlicher Marktphänomene erweitert, die sich mit einer finanziellen Transaktion verbinden. Heute umfaßt die ökonomische Analyse dagegen die *Gesamtheit der menschlichen Verhaltensweisen* . . .«, und dies »geschieht im Rahmen einer Methode, die mit Hilfe der Ökonometrie die *Quantifizierung* (und dadurch letztlich die Vorhersehbarkeit) vieler an sich *nicht quantifizierbarer Größen* – wie Liebe, Altruismus, Philanthropie, religiöser Glaube etc. – erlaubt.« Zit. in Lapage, Kapitalismus, 1979, S. 18f.

Reinhard Pirker, seit zwei Jahren wissenschaftlicher Mitarbeiter an dem von uns geleiteten Wiener »Ludwig Boltzmann-Institut für wirtschaftshistorische Prozeßanalyse«, hat uns während dieser Zeit durch die kritische Lektüre des Manuskripts, durch seine Vorschläge und Hinweise als kongenialer Gesprächspartner vielfältige Anregungen gegeben. Ohne seine immer vorhandene Gesprächsbereitschaft und konstruktive Kritik wäre die Endfassung dieses Werkes wohl nicht in dieser Form zustandegekommen.

Für verbliebene Irrtümer und Fehlinterpretationen tragen selbstverständlich die beiden Autoren allein die Verantwortung.

Noch ein Wort zum Titel: Der von den Autoren ursprünglich ins Auge gefaßte Titel ›Oikos und Leviathan‹. Von der moralischen zur politischen Ökonomie fand (wahrscheinlich zu Recht) nicht das Wohlgefallen des Verlages. Die darin angesprochenen Begriffe setzen zum Verständnis eigentlich die Lektüre des Buches voraus. Das abstrakte Schema des Marktes hatte auch hier die überzeugenderen Argumente für sich.

Erster Teil
Die alteuropäische traditionale Gesellschaft

I. Die Grundlagen

Die traditionale Gesellschaft ist im Vergleich zur neuzeitlich-kapitalistischen eine statische, in sich ruhende Gesellschaft. Ihre Ordnung wird als eine von Gott gewollte, nicht als eine von Menschen geschaffene Realität begriffen. Die herrschenden Normen und Wertvorstellungen sind auf Bewahrung und Kontinuität gerichtet.

Die Wirtschaftsgesinnung ist durch eine gesellschaftliche Reziprozität, die Wechselseitigkeit der Dienste gekennzeichnet; »chrematistisches Erwerbsstreben« ist verpönt, denn das Prinzip der Ökonomie liegt im Verbrauch und nicht im Gewinn. »Gerechte Preise« und »gerechte Nahrung« regeln den relativen Status der »Tauschpartner«, wobei der Zweck nicht im Austausch von Waren, sondern von sozialer Wertschätzung liegt. Dieses System distributiver Gerechtigkeit wird als »moralische Ökonomie« bezeichnet.

Die primären Sozialisationsformen sind »Haus« und »Gemeinde«. Das Haus umfaßt die Gesamtheit der menschlichen Beziehungen, die der ökonomischen Reproduktion dienen; sie sind vertikal (herrschaftlich) geprägt. Die Gemeinde stellt eine genossenschaftliche Organisation dar; ihre Beziehungen sind horizontal strukturiert. Über die Person des »Hausvaters« sind Haus und Gemeinde verknüpft.

Sicherheit und Ordnung gewährt in der traditionalen Gesellschaft (zumindest intentional) die Einbindung in die Gemeinschaft, in die paternalistisch organisierte Gemeinschaft des Hauses, in die genossenschaftliche der Gemeinde und die spirituelle Gemeinschaft der Christenheit.

1. Wertvorstellungen

Für eine Gesellschaft, »deren Struktur innerhalb begrenzter Produktionsmöglichkeiten entwickelt ist und die auf vornewtonscher Wissenschaft und Technik basiert«, hat Walt W. Rostow in seiner bekannten Theorie der Wachstumsstadien die

Bezeichnung »traditionale Gesellschaft« vorgeschlagen. Dieser Begriff soll die gesellschaftliche und wirtschaftliche Organisation der alteuropäischen Welt umschreiben, aber auch diejenige der meisten Länder der »Dritten Welt«, der »Entwicklungsländer«, die erst an der Schwelle des Übergangs von der »traditionalen« zur »modernen«, nämlich industriellen »Leistungsgesellschaft« stehen.

Ungeachtet dessen, ob derartige Begriffe besonders aussagekräftig sind oder nicht, liegt das Problem beim Gebrauch einer derartigen Nomenklatur generell darin, daß diese Begriffe selbst durchaus »neuzeitlich«, nur als Produkt einer ganz bestimmten, insbesondere vom Fortschrittsgedanken geprägten Denkweise zu verstehen und damit also der alteuropäischen Welt im Grunde wesensfremd sind. Man könnte als Beleg für diese Befangenheit in neuzeitlichem, an der Evolution sich orientierendem Denken auch das bekannte Marx-Zitat anführen, wonach »das industriell entwickeltere Land ... dem minder entwickelten nur das Bild der eigenen Zukunft«[1] zeigt, was die marxistische Interpretation zu einem geschichtsphilosophischen Determinismus umgedeutet hat[2]. Obwohl Rostow seinen Ansatz als Alternative zu marxistischen Entwicklungstheorien verstanden hat, tut er im Grunde nichts anderes als diese. Auch für ihn ist die Entwicklung gleichsam determiniert; noch dazu fehlt bei ihm weitgehend die gesellschaftliche Dimension.

Wir stehen hier vor einem in der Geschichtswissenschaft immer wieder auftretenden Problem: Einerseits sind ihre Begriffe erst an einer Wirklichkeit entwickelt worden, die seit dem 16. und 17. Jahrhundert in Europa so interpretiert wird; andererseits genügen aber die Kategorien, unter denen die Zeiten sich selbst verstanden haben, unseren heutigen wissenschaftlichen Forderungen vielfach nicht, wenn sie nicht überhaupt unverständlich sind. Ein entwicklungsgeschichtlich orientierter theoretischer Ansatz wird wahrscheinlich ohne das Aufzeigen derartiger Paradigmenwechsel, aber auch ohne gegensätzliche und

[1] MEW 23, S. 12.

[2] Hier muß angemerkt werden, daß die Marxschen Vorstellungen durchaus vom Fortschrittsgedanken geprägt sind, doch läßt sich bei Marx eine globale geschichtsphilosophische Fortschrittsideologie u. E. nicht nachweisen. So verweisen beispielsweise Marxens Analysen Rußlands auf von den Ländern Westeuropas abweichende gesellschaftliche Entwicklungen und Entwicklungsmöglichkeiten. Vgl. Marx, Enthüllungen zur Geschichte, 1981; auch MEW 19, S. 242 u. S. 348ff.

üblicherweise als Dichotomie aufgefaßte Begriffspaare wie »traditional« und »modern« nicht auskommen. Man sollte diese jedoch in erster Linie als theoretische Konstrukte betrachten und darüber nicht vergessen, daß die vielfachen Verschränkungen von alten und neuen Strukturen, die verschiedenen Veränderungsgeschwindigkeiten und die Dynamik, die durchaus auch in einer in Relation zur Marktgesellschaft stabilen »traditionalen« Gesellschaft vorhanden ist, in Wahrheit ein ungeheuer differenziertes Bild darbieten. Es sei nachdrücklich darauf hingewiesen, daß ja auch die »moderne« Welt wesentlich aus und auf dem Boden der traditionalen Gesellschaft in Europa erwachsen ist. Wenn wir uns mit der Genese der modernen Welt beschäftigen wollen, wird es also, auch um des geschichtlichen Verständnisses der Gegenwart willen, notwendig sein, nach der inneren Struktur der abendländischen »traditionalen« Gesellschaft zu fragen, die sie von anderen Kulturen unterscheidet. Dies sollte auch davor bewahren, aufgrund undifferenzierter Analogieschlüsse eindimensionale Strategien für die Länder der Dritten Welt zu entwickeln, wofür die nach dem Rostowschen oder Lewisschen[3] Konzept verfahrende Entwicklungshilfe-Politik der 1960er Jahre ein abschreckendes Beispiel bietet.

Bezeichnungen wie »traditionale« und »moderne« Gesellschaft sollten also nicht im Sinne einer Wertung oder als Gegensatz verstanden werden, sie sollen vielmehr primär die *Andersartigkeit* einer gesellschaftlichen Organisation zum Ausdruck bringen, die sich in anderen Sinn- und Symbolwelten von Individuen und Gesellschaft und anderen Figurationen[4] darstellt, die wir heute kaum mehr nachvollziehen können. Manche Autoren ziehen es daher vor, von »alteuropäischer« Gesellschaft zu sprechen und gegebenenfalls auf gewisse Parallelen in manchen Erscheinungsformen der heutigen Entwicklungsländer hinzuweisen; übrigens ist auch »Entwicklungsländer« ein Terminus, der seine Befangenheit in neuzeitlichen Denkmustern nicht verleugnen kann und dem der moderne Evolutionsbegriff zugrundegelegt ist.

Ein weiteres und nahezu unlösbares Problem besteht darin, daß man nicht von einer einheitlichen Kultur sprechen kann.

[3] Vgl. Lewis, Economic development, 1954.

[4] Unter dem von Norbert Elias verwendeten Begriff »Figurationen« versteht man soziale Pluralitäten, ein Geflecht der Angewiesenheit von Menschen aufeinander, ihre Interdependenzen, das, was sie aneinander bindet. Vgl. Elias, Prozeß der Zivilisation, I, 1977, S. LXVII.

Die uns allen mehr oder weniger bekannte Überlieferung abendländischer Zivilisation, eine aus griechisch-römischen, germanischen und christlichen Traditionen erwachsene Schriftkultur der Besitzenden und Herrschenden, wird zumeist als *die* Kultur schlechthin und als *die* Realität begriffen. Dabei wird übersehen, daß es darunter eine vielfältige, sehr lebendige Kultur des einfachen Volkes gab und gibt: ein ganzer Kosmos von Lebens- und Glaubensformen mit zum großen Teil heidnischen Bräuchen, von Arbeitsbedingungen unter Mühe und Plage, aber auch von Riten, Festen und Spielen mit einer eigenen Gefühls- und Erlebniswelt, mit eigenen Raum-Zeit-Konzeptionen, mit eigenen Erfahrungen des Natürlichen und Übernatürlichen, mit eigenen Normen und Verhaltensweisen[5]. Die Realität dieser Menschen sah selbstverständlich ganz anders aus als diejenige derer, die aufgrund ihrer gesellschaftlichen Position *ihre* Weltansicht tradieren konnten: »Das Volk kann sein eigenes Los und die Ereignisse jener Zeit nicht anders erfassen, denn als eine unaufhörliche Abfolge von Mißwirtschaft und Aussaugung, Krieg und Räuberei, Teuerung, Not und Pestilenz. Die chronischen Formen, die der Krieg anzunehmen pflegte, die fortwährende Beunruhigung von Stadt und Land durch allerlei gefährliches Gesindel, die ewigen Bedrohungen durch eine harte und unzuverlässige Gerichtsbarkeit und außerdem noch der Druck von Höllenangst, Teufels- und Hexenfurcht hielten ein Gefühl allgemeiner Unsicherheit wach, das wohl dazu angetan war, den Hintergrund des Lebens schwarz zu färben.«[6]

Der Wandel, der sich im 16. und 17. Jahrhundert im Aufbruch der neuzeitlichen Wissenschaft zeigt, die mit der »rationalen« Durchdringung der Außen- wie auch der Innenwelt des Menschen eine Zäsur setzt, indem sie »Gesetze« aufdeckt und nach Möglichkeit für eine systematische, produktive Anwendung nutzbar macht, hat seither die Welt radikal verändert. Uns heutige Menschen verbindet kaum mehr etwas mit der Erfahrungswelt unserer mittelalterlichen Vorfahren[7].

Was unterscheidet aber prinzipiell diese Welt von der unseren? Dazu könnte man sicherlich eine Reihe von Merkmalen

[5] Vgl. Muchembled, Kultur des Volks, 1984; Burke, Helden, 1982.

[6] Huizinga, Herbst des Mittelalters, 1975, S. 33.

[7] Der Begriff »Mittelalter« taucht erstmals bei den italienischen Humanisten im 15. Jahrhundert auf; der deutsche Philologe und Historiker Christoph Cellarius führt im 17. Jahrhundert dann die Dreiteilung Altertum, Mittelalter und Neuzeit ein.

angeben, ja einen ganzen Katalog von Phänomenen auflisten. Im wesentlichen sind es wohl eine andere Lebensform und ein anderer Sinnzusammenhang, die hinter all diesen Erscheinungen stehen. Es ist ein Charakteristikum der mittelalterlichen Ordnungsvorstellungen, daß etwa die »Interdependenz« von Gesellschaft, Wirtschaft und politischer Herrschaft gar nicht problematisiert werden kann, denn damit werden nur einige von mehreren Ordnungsaufgaben menschlichen Seins und Zusammenlebens bezeichnet, die insgesamt durch eine metaphysisch begründete göttliche Ordnung zusammengehalten werden. Diese primär religiös begründeten und von der Kirche tradierten Ordnungsvorstellungen können die unterschiedlichsten Tätigkeiten und Institutionen in eine spirituelle Zusammengehörigkeit und damit eine gegenseitige Zuordnung einbinden. Jeder Stand, jeder Mensch, ja jedes Ding hat seinen »natürlichen« Ort; wer daran etwas verändert, widerspricht der göttlichen Ordnung. In dieser Sicht muß etwa allein schon der ortsverändernde Handel als eine Verletzung der tradierten Ordnungsvorstellungen aufgefaßt werden[8].

Das anthropomorphe Weltbild führt zu einer gedanklichen Gleichsetzung von menschlichem und politischem Organismus. Um handlungsfähig zu sein, muß der Mensch Herrschaft über sich selbst (*potestas in se ipsum*) gewinnen, was in der politi-

[8] Beispielsweise Aristoteles: »Von jedem Besitzstück gibt es einen zweifachen Gebrauch; jeder von beiden ist Gebrauch eines Dinges an sich oder als solchen, doch ist es nicht jeder auf gleiche Weise. Der erste Gebrauch ist dem Ding eigentümlich, der andere ist es nicht; ein Beispiel für beide Weisen des Gebrauchs ist etwa bei einem Schuh einerseits das Anziehen, andererseits seine Verwendung als Tauschobjekt. Beides ist ein Gebrauch des Schuhs. Auch wer ihn an jemanden, der ihn nötig hat, für Geld oder Lebensmittel vertauscht, gebraucht den Schuh als Schuh, nur nicht nach dem ihm eigentlichen Gebrauch, da er ja nicht des Tausches wegen gemacht worden ist.« Politik, 1978, 1257a 5–13. Ein Schuh ist zu einem bestimmten Zweck *(telos)* hergestellt worden, nämlich um an den Fuß gezogen zu werden; dies ist die dem Schuh immanente Bestimmung, wodurch sich der Schuh als solcher erst gegen andere Dinge abhebt. Daß ein Gegenstand auch gegen andere Dinge getauscht werden kann, ist aus der Wesensbestimmung des Schuhs nicht ersichtlich; der von außen herangetragene Zweck (Tausch) widerspricht gleichsam dem immanenten Zweck des Schuhs, und so bestimmt Aristoteles ein solches Handeln als mit der Ordnung der Dinge nicht vereinbar und letztlich als nicht ethisch. Xenophon würdigt dagegen in seinem Werk ›Oikonomikos‹ den Erwerbsgesichtspunkt, insofern es sich um eine Erzielung von Überschuß für den Haushalt oder die Stärkung der Gemeinschaft handelt. Er verweist allerdings darauf, die Menschen hätten die Gewohnheit, das gut zu finden, woraus sie Nutzen ziehen könnten. Vgl. Egner, Verlust der alten Ökonomik, 1985, S. 28f.

schen Sphäre zur Legitimation der sozialen Ordnung herangezogen werden kann.

Die gegebene Sozialstruktur, die dreigliedrige Gesellschaft als eine aus *oratores, bellatores* und *laboratores* bestehende soziale Einheit, wird als von Gott gewollt und daher aus der Perspektive der herrschenden Machteliten als gerechtfertigt interpretiert. Das systematisierte Wissen über Mensch und Gesellschaft ist im wesentlichen ein Herrschaftswissen: »Die Ordnung der ganzen Welt beruht auf der Mannigfaltigkeit der graduellen Abstufung, auf der Komplementarität der Funktionen. Die Harmonie der Schöpfung resultiert aus einem hierarchischen Austausch wechselseitiger Unterwerfung und herablassender Zuneigung.«[9] Das ist eine Absage an jegliche Gleichheitsvorstellung, denn – wie auch Gregor der Große festhält – »es steht dem Menschen nicht an, in Gleichheit zu leben«, und an anderer Stelle: »Die gesamte Schöpfung könnte nicht bestehen, würde sie nicht bewahrt durch die globale Ordnung der Verschiedenheit.« Es bildet sich hier um die Jahrtausendwende ein ideologisches Grundmuster heraus, das für die traditionale Gesellschaft *die* gesellschaftliche Ordnung schlechthin verkörpert: drei Stände als drei festgelegte, hierarchisch gestaffelte Kategorien, zugleich drei sich ergänzende Funktionen in einer »triangulären Solidarität«. Nach Georges Duby richtet sich diese Ideologie von den »drei Ordnungen« gegen jene »Häresien«, die von einer »Gesellschaft der Gleichen« und vom »Gottesfrieden« träumen[10].

Der Gehalt dieser Ideologie wird angesichts der sozialen Realitätsveränderung seit dem ökonomischen Aufstieg des Stadtbürgertums durch eine neue Klasse modifiziert, die in der Folge Position und Funktion des dritten Standes ausfüllen wird. Nicht berücksichtigt in dieser Ideologie bleiben jene Gruppen, bei denen dann erst im 19. Jahrhundert versucht wird, sie als vierten Stand zu erfassen. Draußen bleiben vor allem jene, die ausschließlich von ihrer Hände Arbeit leben müssen. Harmonie und Ordnung, Koordinierung des sozialen Geschehens durch

[9] Duby, Ordnungen, 1981, S. 58ff. Vgl. auch Kantorowicz, The king's two bodies, 1957, S. 24ff.

[10] »In diesem Schema sind zwar Kirche und Aristokratie, keineswegs jedoch die große heterogene Masse der Beherrschten klar definiert, die in der dritten Gruppe zusammengefaßt wurden. Im übrigen produzierten die unteren Schichten ja nicht, um den Fortbestand der oben skizzierten idealen Gesellschaft zu sichern, sondern um in einer Welt zu überleben, die durch natürliche wie von Menschen selbst geschaffene Umstände für die Menschen widrig war.« Muchembled, Kultur des Volks, 1984, S. 19.

Gewohnheit, Brauchtum und Traditionen mythisch-religiöser und metaphysischer Herkunft sind die Grundnormen eines Gesellschaftsdenkens, das menschliche Vergesellschaftung als etwas Naturhaft-Unveränderliches begreift[11]. Dessen Struktur, wurde behauptet, sei durch die aristotelische Philosophie, bereichert um die scholastisch-christliche Moraltheologie, hinreichend erfaßt. Die großen Diskurse der Scholastiker beschäftigen sich fast durchweg mit sozialpolitischen Problemen, vor allem mit Fragen der institutionellen Macht (hauptsächlich mit den Ansprüchen von Kaiser und Papst). Der christianisierte Aristotelismus etwa Thomas von Aquins interpretiert und legitimiert die feudale Gesellschaftsordnung, in der jeder Mensch gemäß seinem Stande den ihm zukommenden Platz einnimmt. Diese hierarchische Struktur, welche Natur, Mensch und Jenseits umfaßt, wird als gottgewollt und damit vom Menschen unveränderbar vorgestellt. Gesellschaftskritik erscheint damit als »Ketzerei«. Die Weitergabe und Auslegung des gesellschaftlich relevanten Wissens ist Vorrecht eines bestimmten Standes, der Kleriker; im übrigen herrscht die Meinung vor, »... der übrige, überwiegende Teil der Bevölkerung ... sei nicht imstande, diese Einsichten nachzuvollziehen, zu interpretieren und damit auch nicht, sie zu kritisieren«[12].

Davon abgeleitet existiert eine »universalistische« Interpretation der Welt, die Vorstellung eines Weltgebäudes (die sich noch bei Johannes Kepler findet), eine auf Harmonie gerichtete und durch einander bedingende Entsprechungen und Ähnlichkeiten verknüpfte Sinnwelt, die etwa in den zugleich als Gegensatz wie als Entsprechung empfundenen Dichotomien von Himmel und Hölle, Gott und Teufel, Christen und Heiden, Imperium und Sacerdotium, Kaiser und Papst[13] zum Ausdruck kommt: »Es ist eine Welt, wo jedes Ding, jedes Geschehen Symbol ist und zugleich jedes Symbol, jede Metapher sachlichen Wert hat, eine Welt voll verborgenen Sinnes, voll Geister und geheimnisvoller Mächte, voll Trotz und Ehrfurcht, voll Liebe und Haß. Wie kann man anders in einer so leidenschaftli-

[11] Dieses Gesellschaftsideal kommt in der alten französischen Bezeichnung für Bauer, *manant* (von manere = bleiben), zum Ausdruck. Vgl. Le Goff, Kultur, 1972, S. 71.

[12] Schneeberger, Entwicklung, 1982, S. 22f.

[13] Eine besondere Rolle spielen diese Gegensatzpaare auch im Manichäismus, der wichtigsten häretischen Bewegung des Mittelalters, mit den beiden Prinzipien des Guten und Bösen.

chen, unsicheren und gefährlichen Wirklichkeit leben, denn wundergläubig? Dieses Wunder, das fundamentalste Prinzip, das unmittelbarste Erlebnis seiner Wirklichkeit, ... solches stilgemäße, geschlossene System ist keiner Neuerung unmittelbar zugänglich: es wird alles stilgemäß umdeuten.«[14] Auch eine prinzipiell harmonisch vorgestellte Weltordnung steckt, so gesehen, voller Widersprüchlichkeiten und Gegensätze, voller Konflikte und Gefahren. Jedoch unterstellt man allem, was geschieht, einen tieferen göttlichen Sinn.

Das Denken in derartigen Symbolen ist von unerhörter Bedeutung für das mittelalterliche geistige Leben. Das Symbol gilt als Zeichen einer Übereinkunft zwischen Gott und den Menschen: »Es ist ein Bezugnehmen auf eine verlorene Einheit, erinnert an eine höhere verborgene Wirklichkeit, ... jeder materielle Gegenstand (gilt) als Abbild eines anderen, der ihm auf höherer Ebene entspricht und zu dessen Symbol er wird ... Denken ist folglich ein ständiges Entdecken verborgener Bedeutungen ... Der Symbolismus des Mittelalters beginnt bei den Wörtern. Ein Ding bei seinem Namen nennen, heißt, es erklären ... Eine Sache, eine Wirklichkeit mit dem entsprechenden Wort zu bezeichnen, bedeutet nichts anderes, als sie zu erkennen und in Besitz zu nehmen ... Die *res* und die *verba* stehen einander nicht entgegen.«[15]

Derartige geistig-spirituelle Grundhaltungen bedingen wohl eine gewisse Statik in den gesellschaftlichen Verhältnissen, sie sind Hemmnisse für einen Veränderungsprozeß. Es liegt hier letztlich eine Ordo-Vorstellung zugrunde, eine finale Orientierung, die aber im Unterschied zu neuzeitlichen Ideologien auf ein Transzendentales gerichtet ist, nicht auf die Realisierung bereits im irdischen Leben. Der Gedanke einer sozialen Evolution wird hier prinzipiell negiert. Auch Himmel und Erde werden als Elemente einer homolog gedachten Weltordnung interpretiert, einer Ordnung, »nach einem einzigen Plan erbaut und folglich aufeinander bezogen ... aber dennoch auf der Ungleichheit hierarchisch gestaffelter Ebenen beruhend«. Vollkommenheit verkörpert allein das ewige, unverwandelbare, in Gott gefügte Ordnungsprinzip. Irdischer Wandel hingegen bedeutet zwangsläufig Unordnung: »All das, was der *Ordo* insi-

[14] Besser: interpretieren (Anm. d. Verf.). Fleck, Entstehung und Entwicklung, 1980, S. 45.

[15] Le Goff, Kultur, 1972, S. 539.

nuiert, ist unablässig bedroht ..., die Gesetze verfallen, und schon gerät der ganze Friede aus der Bahn ... (und) was aus der Bahn gerät, entfernt sich von dem unbeweglichen himmlischen Modell.«[16] Der mittelalterliche Mensch erlebt Raum und Zeit anders als wir[17]; er kann beides nicht historisch konkretisieren: »Das Bewußtsein der Gegenwart macht aus einem Vorgang, der sich durch Jahrhunderte hinzieht, eine Einheit ..., die chronologisch verschiedensten Ebenen werden simultan und schließlich auf *einer* Ebene dargestellt. Der Chronist datiert nach Heiligentagen und sieht im übrigen keine Entwicklung. Geschichte wird ›zeitlos‹[18] erlebt ... Männer, Ernten, Kriege, Preisschwankungen stehen in diesen Chroniken unmittelbar nebeneinander, sind gleichwertige Ereignisse. Sie betreffen eine feste Lebenseinheit, eine geordnete Welt. Geschichte ist statisch, nicht dynamisch.«[19] In einer derartigen nicht-linearen Zeitvorstellung findet natürlich die Kategorie »Fortschritt« keinen Platz. »Zeit« ist eingebettet in die gesellschaftliche Ordnungsvorstellung; die Zeit der Bauern ist eine andere als die der Kirche oder der Kaufleute.

Erst die Renaissance gewinnt ein anderes Raum-Zeit-Erlebnis; ein neues Zeitempfinden nimmt seit dem ausgehenden 14. Jahrhundert Gestalt an, zur gleichen Zeit, in der Untersuchungen über den »Impetus« die Naturwissenschaft reformieren und in der Kunst die Perspektive das Sehen zu revolutionieren beginnt. Das Jahrhundert der Turmuhr ist auch das Jahrhundert der räumlichen Tiefe. Zeit und Raum verwandeln sich gemeinsam, für den Feldherrn so gut wie für den Kaufmann[20]. Die Uhr verkörpert vor allem Gleichmaß und Regelmäßigkeit, Verläßlichkeit und Fleiß und dient daher als Allegorie »bürgerlicher« Tugenden. Gleichzeitig beginnt sich ein neues, zyklisches Weltbild abzuzeichnen, die Gesellschaft als ein sich permanent erneuernder Organismus rückt an die Stelle der durch die Transzendenz von Anfang und Ende, durch Erbsünde und

[16] Duby, Ordnungen, 1981, S. 92f.

[17] Dabei sollte bewußt sein, daß Raum- und Zeitmaße stets auch als Machtinstrumente wirken; wer sie festlegen kann, verfestigt auch seine Herrschaftsposition. Die Hohlmaße legen Lebensrationen fest, Flächen- und Zeitmaße dekretieren die Mächtigen, sie sind neben der Schriftkundigkeit ein Grundpfeiler ihrer Macht. Vgl. Le Goff, Kultur, 1972, S. 297. Insbesondere gilt das für die Maßeinheiten des Geldes.

[18] »Zeitlos« drückt hier ein nicht-chronologisches Erlebniszeitempfinden aus.

[19] Borst, Alltagsleben, 1983, S. 552f.

[20] Vgl. Bouman, Kultur und Gesellschaft, 1962, S. 46.

Jüngstes Gericht determinierten mittelalterlichen Vorstellungswelt. Machiavelli faßt dieses neue Modell ein Jahrhundert später paradigmatisch zusammen: »In ihrem *Kreislauf* pflegen die meisten Staaten von Ordnung zu Unordnung überzugehen, um dann von der Unordnung zur Ordnung zurückzukehren. Denn da die Natur den menschlichen Dingen keinen Stillstand gestattet, so müssen sie notwendig abwärts steigen, nachdem sie den Gipfel der Vollkommenheit erreicht haben, wo sie nicht ferner aufwärts zu steigen vermögen. Sind sie nun herabgestiegen, und durch Zerrüttung aufs Tiefste gesunken, so müssen sie, da ferneres Sinken unmöglich ist, notwendig wieder aufwärts steigen. So in stetem Wechsel geht es abwärts zum Bösen, aufwärts zum Guten.«[21]

Gleichzeitig kommt es zu einem neuen, zu einem dynamischen Begriff vom Menschen. Der einzelne Mensch wie auch die Gesellschaft haben eine Entwicklungsgeschichte – ein Gegensatz zur Vorstellung des Mittelalters, wie er größer nicht gedacht werden könnte: »Vergangenheit, Gegenwart und Zukunft erscheinen als Schöpfungen der Menschheit ..., Raum und Zeit werden menschlich, während die Unendlichkeit gesellschaftliche Realität wird. So dynamisch der Mensch aber in seiner Wechselwirkung zur Geschichte sein mag, anthropologisch ist er dennoch ewig, allgemein und identisch. Der Mensch erschafft zwar die Welt, die Menschheit jedoch kann er nicht neu erschaffen; die Geschichte, die ›Situation‹ bleibt im Vergleich zum Menschen etwas Äußerliches. Die Konzeption des Menschen reicht nicht über die *corsi e ricorsi* hinaus, der Kreislauf wird nicht zur Spirale.«[22]

Auch die Welt des mittelalterlichen Abendlandes kennt eine Dynamik; es ist jene Bewegungskraft, die allen finalen Ordo-Vorstellungen mit totalem Anspruch zugrunde liegt, nämlich der Missionsgedanke. Das Abendland versteht sich im Mittelalter spirituell als eine Einheit, als »Christenheit«, mit dem Anspruch, die Welt als Ganzes in sich einzubeziehen. (Demgegenüber steht – und dies muß man nicht als Widerspruch sehen – die konkrete Alltagserfahrung, daß nicht die Christenheit oder die Nation, sondern die Landschaft, die Region, die Stadt oder das Dorf die eigentliche Lebenseinheit bilden.) In diesem Ge-

[21] Machiavelli, Geschichte von Florenz, zit. in Heller, Renaissance, 1982, S. 375.

[22] Heller, Renaissance, 1982, S. 7.

danken, in dieser Tendenz, das Abendland, also Europa mit der christlichen und später mit der »zivilisierten« Welt gleichzusetzen, sich also nicht als ein Kulturkreis neben anderen zu sehen, sondern die Führung zu beanspruchen, liegt von Beginn an eine ungeheure Dynamik. Man will die ganze Welt missionieren, zuerst verchristlichen, später im Zuge der allgemeinen Säkularisierung »zivilisieren«, kann dies aber natürlich nur in spezifisch »abendländischen« Formen. Es ist also zunächst die Idee des christlichen Universalismus, und in Verbindung damit auch eine relativ homogene ökonomische und gesellschaftliche Basis, die dem christlichen Abendland zumindest nach außen hin den Stempel der Einheit aufzuprägen vermögen.

Die Einheit von Philosophie und Wissenschaft – ein weiteres Kriterium – kommt zum Ausdruck in der Gemeinsamkeit der Sprache, des Lateinischen. Es gibt hier noch keine Bindung an eine bestimmte Nation, sondern eher eine Internationale des Geistes. Der aus Italien gebürtige Anselmus lebt etwa in der Normandie und stirbt als Erzbischof von Canterbury, der Deutsche Albertus Magnus lehrt in Paris, sein Schüler Thomas von Aquin stammt aus Süditalien und wirkt u. a. in Paris, Köln und Bologna.

Es geht der mittelalterlichen Wissenschaft und Philosophie, der sich in erster Linie als *ancilla theologiae* verstehenden Scholastik, nicht um die Gewinnung neuer Erkenntnisse, um wissenschaftlichen Fortschritt, sie versucht vielmehr im wesentlichen das, was der Glaube ja schon als unumstößliche Wahrheit besitzt, durch die Vernunft zu begründen und die geoffenbarte christliche Heilslehre verständlich zu machen. Dazu entwickelt die Scholastik eine besondere Methode mit der dialektischen Gegenüberstellung von Argumenten für und wider eine Sache. Argumente werden nicht aus der unmittelbaren Beobachtung der Realität entnommen, sondern aus den Aussagen vorangegangener Autoritäten abgeleitet, aus der Bibel, von Kirchenvätern und antiken Philosophen, vor allem von Aristoteles, dessen Werk auf dem Umweg über arabische und jüdische Wissenschaftler übersetzt und zugänglich gemacht wird. Seine Lehre sollte zumindest bis ins 16. Jahrhundert hinein die wissenschaftliche Diskussion beherrschen, die Berufung auf seine Autorität die Weiterentwicklung erschweren. Diese Methode, alle Fragen durch die Berufung auf Autoritäten und durch logische Deduktion aus diesen zu lösen, wird erst im ausgehenden Mittelalter, insbesondere von Roger Bacon (1219–1292), problematisiert. Bacon fordert ein Zurückgreifen auf empirische Erfahrung, auf das Experiment, auf die unmittelbare Naturbeobachtung, auf die ursprünglichen Quellen und die induktive Methode. Dieser entscheidende Paradigmenwechsel verlangt auch seine Märtyrer – so büßt Roger Bacon, der erste Apostel der neuzeitlichen Wissenschaft, der *doctor mirabilis,* seine Auffassung mit Exil und Kerker. Mit ihm hält die Empirie vor allem in der angelsächsischen Wissenschaft ihren Einzug, nachdem es während des 13. Jahrhunderts zu ersten radikalen Versuchen (Nominalismus, Averroismus)[23] gekommen ist, eine Trennung von »Vernunft« und »Glaube« herbeizuführen, die Wissenschaft aus dem Bannkreis der Theologie zu führen – ein erster Schritt zur Säkularisierung und zur Emanzipation der Wissenschaft.

Erst durch die Relativierung des traditionellen, sich an Autoritäten orientierenden Buchwissens der Schriftgelehrten anhand der praktischen Erfahrung können die jahrhundertelang geltenden theologischen Spekulationen denkerisch überwunden werden. Damit tritt aber auch das Verhältnis des einzelnen zur Gesellschaft in ein neues Stadium. Dieses Verhältnis wird ja überhaupt erst fragwürdig, als sich die traditionellen Normen und die mit ihnen verknüpften Sinngebungen und Symbole für das Einzeldasein aufzulösen beginnen. Dies korrespondiert mit der Ausprägung persönlicher Rechte, die den Menschen »von Natur aus«, quasi als »Eigentum« zustehen (z. B. Pierre d'Ailly, Jean de Gerson); darauf wird am Beginn des 17. Jahrhunderts Hugo Grotius rekurrieren. Die Renaissance hingegen greift in

[23] *Averroismus:* benannt nach dem bedeutendsten Vertreter der arabischen Aristoteles-Interpreten Ibn Ruschd (Averroës) (1226–1298). Er behauptet den Primat der Vernunft vor der Theologie und dem Glauben.

Der Nominalismus wird im »Universalienstreit« der Scholastik als Gegenposition zum letzten Endes auf Platon zurückgehenden »Realismus« entwickelt. Die Philosophie des »Nominalismus« – Duns Scotus (1265–1308) und vor allem Wilhelm von Ockham (1285–1349) –, wonach die Wirklichkeit aus lauter empirisch feststellbaren Einzeldingen besteht, während sämtliche allgemeinen Begriffe lediglich von Menschen entdeckte Bezeichnungen (Begriffe als Symbole der Dinge) darstellen, indem einander ähnliche Elemente nach gemeinsamen Merkmalen zusammengefaßt werden, durchtrennt erstmals die traditionelle Verbindung von Glauben und Wissen, die Einheit dieser beiden Bereiche. Das Allgemeingültige, das man bisher mit dem Göttlichen identifizierte, muß nicht unbedingt auch Realgeltung besitzen; vielmehr gehorcht die Natur spezifischen Gesetzmäßigkeiten, deren Gang aber unabhängig von göttlichen Eingriffen ist, zu dem Gott höchstens den Initialimpuls gegeben hat. Der »Realismus« behauptet demgegenüber eine unabhängige Existenz der Ideenwelt, wobei die Dinge nur eine Manifestation der Ideen sind.

der Zwischenzeit auf die ältere, die antike Rechtstradition zurück. In der weiteren Entwicklung befreien sich nicht nur die Wissenschaften, sondern auch die politischen und gesellschaftlichen Institutionen, aber auch der einzelne Mensch, der in diese Institutionen eingebettet ist, immer mehr von den zuvor primär religiös geprägten Sinnzusammenhängen der Überlieferung, welche die auseinanderstrebenden Normen der verschiedenen institutionellen Bereiche zusammengehalten haben.

Über lange Zeit hin ist das Wertesystem in der traditionalen Gesellschaft des Mittelalters durch eine Art »langfristig wirksamen Fatalismus« gekennzeichnet, so daß man mit ziemlicher Sicherheit von der Annahme ausgehen kann, daß »die den eigenen Enkeln offenstehenden Möglichkeiten sich nicht signifikant von denen unterscheiden, welche die eigenen Großeltern vorfanden«[24]. Tradition, Herkommen und Anerkennung der »bestehenden Werte« haben daher besonderes Gewicht. Landwirtschaft und Handwerk als die beiden führenden Produktionsformen basieren auf der langsamen Ansammlung und Entwicklung manueller Fertigkeiten und Erfahrungen.

Als Kontrollinstanz, daß sich jeder innerhalb der durch Herkunft und Lebenskreis festgeschriebenen Verhaltensregeln bewegt, was sich schon rein äußerlich in der Ständeordnung mit sozial differenzierten Bekleidungs- und Nahrungsvorschriften dokumentieren soll, fungiert eine in der überschaubaren Gemeinschaft allgegenwärtige Öffentlichkeit. Für persönliche »Selbstverwirklichung« und soziale Abweichung gibt es kein Verständnis, Verhaltensweisen erscheinen vielfach ritualisiert. Dies ist wahrscheinlich auch notwendig, denn der Mensch des Mittelalters verfügt im allgemeinen über eine noch geringe Affektkontrolle[25]. Das allmähliche Vorrücken der »Peinlichkeitsschwelle« hat Norbert Elias in seinem ›Prozeß der Zivilisation‹ anschaulich beschrieben und analysiert: Je mehr die Bedrohung durch unmittelbare Gewalt von außen abnimmt, desto bedeutsamer wird die Verinnerlichung von Zwang und die Ausbildung

[24] Rostow, Stadien, 1967, S. 19.

[25] Als Beispiel für die geringe Affektkontrolle noch im 16. Jahrhundert sei auf die Autobiographie Benvenuto Cellinis (1500–1571) verwiesen: »Pompeo blieb ungefähr zwei Ave Maria stehen, lachte verächtlich gegen mich, und da er wegging, lachten die Seinigen auch ... Da drang ich durch alle hindurch, ergriff einen kleinen spitzen Dolch ... Ich stieß ihn nach dem Gesicht, ... so daß er beim zweiten (Stich) mir tot in die Hände fiel. Das war nun freilich meine Absicht nicht, denn ich wollte ihn nur tüchtig zeichnen; aber wie man sagt: Wunden lassen sich nicht messen.« Cellini, Vita, 2. Buch, 3. Kap.

langfristig stabiler Affektstrukturen[26]. (Im Sinne von Sigmund Freud und Herbert Marcuse könnte man auch sagen, daß »harmonische« gesellschaftliche Bedingungen erst dann erreicht werden können, wenn sich das »Individuum« sichtbar konform verhält; erst die Struktur der Gesellschaft hindert das »Individuum« daran, den gewünschten Zustand der Triebbefriedigung und die Möglichkeit der Selbstverwirklichung zu erreichen; erst Triebunterdrückung und Sublimierung der dadurch frei werdenden Triebenergien ermöglichen eine gesellschaftliche Anpassung).

So gesehen haben die engen gesellschaftlichen Normen, ritualisierten Gewohnheiten und Verhaltensweisen und die extreme Einbindung des einzelnen in Institutionen mit tradiertem Symbolgehalt (Grundherrschaft, Zunft, Gilde usw.) sicherlich eine wichtige psychosoziale Funktion[27]. Die Verhaltensnormen sind durchaus ähnlich denjenigen einer Stammesgemeinschaft: »Die wirtschaftlichen Interessen des einzelnen haben selten Vorrang, denn die Gemeinschaft kümmert sich darum, daß keines ihrer Mitglieder verleugnet wird, außer sie wird selbst von einer Katastrophe heimgesucht, aber in diesem Fall sind wiederum die Interessen der Gemeinschaft und nicht des einzelnen bedroht. Die Aufrechterhaltung der gesellschaftlichen Bindungen hingegen ist von entscheidender Bedeutung. Erstens, weil sich der einzelne durch Mißachtung des anerkannten Ehrenkodex oder bewiesener Großzügigkeit selbst aus der Gemeinschaft ausschließt und damit zum Ausgestoßenen wird, und zweitens, weil letztlich alle gesellschaftlichen Pflichten auf Gegenseitigkeit beruhen und ihre Erfüllung den Interessen der einzelnen, deren Ausdruck das Prinzip des ›Geben und Nehmen‹ ist, am besten dient. Eine solche Situation muß einen ständigen Druck auf den einzelnen dahingehend ausüben, daß sein wirtschaftliches Eigeninteresse soweit aus seinem Bewußtsein eliminiert wird, daß er in vielen Sachen (aber keineswegs in allen) nicht einmal fähig ist, die Bedeutung seiner eigenen Handlungen im Sinne eines solchen Interesses zu erfassen.«[28]

Die Gesellschaft ist wohl ständisch geschichtet, jedoch ist sie keine Klassengesellschaft im modernen Sinne; eine solche neuzeitliche Interpretation wird ihrem Wesen nicht gerecht. Sie ist

[26] Vgl. auch Lepenies, Ende der Naturgeschichte, 1976, S. 205.
[27] Vgl. allgemein Laslett, World we have lost, 1975.
[28] Polanyi, Great Transformation, 1978, S. 75.

eine über geburtsständische Zugehörigkeit gebildete Statusgesellschaft; die Elemente der Wirtschaft bleiben eingebettet in nichtökonomische Institutionen, die eng den Prinzipien der Reziprozität und der Redistribution (distributive Gerechtigkeit) verbunden sind. Sie kennt durchaus Veränderung und kollektive Selbstbestimmung. Die Angehörigen der einzelnen Stände kommen zwar alltäglich zusammen, die geforderte Beachtung äußerer Zeichen des Respekts und der Unterschiede in der Kleidung korrigieren jedoch die »Familiarität« des gemeinsamen Lebens: »Jahrhundertelang pflegen die verschiedenen Stände dieselben Spiele und Vergnügungen, eine Person von Stande scheute nicht im mindesten davor zurück, im Feiertagsstaat die Elenden in den Gefängnissen, den Spitälern oder auf den Straßen, die unter ihren Lumpen fast nackt waren, zu besuchen. Die Gegenüberstellung solcher Extreme war den einen ebenso wenig peinlich, wie sie die anderen demütigte.«[29]

Die Menschen des Mittelalters sind aber keineswegs besonders seßhaft oder ortsgebunden; das Mittelalter ist vielmehr entgegen der gängigen Vorstellung durch eine höchst lebendige gesellschaftliche Vielfalt und auch Veränderung gekennzeichnet: Der König regiert lange Zeit vom Sattel aus, die Feudalherren führen mit Gefolge Kriege in fernen Ländern, der Fernhändler bewegt sich mit seiner Ware über große Distanzen, ebenso Bettelmönche, Pilger, Handwerker und Künstler, Scholaren und »fahrendes Volk«; selbst der Bauer, dessen Felder lediglich bis auf Widerruf des Grundherrn von ihm bestellt und außerdem von der Dorfgemeinschaft im Zuge der Wechselbestellung oft neu aufgeteilt werden, ist nur durch den Willen des Grundherrn an sein Land gebunden. Die Auswanderung einzelner Bauern oder auch ganzer Dörfer ist keineswegs ungewöhnlich. Der Grund dafür liegt wohl darin, daß Besitz weder materiell noch psychologisch als Bindung wirken kann, denn vom Bauern bis zum Herrn hat jeder nur mehr oder minder beschränkte Rechte auf »Nießbrauch«, jeder hat einen noch Mächtigeren über sich, der ihm den Boden wieder nehmen kann. Dazu kommt, daß auch die christliche Religion die Auffassung vertritt, der Mensch sei in diesem irdischen Jammertal nur ein Pilger, für den das Christuswort gilt: »Gib alles auf und folge mir nach.«[30]

[29] Ariès, Geschichte der Kindheit, 1975, S. 563.
[30] Vgl. Le Goff, Kultur, 1972, S. 218f.

Die christliche Caritas ist Ausdruck einer »strukturellen« Solidarität, sie vereint Reiche und Arme; für den Armen bedeutet sie Überlebenschance, für den Reichen die Hoffnung auf ein Leben im Jenseits – »Eher geht ein Kamel durch ein Nadelöhr, als ein Reicher in den Himmel kommt.« Dies erlaubt es, die soziale Bedeutung karitativer Schenkungen besser zu verstehen: »Es ist zunächst die Idee des Opfers, das dem allgegenwärtigen Gott dargebracht werden soll, oder das Opfer als ein Akt der Gnade im Gebenden; gleichzeitig sind mildtätige Gaben Prestigesymbole, welche die Unterordnung der Empfangenden implizieren und diese seinerseits verpflichten. Das Geschenk dient also als eine Methode der sozialen Kontrolle.«[31] Thomas Luckmann sieht hier einen engen Konnex zur herrschenden Gesellschaftsstruktur: »Wo die Sozialstruktur ausschließlich aus s.g. Primärgruppen besteht, baut sich die gesellschaftliche Wirklichkeit in dauerhaften und unmittelbaren Begegnungen von Mitmenschen auf. Gesellschaft wird nicht als ein abgesondertes und entpersönlichtes anonymes Gefüge erfaßt, sondern als Bestandteil einer kosmischen Ordnung, die das Leben des einzelnen in der Gemeinschaft und der Gemeinschaft in der Welt durchdringt. Die Struktur einer solchen Gesellschaft enthält also gar nicht die Voraussetzungen zur Herauslösung des einzelnen aus dem Wirkungs- und Erfahrungszusammenhang der gesamten Gemeinschaft ... Das Individuum wird von frühester Kindheit an in eine zusammenhängende gesellschaftliche Wirklichkeit sozialisiert. Es lebt sich so in eine Welt ein, in der die objektive Sozialstruktur, die Gesellschaftsauffassung und das Selbstbild übereinstimmen und ineinandergreifen.«[32]

Das Eindringen marktwirtschaftlicher Beziehungen und die Ausweitung der frühkapitalistischen Geldwirtschaft, aber auch die internen Auseinandersetzungen und Ausscheidungskämpfe der »Herren«[33] bewirken dann seit dem 14. und 15. Jahrhundert eine rigidere Strukturierung der Ständeordnung. Die vermehrte Geldzirkulation, die Marktverdichtung im Zuge der Territorialisierung und wachsenden Zentralisierung der politischen Gewalt sowie die beginnende kapitalistische Akkumulation führen zunächst nicht zur Auflösung der mittelalterlichen Ständeideologie, sondern »rationalisieren« die traditionale Gesellschaftsordnung.

[31] Thompson, Plebejische Kultur, 1980, S. 303.
[32] Luckmann, Persönliche Identität, 1972, S. 168f.
[33] Vgl. Elias, Prozeß der Zivilisation, II, 1977.

Der einzelne ist aber in der alteuropäischen Gesellschaft nicht nur eingebunden in die ihn umgebende Gemeinschaft, sei sie herrschaftlich oder genossenschaftlich organisiert, sondern auch in die Macht der Tradition. Das Denken in ganzen Generationsketten findet etwa in so profanen Dingen wie handwerklichen Erzeugnissen, Mobiliar und Architektur einen Niederschlag. Diese sind dauerhaft, wie auf Ewigkeit konzipiert, und wie im Falle des Kathedralenbaus auch tatsächlich das Werk von mehreren Generationen[34]. Es sind dies Dimensionen, von denen sich die »moderne«, von kurzfristigen Moden bestimmte Gesellschaft weit entfernt hat. Dies gilt aber auch von der zentralen Vorstellung des »Hauses«, denn dieses ist nicht nur der entscheidende Sozialisationskern, sondern vor allem eine Lebensgemeinschaft, die über das Einzelleben hinausreicht und mehrere Generationen schicksalshaft verbindet. Der einzelne ist hier nicht mehr als ein verbindendes Glied in einer Kette, ein Blatt auf einem vielfach verästelten Stammbaum; auch tritt der einzelne »für das eigene Bewußtsein gewöhnlich nicht so scharf umrissen als einmaliger und einzigartiger Mensch aus der Kette der Generationen heraus, wie in den hochdifferenzierten Gesellschaften einer späteren Entwicklungsstufe«[35]. An der Eheschließung hängt nicht nur die Fortsetzung der Ahnenreihe, weshalb man vor allem in gehobenen Ständen auf Ebenbürtigkeit der Ehepartner achtet, sondern auch Erhalt und Erwerb von Besitz, also von Macht und Ansehen innerhalb der Gesellschaft. Besitz, abgeleitet von »auf etwas sitzen«, ist also zunächst primär auf Grund und Boden bezogen. Der König nimmt etwa die Herrschaft symbolisch durch die Inthronisation in Besitz, der Bischof seine Gemeinde über den Bischofsitz. So wie der Bischof den Klerus »ordiniert«, so setzt auch der König seine Lehensleute ein und unterstellt sie damit »der Autorität eines Vaters«. Potentielle Macht wird rituell aktualisiert, in Form eines Akts der Weihe, der Salbung und der Verleihung der Insignien der Macht[36].

Machtverhältnisse und Herrschaftssystem, wirtschaftliche Organisation und »sozialer« Bereich stehen dabei in engem Konnex. Im allgemeinen wird in einer traditionalen Gesell-

[34] Es gibt dabei eine Vorstellung, die jedoch von jeder Generation neu verwirklicht werden muß. Ein derartiges Bauwerk kann aus dieser Sicht niemals vollendet sein. Vgl. Duby, Kathedralen, 1985.
[35] Elias, Über die Zeit, 1984, S. XIV.
[36] Vgl. Duby, Ordnungen, 1981, S. 29f.

schaft infolge der niedrigen Produktivität ein hoher Prozentsatz der zur Verfügung stehenden Ressourcen in der Landwirtschaft eingesetzt. In Verbindung mit dieser Dominanz der Landwirtschaft innerhalb der Wirtschaft steht aber in der Regel eine hierarchische Struktur mit relativ geringer vertikaler Mobilität[37], und im politischen Bereich ein Geflecht weitgehend autonomer partikularer Gewalten in den Händen derer, die über die beiden damals wichtigsten Ressourcen, nämlich Boden und Arbeitskraft, in Form von Landbesitz und hörigen Untertanen verfügen.

Da das »Sozialprodukt«[38] großen Schwankungen unterliegt und überdies das Ergebnis eines kollektiven Bemühens ist, kommt es zu einer spezifischen Anpassung von institutionellen Formen und gesellschaftlichen Verhaltensweisen: Die Produktion und Distribution von Gütern wird hauptsächlich über Einsammlung, Lagerung und Redistribution organisiert, wobei der Grundherr das herrschaftliche Zentrum dieser gesellschaftlichen Beziehungen darstellt. Durch den Mechanismus der Redistribution wird eine differenzierte Arbeitsteilung in Gang gehalten, die jedoch nicht über einen Markt organisiert ist[39]. Auch das, was »notwendig« ist, wird nicht durch den Markt, sondern durch unmittelbar wirksame Normen der Gesellschaft festgelegt (»gerechte Nahrung«).

Da eine Gesellschaft, die primär auf der agrarischen Produktionsweise basiert, mit dem Problem von Ertragsschwankungen und natürlichen Imponderabilien permanent konfrontiert ist, mit Phänomenen, die in der Regel nicht »rational« steuerbar sind, haben vor allem religiöse und mystisch-magische Vorstellungen eine große Bedeutung; als Mittler zwischen Gott und den Menschen kann daher ein Priesterstand großen Einfluß gewinnen. Die Kirche ist auch als sozialer Stabilisator nützlich, indem dem einzelnen, egal wo immer er im irdischen Leben auf der gesellschaftlichen Skala steht, die Gleichheit vor Gott und ein gerechteres Dasein im Jenseits versprochen wird. Erst mit zunehmender Säkularisierung tritt an die Stelle dessen das Postulat, schon im Diesseits (zumindest formell) Gleichheit und später überhaupt das »Paradies auf Erden« zu erreichen.

[37] »Sozialer Aufstieg« ist rudimentär möglich, wird aber nicht als generelles gesellschaftliches Ziel gesehen.

[38] Sozialprodukt ist hier wortwörtlich als »soziales Produkt«, als Ergebnis gemeinschaftlicher Arbeit im Rahmen des Hauses zu verstehen.

[39] Vgl. Polanyi, Great Transformation, 1978, S. 83f.

Ein derartiges System gesellschaftlicher, geistiger und politischer Faktoren ist in erster Linie auf Bewahrung und Kontinuität angelegt; die Legitimation dafür ist nicht zuletzt der Rekurs auf göttliches Gebot und damit dem Legitimationszwang und der Kritikfähigkeit entzogen: »Das Haus Gottes ist durch die Zusammengehörigkeit und die Nächstenliebe jeder einzelnen Ordnung als Einheit erbaut; und derart entsteht auch die Einheit des Leibes Christi, daß alle Glieder die Frucht ihrer Funktion zum Nutzen aller zusammentun.«[40]

2. Wirtschaftsgesinnung und Existenzsicherung

Dennoch wäre es wohl falsch anzunehmen, eine derartige traditionale Gesellschaft sei statisch und kenne keine Veränderung; auch sie ist gekennzeichnet durch permanenten Wandel, im Bereich der Ökonomie auch durch Steigerungen der Produktivität. Dennoch erscheint sie uns vergleichsweise stabil, denn aus einer rekurrenten, fortschrittsorientierten Betrachtung ist es »für die traditionale Gesellschaft ein zentraler Tatbestand, daß es eine obere Grenze in der erreichbaren Produktivität pro Kopf gibt. Diese Grenze resultiert aus der Tatsache, daß die Anwendungsmöglichkeiten der modernen Wissenschaft und Technik entweder nicht verfügbar sind oder nicht genutzt werden«[1]. Vor allem ist es aber die dahinter stehende Wirtschaftsgesinnung, die einer Steigerung der Produktivität enge Grenzen setzt, denn diese orientiert sich weniger am Prinzip des chrematistischen Erwerbsstrebens[2], sondern vornehmlich an dem der Bedarfsdeckung und der gesellschaftlichen Reziprozität der Dienste[3]. Dies ist aber wiederum eine Manifestation der geschlossenen Gesellschaftsordnung. Ausgang und Ende jeder

[40] Duby, Ordnungen, 1981, S. 108.

[1] Rostow, Stadien, 1967, S. 18f.

[2] In der aristotelischen Tradition bezeichnet Chrematistik den Erwerbstrieb, all das, was nicht fürs Haus bestimmt ist.

[3] Die damalige Problemstellung nicht erkennend, würde der *economist* von heute wohl etwa so argumentieren: Potentielle Kapazitäten werden nur extensiv genutzt, denn die Rate des technischen Fortschritts und damit auch die Investitionsmöglichkeiten sind, im innovatorischen Sinne gesehen, begrenzt.

Betrachtung sind gesellschaftlich verfaßte Beziehungen, die lediglich für einen qualitativen Zugang offen sind.

Bei der Frage, worauf eine derartige, nicht auf Expansion beruhende Weltsicht basiert, gibt Jeremy Rifkin einen zumindest originellen Denkanstoß; er unterstellt, daß jedes Weltbild, mit dem eine Gesellschaft lebt, seinen Ursprung in der jeweiligen Energiebasis hat. Im Ansatz diskutiert er dabei das statische Weltbild des Mittelalters, hervorgerufen durch den erneuerbaren Energieträger Holz[4]. Es ist durchaus plausibel, daß ein ökonomisches System, das auf einem natürlichen, sich selbst regenerierenden Energieträger aufgebaut ist, kein exponentielles Wachstum kennt, vielmehr auf Bewahren und Reproduktion abgestellt sein muß. Diese Korrespondenz zwischen menschlichem Verhalten und sich erneuernder Energiebasis entspricht der anthropomorphen Weltsicht der traditionalen Gesellschaft. Es ist eine Statusgesellschaft, deren wirtschaftliche Aktivitäten und Beziehungen eingebettet sind im Gesellschaftssystem, dessen funktionelles Muster auf dem Grundsatz der Reziprozität und Redistribution (distributive Gerechtigkeit) basiert, während die »moderne« Gesellschaft über eine institutionell getrennte und spezifisch motivierte ökonomische Sphäre für den Austausch verfügt, nämlich den Markt.

In einem solchen System ist wohl Raum für Spezialisierung und kunstfertige Ausgestaltung der Erzeugnisse[5], die individuellen Bedürfnissen angepaßt und in der Regel auch auf Bestellung gefertigt werden, nicht hingegen für einen standardisierten und bewußt immer wieder veränderten Massenbedarf. Damit ist aber auch kein Platz für eine individuelle Initiative im Sinne neuzeitlicher Unternehmergesinnung. Gewisse »unternehmerische Grunddispositionen« setzen die gesellschaftliche Situation der Nicht-Zugehörigkeit voraus. Dies bedingt ein gehöriges Maß an gesellschaftlich abweichendem Verhalten und ist daher am ehesten bei Marginalgruppen zu finden, die nicht in die ständisch-korporativen Teilgesellschaften eingebunden sind, etwa bei vazierenden Händlern, bei Ketzern, Fremden, Juden,

[4] Der große Umschwung setzte ein, als dieser Rohstoff allmählich weniger wurde. Es folgte die Kohle als neue Energiequelle und zog das »Newtonsche Maschinenparadigma« nach sich. Mit der heutigen Auszehrung der fossilen Brennstoffvorräte stehen wir, so Rifkin, vor einem neuen Übergang. Erneuerbare Energien werden auch ein neues Weltbild mit sich bringen. Vgl. Rifkin, Entropie, 1982.

[5] Kunst hat bis in die Neuzeit die Bedeutung von »können«, stellt also nicht etwas vom Alltagsleben Abgehobenes dar.

Sarazenen und sonstigen Außenseitern der Gesellschaft. Diese unterliegen nicht einmal in der Vorstellung dem Schutz der jeweiligen solidarprotektionistischen Verbände, was sie auch immer wieder Verfolgungen aussetzt.

Die raumübergreifende Tätigkeit des Fernhandels, das zwangsläufig damit verbundene höhere Risiko, der notwendige Umgang mit Geldgeschäften, all das stellt den Handel als solchen außerhalb der auf autarke Verhältnisse orientierten solidarprotektionistischen Verbände. Solange das Prinzip der Ökonomie im Verbrauch und nicht im Gewinn besteht, bleiben aber Handel, Märkte und Geld bloße Anhängsel einer sonst autarken Hauswirtschaft. Gehandelt werden im wesentlichen nur die Überschüsse oder ferne, exotische Güter; »die Anwendung der bei der Jagd festzustellenden Regeln auf die Beschaffung von Gütern außerhalb der Grenzen eines bestimmten Gebietes führt zu bestimmten Formen des Austausches, die uns später als Handel erscheinen«[6].

Die über die Scholastik vermittelte Wirtschaftslehre des Aristoteles beeinflußte das ökonomische Denken des Mittelalters. Das Selbstgenügsamkeitsideal läßt den Gedanken an eine Grenzenlosigkeit der Bedürfnisse als obsolet erscheinen. Die »Preise« sollen den Gesetzen der Gerechtigkeit entsprechen, abhängig sein vom relativen Status des »Tauschpartners« innerhalb einer »marktlosen« Gemeinschaft[7]. Das zugrunde gelegte statische Prinzip der »gerechten Nahrung«, das heißt des standesmäßig differenzierten, bedarfsdeckenden Einkommens, darf insgesamt freilich nicht allzu starr begriffen werden, denn wie bei aller wirtschaftlichen Tätigkeit spielt auch in der mittelalterlichen Gesellschaft das Besitzstreben eine wichtige Rolle. Es ist aber nicht Selbstzweck im Sinne des »modernen« Kapitalismus, sondern vor allem Mittel zur Steigerung von Macht und sozialem Ansehen. Der Überschuß, der nicht »reinvestiert« wird, findet in erster Linie zur Steigerung des sozialen und kulturellen Daseins Verwendung, etwa zum Zwecke einer Standeserhöhung. Beispiele dafür bietet charakteristischerweise der Han-

[6] Thurnwald, zit. in Polanyi, Great Transformation, 1978, S. 91.

[7] »Preise« (von lat. *pretium*) haben hier nichts mit über den Markt vermittelten Tauschrelationen zu tun, sondern mit dem persönlichen Austausch von Gaben und Gegengaben. Die »Tauschpartner« tauschen gemäß ihrer gesellschaftlichen Stellung soziale Wertschätzung aus. Eine weitere Bedeutung hat Preis im Sinne von zu erringender Beute, hier verwandt mit dem franz. *prise* und dem ital. *presa*. Dies heißt »Fang«, »Beute«. Vgl. Grimm, Deutsches Wörterbuch, XIII, 1984, Sp. 2086ff.

delsstand; man denke etwa an den »königlichen Kaufmann« Jacques Coeur oder für die spätere Zeit an die Chigi, Fugger, Welser und Medici. Nun sind aber – und das ist ungleich wichtiger – die zugrunde liegenden Werte völlig verschieden von jenen heutiger Wachstumsapologeten. In der alteuropäischen Gesellschaft besteht so etwas wie ein grundlegender Konsens, eine in sich geschlossene, traditionsbestimmte Auffassung über gesellschaftliche Normen und gegenseitige Verpflichtungen und die angemessenen wirtschaftlichen Funktionen ihrer Teilglieder innerhalb des Gemeinwesens[8]. Die geordnete Produktion und Distribution von Gütern ist nicht über den Markt verknüpft, sondern wird durch eine Vielfalt von persönlichen Motiven gesichert, wobei der Erzielung von Überschüssen geringe Bedeutung zukommt. Vielmehr wirken allgemeine Verhaltensnormen wie Brauch, Gesetz und Religion zusammen, um den einzelnen zu Verhaltensformen zu zwingen, die letztlich seine Funktion innerhalb des Wirtschaftssystems sichern[9].

Mit dieser Wirtschaftsgesinnung ist auch die Einstellung zur menschlichen Arbeit eng verbunden. Während die Antike noch jegliche Handarbeit als Sklaventätigkeit diskriminiert hat, erfährt die manuelle Betätigung durch das Christentum eine große Aufwertung. Zwar bleibt die Einstellung zur Arbeit zwiespältig, Arbeit bedeutet ja neben »tätig sein« und »Werk« auch »Mühe« und »Plage«[10]. Die Arbeit wird einerseits als Zwang

[8] Vgl. Thompson, Plebejische Kultur, 1980, S. 69f.

[9] Vgl. Polanyi, Great Transformation, 1978, S. 87.

[10] So stehen etwa im Griechischen einander *ponein* und *ergazesthai* gegenüber, wobei ersteres mit Mühe, Plage, Notwendigkeit (Sklavenarbeit) verbunden ist, demgegenüber bedeutet das im zweiten Ausdruck enthaltene *ergon* das (in Freiheit geschaffene) Werk. Im Lateinischen entsprechen *laborare* sowie *facere* bzw. *operare* dieser Unterscheidung, im Französischen *travailler* und *ouvrer. Travail* hat seine Wurzel im lateinischen *tripalus,* dem Dreipfahl, mit dem eine quälende Vorrichtung bezeichnet wurde, die beim Beschlagen widerspenstiger Pferde Verwendung fand (*tripalare,* quälen). *Labour* und *work* zeigen die nämliche Dichotomie im Englischen auf, wie im Deutschen »Arbeiten« einerseits und »Werken« sowie »Schaffen« andererseits. Die Wurzel des englischen *labour* liegt im lateinischen *labor* (Leid, Mühe, Anstrengung), es findet sich bereits im 16. Jahrhundert und bis heute auch in der Bedeutung von Geburtswehen; das deutsche »Arbeit« leitet sich vom germanischen Stamm *arb* her, zu dem sowohl ein Zeitwort gehört (»Bin ein verwaistes und darum zu harter Arbeit verdingtes Kind«) als auch ein Hauptwort mit der Grundbedeutung »Mühsal«. Zum gleichen indogermanischen Stamm zählt das altslawische *rabota,* das westslawische *robu* (Knecht) und das tschechische *rob* (Sklave). Schwingt im englischen Wort *labour* bis heute noch die Nebenbedeutung von Not und Mühe mit, so wird das französische *travailler* ebenso wie das deutsche »arbeiten« gegenwärtig sowohl in der aktiven

und als Folge von Adams Sündenfall angesehen, andererseits achtet die christliche Religion die Arbeit schon deswegen, weil Jesus und seine Jünger handwerklichem und bäuerlichem Milieu entstammten, so daß das Mittelalter der Arbeit aufgeschlossener gegenübersteht als die Antike. Mit der Loslösung des Christentums aus seinen orientalischen Anfängen erhält auch der Begriff der Arbeit für das Abendland einen anderen Stellenwert. Was den Heilswert anbelangt, so steht sie fortan zumindest im Prinzip mit der geistigen Übung und Kontemplation auf gleicher Stufe; dies kommt etwa in der benediktinischen Mönchsregel des *ora et labora* zum Ausdruck. Durch diese Auffassung von der Arbeit unterscheidet sich nicht nur das Mittelalter von der Antike, sondern auch das Abendland von anderen Kulturkreisen. Die Arbeit als gottgefällige Persönlichkeitsentfaltung wird dann später – zumindest in der Vorstellung – die treibende Kraft in der abendländischen Wirtschaftsentwicklung.

Die antiken Auffassungen über die Arbeit wirken im Mittelalter jedoch nach, wenngleich einige Hinweise auf Veränderungen angebracht sind, die sich aus der andersgearteten Gesellschaft des christlichen Abendlandes ergeben. Dabei ist wohl das Fehlen von massenhaft vorhandenen, billigen Arbeitskräften in Form von Sklaven ein entscheidender Punkt, wenngleich es viele Arbeitsformen gibt, die mit einer Sklaventätigkeit durchaus vergleichbar sind. Dennoch macht es einen gravierenden Unterschied, daß Menschen im allgemeinen nicht für ihre ganze Lebenszeit gekauft werden, sondern bloß einzelne Arbeitsleistungen, die von mehr oder minder freien Menschen erbracht werden.

Eine wichtige Veränderung der Arbeit geht mit der Entfaltung der Städte[11] einher. Die Befreiung, die Loslösung der Stadtbevölkerung aus feudaler Abhängigkeit bewirkt, daß die Stellung als freier Mensch nicht als unvereinbar mit Arbeit gilt: »Genau umgekehrt wie in der antiken Sklavenwirtschaft, wo die städtischen Freien wenigstens zu einem beträchtlichen Teil

wie in der Bedeutung von Mühe verwendet, was irrtümlich mit neutralem Inhalt gleichgesetzt wird. Diese allgemeine, wenn auch widersprüchliche Verwendung der Bezeichnung für »Arbeit« ändert aber nichts am Sinngehalt, denn je nach Person, mehr noch nach Schichtzugehörigkeit, aber auch gemäß der Situation, nimmt diese schillernde Vokabel erst ihren besonderen Sinn an. Vgl. Arendt, Vita activa, 1960; Conze, Arbeit, 1972, S. 154ff.

[11] Vgl. Kap. III.

immer aus der Arbeit herausgetrieben wurden, zog in der abendländischen Gesellschaft als Folge der Arbeit von Freien die wachsende Abhängigkeit aller von allen schließlich auch die Angehörigen der ehemals nicht arbeitenden Oberschichten immer stärker in den Kreislauf der Arbeitsteilung hinein.«[12]

Eine Trennung zwischen Freien und Unfreien ist nicht mehr so eindeutig: eine Sklavenökonomie existiert zwar nicht mehr, aber Formen von Abhängigkeit umfassen auch Gruppen ursprünglich Freier. Dadurch bedingt, mag die *locatio conductio operarum*[13], die im Prinzip zumindest in den romanischen Gebieten weiterbesteht, im Mittelalter den unteren Schichten nicht als unannehmbar erschienen sein, was sich ja bereits in der Spätantike abzeichnet. Daneben sind auch germanische Rechtsauffassungen von Bedeutung: Während das römische Denken von einer privatrechtlichen Beziehung ausgeht und auf Freiheit der Vertragspartner beruht, betonen die germanischen Vorstellungen eindeutig Hierarchien, die Existenz »herrenrechtlicher« Verhältnisse, wobei allerdings der temporäre Charakter der Unterordnung mit seinem Gefolgsdienst nicht von der Rechtsfähigkeit ausschließt, wie es im römisch-rechtlichen Denken der Fall ist.

Das Mittelalter greift bei der Bewertung der Arbeit auch auf die christliche Überlieferung zurück, ohne dabei jedoch die Anerkennung der Stände – und auch ihrer verschiedenen Funktionen – aufzugeben. Nach dem Vorbild der Mönchsorden sowie nach dem Pauluswort »Wer nicht tätig ist, soll auch nicht essen« soll jeder ohne Ansehen des Standes und der dadurch herrschenden Unterschiede arbeiten. So fordert 1412 das Reformprogramm eines Augustinermönches, in Frankreich solle jeder Nichtadelige zur Hand- oder Feldarbeit gezwungen oder ansonsten des Landes verwiesen werden. Nicht daß das Pauluswort neu gewesen wäre, man verwendet es bloß häufiger.

Die gegen die feudale Gebundenheit gerichtete und von Freiheitsidealen inspirierte Erneuerungsbewegung ist noch von ei-

[12] Elias, Prozeß der Zivilisation, II, 1977, S. 72.

[13] *locatio conductio operarum:* Miete und Vermietung von Arbeit, ein arbeitsvertragliches Verhältnis, bei dem der Arbeitende freiwillig in den Dienst eines anderen Privatmannes tritt, um in Unterordnung unter diesem »niedere Arbeit« gegen Lohn zu verrichten.

locatio conductio operis: Miete und Vermietung von »Werk«. Diese Vertragsform gilt für Großunternehmer und auch Handwerker. Vgl. van der Ven, Sozialgeschichte, I, 1972, S. 72.

ner anderen Vorstellung mitgeprägt, von der Idee der menschlichen Gleichheit. Sie findet zumindest im arbeitenden Teil der Gesellschaft einen beachtlichen Widerhall; dies bestätigt auch die Ausbildung eines Arbeitsrechtes für Lohnarbeit. Wie passen aber Freiheitsgedanke und Unterordnung im Lohndienst zusammen? Freiheit und Selbständigkeit sind nur vom Blickwinkel einer privilegierten Klasse her gesehen *absolute* Werte. Wenn man aber glaubt, daß Menschen gleich(wertig) sind, dann verlangt dies auch ein gewisses Maß an Gestaltungsmöglichkeit für jene, die in ihrer Tätigkeit anderen untergeordnet sind. Die reale Verknüpfung, die dichtere Abhängigkeit läßt allerdings deutlich werden, daß »Reichtum« im Verfügen über andere, nämlich arbeitende Menschen liegt. Sicher akzentuieren die Versuche der Oberschichten, vor allem nach der Pestkatastrophe des 14. Jahrhunderts, ihren gewohnten Lebensstandard aufrechtzuerhalten, diese Situation. In Flandern und insbesondere in den italienischen Städten treten während des wirtschaftlichen Aufstiegs Arbeitsformen unverhüllt auf, die eine erneute Verurteilung der Sklaverei durch die Kirche notwendig machen[14]. Rechtfertigend erhält die Arbeit immer mehr einen »Dienstcharakter« an Gott, wenngleich ihr kein Eigenwert beigemessen wird.

Die Verselbständigung der Arbeitsmoral und damit die Monomanie der »Verberuflichung«, wie sie später über eine zentralstaatliche Disziplinierung vermittelt wird, bleibt dabei allerdings noch ausgegrenzt; für den Christen kann das Leben in diesem »irdischen Jammertal« ja nur die Vorbereitung für das »wirkliche Leben« im Jenseits und niemals Selbstzweck sein. (Der von Gott dem Erdenleben zugewiesene Prüfungscharakter

[14] »Menschenleben (hatte) zu jener Zeit nur geringen Wert, stand doch der Menschenhandel und nicht nur der mit Schwarzen noch in voller Blüte. 1501 wurden nach der Einnahme von Capua die gefangenen Frauen in Rom um ganz geringe Summen öffentlich verkauft, und man wußte, daß Caesare Borgia Kinder rauben ließ, um sie in der Residenz seines Vaters und Papstes als Sklaven verhandeln zu lassen. In Venedig zählte man 1516 27000 Sklaven und noch 1588 waren sie ein beliebter Handelsartikel. Dieser Gebrauch scheint auch nördlicheren Gegenden nicht ganz fremd geblieben zu sein. Johannes Butzbach, Piccolo in einem Gasthof in Karlsbad, wird von einem adeligen Böhmen geraubt und später weiter verschenkt, und als Herzog Heinrich von Liegnitz 1569 vom Besuch des Landtages in Lublin zurückkehrt, stiehlt Hans von Zedlitz zwei Jungen, die er mitnehmen will, weil sie gute Musikanten sind. Die adeligen Herren in Holstein, läßt sich Samuel Kiechel vernehmen, ›achten den Menschen als ein vüch, vertauscht einer seinen Jungen gegen eines anderen Hund‹.« Vgl. Boehn, Mode, 1923, S. 35f.

verhindert auch den antiken Ausweg des Selbstmordes als Alternative zur Übernahme von Zwang und Notwendigkeit.) Keinesfalls ist aber daraus ein Streben nach gesellschaftlichem Aufstieg oder gar Umsturz abzuleiten. Aus dem *omnes namque homines natura aequales sumus,* wie es schon die Kirchenväter verkündet haben, folgt keine sozialrevolutionäre »Gleichmacherei«; die hierarchisch gestufte Ordnung bleibt unangefochten.

In einer Flugschrift von 1439 heißt es zur Arbeit: »Es soll jedermann sein Arbeit tun um sein täglich Brot; wer das tut, der ist selig vor Gott und der Welt.« Ziel der Arbeit ist somit nicht wirtschaftliche Bereicherung, sondern sie dient der Existenzsicherung im weitesten Sinne, wobei das Jenseits einbezogen ist. Thomas von Aquin formuliert das in seiner ›Summa theologica‹: »Die Arbeit hat einen vierfachen Zweck. Zuvörderst und zuoberst soll sie das Lebensnotwendige beschaffen; zum zweiten den Müßiggang, die Ursache so vieler Laster, vertreiben; zum dritten durch Kasteiung des Leibes die Fleischeslust zügeln; zum vierten ermöglicht sie, Almosen zu spenden.«[15]

Man sollte jedoch bei aller rhetorischen Wertschätzung der Arbeit nicht übersehen, daß sie in der gesellschaftlichen Realität nach wie vor als unfreiwillige Bürde, ja als Zwang empfunden wird. Auch in der mittelalterlichen Gesellschaft ist es immer noch (wie in der antiken Polis) ein wichtiges Statusmerkmal, ob jemand seinen Lebensunterhalt »mit seiner Hände Arbeit« verdient, denn generell bietet erst materielle Sicherstellung und Freiheit vom Zwang des Broterwerbs die Möglichkeit zur Teilnahme an der politischen Machtausübung wie auch zur kulturellen oder wissenschaftlichen Betätigung. Die »Chance zur Muße« ist damals wie heute ein wichtiges Statusmerkmal. Wenn unter dem Eindruck der christlichen Religion die Arbeit zu einem *officium,* zu einer religiös zu deutenden Lebenserfüllung umgedeutet und Beruf als Berufung *(vocatio)* ausgelegt wird, so bleibt dabei doch der Unterschied der Stände streng gewahrt. Denn die hohe Bewertung der Arbeit ist nicht im absoluten Sinne, sondern ständisch differenziert zu verstehen, wobei auch hier die Eingebundenheit in ein größeres organisches Ganzes berücksichtigt ist. Dies kommt etwa in einem mittelalterlichen Stundenbuch zum Ausdruck: »Der Bauer muß den Acker für Pfaffe und Ritter pflügen, der Pfaffe Ritter und Bauer vor der

[15] Borst, Alltagsleben, 1983, S. 341.

Hölle schützen, der edle Ritter Pfaffen und Bauern beschützen gegen alles, was ihnen übel will.« Der darin enthaltene Grundsatz, es sei jeder wichtig und notwendig auf seine Art, dient nicht zuletzt einer Legitimation der Existenz nicht arbeitender Oberschichten. George Duby hat die Entstehung des dreifunktionalen Weltbildes in der Zeit vom 10. bis zum 12. Jahrhundert behandelt, in dem Priester- und Kriegerstand und eine breite bäuerliche Bevölkerung unter der Vorherrschaft eines Königs die drei Glieder der Gesellschaft darstellen, wobei aber die Vorstellung gilt: »Es ist von unbedingter Notwendigkeit, daß ein jeder in seiner Ordnung bleibe.«[16]

Das europäische Mittelalter zeigt somit in geradezu beispielhafter Weise alle Elemente einer traditionalen Gesellschaft: Die sozioökonomische Realität einer ständisch gegliederten Herrschaftsverfassung mit einer Hierarchie von Abhängigkeiten, gekennzeichnet durch partikulare Strukturen vielfältiger Art, durch die auf der einen Seite die soziale und berufliche Mobilität weitgehend eingeschränkt, auf der anderen Seite aber auch ein gewisser Schutz gewährt wird. Soziale und wirtschaftliche Sicherheit bieten die verschiedenen Sozialverbände; dazu gehören etwa das »ganze Haus«, die Dorfgemeinschaft, die Grundherrschaft, die Zünfte, Gilden[17], Zechen oder generell die Gemeinde und auch die Kirche (als Gemeinschaft der Gläubigen, weniger als Institution). Sie fungieren einerseits als kollektive Risikoträger, andererseits reduzieren sie aber auch persönliche Entfaltungsmöglichkeiten. In diesem Zusammenhang sind auch das vielzitierte »Prinzip der gerechten Nahrung«, das »kanonische Zinsverbot« und die Vorstellung des »gerechten Preises« zu verstehen, die aus dem Gebot christlicher Nächstenliebe begründet werden und in der gesellschaftlichen Realität als soziale Kontrollelemente wirken. Sicherlich werden diese Bestimmungen vor allem im Spätmittelalter in der Praxis oft umgangen, und zwar nicht nur von Nichtchristen, denen damit eine besondere Stellung etwa als Kreditgeber zukommt. Gerade das Papsttum, also die Spitze einer Institution, die sich theoretisch am

[16] Duby, Ordnungen, 1981, S. 107.

[17] Gilde (ursprünglich Opfer, Gelage anläßlich einer rechtlichen Bindung): genossenschaftliche Vereinigung mit kultischem und später kommerziellem Charakter, verbunden mit gegenseitiger Hilfeleistung. Während die eher kultisch-religiös orientierten Gilden sich zu religiösen Bruderschaften entwickeln, differenzieren sich dann die kommerziell orientierten einerseits in Kaufmannsgilden und andererseits in Gilden für einzelne Gewerbezweige, aus denen sich die eigene Organisationsform der Zunft entwickelt.

heftigsten gegen den Geist des Kapitalismus wandte, hat die Verbreitung der Kreditwirtschaft immens gefördert. So erhält im 14. Jahrhundert sogar die himmlische Gnade einen pekuniären Charakter: »Die Vorstellung eines himmlischen Schatzes überschüssiger guter Werke *(opera supererogatoria)* war sehr alt, aber seine kapitalistische Deutung als Reserve, über die die Kirche *en detail* verfügen konnte, kam erst 1343 durch Clemens VI. auf. Dieser verkündigte das Dogma, daß die Verteilung des Schatzes zu einem Anwachsen des geistlichen Verdienstes führe und ihn somit ständig mehren werde ... Unter dem Motto ›wenn das Geld im Kasten klingt, die Seele in den Himmel springt‹, wurde behauptet, daß klingende Münze die Situation einer Seele im Fegefeuer unverzüglich verbessere.«[18]

Die Vorstellung des Fegefeuers als »dritter Ort« steht mit dem wirtschaftlichen Aufstieg der Städte im Hochmittelalter in Verbindung, in denen eine neue gesellschaftliche Schicht, das Bürgertum, entsteht. »Das Fegefeuer übertrifft an Poesie Himmel und Hölle, denn es verkörpert eine Zukunft, die jenen fehlt«[19]: »Nach der traditionellen, von der Kirche vermittelten Moralvorstellung sind gerade ihre führenden Vertreter, die Händler und Gelehrten, sündig, insofern nämlich, als sie Zeit und Wissen verkaufen, die allein Gott gehören. So wird es notwendig, auf die seelsorgerischen Bedürfnisse dieser Gruppe einzugehen, die ohnehin keinen Platz in dem älteren Weltbild der Priester-Krieger-Bauern hat. Das Fegefeuer trägt eine Vielfalt von Lösungen in sich[20]. Es bietet, verbunden mit der Einführung der läßlichen Sünden gegen Anfang des 13. Jahrhunderts, eine Möglichkeit, zu sündigen, ohne der ewigen Verdammnis anheim zu fallen. Das Jenseits, früher allein von Gottes unerfindlichem Ratschluß bestimmt, wird *berechenbar.* Davon profitieren jedoch nicht nur die städtischen Laien, sondern wiederum die offizielle Kirche, denn mit der jetzt erforderlichen neuen Beicht- und Bußpraxis ist es möglich, die Gläubigen einer wesentlich differenzierteren *Kontrolle* und *Selbstkontrolle* zu unterwerfen als vorher.«[21] (Hervorhebungen d. Verf.)

Gleichwohl wirken die alten Vorstellungen als moralische Hemmschuhe und legen einem chrematistischen Erwerbsstre-

[18] Erikson, Luther, 1975, S. 207f.
[19] Chateaubriand, zit. in Le Goff, Geburt des Fegefeuers, 1984, S. 7.
[20] Vgl. auch die plastische Schilderung des Fegefeuers in Dantes ›Divina Commedia‹.
[21] Le Goff, Mittelalter, 1984, S. 11f.

ben gewisse Fesseln an. Das Wirtschaftssystem ist eben nicht auf Kapitalakkumulation und Handel angelegt, sondern primär als ständisch organisierter »Solidarprotektionismus« konzipiert, ist nicht am Prinzip des Gewinns, sondern an dem des Verbrauchs orientiert. Das heißt jedoch, wie gesagt, nicht, daß es kein Erwerbsstreben gegeben hätte; dieses ist durchaus vorhanden, aber auf Landgewinn ausgerichtet, denn darauf basieren sowohl Steigerung des Ansehens als auch Machtzuwachs, Sicherung des standesgemäßen Lebens für sich und die Nachkommenschaft. Gerade der Adel bietet ein gutes Beispiel dafür, daß in einer vorkapitalistischen Wirtschaftsordnung eben die Aneignung der beiden damals wichtigsten Ressourcen, Boden und Arbeitskraft, durchaus als ein dynamisches Wirtschaftselement gesehen werden kann. Es zeigt sich hier deutlich, wie sehr auch damals die wirtschaftliche Tätigkeit des Menschen in seine gesellschaftlichen Beziehungen eingebettet ist: »Sein Tun gilt nicht der Sicherung seines individuellen Interesses an materiellem Besitz, sondern der Sicherung seines gesellschaftlichen Ranges, seiner gesellschaftlichen Ansprüche und seiner gesellschaftlichen Wertvorstellungen. Er schätzt materielle Güter nur insoweit, als sie diesem Zweck dienen.«[22]

3. »Haus« und »Gemeinde«

Jede Betrachtung der alteuropäischen traditionalen Gesellschaft kann nicht umhin, die Bedeutung des »ganzen Hauses«[1] als primäre Sozialisationseinheit und einen der zentralen Bezugspunkte menschlichen Lebens herauszuheben. Haus, Herrschaft und Ökonomie gehören nicht nur zusammen, sie sind weitgehend identisch. Das »Haus« ist nicht nur eine zumindest intentional autarke Wirtschaftseinheit – das Wort Ökonomie leitet sich ja von *oikos* ab und bezeichnet zunächst die engere Hauswirtschaft –, sondern zugleich auch eine wesentliche gesellschaftliche Kategorie. Ökonomie oder Haushaltung ist ihrem innersten Kern nach Regieren, Leiten, Herrschen, und das

[22] Polanyi, Great Transformation, 1978, S. 75.
[1] Vgl. dazu und zum folgenden Brunner, Ganzes Haus, 1956, S. 33f.

»Haus«[2] ist somit Grundmuster jeder Sozialordnung herrschaftlicher Art. In einer Gesellschaft, in der das Recht in der religiös fundierten Überzeugung seiner Träger lebt, in der Recht »gefunden« wird durch Eigenmacht, Selbsthilfe und Fehde, ist die gesamte Sozialstruktur durch das Verhältnis von Schutz und Hilfe bestimmt. Auf Schutz und Schirm der Mächtigen, die sie jenen gewähren, die sich selbst nicht schützen können, und der Hilfe, die wiederum jene ihren Beschützern schulden, basieren in der Vorstellung die mittelalterliche Sozialstruktur und Feudalordnung. Verschwiegen wird dabei jedoch, daß die solcherart »Geschützten« zuerst in eine abhängige Position gebracht werden, die nunmehr zu schützen ist. Der »Hausvater« übt dabei eine paternalistische Herrschaft über die »hausrechtlichen Abhängigen«, über die *familia* aus, die sich seinem Schutz und seiner Führung unterwirft, für die er als »Ernährer« aber auch die Verantwortung übernimmt. Auch das Wort »Wirtschaft«, zuerst im Althochdeutschen bezeugt, hat ursprünglich die Bedeutung von Amt, Tätigkeit des Pflegers oder Verwalters und gewinnt erst im 18. Jahrhundert mit dem Verbum »wirtschaften« die jüngere Bedeutung des »rationalen« ökonomischen Handelns. Nur wer Herrschaft über ein eigenes »Haus« ausübt, kann als eigenberechtigt gelten und davon abgeleitet erst sozialen Rang, öffentliche Funktionen und damit politische Macht innerhalb einer höherrangigen Sozialisationsform (wie Zunft, Gemeinde, Landstände) erlangen. Nur dem mit patriarchalischer Gewalt ausgestatteten *oikodespot* oder *pater familias,* dem Hausvater, ist es letzten Endes auch in wirtschaftlicher Hinsicht möglich, solche Rechte und Pflichten zu übernehmen[3].

Man muß sich darunter nicht unbedingt einen Tyrannen vorstellen, der die anderen Familienmitglieder drangsaliert; die Fa-

[2] »Der Begriff des Hauses, des *domus,* umfaßte, obwohl als unauflösliche Einheit aufgefaßt, eine Reihe von sachlichen und ideologischen Gegebenheiten: vom Küchenfeuer über das Mobiliar und den Landbesitz bis zu den Verästelungen der jeweils angeheirateten Verwandtschaft. Tatsächlich war das Haus eine zerbrechliche Einheit, in jeder Generation bedroht und manchmal zerstört ...« Le Roy Ladurie, Montaillou, 1980, S. 56. Dazu um 1440 Leon Battista Alberti (Vom Hauswesen, 1986, S. 241): »Es ist das Haus, worin dein Häuflein sich zurückziehen kann, und etwas, um sie zu ernähren und um sie zu kleiden.«

[3] Selbst beim Adel ist es so, daß erst die Eheschließung und die Mitgift der Frau einen in die Lage versetzt, als *pater familias* eine sozial abgesicherte Position einzunehmen und in der Ständeversammlung politisch agieren zu können. Der weitaus größere Teil ist gezwungen, sich einem Besitzenden anzuschließen und ihm Gefolgschaft zu leisten. Vgl. Duby, Guilleaume le Maréchal, 1986.

milie ist eine organische Einheit, in der jedes Mitglied seine sozialen »Pflichten«, aber auch seine »Rechte« hat. Das gehört zum Wesen der alten solidarprotektionistischen Verbände, die nach dem Vorbild des ganzen Hauses organisiert sind. Auch die städtische handwerkliche Tätigkeit wird fast ausschließlich im »Hause« ausgeübt, wobei es einen weiten Bereich von Tätigkeiten gibt, die aufgrund der tradierten Arbeitsteilung von Frauen ausgeführt werden. Nun zeigen verschiedene Quellen, daß seit dem 14. Jahrhundert – vielleicht im Zusammenhang mit dem Bevölkerungsverlust nach der Pestkatastrophe – in nennenswertem Umfang auch Frauen als selbständige Zunftmitglieder fungieren. In den zünftigen Berufen treten Frauen vor allem in der Textilfabrikation auf. Frauen arbeiten etwa als Kämmerinnen, Nopperinnen, Bleicherinnen, Färberinnen und Spinnerinnen, später auch als Weberinnen, obwohl diese Zünfte noch im 12. Jahrhundert fest in Männerhand sind. Manche Zünfte sind überhaupt Frauen vorbehalten und nicht nur solche, die man traditionellerweise als der »weiblichen Natur« angemessen betrachten konnte. Dazu zählen etwa die Garnmacher-, Goldspinner-, Seidenweber- und Seidenmacherzünfte; in Frankfurt ist bis ins 15. Jahrhundert sogar die Bierbrauerei ein Monopol der Frauen. In nicht zünftigen Berufen sind Frauen hauptsächlich im lokalen Kleinhandel tätig. Die Frau als Hökerin, Trödlerin, Krämerin und Händlerin scheint sogar außerordentlich erfolgreich gewesen zu sein. Dennoch bleiben Frauen auch in dieser Zeit vom öffentlichen Bereich, vom gesellschaftlich-politischen Handeln ausgeschlossen[4].

Die Position der Frauen verschlechtert sich im allgemeinen erst in der frühen Neuzeit; im Leben des Mittelalters spielt sie auch als Hebamme, »weise Frau« und Ärztin eine wichtige Rolle. Überwiegend ist sie jedoch für den Innenbereich des Hauses zuständig. Mit der Zurückdrängung der Eigenwirtschaft, mit länger werdenden Handlungsketten und dichteren Außenbeziehungen wird das Statusübergewicht des Mannes bekräftigt.

Das ökonomische Ziel des »Hauses« ist das der wirtschaftlichen Selbstgenügsamkeit und Eigenversorgung *(autarkeia)*. Alles, was für die Erhaltung der Gemeinschaft notwendig ist, soll aus eigenem geschaffen werden; Autarkie ist die Fähigkeit, ein Auskommen ohne Abhängigkeit von äußeren Ressourcen zu führen. Dies ist nicht zuletzt ein Resultat der bäuerlichen Ein-

[4] Vgl. Ennen, Frauen im Mittelalter, 1984; Shahar, Frau im Mittelalter, 1981.

stellung gegenüber der Bedrohung durch die Natur. Diese Bedrohung wird zu einer allgegenwärtigen Gefahr, sobald die Nutzung des Landes Ertrag abwirft, der vor dem Zugriff der anderen, nicht zum »Haus« gehörigen, beschützt werden muß. Nur die enge Gemeinschaft, die Eigenvorsorge und der Schutz der Mächtigen[5] verbürgen Sicherheit und Überlebenschance. Das Ideal eines bukolisch-friedlichen Daseins, abgeschirmt von der sündigen, feindlichen Umwelt, das sich am ehesten noch in der Abgeschiedenheit des Klosterlebens verwirklichen läßt, ist jedoch eine Vorstellung, von der der Mensch des Mittelalters nur träumen konnte.

Die Idee der »Nahrung« gehört zu dem am Haus orientierten alten Begriff des Wirtschaftens (die Versorgung steht dabei im Vordergrund), der rationale »Erwerbstrieb« des modernen Kapitalismus hingegen zu dem am »Handel(n)« entwickelten Wirtschaftsbegriff, der den neuzeitlichen Wirtschaftswissenschaften unterlegt ist (Tausch und Produktion, was aber einen Überschuß voraussetzt)[6]. Die alte Ökonomik ist daher auch keine Lehre vom »Markt«, sondern vom »Haus«: »Es ist der Gesamtkomplex der im Haus vorhandenen zwischenmenschlichen Beziehungen, Verrichtungen, Tätigkeiten, den sie erfassen will, während in den neueren Sozialwissenschaften die einzelnen Elemente analysiert und in Zusammenhänge eingeordnet werden, in denen das Gebilde Haus als Ganzes nicht mehr sichtbar wird.«[7]

Es ist also nicht nur ein etymologisches Problem, wenn die Bedeutungsgeschichte der Worte »Wirtschaft« und »Ökonomie« einen tiefgreifenden Wandel signalisiert; dieser Bedeutungswandel ist auch auf die in der Neuzeit aufkommende neue »Ordnung der Dinge« (Foucault) zurückzuführen, aber, wie Marc Bloch bemerkt: »Zur großen Verzweiflung der Historiker ändern die Menschen nicht jedesmal, wenn sie ihre Gewohnheiten ändern, auch ihr Vokabular.«[8]

[5] »Macht«, etymologisch von »etwas vermögen« abgeleitet, vgl. auch »Vermögen«.

[6] Das »Haus« ist Basis einer auf Eigenversorgung ausgerichteten »Subsistenzwirtschaft« und damit orientiert auf die Befriedigung der physischen Bedürfnisse des Menschen. Im Unterschied zur Erwerbswirtschaft, die ein imaginäres, und damit prinzipiell unersättliches Streben verfolgt, zielt diese Subsistenzökonomie auf endliche Zwecke. Vgl. Binswanger, Geld und Magie, 1985, S. 134.

[7] Brunner, Adeliges Landleben, 1949, S. 245.

[8] Bloch, Historian's craft, 1954, S. 35. Schon Hugo Grotius (De iure praedae, 1608, Kap. XII) merkt in diesem Zusammenhang an: »Die Armut der Sprachen nötigt zum Gebrauch der selben Worte für ungleiche Dinge.«

Die agrarisch-feudale alteuropäische Ökonomik umfaßt die Gesamtheit menschlicher Beziehungen im »Haus«. Ausgangspunkt dieses Denkens, Fühlens und Handelns ist also nicht die gemauerte Wohnstatt, sondern es sind die Beziehungen zwischen den Menschen im Verband des »ganzen Hauses« sowie die Tätigkeiten darin. Diese Beziehungen – wie bereits gesagt – sind herrschaftlich geprägt: es ist die Herrschaft des Hausherrn über Frauen, Kinder, das Gesinde und auch die Leibeigenen und Sklaven[9]. Im »christlichen« Mittelalter wird die Herrschaft des Mannes gegenüber der Frau (zumindest verbal) gemildert, so daß man gelegentlich von der Herrschaft beider über die übrigen Hausbewohner sprechen kann.

Die Tätigkeiten ergeben sich aus den gestellten Aufgaben des Hauses. So repräsentiert sich für Martin Luther das Haus in »weyb und kind, knecht und magd, vieh und futter«. Die Aufgaben umfassen Viehzucht und Ackerbau, Spinnen und Weben, die medizinische Betreuung (Kräuter, Wundpflege), Bienenzucht und Holzarbeiten, für die in der »Hausväterliteratur«[10] Anweisungen und Ratschläge gegeben werden. Aber nicht nur mit solchen Fragen beschäftigt sich die Hausväterliteratur, sondern auch mit Lehren, die wir heute der Ethik, der Soziologie, der Pädagogik, ja auch der Religion zurechnen würden. Sie ist keine reine Betriebswirtschafts- und Volkswirtschaftslehre, aber auch nicht nur eine Lehre vom Haushalt, von der Konsumtion und der Produktion im heutigen Sprachgebrauch – sie ist eben eine Lehre vom »ganzen Haus«[11]. Und diese Hausväterliteratur kann auch nicht für sich allein betrachtet werden, da sie die alteuropäische Ökonomik mit den beiden anderen Bestandteilen der Ethik im allgemeinen Sinn verbindet: mit der Lehre von der Polis und mit der Ethik im engeren Sinn (der Scholastik), nämlich der Lehre vom Einzelmenschen, der als gesellschaftliches Wesen, als ein *zoon politikon* gesehen wird. Zentrales Element, das die verschiedenen Lehren zusammenhält – die uns heute als fremd erscheinen, weil sie eine andere Ord-

[9] Wie problematisch die Trennlinie zwischen Sklaven und Gesinde und anderen Abhängigen ist, sieht man u.a. daran, daß Richard Cantillon, wohl kaum ohne Berechtigung, noch in seiner 1755 publizierten ›Abhandlung über die Natur des Handels im allgemeinen‹ das Wort »Sklave« ziemlich häufig in der Bedeutung von Arbeiter, Diener verwendet.

[10] Vgl. etwa Johann Coler, Oeconomia ruralis et domestica, 1593, sowie Wolf Helmhard von Hohberg, Georgica curiosa, 1682.

[11] Vgl. Brunner, Ganzes Haus, 1956, S. 45; Landshut, Kritik der Soziologie, 1969, S. 131 ff.

nung der Dinge repräsentieren –, ist die Herrschaft. Die Herrschaft des Geistes über die Triebe, die Herrschaft des Mannes über Frau, Kinder und Gesinde, Diener und Leibeigene und schließlich die Herrschaft der Freien über Halbfreie und Unfreie.

Der Begriff *économie* in der Bedeutung »alles, was die Leitung eines Hausstandes, einer Familie, einer Sippe betrifft«, findet schon frühzeitig auch im Altfranzösischen Aufnahme. So bezieht sich der Dichter des ›Chanson de Roland‹ (um 1100) bereits auf dieselben Spielräume für die Möglichkeiten menschlicher Interaktionen, die im 13. Jahrhundert zum Beispiel im ›Livres du gouvernement des rois‹ mit *éthique, économie* und *politique* benannt werden. Wie aus dieser Begriffstrias im besonderen die *économie* auf die mittelalterlichen literarischen Texte der Francia eingewirkt hat, ergibt sich aus einer Analyse literarischer Belege aus der *Conte du Graal* und dem Yvain-Roman ›Chrétiens de Troyes‹: Sie wird dort als die sinnvolle, gerechte und gewinnbringende Leitung eines patriarchalisch konzipierten Familienverbandes verstanden. Neue, auf die moderne Verwendung hinweisende Bedeutungen gewinnt der Begriff im 16. Jahrhundert, wo er in Verbindungen wie *économie politique* im Sinne von »Wirtschaftskunde, Wirtschaftsführung« gebraucht wird.

Zwei Aspekte müssen noch zum Verständnis der Denkwelt der alteuropäischen Ökonomik erwähnt werden:

1. Die Autarkie des Hauses gilt als Wert für sich; der Handel erscheint zwar als Ergänzung des »Hauseinkommens« und zur Stärkung der Gemeinschaft gerechtfertigt, nicht aber als Selbstzweck. Das Streben nach Geld fällt nämlich – wie bereits bei Aristoteles – als »Chrematistik« der (gesellschaftlichen) Verurteilung anheim; daß andererseits Kriegführen, Plünderung und Raub keineswegs der gesellschaftlichen Ächtung unterliegen, entspricht den Interessen des Kriegerstandes, aus dem sich die Oberschicht rekrutiert. Verständlich, daß über einen gesellschaftlich diskriminierten, ja verurteilten Bereich keine Theorien publiziert werden, sondern nur über die Grenzen des Erlaubten in Ethik und Politik geschrieben wird. Dies wird noch deutlicher, wenn man bedenkt, daß »Arbeit« nicht wie später als Ursache möglichen Reichtums, sondern vielmehr als Folge nicht vorhandenen Reichtums (Besitzes) gesehen wird. Daher darf als Begründung von Besitz – vor allem des neuen Besitzes – Eroberung, Krieg, Raub und das Wirken Fortunas (auch der

Gnade oder, im Märchen, der guten Fee) herangezogen werden. (Ob letztere Erklärung nicht häufig dem Nichtwissen bzw. der »Reaktionsbildung« zivilisierterer Schichten und Generationen geschuldet ist, soll hier nicht weiter abgehandelt werden.)

2. Die Verknüpfung zwischen einzelnen Bereichen und Elementen findet in diesem (in der Vorstellung) in sich ruhenden System, in dem unzählige sich verästelnde Querverbindungen bestehen, durch »Ähnlichkeiten«, durch »Entsprechungen« statt, die sich nicht nur auf die Menschen oder auf das Gesellschaftliche beziehen, sondern darüber hinausgreifen in das, was wir heute als Natur verstehen: »... Jede Bezeichnung (muß) durch eine bestimmte Beziehung zu allen anderen möglichen Bezeichnungen geschehen ... Das zu erkennen, was einem Einzelwesen eigen ist, heißt, vor sich die Einteilung oder die Möglichkeit zu haben, die Gesamtheit der anderen zu klassifizieren. Die Identität und das, was sie markiert, werden durch das Residuum der Unterschiede definiert.«[12] Erkennen bedeutet somit interpretieren, ja beides ist als Synonym zu verstehen.

Die mittelalterliche Ökonomik ist ein Teil der Philosophie, ein Teil des auf ein geschlossenes teleologisches Weltbild orientierten Systems des antiken Denkens und seines geistigen Erbes im Christentum, das dies um eine metaphysische Dimension erweiterte; sie ist eine universale Lehre vom »Haus«. Sie schließt Gewinn und Erwerb aus und bleibt damit ein Stück »Ethik« im umfassenden Sinne der Antike[13]. Die an diesem Begriff des »ganzen Hauses« orientierten Sozialformen sind wohl der wichtigste Grundtypus mittelalterlicher Gruppenbildung; vollberechtigte Gemeindezugehörigkeit, sowohl im urbanen wie im ländlichen Bereich, bleibt zunächst an Hausbesitz, an die Position des Hausvaters geknüpft. Wer nicht gemeindezugehörig ist, ist in der Regel in der Stellung eines »hausrechtlich Abhängigen«. Im Zuge verschiedener Abschichtungsprozesse kommt es wohl zur Ausbildung von Rahmenhaushalten, die ihrerseits mehrere »Häuser« umfassen können, vor allem durch Über- und Unterordnung von Hausgemeinschaften in einem umfassenderen Personalverband. Als wichtigstes Beispiel eines solchen Rahmenhaushaltes sei die »Grundherrschaft« genannt, in der zum Beispiel ein Vollbauer aufgrund seiner Stellung als Inhaber eines »Hauses« sowohl Mit-

[12] Foucault, Ordnung der Dinge, 1971, S. 56f.
[13] Vgl. Brunner, Adeliges Landleben, 1949, S. 260.

glied der Dorfgemeinde ist als auch innerhalb des Rahmenhaushaltes der Grundherrschaft gegenüber dem Feudalherrn ein hausrechtlich Abhängiger. Gleiches trifft (zumindest im Prinzip) auch für den adeligen Grundherrn (Vasall) im Verhältnis zu seinem Lehnsherrn zu, so daß letztlich die ganze Gesellschaft hierarchisch organisiert ist. Denn das Lehnswesen gründet sich ja in erster Linie auf das Gefüge persönlicher Bindungen, welche die Angehörigen der herrschenden Gesellschaftsschichten ebenfalls in einer hierarchischen Ordnung zusammenhalten. Diese Bande haben als »realen« Hintergrund das Lehen, das der Herr seinem Vasallen gegen bestimmte Dienstleistungen und einen Treueid verleiht[14].

Es gibt also verschiedene Formen des »Hauses«, etwa das Bauernhaus, das Handwerkerhaus, das Handelshaus, die Burg als das »feste Haus« des Adels; auch die geistliche Wohngemeinschaft des Klosters ist ihrer sozialen Organisation nach am Modell des »ganzen Hauses« orientiert. Den am häufigsten auftretenden Typus des bäuerlichen »Hauses« könnte man zugleich als die archetypische Grundform aller anderen, stärker spezialisierten Häuser und damit Familienformen ansehen. Dies gilt auch für das königliche Haus, denn als Personenverband ist es nicht wesentlich anders als ein gewöhnliches Adelshaus, wenngleich in anderer Dimension. Über die fürstliche Hofhaltung wird später im Zusammenhang mit der Entstehung des modernen Territorialstaates im Zeitalter des Absolutismus (der Fürst als »Landesvater«) dieser Zusammenhang archaischer Hausorganisation mit der neuzeitlichen Staatsbildung evident[15]. Darüber wölbt sich im transzendentalen Bereich das »Haus Gottes«, denn alle Menschen sind des »himmlischen Vaters Kinder«.

Herrschaftsausübung bedient sich jedenfalls in der alteuropäischen Gesellschaft hauptsächlich des personellen Instrumentariums des »Hauses«. Eine wichtige ursprüngliche Funktion des »Hauses« ist dabei die interne Ausbildung. Dies gilt für das Bauernhaus ebenso wie für den Handwerksbetrieb, in dem eine genaue Regelung des Ausbildungsweges in verschiedenen Qualifikationsstufen vom Lehrling über den Gesellen bis hin zum Meister besteht, dies gilt auch für das Handelshaus, wo es ebenfalls zur Heranbildung eines stark spezialisierten Dienstperso-

[14] Vgl. Le Goff, Kultur, 1972, S. 157.
[15] Vgl. Mitterauer/Sieder, Patriarchat, 1977, S. 17f.

nals kommt, für die Ausbildung des Nachwuchses im Kloster oder die der jungen Adeligen am fürstlichen Hof. Die Einführung in das Berufsleben erfolgt in erster Linie durch die praktische Teilnahme an der Arbeit und Tätigkeit im »ganzen Haus«. Ein erster Einbruch in dieses System interner Nachwuchsausbildung erfolgt erst mit der Institutionalisierung des Schulwesens, was jedoch auf breiter Basis erst bei der Entstehung des Zentralstaates der Fall ist; aber auch die Wurzel des modernen Staates liegt ja im Rahmenhaushalt des Landesfürsten.

Die Sozialisation im Haus, die Einführung in die Tätigkeitsbereiche innerhalb des Hauses, womit zumeist schon der weitere Lebensweg festgelegt wird, ist auch einer der wichtigsten Faktoren für die aus heutiger Sicht relativ geringe Mobilität innerhalb der traditionalen Gesellschaft.

Während das »Haus« in all seinen vielfältigen Erscheinungsformen grundsätzlich eine herrschaftlich organisierte Sozialisationsform darstellt, was prinzipiell auch für alle daraus hervorgegangenen oder daran orientierten Sozialgebilde (Unternehmung, Staat usw.) gilt, wirkt daneben als genossenschaftliches Organisationsmodell die »Gemeinde«, die örtliche Gemeinschaft von Zusammenwohnenden mit gleichem Rechtsstatus, die institutionalisierte Form von gesellschaftlichen Beziehungen im Bereich von organisierten Nachbarschaften und der in ihrem Bereich praktizierten Reziprozität der Dienste[16]. Beide Grundelemente des Gesellschaftsaufbaus sind jedoch über die Person des »Hausvaters« verknüpft, denn nur dieser ist »gemeindefähig«, nicht aber ein seiner Herrschaft unterworfener »hausrechtlich Abhängiger«, wie etwa die Frau, Kinder, Gesinde und Inwohner.

Als die umfassendste und höchstrangige aller Gemeindeformen innerhalb der vertikal geschichteten ständischen Gesellschaft gilt die »Landgemeinde«. Ursprünglich zählen dazu nur die zum Landesherrn in einem unmittelbaren Lehnsverhältnis stehenden adeligen Landherren, die Grafen und Edelfreien; zu diesen kommen später noch die Ministerialen, ursprünglich »hausrechtlich Abhängige« des Landesfürsten, sowie die Ritter, denen die Erlangung eigener Burgherrschaften ebenfalls die Gemeindefähigkeit bringt. Diese unterschiedliche Herkunft des Adels bestimmt auch weiterhin eine entsprechende Rangordnung innerhalb des auf den Landtagen gemeinsam auftretenden

[16] Vgl. Burghardt, Einführung, 1972.

Adels. Zu diesen Landtagen, die ursprünglich Gerichts- und Heeresversammlungen sind, später aber vor allem politische Funktionen, so das Steuerbewilligungsrecht, in Anspruch nehmen, kommen neben den Angehörigen des bodenständigen Adels auch die Landesprälaten sowie die Vertreter der Stadtgemeinden, in manchen Gebieten auch die von freien ländlichen Gemeinden, so daß es schließlich zur Ausbildung von nach Kurien gegliederten Landständen kommt. Voraussetzung für die Landstandschaft ist jedoch in jedem Falle ein bestimmter Grad an persönlicher Autonomie, von Freiheit und auf Besitz *(oikos)* gegründeten Selbstverwaltungsrechten, über die in der mittelalterlichen Gesellschaft aber nur wenige verfügen, denn das Gros der Bevölkerung befindet sich in einer »hausrechtlich abhängigen« Stellung[17].

Für die persönliche Autonomie, so abgestuft sie auch innerhalb der Kurialverfassung sein mag, gilt, daß stets Besitz- und Freiheitsrechte eng miteinander verknüpft sind. Dies trifft auch für die Ordnung der Land- und Stadtgemeinden zu, die eine Vielzahl von Angelegenheiten im Zusammenleben der Lokalgruppe autonom regeln können. Für sie ist das Recht zur politischen Partizipation ebenfalls an Besitzstand und Status geknüpft. Neben der Landgemeinde, der Stadtgemeinde und der Bauerngemeinde nehmen nach diesem Prinzip der Organisation von Gleichberechtigten auch Gilden, Zechen, Zünfte und Hansen oftmals durchaus selbstbewußt am öffentlichen Leben teil: »Denken und Empfinden der mittelalterlichen Menschen sowie ihr Verhalten werden im großen und ganzen von einem Gefühl der Unsicherheit bestimmt. Es ist dies eine Leib und Leben bedrohende, aber auch eine geistige Unsicherheit, gegen die es ... nur ein Mittel gibt: sich auf die Solidarität der Gruppe, der Gemeinschaft zu stützen, der man angehört.«[18]

Der »gemeine (d.h. gemeindefähige) Mann«, dieser Begriff umfaßt seit dem Spätmittelalter die Bauern und Stadtbürger im Unterschied zu den privilegierten Ständen des Adels und der Geistlichkeit. Die »Gemeinde« auf genossenschaftlicher Basis ist somit ein gegen das herrschaftliche Prinzip gerichtetes politisches Konzept. Die Integration der mit politischen Rechten ausgestatteten Gemeinden in die politisch-staatliche Verfassung

[17] Die Landstände sind, historisch gesehen, eine Wurzel des späteren Parlamentarismus.

[18] Le Goff, Kultur, 1972, S. 527.

ist durchaus eine Konstante in der geschichtlichen Realität der alteuropäischen Gesellschaft. Sie ist ein alternatives politisches Modell zur Fürstensouveränität, die dann über den bürokratischen Absolutismus vielleicht einen möglichen Weg zur Demokratie abgeschnitten hat[19].

Im Vergleich zur Uniformität unserer heutigen Rechtsnormen erweist sich das Gefüge stark differenzierter und relativ eigenständiger lokaler Teilsysteme mit eigenen, spezifischen Rechtsnormen, die nur wenig in umfassendere gesellschaftliche und politische Einheiten integriert sind, als eine Eigenart der mittelalterlichen Gesellschaft. Ein Aspekt spielt dabei sicherlich eine wichtige Rolle, nämlich die Möglichkeit der Kommunikation und Information, die ja stets auch ein konstitutives Element jeglicher Sozialisation ist. Für die damaligen gesellschaftlich weitgehend eigenständigen Teilsysteme mit ihrem hohen Grad der »Gruppenkohäsion« ist es ein signifikantes Merkmal, daß eine Sozialisation in der Regel nur auf der Basis unmittelbarer Kontaktnahme *(face to face)* stattfinden kann. Die mittelalterlichen Personenverbände sind daher schon aufgrund der kommunikativen Bedingungen vor allem Lokal- und Regionalverbände, wobei die Nähe zu einem stärkeren gesellschaftlichen Differenzierungszwang beiträgt. Lediglich der Klerus, vor allem die neuen, die *stabilitas loci* überwindenden Bettelorden der Franziskaner und Dominikaner, die Gelehrten, das »fahrende Volk«, zum Teil auch die Kaufleute infolge der spezifischen Form ihrer Erwerbstätigkeit, finden günstige Bedingungen für eine überregionale Gemeinschaft vor. Aber auch die Ordensgemeinschaften, die Hansekaufleute, die wandernden Gesellen oder der Landsknechttrupp sowie die »Ökumene des Geistes« organisieren sich in Form von »Societäten« und orientieren sich somit am lokalen Muster der »Gemeinde«. Die Aufnahme in diese Gemeinschaften ist in der Regel an bestimmte Initiationsrituale geknüpft. Die Mitgliedschaft drückt sich unter anderem durch besondere Insignien, Kleidung und bestimmte Symbole aus.

Damit findet sich durchgängig als mögliche Form der Sozialisation und damit zugleich als Muster der Machtverteilung innerhalb der alteuropäischen Gesellschaft, als Modell für politische Herrschaftsformen einerseits und Partizipation andererseits, das Prinzip des herrschaftlich organisierten »Hauses«

[19] Vgl. Blickle, Deutsche Untertanen, 1981.

überall da, wo sich Angehörige unterschiedlichen, aber minderen Status unter patriarchalisch-hierarchische Führung begeben. Überall dort, wo Gleichberechtigte sich zu einer institutionellen Organisation zusammenfinden, darf die »Gemeinde« als Archetyp der Sozialisation gelten.

II. Das Feudalsystem

Das Feudalsystem der traditionalen alteuropäischen Gesellschaft fußt auf einer spezifischen Arbeitsteilung, die wie jede andere von zunehmender Spezialisierung gekennzeichnet ist. Die Basis des Feudalsystems ist die Grundherrschaft, die vom Grundherrn (der auch ein geistlicher Herr oder ein Kloster sein kann) ausgeübt wird. Die an den Grundherrn zu leistende Feudalrente wird im Wege der Arbeitsfron und durch Naturalabgaben (rudimentär auch in Geld) erbracht. Das Land gehört jedoch nicht dem Grundherrn als freies (Privat-)Eigentum, da er es einerseits nur als Lehen des Königs besitzt, andererseits das Recht der Bauern auf kollektive Nutzung des Bodens anerkennen muß.

Bevölkerung und Ertrag der Landwirtschaft sind die entscheidenden Variablen; sie wirken zurück auf das Wirtschaftsleben und die Verfassung. Die Wirtschaftsweise beruht auf den Prinzipien der »moralischen Ökonomie«: jeder soll sein standesgemäßes Auskommen haben.

4. Land und Herrschaft

Der europäische Feudalismus kann als eine Synthese aus antiker Latifundienwirtschaft und germanischer Dorf- und Stammesgemeinschaft aufgefaßt werden, wobei in Nordeuropa die germanisch-genossenschaftlichen Elemente dominieren, in Südeuropa die antiken Wurzeln offenliegen. Seine klassische Ausprägung findet das Feudalsystem jedoch in seinem Kerngebiet, nämlich in West- und Mitteleuropa[1]. An die Stelle der Krieger-Bauern älterer Stammesgesellschaften tritt hier durch »Arbeitsteilung« eine neue Herrschaftsbeziehung zwischen einem Kriegerstand und den Bauern; wie jede Arbeitsteilung geht auch diese parallel mit zunehmender Spezialisierung im Kriegswesen (gepanzerte

[1] Vgl. Anderson, Antike, 1978.

Reiter im Zentrum der bewaffneten Macht) und im Ackerbau (Intensivierung der Landwirtschaft durch das Aufkommen der Dreifelderwirtschaft, die eine ständige Beschäftigung erfordert, da sie eine Verteilung der Arbeiten über das ganze Jahr mit sich bringt).

Die »Grundherrschaft« als die Basis des mittelalterlichen Feudalwesens hat erste Vorläufer in der spätrömischen Form der Gutsverwaltung sowie frühe Ansätze im germanischen Bereich, ist jedoch in dieser Form im wesentlichen ein Ergebnis der im Zuge der Völkerwanderung entstandenen neuen Reiche, während das Lehnswesen erst in der Karolingerzeit entsteht. Vor allem ist es das Fränkische Reich unter Karl dem Großen und seinen Nachfolgern, das, durch Eroberung zusammengebracht, die antike römische Kaiseridee für seine Herrschaft adaptiert. Die Grundlage der neuen Königsmacht und der Stellung des Königs als Mitglied einer »erbcharismatisch begabten Sippe« bildet jedoch die Position als siegreicher Heerführer. Davon leiten sich das Ansehen, das Prestige und die gesellschaftliche Stärke des Königs in erster Linie ab. Max Weber hat versucht, den Feudalismus überhaupt als das »Ergebnis der Veralltäglichung« des von ihm so benannten »charismatischen Herrschaftstypus« zu erklären: Der siegreiche Heerführer kann über erobertes Land verfügen und damit seine Gefolgsleute belohnen. Mit dem Nimbus des Siegers hält er sie zusammen; auch wenn sie über das Land verteilt auf ihren Gütern sitzen, kann er sie damit zur Gefolgschaftstreue verpflichten. Die Entlohnung dieses Kriegerstandes erfolgt nicht in Form von Geld, das ohnehin nur beschränkt vorhanden ist, sondern durch Grund und Boden[2], was in einer Wirtschaft, in der der größte Teil des Bedarfs aus Äckern, Wald und Weiden gedeckt werden kann, auch durchaus sinnvoll ist. Erst mit der Entfaltung der Geldwirtschaft und dem Aufkommen der Städte und des Handels, also mit der Ausweitung des Bedarfs, sollte sich dies allmählich ändern.

Damit ergeben sich folgende Wechselbeziehungen: Die Zeit des aufsteigenden Feudalismus von der Jahrtausendwende bis etwa zur Mitte des 12. Jahrhunderts – produktionstechnisch gekennzeichnet durch das Aufkommen des Pferdekummet, des Radpfluges, des Dreschflegels, des Anbaus neuer Getreidesorten wie Gerste und Hafer – ist politisch durch einen Zerfall der

[2] Lehen, etymologisch zusammenhängend mit Leihen, lat.: *beneficium.*

königlichen Zentralgewalt gekennzeichnet. Die lokalen Burgherren können sich damit zu Trägern des »Banns« machen, das heißt der lokalen Machtausübung mit Hilfe von Gebots- und Verbotsrechten, was ihnen die Möglichkeit eröffnet, eine Herrschaft über Land und Leute zu legen. Als Gegenleistung gewähren sie den »Schutz und Schirm«; die Herren sind aber ihrerseits, um den eigenen Geltungsbereich zu schützen und abzusichern, Vasallen eines noch mächtigeren Lehnsherrn, dessen Macht wiederum in der Größe seiner Ländereien und der Anzahl der ihn als Lehnsherrn anerkennenden Vasallen liegt. So entsteht ein System der politischen Organisation, das ohne »Staat« (im modernen Sinne) auskommt. Während dieser Periode bleibt der innere Landesausbau bescheiden, der Güteraustausch ist schwach entwickelt, das Autarkieideal steht im Vordergrund. Handel und Geldwesen bleiben rudimentär, die Feudalherren stützen sich vor allem auf die Natural- und Robotleistung ihrer Hörigen.

Diese Organisation ruht auf einem Gefüge von sich gegenseitig verstärkenden Verpflichtungen, Gemeinsamkeiten und Anschauungen. Nicht nur werden die Familienbindungen durch gesellschaftliches Konnubium, sondern auch die »ideologischen« Beziehungen durch Eide, Riten, Gebräuche und, im Falle des Adels, insbesondere durch die Idee des »Rittertums« verstärkt. Die Kunst der Romanik und die »Zeit der Heldenlieder« *(Chansons de gêste)* sind die künstlerische Ausdrucksform der expansiven Phase der feudalen Gesellschaft.

Im 12. und 13. Jahrhundert erreicht das europäische Feudalsystem die Grenzen seiner Expansion, in gewisser Hinsicht auch seinen Höhepunkt. Die inneren Widersprüche im Produktionssystem werden erkennbar: die Möglichkeiten der Neulandgewinnung sind weitgehend erschöpft; jede Bevölkerungszunahme führt zur Besitzzersplitterung der bestehenden landwirtschaftlichen »Häuser«, immer unfruchtbarere Böden müssen bestellt werden, und die Forderungen der Herren werden immer drückender. Die Herren verwandeln aus Geldmangel die feudalen Lasten, das heißt Fronarbeit und Naturalabgabe, in Geldabgaben und lassen sich auch andere Verpflichtungen durch Geldzahlungen ablösen. Der Grad der persönlichen Servilität der Untertanen nimmt dabei wohl ab, gleichzeitig verstärkt sich die Last ihrer Verpflichtungen. Daraus ergibt sich eine Labilität des Systems. Da die Bauern diesem Druck auszuweichen versuchen und ihnen die Flucht in die Städte dazu auch die Möglichkeit bietet, nutzen die Herren ihr Bannrecht, um die Untertanen als »Grundhörige« fester an den Boden zu binden und gleichzeitig das Allodialgut zugunsten des Lehnsguts zurückzudrängen. Das Feudalsystem verfestigt sich damit zu einem Zeitpunkt, als die Wirklichkeit es bereits aufzulösen beginnt. Dem entspricht eine zunehmende Abkapselung des Adels, ein Anstieg ständischer Differenzierung (Verschärfung der »Kleiderordnungen«), nicht zuletzt als Abwehr gegen das wirtschaftlich aufstrebende Bürgertum. Gleichzeitig erstarkt das Königtum, das sich als übergeordnete politische Gewalt in der Form des monarchischen Staates konstituiert. Die Lehenspyramide, die hierarchische Ordnung der mittelalterlichen Gesellschaft, ist somit am Ausgang des Mittelalters vollständiger und stringenter ausgeprägt als etwa im Hochmittelalter.

Das 14. und das 15. Jahrhundert sind dagegen durch eine Systemkrise des Feudalismus geprägt. Der Niedergang setzt bereits vor der großen Pestkatastrophe ein, er wird durch Hungersnöte, welche die Grenzen des Wachstums aufzeigen, und Epidemien zweifellos verstärkt. Der verschärfte Ausbeutungsdruck, mit dem die Grundbesitzer auf die Ausbreitung der Geldwirtschaft, die Entfaltung von Tauschbeziehungen und auf den Bevölkerungsverlust reagieren, mobilisiert den Widerstand der Bauernmassen, die das *alte* Recht fordern: 1358 die Jacquerie in Nordfrankreich, 1381 die Revolte der englischen Landarbeiter, Aufstände in Spanien zwischen 1300 und 1486 bis hin zum großen deutschen Bauernkrieg von 1525. Die zahlreichen Bauernaufstände können jedoch keine revolutionäre Umgestaltung der Gesellschaft in Bewegung setzen, denn sie tragen weder die Mittel noch die Ziele eines neuen Herrschaftssystems in sich[3].

Der König kann zunächst angesichts der damals zur Verfügung stehenden Kommunikationsmittel nicht sein ganzes ausgedehntes Territorium selbst überwachen und verwalten, so daß er praktisch sein Reich vom Sattel aus regiert. Dabei ist er genötigt, Macht an Vertraute und Untergebene zu delegieren; er setzt vom Herrscher »hausrechtlich« abhängige Ministerialen, Grafen und Barone als seine Beauftragten ein. Sie alle und ihr Gefolge nähren sich vom Land, mit dem sie der König direkt oder indirekt für ihre Dienste belohnt. Die militärische Funktion des Herrschers ist stets auch verbunden mit Leib- und

[3] Vgl. Parain, Entwicklung des Feudalsystems, 1977, S. 563ff.

Gerichtsherrschaft, so wie die Gefolgsleute ihrerseits als Grundherren im lokalen Bereich auf unterster Verwaltungsebene derartige Funktionen ausüben. Im Fall einer Bedrohung durch äußere Feinde haben sie dem König Gefolgschaft zu leisten. Aber diese eigentümliche Herrschaftsapparatur, zugleich ein Beispiel für Arbeitsteilung und gesellschaftliche Differenzierung, birgt Spannungen in sich, die sich in typischen Abläufen entladen: Immer dann, wenn der äußere Druck – etwa durch Awaren, Magyaren und später durch den vordringenden Islam – sich wieder verringert, tendieren die vom König eingesetzten regionalen Gewalten zur Verselbständigung. Kriegführen und Eroberung sind daher geradezu eine Notwendigkeit zur Stabilisierung der Königsherrschaft; nur die Demonstration von Stärke und die Möglichkeit, neues Land zu verteilen, sichern die politische Herrschaft des Königs. Neben der Missionierungsidee und neben der Funktion, als Ventil für den Bevölkerungsdruck zu dienen, ist dies eines der Motive für Ostkolonisation, Kreuzzüge und Reconquista.

Sobald der König Anzeichen von Schwäche offenbart, suchen die partikulären Gewalten und regionalen Potentaten ihr Herrschaftsrecht über das einmal verliehene Gebiet (Lehen) zu verselbständigen, ihre Unabhängigkeit vom König zu dokumentieren. Die Herren über Teilgebiete des Herrschers, Stammesherzöge, Grafen und Barone, bilden damit eine immer wieder erneute Bedrohung für den König; mitunter gelingt es ihnen auf Dauer, an der Machtausübung zu partizipieren (so aufgrund der Magna Charta in England).

Über Jahrhunderte hinweg zeigt sich eine immer wiederkehrende Tendenz und Figuration innerhalb dieser Herrschaftsapparatur: Machtvolle Herrscherpersönlichkeiten, stark als Eroberer und Schützer gegen äußere Feinde, können gegen Abtrünnige wirksam Acht und Bann verhängen, sie für »vogelfrei« erklären, somit außerhalb der Gemeinschaft stellen und sich auf diese Weise gegen separatistische Neigungen durchsetzen. Sie müssen jedoch dann anstelle der aufmüpfigen Lehnsträger wiederum neue Vertraute, Verwandte oder Dienstleute als Repräsentanten der Herrschaft einsetzen. Diese versuchen aber bald wieder, das Gebiet, über das sie ursprünglich als Delegierte des Königs gesetzt wurden, zu verselbständigen und nach Möglichkeit der Verfügung des Königs zu entziehen, darüber wie über ein erbliches Eigentum und Herrschaftsgebiet der eigenen Familie zu verfügen.

Beim damaligen Stand der Kriegs-, Wirtschafts- und Transportorganisation, der Infrastruktur und der Kommunikationsmittel bleibt jedoch dem König gar keine andere Wahl, als die Verfügungsgewalt über Teilgebiete seiner Herrschaft an andere zu delegieren, handelt es sich doch beim Feudalismus um eine unvollständige Integration der verschiedenen Teile eines Landes. Die ökonomischen Grundlagen bieten keine solchen Geldsteuerquellen, daß ein stehendes Heer besoldet und durch bezahlte Beamte ein Abhängigkeitsverhältnis über weite Distanz gesichert werden könnte. Je größer ein Reich ist, desto größer auch die Gefahr einer partikularistischen Gewaltenzersplitterung. Denn wenn die »Königsboten« *(missi dominici)* sich als Repräsentanten des Herrschers gegen alle anderen Krieger und Grundherren ihres Gebietes durchsetzen wollen, müssen sie mit noch mehr Boden und Menschen ausgestattet werden als jene. Damit werden sie jedoch wieder dem König gefährlich, der seine Herrschaft zunächst auf Reisen ausübt und nur in den Königspfalzen vorübergehend Aufenthalt nimmt. Der Herrscher kann höchstens versuchen, durch verwandtschaftliche Beziehungen, vor allem durch Heiraten, stärkere Koalitionen zusammenzubringen oder andere zu verhindern oder die dem Zölibat verpflichtete höhere Geistlichkeit stärker mit Lehen und Herrschaftsbefugnissen auszustatten. Dies führt dazu, daß auch die Kirche als Lehnsinhaber und Grundherr und damit als politische Macht fungiert. Vor allem aber muß der König versuchen, seine »Hausmacht«, seine unmittelbare Verfügungsgewalt über Land und Leute und den Besitz des eigenen Hauses durch Eroberung, Heirat und Erbschaft zu vergrößern[4].

Abgesehen von seiner alten Funktion als Heerführer bildet diese Hausmacht das Fundament für Herrschaftsstabilität, Prestige und Macht des Königs in einem schwer auszubalancierenden Geflecht permanent konkurrierender Gewalten. Erst mit der Ausdehnung seiner Hausmacht gelingt es später dem Landesfürsten, den Territorialstaat der Neuzeit zu formen und durch Ausdehnung der Steuerpflicht das Beamtentum und ein Söldnerheer zu finanzieren und sich damit gegenüber den feudalen Partikulargewalten entschieden und auf Dauer durchzusetzen. Der Feudalismus zeigt sich in drei Funktionen: militärisch in der Separierung eines spezialisierten und privilegierten Berufskriegerstandes; ökonomisch in der Ausbildung der

[4] Vgl. Bloch, Feudalgesellschaft, 1982.

grundherrschaftlich-bäuerlichen Wirtschaftsweise, die diesem bevorrechteten Kriegerstand ein arbeitsfreies Renteneinkommen (Feudalrente) gewährt; und politisch in der lokalen Herrenstellung dieses Kriegeradels und in dessen maßgebendem Einfluß oder auch selbstherrlicher Absonderung in einem Ständeverband. Dieser ist durch eine sehr lockere Struktur, durch das Überwiegen der persönlichen über institutionelle Herrschaftsmittel dafür geradezu prädestiniert. Daraus ergibt sich die Neigung zum Patrimonialismus und eine sehr enge Verbindung mit der kirchlichen Hierarchie[5].

Das Feudalwesen und seine Basis, die Grundherrschaft, repräsentieren angesichts des damaligen noch schlecht entwickelten Kommunikationssystems, der Vielzahl miteinander konkurrierender partikularer Gewalten, der eingeschränkten Möglichkeiten eines weitreichenden Güteraustausches, der gering entwickelten Geldwirtschaft bei gleichzeitig ständiger Bedrohung durch räuberische Feinde von außen und innen durchaus eine rationale[6] Ordnung[7].

Die Grundherrschaft erfüllt Aufgaben wie Steuererhebung, Etatwesen, Militär-, Polizei- und Gerichtswesen, also Agenden, die dann später der zentralistische Territorialstaat übernehmen sollte[8]. Sie ist eine institutionelle Methode zur gemeinsamen Nutzung von Ressourcen: Rein ökonomisch gesehen ist der Grundherr Besitzer von Produktionsmitteln; er bezieht jedoch daraus bloß eine Feudalrente. Die Einstellung des Adels, in erster Linie ein Kriegerstand, ist eben keine »Wirtschaftsgesinnung«; seine Idealvorstellung des Edelmannes bleibt unvereinbar mit ökonomischem Denken im modernen Sinn, mit Er-

[5] Vgl. Hintze, Feudalismus – Kapitalismus, 1970.

[6] Dieser Rationalitätsbegriff verweist darauf, daß neben dem Weberschen Verständnis von »Rationalität« auch andere Bedeutungen möglich sind.

[7] Nicht zufällig finden sich analoge Ausprägungen eines Feudalsystems in Japan, Rußland, in den Islamstaaten, vor allem der Türkei, ja selbst in der afrikanischen Beninkultur. Die Institutionen der *pomestie* in Rußland, des *iktaa* im arabischen und osmanischen Bereich, der *Samurai* und *Bushido* in Japan können mit dem fränkischen Lehnsverhältnis wohl verglichen werden (wie etwa der Konfuzianismus Parallelen zum traditionellen Wertesystem der alteuropäischen Gesellschaft erkennen läßt). Die Zentrierung auf die europäische Entwicklung verwehrt uns, auf die marxistische Diskussion über die »asiatische Produktionsweise« näher einzugehen, die das Fehlen des Feudalismus in außereuropäischen Ländern durch eine mit der Wasserversorgung einhergehende Machtkonzentration und -zentralisierung erklärt. Vgl. Ganshof, Was ist Lehenswesen? 1983, S. XV; vgl. auch Byres/Mukhia, Feudalism, 1985.

[8] Vgl. Claessens/Claessens, Kapitalismus, 1979, S. 39.

werbsstreben und Herstellen: »Gesellschaftliche Wertschätzung und Belohnung wurde jenen zuteil, die bei der Verfolgung der edlen Ziele erfolgreich waren, nicht jenen, die bei der Bereitstellung der vulgären Mittel erfolgreich waren ... Die Produktion war ein Mittel, Frömmigkeit und Ritterlichkeit waren die Ziele.«[9] Grundherrschaft bedeutet vor allem aber Abschöpfung bereits investierter Arbeitskraft aufgrund einer spezifischen Machtkonstellation (Frondienst); man könnte daher »Macht« in diesem Zusammenhang als Bedingung definieren, welche die Verfügung über abgeschöpfte Arbeitskraft ermöglicht[10].

5. Die Grundherrschaft als »Rahmenhaushalt«

Die Verfügbarkeit des Wirtschaftenden über Grund und Boden – abgesichert durch auf römische und germanische Tradition ruhendes, althergebrachtes Gewohnheitsrecht – ist eingeschränkt; damit ist auch ein Hindernis für eine kommerziell betriebene Intensivierung der Bodenbewirtschaftung gegeben. Dies ist – im Verein mit der relativ geringen technisch-wissenschaftlichen Entwicklung – ein Ausdruck der mittelalterlichen Feudalverfassung selbst, einer ganz bestimmten Figuration, die Machtchancen und »Ämter« in spezifischer Weise verbindet. Denn das zentrale Organ und die tragende Institution der vorwiegend auf der Agrarwirtschaft fundierten mittelalterlichen gesellschaftlichen Ordnung ist die »Grundherrschaft«. Sie wird vom »Grundherrn« ausgeübt, der Herreneigentum an Land und damit Herrschaft über die dieses Land bebauenden Menschen hat, deren Dienste und Abgaben ihm den standesgemäßen Unterhalt sichern. Die Feudalrente, die der Grundherr bezieht, tritt als Arbeitsfron, als Naturalabgabe oder (später immer häufiger) als Geldrente auf; immer aber ist der unmittelbare Produzent der an den Grundherrn gebundene Untertan; Grund und Boden sind somit in der Verfügungsgewalt einer herrschen-

[9] Cipolla, Ursprünge, 1983, S. 5.
[10] Der »moderne Kapitalist« muß hingegen *vorher* investieren, um dann eine Abschöpfung realisieren zu können.

den Oberschicht, welche die unmittelbaren Produzenten in politischer Subordination hält.

Die klassische Form des Herrschaftsbesitzes (Domäne, zusammenhängend mit *domus* bzw. *dominium*) setzt sich zusammen aus dem Rustikalland, das an die Bauern gleichsam in Pacht ausgegeben ist, und dem Dominikal- oder Herrenland, das der Grundherr mit Hilfe der bäuerlichen Frondienste bewirtschaftet. Diese Domäne hat ursprünglich die Funktion der bäuerlichen Hufe; sie ist zwar größer, aber auch der Haushalt, den sie ernähren muß, ist umfangreicher. Im Grunde soll sie dem Angehörigen des adeligen Kriegerstands Machtausübung und standesgemäße »Nahrung« sichern. Der arbeitende Bauer hat demgegenüber (mit Ausnahme der wenigen freien Bauern) weder die volle Verfügung über Grund und Boden – er bearbeitet das »Pachtland« seines Herrn – noch über seine Person. Er arbeitet für seinen Grundherrn, der ein Weltlicher oder ein Geistlicher sein kann. In der Regel übt der Herr auch die obrigkeitlichen Rechte aus. Meist ist er zugleich Gerichtsherr, wenigstens für die niedere Gerichtsbarkeit, und immer besitzt er »Zwing und Bann«.

Die bäuerlichen Abgaben und Leistungen sind meist an Grund und Boden gebunden. Soweit die Bauern auch persönlich unfrei sind, spricht man von Leibeigenschaft. Die Abhängigkeit der Bauern besteht also in Arbeitsleistungen und in Abgaben: Der Frondienst umfaßt nicht nur Robot und Spanndienste[1] der Bauern auf den grundherrlichen Domänen, sondern auch Leistungen zum Burgen-, Brücken- und Wegebau, im Jagd- und Transportwesen. Meist steht jedoch bei der Aneignung des bäuerlichen Mehrprodukts durch die Grundherren die Abgabe gegenüber der Fron im Vordergrund, wobei erstere regelmäßige (Grundzins und Zehent) und unregelmäßige (Heiratsabgaben, Abzugsgeld, Laudemium) Abgaben umfaßt. Der Umfang der bäuerlichen Lasten differiert sowohl zeitlich wie räumlich, so wie der bäuerliche Status; mitunter nehmen sie mehr als die Hälfte des bäuerlichen Bruttoertrages in Anspruch. Die anfangs im Vordergrund stehende Naturalleistung umfaßt nicht nur landwirtschaftliche, sondern auch Produkte des ländlichen Gewerbes, sie wird dann später häufig in Geld fixiert und schließlich auch in Geld geleistet. Die ursprünglich vorhandene

[1] Robot: Arbeitsleistung auf dem Dominikalland des Grundherrn; Spanndienste beziehen auch das Zugvieh mit ein.

Schichtung in Freie und Unfreie verliert bald an Bedeutung; die alte personale Differenzierung wird nivelliert, indem nunmehr die Frage wichtig ist, ob jemand (und an wen) Abgaben leistet oder nicht. Der gleiche ökonomische und damit schließlich auch rechtliche Status läßt seit dem 11. und 12. Jahrhundert einen »hörigen«, das heißt sozial abhängigen und allein auf die Produktion spezialisierten Bauernstand entstehen. Lediglich in Residualräumen, wie etwa in Friesland, in der Schweiz, im Schwarzwald und in Tirol, kann sich ein freies Bauerntum erhalten. Allerdings kann man in der traditionalen Gesellschaft von »Freiheit« und »Unfreiheit« nicht im modernen Sinne sprechen, denn die vollständige und durchgehende Integration läßt eben keine Wahlmöglichkeit zwischen verschiedenen Subsystemen des sozialen Gesamtsystems offen, keine Scheidung von Berufswelt und Familie, von Öffentlichkeit und Privatheit.

Gemeinsam ist ansonsten aber allen Bauern die Abhängigkeit von der Grund- und Gerichtsherrschaft. Die Verschiedenheit wird um so größer, je mehr durch Erbgang und Verkauf Groß- und Kleinbesitz innerhalb des Dorfes entsteht und Grundstükke mit verschiedenen Rechtspflichten durch Zukauf in der Hand desselben Bauern vereinigt sind. In jedem Fall ist der Bauer aber ungeachtet seines Status, ob freier Zinsmann oder Leibeigener, berechtigt, für sich selbst auf den lokalen Märkten zu verkaufen und zu kaufen. Als die Entwicklung der Städte solche Möglichkeiten schafft, verwandeln die Herren in großem Umfang einen Teil der reinen Naturalleistungen in eine ständige Geldrente[2].

Das Modell, das wir zumeist mit dem Begriff der Grundherrschaft assoziieren, ist im Grunde genommen eines des Hochmittelalters. Dabei muß man bedenken, daß auch die Institution der Grundherrschaft zeitlichen Veränderungen unterliegt. So gleichen die Villikationen[3] des frühen Mittelalters in vielem den Erscheinungsformen der antiken Latifundienwirtschaft. Aber schon seit dem 8. und 9. Jahrhundert reagiert man auf erste Intensivierungsanforderungen (Dreifelderwirtschaft) mit der Errichtung kleinerer Wirtschaftseinheiten (Hufen), anfangs wohl aus einem sehr einfachen Grund: Die Dreifelderwirtschaft erfordert ein gewaltiges Mehr an menschlicher und tierischer

[2] Vgl. Borchardt, Grundriß, I, 1973, S. 350ff.

[3] Villikation: Zweiteilung der Grundherrschaft in eine Eigenwirtschaft des Grundherrn und in das Land der Grundholden.

Energie, die aber zentral offenbar kaum zu alimentieren ist. Durch Dezentralisation, indem man den Menschen ein Stück Land gegen Abgaben zur Eigenbewirtschaftung überläßt und sie zwingt, ihre Arbeitskraft und die Zugleistung des nunmehr auf der Hufe gehaltenen Viehs der Villa (Fronhof) zur Verfügung zu stellen, ist sowohl eine Intensivierung der Großwirtschaft als auch der neuentstandenen kleinen Bauernwirtschaften möglich geworden. Im Hoch- und Spätmittelalter ist diese Auflösung der alten herrschaftlichen Fronhöfe bereits abgeschlossen. Gleichzeitig geht die Zahl der »hofrechtlich« gebundenen Unfreien zurück, Meierhöfe werden an Bauern ausgegeben oder aufgelöst. Es beginnt damit eine Zeit relativer bäuerlicher Freiheit, so daß die Auflösung der alten Fronhofverfassung im 12. und 13. Jahrhundert verschiedentlich als Zäsur in der Geschichte des europäischen Feudalismus angesehen wird[4].

Mehrere Faktoren, wie die Bevölkerungsvermehrung, die Binnenkolonisation und das Aufblühen der Städte, bedingen gemeinsam eine bäuerliche Statusverbesserung und stellen das bisher mit Hilfe der Villikationsverfassung praktizierte Aneignungssystem in Frage. Die Grundherrschaft bleibt zwar auch weiterhin die tragende Institution des Feudalsystems, jedoch nicht mehr der Fronhof, sondern die Dorfgemeinde *(village community, communauté rurale)* bildet (zumindest im west- und zentraleuropäischen Raum) fortan den Mittelpunkt der ländlichen Wirtschaftsverfassung. Die Grundherren sehen sich immer mehr genötigt, die alten Fronhofverbände aufzulösen und ihre *familia* aus der leibherrlichen Abhängigkeit zu entlassen. Persönliche Abhängigkeitsverhältnisse werden zunehmend durch ökonomische, später dann auch in Geld ausdrückbare Beziehungen ersetzt. Die Arbeitsrente verliert gegenüber der Produkten- und Geldrente an Bedeutung. Die Kontrolle des Arbeitsprozesses wandert, sobald an die Stelle der unmittelbaren, personalen Kontrolle die mittelbare des Geldes tritt, weitgehend in die Hand der Bauern; die Beziehung zwischen den Wirtschaften der Bauern und der Herren beschränkt sich somit wesentlich auf »Transferzahlungen«. Wenngleich die wirtschaftliche Entwicklung dynamischer wird, bleiben Gesellschaftsordnung und Wirtschaft doch eingebunden in die traditionale Gesellschaftsordnung: »Die feudale Herrschaft organisiert die Produktion und muß wohl oder übel die Gruppe von

[4] Vgl. Bruckmüller, Soziale Organisationsformen, 1981, S. 56.

Städtern, Kaufleuten und Bürgern versorgen, die ihrerseits von dieser Zufuhr lange abhängig bleibt.«[5]

Damit stellt dieser erste, hochmittelalterliche Transformationsprozeß eine wichtige Wende in der Entwicklung des europäischen Feudalsystems dar; es scheint allerdings so, als ob dann die spätmittelalterliche Agrarkrise und das Eindringen frühkapitalistischer Elemente diesen Entwicklungspfad wiederum in eine andere Richtung drängten[6].

Im allgemeinen hat das Eindringen des Geldes in eine naturalwirtschaftlich bestimmte Lebensform und die Steigerung der »Marktquote« den Bauern innerhalb der Grundherrschaft wohl beweglicher gemacht; in Westeuropa wird er im großen und ganzen *persönlich* frei. Er bekommt ein Abzugsrecht, er darf Grund und Boden kaufen und verkaufen, wenn der Käufer die Abgaben an den Grundherrn zu übernehmen bereit ist, er darf an Kind und Kindeskinder vererben und kann sich die Dienste an den Grundherrn in Geld ablösen lassen. Wenn manche Bauern dabei wohlhabend werden, so liegt das nicht nur an der Nutzung der Ackerwirtschaft, sondern oft auch daran, daß sie nebenbei einen begrenzten Korn- und Futtermittelhandel oder Dorfschenken betreiben und dann andere Bauern auskaufen oder gar selbst die Pacht von Herrenrechten und Zehent erwerben. Aber alle Bauern unterliegen den allgemeinen grundherrlichen Rechten und den kirchlichen Zehnten. Sie sind auch etwaigen monopolistisch genützten Bannrechten des Grundherrn unterworfen, müssen etwa gegen entsprechende Abgaben ihr Korn in herrschaftlichen Mühlen mahlen, den Kelter des Herrn

[5] Le Goff, Kultur, 1972, S. 161.

[6] Der Aufschwung des hohen Mittelalters, der mit der Siedlungsbewegung und der Entwicklung der Städte einhergeht, endet in der Krise des 14. und 15. Jahrhunderts. Der infolge der Pestkatastrophe eingetretene Bevölkerungsverlust schiebt das Problem der Überbevölkerung auf rund ein Jahrhundert hinaus, verschärft jedoch die Einkommenssituation des Adels, da mit dem Dahinsterben rentenpflichtiger Bauern auch die Feudalrente zusammenschmilzt (vgl. Kriedte, Spätfeudalismus, 1980, S. 11 ff.). Die ausgedehnten »Wüstungen« im Gefolge der Pestkatastrophe des ausgehenden 14. Jahrhunderts schaffen die materielle Voraussetzung für die Ausweitung der adeligen und kirchlichen Eigenwirtschaften; während im Westen die Feudalschicht den Ackerbau zum großen Teil durch die einträglichere Viehhaltung ersetzt und das Land durch Weideabzäunungen »einhegt« bzw. zum Pachtsystem tendiert, gehen ihre osteuropäischen Standesgenossen in der Folge einen anderen Weg: Die Verknappung der Arbeitskräfte, welcher die Grundherren mit einer verstärkten Bindung der Bauern an die Scholle zu begegnen suchen, führt zumindest in Osteuropa zur »zweiten Leibeigenschaft«.

benutzen, manchmal auch seinen Backofen. Sie unterliegen dem Tavernen- oder Anfeilzwang, müssen also Wein und Bier aus der herrschaftlichen Schenke beziehen und ihre Produkte zunächst dem Herrn zum Kauf anbieten, bevor sie damit auf den Markt gehen dürfen. Schließlich muß auch das Jagdrecht des Herrn geduldet werden, und gegen überhandnehmende Wildschäden kann man sich nicht zur Wehr setzen. Obwohl das Recht der Grundherrschaft von der Anerkennung eines bäuerlichen Erbrechts, über die Zeitpacht bis zum »Freistift«, das heißt zur sofortigen »Abstiftung«[7] des Bauern gehen kann, steht es im allgemeinen Interesse des Herrn, den Bauern und dessen Nachkommen auf seiner Scholle zu lassen, ist er doch auf die Leistungsfähigkeit seiner Hintersassen angewiesen. Dies gilt vor allem in Zeiten, in denen aufgrund des nachlassenden Bevölkerungsdruckes die zur Verfügung stehende Arbeitsleistung knapper wird. Der Grad der Institutionalisierung der Herrschaft ist insgesamt sehr unterschiedlich: »Je stärker etwa im mittelalterlichen Dorf der grundherrliche Besitz in Gemengelage mit anderen liegt, desto mehr muß er sich den örtlichen Regelungen unterwerfen, desto weniger kann er (der Grundherr) sie beeinflussen.«[8] Dort, wo weitgehend geschlossene, große Territorien entstehen, übt der Grundherr eine quasi souveräne Rolle aus.

Die Frondienste sind außerordentlich verschieden; sie können von sechs oder vierzehn Tagen im Jahr bis zu mehreren Tagen pro Woche gehen. Die Zeiten, in denen sie beansprucht werden, sind gerade diejenigen, in denen der Bauer zugleich auf seinen eigenen Feldern besonders viel Arbeit vorfindet. Doch sind die Frondienste niemals unentgeltlich, wenngleich die Entlohnung immer unter der von Taglöhnern liegt, an denen auch im Mittelalter kein Mangel besteht. Mindestens aber muß der Herr den Frönern Essen und Trinken reichen. Die Geld- und Naturalabgaben, die aus Ernte- und Viehertrag geleistet werden müssen, sind mannigfaltig: Neben den eigentlichen Herrenzinsen muß der große Zehent auf das Getreide und der kleine Zehent auf Haustiere für die Kirche geleistet werden, soweit sie nicht bereits in die Hand weltlicher Herren übergegangen sind. Von Hühnern und Hähnen, Eiern und Käse und verschiedenen

[7] »Abstiftung« bedeutet die sofortige Vertreibung des Bauern von Grund und Boden durch den Grundherrn ohne Gegenleistung. Dies vergrößert die Schar der landlosen Armen und Bettler.

[8] Scheler, Grundherrschaft, 1981, S. 152.

Feldfrüchten erfolgen Abgaben für den Grundherrn unter den verschiedensten Bezeichnungen. Im allgemeinen ist jeder Anspruch für sich genommen nicht eben hoch, aber alle Ansprüche zusammen können den jährlichen Ernteertrag für den Bauern auf ein Drittel bis ein Viertel herabsetzen. Dazu kommen in den meisten Fällen noch Abgaben bei besonderen Gelegenheiten (manchmal bereits durch Geld abgelöst): so die Heiratsabgabe, das Abzugsgeld, das *Laudemium* beim Wechsel des Herrn. Da der Widerstand der Untertanen gegen gesteigerte Frondienste groß ist, kann der Grundherr dort, wo ländliche Unterschichten vorhanden sind, Frondienste durch Taglöhner ersetzen oder zumindest ergänzen. Die Hintersassen bezahlen vielfach lieber eine Geldrente für das genutzte Land, anstatt Frondienste zu verrichten. Es kommt aber auch vor, daß dadurch die feudalen Gesellschaftsverhältnisse gestärkt werden und die Bande, mit denen der Großteil der Bauern an Grund und Boden gefesselt ist, sogar noch fester werden[9].

Nach der mittelalterlichen Rechtsvorstellung gehört das Land dem Grundherrn jedoch nicht als freies Eigentum im Sinne des römischen Rechts, weil er es ja einerseits nur als Lehen von der königlichen Gewalt innehat, andererseits selbst auch ein Recht der Bauern auf den von ihnen bewirtschafteten Boden anerkennen muß, denn der Boden muß die Untertanen ernähren. Überdies ist der Herr zu »Schutz und Schirm« seiner Untertanen verpflichtet, wobei diese ursprüngliche Idee wechselseitiger Treue und Leistung allerdings im Laufe der Jahrhunderte verblaßt. Der individualrechtliche, aus dem Sachenrecht römischrechtlicher Art abgeleitete Eigentumsbegriff ist jedoch nicht für die Erklärung herrschafts-, bindungs-, besitz-, eigentums- und nutzungsrechtlicher Aspekte des mittelalterlichen Personenverbandes anwendbar; seine Konstituierung ist dann jedoch notwendig für die spätere Durchsetzung marktwirtschaftlicher Prinzipien.

[9] Vgl. Hindess/Hirst, Vorkapitalistische Produktionsweisen, 1981, S. 169ff.

6. »Familienstruktur«, Agrar- und Dorfverfassung

Die elementare gesellschaftliche Gruppe und zugleich der wichtigste Arbeitsverband innerhalb der traditionalen Gesellschaft ist die bäuerliche »Familie«. Um sie herum bildet sich die Organisation des Dorfes. Die Idee der typischen Bauernhofeinheit bezieht sich auf die Möglichkeiten und Bedürfnisse einer »Familie«[1], wobei nicht nur die Blutsverwandten, sondern auch das Gesinde und solche Personen, die mit dem *pater familias* unter einem Dache wohnen und diesem »hausrechtlich« unterstellt sind, dem damaligen Verständnis nach zur *familia*, zum »ganzen Haus« gehören[2]. Trotz aller Unterschiede läßt sich eine Art

[1] Die Familie ist auch damals zunächst eine »Kernfamilie« aus Eltern und Kindern; die »Großfamilie«, in der Großeltern, verheiratete Brüder und Schwestern und sonstige Verwandte zusammenleben, ist eher eine Ausnahme. Für die gesellschaftlichen Beziehungen vermutlich von weit größerer Bedeutung als die eheliche Gemeinschaft sind verwandtschaftliche und freundschaftliche Bindungen, geistige und Blutsverwandtschaft, Patenschaften, Berufsorganisationen, Nachbarschaftsgruppen usw. Sie beruhen auf einem Zugehörigkeitsgefühl zu einer weitläufigeren *familia*, die gelegentlich auch unter einem Dach wohnt. Ein Oberhaupt, gemeinsamer Besitz und gemeinsamer Alltag zeichnen derartige familiäre Gemeinschaften aus. Vgl. Muchembled, Kultur des Volks, 1984, S. 39.

[2] Dabei unterliegen aber dieser Begriff und die »Familienstruktur« zeitlichen Veränderungen; die »Familie« des Frühmittelalters, die sich selbst als »Geschlecht« *(gens)* zu bezeichnen pflegt, ist in erster Linie im Sinne eines Sippenverbandes, im wesentlichen als Abstammungsgemeinschaft konzipiert. Damit verschwimmen die Unterschiede zwischen »Familie«, Haus, Sippe, Stamm und Volk, denn die Abstammungsgemeinschaft umfaßt viele Seitenverwandte und verzweigt sich ständig weiter. Sie besitzt oft auch keinen eigenen Sippennamen, sondern die Personen werden entweder mit dem Vornamen bezeichnet, und wenn es weiterer Unterscheidungen bedarf, wird der Eigenname des Vaters oder ein anderer Hinweis auf das Geschlecht angeführt. Dieses System hat sich vor allem in Skandinavien, aber auch in Irland und Schottland besonders lange bewahrt. Diese ältere Organisation wird abgelöst durch den Feudalismus, bzw. erwächst dieser daraus, indem die Stellung des Sippenoberhauptes erblich wird. Erst seit dem 11. und 12. Jahrhundert nennt man (ausgehend von den Adelsgeschlechtern) »Familien« immer häufiger mit dieser Bezeichnung; zu den »individuellen« Namen, die sich weiterhin oft als »Leitnamen« vererben, tritt jetzt – oft aus Berufsbezeichnungen, persönlichen Eigenschaften des Trägers oder aus seiner täglichen Umwelt abgeleitet – ein eigener Familienname. Seit dem 13. Jahrhundert ist dieser Brauch allgemein verbreitet, dadurch läßt sich »Familie« weit deutlicher als bisher abgrenzen. Als Wohngemeinschaft und Hausfamilie ist sie zugleich auch Arbeitsgemeinschaft. Erst solche abgegrenzten »Familien« können gegründet werden und aussterben (weil sie nicht mehr in weiterreichende Verbände eingebettet sind). Damit verfestigten sich auch die Besitzverhältnisse, denn: »Wer sich abgeplagt hat, um Reichtum, Macht und Herrschaft zu erwerben, für den ist es ein allzu drückender Gedanke, keinen Erben zu hinterlassen,

Grundmuster der mittelalterlichen »Familie« erkennen: »Sie ist und bleibt eine patriarchalische Gemeinschaft, in der der Vater bestimmend wirkt, sei es als Erzeuger oder als Ernährer: er repräsentiert die Mächte der Herkunft und des Herkommens. Die Familie ist eine Art Erziehungsgemeinschaft, in der die hergebrachten Verhaltensweisen an die nächste Generation weitergegeben werden, seien es kultische oder technische Haltungen. Die Familie ist eine Lebensgemeinschaft, die kein Mitglied ausschließt und wenig Arbeitsteilung oder Altersschichtung fordert, aber in der Not das Letzte verlangt.«[3]

Die Orientierung an dieser Sozialform »Familie« findet sich mit vielfältigen Differenzierungen und Modifikationen bei allen grundlegenden gesellschaftlichen Organisationsformen: die Autoritätsstruktur der im Haus vereinigten »Familie« ist Vorbild für alle herrschaftlich bestimmten Sozialgebilde. Auf einer höheren Ebene herrschaftlich organisiert sind Personenverbände vom Typus der Grundherrschaft. Die Abschichtung herrschaftlich abhängiger Personen, die nun selbst als Hausväter eine eigene Wirtschaft übernehmen, ist der Ausgangspunkt. In der Bezeichnung *familia* auch für den Gesamtverband der vom Grundherrn abhängigen Leute läßt sich der Ursprung dieser Sozialform noch erkennen.

Wirtschaftliche Basis der überwiegenden Zahl dieser Familien ist die auf der Dreifelderwirtschaft beruhende Agrikultur, was auf die gesellschaftliche Organisation nicht ohne Rückwirkung bleibt. Der Dreifelderwirtschaft entspricht als Siedlungsform das Gewanndorf mit einheitlich besäten, streifenförmig angelegten Feldstücken, die zusammen mit der Brache stets ein Mehrfaches von drei ausmachen[4].

Wenn sich das Zentrum der europäischen Kultur und auch des Bevölkerungszuwachses im Mittelalter von den Küsten des Mittelmeeres zu den west- und mitteleuropäischen Räumen verlagert, so ist dafür auch eine Reihe von agrartechnischen »Innovationen« maßgebend, die im Verein mit der menschlichen Arbeitsenergie eine neue leistungsfähigere Ackerbaumethode hervorbringen. Die Entwicklung dieses der nördlichen Klimazone angepaßten Landwirtschaftssystems erfolgt bereits zwischen dem 6. und 8. Jahrhundert; sie ist geknüpft an das

der seinen Namen und sein Gedächtnis bewahren könnte.« Alberti, Vom Hauswesen, 1986, S. 135.

[3] Borst, Lebensformen, 1979, S. 58.

[4] Abel, Landwirtschaft, 1971, S. 96.

Aufkommen des Radpfluges, der auch das Pflügen schwerer, aber reichere Erträge bringender Böden gestattet. Das bestellbare Land eines Dorfes wird dabei zunächst in zwei »offene« Felder aufgeteilt, eines davon für die Herbstsaat bestimmt, das andere für die Brache. Der große Vorteil der Brachwirtschaft besteht darin, daß sie den Bauern in die Lage versetzt, die Schädlingspflanzen durch Unterbrechung ihres Lebenskreislaufes mit dem Pflug in Schach zu halten[5].

Während in den Ländern des Mittelmeerraumes das kreuzweise Pflügen und damit die quadratische Feldform beibehalten wird, was für den einzelnen gleichzeitig mehr persönliche Entscheidungsfreiheit bedeutet, entwickelt sich in jenen Regionen Europas, die ihre Äcker in Streifen mit dem schweren Acht-Ochsenpflug bewirtschaften, eine »markgenossenschaftliche« Ackerwirtschaft. Diese reicht gegen Ende des Mittelalters schließlich von den britischen Inseln über Südschweden, Ost- und Mitteleuropa bis in die slawischen Länder[6].

Doch der schwere Pflug ist nicht der einzige Anlaß zum Anlegen dieser »offenen« Felder, ein willkommener Nebeneffekt ist auch die Verbesserung der Düngung dank intensivierter Viehhaltung; die Tiere weiden auf dem Brachland und führen dabei dem Boden Nährstoffe zu, was wiederum zu einer Steigerung der Ernte beiträgt. Gegen Ende des 8. Jahrhunderts erfolgt dann zuerst in Westeuropa der Übergang zu einer neuen agrarischen Produktionsmethode, dem Dreifeldersystem, welches sich zunächst in den fruchtbaren Ebenen zwischen Seine und

[5] Vgl. McNeill, Seuchen, 1978, S. 50. Während der alte Hakenpflug (indogerm.: *ar*, lat.: *aratrum*), wie er bereits in der Antike Verwendung fand, auf den leichten mediterranen Böden mit einem Gespann zweier Ochsen verwendet werden kann, erfordert der neue, für die schweren Böden des Nordens entwickelte Rad- oder Beetpflug (*plug, plog;* vgl. Grimm, Deutsches Wörterbuch, XII, 1984, Sp. 1773 f.), der mit Sech, Schar und Streichbrett tief in den Boden eindringt, oft bis zu acht Ochsen als Zugvieh, vereinigt in einer Spanngemeinschaft. Da mit dem Hakenpflug kreuz und quer *(in traverso)* gepflügt wird, ergibt sich daraus meist eine quadratische Form der Felder. Für den neuen Pflug erweist sich jedoch die Aufteilung der Felder in lange Streifen als die beste Feldform; dies bedeutet jedoch eine Aufhebung der existierenden Feldmarkierungen und persönlichen Nutzungsansprüche. Die neue Anordnung der Felder in Streifen setzt also neuartige Formen der bäuerlichen Kooperation voraus, gibt es doch aufgrund der gemeinsamen Bestellung eines jeden Feldes keine Abgrenzung zwischen den verschiedenen Nutzern. Pflügen, Aussaat und Ernte stehen daher unter strenger Kontrolle der Dorfgemeinschaft. Vgl. Weber, Wirtschaftsgeschichte, 1958.

[6] Vgl. White, Ausbreitung der Technik, 1983, S. 91 ff.

Rhein durchsetzt. Das Land wird dabei nicht wie bisher in zwei, sondern in drei Felder geteilt: in ein brachliegendes, ein Herbstfeld, auf dem vornehmlich Weizen, Roggen und Gerste angebaut werden, und ein Frühjahrsfeld für Hafer und Hülsenfrüchte. Durch den Anbau von Hülsenfrüchten wird der Boden mit Stickstoffen angereichert und seine Ertragsfähigkeit dadurch erhöht. Im zweiten Jahr wird das erste Drittel mit Sommerfrüchten bestellt, das zweite Drittel wird brach liegengelassen und das dritte Drittel mit Wintersaaten besetzt[7].

Vom 8. Jahrhundert bis an die Schwelle des industriellen Zeitalters um die Mitte des 18. Jahrhunderts beruht die landwirtschaftliche Produktion in den europäischen Kernlandschaften auf der Dreifelderwirtschaft. Aussaat und Ernte bestimmen damit den Lebensrhythmus einer noch weitgehend von der Landwirtschaft abhängigen Gesellschaft. Angesichts der nur geringen produktionstechnischen Verbesserungen ist schon von den materiellen Voraussetzungen her ein traditionaler Faktor gegeben[8]. Nach Osteuropa gelangt sie erst im Zuge der deutschen

[7] Das Dreifeldersystem bringt gegenüber dem Zweifeldersystem erhebliche Vorteile: Zwei Saaten zu verschiedenen Jahreszeiten, wodurch jedes Jahr ein Sechstel mehr Land zu bestellen ist, gewähren größere Sicherheit gegen Ernteausfälle und Hungersnot. Die Arbeit des Pflügens kann bei drei Feldern über das Jahr verteilt werden, das Winterfeld wird im Oktober oder November, das Sommerfeld im März und die Brache gegen Ende Juni gepflügt. Der Ertrag je Bauer kann bei einer Gesamtvergrößerung der Anbaufläche um ein Achtel um fünfzig Prozent gesteigert werden. Überdies wird durch die Frühjahrsaussaat, die nämlich die echte Neuerung ausmacht, die Erzeugung bestimmter Früchte vermehrt, denen große Bedeutung für die qualitative Verbesserung der Ernährung zukommt. Der Anbau von Getreide erfolgt zunächst in großen Flursystemen von etwa hundert Hektar mit unregelmäßigen, später rechteckigen Parzellen von zwei bis sieben Hektar, die in Hanglage durch Stufenraine, im ebenen Gelände durch breite Erdwälle voneinander getrennt sind. Diese drei bis acht Meter breiten Trennstreifen, wie man sie vor allem in Westeuropa vorfindet, dienen zugleich als Wege und gestatten eine ungehinderte Zufahrt zu den Feldern. Sie ermöglichen überdies das Bepflügen des einzelnen Ackers, ohne daß dabei die Tiere des Pflugvorspanns auf den Nachbaracker übertreten. Diese in England, Holland, Norddeutschland und Dänemark anzutreffenden Fluren brauchen somit nicht genossenschaftlich, in geregelter Feldgemeinschaft und unter Flurzwang, wie in den mitteleuropäischen Ländern, bewirtschaftet zu werden, sondern gestatten eine Einzelbewirtschaftung. Die Einbindung des einzelnen Produzenten in eine durch die Produktionsweise vorgezeichnete Zwangsgenossenschaft ist somit hier weniger stark ausgeprägt.

[8] Mit dem Aufkommen der Dreifelderwirtschaft und dem Einsatz des schweren asymmetrischen Pfluges entstehen die »Gewannfluren«, Fluren mit drei oder auch mehreren Hauptgewannen, die in Streifen gepflügt werden. Die Trenngräben und Trennstreifen zwischen den einzelnen Parzellen verschwinden – die Gewanne werden gemeinsam von den Besitzern einer Spanngemeinschaft be-

Kolonisation seit dem 11. Jahrhundert, im 13. Jahrhundert erst erscheint sie in Südschweden, Polen und bei den Südslawen. England erreicht sie erst im 12. Jahrhundert und im Anschluß daran auch Irland. Daneben gibt es bereits, je nach klimatischen Verhältnissen, intensivere und extensivere Anbausysteme, wie die »Feld – Gras-« oder »Egartwirtschaft« in Mittel- und Hochgebirgslagen (Alpen, Skandinavien, Schottland), wobei Feldbau und Weidenutzung in unregelmäßigen Zeitabständen wechseln, in Spanien das »Hojasystem«, wobei im zweijährigen Umlauf Brache und Bebauung aufeinander folgen, in Sizilien ein dreijähriger Rhythmus, wobei sogar nur ein Drittel des Bodens bestellt wird. Lediglich im Umkreis von Städten und schon frühzeitig marktorientierten Exportgebieten, wie den Niederlanden (Brabant), im Seinebecken und in Oberitalien, finden sich Gebiete intensiverer Bodennutzung mit Obst-, Gemüse- und Gartenbau, wobei der Übergang in die Fruchtwechselwirtschaft naheliegt. Die Dreifelderwirtschaft wird hier auch insofern verbessert, als anstelle der Brache zunehmend Hackfrüchte und Futterpflanzen angebaut werden[9].

Die Produktion ist anfangs noch weitgehend unspezialisiert; die Bauern des Frühmittelalters betreiben Ackerbau und Viehhaltung, oft auch noch Imkerei, Obst- und Weinbau, nebeneinander, und dieses Ideal einer autarken Wirtschaft ist angesichts der Isoliertheit der Siedlungen wohl auch eine Notwendigkeit. Gegenüber einer als feindlich empfundenen Umwelt von

stellt. Dadurch werden auch alle älteren Verfügungsrechte an den einzelnen Flächen aufgegeben. Es besteht lediglich ein Nutzungsrecht bestimmter Personen an den ihnen zugeteilten Ackerstreifen. Eine bedeutende Verbesserung in der Bodenbestellung bringt die Verwendung des Pferdes anstelle des Ochsengespanns, ermöglicht erst durch den vermehrten Anbau von Hafer in der Dreifelderwirtschaft sowie durch die Entwicklung des modernen Pferdegeschirrs und des Hufbeschlags, wodurch sich faktisch eine Verdoppelung der zur Verfügung stehenden Zugkraft ergibt. Da nur wenige Bauern das entsprechende Zugvieh stellen können, schließen sich in der Regel mehrere Bauern für ein gemeinsames Pfluggespann zusammen.

[9] Neben der extensiven »Egart-« und »Koppelwirtschaft« und der intensiven Anbauform des Gartenbaus gibt es noch Sonderkulturen, die auf besondere Feldstücke angewiesen sind und zum Teil als »Wurte« oder »Bifänge« bezeichnet werden. Sie sind aus der Flurordnung herausgenommen, und man findet sie dort, wo die Brache schon im Sommer genutzt wird, oder neben dem Sommergetreide noch andere Pflanzen bestehen. Man bebaut Wurte oder Bifänge mit Erbsen, Linsen und anderen Hülsenfrüchten, Kraut, Rüben, Flachs, Hanf, Hopfen, Wein, Obst und Gemüse. Sie sind in das Gartenrecht eingebunden, was dem Besitzer freie Hand bei der Nutzung läßt. Dies ist eine wesentliche Grundlage für die Ausweitung dieser Sonderkulturen im Spätmittelalter.

Mensch und Natur sichert nur der enge Zusammenhalt das Überleben.

Ein besonderes Verhältnis besitzt der mittelalterliche Mensch zum Wald, der als Holzlieferant und auch als Weide genutzt wird. Das Christentum sagt jedoch diesem Zufluchtsort der heidnischen Dämonen einen gnadenlosen Kampf an. Christliche Kolonisation und Missionierung geht Hand in Hand mit dem Sieg über den Wald, den Urwald, die *gaste forêt* des Parzival, die *selva oscura* Dantes. Dorthin ziehen sich nur freiwillige oder unfreiwillige Außenseiter der Gesellschaft zurück, Einsiedler und Klausner, Räuber und Gesetzlose: »Aber der Wald steckt auch voller Drohungen, voller eingebildeter oder wirklicher Gefahren. Er bildet den beunruhigenden Horizont der mittelalterlichen Welt. Er schließt sie ein, isoliert sie, umschlingt sie. Er schiebt sich zwischen die einzelnen Herrschaftsbereiche, zwischen die Länder als Grenze, als *das* Niemandsland. Aus seiner fürchterlichen ›Undurchdringlichkeit‹ brechen unvermittelt ausgehungerte Wölfe, Räuber, Raubritter hervor.«[10]

Die ursprüngliche Einheit des bäuerlichen Besitzstandes – »Hufe« oder »Hube« genannt – umfaßt je einen Streifen von drei Gewannen sowie das Recht auf Nutzung der Allmende. Die Größe der einzelnen Streifen wird meist nach der Tagesleistung eines Ochsengespanns bemessen, daher auch »Morgen« oder »Tagwerk« genannt. Unter »Hufe« versteht man somit die bäuerliche Ökonomie schlechthin, einschließlich der dazugehörigen Nutzungsrechte. Von der Karolingerzeit an verbindet sich mit dem Wort »Hufe«[11] die Vorstellung einer bestimmten Größe, etwa im Sinne einer Vollbauernstelle[12] mit der »Ackernahrung«, von der eine Bauernfamilie leben kann, d.h. durchschnittlich eine Fläche von etwa sieben bis zehn Hektar. Diese ist auch Bemessungsgrundlage für Abgaben und Leistungen an den Grundherrn. Im Zuge der späteren Erbteilung kommt es in Realteilungsgebieten zu einer Zersplitterung dieses auf den Erhalt einer Vollfamilie abgestellten Besitzstandes zu Halb- und auch Viertelhufen und damit zu Besitzgrößen, die eine vollbäuerliche Erwerbstätigkeit nicht mehr zulassen und Ansatzpunkte

[10] Le Goff, Kultur, 1972, S. 215ff.

[11] Etym. mit Habe zusammenhängend; lat. *mansus;* frz. *manse;* span. *mas;* engl. *hide.*

[12] Beda Venerabilis spricht von *terra unius familiae,* dem für eine Familie ausreichenden Grund und Boden.

für die Entstehung eines Dorfhandwerks und auch für die Bildung einer ländlichen Arbeitskraftreserve bieten. Diese von altersher übliche Nebenerwerbstätigkeit auf dem flachen Lande sollte dann später im Zuge des Vordringens marktwirtschaftlicher Verhältnisse eine der Wurzeln der »Proto-Industrialisierung« im Zusammenhang mit der Ausdehnung des Verlagsgewerbes werden[13].

Die in der Dreifelderwirtschaft übliche gemeinwirtschaftliche Regelung der Feldbestellung und die einheitliche Nutzung der Gewanne bringt es mit sich, daß Bebauung und Ernte nach einem gemeinsamen Plan erfolgen. Schon die einfache Dreifelderwirtschaft bedarf einer zumindest rudimentären Koordination von Hufensystem und »Flurzwang«, um möglichst stabile Erträge zu sichern. Damit entstehen aber innerhalb der Dorfgemeinschaft zwangsläufig genossenschaftliche Züge, wie auch in der gemeinsamen Nutzung von Allmende und Brache. Die Gemeinde regelt Flurordnung und Nutzungsrechte der einzelnen Dorfbewohner. Der einzelne Dorfbewohner ist darüber hinaus in seinem ganzen gesellschaftlichen Dasein untrennbar mit der Gemeinde verknüpft[14].

Der genutzte Boden ist dem Bauern nur »geliehen« oder in sonstiger Weise auf Abrede zur Verfügung gestellt. Das heißt aber, daß die Dorfbewohner sich ständig mit grundherrlichen

[13] Vgl. Kap. III.

[14] Die geschlossene Siedlungsform (Straßen-, Angerdorf) läßt auf gemeinschaftliche Wirtschaftsformen und Arbeitsteilung innerhalb der Dorforganisation schließen; die Einzelhofsiedlung erfordert hingegen, daß verschiedene Tätigkeiten, wie Brotbacken, Schlachten, Viehhüten, innerhalb des einzelnen Hofes ausgeübt werden. Mit der Streusiedlung ist in der Regel auch eine andere Flurform verbunden, die Block- oder Einödflur, die dem Flurzwang oft gar nicht oder zumindest nur in eingeschränkter Form unterliegt. Dies wirkt sich nicht nur auf die Größe des bäuerlichen Hauses, sondern auch auf die interne Arbeitsorganisation aus, denn die Einzelhöfe müssen schon wegen der Fülle ihrer Aufgaben mehr Personal unterhalten als die Dorfsiedlung, in der Taglöhner, handwerklich tätige »Inleute« und Kleinhäusler ausschließlich von ihrer Hände Arbeit leben müssen. Man kann im allgemeinen davon ausgehen, daß kaum 20 Prozent der ländlichen Bevölkerung Bauern im engeren Sinne, nämlich Inhaber eines bäuerlichen Hofes gewesen sind. Vgl. Bruckmüller, Soziale Organisationsformen, 1981, S. 55.

Die »Gewanne« (auch »Lüssen« genannt) sind dabei in Streifenform aufgeteilt, von denen je einer einem Mitglied der Dorfgemeinschaft zur Nutzung überlassen ist. Hinzu kommt als gemeinschaftliche Nutzung das Anteilsrecht am Wald- und Wiesengürtel, der sogenannten Allmende, so daß sich in der mittelalterlichen Dorfverfassung eigenwirtschaftlich und gemeinwirtschaftlich genutztes Land nebeneinander findet.

Besitzansprüchen auseinanderzusetzen haben, andererseits bringt es die Form der Dreifelderwirtschaft mit sich, daß die Feldarbeit gemeinsam verrichtet werden muß. Weil bei der Dreifelderwirtschaft nur die Gewanne, nicht aber die einzelnen Feldstreifen ohne weiteres zugänglich sind, ergibt sich daraus der »Flurzwang«, das heißt ein gemeinsames Pflügen, Säen und Ernten. Dieser Flurzwang wird von allen Dorfangehörigen mit vollem Anrecht ausgeübt. Die dem Flurzwang unterliegende Großfeldwirtschaft des Dreifeldersystems – auch »Feldgemeinschaft« genannt – findet eine Entsprechung im Weide- und Waldland, das ebenfalls in der Gemeinnutzung und im Gemeineigentum der Dorfgenossenschaft steht. Auf diese Weise ist das Leben der Dorfbewohner über lange Zeit von nachbarschaftlich-genossenschaftlichen Elementen bestimmt[15].

Die um das Dorf liegenden »Gewanne« sind ihrerseits umgeben von einem Wald- und Wiesengürtel, der »Allmende«, die gemeinschaftlich genutzt wird. Sie ist einerseits Grundlage der Vieh- und Weidewirtschaft, andererseits auch eine Bodenreserve. Bei der Nutzung der Gemeindeweide tritt der genossenschaftliche Charakter des Dorfes wohl am deutlichsten hervor; hier sind ständig gemeinsame Interessen zu wahren, sowohl gegenüber dem Grundherrn, dem man die Teilnutzung zugestehen muß, als auch gegenüber den Nachbardörfern. Der Wald wird nicht nur holzwirtschaftlich genutzt, sondern dient auch als Waldweide, vor allem für die Schweinemast und die Imkerei. Wo Weide- und Waldflächen von Anfang an begrenzt sind, wie in altbesiedelten und waldarmen Gebieten, scheidet man die dörflichen Wirtschaftsräume schon frühzeitig voneinander, so daß es hier schon im Laufe des Mittelalters zu geschlossenen »Markgenossenschaften«, mehrere Dörfer umfassende Genossenschaften kommt. In waldreichen Gebieten und im Gebirge kann die Wald- und Weidenutzung auch weiterhin ungeregelt bleiben.

Eigenes und genossenschaftliches Wirtschaften treten dabei nicht als Gegensätze auf, sondern als notwendige Ergänzungen. Versucht man den einzelnen Bereichen besondere Wirtschafts-

[15] Doch wäre es verfehlt, aus solchen Haltungen und Organisationsformen auf einen früheren »agrarkommunistischen« Kollektivismus in Zentraleuropa zu schließen. Dagegen spricht ihre herrschaftliche Einbindung. Die geregelte Feldbewirtschaftung, wie sie durch den Flurzwang festgelegt wird, der die Dorfgenossenschaften verbindet, ist überdies das Ergebnis einer relativ späten, sich noch bis in die frühe Neuzeit hinziehenden Entwicklung.

formen zuzuordnen, so ergibt sich eine auch räumlich vorstellbare Abfolge von Haus und Hausgarten, die völlig eigene Wirtschaftsbereiche darstellen, über die Ackerflur, an der man eigenen Anteil hat, die aber nach gemeinschaftlichen Regeln bestellt werden muß, bis zu Wald und Weide, die mehr oder weniger gemeinschaftlich genutzt werden[16].

Zusammenfassend sei festgehalten: Der Boden ist dem Bauern in keinem Fall im Sinne des modernen Eigentumsrechts übereignet. Aber auch der Grundherr verfügt als Lehnsinhaber über Land und Leute nicht im Sinne eines privatrechtlichen Eigentumsbegriffes, sondern muß seinerseits ebenfalls ein Nutzungsrecht der Untertanen anerkennen. In jeder geschichteten gesellschaftlichen Konfiguration entwickeln sich Regelungsmechanismen und (stillschweigende) Übereinkünfte darüber, was beide, Herrschende wie Beherrschte, sozial dominierende und untergeordnete Gruppen jeweils tun (dürfen). Es existieren wechselseitige Verpflichtungen und Bindungen, die beide miteinander verknüpfen. Solche Grenzen und Regeln sind zwar nicht in formalen Verfassungen oder Verträgen festgelegt, sie sind nichtsdestoweniger wirksam. Es handelt sich dabei um einen nicht kodifizierten Rahmen gegenseitigen Verstehens und gegenseitiger Akzeptanz[17].

7. Die »malthusianische Falle«: Bevölkerungsbewegung und landwirtschaftliche Produktionsweise

Wirtschaftsleben und Gesellschaftsverfassung der traditionalen Gesellschaft werden wesentlich durch die beiden Variablen Bevölkerung und Ertrag der Landwirtschaft bestimmt. Da die Subsistenz der Mehrheit der Bevölkerung auf der Agrarwirtschaft beruht und die Produktionsweise der Landwirtschaft noch bis zum Ende des 18. Jahrhunderts für das Lebensniveau und die soziale Stellung von 70 bis 80 Prozent der europäischen Bevölkerung ausschlaggebend sind, ist jede Veränderung in diesem Sektor für die ganze Gesellschaft von großer Bedeutung.

[16] Vgl. Bruckmüller, Soziale Organisationsformen, 1981, S. 54.
[17] Vgl. Moore, Ungerechtigkeit, 1982, S. 39f.

So bewirken etwa ein Nachlassen des Bevölkerungsdrucks und eine Ausdehnung des bewirtschafteten Bodens in der Regel eine Statusverbesserung für jene Teile der Bevölkerung, die ihre eigene Arbeitskraft einsetzen müssen. Die Grundherren versuchen natürlich, dies zu verhindern und gehen etwa nach der Pestkatastrophe des 14. Jahrhunderts systematisch daran, den Status der Bauern zu mindern und sie zu ungünstigeren Bedingungen zu beschäftigen, wobei sie in erster Linie politische Machtmittel einsetzen. Der Ruf aufständischer Bauern nach dem »alten Recht« spricht hier eine deutliche Sprache. Nun ist aber im allgemeinen das potentielle Wachstum eng begrenzt, weil der frei verfügbare Boden in Europa spätestens seit dem Auslaufen der Ostkolonisation rar ist. Menschenzahl und Produktionsmöglichkeiten müssen aber aufeinander abgestimmt sein; ein Ausgleich erfolgt entweder von außen, durch Kriege, Seuchen und Hungersnöte oder durch soziale Anpassungsmechanismen. Dazu zählen etwa eine hohe Zölibatsquote (bedingt auch durch den Männerüberschuß infolge der damals höheren Frauensterblichkeit bei Geburten), durch eine entsprechende Erb- und Gesindeordnung und, damit verbunden, freiwillige und unfreiwillige Heiratsbeschränkungen für Nichtbesitzende. Denn »Heiratsfähigkeit« ist stets geknüpft an die Erlangung einer Vollstelle, etwa eines Bauernhofs oder einer Handwerksstelle, die für eine »Familie« den standesgemäßen Lebensunterhalt sichert.

Daraus resultiert ein relativ hohes Heiratsalter und eine hohe Quote an Ehelosigkeit (rund 30 Prozent), ja die sozial motivierte Hinaufsetzung des Heiratsalters ist geradezu die »antikonzeptionelle Waffe des klassischen Europa« (Chaunu). Ganz generell gilt die Feststellung: »Landlosigkeit bedeutet Ehelosigkeit. Nicht ansiedelbarer Kinderüberschuß der Landbesitzer sowie des ehelosen, aber keineswegs zur Enthaltsamkeit verpflichteten Gesindes wird vermieden. Dabei bleiben das Ideal der Askese für die Ehelosen als moralisches Gebot und das Verbot des Kindermordes als Gesetz in Kraft. Sie werden jedoch nicht zu inquisitorisch-terroristischen Instrumenten geschliffen, solange Kirche und Adel von der prosperierenden Bauernwirtschaft profitieren, also zwar durch Unterdrückung der Produzenten, aber ohne deren gewaltsame Vermehrung ihren Unterhalt bestreiten können.«[1]

[1] Heinsohn u.a., Menschenproduktion, 1979, S. 45.

Sobald Grund und Boden nicht länger frei verfügbar sind, verfestigen sich die persönlichen Besitzansprüche, es konstituiert sich »Eigentum« als eine neue Form von Macht- und Herrschaftsausübung. Besitz verbürgt nicht nur Überlebens- und Fortpflanzungschancen, sondern an ihn ist auch gesellschaftliche Macht geknüpft, sei es im kleinen Kreis der »Familie« die des Hausvaters oder auf höherer Stufe die des Feudaladels. In einem Stadium der Entwicklung, in dem es entscheidend ist, über Grund und Boden zu verfügen, ist es letzterer, der auch Macht zur Aneignung von Arbeit verleiht, die – von Ausnahmesituationen abgesehen – noch relativ unbegrenzt zur Verfügung steht.

Dabei ist jedoch die Bevölkerungsbewegung insgesamt durch ausgeprägte Schwankungen gekennzeichnet. Zwei große, durch Serien von Pestkatastrophen ausgelöste Stagnationsphasen zu Beginn (527 bis 700 n. Chr.) und am Ende (1348 bis 1500) des Mittelalters, führen zur Dezimierung nahezu der Hälfte der europäischen Bevölkerung und schieben damit das Problem der Überbevölkerung auf jeweils zwei bis drei Generationen hinaus. Die Pestepidemien des 6. und 7. Jahrhunderts weisen für die Bevölkerung des Mittelmeerraumes Folgen auf, die denen des berüchtigten »Schwarzen Todes« im 14. Jahrhundert nicht nachstehen. Sie sind mit eine Ursache dafür, daß sich das Gravitationsfeld der europäischen Zivilisation nach dem Norden verschiebt[2]. Noch fast zwei Jahrhunderte später beschreibt Paulus Diaconus (720–799) das schreckliche Wüten der Seuche in Italien: »Landgüter und Städte, bis dahin mit pulsendem Leben erfüllt, versanken, da alles die Flucht ergriff, von einem Tag auf den anderen in Totenstille ... Wer verweilte, um seinen Nächsten zu beerdigen, blieb selbst ohne Grab ... Die Welt verfiel in ein vormenschliches Schweigen: keine Stimme auf den Feldern, nicht einmal der Pfiff eines Hirten ... Die Ernte harrte vergebens des Schnitters, die Trauben hingen noch bei Einbruch des Winters an den Reben. Die Felder hatten sich in Friedhöfe verwandelt, die Häuser der Menschen dienten den wilden Tieren als Unterschlupf ...«[3]

[2] Vgl. McNeill, Seuchen, 1978, S. 178.

[3] Zit. in Le Goff, Kultur, 1972, S. 77f. Neben der Pest sind es Tuberkulose, Hautkrankheiten, wie die gefürchtete Lepra, die Skrofeln (Geschwüre häufig tuberkulösen Ursprungs), verschiedene Mangelkrankheiten und Mißbildungen, sowie toxische Erkrankungen nach Schimmelpilz- oder Mutterkornbefall des Getreides, unter denen die Menschen leiden, sowie verschiedene Nerven- und

Wie folgenreich Epidemien und seuchenartige Infektionskrankheiten für die politische und ökonomische Dynamik sein können, zeigt etwa der Verlauf der englischen Expansionsbemühungen im Hundertjährigen Krieg (1337–1453). Der Rückschlag durch den »Schwarzen Tod« ist hier so gravierend, daß die englische Machtausweitung erst wieder unter den Tudors in der zweiten Hälfte des 16. Jahrhunderts einsetzt. Dazwischen gibt es immer wieder auch Perioden raschen Wachstums, wie etwa zwischen 700 und 850 und in den ersten drei Jahrhunderten nach der Jahrtausendwende, während die Zeit von 850 bis 950/1050 eine relative Stagnation erlebt. J. C. Russell gibt für die europäische Bevölkerung folgende (naturgemäß sehr globalen) Schätzungen an:

Tabelle 1: Einwohner in Europa (in Millionen)

Gebiet Jahr:	500	650	1000	1340	1450
Südeuropa	13	9	17	25	19
West- und Mitteleuropa	9	5,5	12	35,5	22,5
Osteuropa	5,5	3,5	9,5	13	9,5
Europa (insgesamt)	27,5	18	38,5	73,5	51

Quelle: Russell, Bevölkerung, 1983, S. 21.

Das massive Auftreten der Pest seit 1347/48 in ganz Europa schiebt das Problem der Überbevölkerung für mehrere Generationen hinaus; tatsächlich stagniert die europäische Bevölkerung insgesamt jedoch bereits *vor* Ausbruch der Seuche, was als Folge einer säkularen Stagnation und Krise der feudalen Ökonomie interpretiert wurde. Unterernährung und physiologisch mangelhafte Ernährung könnten eine größere Anfälligkeit für epidemische Krankheiten gefördert haben, so daß die Lebenserwartung eines Großteils der Bevölkerung bereits in den ersten Dezennien des 14. Jahrhunderts beträchtlich gesunken zu sein scheint.

Die Auswirkungen der großen Pestkatastrophe des 14. Jahrhunderts, das »große Sterben« oder den »schwarzen Tod«, wie

Geisteskrankheiten. Begreiflich, daß bei dieser Anfälligkeit für Krankheiten aller Art oft ganz unvermittelt kollektive Krisen, Massenpsychosen und religiöse Wahnideen auftreten. Häufig sucht man dabei Sündenböcke; vor allem Juden, Aussätzige und Fremde müssen dafür herhalten.

man die Pest bald nennt, der rund 25 Millionen Menschen zum Opfer gefallen sein sollen, hat Giovanni Boccaccio im 1. Buch seines um 1350 entstandenen ›Decamerone‹ sehr anschaulich beschrieben: »Es war das Jahr 1348, als die scheußliche Pest die blühendste Stadt Italiens, Florenz, heimsuchte. Auf ihrem Wege hatte sie schon eine ungeheure Menge Menschen hingerafft, unaufhörlich drang sie vom Osten nach dem Westen vor, ohne daß ihr irgend etwas Einhalt gebieten konnte: Sie spottete jeder Vorsicht, die Verordnungen der Ärzte machte sie zunichte, und kein noch so inbrünstiges Gebet schrie sie nieder. Es bedeckte sich plötzlich bei Mann und Weib der Körper mit widerlichen Beulen, sie wurden zu schwarzen Flecken, das Fieber schlich heran, und nach drei Tagen löschte der Tod das Leben. Kein Mittel half, niemand wußte sich vor dem Gifthauch zu retten. Er sprang beim Sprechen von Mensch zu Mensch, bei der leisesten Berührung der Kleider; ja auch andere Kreaturen wurden nicht verschont. Eine Angst stand unter den Überlebenden auf, und in ihr war jeder rücksichtslos nur auf sich selbst bedacht. Manche vereinigten sich wohl, schlossen sich von der Welt ab und wollten durch ein mäßiges Leben dem Unglück ausweichen. Bei andern befreiten sich alle Begierden aus ihren Banden, und das herrenlos gewordene Gut gab ihnen genügend Mittel, ihrer Lüsternheit zu frönen. In dieser allgemeinen Not sank das Ansehen der menschlichen und göttlichen Gesetze völlig. Jeder konnte handeln, wie er wollte. Alle Familienbande lösten sich bei der gegenseitigen Furcht voreinander, selbst Eltern mieden ihre Kinder, der Bruder seine Schwester. Und die Kranken fanden sehr selten christliche Liebe, die sich ihrer annahm: fast ganz waren sie den habsüchtigen Elementen preisgegeben, die nur eine ungemessene Belohnung zur Pflege reizen konnte.«

Der »externe Schock« der Pestkatastrophe hatte somit für die Auflösung der tradierten sozialen Bindungen nachhaltige Folgen. Die Entwurzelung des Menschen, der hier zum Vorschein kommende, aus dem nackten Überlebenstrieb gespeiste Egoismus, wonach jeder sich selbst der nächste sei, sollte zum Wesensmerkmal der »modernen« Welt werden. Unter dem Eindruck von Pestkatastrophe und spätmittelalterlicher Krise und als Reaktion auf die Machtlosigkeit gegenüber Massensterben und Naturkatastrophen ist ein Verhaltens- und Mentalitätswandel von »bloßer Jenseitshoffnung zu planender Daseinsvorsorge und aktiver Selbsthilfe« und auch in der Einstellung gegenüber Jenseits und Tod zu beobachten: »Wenn Fegefeuervorstellungen und Seelenheilsstiftungen sich verbreiteten, so deutet sich auch hier ein rechenhaftes Vertrauen auf die eigene Aktivität an. Die einerseits festzustellende Grundstimmung der Angst bewirkt somit andererseits eine Intensivierung der Individualität.«[4]

Die Grenzen der mittelalterlichen Expansion sind damit zu Beginn des 14. Jahrhunderts erreicht; es folgen der Niedergang der feudalen Ökonomie, die Pestkatastrophe und die »Wüstungen«. Es wird kein neuer Boden mehr gewonnen, kein Land mehr urbar gemacht, »Grenzböden« werden aufgegeben, Felder bleiben brach liegen, Dörfer werden verlassen. Nicht nur die Bevölkerungszahl stagniert für nahezu ein Jahrhundert, auch die Preise verfallen, die Bautätigkeit an den großen Kathedralen erlahmt. Die wirtschaftliche Depression verschont auch nicht die Städte: Münzverschlechterungen, eine Krise im Textil- und Baugewerbe und schließlich ein Fallieren der großen italienischen Bankhäuser der Bardi, Peruzzi, Buonacorsi, Corsini, Cocchi, Perendoli und, wie der Florentiner Chronist Giovanni Villani anmerkt, »vieler anderer kleinerer Gesellschaften und Handwerker«[5].

Die Reduktion der Bevölkerung führt, wie gesagt, auch zu ausgedehnten »Wüstungen« und damit zu gravierenden Veränderungen der mittelalterlichen Kulturlandschaft. Der Rückgang der Zahl der Menschen, insbesondere der arbeitenden Armen, führt zum Bemühen um extensivere Anbauformen und intensivere Nutzung der menschlichen Arbeitskraft. Die an Macht und Einfluß gewinnenden städtischen Magistrate bemühen sich vielfach um eine »soziale Disziplinierung« der unteren Schichten. Im Zusammenhang mit den Bevölkerungsverlusten des 14. Jahrhunderts wandelt sich auch die Einstellung zum »fahrenden Volk«. Das Spätmittelalter bekennt sich absolut zur Seßhaftigkeit, die Fahrenden gelten fortan in stärkerem Ausmaß als Vagabunden; die Bettler – ehedem akzeptiert, weil sie nach Christi Vorbild dem Armutsideal folgen – werden zunehmend als Mitglieder der Gesellschaft verurteilt, die sich weigern, ihren Lebensunterhalt durch Arbeit zu verdienen. Selbst die Pilgerfahrt – die »mittelalterliche Form des Tourismus« – gerät in Mißkredit[6].

[4] Eberhard, Krise des Spätmittelalters, 1984, S. 313.
[5] Le Goff, Kultur, 1972, S. 175f.
[6] Vgl. ebd., S. 219ff.

Charakteristischerweise wird aufgrund der Verknappung von Arbeitskräften die Tagesarbeitszeit zumindest tendenziell ausgeweitet; durch die Kombination von mechanischer Uhr und Glocke wird erstmals die Stunde im mathematischen Sinne angezeigt. Das Uhrwerk war zwar wohl schon gegen Ende des 13. Jahrhunderts erfunden, zweifellos ist es aber erst das 14. Jahrhundert, das den erwähnten entscheidenden Schritt macht. Fortan wird die Arbeitszeit danach bemessen werden. So bauen die Leute von Air-sur-la-Lys Mitte des 14. Jahrhunderts einen Belfried, einen Glockenturm, der die Stunden des Handelsverkehrs und der Arbeitseinteilung der Tucharbeiter schlagen soll, »weil besagte Stadt von der Tuchmacherei regiert wird«. Dies ist notwendig wegen »der Tuchmacherei und anderer Gewerbe, die es mit sich bringen, daß viele Arbeiter täglich zu bestimmten Stunden zur Arbeit kommen und gehen. Was die Arbeitsglocke oder die Verwendung der Stadtglocke für die Arbeit an Neuem bringt, ist offensichtlich eine regelmäßige, normale Zeit an Stelle einer *Ereigniszeit*, die sich nur episodenhaft und ausnahmsweise zeigt, sind neben den unbestimmten klerikalen Stunden der Kirchenglocken die bestimmten Stunden ... des Alltäglichen; ein chronologisches Netz, das das städtische Leben umrahmt, ja gefangen hält.«[7] In der Welt der Händler kommt es auf eine präzisere Festlegung der Arbeitszeit und der Termine für ihre Geschäfte an, vor allem seit der Einführung des Wechsels. In den Städten Italiens, Flanderns, Englands, Frankreichs und Deutschlands werden seit dem 14. Jahrhundert die ersten mechanischen Uhren eingesetzt: »Die Zeit nimmt weltlichen Charakter an, und diese von den Turmuhren angezeigte Zeit setzt sich neben der geistlichen Zeit der Kirchenglocke durch.«[8] Die Durchsetzung der neuen Zeitökonomie, die Unterordnung der Arbeit unter gemessene Zeit[9], wird übrigens bald zum Gegenstand heftiger gesellschaftlicher Konflikte; eine Reihe von Revolten macht es sich zum Ziel, die »Werkglocke« zum Schweigen zu bringen.

Zusammenfassend läßt sich sagen, daß die Bevölkerungsbewegung aufs engste mit der landwirtschaftlichen Produktions-

[7] Le Goff, Mittelalter, 1984, S. 32ff.

[8] Le Goff, Kultur, 1972, S. 304.

[9] Dadurch wird die Messung von »Leistung« möglich und damit deren effiziente Kontrolle. Es entsteht ein reges Interesse an zeitsparenden Einrichtungen, denn Zeit wird knapp, sobald die »Logistik der Zeit« sich durchsetzt. Vgl. Koselleck, Vergangene Zukunft, 1979.

weise und diese wiederum mit der herrschenden Agrarverfassung korrespondiert. Die Landwirtschaft sieht sich in starker Abhängigkeit von äußeren Faktoren, von Landschaft und Klima auf der einen, rechtlichem Status und der jeweiligen Form der Aneignung des bäuerlichen Mehrprodukts durch geistliche, adelige und in der Folge auch bürgerliche Herren auf der anderen Seite. Ein ganzes Geflecht ökologischer, rechtlicher und ökonomischer Abhängigkeiten vielfältiger Art prägt das Leben des Großteils der Bevölkerung. So wirken sich etwa Schädlingsbefall oder auch säkulare Klimaschwankungen – wie die Trokkenperiode gegen Ende des ersten Jahrtausends oder verschiedene, als »kleine Eiszeit« bezeichnete Kälteeinbrüche in erheblichen Ertragseinbußen aus[10]. Im allgemeinen trifft also die Feststellung zu: »Die Wirtschaft ist zu anstrengend, als daß sie über den Verzehr des Erzeugten hinauskäme, und zu umweltabhängig, als daß sie vernünftig zu planen wäre«[11]. Das Leben ist stets bedroht, eine Bevorratungspolitik daher doppelt notwendig; prinzipiell ist ja die »moralische Ökonomie« auf Sicherung, d.h. Bevorratung der Subsistenzmittel ausgerichtet.

»Jeder Unglücksschlag zieht einen wahren Höllenkreis nach sich. Am Anfang stehen Witterungsunbilden, Mißernten. Die Lebensmittelpreise steigen, die Not der Armen nimmt zu. Wer nicht verhungert, ist anderen Gefahren ausgesetzt, z.B. schweren, oft tödlichen Krankheiten, hervorgerufen durch minderwertige Nahrungsmittel, ungenießbare Kräuter oder Mehlsorten, verdorbene Lebensmittel, zuweilen sogar Erde, vom Verzehr von Menschenfleisch ganz zu schweigen, der keineswegs eine Erfindung fabulierender Chronisten ist.«[12]

»Im ganzen lebten jedoch die Bauern am Rande der Unterernährung ... und so stellt sich uns eine wenig robuste, durch Unterernährung, Vitaminmangel, Rheuma, Tuberkulose und Erbschäden sowie das Fehlen jeglicher Hygiene geschwächte Bevölkerung dar. Die verkrüppelten Körper und zahnlosen Gesichter auf den Gemälden eines Hieronymus Bosch bezeugen das physische Elend, in dem Männer und Frauen lebten und das die Schwächsten, das heißt vor allem Alte und Kinder, schnell dahinraffte.«[13]

Wenn insgesamt die Produktion zwischen dem 10. und

[10] Vgl. Loose, »Kleine Eiszeit«, 1984, S. 41.
[11] Borst, Lebensformen, 1979, S. 352.
[12] Le Goff, Kultur, 1972, S. 396.
[13] Muchembled, Kultur des Volks, 1984, S. 43.

13. Jahrhundert dennoch ansteigt, so vor allem aufgrund der Gewinnung zusätzlicher Ackerflächen, weniger als Folge technischer Verbesserungen in der Agrikultur. Jegliche Bevölkerungsvermehrung ist damit abhängig von der Ausbreitung der Bodenbewirtschaftung und Siedlungslandschaft. Es gibt wohl auch eine Reihe verfahrenstechnischer Verbesserungen und dadurch eine höhere Arbeits- und Flächenproduktivität, aber diese bleiben von geringer Bedeutung[14].

Unter dem Aspekt derartiger Produktionsbedingungen ist auch noch das pessimistische Bevölkerungstheorem von Robert Malthus (1798)[15] zu verstehen, wonach zwar das Bevölkerungswachstum tendenziell auf eine in geometrischer Reihe angelegte Vermehrung (heute würden wir sagen auf ein exponentielles Wachstum) gerichtet sei, hingegen der Nahrungsmittelspielraum sich lediglich in einer arithmetischen Reihe vergrößere.

Die Grenzen der feudalen Produktionsweise sind bereits mehr oder weniger aufgrund ihrer besonderen Entstehungsbedingungen gezogen; die Krise einer Gesellschaftsformation beginnt dann, wenn ihre Grundlage, ihre dominierende Produktionsweise nicht länger expandieren kann. Im Feudalsystem ist dies der Fall, sobald aller Grund und Boden »feudalisiert« ist und ein neuer Schub im Wachstum der Bevölkerung einsetzt, was gegen Ende des Spätmittelalters eintreten sollte[16].

[14] In großer Zahl sind mittelalterliche Arbeitsdarstellungen überliefert. Immer wird Getreide mit der Sichel geschnitten, in leicht gebückter Stellung und in halber Halmhöhe (mit der Sense hätte man zuviele Körner ausgeschlagen), während man Gras mit der Sense mäht. Erst bei der Verknappung der Menschen scheint es sinnvoll, die leistungsfähigere Sense anzuwenden. Dies geschieht aber allgemein erst seit dem 15. Jahrhundert. Die Etymologie des Wortes dreschen (ahdt. *dresken,* mit den Füßen stampfen) verweist auf das ursprüngliche Dreschverfahren; eine allgemeine Verbreitung des Dreschflegels (lat.: *flagellum,* Peitsche) erfolgt ebenfalls erst in der zweiten Jahrtausendhälfte. Wichtig ist nicht nur die Verwendung des Pferdes als Zugtier, sondern auch die des vierrädrigen lang- und kurzbespannten Wagens, der auf diese Weise mehrfach verwendet werden kann, kurzgespannt für schwere Lasten (Mist, Erde, Wein), langgespannt zur Einbringung der Ernte (Heu, Getreide). Technische Neuerungen wie der Dreschflegel, die Sense, das Hufeisen, das Pferdegeschirr, die Windmühle und der Radpflug sind wohl sehr bedeutend, ohne daß sich dabei jedoch die starke Abhängigkeit von den Wechselfällen der Natur geändert hätte. Selbst in sehr guten Erntejahren dürfen wir bloß einen vier- bis fünffachen Ertrag, üblicherweise jedoch nur das Eineinhalb bis Zweifache der Aussaat annehmen.

[15] Wie so viele »Gesetze« wird auch dieses erst zu einem Zeitpunkt formuliert, in dem die gesellschaftliche Situation kaum mehr dem theoretischen Befund entspricht.

[16] Vgl. Anderson, Absolutistischer Staat, 1979.

Dieses Konfliktpotential im Feudalismus macht sich nicht zuletzt im Ansteigen der Fehden und Besitzstreitigkeiten geltend. Mit der Kapitalisierung von Grund und Boden in Verbindung mit der Ausweitung der Verbrauchermärkte ergeben sich jedoch signifikante Veränderungen im Produktionsgefüge; es kommt zu einer »Systemkrise«, die den Feudalismus als Produktionsweise generell in Frage stellt. Die infolge des erneuten Bevölkerungswachstums unter der Bedingung des abnehmenden Ertragszuwachses sinkende Arbeitsproduktivität pro Kopf führt bei gleichzeitig verschärfter Aneignung von Arbeit zu einer »Krise der feudalen Wirtschaft«, denn man muß davon ausgehen, daß sich die Feudalquote (als die Menge von untertänigen Abgaben und Dienstleistungen im Verhältnis zum Gesamtertrag) über ein bestimmtes Maß hinaus nicht steigern läßt, weil dies dann kontraproduktiv wirkt. Wie später Adam Smith feststellt: »Ein Mensch, der kein Eigentum erwerben kann, wird kein anderes Interesse haben, als so viel als möglich zu essen und so wenig als möglich zu arbeiten.«[17]

[17] Smith, Wealth of nations, III.ii.9.

Ansätze zur Veränderung der traditionalen Gesellschaft sind bereits in der Organisationsstruktur der mittelalterlichen Stadt angelegt. Ihre rechtliche Stellung, die durch eigene Verwaltungsorgane untermauert wird, bedingt eine relative politische Unabhängigkeit von der ländlich-feudalen Umwelt. Der städtische Markt bleibt jedoch abhängig vom bäuerlichen Mehrprodukt, und im Gegensatz zum Fernhandel liegt sein Zweck primär in der Ergänzung der Haushalte.

Der Fernhandel des späten Mittelalters und der frühen Neuzeit betreibt seine Projekte zu Gewinnzwecken, wobei vor allem kostbare Güter gehandelt werden. Die großen Kaufleute sind nicht nur Händler, sondern auch Geldwechsler und Bankiers. Die Kreditgewährung an die Landesfürsten stärkt ihre gesellschaftliche Position, da sie als Gegenleistung oft Privilegien erhalten und so beispielsweise ins Montanwesen eindringen. Hier drücken sie die Gewerken häufig zu reinen Lohnarbeitern herab. Das Montanwesen leistet dadurch einen wesentlichen Beitrag zur Umgestaltung der alten Wirtschaftsordnung in den Frühkapitalismus.

Die neuen Auslandsmärkte (Kolonisierung der außereuropäischen Länder) und auch die Ausdehnung der Binnenmärkte (in Zusammenhang mit der Entstehung des Zentralstaates) sind wohl die wesentlichen Faktoren für die Akkumulation von Kapital. Eine Schicht zunehmend spezialisierter Gewerbetreibender bildet sich im Zuge wachsender Komplexität der Arbeitsteilung heraus, eine Gruppe von Verleger-Kaufleuten, die zum Träger einer Proto-Industrialisierung wird, der wiederum eine wichtige Funktion für das Aufbrechen der traditionalen Gesellschaft zukommt.

Die Beeinträchtigung des Mittelmeerhandels durch die seit dem 7. Jahrhundert expandierende Macht des Islams hat einen Abbruch des in der Antike aufgebauten mediterranen Handelssystems zur Folge und führt zu einem Niedergang der alten städtischen Kultur. Es setzt zunächst ein wirtschaftlicher Verfall ein, der allerdings im Mittelmeerraum weitaus stärker fühlbar wird, während es im bisher minder entwickelten europäischen Norden zu einem inneren Landesausbau kommt. Das ökonomische Schwergewicht verlagert sich somit nach West- und Mitteleuropa[1].

Erst mit der sich neu entfaltenden innereuropäischen städtischen Wirtschaft setzt insbesondere seit dem 12. und 13. Jahrhundert, der eigentlichen Hochblüte mittelalterlicher Kultur, ein neuer Entwicklungsabschnitt innerhalb einer allerdings noch immer vorherrschend agrarisch geprägten Gesellschaft ein. Die Städte schließen wohl einerseits an römische Wurzeln an, andererseits handelt es sich in manchen Fällen, vor allem im Norden Europas, um echte Neugründungen, meist an verkehrsgeographisch bevorzugten Plätzen, wie Wegkreuzungen, Furten, Flüssen oder Meeresbuchten oder im Schutze einer festen Burg oder eines Klosters[2]. Bis zur Jahrtausendwende ist die Kontinuität der Städte bloß Schein; vielfach sind die alten Städte zur absoluten Bedeutungslosigkeit abgesunken. Die auf den Niedergang im Frühmittelalter dann seit dem 12. Jahrhundert einsetzende Wiedergeburt des Städtewesens steht im Zusammenhang mit der Neubelebung des Güterverkehrs.

Das Idealbild der mittelalterlichen Stadt orientiert sich an der Symbolik des »himmlischen Jerusalem«, und es ist gleichzeitig das Abbild einer Gesellschaftsordnung, in der Himmel und Erde als Teile einer homolog aufgefaßten Weltordnung gelten (und »diese Ordnung ist ein Attribut der vollkommenen

[1] Das neue Reich der Karolinger ist eine reine Landmacht, die auf der Agrarwirtschaft basiert; der seit dem 8. Jahrhundert aufkommende europäische Feudalismus hat rein agrarische und im Unterschied zum Orient keine städtischen Wurzeln.

[2] Auch in den erst spät christianisierten skandinavischen und slawischen Gebieten geht die mittelalterliche Stadt auf Vorformen städtischer Ansiedlungen zurück: auf slawische »Grods« und nordische »Wiks«. Vgl. Le Goff, Kultur, 1972, S. 131.

Stadt«[3]). Sie wird durch vier Hauptstraßen kreuzförmig in Quartiere geteilt, umgeben von einer Ringmauer, zugleich Verkörperung des neuen Geistes bürgerlicher Ordnung[4]. Im Mittelpunkt befindet sich zumeist der große Platz mit Kathedrale, Gerichtsstätte und Pranger, Brunnen und Marktkreuz als Bezugspunkte des öffentlichen Lebens und zugleich als Ausdruck städtischer Macht und Autonomie der unabhängigen Bürgergemeinde. In Südeuropa, besonders in Italien, bewahrt die Stadt mehr von ihrer antiken Funktion; die südeuropäische Stadt des Mittelalters hat einen adelig-bürgerlichen Charakter, während sich im Norden die Bürgerstadt vom adelig-bäuerlichen Lebensraum deutlicher abgrenzt. Im Süden errichtet der Adel seine befestigten Wohntürme und trägt seine Fehden inmitten der Stadt aus, betätigt sich aber auch in bürgerlichen Berufen, vor allem im Handel. Seit dem späten 11. Jahrhundert schließen sich vor allem in Ober- und Mittelitalien Stadtadel und die am städtischen Leben aktiv teilnehmenden Gruppen zu selbständigen Kommunen zusammen, die sich nicht nur gegen die Stadtherren (Kaiser, Papst, Fürsten und Bischöfe) durchsetzen, sondern schließlich auch das umliegende Land beherrschen, so daß bereits der Ansatz zu einem souveränen Stadtstaat zu sehen ist. Im Norden wird hingegen die Bürgergemeinde zum Träger des Städtewesens. Neben die »Burg«, in der das herrschaftliche Moment überwiegt (*burgum,* Schutz), tritt die Kaufmannssiedlung als Kristallisationskern mit überwiegend genossenschaftlicher Ordnung. Der Fernkaufmann ist zunächst Wanderhändler, zumeist organisiert in genossenschaftlichen Verbindungen (z. B. Hansen); unter dem besonderen Schutz der Königsmacht schließen sich Fernkaufleute zu »Gilden« zusammen, zu Schutzbrüderschaften, die damit gleichsam die Funktion der Sippe oder der Gemeinde übernehmen. Zum Kaufmann tritt der selbständige Handwerker zur Versorgung des städtischen

[3] Duby, Ordnungen, 1981, S. 92f. Damit unterscheidet sich die mittelalterliche Stadt prinzipiell von der rational-geometrisch geplanten »modernen« Stadt der Renaissance. Man vergleiche etwa die Stadtplanungen von Leon Battista Alberti, Andrea Palladio, Vincenzo Scamozzi und als ausgeführtes Projekt die Stadt Palmanova (1593) mit »gewachsenen« mittelalterlichen Städten.

[4] Die *societas civilis* hat Sicherheit zur Voraussetzung. Diese wird gewährleistet gegenüber äußeren Feinden durch eine besondere Lage und Fortifikation. In der städtischen Kommune schlägt sich eine bestimmte Form gesellschaftlicher Organisation nieder, die letztlich dem Überlebensprinzip des »ganzen Hauses« verpflichtet ist, jedoch in sich auch dynamischere Elemente (differenzierte Arbeitsteilung, Markt) birgt.

Eigenbedarfs und des Exporthandels mit dem nötigen Warenangebot, der sich somit von dem im Dienst großer Herren stehenden Hofhandwerker unterscheidet. Die Bürgergemeinde steht zwar zunächst noch unter der Leitung stadtherrlicher Organe, tritt aber als Ergebnis längerer, vom 11. bis ins 13. Jahrhundert andauernder Auseinandersetzungen zuletzt selbständig handelnd auf. Sie setzt sich selbst eine Obrigkeit, die wesentliche Hoheitsrechte militärischer, gerichtlicher und finanzieller Art autonom verwaltet, dem Stadtherrn aber durch Treueid verbunden bleibt. Überall aber erscheinen die Städte neben Geistlichkeit und weltlichen Grundherren als partizipierende Teilglieder der Reichs- bzw. Landstände, besonders begünstigt durch einen eigenen Rechtsstatus: »Das Territorium der Stadt ist nicht weniger privilegiert als die Einwohner; es gilt als Asyl, als Immunität, die dem Bedrängten Schutz gegen äußere Gewalten verleiht, wie wenn er in einer Kirche Zuflucht gesucht hätte.«[5]

Die mittelalterliche Stadt ist noch relativ klein; urbane Siedlungen mit 20000 bis 40000 Einwohnern können bereits als echte Großstädte angesehen werden, wobei jedoch zwischen absoluter Menschenzahl und der Bedeutung einer Stadt nicht unbedingt ein Zusammenhang bestehen muß. Viel wichtiger für die Bedeutung einer städtischen Siedlung sind vielmehr die verschiedenen Privilegien, wie Markt-, Steuer-, Zoll- und Stadtrecht und die Wahrung eigener Gerichtsbarkeit, also deren rechtliche Stellung und die daran geknüpften »zentralörtlichen« Funktionen wie Residenz und Marktort, Verwaltungssitz und auch kirchliches Zentrum, außerdem die Existenz infrastruktureller Einrichtungen, etwa für Bildungs- und Krankenpflege.

Der mittelalterliche Mensch besitzt im allgemeinen noch ein sehr konkretes Bewußtsein von den integrierenden Erfordernissen des Lebensraums »Stadt«. Bei aller Ähnlichkeit in ihrer Funktionalität zeichnen sich die einzelnen Städte durch spezielle Eigenheiten aus, die sich in einer eigenen Währung, in eigenen Maß- und Gewichtssystemen offenbaren, worüber die städtischen Organe ihrerseits eine Kontrolle ausüben. Die Stadt ist aber vor allem Lebensraum für ihre Bürger; sie gewährt, auch innerhalb ihrer integrierten autonomen Gemeinschaften wie Gilden und Zünften, eine Art Überlebensgarantie und »soziale Sicherheit«.

[5] Pirenne, Sozial- und Wirtschaftsgeschichte, 1976, S. 60.

Während im Frühmittelalter keine Stadt eine Größe von über 50000 Einwohnern erreicht, führt der steile Bevölkerungszuwachs seit dem 10. Jahrhundert dazu, daß bis kurz vor Ausbruch der großen Pestkatastrophe von 1348 große Städte wie Paris, Cordoba, Venedig, Florenz und Genua beinahe 100000 Einwohner zählen, während Bologna, Rom, Palermo, Mailand, London, Köln, Gent oder Brügge auf etwas mehr als 50000 Menschen kommen; hingegen erreichen die großen Hansestädte, die Zentren Osteuropas, aber auch wichtige Handelsstädte und zentrale Orte wie Nürnberg, Wien, Straßburg, Sevilla, Toledo, Lyon, Bordeaux und Toulouse bloß 20000 bis 50000 Einwohner[6].

Die Städte sind, politisch gesehen, zwar meist Schöpfungen eines Landesfürsten, sie werden aber, indem sie durch ein besonderes Privileg aus der feudalen Ordnung herausgehoben werden (»Stadtluft macht frei«), einem eigenen Statut der Selbstverwaltung unterstellt. Damit wirken sie in vielen Fällen als ein wichtiges Instrument des Landesherrn; mit den Städten kann er gegen aufsässige Feudalherren eine Koalition eingehen. Mitunter lehnen sich die Städte aber auch gegen ihren Herrn auf. Der aufblühende Handel und Verkehr, der wachsende Warenumsatz und die Zunahme der Bargeldzirkulation bringen steigende Einkünfte aus Weggeldern und Zöllen aller Art sowie aus dem Münzregal und machen die Stadt zu einem einflußreichen Finanzfaktor. In der Stadt steht der Gedanke der »Gemeinde« im Vordergrund; die gesellschaftlichen Bindungen, die Gleichgestellte in »Schwurverbänden« vereinen, verlaufen somit *horizontal,* während im Lehnswesen die Niedrigen durch ein Gelöbnis gegenüber ihrem Herrn in eine *vertikale* Solidarität eingebunden werden.

[6] Bis in die allerjüngste Vergangenheit können Großstädte ihre Einwohnerzahl ohne einen kräftigen Zustrom aus der ländlichen Umgebung nicht halten, um die durch Hungersnot, epidemische und endemische Krankheiten erlittenen Verluste wettzumachen. J. C. Russell (Bevölkerung, 1983, S. 20) weist darauf hin, daß unter der Voraussetzung normaler mittelalterlicher Wirtschaftstätigkeit dabei ein ziemlich regelmäßiges Größenverhältnis zwischen Stadtgröße und Gesamtbevölkerung einer Region besteht, wonach der zentrale Ort einer Region etwa 1,5 Prozent der Gesamtbevölkerung dieses Einzugsgebiets umfaßt. Dieser Prozentsatz, weil offenbar grundlegend für die Bevölkerungsstruktur, erscheint dabei als eine zeitlich relativ konstante Größe. Das Vorhandensein großer städtischer Siedlungen ist damit im Mittelalter in jedem Fall ein wichtiges Indiz für einen außergewöhnlichen ökonomischen Entwicklungsstand einer ganzen Region.

Dieser eigene Rechtsstatus unterscheidet prinzipiell die mittelalterliche europäische Stadt von der orientalischen, die als Sitz einer »rentenkapitalistischen Grundbesitzerschicht«[7] in das Agrarsystem eingebunden bleibt, so daß hier die ländlichen Ideale der Oberschicht die gesamte Gesellschaft durchdringen können. Da in diesem Fall »die adelige Grundbesitzerschicht sowohl das flache Land als auch die Stadt gesellschaftlich, politisch und kulturell beherrschte, verwischte ein starker Zusammenhalt die Unterschiede zwischen Stadt und Land«[8]. Im Gegensatz dazu ist in der europäischen Stadt die Chance einer offeneren Gesellschaft mit vielfältigen Erwerbsmöglichkeiten gegeben, denn die europäische Stadt des Mittelalters wird beherrscht von Kaufleuten und Geldwechslern, von Richtern, Verwaltern, Notaren und Heilkundigen; sie stellt im ökonomischen Sinne in erster Linie ein Handelszentrum und den Mittelpunkt des Großgewerbes dar. Der daraus resultierende städtische Wohlstand hätte aber noch nicht die Eigenart der europäischen Stadt ausgemacht, denn auch in China, im alten Rom und Griechenland oder im Orient gab es reiche Kaufleute, Handwerker und Intellektuelle. Erst die Einrichtung der europäischen Stadt als »unabhängige Körperschaft mit wohldifferenzierten Verwaltungsorganen« (Cipolla) stellt diese außerhalb der feudalen Macht, was Karl Marx – hier ganz Bürger *(citoyen)* – auf die drastische Formel brachte, der Gegensatz zwischen Stadt und Land falle mit dem Übergang aus der Barbarei in die Zivilisation zusammen[9]. Jedoch stellen die Ausbreitung des Lehnswesens und die städtische Bewegung nur »zwei Seiten ein und derselben Entwicklung (dar), die den Lebensraum und die Lebensform der Gesellschaft gestaltet ... Zu jeder bäuerlichen Gesellschaft gehört ... ein gewisser, wenn auch geringer Prozentsatz an Städten«[10].

Diese Sonderstellung ermöglicht es der europäischen Stadt aber auch, die Position eines Vermittlers im kulturellen und geistigen Bereich einzunehmen. Wissenschaft und Kunstfertigkeit verlagern sich von den Klöstern in die Städte; seit dem 13. Jahrhundert, der Blütezeit mittelalterlicher Stadtkultur, in-

[7] Hans Bobek versteht darunter die in den Städten lebenden Grundbesitzer, die eine Geldrente beziehen, ohne daß ein familiärer Konnex mit den bewirtschaftenden Bauern besteht. Vgl. Bobek, Aufriß, 1950, S. 34ff.

[8] Cipolla, Ursprünge, 1983, S. 7.

[9] Vgl. MEW 4, S. 466.

[10] Le Goff, Kultur, 1972, S. 156.

stitutionalisieren sich hier die Zentren höherer Bildung, die abendländischen Universitäten, zunächst in Italien, dann in West- und Mitteleuropa. Die kulturelle *translatio,* in der die Städte den Klöstern den Rang ablaufen, zeigt sich so neben der Baukunst (Zeit der Kathedralen) vor allem im Schulwesen. Im Laufe des 12. Jahrhunderts werden die Klosterschulen von den städtischen Bildungseinrichtungen überflügelt. Die neuen Orden der Dominikaner und Franziskaner lassen sich in den Städten nieder. Die Scholastik ist ein Produkt der Stadtkultur; sie ist die beherrschende Richtung an den neuen Lehranstalten, an denen die neue »Zunft der Geistesarbeiter« regiert. Die Organisation(skultur) dieser *universitates magistrorum et scholarium* gleicht dabei der des zünftischen Handwerks[11]. Während für die Klöster das Buch, ungeachtet seiner geistlichen und intellektuellen Bedeutung, in erster Linie eine sorgsam gehütete Kostbarkeit darstellt, ist es für die Universitäten vor allem ein »Handwerkszeug«.

Die Universitäten sind Pflegestätten der damaligen, in der Scholastik vereinten Wissenschaften, also primär der Theologie und Philosophie, aber auch der Jurisprudenz, der Medizin und Linguistik. Die abendländische Universität stellt einen internationalen geistigen Organismus dar, der die Gesamtheit der damaligen Wissensgebiete *(universitas litterarum)* zusammenschließt, um sie in der alles krönenden christlichen Theologie zusammenzuführen. Als die wichtigsten Universitäten gelten zunächst Bologna, Paris, Padua, Köln und Oxford, welche auch die berühmtesten Lehrer der Zeit anziehen. Als eigenständige Korporation von Lehrenden und Lernenden verfügen die Universitäten über ein Bildungsmonopol, nämlich das der Verleihung der akademischen Grade. Mit besonderen Privilegien und Freiheiten ausgestattet, genießen die mittelalterlichen Universitäten einen rechtlichen Sonderstatus und bestimmte Vorrechte inmitten einer ohnehin mit Sonderrechten versehenen Bürgergemeinde. Die Regenten fördern die Universitäten nicht zuletzt, um sich vom traditionellen Bildungsprivileg der Kirche zu emanzipieren. Die Universitätsangehörigen können dabei als Gruppe einen nicht zu unterschätzenden Faktor darstellen; so schätzt man für Oxford, daß um 1380 von den rund 5500 Einwohnern jeder vierte ein Universitätsangehöriger war. Die Universitäten repräsentieren dabei ein besonderes Milieu, weil ihre

[11] Vgl. ebd., S. 144ff.

Mitglieder sich aus sämtlichen gesellschaftlichen Schichten rekrutieren; ihre spätere »soziale Verkrustung« geht Hand in Hand mit einem intellektuellen Niedergang in der Spätscholastik; der Humanismus als geistige Erneuerungsbewegung entwickelt sich größtenteils außerhalb der Universitäten.

Allerdings bedingt es ihre finanzielle Abhängigkeit – denn Haupteinnahmequellen sind, neben den kirchlichen Pfründen, verschiedenen Sinekuren und Zuwendungen, Gehälter und Einkünfte, welche ihnen von den Städten, Fürsten und Regenten gewährt werden –, daß von Beginn an eine landesherrliche Oberaufsicht über die Universitäten gegeben ist. Die große Expansion des Universitätswesens im Spätmittelalter geht einher mit der zunehmenden Professionalisierung der öffentlichen Ämter und dem wachsenden Bedürfnis nach akademisch ausgebildeten Juristen, Beamten, Ärzten und Theologen. Dazu kommen noch Fragen des Prestiges[12].

Die Stadt ist zugleich Zentrum eines von örtlicher und privater Initiative getragenen Fürsorgewesens. Dafür sind in den mittelalterlichen Städten zwei Institutionen charakteristisch: einmal das Hospital, sodann die Bettel-, Armen- und Altersversorgung. Die Hospitäler sind die mittelalterliche Vorform der Krankenhäuser, Pflege- und Altersheime. Sie sind zunächst mit einem Kloster oder Stift verbunden und werden von einer der zahlreichen Genossenschaften von Hospitalisten betrieben, später in zunehmendem Maße vermögensrechtlich und verwaltungsmäßig zu einem weltlichen Bürgerspital umgewandelt, wenn auch weiterhin im christlichen Sinne geleitet[13]. Daneben bleiben als zweite Fürsorgeinstitutionen die »sozialen Einrich-

[12] Gerade dieser Grund bewegt Städte und Fürsten dann im 15. und 16. Jahrhundert dazu, eine Reihe neuer Landesuniversitäten zu gründen, wobei zunehmend auch Nützlichkeitserwägungen (vgl. Kap. VIII) mitspielen: »Die politischen Instanzen anerkennen nicht nur den utilitaristischen Aspekt der universitären Tätigkeit ... Ihr Ruhm soll durch das intellektuelle Prestige gemehrt werden ... Mit der Veränderung ihrer Funktion – weg von der unabhängigen intellektuell-geistigen Tätigkeit und hin zum Ausbildungszentrum für den Staat – veränderten die Universitäten ihre Rolle und ihr soziales Profil. Von nun an waren sie weniger die Wiege einer schöpferischen Intelligenz als vielmehr Ausbildungszentrum der Gesellschaft, das all jene durchliefen, die das administrative und soziale Gerüst des modernen Staates und bald auch der absoluten Monarchie bilden sollten.« Le Goff, Mittelalter, 1984, S. 104ff.

[13] Erst die Säkularisationsbewegung der Nachreformationszeit erzwingt in der Neuzeit dann die staatliche Organisation der Armen- und Krankenpflege. Zusammen mit den bedeutenden Mitteln der bisherigen geistlichen Stiftungen übernimmt man auch deren Verpflichtungen.

tungen« der Zünfte und anderer »Genossenschaften« und Korporationen in Selbstverwaltung bestehen.

Die mittelalterliche Stadt bleibt jedoch trotz aller fortgeschrittenen Arbeitsteilung vom bäuerlichen Mehrprodukt abhängig und entspricht damit der autarken selbstgenügsamen Wirtschaftsgesinnung dieser Zeit. Alles soll nach Möglichkeit, wenn schon nicht innerhalb der Mauern, so zumindest doch im unmittelbaren Umland, der »Bannmeile« der Stadt hergestellt werden. Vor allem die vielen Städte mit weniger als 5000 Einwohnern bleiben besonders eng mit der Landwirtschaft verflochten. In diesen »Ackerbürgerstädten« bestellen nicht selten erfolgreiche Handwerker und Händler noch Weinberge und Gärten. In den Höfen wird Kleinvieh gehalten, und bei Sonnenuntergang füllen sich die Straßen mit Vieh, das von den Weiden hereingetrieben wird. Die europäische Gesellschaft kennzeichnet auch nach dem Aufstieg der Städte im Spätmittelalter ein Nebeneinander von ständischem Gewerbe, überregionalem Handel und feudaler Landwirtschaft, wobei letztere die Gesellschaftsverfassung bestimmt.

Der Separatismus und das Autarkieideal der Stadtkultur wirken sich aber auch darin aus, daß Fremde nicht zugelassen oder selbst in ausgesprochenen Großstädten zumindest auf besondere Gebäude (z. B. *Steel Yard* der Hanse in London, *Fondaco dei Tedeschi* in Venedig) oder Straßenzüge (z. B. *Lombardstreet* in London) beschränkt und vor dem Gesetz als Minderberechtigte gehalten werden. Der Fremde gilt also auch in der Stadt als suspekter Außenseiter: »Der Ausgestoßene schlechthin jedoch ist für die mittelalterliche Gesellschaft der Fremde. Als primitive geschlossene Gesellschaft stößt die mittelalterliche Christenheit diesen Eindringling, der keiner der bekannten Gemeinschaften angehört, von sich, nimmt den beunruhigenden, von Unbekanntem umwitterten Fremdling nicht auf ... Der Fremde ist einer, der niemandes Untertan ist, niemand Gehorsam geschworen hat.«[14]

Im besonderen Maße gilt dies für die Juden, die in einem eigenen Ghetto wohnen und (wie auch andere sozial minder Privilegierte) ihren »sozialen Status« sogar durch besondere Kleidung oder Abzeichen kenntlich machen müssen. Der freie Zugang fremder Kaufleute wird schon deswegen behindert, weil damit die Städter für ihre Vermittlerdienste mannigfachen

[14] Le Goff, Kultur, 1972, S. 523.

Vorteil aus den Tauschgeschäften ziehen können (z.B. Stapelrecht). Eine Überbesetzung des Handels, welche die Leute gezwungen hätte, Absatzmöglichkeiten auch außerhalb des lokalen Marktes zu suchen, soll nach Möglichkeit vermieden werden. Auf diese Weise scheint die Ordensregel des hl. Benedikt, die Selbstgenügsamkeit als Ideal propagiert, auch die städtische Ökonomie und Wirtschaftsgesinnung zu beherrschen.

Damit bleibt aber auch der Primat der »moralischen Ökonomie« maßgebend, deren eigentlicher Sinn die Produktion für den Gebrauch und nicht die Produktion um des Gewinnes willen ist. Zwar stellen die städtischen Märkte und die Ausweitung des Geldverkehrs ein neues Element dar, aber solange Märkte und Geld bloß Anhängsel eines sonst autarken Haushaltes sind, bleibt das Prinzip der Produktion für den Gebrauch weiterhin gültig.

Während der Fernhandel von Beginn an eine besondere Stellung einnimmt und dafür das Gewinnprinzip maßgebend ist, gilt dies nicht für den innerstädtischen lokalen Handelsbereich. Denn der städtische Markt dient vor allem zur Ergänzung der Haushalte und zum Tausch von Überschüssen des *oikos*; der Handel beruht damit auf dem Prinzip einer sozial normierten Bedarfsdeckung, Geld fungiert als reines Austauschmedium. Der Markt, auf dem die (sich ansonsten selbst versorgenden) Haushalte ihre Überschüsse absetzen, lenkt weder die Produktion, noch bietet er den Produzenten die notwendige Subsistenz. Dies ist erst der Fall mit der Entwicklung der Marktwirtschaft. Der Handel gilt der mittelalterlichen Wirtschaftsethik nur solange als »natürlich«, als er den Erfordernissen der Selbstgenügsamkeit entspricht. »Preise« sind dann »gerecht«, wenn sie dem Status der Beteiligten in der Gemeinschaft entsprechen und damit den guten Willen stärken, auf dem die Gemeinschaft beruht[15].

Das Ideal der Selbstgenügsamkeit und Autarkie ist somit durchgehend; auch die Stadt verkörpert gleichsam einen *oikos*. Die Stadt ist eine auf wechselseitigem Geben und Nehmen aufgebaute Schicksalsgemeinschaft; wer in den Genuß städtischer Freiheiten und Vorteile gelangen möchte, muß auch Leistungen für die Gemeinschaft der Bürger erbringen[16]. Am besten veranschaulicht dies gewiß die Institution der Zünfte mit allen ihren

[15] Vgl. Polanyi, Ökonomie und Gesellschaft, 1979, S. 167.
[16] Vgl. Kocher, Städtisches Rechtsleben, 1977, S. 55.

einschränkenden Regelungen. Die mittelalterliche Handwerksorganisation entspricht in ihrer Struktur den bestehenden Umweltbedingungen, die eben dadurch charakterisiert sind, daß sie *nicht* mit den Kategorien einer Marktwirtschaft beschrieben werden können[17].

Die Zünfte sind daher nicht bloß rein wirtschaftliche Zweckverbände, sondern darüber hinaus eine Art Lebensgemeinschaft, welche die Regeln für das gesamte Dasein des Handwerkers vom Lehrling über den wandernden oder seßhaften Gesellen bis hin zum selbständigen Meister bestimmt. Nach innen sind sie geprägt vom Grundsatz der Solidarität, nach außen durch den der Exklusivität: Aufnahmebedingung ist nicht nur der Nachweis freier und »ehrlicher« Geburt, oft noch geknüpft an entsprechenden Ahnennachweis, eine überaus lange Lehr- und Wanderzeit und das Meisterstück, sondern dazu kommen noch verschiedene Initiationsrituale (Eintrittsgelder, Vermögensnachweise, Meisteressen usw.). Die Zünfte unterhalten eigene Kirchen und Altäre, haben eigene Zunftheilige; sie unterhalten ein innerhalb einer vorwiegend analphabetischen Gesellschaft geradezu vorbildliches Ausbildungswesen. Im Zusammenhang mit ihrer wirtschaftlichen Bedeutung und ihrer militärischen Aufgabe als städtische Miliz steigt auch ihre politische Bedeutung. Dies führt schließlich nach zum Teil erbitterten Auseinandersetzungen zur Beteiligung am Stadtregiment, das anfangs das städtische Patriziat allein ausübt. Die Zünfte ersetzen gewissermaßen auch eine Sozialversicherung, indem sie für ihre Kranken aufkommen, Spitäler oder zumindest Spitalsbetten unterhalten und Hinterbliebene versorgen. Zahlreiche Festlichkeiten, Feiertagsbrauchtum und Umzüge dienen neben vordergründiger »Geselligkeit« der Stärkung des Zusammengehörigkeitsgefühls und der öffentlichen Repräsentation. Die Zünfte sind zugleich auch Gewerbeorgane, sie üben die Gewerbeaufsicht aus, erlassen Qualitäts- und Preisordnungen, führen die Warenbeschau durch und versehen Fernhandelswaren mit Garantie- und Gütesiegeln. Sie machen Vorschriften über das Warenangebot und legen die Bedingungen fest, unter denen die Produktionsmittel organisiert werden: Kein Meister soll sich einem Zunftgenossen gegenüber Vorteile verschaffen können. Neue Produktionstechniken werden als »Arkanum«, als Geheimnisse der Zunft einer Stadt gehütet; unzünftige »Störer«,

[17] Vgl. Schumpeter, Konjunkturzyklen, I, 1961, S. 239.

vor allem aber das ländliche Gewerbe, sollen ausgeschaltet werden. Diese Risikominderung soll die »gerechte Nahrung« für die Zunftangehörigen gewährleisten.

Eine strikte Kontrolle ist schon durch das enge Zusammenleben in eigenen Straßenzügen oder ganzen Vierteln gewährleistet. Der Hauptgrund für das Funktionieren dieser »Zwangssolidarität« liegt aber darin, daß der Konzeption der Zünfte eine Subsidiaritätsvorstellung zugrundeliegt, die chrematistisches Erwerbsstreben ausschließen soll; Eigentums-, Nutzungs- und Verfügungsrechte sind im Zunfthandwerk eng miteinander verknüpft. Der Mensch bleibt eingebunden in ein Beziehungsgeflecht, das sich unter Verzicht auf persönliche Vorteile an den Prinzipien gruppengeregelter Produktion und reglementierten Verbrauches orientiert.

Dieses zünftische »Kollektivmonopol« besteht wohl immer. Solange der Zugang zu einem Gewerbe aber noch relativ frei ist, erlaubt dies den Zünften eine sehr weitgehende Arbeitsteilung zwischen Stadt und Land und zwischen den einzelnen Produktionszweigen, indem die Risiken der Spezialisierung gemildert werden. Bei restriktiver Anwendung derselben Mittel, indem etwa keine weiteren Meister mehr zugelassen werden, bedeutet dies jedoch in der Folge (mit der Institutionalisierung der Marktwirtschaft) nicht selten einen Hemmschuh für die weitere Entwicklung der Gewerbe und erweist sich somit als Widerspruch gegenüber der Wachstumsdynamik neuzeitlicher Wirtschaft[18]. Nicht zuletzt deshalb wendet sich auch die Gewerbepolitik des aufkommenden modernen Zentralstaates gegen dieses »Kollektivmonopol« der Zünfte. Dieses wird auch dadurch durchbrochen, daß der Landesfürst privilegierte Hofhandwerker und »Freimeister« zuläßt und später im Merkantilismus durch »Fabriksprivilegien« unzünftige Produktionsstätten fördert. Die ersten Ansätze zu einer innovatorischen Erweiterung des Produktionssystems erfolgen aber nicht durch eine neue Technologie, sie kommen vielmehr von der organisatorisch überlegenen Methode der dezentralisierten Verlagsproduktion, die vom Handelskapital initiiert wird: »Die Tatsache, daß im Ganzen gesehen, das Handelsunternehmen dem Fabrikbetrieb vorausgeht und bis zum 16. Jahrhundert gegenüber dem Industriebetrieb vorherrscht, (läßt sich) ebenso wie die daraus folgenden Tatsachen, daß der Industriebetrieb in vielen Fällen

[18] Vgl. Borchardt, Grundriß, 1973, S. 512.

durch die Gewinne des Handelsunternehmens angeregt und finanziert wurde, ausreichend durch den Umstand erklären, daß unter den damaligen Bedingungen Transportschwierigkeiten – und überhaupt die Schwierigkeiten des Fernhandels – das zu lösende Hauptproblem darstellen, während bei den Gütern, die sich erfolgreich transportieren ließen, eine Verbesserung der Produktionsmethode nur von zweitrangiger Bedeutung war.«[19]

9. »Handelssystem« und Expansion der Märkte

Die zwei großen Handelsräume des späten Mittelalters und der frühen Neuzeit sind zunächst zentriert um das Mittelmeer, hier vor allem in den großen, miteinander konkurrierenden italienischen Seestädten Venedig und Genua sowie Pisa, die seit den Kreuzzügen einen großen Aufschwung erleben (denn letztere haben durchaus auch kommerzielle Bedeutung), sowie um die Nord- und Ostsee mit den Hansestädten. Der deutschen Hanse[1], einem Zusammenschluß von Kaufleuten, der sich um die Mitte des 14. Jahrhunderts zu einem Städtebund umwandelt, gehören in ihrer Glanzzeit mehr als 200 See- und Binnenstädte an. Ihr Einflußbereich reicht von Köln, Münster, Erfurt, Braunschweig, Hamburg einerseits, Lübeck, Danzig, Wisby, Riga, Reval andererseits, bis hin zu den Endpunkten des Fernhandels in London, Brügge, Bergen, Stockholm und Nowgorod.

Diese beiden Handelsgebiete berühren sich in Brügge, dem »Weltmarkt des Mittelalters« (Brunner), und später in Antwerpen. Als eine Folge der Mittlerstellung Hollands, Brabants und Flanderns sind diese Gebiete bereits im 13. Jahrhundert nicht nur eine wichtige Exportgewerbelandschaft und ein Zentrum des Handels, sondern mit einem Anteil von rund 40 Prozent Stadtbevölkerung auch bereits weitgehend urbanisiert; der Anteil der städtischen Bevölkerung kommt woanders im allgemeinen nicht über 10 bis 15 Prozent der Gesamtbevölkerung hin-

[19] Schumpeter, Konjunkturzyklen, I, 1961, S. 240.

[1] *Hanse*, germ., bedeutet ursprünglich soviel wie bewaffneter Haufe und bezeichnet sowohl eine von Kaufleuten zu entrichtende Abgabe als auch eine Kaufmannsgruppe. Vgl. Dollinger, Hanse, 1974; v. Brandt, Hanse, 1963, S. 24.

aus. Eine ähnliche Mittlerstellung zwischen der englischen Wollproduktion und der flandrischen Wollverarbeitung sowie den über Italien kommenden Importen aus dem Orient nimmt die Champagne ein, bekannt vor allem auch als Messezentrum und gleichzeitig erstes Domizil für Geldwechselgeschäfte. Weitere wichtige Messeplätze sind Lyon, Frankfurt, verschiedene Orte in England sowie im Osten Nowgorod. Über verschiedene Handels- und Messestädte in Süddeutschland und Frankreich und die Vermittlung des Städtebundes der Hanse entsteht die Verbindung mit Skandinavien und dem im Zuge der deutschen Ostkolonisation einbezogenen weiteren Ostseeraum. Dazu kommen noch als wichtige Verkehrswege die großen Land- und Flußverbindungen quer durch Europa, an die sich im Osten Rußland, Indien, ja selbst das ferne China anschließen.

Die unzureichenden Transportbedingungen, vor allem über Land, aber auch der gering entwickelte Bedarf an Massengütern lassen es verständlich erscheinen, daß vom Viehhandel abgesehen (wo das Gut sich ja selbst fortbewegt)[2] als Handelsware nur äußerst kostbare Güter in Frage kommen. Der Landtransport ist auf Wege angewiesen, die diese Bezeichnung kaum verdienen. Als Transportmittel dienen die Rückentrage, das Saumtier und der zweirädrige Karren und auf den Flüssen die meist von eigenen Schifferzünften mit Seilen gezogenen Schiffe. Ähnlich unzulänglicher Mittel muß sich auch der Seehandel bedienen, nämlich überwiegend der Küstenschiffahrt. Die nautischen Instrumente und Hilfsmittel sind zunächst noch ausgesprochen primitiv. Das Kreuzen gegen den Wind ist noch im frühen Mittelalter unbekannt; Bussole und Kompaß, schon im 3. und 4. Jahrhundert n. Chr. in China verwendet, werden in Europa erst rund ein Jahrtausend später bekannt; das feste Steuerruder im Heck setzt sich erst im 13. Jahrhundert durch, Kompaßkarten gibt es seit dem 14. Jahrhundert. Entscheidende Fortschritte bringen die Verbesserungen der nautischen Astronomie, deren Lehrmeister die Araber sind. Die Bestimmung der Längengrade nach der Mondkonjunktur sowie die Stellung des Polarsterns in der nördlichen und des »Kreuzes des Südens« in der südlichen Hemisphäre bieten wichtige Anhaltspunkte. Erst zu Anfang des 16. Jahrhunderts geht man dann zur Längenbestimmung mittels der Uhr und zur Breitenbestimmung mittels des Quadranten über. Eine exakte Navigation bildet sich jedoch erst im 16. und

[2] Vgl. Westermann, Ochsenhandel, 1979.

17. Jahrhundert bei den Niederländern und Engländern aus, jenen beiden Völkern, die damals den Seehandel beherrschen, wobei Seehandel lange Zeit mit Seeraub gleichzusetzen ist.

Der Handel umfaßt vor allem kostbare Stoffe, Glaswaren, Waffen, Gewürze und Farbstoffe. Aus dem Orient kommen sowohl Luxus- als auch Gebrauchsgüter: Seide aus China, Türkise aus Persien, Smaragde, Karneole, Rubine, Saphire, Diamanten aus Vorderasien und Indien, Perlen aus Ceylon und Malakka. Gewürze, die sowohl für die Speisenkonservierung als auch als Genußmittel und für Würzweine und -biere Verwendung finden, sind ein besonders begehrtes Produkt Südasiens. Weihrauch und sonstiges Räucherwerk werden nicht nur in der Liturgie, sondern zusammen mit östlichen Drogen auch in der Heilkunst verwendet. Neben dem europäischen Waid und Krapp werden Indigo und indische Farbhölzer als Färbemittel geschätzt. Hingegen können im Seeverkehr der nördlichen Hemisphäre auch Massengüter wie Fische, Holz und die »Rußlandware«, nämlich Pelze, Hanf, Wachs und Häute, erfolgreich gehandelt werden.

Es zeigt sich, wie schon auf dem Gebiete der landwirtschaftlichen regionalen Arbeitsteilung, auch auf dem Sektor des Fernhandels und der Exportgewerbeorganisation eine zonale Differenzierung innerhalb Europas. Die westeuropäischen Metropolen zwingen dabei den sich um sie gruppierenden, von Ostmitteleuropa bis hin nach den überseeischen Gebieten reichenden peripheren Regionen allmählich eine Art internationale Arbeitsteilung auf. Sie werden damit funktional in das von Westeuropa dominierte »Handelssystem« eingebunden. Es hat dies zu jener graduellen Abstufung innerhalb Europas beigetragen, die als nord-südliches und west-östliches »Wirtschaftsgefälle« bezeichnet wird. Ein wichtiger Faktor in diesem Transformationsprozeß, der den Übergang zur frühkapitalistischen Gesellschaft einleitet, ist die von Oberitalien ausgehende »kommerzielle Revolution«, die dann in Westeuropa ihre volle Ausprägung erfährt.

Eine wichtige Zäsur in der Entwicklung des europäischen Handels ergibt sich mit der Seßhaftwerdung des ursprünglich vazierenden Fernhandels. Dies ist in Mitteleuropa etwa im 13. Jahrhundert, im mediterranen und norditalienischen Bereich jedoch schon früher der Fall. Die großen Fernhandelskaufleute leiten nunmehr ihr Geschäft von einem Kontor aus; damit löst sich die reine Handelsfunktion von der Transportfunktion. Dies macht jedoch die Ausbildung eines eigenen kaufmännischen Schriftverkehrs mit exakter Kapital- und Ertragsrechnung notwendig. Die ersten Ansätze dazu, wie auch zur Ausbildung eines eigenen Handelsrechtes, finden sich ebenfalls in den ökonomisch fortgeschrittenen Ländern, vor allem in Italien. Die Erfindung der *Scrittura doppia* wird dem Fra Luca Pacioli[3], einem italienischen Mönch und Mathematiker, zugeschrieben. In Mitteleuropa ist die doppelte Buchführung, die »Reichmacherkunst«, wie sie Jakob Fugger nennt, erst rund 200 Jahre nach ihrer Einführung in Italien im 15. Jahrhundert allgemein verbreitet. Sie bleibt allerdings bis weit ins 18. Jahrhundert hinein der Mehrheit der Kaufleute unbekannt. Die technischen Mittel des Rechnens sind bis in die Neuzeit hinein äußerst unvollkommen; das antike Rechenbrett, der Abakus, wird weiterhin verwendet; unsere heutigen Ziffern und das positionale Zahlensystem, eine Schöpfung der Inder, werden wie so vieles andere durch Vermittlung der Araber nach Europa gebracht. Charakteristischerweise wird dies zunächst als verwerfliches Mittel unlauteren Wettbewerbs betrachtet, das Dividieren gilt geradezu als Geheimkunst; erst im 15. und 16. Jahrhundert wird das Positionalzahlensystem öffentlich anerkannt. Aus ihm erwächst die okzidentale Buchführung, und zwar auf dem Boden der Handelsgesellschaften.

Eng mit der Stellung der Städte als Warenmärkte und Verbrauchsschwerpunkte hängt deren Bedeutung als monetäre Zentren zusammen. Der entscheidende Schritt erfolgt im 13. Jahrhundert, »in dem das Gold wieder in Umlauf kommt« (Lopez); um den neuen Bedürfnissen zu entsprechen, lassen die großen italienischen Stadtstaaten sowie die spanischen, französischen, deutschen und englischen Fürsten zunächst Silberstükke (»Groschen«) von höherem Wert, später auch Goldmünzen ausprägen[4]. Geld wird immer mehr zum Symbol städtischen Wohlstandes; Genueser und Florentiner Gulden (Florin von 1251), venezianische Dukaten (Zecchino 1284) usw. erfreuen sich überregionaler Bedeutung und Wertschätzung. Damit werden vor allem die italienischen Stadtstaaten Bahnbrecher der modernen Geldwirtschaft. Gerade dieses Vordringen geldwirtschaftlicher Beziehungen, die jedoch wiederum auf der Ausdehnung des Warentausches und zunehmend längerer Handlungs-

[3] Summa de Arithmetica, 1494.
[4] Vgl. Le Goff, Kultur, 1972, S. 144.

ketten beruhen, hat die Auflösung der »feudalen Wirtschaftsweise« wesentlich mitbestimmt. Die Einführung der Geldwirtschaft und das Eintreten des Geldes als Austauschmedium in den Prozeß der Warenwirtschaft, bedeuten nicht zuletzt auch, daß die menschlichen Beziehungen neutraler, unpersönlicher werden. Marktverhältnisse, Arbeitsteilung und Geldwirtschaft ersetzen persönliche Abhängigkeitsverhältnisse durch die Beziehung einer großen Anzahl an sich austauschbarer Personen, die nur über »objektive Funktionen« miteinander verbunden sind.[5]

Die Überlegenheit der Geschäftspraktiken und -techniken des ober- und mittelitalienischen Handels drückt sich in einer Vielzahl von Fachtermini des Bank-, Versicherungs- und Handelsgeschäftes aus, wie Diskont, Giro, Konto, Tratte, Indossament, Agio, Assekuranz, Börse, Bank, die auch in andere Sprachen eingegangen sind. Sie führt auch dazu, daß im Spätmittelalter und in der Renaissance italienische Finanzkreise für die Vermittlung von finanziellen Transaktionen in den meisten Ländern sowie als »Niederleger« in den wichtigsten europäischen Handelsstädten eine überragende Bedeutung einnehmen. Die großen Handelsunternehmen verfügen dabei über eine effiziente Organisation. An den unternehmerischen Dispositionen wirken Kommanditisten, Kommissionäre, Faktoren und einzelne Gesellschafter mit; das erfordert wiederum neue Informationskanäle und objektivierte Entscheidungsmethoden. Das System der doppelten Buchführung bringt die Tendenz zum Durchbruch, ökonomische Zweck-Mittel-Kategorien »rational« zu beherrschen[6].

Um das hohe Risiko, das mit dem Fernhandel verbunden ist, zu mildern, werden bald verschiedene Formen für zeitlich befristete oder auch dauerhaftere Assoziationen entwickelt, die primär wohl der Aufbringung finanzieller Mittel, daneben aber auch der Risikostreuung dienen und eine Beschränkung der Haftung ermöglichen. Daneben kommt es zur Ausbildung ei-

[5] Vgl. Simmel, Philosophie des Geldes, 1907, S. 312ff.

[6] Für Werner Sombart stellt die doppelte Buchführung geradezu das Herzstück der kapitalistischen Unternehmung dar, erlaubt sie doch, ja erzwingt geradezu die Beurteilung aller Mittel und Resultate des Arbeitsprozesses nach dem Marktwert: »Wer sich in die doppelte Buchhaltung vertieft, vergißt alle Güter- und Leistungsqualitäten, vergißt alle organische Beschränktheit des Bedarfsdeckungsprinzips und erfüllt sich mit der einzigen Idee des Erwerbs.« Sombart, Kapitalismus, II/1, 1924, S. 120.

nes Versicherungswesens, das sich vor allem für den Seeverkehr rasch durchsetzt.

Für den Kaufmann dieser Zeit ist es charakteristisch, daß er zumeist auch Geldwechsler und Bankier und ursprünglich auch Transportunternehmer in einer Person ist. Der Erfolg selbst noch der großen frühkapitalistischen[7] Unternehmerdynastien, etwa der oberdeutschen Fugger und Welser und der Florentiner Medici, beruht auf dieser Verbindung von Warenhandel und Produktionssteuerung (über das Verlagswesen und den Bergbau) mit aktiven und passiven Finanzgeschäften. Vor allem das Kreditgeschäft wird immer wichtiger; die offizielle Moral der Kirche widerspricht zwar dem Zinsnehmen, doch ist deren Haltung keineswegs konsequent, und die Zinssätze erreichen nicht selten schwindelnde Höhen bis zu 40 Prozent. Darin kommt die Unsicherheit der Kreditbeziehungen zwischen den neuen Mächtigen (Handelskapital) und der alten Feudalmacht einerseits und der Herrschaftsanspruch des Geldes über die neuen Produktionsweisen (Proto-Industrialisierung) andererseits zum Ausdruck.

Das Depositenbankwesen entwickelt sich ebenfalls zuerst in den Mittelmeerländern (wahrscheinlich anknüpfend an die Praktiken der römischen *bancarii, tabularii* und *argentarii*). Der nicht übertragbare Wechsel, dessen Benutzung sich in der zweiten Hälfte des 14. Jahrhunderts weit verbreitet, wird im Kreditgeschäft der Banken zu einem wichtigen Faktor. (Die Übertragung von Wechseln wird formell erst im 17. Jahrhundert üblich.) Auch die Entwicklung des Kontokorrents macht entsprechende Fortschritte, wenngleich immer wieder versucht wird, durch einschränkende Bestimmungen die Kreditausweitung zu verhindern[8].

Der Geld- und Kreditverkehr beschäftigt sich zunächst mit der Abwicklung der aus dem Warenhandel erwachsenden Forderungen; hinzu treten die großen, seit dem 12. Jahrhundert ansteigenden Überweisungen an die römische Kurie (Peterspfennig, Ablaßhandel) und der Kreditbedarf der Landesherren. (Selbst noch im 18. Jahrhundert gehört die Kreditaufnahme keineswegs zu den normalen Geschäftsfällen eines Unternehmens,

[7] »Frühkapitalismus« schließt in unserer Diktion sowohl das Handelskapital mit seinen Auswirkungen im Montanbereich, die Herausbildung der Proto-Industrie und auch das Eindringen der Geldwirtschaft in die feudale Ökonomie ein.

[8] Vgl. Usher, Banking, 1933, S. 231 ff.

sieht man vom bloßen Warenkredit ab. Die Unsicherheit der Geschäfte legt es vielmehr nahe, weitgehend auf eigene Mittel zurückzugreifen, und die spektakulären Zusammenbrüche von an sich durchaus soliden Häusern, die bloß in einen vorübergehenden Liquiditätsengpaß geraten sind, erweisen immer wieder die Gefährlichkeit des Kredits angesichts einer noch geringen Kommunikation zwischen den einzelnen Geldmärkten.) Daher also sind neben den Städten die Hauptschuldner des Kreditmarktes der Hochadel und die Landesherren; Anleihen an diesen Personenkreis machen den wesentlichsten Bestandteil der großen Finanzgeschäfte aus. Dazu Joseph A. Schumpeter: »Die Darlehensgewährung an Höfe war trotz des gewöhnlich versprochenen übermäßig hohen Zinssatzes nur selten ein gutes Geschäft. Aber gerade weil solche Darlehen in der Regel nicht zurückgezahlt werden konnten, führten sie zum Erwerb von Privilegien und Konzessionen auf dem Gebiet des Handels und der Industrie, die das große Geschäft der Zeit darstellten: Ein Darlehen an den Papst z.B. war, selbst wenn die päpstliche Tiara als Sicherheit diente, keineswegs ein anziehendes Geschäft; wenn aber dann der Papst das Geld bekommen hatte und ihn daraufhin sein Gläubiger um eine Konzession zur Ausbeutung der päpstlichen Alaunwerke bat, konnte der Papst kaum ablehnen. Außerdem war die Gewährung einer Konzession wahrscheinlich das einzige Mittel, durch das sich der Papst eine regelmäßige Einnahme verschaffen konnte. Das Aufsteigen der Fugger zu einer Stellung, wie sie vielleicht niemals wieder von einem Finanzhaus erreicht worden ist, steht in ähnlichem Zusammenhang mit den Geldverlegenheiten Karls V.«[9]

Die Einführung der neuen Rechentechniken im Zuge des Frühkapitalismus, der doppelten Buchführung und der Kaufmannsausbildung sowie die erste analytische Erfassung von Marktverhältnissen in Verbindung mit vermehrten Kenntnissen über die verschiedenen inner- und außereuropäischen Länder mindern die Handelsrisiken. Entscheidend für die Aufbringung von Handelskapital ist auch die Umwandlung der alten Kaufmannsgilden und Familienunternehmen in Handelskompanien und, im Zusammenhang damit, die Gründung von Banken und öffentlichen Börsen. Die alte italienische Bezeichnung *banco*

[9] Konjunkturzyklen, I, 1961, S. 247. Die Rolle Jakob Fuggers bei der Kaiserwahl Karls V., der sich nur mit Hilfe der Fuggerschen Gelder gegen seinen französischen Widersacher Franz I. aus dem Hause Valois durchsetzen konnte, ist in diesem Zusammenhang zu erwähnen.

(im Unterschied zur heutigen *banca*), die sowohl Verkaufsstand als auch Bank bezeichnet, läßt noch die ursprüngliche Verbindung von Handel und Geldgeschäften erkennen.

Einen wesentlichen Beitrag zur Umgestaltung der Wirtschaftsordnung zum Frühkapitalismus leistet auch das europäische Montanwesen, vor allem die Edelmetallgewinnung. Die Edelmetalle werden zum großen Teil für die Zahlungen im Orient- und Rußlandhandel verwendet. Die Zentren des mittelalterlichen Silber- und Kupferbergbaues liegen im Erzgebirge und im Harz, in der Hohen Tatra, in Tirol, Salzburg und im Gebiet der heutigen Slowakei. Die ursprüngliche Betriebsweise mit »hausrechtlich« abhängigen Bergleuten lehnt sich zunächst eng an das Modell der Grundherrschaft an; das vom Landesherrn in Anspruch genommene Bergregal führt jedoch in der Folge zumindest in Zentraleuropa zur Überwindung dieser wenig effizienten Organisation der Produktion. Es bilden sich Betriebsgesellschaften mit regelmäßiger Gewinnausschüttung bzw. Verlustbeteiligung in Form einer gewerklichen[10] Organisation von Produzenten. Vor allem bei größeren Unternehmen kommt es allerdings vor, daß diese einzelnen Gewerksanteile durch Händler vereinigt werden, so daß dort die Häuer zu bloßen Lohnarbeitern[11] herabgedrückt werden. Im 14. und 15. Jahrhundert gibt es jedenfalls beide Formen, nämlich reine Lohnarbeit und Gewerkenorganisation nebeneinander, wobei jedoch das Eindringen des Kapitals dadurch ermöglicht wird, daß die Kuxe, das sind die Anteile der einzelnen Gewerken, zu einer Art Wertpapier und damit frei veräußerlich werden. Zur »Berggemeinde« gehören alle Lohnarbeiter, zu den »Gewerken« hingegen nur die Inhaber von Anteilen, die allein die »Gewerkschaft« bilden.

Die große Pestkatastrophe Mitte des 14. Jahrhunderts und die Hussitenkriege bewirken einen Produktionsrückgang im europäischen Bergbau; erst im letzten Drittel des 15. Jahrhunderts kommt es zu einem neuerlichen und zwar ziemlich starken Aufschwung der Förderung, als nicht nur alte Förderstellen

[10] Beim bergmännischen Gewerken liegt das Schwergewicht der Bedeutung im soziativen Moment, das im Präfix zum Ausdruck kommt. Gewerke ist ein Teilhaber an einem Bergwerk.

[11] Im Montanwesen finden sich einerseits viele kapitalistische Erscheinungsformen (Lohn-, Schichtarbeit) vorweggenommen, andererseits leben in ihm bis heute manche traditionelle Rituale und Organisationsformen fort.

intensiviert, sondern auch neue, wie das berühmte Annaberg im Erzgebirge, als Bergbaurevier erschlossen werden[12].

Die Ausweitung des Bergbaus gegen Ende des 15. Jahrhunderts – nicht zuletzt eine Folge des verstärkten Bedarfs nach Edelmetall innerhalb der sich entfaltenden Geldwirtschaft – erfordert größere Kapitalien, die entweder zunächst von kleineren, meist bergbaufremden privaten Anlegern – Namen wie »Ritter-« oder »Bäckerzeche« deuten noch darauf hin – im 16. Jahrhundert jedoch in erster Linie von den großen Handelshäusern (»Kapitalgesellschaften«), vor allem den oberdeutschen aufgebracht werden. Diese organisieren zunächst nur den Handel mit Montanprodukten, später jedoch auch die Produktion. So erwerben die Augsburger Fugger[13] in Tirol ab 1522 verschiedene Kuxe und verdrängen in der Folge einheimische Firmen, wie die Kufsteiner Paumgartner; ähnlich gehen sie in Oberungarn gegen die Thurzo vor. Das Vordringen der Kapitalgesellschaften wird erleichtert durch ihre Position als Darlehensgeber für den Landesherrn, der ihnen schließlich eine Art Monopolstellung einräumt, die sie ihrerseits zur Schaffung eines »Montan-Kartells« benützen können. Die damit verbundene »Proletarisierung« der Bergleute, die Verschlechterung ihres sozialen und rechtlichen Status, die in einer Reihe von neuen Bergord-

[12] Vor allem deutsche Bergleute werden damals als Spezialisten weithin gesucht; sie kommen selbst bis nach England oder auch im Auftrag oberdeutscher Handelshäuser nach Mittel- und Südamerika. Man schätzt, daß um 1540 die Silbererzeugung Europas mit einer Förderleistung von 65 Tonnen jährlich ihren Höchststand erreichte. Es ist dies jedoch nur eine letzte Blüte, denn die Entdekkung der überseeischen Edelmetall- und Buntmetallvorkommen bedeutet eine drastische Zäsur und den Beginn eines langwierigen Niederganges für den europäischen Bergbau. Von 1520 bis 1600 werden aus Amerika Edelmetalle importiert, die den Bestand in Europa jährlich zwischen 0,2 und 0,6 Prozent erhöhen (im 18. Jahrhundert macht die Zuwachsrate 0,5 Prozent aus). Vgl. Borchardt, Grundriß, 1973, S. 506.

[13] Wie sehr jedoch auch die frühkapitalistischen Unternehmer in traditionellen Verhaltensweisen und Vorstellungen befangen sind, zeigt sich am Beispiel der Fugger. Jakob Fugger betreibt einerseits den Ablaßhandel in höchst kapitalistischer Weise, erwirbt aber selbst insgeheim Ablaßzettel. Auch wird der erworbene Reichtum von den Fuggern benützt, um Grundherrschaften zu erwerben und Adelstitel, ja sogar den Reichsfürstenstand zu erlangen. Vor dem Hintergrund einer noch relativ intakten Feudalwelt ist dieses Verhalten noch verständlich. Rund ein Jahrhundert später bei Molières ›Le bourgeois gentilhomme‹ erscheint es bereits persifliert. Seit der endgültigen Etablierung der bürgerlichen Gesellschaft im 19. Jahrhundert wirkt es jedoch geradezu anachronistisch. Interessanterweise legen die Spätberufenen besonderen Wert auf entsprechende soziale Attitüden; Seifensieder, Hutfabrikanten und Börsenmakler werden geadelt, kaufen Schlösser und veranstalten Debütantinnenbälle, Soirées und Fuchsjagden.

nungen dokumentiert ist und wiederholt zu Erhebungen der Bergleute führt, zeigt die gesellschaftlichen Konsequenzen der frühkapitalistischen Durchdringung dieses wichtigen Produktionszweiges. Die Bergknappen stellen auch ein revolutionäres Potential dar, sie sind an den großen Bauernkriegen im ersten Viertel des 16. Jahrhunderts an führender Stelle beteiligt.

In England findet eine ähnliche Entwicklung statt. Größere soziale Ungleichheiten in der Stellung der Bergwerkseigentümer sind das Ergebnis der »Kostenvereinbarungen« des 14. Jahrhunderts. Hierbei können sich die Gesellschafter an einem Bergbauunternehmen gegen Geldzahlung von der Arbeitsverpflichtung freikaufen; sie werden damit zu Kapitalisten. In der Folge erwerben außenstehende Gruppen, zum Beispiel Angehörige der Gentry, der Geistlichkeit und der Kaufleute, Anteilsrechte am Bergbau. Den stärksten desintegrierenden Einfluß scheint jedoch die steigende Zahl der Privilegien hinsichtlich der Erzschmelze ausgeübt zu haben[14].

Mit der Überwindung der auf »gerechte Nahrung« orientierten autarken Wirtschaftsweise, zunehmender Arbeitsteilung auch in überregionaler Perspektive, also mit der Entstehung des »Handelssystems«, ist ein erster Schritt zur frühkapitalistischen Durchdringung des alten Wirtschaftssystems getan. In diesem Zusammenhang spielt die Frage der primären Kapitalakkumulation eine entscheidende Rolle.

10. Primäre Kapitalakkumulation und Proto-Industrialisierung

Dem frühkapitalistischen System kommt also eine besondere Bedeutung zu für das Problem der »primären Kapitalakkumulation«, der Frage, aus welchen vorkapitalistischen Quellen das Kapital gekommen ist, um die kapitalistische Produktion über-

[14] Beispielsweise genehmigt im späten 17. Jahrhundert die Krone kapitalistischen Unternehmern die Errichtung von Hochöfen im Forest of Dean. Der Bau führt unter den »freien« Bergleuten zu Unruhen. Sie beklagen sich über häufige Angriffe auf ihre Rechte durch die Inhaber des königlichen Patents. Nach der Verleihung eines weiteren Privilegs, durch das die Rechte der Bergleute radikal eingeschränkt werden, kommt es immer wieder zu Aufständen und Auseinandersetzungen. Vgl. Dobb, Entwicklung des Kapitalismus, 1970, S. 46ff.

haupt beginnen zu können. André G. Frank etwa stellt die Frage: »How did the precapitalist (and therefore noncapitalist) primitive original accumulation take place and amass capital, if there was no capitalist expanded reproduction?«[1]

Als Quellen kommen der Handel, das Bankwesen, der Bereich der protoindustriellen Produktion sowie der landwirtschaftliche Grundbesitz in Betracht, welche jede für sich das »erste Entstehen von Vermögensgrundlagen für die kapitalistische Wirtschaft sein könnte«[2]. Obwohl sich für diesen Vorgang, den Rosa Luxemburg auch als einen »Prozeß des Stoffwechsels, der sich zwischen den kapitalistischen und den vorkapitalistischen Produktionsweisen vollzieht«[3], bezeichnet, historisch kein exakter Anfang feststellen läßt, so ist doch ziemlich sicher, daß dieser Prozeß seit dem 16. und 17. Jahrhundert für die Ökonomie bestimmend wird.

Für Karl Marx, dem die ursprüngliche Kapitalakkumulation nichts anderes ist, als »der historische Scheidungsprozeß von Produzenten und Produktionsmitteln«[4], ist die Frage nach ihrem Ursprung beantwortet: Die ursprüngliche Akkumulation erfolgt nicht auf die oft behauptete »idyllische Art in Form des Sparens und der Genügsamkeit« (William Nassau Senior), sondern durch die Enteignung der Bauern und Handwerker, durch die Ausplünderung, Versklavung und Vernichtung ganzer Völker, also durch »Expropriation« und Unterdrückung der Schwachen. Karl Marx geht davon aus, daß dann die (sekundäre) Kapitalakkumulation den Mehrwert und der Mehrwert wiederum die kapitalistische Produktion voraussetzt, »diese aber das Vorhandensein größerer Massen von Kapital und Arbeitskraft in den Händen von Warenproduzenten ...«[5] Da Geld und Ware, wie auch Produktions- und Lebensmittel, nicht von vornherein Kapital sind, müssen sie erst in Kapital verwandelt werden. Für diese Verwandlung werden zwei Arten von Warenbesitzern vorausgesetzt, »... einerseits Eigner von Geld, Produktions- und Lebensmitteln, denen es gilt, die von ihnen angeeignete Wertsumme zu verwerten, durch Ankauf fremder Arbeitskraft; andererseits freie Arbeiter, Verkäufer der eigenen Arbeitskraft und daher Verkäufer von Arbeit«[6]. Die »freien«

[1] Frank, World accumulation, 1978, S. 244.
[2] Brinkmann, Umformung, 1926, S. 3.
[3] Luxemburg, Akkumulation, 1922, S. 392.
[4] MEW 23, S. 742.
[5] Ebd., S. 741.
[6] Ebd., S. 742.

Arbeiter müssen »juristisch« frei sein, das heißt über sich und ihre Arbeitskraft frei verfügen können (z.B. keine Leibeigenen sein); zweitens müssen sie frei von (sachlichen) Produktionsmitteln sein. Es müssen sich einerseits die gesellschaftlichen Lebens- und Produktionsmittel in Kapital verwandeln, andererseits die unmittelbaren Produzenten in Lohnarbeiter.

Diese Trennung wird eben erreicht im Zuge der ursprünglichen (primären) Kapitalakkumulation; in England etwa in der Agrarwirtschaft durch die Einhegungen *(enclosures),* den »Diebstahl der Kirchengüter« während der Reformation und das »Abstiften« der Bauernstellen *(clearing of the estates).* Weil sich das landlose Proletariat nun Nahrungsmittel kaufen muß, da es dazu gekommen war, daß »Schafe die Menschen fressen«, werden die Nahrungsmittel jetzt für den Grundeigentümer oder Pächter praktisch zu »variablem Kapital«[7].

Die andere Art von Warenbesitzer verkörpert der protoindustrielle Kapitalist. Obwohl Marx anführt, daß sich manche kleinen Handwerker und Lohnarbeiter in Kapitalisten verwandeln, mißt er ihnen geringe Bedeutung bei. Er untersucht andere Kapitalquellen, nämlich das Handels- und Wucherkapital, das zunächst noch durch die Feudalverfassung und die Zünfte an seiner Verwandlung in industrielles Kapital bis zur Auflösung dieser traditionalen Strukturen gehindert wird. Der Fernhandel wird zudem durch das Protektionssystem unterstützt, die heimische Warenproduktion durch Schutzzölle und Exportprämien gefördert. Die industrielle Wirtschaft der abhängigen Nebenstaaten wird zerstört; so etwa die irische Wollmanufaktur durch England: Wollwaren dürfen aus Irland nur dann exportiert werden, wenn sie auf den europäischen Märkten nicht mit den englischen Stoffen konkurrieren.

Als weitere historische Kapitalquelle fungiert bei Marx die Gewinnung von Rohstoffen durch die Ausbeutung der Eingeborenen Amerikas und Afrikas, durch Sklavenhaltung, der Grundlage einer überseeischen Plantagenwirtschaft. Überdies stellt die öffentliche Schuld einen »der energischsten Hebel der ursprünglichen Akkumulation« dar, da sie »wie mit dem Schlag der Wünschelrute« dem unproduktiven Geld Zeugungskraft verleiht und es so in Kapital verwandelt, »ohne daß es dazu nötig hätte, sich der von industrieller und selbst wucherischer

[7] Variables Kapital bedeutet hier die gekaufte Arbeitskraft, deren Reproduktion sich durch den Kauf von Lebensmitteln vollzieht.

Anlage unzertrennlichen Mühewaltung und Gefahr auszusetzen«[8].

Differenzierter, wenngleich ebenfalls aus marxistischer Sicht, sieht Maurice Dobb das Problem. Auch bei ihm steht als Ausgangspunkt, daß sich zur Etablierung einer kapitalistischen Unternehmung vorerst Kapital in den Händen einer Kapitalistenklasse angesammelt haben muß. Ihm stellt sich jedoch die weitere Frage, ob »die Akkumulation als eine Akkumulation von Produktionsmitteln oder aber als eine von Vermögensansprüchen und -titeln aufzufassen (ist), die, obwohl sie selbst keine Produktivkräfte sind, in Produktionsinstrumente umgewandelt werden können«[9].

Dobb meint nun, daß sich die Produktionsinstrumente und die kapitalistische Produktion gleichzeitig entwickelt haben. Da aber die ursprüngliche Akkumulation des Kapitals der kapitalistischen Produktion zeitlich vorangegangen ist, muß die ursprüngliche Akkumulation »in erster Linie als Akkumulation von Kapitalrechten verstanden werden, d.h. als Rechte an bestehenden Vermögenswerten, die zunächst zu spekulativen Zwecken angesammelt wurden, und in zweiter Linie als Akkumulation in den Händen einer Klasse, die auf Grund ihrer besonderen Stellung in der Gesellschaft diese angesammelten Besitztümer schließlich in echte Produktionsmittel umzuwandeln in der Lage war«[10]. Die Vermögenswerte (z.B. Grundbesitz) müssen von einer alten Schicht, die nicht an der aufkommenden Industrie interessiert ist, auf eine neue übergehen. Damit würde dem Prozeß der Entfeudalisierung und der frühkapitalistischen Durchdringung des alten Gesellschaftssystems auch für die Frage der ursprünglichen Kapitalakkumulation ein besonderer Stellenwert zukommen. Landspekulation, protoindustrielle Organisation und Handelskapital stellen dabei die bevorzugten Instrumente der neuen »Bourgeoisie« dar[11].

Zu diesem Übergang von Besitztiteln auf das Bürgertum kommt noch die Konzentration der Eigentumsrechte in wenigen Händen; es sind dies zum Großteil *homines novi*: »Die

[8] MEW 23, S. 782.

[9] Dobb, Entwicklung des Kapitalismus, 1970, S. 181.

[10] Ebd.

[11] Der Bourgeois ist nicht mehr eingebunden in die traditionelle »moralische Ökonomie« der Gemeinschaft der Stadtbürger, sondern ganz dem chrematistischen Erwerbsstreben, einem individuell-kapitalistischen Verhalten unterworfen.

Gruppe der Kapitalisten einer bestimmten Epoche entstammt nicht der Gruppe der Kapitalisten der vorhergehenden Epoche. Bei jedem Wechsel der Organisationsform der Wirtschaft finden wir einen Bruch in der Kontinuität.«[12] Dies schließt nicht aus, daß sich (zumal in England) auch Angehörige der alten Feudalaristokratie zunehmend kapitalistisch verhalten (müsscn).

Welchen Stellenwert haben die neuen Auslandsmärkte für die Ausbildung des Kapitalismus? Paul Swcczy[13] schreibt dem Handel als externem Faktor eine wesentliche Bedeutung für die Auflösung des Feudalismus und die Ausbildung des Kapitalismus zu. Eric Hobsbawm stellt dies in Beziehung zur Binnenwirtschaft: Erst die mangelnde Nachfrage nach Produkten der kapitalistischen Manufaktur führt dazu, daß das Kapital Mittel und Wege sucht, »eigene und expandierende Märkte zu eröffnen«[14]. Dies führt zunächst in den am weitesten entwickelten Ländern zu expandierenden inneren Märkten und insbesondere zu einem neuen Kolonialsystem und den monokulturellen Plantagenökonomien, die »wahrscheinlich für die britische Baumwollindustrie, den Vorreiter der Industrialisierung, entscheidend«[15] gewesen sind. Aber auch Marx mißt dem grundsätzliche Bedeutung bei: »Die Entdeckung der Gold- und Silberländer in Amerika, die Ausrottung, Versklavung und Vergrabung der eingeborenen Bevölkerung in die Bergwerke, die beginnende Eroberung und Ausplünderung von Ostindien, die Verwandlung von Afrika in ein Gehege zur Handelsjagd auf Schwarzhäute, bezeichnen die Morgenröte der kapitalistischen Produktionsära. Diese idyllischen Prozesse sind Hauptmomente der ursprünglichen Akkumulation. Auf dem Fuß folgt der Handelskrieg der europäischen Nationen, mit dem Erdrund als Schauplatz ... Die verschiedenen Momente der ursprünglichen Akkumulation verteilen sich nun, mehr oder minder in zeitlicher Reihenfolge, namentlich auf Spanien, Portugal, Holland, Frankreich und England. In England werden sie zu Ende des 17. Jahrhunderts systematisch zusammengefaßt im Kolonialsystem, Staatsschuldensystem, modernen Steuersystem und Protektionssystem. Diese Methoden beruhen zum Teil auf brutalster Gewalt, z.B. das Kolonialsystem. Alle aber benutzen die

[12] Pirenne, Stages, 1914, S. 494ff.
[13] Übergang, 1984, S. 141ff.
[14] Hobsbawm, General crisis, 1954, S. 43.
[15] Ebd., S. 44.

Staatsmacht, die konzentrierte und organisierte Gewalt der Gesellschaft, um den Verwandlungsprozeß der feudalen in die kapitalistische Produktionsweise treibhausmäßig zu fördern und die Übergänge abzukürzen.«[16]

Wenngleich der Frühkapitalismus auf diese Weise sehr viele »moderne« Züge aufweist und über die primäre Kapitalakkumulation die alte Ordnung unterläuft, so bleibt er doch immer noch der überkommenen Produktionsweise verhaftet. Er verbindet sich auch nicht mit einer neuen Technologie und verharrt letztlich in der Abhängigkeit von der Größe des bäuerlichen Mehrprodukts: »Der Aufstieg des Handelskapitals, die Ausweitung der gewerblichen Warenproduktion und der Ausbau des Bergbau- und Hüttenwesens darf nicht darüber hinwegtäuschen, daß ein agrarischer Lebensrhythmus und eine unentwickelte, feudale Produktionsweise, die durch ständige Krisen bedroht war, noch vorrangig das soziale Leben der herrschaftlich organisierten Agrargesellschaft bestimmten.«[17]

Die Physiokraten des 18. Jahrhunderts haben nicht zufällig Handel und Gewerbe als *classe stérile* bezeichnet und der produktiven Klasse der Landwirte gegenübergestellt. Der Kaufkrafttransfer vom Land in die Stadt erfolgt ja im wesentlichen parasitär über die Grundrente. Daß die Existenz von Kaufleuten und Handwerkern keineswegs den Durchbruch zur Industriegesellschaft sicherstellt, dafür ist die auch heute noch bestehende Form des »Rentenkapitalismus« (Bobek) orientalischer Prägung ein Indiz. Deshalb ist es zumindest fraglich, ob die städtische Wirtschaft des Mittelalters und der frühen Neuzeit, die frühkapitalistische Auflösung und Durchdringung von Landwirtschaft und Bergbau sowie die neuen Formen des Handels und Kreditwesens bereits den Übergang zum modernen Kapitalismus initiierten. Es ist vielmehr so, daß erst der moderne Territorialstaat mit seiner merkantilistischen Wirtschaftspolitik dem »modernen Kapitalismus« (Sombart) entscheidend zum Durchbruch verholfen hat. Denn unter der Noch-Vorherrschaft der feudalen Produktionsweise kann die weitere Entfaltung der Warenproduktion und des Handels nur unter veränderten politischen und rechtlichen Bedingungen stattfinden. Die extensive Entfaltung von Handel und Warenverkehr erfordert einen zentralistischen Staatsapparat, der rechtliche Garan-

[16] MEW 23, S. 779.
[17] van Dülmen, Europäische Gesellschaft, 1981, S. 12.

tien für Verträge abgibt und die formale »Gleichheit« von Käufer und Verkäufer ungeachtet aller Unterschiede des Standes garantiert. Der regelmäßige Warenverkehr setzt die Pazifizierung des Landes voraus. Auch aus diesem Grunde ist der absolutistische Staat so wichtig für die Formation des europäischen Kapitalismus. Außerdem kommt dann den staatlichen Interventionen eine entscheidende Rolle im Kampf der europäischen Mächte um die Kontrolle des Weltmarktes seit dem 16. und 17. Jahrhundert zu[18].

Vorher ist es ja so, daß die gewerbliche Warenproduktion in den Städten konzentriert, zünftisch organisiert und nahezu ausschließlich auf die Bedarfsdeckung der städtischen Kommune, ihres Umlandes sowie der Höfe ausgerichtet ist. Auch die Landwirtschaft bleibt dem Autarkieideal verbunden, denn die Bauern treten nur beschränkt als Kunden des städtischen Handels und Gewerbes in Erscheinung. Nur das wenige, das über den Eigenbedarf hinaus produziert wird, gelangt auf den Markt. Es werden somit eigentlich nur die Überschüsse gehandelt, sofern sie nicht schon vorher in Form der Feudalrente abgeschöpft wurden.

Als grundlegend für die frühkapitalistische Transformation der Gesellschaft müssen wir also die Steigerung der Außen- und Binnennachfrage in Verbindung mit dem Aufkommen des modernen Territorialstaates und der Kolonisierung der außereuropäischen Länder annehmen. Denn ohne die neu eingeführten externen Märkte und die dadurch bedingte Steigerung des Handels und der Kapitalakkumulation sind die Kommerzialisierung der Landwirtschaft, die Entstehung von Exportgewerbe und Verlagswesen und damit die ganze frühe »Formationsperiode des Kapitalismus« kaum denkbar. Aber es werden auf diese Weise ganz wesentliche Voraussetzungen und Rahmenbedingungen für den Übergang zum »modernen Kapitalismus« geschaffen, indem sich eine Schicht handwerklich spezialisierter Gewerbetreibender ausbildet, eine Gruppe von Verleger-Kaufleuten entsteht, die durch die Akkumulation von Kapital auch zum Träger einer Proto-Industrialisierung wird. Überdies verstärkt sich die enge Verbindung von Agrarregionen und Gebieten mit einem verdichteten ländlichen Exportgewerbe zu den urbanen Zonen des Handels und Gewerbes und einem Netz von expandierenden Märkten. Handel und Verlagswesen als

[18] Vgl. Hindess/Hirst, Vorkapitalistische Produktionsweisen, 1981, S. 259.

Elemente des neuen, nationalen und internationalen »Handelssystems« bringen organisatorische Fortschritte und fördern den kommerziellen Geist neuzeitlichen individuellen Erwerbsstrebens.

Die Bedeutung der gewerblichen Warenproduktion auf dem Lande für die Formationsperiode des Kapitalismus[19] wird später von den Schriftstellern des 17. und 18. Jahrhunderts erkannt; so hat Daniel Defoe die gewerbliche Exportwirtschaft Großbritanniens vor der eigentlichen industriellen Revolution registriert, und auch merkantilistische Autoren, die an der Förderung des Exportgewerbes als eines wesentlichen Mittels zur Erzielung einer aktiven Handelsbilanz und zur Anhebung der Wirtschafts- und Steuerkraft des Staates interessiert sind, erörtern die Wechselwirkungen zwischen der Entwicklung von Gewerbe, Außenhandel, Landwirtschaft und Bevölkerung[20]. Auch Adam Smith[21] geht auf die Entstehung von Exportgewerben ein. Bei ihm entstehen die Exportgewerbe in Nachahmung ausländischer Gewerbe und Weiterentwicklung der Hausindustrie. Ebenso weist Karl Marx der Ausbreitung der gewerblichen Warenproduktion auf dem Land einen epochalen Rang für die Entfaltung des Kapitalismus zu[22].

Die wichtige Funktion des ländlichen, verlagsmäßig organisierten Gewerbes für den Übergang zum modernen Kapitalismus ist also keine neue Entdeckung; Werner Sombart und andere Vertreter der Historischen Schule der Nationalökonomie haben die Geschichte der »Hausindustrie« als die »Geschichte des werdenden Kapitalismus« gekennzeichnet und auch das ländliche Gewerbe als »Übergangsstufe zwischen Handwerk und Fabrik« betrachtet[23]. Entstehung und Ausbreitung der »Hausindustrie« als Exporthandwerk und ländliches Exportgewerbe werden vor allem auf die frühneuzeitliche Ausweitung des Handels zurückgeführt. Dadurch entstand eine veränderte Absatzproblematik, die mit der traditionellen handwerklich-zünftigen Produktionsweise nicht mehr lösbar war. Ein überwiegend hauswirtschaftlicher Produktionsprozeß wird durch händlerische und verlegerische Unternehmer dominiert und organisiert.

[19] Vgl. Kriedte u.a., Industrialisierung, 1977, S. 13.
[20] Vgl. Defoe, Tour through Great Britain, 1724–26.
[21] Wealth of nations, III.iii.19.
[22] Vgl. Marx, Grundrisse, S. 410.
[23] Vgl. Schäffle, Hausindustrie, 1860, S. 7ff.

An diese Konzeptionen und Theorien des 19. Jahrhunderts anschließend (wobei an Karl Marx, Karl Bücher, Gustav Schmoller und Werner Sombart erinnert werden soll) und an die angloamerikanischen Forschungsergebnisse vor allem auf dem Gebiete der Familien- und Bevölkerungsgeschichte, entstand seit den 1970er Jahren das Konzept einer »Industrialisierung vor der Industrialisierung«, wofür sich auch der von Franklin F. Mendels geprägte Ausdruck »Proto-Industrialisierung« durchgesetzt hat[24]. Nach Mendels' Definition bedeutet Proto-Industrialisierung in einer säkularen Perspektive einen Teil des großen Transformationsprozesses, der die feudalen europäischen Agrargesellschaften in den industriellen Kapitalismus geführt hat; dabei bildeten sich ländliche Regionen heraus, »in denen ein großer Teil der Bevölkerung ganz oder in beträchtlichem Maße von gewerblicher Massenproduktion für überregionale und internationale Märkte lebte«[25]. Proto-Industrialisierung heißt also: schnelles Wachstum des in traditioneller Weise ausgeübten, jedoch marktorientierten, vorwiegend ländlichen Gewerbes, das zwar an das städtische Handwerk sowie an die Manufaktur anschließt, jedoch überwiegend durch agrarische Zu- und Nebenerwerbsbetriebe ausgeübt wird[26].

Eric Hobsbawm[27] stellt die Entstehung von verdichteten gewerblichen Regionen auf dem Lande in einen Kontext mit der Krise des 16. und frühen 17. Jahrhunderts und der durch diese ausgelösten Konzentrationstendenzen, vor allem im agrarischen Bereich. Der Verfall des feudalen Produktions- und Aneignungssystems wird damit zum Ansatzpunkt für die Proto-Industrialisierung: »Die Penetration von Marktverhältnissen, das Wachstum der Städte, die Siedlungsbewegung und die sich im Gefolge dieser Prozesse verändernden Klassenkonstellationen ließen es den Feudalherren nicht nur als ökonomisch vorteilhaft erscheinen, das bisherige System der Aneignung gesellschaftlicher Mehrarbeit in Anbetracht seiner hohen Transaktionsko-

[24] Vgl. Mendels, Proto-Industrialization, 1972, S. 249ff.; Kriedte u.a., Industrialisierung, 1977; Roscher, Große und kleine Industrie, 1855, S. 688ff.; Sombart, Hausindustrie, 1891, S. 112ff.; Schmoller, Hausindustrie, 1890, S. 1058ff.

[25] Kriedte u.a., Industrialisierung, 1977, S. 26.

[26] Während in der Phase der Proto-Industrialisierung vorwiegend Umlaufkapital eingesetzt ist, beginnt die Phase der Fabrikindustrialisierung dann, wenn das im gewerblichen Bereich investierte Kapital vorwiegend Anlagekapital wird. Vgl. Schremmer, Industrialisierung, 1980, S. 420ff.; Mosser, Proto-Industrialisierung, 1981, S. 383ff.

[27] General crisis, 1954, S. 33ff.

sten (bei der Einforderung und Überwachung der Arbeitsfronen) aufzugeben, sondern stellten auch dessen herrschaftliche Kontrollmöglichkeiten derart in Frage, daß es notwendig wurde, Arbeitsrenten in Produkten- und Geldrenten umzuwandeln, die Fronhöfe aufzulösen und damit die Aneignungsverhältnisse auf eine neue, der veränderten Umwelt angepaßte, zugleich aber sehr viel verletzbarere Basis zu stellen.«[28]

Das gilt aber auch für die gewerbliche Tätigkeit der Untertanen, denn auch hier zeigt es sich, daß, »je entwickelter die Arbeitstechnik in einem Produktionszweig war, je schärfer die Konkurrenz mit ›freieren‹ Regionen, desto weniger beruhte die Arbeit auf Robotverpflichtungen«[29].

Die entscheidende Determinante für den Prozeß der Proto-Industrialisierung ist die externe Nachfrage[30]. Erst die Erschließung ferner Absatzmärkte durch den Fernhandel ermöglicht die gewerbliche Warenproduktion auf dem Lande, da die Binnennachfrage allein nicht imstande gewesen wäre, die Proto-Industrialisierung in Gang zu setzen. Die Binnennachfrage hätte aber auch später wegen des Subsistenzeinkommens der heimischen Bevölkerung und der nur schwach entwickelten Infrastruktur (Märkte) alleine nicht ausgereicht, den Prozeß weiterhin zu tragen. Daher wäre es ohne die Erschließung externer Märkte nicht zum weiteren Agieren von Händlern und Verlegern gekommen; die Eröffnung neuer Absatzwege kann die so ausgelöste Dynamik weitertreiben.

Die Proto-Industrialisierung knüpft damit jenes weltwirtschaftliche Netz von Beziehungen, das in den klassischen Industrieländern West- und Mitteleuropas eine wichtige Voraussetzung für die Einleitung des Industrialisierungsprozesses ist. Erstmalig werden Regionen wirtschaftlich miteinander verknüpft, die sich im Sinne einer internationalen Arbeitsteilung ergänzen: die protoindustrielle Region als Produktionsstätte, die Region des fernen Marktes, die als Nachfrager für ihre Produkte auftritt, und schließlich die Agrarregion, die einen Lebensmittelüberschuß bereitstellt. Die Bildung protoindustrieller Regionen treibt somit durch immer breitere und tiefere Einbeziehung der Bevölkerung in überregionale Marktbeziehun-

[28] Kriedte u.a., Industrialisierung, 1977, S. 30f.

[29] Ebd., S. 199.

[30] Nachfrage ist hier nicht als eine aggregierte Funktion von individuellen Nutzen bzw. Präferenzen zu verstehen.

gen die interregionale Arbeitsteilung, wie sie später Adam Smith beschreibt, voran.

Im allgemeinen überläßt der zum »Kapitalisten« werdende Feudalherr die Produktion und den Absatz den Kaufleuten und Verleger-Unternehmern und versucht, sich durch Geldrenten, Konzessionen und ähnliche indirekte Mittel an seinen Untertanen schadlos zu halten. Damit ergibt sich ein zumindest partiell übereinstimmendes Interesse von Feudalherren und Handelskapital an der Ausbreitung des ländlichen Gewerbes, was zu bedeutenden protoindustriellen Verdichtungszonen führt. Es kommt zu jener für diese Unternehmensform charakteristischen Kombination von hauswirtschaftlicher Produktion mit der Organisation des Handels: »Ein handwerksmäßiger Körper hat einen kaufmännischen Kopf.«[31]

Gleichsam prädestiniert für die protoindustrielle Formierung durch das Handelskapital sind die unterbäuerlichen Schichten in den Anerbengebieten und die Kleinbauern der Realteilungsgebiete oder sonstige ländliche Unterschichten ohne ausreichende Ackernahrung oder ganz ohne Eigenland, die ihr kärgliches Dasein durch Gesindedienste, Taglöhnerarbeit und Saisonarbeit, oft auch über große Entfernungen hinweg, fristen müssen[32].

Die Proto-Industrialisierung – vor allem die Erzeugung von Textilien – bringt den ländlichen Unterschichten vermehrte Einkommen; das trägt dazu bei, daß mehr Angehörige dieser Bevölkerungsgruppe heiraten und einen eigenen Hausstand gründen können. Die Ressource Arbeitskraft soll durch eine möglichst hohe Kinderzahl gesteigert werden.

Die Proto-Industrialisierung bleibt jedoch eingebunden in das frühkapitalistische System, denn eine Produktionsweise, deren Form durchaus kapitalistisch sein mag, ist genaugenommen nur dann »kapitalistisch«, wenn sie in ein System kapitalistischer Warenzirkulation integriert ist. Im Falle der Proto-Industrie ist also nicht das bloße Auftreten von Lohnarbeitsverhältnissen in Verbindung mit der Warenproduktion und auch nicht die jeweilige Organisationsform der Arbeit (Verlag und Manufaktur) entscheidend, sondern es geht vor allem darum, daß sie nicht Teil eines gesamtgesellschaftlich integrierten, kapitalistischen Systems ist.

[31] Schmoller, Hausindustrie, 1890, S. 1058f.

[32] Vgl. Mitterauer, Lebensformen und Lebensverhältnisse, 1981, S. 327ff.

Von da ab ergibt sich als nächster Schritt die Durchsetzung einer neuen Wirtschaftsform, die ausschließlich über Marktpreise gesteuert wird, indem bisher vereinzelte Märkte in ein sich selbstregulierendes System von Märkten zusammengefaßt werden; »sobald das wirtschaftliche System in separate Institutionen (Markt und Staat, d. Verf.) gegliedert ist, die auf spezifischen Zielsetzungen beruhen und einen besonderen Status verleihen, muß auch die Gesellschaft selbst so gestaltet werden, daß das System in Einklang mit den eigenen Gesetzen funktionieren kann.«[33]

[33] Polanyi, Great Transformation, 1978, S. 89.

IV. Die »transitorische Krise« der traditionalen Gesellschaft

Das mit der Entwicklung der städtischen Märkte verbundene Eindringen des Geldes in die agrarisch-feudale Grundherrschaft ist ein wesentliches Element der Krise des Feudalsystems. Der Übergang zur Geldwirtschaft zwingt die Bauern, verstärkt für den städtischen Markt zu produzieren, um ihre nun in Geld zu leistenden Abgaben aufbringen zu können. Neue agrarische Bewirtschaftungsformen und die gewerbliche Produktion von Waren schaffen Möglichkeiten der Kapitalakkumulation; der Kaufmann wird in diesem Zusammenhang immer wichtiger.

Die wachsende Marktorientierung wirkt sich in einer Veränderung der Arbeitsorganisation aus, denn sie bedeutet meist eine verstärkte Ausbeutung der Grunduntertanen bzw. die Umwandlung der vormals einfachen Produzenten in bloße Lohnarbeiter. Damit und durch den Einsatz von Pächtern erhält die Grundherrschaft zunehmend ein kapitalistisches Gepräge. Die durch den Markt erzwungene »rationelle« agrarische Bewirtschaftung verändert die alten feudalen Herrschaftsinhalte mehr und mehr. Entweder wird der Grundherr selbst Agrarkapitalist, oder eine neue, bürgerliche Klasse von Agrarkapitalisten tritt an seine Stelle. In jedem Fall büßt der Adel seine politisch-militärische Machtposition ein. Diese Agenden werden vom sich konstituierenden Zentralstaat arrondiert.

11. Systemkrise des Feudalismus

Der Frage, wie es zum Übergang vom Feudalismus zum Kapitalismus gekommen ist, wurde wiederholt nachgegangen. Nun kann das Nacheinander von Perioden sicherlich nicht als lineare Entwicklung aufgefaßt werden, es gibt keine notwendige evolutionäre Reihenfolge von bestimmten Gesellschaftsformationen.

Was hier zuerst Beachtung findet, sind die *Unterschiede* zweier Produktionsweisen. Besondere Aufmerksamkeit verdienen dabei die Trennung des Arbeiters von seinen Produktionsmitteln, die Transformation der feudalen Grundrente in Einkommen aus Grundbesitz, der Stellenwert des Handels und der Warenproduktion während dieser Periode des Übergangs sowie (damit im Zusammenhang) die Frage der primären Kapitalakkumulation. Dahinter steht aber die Ersetzung des alten Autarkie- und Selbstbeschränkungsideals durch ein akkumulierendes Erwerbsstreben. Das individuelle Gewinnstreben als das für die Marktproduktion charakteristische Element, die Einführung marktwirtschaftlicher Prinzipien und konsumorientierter Verhaltensweisen lösen die bisherige, auf den Grundsätzen der Reziprozität, der Redistribution (Vorratshaltung durch den Grundherrn) und des *oikos* beruhende traditionale Wirtschaftsordnung auf[1].

Die Entfaltung der städtischen Wirtschaft und die allmähliche frühkapitalistische Umformung der Grundherrschaft durch das Eindringen der Geldwirtschaft und immer ausgedehntere Marktbeziehungen sind ein wesentliches Element bei der Auflösung der Feudalverfassung. Allein schon die Existenz der Städte und der urbanen Wirtschaft ist ein qualitativ neues Element, ein neuer machtpolitischer Faktor in einer noch weitgehend feudal-agrarischen Umwelt, weil diese ihre Ressourcen nicht aus Grund und Boden, sondern aus Handel und Gewerbe ziehen und damit der Tendenz des abnehmenden Ertragszuwachses nicht unterworfen bleiben. Vor allem der Handel sprengt infolge seiner raumübergreifenden Dynamik die Grenzen der alten Wirtschaftsordnung und löst sich damit von den herkömmlichen Anschauungen der »standesgemäßen Nahrung«, des »kanonischen Zinsverbotes« und des »gerechten Preises«.

Dabei kommt dem Geldwesen eine besondere Bedeutung zu, denn: »Wenn der Leibeigene oder Hintersasse dem Herren seine Abgaben bringt, wenn die Ketten zwischen Produzenten und Konsumenten genug kurz und ohne Zwischenglieder sind, dann braucht die Gesellschaft keine Recheneinheit, kein Tauschmittel, auf das alle anderen getauschten Objekte wie auf ein gemeinsames Maß bezogen werden können. Nun aber, mit der allmählichen Loslösung von Verarbeitungen aus der Wirtschaftseinheit des Gutshofes, mit der Ausbildung eines wirtschaftlich selbständigen Handwerks und dem Austausch von

[1] Vgl. Polanyi, Great Transformation, 1978, S. 87.

Produkten durch mehrere Hände, durch längere Ketten hin, nun kompliziert sich das Geflecht der Tauschakte. Man braucht ein einheitliches, mobiles Maß, ein Tauschobjekt, auf das alle anderen als ihr Maß bezogen werden können. Man braucht, wenn Arbeitsdifferenzierung und Austausch komplizierter und lebhafter werden, mehr Geld. Das Geld ist in der Tat gleichsam eine Inkarnation des gesellschaftlichen Gewebes, ein Symbol für das Geflecht der Tauschobjekte und der Menschenketten, in die ein Gut auf dem Weg von seinem Naturalzustand zur Konsumtion gelangt.«[2]

Der Übergang von einer Natural- zur Geldwirtschaft löst einen sich selbst verstärkenden Prozeß aus. Einerseits zwingt er die Bauern, vermehrt für den städtischen Markt zu produzieren, um die Geldabgaben leisten zu können, andererseits ermöglicht er es dem Grundherrn, immer mehr Güter auf dem Markt zu erwerben, die er aus der Eigenwirtschaft nicht erzielen kann, wovon wiederum der lokale und insbesondere der Fernhandel profitiert[3].

Die neue Arbeitsorganisation in der Landwirtschaft (Pachtsystem und Domänenwirtschaft) und in der gewerblichen Warenproduktion (Verlagssystem) schaffen neue Möglichkeiten der Kapitalakkumulation, zugleich korrespondieren sie aber auch mit einer Verbreiterung des Verbrauchermarktes. Sie entstehen erst aufgrund der Expansion des Handelskapitals. Der Handel ist innerhalb eines in sich weitgehend geschlossenen Systems ein Faktor der grenzüberschreitenden Dynamik, sowohl für die Organisation der Agrarproduktion als auch der gewerblichen Erzeugung in den Städten und auf dem Lande. Denn am Anfang und am Ende der gewerblichen Produktion steht in jedem Fall der Kaufmann, welcher die Rohstoffe liefert und das fertige Produkt abnimmt. Er wird um so wichtiger, je mehr die Produktion die Eigenverbrauchsfähigkeit der Stadt übersteigt, denn gehandelt wird im wesentlichen der Überschuß. Der einfache Warenproduzent verkauft seine mit eigener Arbeitskraft und eigenen Produktionsmitteln hergestellten Waren an den Fernhändler, der damit als Mittler zwischen Produktion und Konsum tritt. Hier liegt aber der Beginn einer ökonomischen Abhängigkeit des Handwerkers, welche die formelle Selbständigkeit des einfachen Warenproduzenten aushöhlen

[2] Elias, Prozeß der Zivilisation, II, 1977, S. 60f.
[3] Vgl. Kromphardt, Konzeptionen und Analysen, 1980, S. 49.

und mitunter ganz beseitigen sollte. Während bei den einfachen Warenproduzenten der Zweck der Produktion darin besteht, daß sie selbst Waren für den Eigenverbrauch, zur Sicherung des Lebensbedarfs erwerben können, und die über die standesgemäße Reproduktion hinausgehende Zeit in geselliges Handeln umgesetzt wird, gelten beim Händler, in der Sphäre der Zirkulation, die Gesetzmäßigkeiten des Kapitals, d.h. die Erzielung von Profiten. Im Profit als der treibenden Kraft liegt das Hauptinteresse des Kapitals an der Ausweitung der Warenproduktion. Der einfache Warenproduzent, sei er Zunft- oder Dorfhandwerker oder Verlagshandwerker, arbeitet fortan auf Bestellung des Händlers, dem jetzt auch zumindest ein Teil der Produktionsmittel und der Rohstoffe gehört. Das Kapital beginnt hier, über die Sphäre der Güterzirkulation und des Handels hinauszugehen und in den Bereich der Produktion vorzudringen; allerdings ist der Produktionsprozeß noch in vielen gewerblich organisierten Arbeitsstätten verstreut und erhält nur durch die Leitung des Verleger-Kaufmanns seine organisatorische Einheit[4].

Da viele Meister überdies nicht über das nötige Kapital verfügen, um eine Produktion in größerem Stil zu organisieren und sich den vor allem von der Agrarkonjunktur bestimmten Nachfrageschwankungen auf dem Markt anzupassen, sind sie häufig genötigt, sich die Rohmaterialien und Vorprodukte kreditieren zu lassen. Auch dadurch verstärkt sich die wirtschaftliche Position der Kaufleute, denn sie und in manchen Fällen auch jene Gewerbetreibenden, die als »Fertigmacher« am Ende der Produktionskette stehen (in England etwa die *livery-masters*), werden damit in der Folge zu »Verlegern« (von vorlegen, vorstrekken). Der »Verleger« gibt die Rohstoffe an die Handwerker aus und übernimmt das fertige Produkt für den Vertrieb. Mit zunehmender arbeitsteiliger Spezialisierung wird seine Position immer wichtiger; er organisiert den Produktionsprozeß, die Materialbeschaffung und den Verkauf der Endprodukte; im Verlagssystem und erst recht in der Form des »Zunftkaufs«, bei denen der Verleger eine ganze Zunft in seine Abhängigkeit bringt, ist der Handwerker nur mehr in einer abhängigen Stellung. Er verfügt im Extremfall lediglich über seine Arbeitskraft als einziges Produktionsmittel.

Damit gewinnt das Zunftwesen in den Städten mit Exportge-

[4] Vgl. Kriedte u.a., Industrialisierung, 1977, S. 204ff. u. 224.

werben ein anderes Gesicht; eine große Zahl von Meistern bleibt wohl in Zünften organisiert, sie sind aber von Verlegern abhängig, die entweder Kaufleute sind, oder aber auch der gleichen Zunft entstammen[5].

Im »Kaufsystem«, wie es sich seit Ende des 13. Jahrhunderts ausbildet, veräußert der Produzent seine mit eigener Arbeitskraft und eigenen Produktionsmitteln hergestellten Waren an den Fernhändler, der als Vermittler zwischen Produktion und Konsum tritt, während im Verlagssystem, das sich vor allem im 16. Jahrhundert verbreitet, der Produzent auf Bestellung eines Händlers arbeitet, dem zumindest ein Teil der Produktionsmittel oder der Rohstoffe gehört[6]. Es entsteht damit eine Gruppe von Verleger-Kaufleuten, die durch die Akkumulation von Kapital zum Träger der »Proto-Industrialisierung« werden. Das Verlagssystem, das über den städtischen Bereich hinausgreift und sich vor allem auch in ländlichen Regionen ausweitet – das Handelskapital weicht nicht zuletzt deshalb auf das Land aus, weil es damit der Einengung seiner Bewegungsfreiheit durch die Zünfte entgeht –, führt dabei zur Trennung von Produktionsmitteln und Produzenten: Der arbeitende Mensch in der gewerblichen Produktion ist im Verlagswesen nicht mehr Eigentümer der von ihm verwendeten Rohstoffe, Werkzeuge usw. Hier erfolgt zum erstenmal die Trennung des Arbeiters von seinen Produktionsmitteln, indem sowohl Arbeitskraft als auch Produktionsmittel *als Waren* im Produktionsprozeß verwendet werden. Gleichzeitig werden affektive Bindungen durch unpersönliche, aber nicht weniger zwanghafte Geldbindungen ersetzt[7].

In diesem Zusammenhang ist festzustellen, daß der vor allem für den Marxismus so wichtige Begriff des »Privateigentums an Produktionsmitteln« auf den zünftigen Handwerker nicht uneingeschränkt anwendbar ist, denn, wie bereits erwähnt, existiert eine deutliche Mitbestimmung der Zünfte über Verfügung und Nutzung der einzelnen Produktionsfaktoren. Das gilt für Handwerksgeräte und Arbeitsvorrichtungen in den einzelnen Werkstätten ebenso wie für größere Einrichtungen, für die sehr

[5] Eines der prominentesten Beispiele für wirtschaftlichen Aufstieg aus jener Zeit sind die Augsburger Fugger; sie akkumulieren als Weber (also Fertigmacher) zunächst über das Verlagswesen Vermögen, das sie zum Aufbau ihres Handels- und Finanzimperiums befähigt; auf diese Weise kommen sie zur Kapitalakkumulation.

[6] Vgl. Kriedte u.a., Industrialisierung, 1977, S. 202ff.

[7] Vgl. Thompson, Plebejische Kultur, 1980, S. 313.

oft ein kollektives Nutzungsrecht über eine Art Zunfteigentum besteht, etwa bei Walken, Stampfen, Bleichen[8].

Zumindest im Bereich der Proto-Industrie zwingen die »Produktionsverhältnisse« dem Produzenten eine vom Kapitalinteresse dominierte Arbeitsteilung auf. Angesichts der noch relativ bescheidenen verfahrenstechnischen Fortschritte ist sie der wichtigste Weg zur Produktivitätssteigerung. Sollte die weitgehende Spezialisierung der Produktion auch größere Tauscheinheiten umfassen sowie interregionale Dimensionen erreichen, dann war nicht nur eine Arbeitsteilung erforderlich, sondern auch eine entsprechende Organisationsstruktur und Koordination[9]. Als Koordinationsprinzip dieser zunehmend arbeitsteiligen Wirtschaft fungiert die Institution des »Marktes« mit – zumindest im Prinzip, wenngleich nicht unbedingt auch in der Realität – »freier Preisbildung«. Die Klassiker der politischen Ökonomie haben die Funktionsweise des Marktmodells und die Vorteile der Arbeitsteilung ja später sehr anschaulich beschrieben. Die Fiktion der Gleichwertigkeit im Tausch wird wohl schon damals konstruiert, die Realität des Marktes ist allerdings schon zum Zeitpunkt seiner Entstehung gekennzeichnet durch ungleiche ökonomische Machtverteilung, durch Monopole und Oligopole und damit weit entfernt vom Idealtyp einer »freien Konkurrenzwirtschaft«. Es ist noch nicht das »reine« Marktprinzip, das uns hier entgegentritt: »Ab dem 16. Jahrhundert waren Märkte sowohl zahlreich als auch wichtig. Im merkantilistischen System wurden sie praktisch ein Hauptanliegen der Regierungstätigkeit, dennoch gab es immer noch keine Anzeichen der künftigen Herrschaft der Märkte über die Gesellschaft. Im Gegenteil, Regelung war strikter als je zuvor und die Vorstellung eines selbstregulierenden Marktes fehlte völlig.«[10]

[8] Vgl. Schremmer, Industrialisierung, 1980, S. 445.
[9] Vgl. Borchardt, Grundriß, 1973, S. 515.
[10] Vgl. Polanyi, Great Transformation, 1978, S. 87.

12. Strukturkrise der feudalen Ökonomie und Kommerzialisierung der Landwirtschaft

Die säkulare Agrarkonjunktur des hohen Mittelalters findet in einer spätmittelalterlichen Agrarkrise ihr Ende[1]. Eine Intensivierung der Landwirtschaft geht mit Spezialisierung einher, und das mit letzterer verbundene Bestehen von Marktbeziehungen gebiert neue Risiken. Dieser Prozeß hängt eng mit den Bevölkerungsbewegungen und dem Entstehen städtischer Märkte zusammen. Nach den großen Bevölkerungsverlusten des 14. Jahrhunderts, die den Nahrungsdruck vermindern, tritt im Spätmittelalter der Fleischkonsum und damit die Viehwirtschaft in den Vordergrund. Der bis dahin aufgrund des Bevölkerungsdruckes herrschende Zwang zur Intensivierung der Agrarproduktion und damit zur Verkürzung der Nahrungskette ist zumindest für drei Generationen unterbrochen. Infolge der damit verbundenen extensiven Bodennutzung erlangt das Fleisch erneut einen hohen Anteil an der Grundnahrung der Menschen, was sich ernährungsphysiologisch günstig auswirkt, da der übergroße Anteil an Kohlehydraten zurückgedrängt und durch eiweiß- und vitaminreichere Kost ersetzt wird. Es gibt zahlreiche Hinweise darauf, daß zunächst der Verbrauch an animalischen Produkten auch noch im 15. Jahrhundert weiter ansteigt. Parallel dazu werden auch die Anbausysteme vielfältiger, neue Produkte treten hinzu, Wein-, Obst- und Gartenbau werden auf Kosten des Feldbaus ausgedehnt, Waldnutzung und Viehwirtschaft intensiviert. Erst der neuerliche Bevölkerungsanstieg, dann die beginnende »Bevölkerungsexplosion«, zwingen wieder zu einer kohlehydratreicheren Ernährung.

Wenngleich die Zahlenangaben bei den einzelnen Autoren schwanken, so besteht doch Übereinstimmung, was den Trend betrifft: Die europäische Bevölkerung erlebt seit der ersten Hälfte des 15. Jahrhunderts einen wenngleich diskontinuierlichen Anstieg, nachdem die großen Verluste durch die Pestkatastrophe wettgemacht sind. Das Wachstum erfolgt dabei regional unausgeglichen: Zu den Gebieten starken Wachstums gehören vor allem Nord- und Nordwesteuropa (wo nach Slicher van Bath der Bevölkerungsindex zwischen 1500 (= 100) und 1600 auf 156 bzw. 123 ansteigt); in Holland verdoppelt sich in die-

[1] Vgl. Kriedte, Spätfeudalismus, 1980, S. 39.

sem Jahrhundert die Bevölkerung. Die relativ stagnierende Bevölkerungsziffer Südeuropas kann mit als ein Indiz dafür gelten, daß die ökonomischen Gravitationslinien in Europa im 16. Jahrhundert anders als vorher verlaufen: Die führenden Wirtschaftsregionen liegen nun im Nordwesten Europas, die Zentren von Handel und Industrie liegen nicht länger am Mittelmeer, sondern am Atlantik.

Das Bevölkerungswachstum wird dabei nach wie vor über die traditionalen Kontrollmechanismen (nämlich Bindung und Heiratsfähigkeit an die Erlangung einer Vollstelle und erzwungene Ehelosigkeit weiter Teile der Bevölkerung) gesteuert, die verhindern sollen, daß es zwischen Agrarressourcen und Bevölkerungszahl zu Disproportionalitäten kommt. Da infolge der Bevölkerungsverluste und der Pestkatastrophe um die Mitte des 15. Jahrhunderts genügend unbebautes Land zur Verfügung steht, können diese Maßnahmen gelockert werden: das Heiratsalter sinkt und die eheliche Fruchtbarkeit steigt an. Das in der Bevölkerung vorhandene Verhütungswissen (»weise Frauen«) wird (nach einer allerdings fragwürdigen Interpretation) im Zuge der Hexenverfolgung unterdrückt; die Kirche propagiert verstärkt eine neue Sexualmoral[2]. Während so die »präventiven Hemmnisse« (Malthus), wozu insbesonders die Festlegung des Heiratsalters zählt, gelockert werden, verlieren auch die »positiven Hemmnisse« an Wirksamkeit, denn im späten 14. und 15. Jahrhundert schwächt sich die Korrelation zwischen Erntezyklus und Sterblichkeit erheblich ab. Aber auch die rein biologische Sterblichkeit scheint zurückgegangen zu sein, seitdem sich die Pest auf dem Rückzug befand; aber noch immer hält der Tod eine schreckliche Ernte und ein Fünftel der neugeborenen Kinder stirbt im ersten Lebensjahr, nur zwei Drittel erleben ihr fünfzehntes Lebensjahr, die mittlere Lebenserwartung beträgt im Durchschnitt kaum mehr als 30 Jahre[3].

[2] Vgl. Heinsohn u.a., Menschenproduktion, 1979. Die im 16. Jahrhundert geradezu epidemische Formen annehmende Hexenverfolgung dürfte jedoch vor allem mit der Unterdrückung der Volkskultur der unteren Schichten und deren Einbindung in den Zentralstaat zusammenhängen. Im Zuge der Reformation und Gegenreformation kommt es zu einer »Christianisierung« der Volksmassen, die noch bis in die frühe Neuzeit durch heidnische Anschauungen geprägt sind. Die Durchsetzung einer »Massenkultur« seit dem 17. Jahrhundert versetzt dem alten volkstümlichen Weltbild den entscheidenden Schlag, indem sie eine Ideologie der Unterwerfung und kulturellen Gleichschaltung vermittelt. Muchembled, Kultur des Volks, 1984, S. 179ff.

[3] Vgl. Wrigley, Population and history, 1969.

Die Bevölkerungsentwicklung erfährt seit der zweiten Hälfte des 16. Jahrhunderts dann wiederum einen Einbruch; vor allem die zu Beginn der 1570er Jahre grassierende Hungersnot wirkt sich negativ aus, ein Indiz für die erneute Verengung des Nahrungsmittelspielraums. Die Menschen werden gezwungen, ihr generatives Verhalten entsprechend anzupassen; Epidemien und Kriege tun ein weiteres, ein neues Gleichgewicht zwischen Ressourcen und Bevölkerungszahl herbeizuführen. Der Zusammenhang zwischen Bevölkerungsbewegung und landwirtschaftlicher Produktion findet auch in den ökonomischen »Wechsellagen«, in der Preisentwicklung für Agrarprodukte einen Niederschlag: »Die Dynamik der feudalen Produktionsweise, die zunächst freilich mehr auf deren Reproduktion als auf deren Modifikation und Transformation hinauslief, fand ihren Niederschlag in den säkularen Wechsellagen der europäischen Agrarwirtschaft. Wie sich aus den vorliegenden Getreidepreisreihen und anderen Daten, vor allem solchen zur Bevölkerungsentwicklung ergibt, endete der Aufschwung des hohen Mittelalters, der mit der Siedlungsbewegung und der Entstehung der Städte einherging, in der Krise des 14. und 15. Jahrhunderts; auf sie folgte die Preisrevolution des 16. Jahrhunderts, die ihrerseits in die Krise des 17. Jahrhunderts mündete. Erst der Aufschwung des 18. Jahrhunderts leitete in ein neues Zeitalter über.«[4]

Der Konnex zwischen Bevölkerungsbewegung und agrarischer Produktionsweise wird inbesondere im Zusammenhang mit der im Gefolge des »Schwarzen Todes« einsetzenden spätmittelalterlichen Krise deutlich. Dieser langfristig wirksame Konjunktureinbruch wird unterschiedlich interpretiert, manche Autoren wollen darin sogar den Beginn der »Systemkrise des Feudalismus« erkennen[5]. Die um die Mitte des 14. Jahrhunderts einsetzende Pestepidemie reduziert den effektiven Bedarf an Nahrungsmitteln. Der Bevölkerungsverlust hat somit gravierende Rückwirkungen auf die europäische Agrarwirtschaft; nicht nur, daß ganze Dörfer zu »Wüstungen« werden, der ver-

[4] Kriedte, Spätfeudalismus, 1980, S. 11. Wilhelm Abel unterscheidet bei den Getreidepreisen einen Aufschwung im 13. und zum Teil noch zu Beginn des 14. Jahrhunderts, dem dann ein langwieriger Abschwung, die »spätmittelalterliche Agrarkrise« folgt, einen weiteren Aufschwung im 16., der im 17. Jahrhundert wieder abbricht, und dann einen dritten Aufschwung im 18. Jahrhundert. Vgl. Abel, Agrarkrisen, 1978, S. 13.

[5] Vgl. Kriedte, Spätmittelalterliche Agrarkrise, 1980, S. 42ff.

minderte Bedarf, vor allem an Getreide, führt auch dazu, daß Anbauflächen (insbesondere auf schlechten Böden) eingeschränkt werden. Es kommt sogar zu einem Prozeß der »Dekolonisation«, indem sich der Wald wieder in jenen Zonen ausbreitet, die während der Aufschwungphase des Hochmittelalters unter den Pflug genommen wurden. »Grenzböden«, vor allem in alpinen Lagen, werden wieder aufgegeben, intensive Bewirtschaftung wird von extensiver Nutzung abgelöst. Es läuft dies aber insgesamt gesehen auf eine Produktivitätserhöhung in jenen Regionen hinaus, die nach wie vor für den Getreideanbau verwendet werden, da ja auf den fruchtbaren Böden die Hektarerträge höher liegen. Aus der Perspektive des Marktes entsteht damit infolge der reduzierten Nachfrage ein Angebotsüberhang. Die Getreidepreise fallen, ebenso fällt die Grundrente: die Erlössituation der Landwirtschaft verschlechtert sich.

Die großen Menschenverluste bedeuten aber nicht nur eine Bedarfsreduktion, sondern auch eine Verknappung der Arbeitskraftressourcen. Die Landwirtschaft gerät also von zwei Seiten her unter Druck. Dabei ergibt sich eine Preisschere zwischen Getreideprodukten und gewerblichen Erzeugnissen, denn letztere erleben zwar auch einen Preisverfall, aber im allgemeinen fällt dieser nicht so stark aus wie bei Lebensmitteln. Für bäuerliche Wirtschaften mit geringer Marktquote, die ohne Lohnarbeit auskommen und auch nichtlandwirtschaftliche Produkte im eigenen Haushalt erzeugen, ist dieser Preisverfall weniger schlimm als für jene Betriebe, die auf den Markt orientiert sind. Vor allem für die Grundherren bedeutet die erwähnte ungünstige Preisschere für Agrarprodukte, daß sie die Feudalquote erhöhen müssen, um zumindest auf gleichem Einkommensstandard zu verharren[6]. Infolgedessen verstärkt sich der Druck auf die abhängigen Bauern, wird ihr Status vielfach gemindert; es entsteht eine »Dynamik der Schrumpfung«[7].

Erst gegen Ende des 15. Jahrhunderts setzt eine neue Expansionsphase der Bevölkerungsentwicklung ein. Wüstgefallenes Land wird wieder kultiviert, denn die Agrarpreise ziehen an,

[6] Die Einkommenssituation des Adels verschlechtert sich zunehmend, wodurch dieser in eine stärkere Abhängigkeit von der Krone gerät. So gewährt etwa Philipp II. in Spanien Dispens bezüglich des Belehnungsverbots für den Majoratsbesitz, um dann mit neuen Forderungen an den Adel heranzutreten (Pieper, Preisrevolution, 1985, S. 65f. u. 91).

[7] Vgl. Lütge, 14. und 15. Jahrhundert, 1950, S. 211ff.

aber dieser Aufschwung, »noch immer auf dem Grundbesitz der Herren und der Arbeit der Bauern basierend ... erreicht ... doch nie die Produktion, den Umschlag landwirtschaftlicher Erzeugnisse und die Dichte der landwirtschaftlichen Besiedlung, die vor 1300 erzielt worden waren, in diesem großen Ansturm landwirtschaftlicher Eroberungen, auf den sich die Blüte der mittelalterlichen Kultur gründete.«[8]

Die Folgen des »Schwarzen Todes« sind erst gegen Ende des 16. Jahrhunderts vollends überwunden, von da an wächst die europäische Bevölkerung kräftig. Im 17. Jahrhundert kommt es allerdings wieder zu Wachstumseinbrüchen vor allem in dem vom Dreißigjährigen Krieg heimgesuchten Deutschland, aber auch in Spanien, den spanischen Niederlanden und Portugal; auch die Bevölkerungszahl Frankreichs und Italiens stagniert während dieser Periode, hingegen erleben England und Holland einen starken Zuwachs[9].

Tabelle 2: Die Bevölkerung Europas 1500–1800 (in Millionen)

Gebiet	1500	1600	1700	1800
Nordeuropa	1,6	2,6	3,1	5,0
Westeuropa	23,3	27,6	33,5	49,1
Südeuropa	16,4	21,7	21,7	31,3
Mitteleuropa	18,5	24,0	24,5	33,5
Osteuropa	21,1	26,2	32,2	56,8
Europa insgesamt	80,9	102,1	115,0	175,7

Quelle: Kriedte, Spätfeudalismus, 1980, S. 12.

Stärker noch als die Gesamtbevölkerung wachsen die großstädtischen Agglomerationen; wichtige Handelsstädte wie London, Hamburg, Augsburg und Danzig verdoppeln etwa im Laufe des 16. Jahrhunderts ihre Bevölkerung, ähnlich im mitteleuropäischen Bereich Wien, Regensburg und Nürnberg. Roger Mols schätzt, daß zu Beginn des 16. Jahrhunderts in Westeuropa lediglich drei bis vier Städte über 100000 Einwohner erreichen, gegen Ende des Jahrhunderts jedoch bereits zwölf Städte in diese Größenkategorie hineingewachsen sind[10]. Vor allem in

[8] Duby, Landwirtschaft, 1983, S. 136.
[9] Vgl. North/Thomas, Rise, 1973, S. 105ff.
[10] Vgl. Mols, Demographie, 1955, S. 47.

Oberitalien und den Niederlanden, den beiden damals ökonomisch führenden Gebieten, charakteristischerweise zugleich auch die kulturellen und politischen Zentren, kommt es zur Verdichtung zu ganzen Städtezonen, die trotz intensivster landwirtschaftlicher Nutzung im Nahbereich auf eine Getreidebevorratung und permanente Nahrungsmittelimporte angewiesen sind. Der erneute Bevölkerungsanstieg wirkt sich jedoch, wenngleich schwächer als in den Städten, auch im Agrarbereich aus: Selbst in Kleinbauerngebieten und Gebirgsregionen kommt es zu einer Bevölkerungszunahme, vor allem jedoch in den Montandistrikten und dort, wo etwa durch Proto-Industrialisierung die Möglichkeit eines Zusatzerwerbs besteht.

Damit öffnet sich jedoch die Schere zwischen Nahrungsfläche und Bevölkerungszahl, selbst geringfügige Ernteschwankungen wirken sich bereits verheerend aus. Die Landwirtschaft erlebt daher eine Intensivierung, wüstgefallene Flächen werden erneut kultiviert. Es kommt zu einer zweiten Welle der Ostkolonisation östlich der Elbe. In England werden die »Einhegungen« stärker dem Bedarf an Getreide und Fleisch angepaßt[11]. In der Poebene und am Niederrhein geht man zum Gemüseanbau, zur Milch- und Käseproduktion und zur Fruchtwechselwirtschaft über. Es werden auch Farbpflanzen wie Waid, Krapp und Safran angebaut. In Spanien züchtet man Merinos, die Wolle für die flandrische, englische und oberitalienische Tuchindustrie liefern. Es kommt auf diese Weise, ähnlich wie im Fernhandel, auch in der Ernährungswirtschaft zu einer ausgeprägten Arbeitsteilung: An eine intensive Zone des Landbaus mit Obst-, Wein- und Gemüseanbau und Milchwirtschaft in Oberitalien und in Nordwesteuropa schließt sich eine Zone intensiver Viehhaltung mit Mast und Aufzucht an. Dann folgt ein breiter Gürtel mit Getreideanbau mit dem Zentrum in Mitteleuropa und nach außen hin abnehmender Intensität. Daran schließt sich weiter im Osten eine Weidezone an, die extensiv genützt wird und Mittel- und Westeuropa mit Schlachtvieh versorgt, das in großen Viehtrecks durch ganz Europa getrieben wird. Es ergibt sich somit eine Art Komplementarität zwischen den großen Stadt- und Gewerbezentren in Oberitalien und Nordwesteuropa und den angrenzenden agrarischen Überschußgebieten in Mittel- und Osteuropa[12], damit aber auch ein zonaler Aufbau

[11] Vgl. Finnberg, Agrarian history, 1964.
[12] Vgl. Abel, Agrarkrisen, 1978, S. 30.

der europäischen Landwirtschaft – gleichsam eine Art überdimensionierter Thünenscher Kreise – mit nach außen hin abnehmender Intensität der Bewirtschaftung.

Die säkulare Inflation des 16. Jahrhunderts, die als »Preisrevolution« bezeichnet wird, ist durch einen dramatischen Preisanstieg gekennzeichnet, hinter dem die Löhne weit zurückbleiben. Um 1600 liegt das Preisniveau um ca. 200 bis 300 Prozent höher als um 1500. Die Preise in Spanien z. B. sind am Ende 3,4 mal höher als am Beginn des 16. Jahrhunderts, in England 2,6 mal, in Frankreich 2,2 mal und in Italien und Schweden rund 2 mal höher. Der Preisanstieg ist dabei sektoral unterschiedlich, am stärksten bei der Bodenrente und den Agrargütern, so daß sich gegenüber gewerblichen Produkten eine Preisschere auftut, und auch die Reallöhne generell einen Abwärtstrend aufweisen[13].

Diese Preisschwankungen können also nicht, wie dies seit Tomas de Mercado und Jean Bodin immer wieder versucht wird, ausschließlich durch bloße Schwankungen des Geldumlaufes (quantitätstheoretisch) erklärt werden. Sie entstehen ja dadurch, daß unter der Bedingung der Durchsetzung von Märkten die alte Führungsschicht eine (dynamische) Stabilisierung ihrer Einkommen anstrebt. Der Feudaladel sucht die Feudalquote wegen des Preisverfalls landwirtschaftlicher Produkte zu erhöhen, das Handelskapital strebt dies durch die Stabilisierung der Profite über Preiserhöhungen an. Daraus ergeben sich gravierende Veränderungen im Leistungs- und Bedarfsgefüge der Wirtschaft[14].

Die intensivierten Tausch- und Handelsbeziehungen, die mit dem Frühkapitalismus entstehen, sind zugleich sowohl eine Voraussetzung als auch eine Folge der beginnenden Kommerzialisierung der Agrarproduktion sowie des zunehmenden Bevölkerungsdruckes und im Zusammenhang damit der »Preisrevolution«. Es liegt hier, wie so oft, ein Prozeß vor, in dem die Voraussetzungen eines Systems sowohl Bedingungen seines Entstehens als auch gleichzeitig Resultate seines Daseins darstellen[15]: Die traditionelle Arbeitsteilung zwischen Stadt und

[13] Vgl. North/Thomas, Rise, 1973, S. 107f.; Rostow, World economy, 1978, S. 107.

[14] Vgl. Abel, Agrarkrisen, 1978, S. 286; Bois, Crise au féodalisme, 1976; Hilton, Krise des Feudalismus, 1979, S. 116ff.; Pieper, Preisrevolution, 1985, S. 68ff.

[15] Vgl. Marx, Grundrisse, S. 364.

Land wird überlagert von der neuen ökonomischen Arbeitsteilung, die über einen sich ausweitenden Weltmarkt vermittelt wird, der nicht nur Land und Stadt, sondern ganze Regionen und Länder miteinander in Verbindung bringt. Der dadurch initiierte Differenzierungsprozeß führt zu einer ausgeprägten interregionalen Arbeitsteilung. Während im Zuge der europäischen Expansion die osteuropäischen Gebiete gezwungen werden, sich zusehends auf Kosten einer möglichen eigenen gewerblichen Tätigkeit auf die Getreide- und Fleischproduktion für den westeuropäischen Markt zu konzentrieren, sowie die überseeischen Länder, sich auf die Lieferung von Kolonialprodukten wie Baumwolle, Zuckerrohr usw. auszurichten, monopolisieren die westeuropäischen Länder die Gewerbeproduktion und spezialisieren gleichzeitig ihre agrarwirtschaftliche Basis. Die damit erzielten Profite liegen hier im Interesse einer breiten bürgerlichen Händler- und Produzentenschicht, während sie in Osteuropa und in Übersee primär einer grundbesitzenden adeligen Oberschicht und deren Herrschaftsstabilisierung zugute kommen[16].

Ganz allgemein zeigt sich seit dem Spätmittelalter bereits ein Trend zu einer Art »kapitalistischer« Auflösung der Grundherrschaft, im Westen mit dem Entstehen eines neuen Pächterwesens oder dem Übergang zur Eigenbewirtschaftung, während sich im Osten die »Gutsherrschaft« mit einer neuen Form der »Leibeigenschaft« etabliert. Die strukturelle Umstellung von Natural- zu Geldleistungen, die Umwandlung der Arbeits- und auch der Produktenrente in eine Geldrente ist jedoch im allgemeinen, vor allem im Zuge säkularer Inflationsbewegungen, für die Bauern günstiger. Die Begünstigung der Bauern durch die Inflation betrifft letztlich auch die Vermögensverteilung, indem sich speziell alte Forderungsrechte, darunter die in Geld fixierten bäuerlichen Abgaben, entwerten. Dies führt, sofern er die Feudalrente nicht in ausreichendem Maß steigern kann, zu einer ökonomischen Krise des Adels, dem überdies das neue Hofleben und der gestiegene Zwang zur standesgemäßen Repräsentation größere finanzielle Bürden auferlegt.

Wegen der Entleerung der alten Herrschaftsinhalte (Vordringen der Geldwirtschaft, Aufkommen einer neuen Kriegstech-

[16] Vgl. Braudel, Europäische Expansion, 1974, S. 255ff.; Wallerstein, World system, 1974/80; ders., World economy, 1979; Senghaas, Kapitalistische Weltökonomie, 1979; Frank, World accumulation, 1978; van Dülmen, Europäische Gesellschaft, 1981, S. 14.

nik, Söldnerwesen, Entstehung des zentralistischen Beamtenstaates sowie Auflösung der alten, weitgehend autarken Wirtschaftseinheiten durch das Vordringen marktwirtschaftlicher Beziehungen) wird der Adel als Repräsentant einer reinen Statusgesellschaft immer mehr in Frage gestellt. Je funktionsloser das traditionale Feudalsystem wird, je mehr Bauern sich die Frage stellen: »Da Adam reutet und Eva spann, wer war die Zeit da ein Edelmann?«[17], desto stärker wird in vielen Fällen aber auch der Druck der Grundherren auf ihre Untertanen, um so mehr versuchen diese, die Feudalquote abzusichern, wenn nicht auszudehnen. Das System kann nur mit offen repressiver Gewalt aufrechterhalten werden, dies führt jedoch zu einer »Machtdeflation« (Chalmers Johnson). Die großen Bauernerhebungen vom 14. bis ins 16. Jahrhundert sind eine Reaktion darauf. Die Revolten dieser Zeit richten sich aber ganz generell gegen die traditionellen Mächte: gegen die Kirche, die herrschende Feudalklasse und die Exponenten des frühen Kapitalismus. In beispielhafter Haltung kulminiert dies in der großen ›Fürstenpredigt‹ Thomas Müntzers, einem der ersten in einer langen Reihe neuzeitlicher Sozialrevolutionäre, die sich nicht länger mit einem vielleicht besseren Geschick im Jenseits begnügen wollen, wie es die Kirche verspricht, sondern ihren »Gottesstaat« schon auf Erden errichten möchten.

Vielfach beansprucht der Adel nunmehr auch die Nutzung der bisher gemeinwirtschaftlich verwendeten Flächen; die Verfügung der Bauern über Allmende und Waldnutzung wird eingeschränkt. Da Holz als Baustoff, Grubenholz, für die Anfertigung von Werkzeugen und Geräten und als Energieträger äußerst wichtig ist, stößt dieser Eingriff der Grundobrigkeit in alte Rechte auf besonderen Widerstand. Die exklusive Inanspruchnahme des Jagdrechts durch die Herren führt überdies zu ausgedehnten Wildschäden. Während früher in gewissem Sinn für den Feudalherrn »seine Magenwände die Schranken für die Ausbeutung der Bauern« (Karl Marx, übrigens eine Metapher, die bereits Adam Smith verwendet) sind, ändert sich dies grundlegend, sobald der Grundherr für den Markt produziert.

Der schon beschriebene Weg zur »kapitalistischen« Auflösung der alten Grundherrschaft erfolgt dabei auf verschiedene Weise: In den intensivst genutzten Gebieten rund um die städti-

[17] Sporrer (um 1500), zit. in Zeitschrift für Bibliothekswissenschaft 24, 1863, S. 231.

schen Zonen in Westeuropa sowie in Italien geraten die Bauern in den meisten Fällen in die Abhängigkeit der städtischen Geldwirtschaft. Die Stadtbürger können sich hier, meist in Form des Halbpachtsystems *(métayage, mezzadria)* gegen Ertragsbeteiligung anstelle der feudalen Grundherren das Umland unterwerfen, was in der Praxis zumeist eine gesteigerte Form der Ausbeutung bedeutet. Die Sicherung der Ernährung für die Stadt, zunehmend aber auch die Verwendung als Kapitalanlage, erzwingt hier hohe Erträge, so daß das Land fast wie im Gartenbau genutzt werden muß. Dieser Prozeß hängt eng zusammen mit dem erneuten Bevölkerungswachstum im 16. Jahrhundert, insbesondere mit dem überproportionalen Zuwachs in den Städten. Vor allem in Oberitalien und den Niederlanden kommt es auf diese Weise zu einer zonalen urbanen Verdichtung. Die Städte müssen hier trotz fruchtbarer Böden und intensivster Bebauung über ihre näheren Nutzungsflächen hinauswachsen.

Auf den britischen Inseln geht die grundbesitzende Gentry in Form der »Einhegungen« frühzeitig zur kommerziell betriebenen Landwirtschaft über, teilweise auch als Reaktion auf das Heranwachsen einer Klasse von Kaufleuten. Die Bauern werden zum Großteil vertrieben, Flächen zusammengelegt und eingezäunt, und darauf eine ausschließlich kommerziell orientierte Schafhaltung oder mit Hilfe von Lohnarbeitern »rationeller« Getreidebau betrieben. Dabei entstehen vielfältige Pachtverhältnisse; das Wort (*farmer*, Pächter) bezeichnet schließlich den englischen Landwirt schlechthin. In Frankreich erringen die Bauern bei der Landübernahme eine Art Pyrrhussieg; als Folge des Bevölkerungsdrucks kommt es zu einer partiellen Umverteilung des Landbesitzes, wodurch allerdings ein Großteil der Landbevölkerung unter das Subsistenzniveau gedrückt wird. Angesichts des großen Bedarfs an Boden und an Arbeitskräften finden Grundherren und kapitalistische Pachtherren es vielfach einträglicher, Land gegen hohe Zinsen zu verpachten bzw. billige Arbeitskraft auf der Basis arbeitsintensiver Bewirtschaftungsformen einzukaufen[18].

Im mitteleuropäischen Bereich wird die »Wirtschaftsherrschaft« (Alfred Hoffmann) in Form der Eigenbewirtschaftung des Dominikallandes durch die Herren (z.T. mit Lohnarbeitern und einem Meierhofsystem mit Verwaltern) wichtig. Daneben

[18] Vgl. Brenner, Agrarian class structure, 1976.

erfolgt eine Weiterverteilung von Grund und Boden zwischen einzelnen Bauern; die erfolgreichsten unter ihnen stehen untereinander in Konkurrenz um mehr Land. Auf diese Weise erfolgt, obwohl die Tendenz zur Ausbildung eines einheitlichen Untertanenverbandes zu beobachten ist, mit der Transformation der feudalen Gesellschaften und der Konstituierung kapitalistischer Verhältnisse ökonomisch eine Differenzierung innerhalb der Bauernschaft nach Großbauern (die selbst Lohnarbeit kaufen), Häuslern und landlosem Agrarproletariat.

Hingegen führt in Osteuropa ein anderer Weg zum angestrebten Ziel; hier wird nämlich die feudale Ausbeutung durch die Herrschaft gesteigert. Der politisch weitgehend funktionslose Rittergutsbesitzer wird hier zum »Gutsherrn«, der seine Grund- und Gerichtsherrschaft dazu benützt, die bäuerlichen Ansprüche zu schmälern und die Lasten der Untertanen, vor allem die Frondienste noch zu erhöhen. Die Bauern können sich im allgemeinen diesem Druck nicht entziehen. Aus »Schollenpflicht« und »Gesindezwangsdienst« entwickelt sich so in der Neuzeit in weiten Teilen Osteuropas eine besondere Form der Leibeigenschaft, die man als »Gutsuntertänigkeit« bezeichnet; auch sie stellt letztlich eine Folge des Eindringens marktwirtschaftlicher Verhältnisse dar, ein Umstand, der darauf hinweist, daß man mit dem undifferenzierten Attribut »Fortschritt« im Zusammenhang mit dem Eindringen frühkapitalistischer Elemente in die Agrarwirtschaft vorsichtig umgehen sollte[19]. In jedem Falle aber ist der Umstand wichtig, ob der Adel seine ökonomische Position behaupten kann – durch kommerzielle Anpassung in Form der englischen Einhegungen, in Form der mitteleuropäischen »Wirtschaftsherrschaft«[20] oder der ost-

[19] Dieses Abzweigen des osteuropäischen Entwicklungspfades vom allgemeinen europäischen Verlaufsmuster hat weitreichende historische Konsequenzen. Die Erstarrung der sozioökonomischen Struktur, die damit verbunden ist, bildet fortan ein Entwicklungshemmnis für die auch im Zusammenhang mit der Industrialisierung wichtige »Agrarrevolution«. Dies erleichtert letztlich auch die Kollektivierung der osteuropäischen Landwirtschaft im 20. Jahrhundert im Zeichen einer zentralgelenkten Planwirtschaft, da die auf Eigentumsrechten basierende Bindung der einzelnen Bauern an Grund und Boden kaum entwickelt ist. Die russische Dorfgemeinde *(obščina)* betreibt nicht nur die Feldarbeiten kollektiv und teilt die Ernte auf, sondern die Bauern schulden auch ihren Herren die Abgaben nicht individuell, sondern kollektiv.

[20] Alfred Hoffmann (Wirtschaftsgeschichte, I, 1952, S.98) versteht darunter eine Mittelstellung zwischen alter Rentenherrschaft und dem neuen Typus der Gutsherrschaft. Der überwiegende Teil des nutzbaren Landes bleibt auf die einzelnen bäuerlichen Wirtschaften verteilt; durch stärkere Zentralisation der

europäischen Gutswirtschaft –, oder ob es zur Ausbildung eigener Bauernwirtschaften kommt[21].

Jeder Veränderung in der Landwirtschaft kommt enorme gesamtwirtschaftliche Bedeutung zu. Um so auffallender ist es daher, daß – obwohl schon Johann Joachim Becher den Bauernstand als den »nötigsten Stand zur gemeinen Nahrung« bezeichnet – diese dann innerhalb der merkantilistischen Politik nur geringen Stellenwert beanspruchen darf. Das hängt wohl damit zusammen, daß auf unterster Verwaltungsebene die staatlichen Einflußmöglichkeiten gering sind und die zentralen Behörden auf die Vermittlung der Grundherrschaften, also der feudalen Instanzen angewiesen bleiben. Einerseits verwehrt die Ausübung der lokalen Verwaltung und Rechtssprechung durch die Grundherren den zentralen Stellen den unmittelbaren Kontakt mit der bäuerlichen Bevölkerung, andererseits steht der Provinzialismus der einzelnen Landschaften häufig einer Vereinheitlichung der Agrarordnung entgegen. Die Landwirtschaft bleibt daher im europäischen Kernbereich eine Domäne des ständischen Adels und damit der nunmehr kapitalistisch betriebenen Grundherrschaft[22].

Dennoch ergeben sich auch innerhalb der Grundherrschaft Änderungen, indem das alte Prinzip der früher nur auf das eigentliche Herrschaftsgut selbst bezogenen »geschlossenen Hauswirtschaft« nunmehr auf den ganzen zu einer Herrschaft gehörigen Besitzkomplex ausgedehnt wird. Das alte patriarchalische Verhältnis bleibt nur solange aufrecht, als die Grundherren sich dem Ideal des adeligen Landlebens sich verpflichtet fühlen. Sobald der Adel beginnt, sich in den Städten Freihäuser und Palais zu schaffen, entfremdet er sich seinen Untertanen, die er der Willkür seines Pflegschaftspersonals ausliefert. Dieses erblickt jedoch seine Hauptaufgabe darin, möglichst hohe Erträge aus den Grundherrschaften herauszupressen[23].

Gleichzeitig wird die Landwirtschaft aber auch stärker als bisher dem Marktmechanismus ausgesetzt, muß also lernen, sich marktkonform zu verhalten. Dieser Prozeß der Markt-

Abgaben und Ausweitung der Dienstleistungen für die Herrschaft wird diese enger als bisher in einem ökonomischen Verband zusammengefaßt, der nicht allein die rein agrarisch-bäuerliche Wirtschaft, sondern auch eine Reihe von Gewerben inkludiert.

[21] Vgl. Moore, Diktatur und Demokratie, 1974, S. 62ff.

[22] Vgl. Becher, Politischer Discurs, 1688, S. 5f.

[23] Vgl. Brunner, Adeliges Landleben, 1949, S. 237ff.

orientierung (Kommmerzialisierung) geht jedoch nicht ohne Widerstände vor sich, denn kleinräumige, halbautarke Verhältnisse erscheinen den Agrarproduzenten meist risikofreier als großräumige Marktverflechtungen. Erst der Merkantilismus gewinnt hier eine neue Sicht; daß die Zentralmacht diese Notwendigkeit einer agrarwirtschaftlichen Kommerzialisierung durchaus erkennt, zeigen nicht nur die unterstützenden Maßnahmen zur Steigerung der Produktion und Produktivität, sondern auch das Bestreben, größere und freiere Marktbeziehungen herzustellen. So weist Joseph von Sonnenfels darauf hin, daß »je mehrere Beweggründe der Aemsigkeit des Landmanns zur Bebauung seines Feldes geboten werden, desto eifriger wird auch sein Fleiß seyn«[24].

Die staatliche Getreidepolitik des Merkantilismus beschränkt sich ansonsten darauf, im Inneren mittels Marktzwang, Auf- und Vorkaufsverboten, Anprangerung des Getreidewuchers, Visitationen, Beschränkung des Zwischenhandels usw., Erzeuger und Verbraucher zusammenzubringen, während man in der äußeren Getreidepolitik – zumindest in Kontinentaleuropa – die üblichen Ausfuhrverbote anwendet, um die Versorgung der heimischen Bevölkerung zu gewährleisten. Einem inneren Marktausgleich stehen jedoch die unzureichenden Verkehrsbedingungen entgegen. Der durchschnittliche Kalorienverbrauch bleibt daher bis ins 18. Jahrhundert hinein durch das lokale Angebot begrenzt und wird überwiegend durch pflanzliche Nahrung gedeckt, während der Verbrauch von Fleisch und Milchprodukten gering bleibt. Denn man benötigt etwa acht pflanzliche Energieeinheiten zur Erzeugung einer tierischen, d.h., daß unter normalen Umständen jeder in der Landwirtschaft Tätige bei den damaligen Produktionsbedingungen nur etwa 20 bis 30 Prozent mehr an Nahrungsmitteln produziert, als er und seine Familie selbst verzehren, und das bedeutet: Etwa fünf Bauernfamilien können eine Städterfamilie ernähren.

Die Veränderungen und Erneuerungen im Agrarbereich gehen jedoch weniger von den einfachen Produzenten als vom Großgrundbesitz aus. Barrington Moore stellt in seinem Versuch eines umfassenden interregionalen Vergleichs der »Rolle der Grundbesitzer und Bauern bei der Entstehung der modernen Welt« heraus, welchen Einfluß die jeweilige, regional ganz unterschiedliche, vormoderne, traditionale Sozial- und Herr-

[24] Sonnenfels, Grundsätze, II, 1771, S. 66.

schaftsordnung und die sie prägenden bzw. durch sie geprägten Klassen und Schichten auf den säkularen Veränderungsprozeß haben. Er entwickelt sozusagen Verlaufstypen »unterschiedlicher Reaktionsweisen der grundbesitzenden Oberklassen und Bauern« auf die Herausforderung der kapitalistischen Durchdringung. Diese Typologie schließt prinzipiell – und besonders am Beispiel Englands auch konkret – den Fall ein, daß die grundbesitzenden Eliten etwa auch als »politische Vorhut für den kommerziellen und industriellen Kapitalismus« fungieren können. Dem Schema vom aufsteigenden Bürgertum als Träger der kapitalistischen Transformation und den absteigenden ländlichen Klassen, insbesondere der traditionellen grundbesitzenden Schicht, stellt Barrington Moore als Variante den Fall gegenüber, daß der große Grundbesitz am Aufstieg des Kapitalismus bis hin zur Industrialisierung teilhat: »Die üblichen mechanischen Metaphern sind hier irreführend. Es ist zwar richtig, daß die kapitalistischen Elemente in den Städten ›aufstiegen‹; aber die grundbesitzenden Oberklassen ›stürzten‹ nicht, jedenfalls noch sehr lange nicht.«[25]

Zusammenfassend läßt sich sagen, daß der Transformationsprozeß der »kapitalistischen« Umgestaltung der Landwirtschaft zwischen zwei Extremen abläuft: einmal in Form des »bürgerlichen« Weges, wo eine selbständige Bauernwirtschaft dominiert, was aber eine Zurückdrängung der Grundherrenschicht aus ihrer führenden politischen Position sowie die Einführung eines bürgerlichen Privateigentumsrechts voraussetzt, sodann in Form des osteuropäischen (»preußischen«) Weges, wo der Grundherr selbst als Kapitalist fungiert, indem eine »Junker-Ökonomie« in eine kapitalistische Produktion übergeführt wird: »Der Adel selbst war wesentlich verbürgerlicht, statt in Treue, Liebe und Glauben machte er nun vor allem in Runkelrüben, Schnaps und Wolle.«[26]

[25] Moore, Demokratie und Diktatur, 1974, S. 52f.; vgl. auch Kriedte u.a., Industrialisierung, 1977, S. 27; North/Thomas, Rise, 1973, S. 19ff.; dies., Manorial system, 1971, S. 777ff.; Sweezy, Transition, 1976, S. 34ff. u. 103ff.

[26] MEW 6, S. 104.

Die Zusammenfassung der früher unvereinbaren Begriffe *politike* und *oikos* setzt die qualitative Veränderung der Öffentlichkeit *(politike)* und des *oikos* voraus und nicht nur die Umkehrung des funktionalen Zusammenhangs dieser beiden Bereiche (*oikos* als ein Äquivalent für Besitz wird als Voraussetzung für öffentliches Handeln ersetzt durch öffentliches Handeln zum Zwecke der Besitzmehrung). Eine Interpretation, die nur diesen einen Aspekt (Umkehrung der Zweck–Mittel–Relation) berücksichtigt, greift zu kurz, denn die konstitutiven Elemente der »politischen Ökonomie« entstammen sowohl aus der tradierten Theorie der Politik als auch aus der Vorstellung des *oikos.*

Der Universalitätsanspruch von *Sacerdotium* und *Imperium* wird im Entwicklungsprozeß obsolet. Diese »Individualisierung« auf staatlicher Ebene – nämlich die Konstituierung einzelner, wie Individuen aufgefaßter Stadtstaaten und Staaten – korrespondiert mit der sich auf gesellschaftlicher Ebene abzeichnenden neuen Funktionalität des Menschen, der in weiterer Folge zum »Individuum« wird. Dies verlangt ein anderes Verständnis der Funktionsweise von Gemeinschaften (Gemeinden); der tradierte Tugendbegriff, der das Eingebundensein in Gemeinschaft zur Voraussetzung hat, wird in diesem Entwicklungsprozeß seines ursprünglichen Sinnes entleert. Ist bis dahin die Existenz der Gemeinschaft die Grundlage der Überlegungen, so stellt sich nun die Frage, wie individualisierte »Staaten« und »Gesellschaften« entstehen und funktionieren können. Tugend wird fortan überwiegend (herrschafts-)technisch aufgefaßt. Damit schwindet auch die am Jenseits orientierte Teleologie.

Der alte Universalitätsanspruch von *Sacerdotium* und *Imperium* zerbricht vollends, sobald der Mensch als Träger von Rechten aufgefaßt wird, wobei »Freiheit« erstmals als ein subjektives Recht beansprucht wird. Dies führt zu der Schwierigkeit, wie der Mensch gleichzeitig in seiner Soziabilität *(zoon politikon)* und als Träger von subjektiven Rechten verstanden werden kann. Durch die Einräumung von Herrschaftsrechten, einer Art von Souveränität, an das Individuum, wird die Grenze zwischen »Privatem« und »Öffentlichem« zunehmend unscharf; dies führt letztlich zu einem Aggregationsproblem.

Die Veränderung der Diskursebene kann somit an einem Bedeutungswandel zentraler Begriffe verdeutlicht werden, der wiederum mit realen gesellschaftlichen Veränderungen korrespondiert.

13. Freiheit und Ordnung als zentrale Kategorien

Ein zentraler Begriff der traditionalen Ordnungsvorstellungen ist der des *Imperiums.* Das Imperium wird als eine göttliche Wahl verstanden; der Allmächtige erwählt ein Oberhaupt, stattet es mit einem Charisma aus, schenkt diesem den Sieg und erfüllt es mit einer magischen Gewalt, dem Königsheil. Was im Abendland als Imperium verstanden wird, ist ein Wiederaufleben des *Imperium Romanum.* Der Mythos des Kaisers ist mit dem römischen Mythos verbunden; als Wiedererrichter des Imperium Romanum dürfen sich die Kaiser als Herren des *Orbis mundi* fühlen. Sie bewundern Byzanz, das um die Jahrtausendwende eine neue Blüte erlebt und übernehmen von ihrem Vorbild, dem *basileus,* Symbole seiner Macht und seiner Autorität: den goldenen Mantel, den Globus bzw. die Himmelskugel, die eine Souveränität darstellt, die sich über die ganze Welt erstrecken soll. Als Diener des heiligen Petrus übernehmen die Kaiser aber auch die Führung bei der Verbreitung des Evangeliums und bemühen sich, die Gemeinde Christi zu mehren. Als Nachfahren Cäsars und Augustus', deren Herrschaft als eine Vorform der Herrschaft Christi interpretiert wird, verstehen sie ihre Macht als allumfassend. Seit dem Luxemburger Karl IV. üben die Kaiser-Könige des Spätmittelalters den Brauch, in der Weihnachtsmette den Satz des Evangeliums vom »Gebot des Kaisers Augustus« (Lukas 2,1) zu verlesen; man hat durchaus die Bedeutung verstanden: Augustus regierte schon, als Christus geboren wird – das *Imperium* ist älter als die Kirche[1], als das *Sacerdotium.*

Der Kaiser steht somit an der Spitze der mittelalterlichen

[1] Vgl. Moraw, Verfassung, 1985, S. 149.

Lehnspyramide, er erhebt zumindest den Anspruch auf alles Land; und dennoch schreibt Otto von Freising um die Mitte des 12. Jahrhunderts über Italien: »Das ganze Land ist zwischen den Städten aufgeteilt«, und verwundert fügt er hinzu, »daß es kaum einen Noblen gibt, der sich nicht der Autorität einer Stadt unterwirft«. Und noch Seltsameres weiß dieser Geschichtsschreiber zu berichten: »Die Menschen, die in diesen Städten leben, wo sogar Edle sich der Autorität der Stadt unterwerfen, sind von Freiheit besessen, so daß sie Republiken anstelle von Monarchien gründen« – im 11. und zu Beginn des 12. Jahrhunderts wählen Pisa, Mailand, Arezzo, Lucca, Bologna und Siena Konsuln[2]. Deutlich wird dabei das Auseinanderfallen des Traums von der Universalität und der politischen Wirklichkeit. Ein anderes Europa wird sichtbar, eines ohne Könige. Für das *Imperium* ist dies bedenklich, denn diese Städte (Stadtstaaten) mißachten seine Autorität und, was den Kaiser möglicherweise am meisten schmerzt und was sein Chronist getreulich aufzeichnet: Wenn der Kaiser Norditalien unterwerfen könnte, würde ihn dies zum Herrn über einen neuen Garten Eden machen. Denn die Städte der lombardischen Ebene und der Toskana übertreffen alle anderen Städte der Welt an Reichtum und Macht. Es geht dem Inhaber des *Imperiums* dabei also um die Durchsetzung seiner Herrschaft, aber auch um den Besitz dieser Reichtümer. Es ist verständlich, daß die Städte sich dagegen wehren[3].

Die von der Idee der Freiheit ausgehende Faszination bleibt in den italienischen Stadtrepubliken allerdings nur kurz am Leben, denn gegen Ende des 13. Jahrhunderts setzen sich nach intensiv geführten internen Auseinandersetzungen neue, aus dem städtischen Patriziat hervorgegangene Stadtherren, die *Signori,* durch. Sie dominieren die italienischen Stadtstaaten wie kleine Souveräne und rechtfertigen dies mit dem Argument der Friedensstiftung. Die Wurzeln dieser internen städtischen Auseinandersetzungen hängen mit der Entwicklung einer neuen Klasse, der das Handelskapital repräsentierenden *gente nuova,* zusammen. Der Niedergang der alten Autoritäten, der Zusammenprall feudaler Lebensformen mit den Interessen des Handelskapitals bewirken den permanenten Kampf, der durch die im Feudalismus lebenden Vorstellungen von Treue und Stolz

[2] Otto von Freising, Gesta, 1953, S. 127.
[3] Ebd.

seine Bedingungslosigkeit erhält und jederzeit zu entfachen ist, und die Sehnsucht nach Frieden. Auf diese Sehnsucht stützen sich die Signori, die als Garanten von Ruhe und Ordnung auftreten. Die Anhänger des republikanischen Lagers müssen nun begründen, wie einerseits die Freiheit zu bewahren und andererseits der Frieden zu garantieren sei. All jene, die sich dem Führungsanspruch der Signori entgegenstellen, betonen in ihrer Ideologie die »Tugenden« des republikanischen bürgerlichen Lebens. Die in Rhetorik und scholastischer Philosophie geschulten politischen Autoren sehen insbesondere in Cicero die maßgebliche Autorität[4]. Über die antike politische Literatur findet der Gedanke der Freiheit, die als Unabhängigkeit und gemeinschaftlich verfaßte Selbstregierung verstanden wird, Eingang in die italienischen Stadtstaaten. Von den drei Regierungsformen Monarchie, Aristokratie und Demokratie wird die letztere, die Regierung durch das Volk, als die bei weitem beste vorgestellt. Sie ist jedoch permanent von innen wie von außen bedroht. Dies wird mit dem Verfall der politischen Tugend in Verbindung gebracht, der wiederum durch die Zunahme des privaten Reichtums ausgelöst wird.

Ihre Vorliebe für die römische Republik macht aber diese Autoren nicht blind gegenüber dem, was in Italien tatsächlich passiert: Überall verdrängen die neuen Tyrannen die freien Institutionen in den Städten. Bartolo von Sassoferato (1314–1357) charakterisiert die Herrschaft der Signori in Italien als eine Regierungsform, die sich der Beschreibung des Aristoteles entziehe. Nach dem Friedensschluß zwischen Florenz und Mailand im Jahre 1454 herrschen Frieden und Ruhe im *Regnum Italicum.* Diese durch Prosperität gekennzeichnete Ära findet allerdings 1494 mit dem Einfall der Franzosen ein Ende. Für die nächsten dreißig Jahre wird damit Italien zu einem einzigen Schlachtfeld und zum Spielball europäischer Machtinteressen. In dieser Notsituation konsolidiert sich die despotische Fürstenherrschaft *(il governo d'un solo)* in den italienischen Stadtstaaten. Der Triumph der Signori, selbst in Rom und Florenz, führt aber auch zu einer Veränderung im politischen Denken; vor allem jene Werte, die traditionell das republikanische Konzept stützen (Freiheit und Unabhängigkeit), werden zurückgedrängt. Die Aktivität in der Gemeinde und die intellektuelle Beschäftigung mit der Bürgerschaft als der höchsten Form

[4] Vgl. Skinner, Foundations, I, 1978, S. 35ff. u. 84ff.

menschlichen Lebens verliert seit Ende des 15. Jahrhunderts an Bedeutung. Die Muße *(otium)* wird zur schöpferischen Besinnung und als Folge des Zurückziehens aus dem politischen Leben erstrebenswert. Das Interesse an Politik nimmt generell ab, und die intellektuelle Beschäftigung an sich tritt als Wunschvorstellung an ihren Platz. Deutlich wird dies, wenn Cicero etwa in den Schriften von Francesco Doni, Marsilio Ficino und Pico della Mirandola den Platz als erster Philosoph verliert und mit Platon das kontemplative Moment nunmehr an seine Stelle tritt. Jene aber, die sich noch mit Politik beschäftigen, wenden sich an ein anderes Auditorium; nicht mehr der Bürgerkörper oder der einzelne Bürger stehen im Vordergrund des Interesses, sondern der Fürst. Selbst Autoren mit republikanischer Grundeinstellung, wie Niccolo Machiavelli und Francesco Patrizi, wenden sich diesem Thema zu. Wie sehr sich die Herrschaft der Fürsten durchgesetzt hat, zeigt aber nicht nur das Erscheinen derartiger Bücher, sondern es dokumentiert sich auch in einem ganz neuen literarischen Genre, einer Literatur für Höflinge[5].

Neue Diskurselemente werden in das politische und moralische Denken eingeführt; das Interesse der Autoren kreist nun um Ruhe und Frieden und nicht um Freiheit. Dem gibt Machiavelli Ausdruck, wenn er das Interesse des Fürsten an Sicherheit und Stärke betont, was für die Bürger Stabilität und Sicherheit bedeute. Nun gilt die Monarchie als die beste Regierungsform; selbst der republikanisch gesinnte Machiavelli räumt in den ›Discorsi‹ ein, im Stande großer Verderbnis sei ein starker Mann vonnöten. Das Vertrauen in einen Fürsten, der besser in der Lage sei, Unruhen und Tumulte zu unterbinden, führt zu einer Pervertierung der alten Freiheitsvorstellung: »Mit einem guten König, der gerecht und gütig ist, sind wir wahrer Freiheit versichert.«[6] Die zweite Hälfte des Quattrocento und das Cinquecento sind dadurch gekennzeichnet, daß überall in Italien Fürstengeschlechter an die Macht gelangen. Zur Wahl zwischen einer Dominanz der *nobilitas* oder des *plebs* gezwungen, entscheiden sich alle Autoren dafür, daß die Regierung in den Händen der *nobilitas* sein solle. Denn die »idealen Regierungsformen« (Aristoteles) Monarchie, Aristokratie und Demokratie seien immer der Gefahr ausgesetzt, sich in ihre negativen For-

[5] Als Beispiel sei auf Baldassare Castigliones ›Il libro del cortegiano‹ (1528) verwiesen, der die neuen »Tugenden« des Höflings, *ésprit, finesse, contenance,* für den neuen, vom Fürsten abhängigen »zeremoniellen Menschen« beschreibt.

[6] Pier Paolo Vergerio, zit. in Skinner, Foundations, I, 1978, S. 124.

men zu verwandeln, nämlich in die Tyrannei, in die Oligarchie und in die Anarchie. Daher bestehe die gesündeste und sicherste Form in der Kombination jener ersten drei reinen Formen. Dies habe Venedig erreicht, indem es den Dogen als Ausprägung der Monarchie, den Senat als Form der Aristokratie und den *Consiglio grande* als Form der Demokratie in seine Verfassung eingebunden habe[7]. Machiavelli führt daher weiter aus: »Nach meiner Meinung sind daher alle diese Staatsformen verderblich, und zwar die drei guten wegen ihrer Kurzlebigkeit und die drei anderen wegen ihrer Schlechtigkeit. In Erkenntnis dieser Mängel haben weise Gesetzgeber jede der drei guten Regierungsformen für sich allein vermieden und eine aus allen dreien zusammengesetzte gewählt. Diese hielten sie für fester und dauerhafter, da sich Fürst, Adel und Volk in ein und demselben Staat zur Regierung vereinigt, gegenseitig überwachen.«[8]

Im politischen Diskurs steht also zunächst der Freiheitsglaube im Vordergrund, wobei »Freiheit« im Spannungsfeld von *Imperium* und *Sacerdotium* verortet wird. Bereits im 12. Jahrhundert postulieren die Städte ein Recht auf Freiheit, wobei sie unter Freiheit zweierlei verstehen: erstens, die Unabhängigkeit von äußeren Einflüssen, das heißt vom Kaiser. Der Friede, den das Imperium verbürgt, ist ihnen durchaus angenehm, aber er darf ihre Freiheit nicht berühren. Zweitens, und das folgt aus dem ersten, muß gewährleistet sein, daß ihre gemeinschaftlich verfaßte Regierungsform aufrechterhalten bleibt[9].

Vorsorglich haben bereits 1158 vier Rechtsgelehrte aus Bologna dem Kaiser das Recht bestätigt, als Souverän auch über Italiens Städte zu herrschen; sie rechtfertigen die Position des Kaisers, als oberster Herr »zu allen Zeiten und über alle Untertanen« zu gebieten. Seit der Neueinführung des Rechtsstudiums an den Universitäten von Bologna, Padua und Ravenna gegen Ende des 12. Jahrhunderts dient der römische ›Codex civilis‹ als Grundlage der juridischen Studien und auch der Rechtstheorie und der Rechtspraxis. Das römische Staatsrecht soll dabei so wörtlich wie möglich angewandt werden: Geht man vom ›Codex civilis‹ aus, so steht dem römischen *Imperator* als *princeps,* als *dominus mundi,* natürlich auch das Besetzungsrecht für die Verwaltungsorgane der Städte zu. Das Problem besteht also in

[7] Vgl. Pocock, Machiavellian moment, 1975, S. 100ff.
[8] Machiavelli, Discorsi, I/2, 1977, S. 15.
[9] Vgl. Skinner, Foundations, I, 1978, S. 7f.

der Gleichsetzung des Kaisers mit dem Princeps. Wenn man von dieser Gleichsetzung ausgeht, so muß wohl oder übel die Realität danach gestaltet werden. Die universitären Glossatoren verfolgen daher die Strategie, wenn schon das Gesetz nicht mit der Realität übereinstimmt, so zumindest die Tatsachen an das Gesetz anzupassen. Damit stellen sie aber dem Kaiser und nicht den italienischen Städten ihre Argumentation zur Verfügung, sie dienen der Tradition und den althergebrachten Ansprüchen.

Erst Bartolo von Sassoferato, einer der originellsten Juristen des ausgehenden Mittelalters, liefert dann den Städten ihre dringend benötigte Rechtfertigung: Der Kaiser mag zwar der einzige Herrscher sein, es mag auch zutreffen, daß das *Imperium* die einzige Rechtseinheit ist, zumindest *de iure*; *de facto* aber gibt es viele, die dem Befehl des Kaisers und den Befehlen seiner Beauftragten nicht gehorchen. Das uneingeschränkte *Imperium* mag wohl *de iure* auch in Italien dem Kaiser zustehen, aber ausüben tun es an seiner Statt die Städte Italiens. Die Grundüberlegung ist somit, daß das ursprüngliche Recht den Tatbeständen weicht, der normativen Kraft des Faktischen. Aus der Beobachtung dessen, was in den italienischen Städten geschieht, daß nämlich freie Bürger für sich selbst Gesetze und Statuten erlassen und sich damit ihren autonomen Wirkungsbereich schaffen, folgt eine andere, differente Analyse des *merum Imperium.* Nicht die Städte müssen sich anpassen, sondern der Kaiser hat sich den Tatsachen zu fügen. Mit dieser Neuinterpretation des ›Codex civilis‹ für die lombardischen und toskanischen Städte wird diesen jetzt nicht nur eine rhetorische Rechtfertigung, die im wesentlichen auf die Einsicht in die Realität abstellt, sondern auch eine rechtliche Begründung nachgeliefert. Damit wird aber auch das »moderne« Konzept einer Pluralität politisch souveräner Autoritäten möglich; es gibt getrennte, vom kaiserlichen *Imperium* mit seinem universalen Geltungsanspruch abgehobene Autoritäten.

Diese juristische Rechtfertigung der Interessen und der Eigenständigkeit der italienischen Städte führt zu einer revolutionären politischen Neugestaltung, besser gesagt, zu einem politisch revolutionären Anspruch: Freie Bürger, die über sich selbst ihr *Imperium* ausüben *(sibi princeps),* erweisen sich als rechtsetzende Instanz. Dies führt dann in einer weiteren Anwendung des Prinzips dazu, daß in den nördlichen Königreichen sich die Devise *Rex in regno suo est Imperator* durchsetzen kann. Mit diesen antiimperialen Bestrebungen, wonach jeder König in seinem Reich selbst Imperator sei, verbindet sich das Interesse der Kirche am Führungsanspruch des Papstes. Bartolo von Sassoferato und sein Schüler Baldus de Ubaldi (1320–1400) tun den revolutionären Schritt, diese Doktrin in den ›Codex civilis‹ zu übertragen. Damit legen sie, ohne daß ihnen diese Konsequenz wohl bewußt ist, das Grundkonzept zum modernen, auf dem Gesetz aufbauenden souveränen Staat, wofür die Herauslösung aus einem universalen Zusammenhang Voraussetzung ist[10].

Der stärkste Verbündete der italienischen Städte gegen die kaiserlichen Herrschaftsansprüche ist zunächst das Papsttum, dem es vor allem darum geht, alle Versuche des Kaisers, den Bischof von Rom zu einem Patriarchen des Reiches zu machen, abzuwehren[11]. Nachdem dies geglückt ist, stellt das Papsttum aus seiner *plenitudo potestatis* den Anspruch, sowohl geistliche als auch weltliche Macht, *Sacerdotium* und *Imperium*, auszuüben. Dies führt jedoch zu einer anderen Situation: Die lombardischen und toskanischen Städte haben sich nun gegen den Papst zu wehren; es wird also notwendig, im Gegenzug eine Ideologie gegen die Macht und Immunität der Papst-Kirche zu entwickeln. Zwei Positionen werden dabei erarbeitet. Die erste unterstützt die Position des Kaisers und versucht, die Verhältnisse umzudrehen. Ein Repräsentant dieser Überlegungen ist Dante, der darüber klagt, daß Ruhe und Frieden aus Italien gewichen seien[12]. Die Autorität des Reiches ist seiner Meinung nach keineswegs von der Kirche abhängig. Seine Verteidigung der Reichsidee gründet sich auf einer radikalen Trennung von *Imperium mundi* und *civitas Dei*[13]. Für das künftige Leben im

[10] Vgl. ebd., S. 11.

[11] Die Auffassung, daß die *mercatores* neben den drei Ständen, den *oratores, bellatores* und *laboratores,* einen neuen Stand vertreten, verdichtet sich seit dem 13. Jahrhundert im gesamten Reich. Dabei wird vorausgesetzt, daß sie auf dem Stand der *laboratores* ruhen; die gesellschaftlichen Positionskämpfe finden jedoch zwischen Adel und Klerus statt, wobei zunehmend die Städter in die Auseinandersetzung hineingezogen werden und dabei nicht selten den Ausschlag geben.

[12] Dante (1265–1321) reflektiert dabei seine persönliche Situation: Als Parteigänger des Kaisers (der Ghibellinen) ist er genötigt, aus Florenz zu fliehen, als dort die Guelfen, die für den Papst optieren, die Macht übernehmen. Vgl. Paulet, Guelfes et Gibellines, 1922.

[13] Das Augustinische Opus ›Civitas Dei‹ wird zumeist mit ›Gottesstaat‹ übersetzt. Dies ist jedoch aus unserer Sichtweise der »traditionalen Gesellschaft« abzulehnen. Vielmehr handelt es sich um eine Gemeinschaft, ein »Einssein mit Gott«. In diesem Zusammenhang von »Staat« zu sprechen, ist unsinnig.

Jenseits sei die Kirche zuständig, für das Glück im diesseitigen Leben vertraut er sich hingegen der Führung des Reiches an. Es ist sicher, daß die lombardischen und toskanischen Städte nicht erfreut gewesen wären, ihre Abhängigkeit vom Papst gegen eine neuerliche Abhängigkeit vom Kaiser einzutauschen. Was sie benötigen, ist vielmehr eine Rechtfertigung ihres Unabhängigkeitsstrebens vom Papst, so wie sie Bartolo gegenüber dem Kaiser geliefert hat.

Dieser Diskurs steht also unter dem Thema der Auseinandersetzung zwischen *Imperium* und *Sacerdotium*. Es ist offenkundig, daß sich daraus für die politische Organisation der Städte und Stadtstaaten Konsequenzen ergeben. Marsilius von Padua (1275–1342) liefert diese Rechtfertigung. In seiner Schrift ›Defensor pacis‹ (1324) verlangt er unter anderem[14], der Kirche und dem Klerus solle keine Befreiung von den Steuern gegeben werden; der Kirche möge auch keine Zwangsgewalt zukommen, denn dies widerspräche der im Paulusbrief an die Römer (13. Kapitel) gemachten Aussage, wonach die Gewalt zwar von Gott gegeben sei, jedoch nicht der Kirche, sondern dem weltlichen Herrn. Die Kirche sei demnach lediglich eine *congregatio fidelium*, das heißt eine freiwillige Vereinigung, eine selbstverwaltete Gemeinschaft. Daraus folgt auch eine Ablehnung der päpstlichen *plenitudo potestatis*, denn in einer selbstverwalteten Kirchengemeinschaft kann es keine Zwangsgewalt über irgend jemanden geben[15]. Dies führt Marsilius zu einem Konziliarismus. Da der Kirche keine Zwangsgewalt zukommt, ergibt sich, daß alle Regeln für das christliche Leben nur durch einen weltlichen Gesetzgeber, nicht aber durch die Kirche selbst gesetzt werden. Dic Konziliaristen des späten 14. und frühen 15. Jahrhunderts (Konzil von Konstanz 1414–1418) sowie des frühen 16. Jahrhunderts tradieren das Interesse des Staates gegenüber der Papst-Kirche. Implizit liefern sie aber auch Argumente für die Interessen der Städte. Während nahezu überall in Italien seit dem späten 13. Jahrhundert die Signori, die als Garant von Sicherheit und Frieden auftreten, die Macht ergreifen, verschwinden dennoch nicht die republikanischen Ideale aus der politischen Diskussion, ja in einer Art von »Reaktionsbildung« (Freud) erfährt in der Abenddämmerung der republikanischen Freiheiten die intellektuelle Beschäftigung damit eine neue Blü-

[14] Vgl. dazu Dunning, Political theories, 1953, S. 238ff.
[15] Vgl. Skinner, Foundations, I, S. 18ff.

te. Dabei stehen drei Elemente im Vordergrund: das Vorbild Venedigs, das Erbe der Scholastiker des Trecento und die bürgerlichen Humanisten des Quattrocento. Diese Diskussion gipfelt in der Forderung, jeder müsse sich mit der Idee der Freiheit beschäftigen; auch in den ›Discorsi‹ des Machiavelli steht der Freiheitsbegriff im Vordergrund – im Gegensatz zu ›Il Principe‹, in dem die Vorstellung der Sicherheit dominiert. Aus der Betonung der Freiheit folgt, daß die »gemischte« Regierungsform als die beste angesehen wird. Denn einzig und allein Venedig verzichtet nicht auf die alten tradierten Freiheiten der Unabhängigkeit und der Selbstregierung[16]. Gegen Ende des 14. Jahrhunderts liefert Pier Paolo Vergerio bereits die Begründung für die politische Stabilität Venedigs: Diese ist nämlich primär auf diese »gemischte« Regierungsform zurückzuführen[17].

Wodurch wird nun diese so hochgeschätzte Freiheit der Städte bedroht? Die Humanisten von Florenz sind sich darin einig, daß vor allem die Verfolgung der Privatinteressen die Aufrechterhaltung der Freiheit bedrohe und die öffentlichen Tugenden in Frage stelle. So beklagt Francesco Guicciardini (1483–1540), es sei in Florenz das vorherrschende Lebensziel, äußerst reich zu werden[18]. Unter den zahlreichen Autoren, die diese Meinung teilen, befindet sich auch Machiavelli; seiner Meinung nach führt »Vermögen ohne Ansehen« zum Verderb des Gemeinwohls[19].

Auf die tragende Rolle des Geldes bei der Auflösung der traditionalen Gesellschaft wurde bereits mehrfach hingewiesen. Die städtische Wirtschaft und der Frühkapitalismus benötigen das Medium Geld; die gemeinschaftlich verfaßten Einrichtungen bedürfen einer Finanzierung, die nicht ausschließlich über Steuern, sondern in zunehmendem Umfang auch durch Kredite aufgebracht wird. Dem steht jedoch das tradierte kanonische Zinsverbot entgegen. Daher ist es notwendig, die Tätigkeit jener Schichten, die über genügend Geld verfügen und als Kredit-

[16] Venedig bewahrt und praktiziert jene Verfassung, die es sich 1297 gegeben hat. Die Regierung besteht aus dem *Consiglio grande,* der für die Ernennung der meisten Beamten zuständig ist, dem Senat, der für die Außenbeziehung und die Finanzgebarung verantwortlich ist, und dem Dogen, der mit seinen Ratgebern als Haupt der Regierung fungiert. Dazu kommt der 1335 geschaffene Rat der Zehn, der für die öffentliche Sicherheit zuständig ist.

[17] Vgl. Pocock, Machiavellian moment, 1975, S. 100.

[18] Vgl. Gilbert, Machiavelli and Guicciardini, 1984.

[19] Vgl. Machiavelli, Discorsi, 1977, III/16, S. 355 u. III/25, S. 357.

geber in Frage kommen, zu legitimieren – was die neuen »Bettelorden« (Franziskaner und Dominikaner) besorgen werden. Das Geld kann jedoch seine Funktion nur dann erfüllen, wenn den Bürgern und damit den Kreditgebern Sicherheit gewährt wird. Dazu zählt die Wertbeständigkeit des Geldes, die, wie die Erfahrung zeigt, permanent durch Münzverschlechterung in Frage gestellt ist. So erheben sich immer wieder Forderungen, die Wertbeständigkeit des Geldes gegen Übergriffe der Mächtigen zu sichern.

Die Franziskaner sind einerseits radikale Verfechter des Armutsideals; den Geldgebrauch innerhalb des eigenen Ordens lehnen sie ab. Andererseits eröffnen sie die Legitimation für jene Praktiken, die vom Frühkapitalismus angewendet werden, denn der Armutsgrundsatz gilt eben nur für jene, die in der Nachfolge Christi leben, also auch *für die Kirche.* Dadurch sind die Franziskaner wohl Gegner des kurialen Eigentums- und Machtanspruchs, gleichzeitig stehen sie aber dem Erwerbsstreben der Händler und Handwerker verständnisvoll gegenüber, die Reichtum in Form von Geld akkumulieren, aber auch den finanziellen Interessen der Städte und der sich herausbildenden Zentralstaaten[20] dienlich sind, weil diese akkumulierten Reichtum abschöpfen. Beides erfolgt im Sinne des *bonum commune*[21].

Das Problem des herrschenden »kanonischen Zinsverbotes« stellt sich vor allem bei der Geldakquisition. Der Versuch der Franziskaner, geld- und besitzlose Gemeinschaften zu bilden und zu entwickeln und damit die apostolische Kirche zu realisieren, macht sie tendenziell zu Bündnispartnern der Laien. Ihre Lebensform bedeutet einen indirekten Vorwurf gegen die Prälaten und die alten Orden, die sich in der Feudalwelt bestens eingerichtet haben: »Den Ordensleuten, deren Geschmack und Ansprüche vom Prunk der Kirchen, dem Glanz der Liturgie, dem Pomp der Gottesdienste geprägt ist, stehen die Mönche gegenüber, die leidenschaftliche Begeisterung für das Einfache hegen.«[22]

[20] Vgl. Kap. VI.

[21] Vgl. Wolff, Impetustheorie, 1978, S. 170ff. Dies erfolgt einerseits durch Besteuerung, die aber primär auf Grund und Boden lastet, andererseits durch Kreditaufnahme und Münzverschlechterung.

[22] Le Goff, Kultur, 1972, S. 105. Die Kirche und ihre Institutionen sind Teil der gesellschaftlichen Wirklichkeit und damit eine Widerspiegelung ihrer Umgebung. Der traditionelle Mönchsorden der Benediktiner (einschließlich der vom Kloster Cluny im 11. Jahrhundert ausgehenden Reformbewegung und der

Darüber hinaus kommt ihre Ablehnung des durch die Kirche gebildeten Geldschatzes, der Verfügung der Kirche über Grund und Boden, des Anspruchs auf den Zehent und auf sonstige Abgaben den Interessen der Bürger entgegen, aber auch dem sich formierenden Zentralstaat. Denn sie zeigen die Möglichkeit, daß der Geldmangel von Städten (Staaten) nicht nur durch Besteuerung und Abgaben der Bürger ausgeglichen werden kann, sondern auch – und vor allem – durch Enteignung und Besteuerung von Kirchengütern[23].

Die Vorstellungen der Franziskaner decken sich damit mit jenen Erwägungen, die etwa zur Enteignung und Liquidierung des reichen Templerordens, des »größten Bankiers von Frankreich«, führen. Philipp der Schöne folgt zu Beginn des 14. Jahrhunderts der »Aufforderung des Volkes von Frankreich an den König« (wie es so treffend von seinem Ratgeber Pierre Dubois formuliert wird), das Vermögen der Templer zu beschlagnahmen und diese – selbstverständlich mit Genehmigung des damals in Avignon exilierten Papstes – als Häretiker zu liquidieren.

Die Franziskaner, zumindest ihre radikalen Spiritualen, fordern einerseits Steuererleichterungen für das Volk und andererseits, daß von Städten und Fürsten Kredite bei Bürgern aufgenommen werden können. Diesem Anliegen steht jedoch das traditionelle Zinsverbot entgegen, was zu der Diskussion führt, inwieweit solche für das Gemeinwohl wichtigen öffentlichen Kredite tatsächlich unter das geltende Zinsverbot fallen. Kann eine Kreditgewährung, die mit einer Zinsnehmung durch die Bürger verbunden ist, überhaupt als strafbarer Wucher und damit als Todsünde klassifiziert werden? Verständlicherweise sind Handelsherren und Geldbesitzer, die in öffentlichen Schulden Möglichkeiten der Investition und Spekulation sehen, von der Haltung der Franziskaner angetan.

Zweigorden der Prämonstratenser und Zisterzienser) legen unter streng patriarchalischer Regel ihr Hauptaugenmerk auf Gebet und Arbeit *(ora et labora)*, suchen die Abgeschlossenheit und wirtschaftliche Autarkie als Voraussetzung für das *opus Dei*. Diese ländlichen Klostergemeinschaften bleiben ebenso wie die Eremitenbewegung des 11. und 12. Jahrhunderts in die feudale Welt eingebunden. Demgegenüber sind die zu Beginn des 13. Jahrhunderts sich formierenden Prediger- und Bettelorden der Dominikaner und Franziskaner (Minoriten) Ordensgemeinschaften, die ihren Wirkungsbereich in den Städten finden und damit der bürgerlichen Welt näher stehen.

[23] Dies wird vor allem im Zusammenhang mit der Reformation praktiziert werden.

Es nimmt daher nicht wunder, daß sich die Signoria von Florenz, die 1252 den Florin als Goldwährung eingeführt und zugleich ein beachtliches Anleihegeschäft aufgebaut hat, den Franziskanern verpflichtet fühlt. Der Orden wird fortan durch jene Fürstenhäuser Italiens und Frankreichs, die durch die großen florentinischen Bankiers finanziert werden, unterstützt. Dieser Schutz ist vor allem gegen die Verfolgung durch die Inquisition und die traditionelle Amtskirche von großer Bedeutung. Beispielsweise wird der Franziskaner Petrus Johannis Olivi (1248 bis 1298), der in Florenz und später auch in den Städten Südfrankreichs wirkt, als artikulierter Verteidiger des Frühkapitalismus bezeichnet[24].

Olivi versucht, den Kredit gegen Zinsen über eine neue Analyse des Geldes zu rechtfertigen. Ihm geht es dabei darum, das ökonomische Streben der Bürger mit dem Finanzbedarf von Städten und Fürsten in Übereinstimmung zu bringen. Seine ökonomischen Überlegungen sind nicht wie bisher in theologischer Sprache formuliert, denn er bemüht sich, ein öffentliches Problem, nämlich das gemeinsame Interesse von Regierung und Bürgern, gegen den Widerstand der päpstlichen Kirche in einem außerkirchlichen, rein weltlichen Sinne zu lösen, allerdings ohne dabei schon den Terminus »politische Ökonomie« zu verwenden.

Für die scholastische Analyse des Wuchers ist folgende Vorstellung über das Wesen des Geldes entscheidend: Alles, was über die Entlehnsumme hinaus zurückgezahlt wird, gilt als Wucher. Denn entsprechend der aristotelischen Ethik und auch den Vorstellungen des römischen Rechtes wird Geld als unproduktiv angesehen; nach dieser Vorstellung wird es im Gebrauch gleichzeitig verbraucht, so daß aus dem Geldgebrauch kein Gewinn gezogen werden darf. Es ist reines Tauschmittel, seine Vermehrung bei der Kreditgewährung ausgeschlossen. Letzteres wird als naturwidrig angesehen, und somit sind Zins und Wucher das nämliche. Dies hängt eben mit der am Stoffcharakter sich orientierenden Gebrauchsvorstellung des Geldes als reinem Tauschmittel zusammen[25]. Nach Thomas von Aquin hat Geld folglich keinen inneren Wert, es gilt als steril[26]. Demge-

[24] Kirshner, Scholastic economic thought, 1974, S. 28.

[25] Vgl. Aristoteles, Politik, I, 1978, 1258 a 38 – 1258 b 8.

[26] Die Widersprüchlichkeit der gesellschaftlichen Wirklichkeit und der scholastischen Reflexion des Dominikaners Thomas von Aquin findet in einem diese Widersprüchlichkeit erhellenden Vergleich ihren Niederschlag, in dem Thomas

genüber betont der Franziskaner Olivi in seinem Traktat ›De contractibus usurariis‹ den Unterschied zwischen dem Begriff »Kapital« *(capitale)*, der wahrscheinlich der Sprache des zeitgenössischen Wirtschaftslebens geschuldet ist, und dem des sogenannten »einfachen Geldes« *(simplex pecunia)*. Wenn Geld oder Eigentum, über das direkt von seinem Eigner verfügt wird, zur Realisierung eines bestimmten, wahrscheinlichen Gewinnes verwendet werden, so besitzen sie nicht nur die einfache Qualität des Geldes oder Gutes, sondern darüber hinaus eine bestimmte »samenartige Qualität« der Gewinnerzeugung *(capitale)*. Daraus folgt, daß der Schuldner nicht nur den einfachen Wert der entliehenen Sache zurückgeben muß, sondern darüber hinaus noch einen zusätzlichen Wert schuldet. Damit unterstellt Olivi, daß Geld als Kapital mit einem realen Wertzuwachs verbunden ist, wobei dieser Wertzuwachs auf die erwähnte »samenartige Qualität« des Geldes zurückzuführen ist. Diese Tradition, die offensichtlich auf eine biologische Analogie zurückgreift, wird von Olivi und auch anderen Angehörigen des Franziskanerordens zur Entwicklung der »Impetustheorie« verwendet[27].

Die Unterscheidung zwischen einfachem Geld und Kapital ermöglicht eine Analyse der verschiedenen Verwendungsweisen des Geldes, einerseits als Tauschmittel oder als Kreditgeld zu Konsumzwecken, andererseits als Anlagekapital in einem gewinnversprechenden Unternehmen[28].

Offenkundig geht es Olivi darum, den Gewinn (Zinsen) bei Anleihen zu legitimieren; dabei argumentiert er, daß der Eigentümer des Geldes in einem üblichen Handelsgeschäft daraus einen Gewinn ziehen könnte (*lucrum cessans* = entgehender Gewinn). Die Geldgeber haben somit ein Anrecht auf ein entsprechendes Entgelt, wenn sie, indem sie ihr Geld zur Verfügung stellen, auf die Verwendung dieser Mittel in einem anderen legitimen Geschäft verzichtet haben (*damnum emergens* =

das Geld mit einem Samen vergleicht, der – in die Erde gesät – sprießen wird und Frucht trägt. Dies führt den Aquinaten jedoch nicht zu einer Revision seiner Vorstellung vom Geld als reinem Tauschmittel.

[27] Vgl. Wolff, Impetustheorie, 1978, S. 177ff.

[28] Die von Schumpeter, de Roover u.a. geführte Diskussion, ob das »kanonische Zinsverbot« wachstumsfördernd oder -hemmend gewirkt habe, verkennt den Charakter einer auf Redistribution angelegten Ökonomie, in der es nur darum geht, gut oder etwas besser zu leben, nicht jedoch darum, kumulatives Wachstum zu erzeugen. Dies ändert sich erst mit der Durchsetzung des Frühkapitalismus.

erwachsener Schaden), das wahrscheinlich einen Gewinn gebracht hätte[29]. Wohl wissend, daß er damit eine nicht von allen akzeptierte Position einnimmt, führt Olivi – seine Rechtfertigung ergänzend – weiter aus: »Wenn jemand einem anderen Geld borgt, mit dem er ein sicheres Handelsgeschäft unternimmt, aufgrund seiner Frömmigkeit und der Not des anderen zu solchen Bedingungen leiht, daß er ebensoviel gewinnt oder verliert, wie er von einer gleichen Summe, die er im Kaufhandel investiert, gewinnt oder verliert, begeht er keinen Wucher.«[30]

Wie fremd und letztlich unverständlich solche Vorstellungen der Mentalität einer Kultur sind, in der Geld noch nicht *das* Beziehungsmittel zwischen den Menschen ist, zeigt sich etwa noch mehr als zwei Jahrhunderte später bei Martin Luther, der meint, bei ihm gebe zwei und zwei vier, bei Jakob Fugger immer fünf. Und Freidank argumentiert: »Gott hat drei Leben geschaffen: Ritter, Bauer, Pfaffen. Das vierte schuf des Teufels List: das Leben Wucher genannt ist.« Aber auch der Prediger Geiler von Kaysersberg (1445–1510) artikuliert bereits eine Generation vor Luther die nämliche Haltung: »Mit Geld wuchern heißt nicht arbeiten, sondern andere schinden im Müßiggang.«[31] Der Zins wird somit durch die angenommene Legitimität des Gewinns bei Handelsgeschäften gerechtfertigt. Der »fromme« und notwendige Verleih von Geld darf dem Geldgeber als Partizipanten der Geschäftswelt nicht schaden. Aber nicht jeder Gewinn bei einem Handelsgeschäft ist legitim, denn der zusätzliche Wert, den Geld oder Gut gewinnen, erwächst daraus, daß diese durch Arbeit und Fleiß ihrer Eigentümer verändert werden. Daraus resultiert, daß ein Kaufmann oder Kreditgeber nur soviel Profit ziehen darf, wie dem Fleiß entspricht, den er in seinem Geschäft aufgewendet hat.

Geld transmittiert Arbeit und Fleiß *(industria)*, eine andere Art des Gelderwerbs würde demgemäß die Aneignung von Fleiß anderer bedeuten. Nach Olivi bestimmen somit Arbeit und Fleiß den Wertzuwachs von Dingen und Dienstleistungen: Da mehr aufgewendeter Fleiß mit einem entsprechend höheren Preis abgegolten wird, kommt es dazu, daß z. B. Rechtsgelehrte und Ärzte höher entlohnt werden als ein Bergmann, ein Bau-

[29] Geld erscheint hier als mittelbares Produktivgut. Auch wird dabei mit Risiko und Verzug bei der Rückgabe argumentiert, was hier bereits auf einen linearen Zeitbegriff schließen läßt.

[30] Olivi, De contractibus usurariis, zit. in Wolff, Impetustheorie, 1978, S. 180.

[31] Borst, Alltagsleben, 1983, S. 223.

meister höher als ein Steinbrucharbeiter, weil ersterer aufgrund größerer Erfahrung und Fleiß den anderen anweist. Auch das Getreide erzielt einen höheren Preis als die aus Kräutern gewonnenen Arzneien, da letztere nicht so lange gepflegt und bearbeitet werden[32].

Diese Annahme eines Zusammenhanges zwischen Arbeitsfleiß und Wertzuwachs findet sich später auch in der Lehre Bernardinos von Siena, der (laut Schumpeter) im 15. Jahrhundert die entwickeltste Werttheorie der Scholastik ausarbeitet. Drei Voraussetzungen bestimmen den Wert einer Sache: erstens die Seltenheit, die sich im Verhältnis des Gutes zu anderen Gütern ergibt, zweitens die Fähigkeit zu gefallen, die sich aus der Relation zu den Käufern ergibt, und drittens die *virtus*, die innere Kraft, die in einer Sache enthalten ist, die jedoch erst durch den Produzenten eingebracht wird. Kraft, Können und Fleiß, mit anderen Worten die *virtus* des Arbeitenden, sind in die Sache eingegangen und haften ihr nun als Eigenschaft an. In Geldgeschäften wird eigentlich *virtuositas* entgolten, denn erst die in einer Sache steckenden realen Kräfte und Eigenschaften befähigen sie zu unserer Nutznießung[33].

Olivis positiv aufgefaßte Zuschreibung einer »samenartigen Qualität« des Kapitals – und daraus abgeleitet der Wertzuwachs des als Kapital verwendeten Geldes – kontrastiert mit der aristotelischen Bewertung des Zinses, obgleich auch er Zins (griech. *tokos*) mit »zeugen« und »gebären« (griech. *tiktein*) in einen etymologischen Zusammenhang stellt: »Denn das Geld ist um des Tausches willen erfunden worden, durch den Zins vermehrt es sich aber durch sich selbst. Daher hat es auch seinen Namen. Das Geborene ist gleicher Art wie das Gebärende, und durch den Zins entsteht Geld aus Geld. Diese Art des Gelderwerbs ist also am meisten *gegen* die Natur.«[34]

Die andere Schlußfolgerung Olivis, in der er dem Kapital eine reale Zeugungskraft zuschreibt, basiert auf der Idee der Übertragungskausalität, ein Prinzip, das Aristoteles fremd ist, denn

[32] Vgl. Wolff, Impetustheorie, 1978, S. 181 f. Man sieht, wie gesellschaftliche Bewertungen mehr oder minder unreflektiert als Begründung für bestehende Einkommensunterschiede genommen werden.

[33] Vgl. ebd., S. 183.

[34] Aristoteles, Politik, 1978, I/10, 1258 b 4–8. »Natur« nimmt hier die Bedeutung von »Bestimmung« an, denn der Einwand gegen den Zins gründet sich darauf, daß damit das zwischen den Menschen (Bürgern) bestehende Gleichheitsprinzip in der *polis* verletzt würde. Auch Thomas von Aquin rekurriert u. a. auf diese Gerechtigkeits- und Gleichheitsvorstellung.

er geht von der Überlegung aus, jedes Ding tendiere zu seinem »natürlichen Ort«. Die Vorstellung, man drücke einer Sache, wenn man sie umforme und gestalte, seine Kraft auf, heißt jedoch, daß eine formende Kraft so wie eine instrumentelle Kraft wirkt, die in einem ursächlich Wirkenden begründet ist. Hier kommt die »Impetustheorie« ins Spiel, die etwa auch in der zeitgenössischen Lehre von der Ballistik eine Rolle spielt: Instrumentelle Kräfte wirken wie Anstöße (oder wie mitgeteilte Bestrebungen), die etwa von einem Werfer auf einen Wurfgegenstand übertragen werden, der sich dann, selbst wenn sich der Werfer entfernt, in die ursprüngliche Richtung weiter bewegt. Die formgebende Kraft *(virtus)* löst sich vom Urheber und wirkt im Werkzeug unabhängig von diesem fort[35].

Diese Überlegung wird nun auch auf die Wirkungsweise des Geldes als Kapital übertragen. Auch hier wird eine formende Kraft wie eine instrumentelle Kraft betrachtet, jedoch in einen künstlichen Wirkungszusammenhang gestellt. Wenn Geld als ein rein technisches Instrument angesehen wird, dann hat dies entsprechende Konsequenz auch für den Gebrauch des Geldes als Kapital. Wenn die Kräfte des Urhebers der Geldübertragung im Geld weiterwirken, dann ist es einsichtig, daß auch die Resultate dieser dem Geld aufgeprägten Kräfte ihrem Urheber gehören. Diese an sich sehr unpräzise Vorstellung der Kraftübertragung gilt nach Olivi für künstliche, das heißt von Menschen hergestellte Wirkungszusammenhänge, nicht aber für theoretische Überlegungen der Physik oder Kosmologie. Diese Beschränkung auf künstliche Wirkungszusammenhänge entspricht aber genau dem ökonomischen Gegenstandsbereich der »Wertbildung«. Olivi sieht also Geld nicht als bloßes Tauschmedium an, sondern das Geld erhält in den Händen des Kaufmanns, des Kreditgebers, die nämliche Qualität, die etwa ein Werkzeug für den Handwerker annimmt. Geld ist somit ein Instrument kaufmännischer Tätigkeit: Es inhaliert formende Kraft, transportiert diese und läßt sie »samenartig« fortwirken. Der instrumentelle Charakter des Geldes bedeutet aber auch, daß die Tätigkeiten der Handwerker und die der Kaufleute und Kreditgeber grundsätzlich von gleicher Qualität sind. Neben die Vorstellung der Kraftübertragung tritt die Idee, daß über instrumentelle Kräfte, die der Welt des Herstellens angehören,

[35] Vgl. Wolff, Impetustheorie, 1978, S. 186ff.

eine Vermehrung der eingesetzten Mittel erreicht wird – die Vorstellung der Übertragung leitet hin zur Akkumulation[36].

Wenden sich Olivi und Bernardino di Siena an die städtische Bürgergemeinde, so schreiben Oresme und Buridan[37] in erster Linie für die Fürsten; freilich wird besonders von ersterem auch das republikanische Moment, das Interesse der Bürger, die Bedeutung des Handels für den Fürstenstaat betont.

Diese Legitimierung des sich in privater Hand befindlichen Geldes in seiner Funktion als Kapital und des Zinsnehmens soll das Problem des öffentlichen Kredites lösen. Dem steigenden Geldbedarf spätmittelalterlicher Gemeinwesen und der Geldarmut der sich bildenden Fürstenstaaten versuchen Buridan und Oresme noch in anderer Weise entgegenzutreten. Oresme, der auch als Prinzenerzieher am französischen Hof, und Buridan, der als Lehrer an der Sorbonne wirkt, betätigen sich als Ratgeber des französischen Königs. Sie propagieren Methoden, das Geld zu vermehren, ohne weitere Steuerbelastungen oder zusätzliche Verschuldung vor allem bei den Florentiner Bankiers auf sich nehmen zu müssen. Die Praxis der französischen Könige seit Ende des 13. Jahrhunderts besteht darin, den realen Wert des neu gemünzten Geldes im Verhältnis zum Nominalwert herabzusetzen und gleichzeitig die älteren, höherwertigen Ausprägungen einzuziehen. Dies führt unter anderem dazu, daß Philipp der Schöne im Volksmund mit dem Beinamen »der Falschmünzer« versehen wird[38].

Dieser »Mißbrauch« fürstlichen Münzregals ist jedoch eine weit verbreitete und beliebte Methode der Bereicherung. Voraussetzung dieser, euphemistisch *renovatio monetarum* genannten Maßnahme ist, daß die französischen Könige das Münzregal auf sich konzentrieren können; sie können damit die

[36] Es liegt hierin wohl der erste, sehr »modern« anmutende, wenngleich noch tastende Versuch vor, ökonomische Begriffe aus dem traditionellen Zusammenhang moralischer Handlungen herauszulösen und sie unter rein instrumentellem Aspekt zu erfassen. Über die Impetustheorie kann ein Zusammenhang zwischen der Zinseszinsrechnung und dem Prinzip der Beschleunigung, etwa im Fall, hergestellt werden. Oresme hat das neue Paradigma auf beides angewandt.

[37] Nikolaus von Oresme (ca. 1325–1382), Bischof von Lisieux und französischer Universalgelehrter. Er erkannte u. a. noch vor Galilei das Fallgesetz, verwendete erstmals in der Mathematik die graphische Darstellung von Funktionen und schuf die Grundlagen der Koordinatengeometrie; auch bestimmte er erstmals die Summen von unendlichen Reihen. Vgl. Kaiser/Nöbauer, Mathematik, 1984, S. 31. Johannes Buridan (ca. 1300–1358), französischer Scholastiker: ›Quaestiones super decem libros ethicorum Aristotelis ad Nicomachum‹ (1489).

[38] Vgl. Wolff, Impetustheorie, 1978, S. 199ff.

feudale Methode der Münzverschlechterung auf »nationaler« Ebene praktizieren. Die Möglichkeiten der Münzmanipulation werden noch dadurch erhöht, daß die Könige in der zweiten Hälfte des 13. Jahrhunderts neben der bisherigen Silber- auch die Goldwährung und damit den Bimetallismus einführen. Damit können die Austauschrelationen von Gold und Silber, ihre Manipulation und die Ausnutzung von extern bedingten Schwankungen für Münzverschlechterungen herangezogen werden. Der Abt von Saint-Martin in Tournai schreibt zu Beginn des 14. Jahrhunderts: »Ein gar wunderlich Ding ist das Geld; keiner weiß, wann es steigt, keiner weiß, wann es fällt: Du glaubst zu gewinnen und wirst doch geprellt ...«[39]

Diese Manipulationen im monetären Bereich tragen zur säkularen Inflation des 14. Jahrhunderts bei. Buridan und Oresme kritisieren die durch die Krone vorgenommenen Geldmanipulationen und Münzverschlechterungen, indem sie einerseits die Gefahren der Inflation aufzeigen und andererseits verlangen, dem Geldabfluß ins Ausland Einhalt zu gebieten. Auch empfehlen sie, bei der Staatsschuldenverwaltung weitgehend auf Anleihen sowie auf die Nutzung der Krondomänen zurückzugreifen.

In seiner Schrift ›De mutatione monetarum: Tractatus‹ (1355) und in deren erweiterter Form ›De origine, natura, iura et mutationibus monetarum‹ (1358), die auf Wunsch des französischen Königs Karl V. auch in die Volkssprache übersetzt wird, um sie einem breiteren Publikum zugänglich zu machen, formuliert Oresme erstmals jene Überlegungen, die später als »Greshamsches Gesetz« in die Literatur eingehen sollten, nämlich »daß das minderwertige Geld das höherwertige aus der Zirkulation verdrängt«[40].

Während sich Karl V. in seiner Regierungszeit der Münzverschlechterung enthält – die notwendigerweise vorgenommenen Steuererhöhungen führen allerdings zu blutigen Aufständen und Unruhen –, kann trotz konsequenter und brutaler Machtanwendung bei der Steuereinhebung das fiskalische Dilemma nicht umgangen werden. So verwundert es nicht, daß seine Nachfolger wiederum auf die Münzmanipulation zurückgrei-

[39] Le Goff, Kultur, 1972, S. 176.

[40] Vgl. Oresme, Traktat, 1937, S. 49ff. Dieses Gesetz wurde lange Zeit Sir Thomas Gresham, einem englischen Bullionisten des 16. Jahrhunderts, zugeschrieben. Erst später entdeckte man in den Werken des Oresme die nämliche Überlegung.

fen. Es kommt neuerlich zur Inflation, zum Abfluß des Edelmetalls ins Ausland und in der Folge auch zum Bankrott der Staatsgläubiger; der Zusammenbruch angesehener Florentiner Bankhäuser zu Beginn und Mitte des 14. Jahrhunderts ist auf die Schulden der französischen Könige zurückzuführen.

Ähnliche Situationen ergeben sich in den folgenden beiden Jahrhunderten auch in anderen Ländern Europas. Trotz des letztlich gescheiterten Vorschlags Oresmes werden ähnliche Überlegungen von Nicolaus Cusanus für Deutschland und von Nicolaus Kopernikus für Polen entwickelt. Im wesentlichen zielen die Vorschläge Buridans und Oresmes sowie ihrer Nachfolger auf folgende Punkte:

1. Garantie der Geldwertstabilität zur Sicherung und Vereinfachung des Kredit- und Warenverkehrs;
2. Einstellung von Münzverschlechterungen zur Eindämmung der Inflation, des Abflusses »guten« Geldes und monetärer Spekulationen;
3. Befürwortung des Bimetallismus zur Gewährleistung von gleichermaßen Fern- und Nahhandel;
4. Regelmäßige Herstellung fixer Wertrelationen zwischen Gold- und Silbergeld unter Berücksichtigung der Schwankungen der realen Metallwerte;
5. Strikte Festsetzung des nominellen Geldwertes nach der Summe der realen Metallwerte plus der Prägekosten;
6. Unterstützung der »nützlichen« Bevölkerungsgruppen (Handwerker, Kaufleute etc.) zuungunsten der sogenannten »entbehrlichen« (Geldwechsler, Münzeinzieher, Metallmischer etc.) und schließlich
7. Kampf gegen feudale Auslegung des Münzregals[41].

Sowohl Oresme als auch Buridan wenden sich gegen die Meinung des Aristoteles, das Geld habe seinen Wert nicht von Natur aus, sondern durch das Gesetz, und es liege damit in der Macht der Menschen, das Geld auch wertlos zu machen. Sie räumen zwar ein, die Benennung des Geldes stünde wohl dem König zu, er könne aber auf die relative Wertschätzung der Münzen keinen Einfluß nehmen, vielmehr sei dies durch den Materialwert des Geldes festgesetzt. Wahres Geld ist für Oresme nur dasjenige, in dem der Nominalwert sich vom Realwert des Metalles nur durch die Prägekosten unterscheidet. Für die Arbeit und für das zum Münzen Notwendige ist ein Aufschlag

[41] Wolff, Impetustheorie, 1978, S. 204.

gewissermaßen als Bezahlung gerechtfertigt. Der Wert des Metalles bestimmt sich aber nach Oresme, der sich hier den Überlegungen Olivis annähert, dadurch, daß es begehrt und selten, schwierig zu finden und zu gewinnen ist. Interessant ist dabei, daß Oresme sagt, der Fürst dürfe den Wert des Geldes nicht festsetzen; er begründet dies damit, daß der Fürst nicht Herr und Eigentümer des in seinem Herrschaftsgebiet umlaufenden Geldes sei: »Obwohl allgemeinnützige Gelder des Fürsten die äußere Geldform bestimmen, so ist er doch nicht Herr und Besitzer des in seinem Hoheitsgebiet zirkulierenden Geldes. Dieses ist Austauschmittel, das den natürlichen Reichtümern an Wert gleichkommt. Es gehört daher jenen, die das besitzen, was für die Menschen Reichtum ist: Gibt einer Brot oder Arbeitskraft seines Körpers für Geld hin, so ist dieses sein Eigentum, wie das Brot und die Arbeitskraft sein waren, da sie seiner freien Machtverfügung unterstanden, vorausgesetzt, er ist nicht Sklave. Der Schöpfer gab nämlich nicht nur den Fürsten die Freiheit zur Beherrschung der Dinge: Den ersten Eltern und ihrer gesamten Nachkommenschaft gestand er es zu, wie es in der Genesis lautet (Genesis I, 28–30). Daher gehört das Geld nicht einzig dem Fürsten.«[42]

Oresme leitet also den Eigentumstitel auf Güter und Geld aus der Arbeit ab, und zwar bereits rund 300 Jahre vor John Locke. Die Arbeit, die in eine Sache eingeht, macht diese erst zum Eigentum; Arbeitsleistung ist demnach so etwas wie eine dingliche Eigenschaft des Geldes[43].

In den Schriften der Scholastiker gibt es noch kaum Hinweise darauf, daß die Anhäufung von privatem Vermögen Ursache des Untergangs der Freiheit in den Städten sein könnte. Vielmehr wird darauf verwiesen, daß Reichtum eine bessere Ausbildung von Tugend erlaube (etwa Bartolo von Sassoferato). Die gefährlichste Schwäche der italienischen Städte sehen sie in ihrem Parteienhader, den andauernden Unruhen und im Mangel an innerem Frieden.

[42] Oresme, Traktat, 1937, S. 43f.

[43] Die Wertbestimmung des Geldes durch Oresme und Buridan wurde von Schumpeter und de Roover als Vorwegnahme bzw. als Beitrag zur subjektiven Wertlehre ausgelegt. Dies scheint jedoch nicht gerechtfertigt, denn Buridan etwa macht den Wert der Tauschgegenstände von den gemeinsamen Bedürfnissen derer abhängig, die untereinander tauschen können. Dabei ist aber, wie auch aus der gesellschaftlichen Situation des Autors verständlich, die Gemeinschaftlichkeit, also der nicht-individuelle Charakter des wertbestimmenden Bedürfnisses, betont.

Trotz aller Ähnlichkeiten zwischen den Humanisten und ihren geistigen Vorläufern, den Rhetorikern, sind selbstverständlich beide auch Kinder ihrer Zeit. Die Humanisten thematisieren etwa gar nicht mehr den Widerspruch zwischen dem Recht der Person und dem Wohl der Gemeinde. Die Ursache dafür ist sicherlich, daß es bei der Dominanz von Partikularinteressen und den daraus resultierenden permanenten Auseinandersetzungen unvorstellbar erscheint, diese könnten mit dem Gemeinwohl vereinbar sein. Als bedeutender wird vielmehr gehalten – so meint jedenfalls Leonardo Bruni (1369–1444) – daß, solange jeder seinem Geschäfte mit Fleiß und Emsigkeit nachgehe, dies zugleich auch günstig für das Gemeinwohl sei; Vermögen und Reichtum werden an sich als etwas Gutes eingeschätzt. Gian Francesco Poggio Bracciolini (1380–1459), der Wiederentdecker antiker Autoren, bezeichnet das Geld als den Nerv des Lebens in einem Reiche, und meint, jene, die das Geld liebten, bildeten die Grundlage des Reiches. Leon Battista Alberti (1404–1472) ist hier etwas vorsichtiger, indem er auf den Widerspruch von Geiz und Ruhm verweist; dennoch schätzt auch er den Reichtum als günstig für die Wohlfahrt der Gemeinde ein, da im Falle des Falles, wenn das Vaterland in Not sei, man darauf zurückgreifen könnte[44].

Unter den noch der Scholastik verpflichteten Theologen und Juristen, die in der Spätrenaissance die Freiheit der italienischen Stadtstaaten verteidigen, ist der Dominikanerprior Girolamo Savonarola (1452–1498) zu erwähnen. Der berühmte Prediger, der sich als Prophet sieht, ist bis zu seiner inquisitorischen Verfolgung und Verbrennung 1498 eine der bedeutendsten Gestalten in der vier Jahre zuvor neuerrichteten florentinischen Republik. Seine Aussagen sind widersprüchlich: So wettert der Prophet gegen die im Quattrocento verbreitete Vorstellung der *fortuna,* gegen die sich der tugendhafte Mensch durchsetzen müsse. An die Stelle einer heidnischen, wankelmütigen Göttin müsse Gottes Vorsehung treten. Nach christlicher Auffassung kann der in Tugend lebende Mensch etwas zur Gewinnung des Seelenheils beitragen. Der scholastischen Tradition verbunden, erklärt Savonarola, die Monarchie könne manchmal die beste Regierungsform sein, seinen Mitbürgern verbunden, schließt er dies hingegen für Italien, ganz besonders aber für Florenz aus.

[44] Vgl. auch die Vorstellungen des Merkantilismus im Hinblick auf die Funktion des »Schatzes« und des Geldes als *nervum gerendarum* (Kap. VI).

Auch sieht er im Reichtum von Florenz ein Zeichen der Gnade Gottes, zugleich gilt ihm der Reichtum als Belohnung für ein tugendhaftes Leben der Bürger[45].

Eine zweite Gefährdung der republikanischen Freiheiten sehen Guicciardini und Machiavelli darin, daß die Last der Verteidigung Söldnern überlassen wird. Fremde Armeen bringen den Untergang der bürgerlichen Freiheiten mit sich, andererseits gewähren sie nicht einmal Schutz vor Feinden. Denn die Söldner haben keinen Grund, Widerstand zu leisten, wenn sie angegriffen werden, der Sold allein kann nicht ausreichend Loyalität begründen; daher ist dem Verrat Tür und Tor geöffnet. (Dennoch ist die italienische Wirklichkeit von Söldnerheeren geprägt.) Dabei ist für Machiavelli das Kriegswesen der Grundpfeiler eines jeden Staates, weil, »wo dieses fehlt, weder die Gesetze noch irgendetwas anderes gut sein können ... Auf jedem Blatt der römischen Geschichte tritt einem die Notwendigkeit eines guten Kriegswesens entgegen. Man sieht dort, daß die Kriegsmacht nicht gut sein kann, wenn sie nicht geübt wird, und daß sie nicht geübt werden kann, wenn sie nicht aus eigenen Untertanen besteht.«[46] Grundsätzlich meint Machiavelli, daß die italienische Praxis, die Verteidigung Söldnerheeren zu überlassen, als eine Folge mangelnder Demokratie verstanden werden kann: »Denn Sittenverderbnis und Untauglichkeit zur Freiheit entstehen aus der Ungleichheit, die im Staat herrscht.«[47]

Läßt also die einst so brennende Frage nach der Rechtfertigung des Reichtums die Humanisten des Quattrocento ziemlich unberührt, so beschäftigt sie diese zweite Frage immer mehr, ja sie sehen die Hauptgefahr darin, daß die saturierten Bürger nicht mehr bereit sind, für ihre Freiheit im Felde zu kämpfen und ihre Verteidigung unzuverlässigen Söldnerheeren zu überlassen. Beeinflußt durch die Komplexität des Handels sowie der darin auftretenden Arbeitsteilung lassen die wehrfähigen Bürger sich im Kriegsdienst zunehmend von angeheuerten Söldnern vertreten[48]. Die gemieteten Heere können sich aber, was

[45] Vgl. Pocock, Machiavellian moment, 1975, S. 106ff.

[46] Machiavelli, Discorsi, III/31, 1977, S. 371; vgl. auch ebd., I/4, S. 18ff. u. II/10, S. 192ff.; ders., Fürst, II–XIV, 1978.

[47] Machiavelli, Discorsi, I/17, 1977, S. 63.

[48] Während um 1260 Florenz gegen Siena noch mehr als 800 voll ausgerüstete bewaffnete Reiter ins Feld schicken kann, sind rund 80 Jahre später in der Auseinandersetzung mit Lucca nur mehr knapp 40 bewaffnete Bürger aufzubringen, so daß man auf Söldnertruppen zurückgreifen muß.

wiederholt geschehen ist, vom Kampfe zurückziehen und höhere Entlohnung verlangen, sie können zum Feind überlaufen oder zumindest damit drohen. Die Lösung, welche die Humanisten dafür anbieten können, ist die Wiederbelebung des Ideals des waffentragenden freien Mannes, zugleich Träger des politischen Tugendideals, der *virtù (virtus)*[49].

Einen weiteren Grund für den Untergang der Freiheit sieht Machiavelli im Christentum: »Wenn ich bedenke, woher es kommen konnte, daß im Altertum die Völker die Freiheit mehr liebten als je, so scheint mir dies aus derselben Ursache herzurühren, welche heute die Menschen weniger kraftvoll macht. Sie liegt nach meiner Meinung in der Verschiedenheit der heutigen und der antiken Erziehung, die wiederum in der Verschiedenheit der heutigen und der antiken Religion begründet liegt.«[50]

Religion kann nur dann einen Beitrag zur politischen Erziehung leisten, wenn sie die »richtigen« Werte in den Vordergrund ihres Denkens stellt: Großmut, Stärke und Kühnheit. Die christliche Religion hat demgegenüber »mehr die demütigen und in Betrachtungen versunkenen Menschen verherrlicht als die tatkräftigen. Sie sieht das höchste Gut in Demut, Selbstverleugnung und in der Geringschätzung der weltlichen Dinge«[51]. Dies liegt nach Machiavelli aber nicht an der Religion selbst, sondern vor allem an ihrer falschen Auslegung: »Wäre von den Spitzen der Christenheit die christliche Religion erhalten worden, wie sie ihr Stifter gegründet hat, dann wären die christlichen Staaten und Länder einträchtiger und glücklicher, als sie es jetzt sind. Nichts spricht mehr für den Verfall des christlichen Glaubens, als die Tatsache, daß die Völker, die der römischen Kirche, dem Haupt unseres Bekenntnisses, am nächsten sind, am wenigsten Religion haben ... Wir Italiener verdanken es also in erster Linie der Kirche und den Priestern, daß wir religionslos und schlecht geworden sind.«[52]

So radikal diese Ablehnung der zeitgenössischen kirchlichen Praxis auch klingen mag, sie findet rasch Anhänger, die ähnli-

[49] Vgl. Pocock, Machiavellian moment, 1975, S. 290ff. Dies steht im Gegensatz zur Realbewältigung in den sich bildenden Zentralstaaten, für die das Söldnerwesen eine bloß ergänzende Funktion hat und daher niemals eine echte Gefahr darstellt; es ist dies nicht zuletzt ein Problem der Größenordnung und gesellschaftlicher Verfaßtheit.

[50] Machiavelli, Discorsi, II/2, 1977, S. 171.

[51] Ebd.

[52] Ebd., I/12, S. 48f.

ches behaupten, ja teilweise ihre Kritik noch schärfer formulieren. Guicciardini beispielsweise greift diese für die Zeitgenossen offenkundig kaum schockierende Analyse auf und stellt fest, daß zuviel Religion die Welt schädige und sich gerade in der Kirche oft Tugend und Macht nicht miteinander vertrügen: »Keinem Menschen mißfällt mehr als mir der Ehrgeiz, die Habsucht und die Ausschweifung der Priester, sowohl weil jedes dieser Laster an sich hassenswert ist, als auch, weil jedes allein oder alles sich wenig ziemen bei Leuten, die sich zu einem von Gott besonders abhängigen Stand bekennen, und vollends, weil sie unter sich so entgegengesetzt sind, daß sie sich nur in ganz absonderlichen Individuen vereinigt finden können. Gleichwohl hat meine Stellung bei mehreren Päpsten mich gezwungen, die Größe derselben zu wollen, meines eigenen Vorteils wegen. Aber ohne diese Rücksicht hätte ich Martin Luther geliebt wie mich selbst, nicht um mich loszumachen von den Gesetzen, welche das Christentum, so wie es insgemein erklärt und verstanden wird, uns auferlegt, sondern um diese Schar von Nichtswürdigen in ihre gebührenden Grenzen gewiesen zu sehen, so daß sie entweder ohne Laster oder ohne Macht leben müßten.«[53]

Francesco Patrizi (1412–1494), Niccolo Machiavelli (1469 bis 1527) und als letzter in dieser Reihe Traiano Boccalini (1556 bis 1613) glauben schließlich, die Aufrechterhaltung der Unabhängigkeit und der Selbstregierung sei unmöglich. Bevor dieser Stand der Resignation erreicht ist, beschäftigen sich die Humanisten jedoch intensiv mit Methoden, um zumindest Informationen zu gewinnen, wie man die Freiheit im politischen Leben aufrechterhalten könne. Ihrer Meinung nach liegt der Schlüssel zur politischen Klugheit im Studium der Geschichte der frühen Republiken, vor allem des alten Rom. Der Grund für diese Hervorhebung der Geschichte liegt darin, daß man meint, die Ordnung, in der Menschen geboren werden, leben und sterben, bleibe tendenziell immer die nämliche: »Kluge Männer pflegen nicht grundlos und zu Unrecht zu sagen, wer die Zukunft voraussehen wolle, müsse die Vergangenheit betrachten, denn alle Begebenheiten dieser Welt haben immer ihr Seitenstück in der Vergangenheit. Dies kommt daher, daß sie von Menschen vollbracht werden, die stets die gleichen Leidenschaften haben oder

[53] Zit. in Burckhardt, Kultur der Renaissance, 1956, S. 234f.

gehabt haben. Dieselben Ursachen müssen aber notwendig dieselben Wirkungen haben.«[54]

Wenn diese eigentlich republikanisch gesinnten Autoren letztlich resignieren, so folgt das aus der Einsicht in die reale Situation ihrer Zeit. Man argumentiert, das Gemeinwohl sei immer dann in Gefahr, wenn das persönliche Interesse dominiere; so sagt etwa Erasmus von Rotterdam, das öffentliche Wohl solle allzeit vor privaten Interessen bewahrt werden. Dieses Ideal ist aber nur mehr in einem utopischen Gemeinwohl vorzufinden, wenn der Zerfall der Gemeinschaft so weit gediehen ist, daß Gemeinwohl und persönliches Interesse zwangsläufig auseinanderfallen. Diese neue Situation beschreibt Thomas Morus so: »Wenn ich alle diese heutigen Gemeinwesen ringsherum vor meinem Geiste vorbeiziehen lasse, kann ich – so wahr mir Gott helfe – nichts anderes sehen als die reinste Verschwörung der Reichen, die unter dem Namen und Titel des Staates für ihren eigenen Vorteil tätig sind. Alle Mittel und Kniffe denken sie aus und ersinnen sie, mit welchen sie das Gut, das sie durch üble Machenschaften selber zusammengerafft haben, ohne Furcht vor einem Verlust behalten und dazu noch die Mühe und die Arbeit aller Armen um möglichst geringen Preis sich dienstbar machen und ausnützen könnten. Haben die Reichen einmal im Namen des Staates, das heißt auch der Armen, den Beschluß gefaßt, daß diese Praktiken anzuwenden seien, erhalten sie flugs gesetzliche Kraft.«[55]

Bartolo von Sassoferato gelangt unter Verwendung aristotelischer und thomistischer Überlegungen zur Anschauung, *pax et concordia,* Friede und Eintracht, seien die höchsten Werte im politischen Leben. Auch Marsilius von Padua kommt zu dem Schluß, ohne Frieden seien auch das Wohl und die Sicherheit der Menschen nicht zu bewahren: Eine gute Regierung und ausreichender Wohlstand für das Leben sind stets die Früchte von Frieden und Gesetz[56]. Die Abkehr vom Frieden führt zur Tyrannei. Nach der aristotelischen Annahme, zwischen Partei-

[54] Machiavelli, Discorsi, III/43, 1977, S. 396; und fast ebenso I/39, S. 107. Gerade in dieser Passage wird jedoch die Ahistorizität Machiavellis deutlich; daß gleiche Ursachen gleiche Wirkungen haben, dokumentiert das Kausalitätsdenken, das zum ersten Mal in der Impetustheorie und später dann modifiziert in den modernen Naturwissenschaften auftritt.

[55] Morus, Utopia, 1981, S. 179.

[56] Vgl. beispielsweise die wunderschöne Illustration der »Wirkungen der guten Regierung« im Palazzo Pubblico in Siena von Ambrogio Lorenzetti.

enhader und Tyrannei bestehe eine direkte Beziehung, sieht man in der latenten Bürgerkriegssituation die Hauptgefahr für die Freiheit der Stadtrepubliken. Einerseits kann solche Unruhe durch den Zerfall der Macht in den regierenden Gremien einer Stadt bedingt sein, was im ausgehenden 13. Jahrhundert in den italienischen Stadtstaaten dann auch geschieht, wenn beispielsweise die *Capitani del Popolo* die Rechtssprechung des *Podestà* in Frage stellen[57]; andererseits kann aber die Unruhe auch in einer Parteiung innerhalb des Volkskörpers begründet sein. Eine solche Fraktionierung kann nur vermieden werden, wenn Partikularinteressen zugunsten der allgemeinen Wohlfahrt hintangestellt werden. Dieses Ziel wird in der Scholastik etwa durch Thomas von Aquin (1225–1274) so begründet, daß eine Regierung nur dann als gerecht und rechtmäßig angesehen werden könne, wenn sie auf das gemeinsame Wohl der Bevölkerung ausgerichtet sei. Remigio dei Girolami (ca. 1250–1319) verwandelt diese Doktrin, indem er das *pro bono communis* mit dem *pro bono communi* für austauschbar erklärt; somit gilt das Gute für die Stadt als gleichbedeutend mit dem Guten für die Mitglieder der Gemeinschaft – ein Wortspiel wird als Begründung vorgeschoben[58].

Anhand dieser »Begründung« wird aber das Neue, das sich im alten Rahmen der Begriffe und Vorstellungen nicht mehr ausdrücken läßt, spürbar. Angesichts der vermögens- und machtmäßigen Differenzierungen erscheint die Vorstellung einer *Konkordanz privaten und gesellschaftlichen Interesses* kaum mehr denkbar. Das gesellschaftlich-politische Agieren von relativ Gleichen ist verankert in der Vorstellung des angemessenen guten Lebens aller dieser Gruppierung Zugehörigen. Artikuliert wird dies in der zeitgenössischen Diskussion zumeist dann, wenn das Schwinden der Genügsamkeit beklagt und das Streben nach Reichtum verurteilt wird. Dahinter wird die Bedrohung und langsame Auflösung der Lebensform des »ganzen Hauses« sichtbar. Damit wird aber der tradierten antiken und

[57] Der *Podestà* ist der oberste Verwaltungs-(Gerichts-)Beamte und dient üblicherweise auch als Sprecher bei verschiedenen Gesandtschaften. Seine Dienstzeit beträgt gewöhnlich sechs Monate; er ist meistens Bürger einer anderen Stadt. Die *Capitani del Popolo* werden vom »niederen Volke«, das nicht in den Räten vertreten ist, gewählt und repräsentieren sehr häufig eine Art Gegenregierung zu den traditionellen Oligarchien (Feudaladel, Patriziat). Sie sind überwiegend Angehörige der *gente nuova*. Rechtsstreitigkeiten treten deshalb auf, weil der *Podestà* die (Rechts-)Interessen der traditionellen Oligarchie vertritt.

[58] Vgl. Skinner, Foundations, I, 1978, S. 56ff.

auch der christlichen Tugendvorstellung als der Grundlage des Umganges zwischen Gleichen und Ungleichen der Boden entzogen.

Wie kann aber eine solche Einheit von Wohl für die Stadt mit Wohl für ihre Bürger in der Praxis erreicht werden? Die Rhetoriker entwickeln in ihrer Suche nach einer Antwort auf diese Frage das idealisierte Konzept der »wahren Nobilität« (Brunetto Latini) und greifen damit indirekt wieder auf den Tugendbegriff zurück. Menschen von wahrer Nobilität *müssen* dem Gemeinwohl dienen[59]. Die Scholastiker interessieren sich hingegen relativ wenig für dieses Problem, und wenn, dann hat Nobilität bei ihnen auch einen durchaus realistischen materiellen Hintergrund: Im Gegensatz zu Dante, der die Auffassung vertritt, wahre Nobilität gründe sich auf Tugend und existiere unabhängig von der gesellschaftlichen Stellung des Menschen, meint etwa Bartolo von Sassoferato, daß Nobilität eben nicht von Vermögen zu trennen sei; da Vermögen die Tugend fördere, fördere es auch die Nobilität. Daher gebe es einen unauflöslichen Zusammenhang zwischen Nobilität und Vermögen; da es auch eine sogenannte legale Nobilität durch Heirat oder per Dekret gäbe, könne Nobilität nicht unmittelbar mit Tugend gleichgesetzt werden, wie dies etwa Dante tut.

Für die Republikaner[60] gilt es als oberstes Gesetz, persönliche Interessen beiseite zu schieben und das eigene Wohl mit dem Wohl der Gemeinschaft gleichzusetzen. Doch wie kann eine solche Zusammenfügung von Stadt (Staats-)interesse und Interesse des Bürgers erreicht werden? Sie streben das Ideal eines tugendhaften Menschen an und meinen, wahre Nobilität gründe sich stets auf Tugend. Die »Kardinaltugenden« Klugheit, Mäßigung, Stärke und Gerechtigkeit hat gemäß der Tradition der ›Nikomachischen Ethik‹ auch ein guter Herrscher aufzuweisen; dieser Tugendbegriff wird bereits von den Vorscholastikern rezipiert. Als ein Laster gilt, anders zu scheinen als zu sein, Geiz und Habsucht ins Spiel zu bringen und mehr gefürchtet, denn geliebt zu werden. Gerade dies wird aber den Signori vorgehalten.

In der Analyse der Gefahren, die der Freiheit einer Stadt drohen, unterscheiden sich die Humanisten des Quattrocento

[59] Vgl. ebd., S. 45 ff.

[60] Unter »Republik« darf hier nicht unsere moderne Staatsform verstanden werden, sondern es handelt sich hier um einen gemeinschaftlich verfaßten, städtischen Bürgerkörper.

also durchaus von ihren Vorläufern, den Rhetorikern. Betrachtet man hingegen die inhaltliche Vorstellung der Freiheit, so bemerken wir zumindest in den Grundannahmen eine beachtliche Übereinstimmung zwischen den Rhetorikern des 13. Jahrhunderts und den politischen Autoren des Quattrocento. Der Freiheitsbegriff, der in beiden Fällen die Unabhängigkeit von außen und die freiheitlich verfaßte Selbstregierung im Inneren umfaßt, wird in dem Sinne erweitert, daß eine freie Verfassung den Bürgern gleiche Chancen gewähren müsse. Von den bürgerlichen Humanisten stellen etwa Coluccio Salutati (1331 bis 1406) und Leonardo Bruni den Wert einer Monarchie schon aus ihrer Einschätzung von Tugend radikal in Frage, denn gute Männer erweckten bei einem König mehr Verdacht als schlechte, da Könige Tugend bei anderen als bei sich selber als bedrohlich erachten müßten[61]. Von besonderer Bedeutung ist Leonardo Brunis (1369–1444) Überlegung, zwischen der Freiheit und der Mächtigkeit einer Gemeinschaft bestehe ein Zusammenhang. Was eine Republik von allen anderen Regierungsformen unterscheidet, ist, daß sie jedem die Hoffnung zu nähren erlaubt, durch eigenes Bemühen Ehre, Ruhm und Ansehen in der Gemeinschaft zu gewinnen. Diese Möglichkeit fördert die Entwicklung der Tugenden. Bruni denkt dabei in erster Linie an Florenz, denn keine der Städte Italiens übertreffe Florenz an Talenten, Gelehrsamkeit, bürgerlicher Klugheit oder eben Tugendhaftigkeit.

So verlangt zum Beispiel Marsilius von Padua, daß Magistrate nie geteilt werden dürften, daß es keine Pluralität von Regierungsinstanzen geben dürfe, sofern diese nicht einander untergeordnet sind. Eine Regierung mag aus mehreren Menschen bestehen, aber hinsichtlich der Willensbekundung darf es nur *eine* Regierung (*einen* Willen) geben. Die Angst vor dem Parteienhader führt Marsilius und Bartolo zu der Ansicht, daß der Herrscher nur der gesamte Volkskörper sein könne. Der Gesetzgeber soll gleich dem Volkskörper sein, oder doch zumindest identisch mit dem größten Teil davon. Die angemessene Regierungsform kann daher nur die Volksherrschaft sein, in der die Rechtssetzung in der Hand der Stadtbürger bleibt. Dies führt jedoch zu einer anderen Auffassung von Volkssouveräni-

[61] Rund 300 Jahre später wird Friedrich der Große in seinem politischen Testament anmerken, es sei besser, gescheite Männer von zweifelhaftem Ruf im »Generaldirektorium« zu haben als tugendhafte, aber dumme. (Ausg. 1974, S. 16)

tät als etwa bei Thomas von Aquin, der meint, die Zustimmung der Stadtbürger zu einer politischen Gemeinschaft führe letztlich dazu, daß sie sich auf Dauer ihrer Souveränität begeben. Konträr dazu meinen Marsilius und Bartolo, die Gemeinschaft der Bürger sei stets als Souverän anzusehen, unabhängig davon, ob sie selber die Gesetze mache oder dies einer oder mehreren Personen übertrage. Daraus wird, wieder im Gegensatz zu Thomas, gefolgert: Nichts kann selbst von den höchsten Magistraten unternommen werden, ohne daß diese vorher vom Volk dafür autorisiert werden[62].

Aus Bequemlichkeit wird nun oft die Autorität eines Volkskörpers einem *pars principans* übertragen. Wie aber kann dieser unter der Kontrolle des souveränen Volkskörpers bleiben? Die Antwort liegt in drei Verfahrensregelungen, die es Herrschern oder Magistraten erschweren oder es ganz verhindern sollen, den Willen des Volkes zu mißachten und sich selber in Tyrannen zu verwandeln. Erstens gilt – so meinen Marsilius und Bartolo in der Tradition des Aristoteles –, daß es für eine Gemeinschaft unvergleichlich besser sei, einen Monarchen zu wählen, als diesen durch eine Erbfolge zu bestimmen. Zweitens sollen alle Entscheidungen der Bürger gemäß dem Gesetz getroffen werden, möglichst wenig soll durch Unwissenheit und Gefühle beeinflußt werden. Je weniger Dinge ein Herrscher kontrolliert – d.h. ohne selbst dem Gesetz unterworfen zu sein –, desto länger wird die Regierung bestehen können, weil die Herrscher dann weniger zur Despotie neigen. Drittens soll ein komplexes System von Kontrollen eingerichtet werden, die gewährleisten, daß Magistrate und Räte immer und zu allen Zeiten den Wünschen der Bürger entsprechen, die sie gewählt haben[63].

Marsilius und Bartolos Theorien ermöglichen also eine systematische Verteidigung der gemeinschaftlich verfaßten Freiheiten gegen die sich immer stärker durchsetzenden Despoten und Gewaltherrscher. Wohl beziehen sich diese Überlegungen auf eine *civitas,* aber es wird deutlich, daß es zu einer modernen Theorie der Volkssouveränität nur mehr deren Anwendung auf ein *regnum* bedarf.

[62] In dieser unterschiedlichen Argumentation spiegeln sich differente Interessen wider; Thomas argumentiert für die Welt der Königreiche, Bartolo und Marsilius sprechen für die italienischen, handeltreibenden Stadtstaaten. Man sieht hier, daß beides plausibel zu vertreten ist, sofern die Position der Argumentatoren und deren Vorverständnis berücksichtigt wird.

[63] Vgl. Skinner, Foundations, I, 1978, S. 61 ff.

Die Rechtfertiger der Fürstenherrschaft behaupten demgegenüber, das Ergebnis gemeinschaftlich verfaßter Freiheit sei bloß ein Chaos, und nur ein starker Herrscher könne Frieden bringen und garantieren. Dagegen wendet sich nun die Argumentation von Marsilius und Bartolo; auch sie akzeptieren den Frieden als obersten Wert, aber dieser Friede ist nicht unvereinbar mit der Freiheit. Frieden ist ohne Verlust der Freiheit zu erreichen, nämlich dadurch, daß die Rolle des *defensor pacis* nun vom Volk selbst übernommen wird.

Hier knüpfen dann Überlegungen von Jean de Gerson (1363 bis 1429) an, eines französischen Konziliaristen und Wegbereiters der Naturrechtslehre, der insbesondere die Rechtsschule von Salamanca beeinflussen sollte. In seiner Nachfolge kommt es zu einer Annäherung des öffentlichen und des privaten Bereiches, die mehr oder minder für alle nachfolgenden Rechtstheorien charakteristisch ist[64]. Vor allem die im 16. und 17. Jahrhundert an der Universität Salamanca dominierende rechtsphilosophische Schule prägt – ausgehend von der thomistischen Tradition des Vernunftsrechts bei gleichzeitiger Emanzipation von der Theologie – die Entwicklung des modernen Naturrechts. Darüber hinaus entwickelt sie eine Lehre von der Volkssouveränität und propagiert das Recht auf freie Gestaltung des politischen und gesellschaftlichen Lebens. Dabei werden seit Hugo Grotius (1583–1645), der an diese Rechtsschule anschließt, Staat und Individuum als weitgehend identische moralische Einheiten aufgefaßt. Nach Auffassung des berühmten niederländischen Moraltheoretikers kann der Staat keine Rechte haben, die nicht ursprünglich auch dem Individuum eigen sind; die private und die öffentliche Sphäre schließen sich hinsichtlich des Eigentums nicht gegenseitig aus, sie bedingen vielmehr einander.

[64] An die Vertragsrechtstheorie knüpft auch Johannes Nider (De contractibus mercatorum, 1468) an, der sich mit Fragen der Wirtschaftsethik unter kapitalistischem Aspekt auseinandersetzt und gegen die kirchliche Autorität wendet.

14. Die Aushöhlung des traditionalen Tugendbegriffes: Von der Tugend zur Moral

Das wiedererweckte Ideal des *vir virtutis* führt zu einer neuen Antwort auf die alte Frage, was denn eine gute Erziehung ausmache. Ophelias Aussage über Hamlet (3. Akt, 1. Szene) faßt alles das zusammen, was man von guter Erziehung erwarten kann: »Des Hofmanns, des Kriegers, des Gelehrten Auge, Zunge, Schwert« – alle diese Eigenschaften sind miteinander zu verbinden. Das Ideal des *uomo universale* führt konsequenterweise zur Ablehnung des augustinischen Menschenbildes. Für Augustinus ist wahre Tugend jenseits dessen, was der Mensch aufgrund eigenen Bemühens erreichen kann. Selbst wenn ein Herrscher tugendhaft regiert, ist das nur auf die Gnade Gottes zurückzuführen, und selbst dann bleibt die Tugendhaftigkeit weit hinter dem christlichen Ideal zurück[1].

Schon Francesco Petrarca (1304–1374) verändert diese Einstellung bewußt und radikal; alle persönlichen Tugenden, die der Antike, die Kardinaltugenden des Christentums, sind dem Menschen prinzipiell zugänglich. In seiner Schrift ›De viris illustribus‹ (1337) wird seine Zurückweisung des augustinischen Menschenbildes deutlich: Im Gegensatz zu mittelalterlichen Gepflogenheiten beschäftigt er sich nicht mit dem Leben von Heiligen, sondern Menschen der Antike dienen ihm als Vorbilder. Diese Haltung wird von anderen Humanisten des Quattrocento noch radikaler gefaßt; so schreibt Giovanni Pico della Mirandola (1463–1494) dem Menschen unmeßbare Würde und Exzellenz, eine außerordentliche Ausstattung und seltene Privilegien zu, und Marsiglio Ficino, Lehrer an der Platonischen Akademie in Florenz, stellt fest: »Wer könnte leugnen, daß der Mensch nahezu denselben Genius besitzt wie der Schöpfer des Himmelsgewölbes? Und wer könnte leugnen, daß auch der Mensch ein Firmament schaffen könnte, hätte er nur das Werkzeug und die himmlische Materie?«[2] Dieses neugewonnene Vertrauen in die Freiheit und Stärke der menschlichen Natur, das Ideal des *vir virtutis*[3], führt zur Wiederbelebung einer klas-

[1] Vgl. Skinner, Foundations, I, 1978, S. 91 ff.

[2] Zit. in Erikson, Luther, 1975, S. 212.

[3] In der Nachfolge Ciceros wird *virtus* mit *vir* in Zusammenhang gebracht; das Ziel, *virtus* zu erreichen, bedeutet nicht nur, »Tugend« im üblichen Sinn zu besitzen, sondern auch »mannhaft« zu sein. Daran knüpft das humanistisch-klassische Erziehungsideal an.

sischen Überlegung: Menschliches Schicksal ist am besten darstellbar als ein Kampf zwischen dem Willen des Menschen und der Willkür der Fortuna.

Im Gegensatz dazu betont Augustinus, daß Gottes Vorsehung und nicht Zufall oder Willkür das Schicksal der Welt bestimmen. Der Gegenüberstellung von *virtus* und *fortuna* hält Augustinus entgegen, daß es dem Menschen unmöglich sei, sein eigenes Schicksal selber zu bestimmen. Auch die menschliche Geschichte ist, gemessen an den letzten Dingen, die für den Menschen aber die entscheidenden sind, wenig bedeutend, da der Mensch darauf keinen Einfluß haben kann.

Demgegenüber bildet sich im Humanismus eine neue Diskursebene; Zeit wird zu einem menschlichen Konstrukt, und damit erscheint Geschichte als machbar. Die schöpferische Neugierde der Humanisten, ihr Suchen nach alten Quellen, bringt eine ungeheure Menge an Information über die Antike zutage. Während des gesamten Mittelalters beschäftigt man sich wohl auch mit der klassischen Antike, aber diese Studien führen nie dazu, einen Bruch zwischen den Kulturen der Antike und der eigenen Zeit anzunehmen, vielmehr empfindet man sich ein und derselben Tradition und Kultur zugehörig. Nie wird versucht, die Antike aus ihrem eigenen Verständnis heraus zu begreifen. Man nimmt einfach die klassischen Formen hin und vermeint, sie enthielten Botschaften von aktueller Bedeutung. Erst die ungeheure Informationswelle, die von den Humanisten auf ihrer Suche nach alten Quellen in Bewegung gesetzt wird, macht deutlich, wie sehr die klassische Vergangenheit von der Zeit der Humanisten getrennt ist, daß es zwei verschiedene Zeiten und Welten sind[4].

Die »Geschichtlichkeit«, die in der Renaissance ihren Anfang nimmt, ist ein Charakteristikum der Moderne; sie beruht auf einem veränderten Raum- und Zeiterlebnis. Prozessualisierungs- und Beschleunigungsvorgänge sind dafür ebenso typisch wie die Denaturalisierung traditioneller Zeitvorstellungen, die Herausbildung des Fortschrittsbegriffs, die neuartige Raumvorstellung und die perspektivische Betrachtung[5]. Diese neue Historizität, welche zuerst die italienischen Humanisten auszeichnet, beinhaltet ein aktivierendes, emanzipatorisches Moment;

[4] Vgl. Skinner, Foundations, I, 1978, S. 84ff.

[5] Vgl. Lepenies, Ende der Naturgeschichte, 1976, S. 9; Bouman, Kultur und Gesellschaft, 1962, S. 46.

auf den antiken Grundlagen aufbauend wird versucht, diese noch zu übertreffen. Im Unterschied zur logisch-deduktiven Methodik der Scholastiker versuchen die Humanisten in ihrer Interpretation der antiken Texte eine historische Dimension zu berücksichtigen. Damit wird aber der Aspekt der Veränderung wichtig: die Dinge präsentieren sich als prinzipiell veränderbar. Es geht nicht länger darum, ewige Weisheit zu empfangen, sondern Schlußfolgerungen für die Gegenwart zu ziehen.

Die Anwendung ausgefeilter philologisch-historischer Techniken zur Analyse antiker Texte wirkt wesentlich an der Veränderung des politischen Diskurses mit. Einer der für diese Veränderung maßgeblichen Bereiche ist das Rechtswesen. Während in der Scholastik die römischen Rechtsquellen möglichst wortgetreu ausgelegt werden sollten, wenden die Humanisten dagegen ein, diese Texte seien nur aus ihrer Entstehungszeit zu interpretieren, aus der realen politischen Situation und gemäß den damaligen Sprachgewohnheiten. Einer der ersten, berühmtesten und auch nachhaltigsten Erfolge ist der Nachweis, daß die sogenannte »Konstantinische Schenkung« an den Papst eine Fälschung war. Abgesehen von rechtlichen Überlegungen, daß eine solche Schenkung von Geber- wie auch von Nehmerseite unzulässig sei, stützt sich die Argumentation auf eingehende textkritische, philologisch-historische Untersuchungen. Die Anwendung dieser Methoden auch auf den ›Codex Justinianus‹ weisen diesen als nicht homogenes Werk aus, sondern als aus verschiedenen Perioden der römischen Judikatur stammend. Damit wird der bisher als *ratio scripta* (»niedergeschriebene Vernunft«) hochgehaltene Codex relativiert; die verschiedenen Textteile werden als historische Dokumente entschlüsselt und interpretiert. Eine solche veränderte Auffassung öffnet den Weg zur Analyse auch anderer Rechtssysteme. Vor allem das Gewohnheitsrecht, die Tradition, wird immer mehr zum Forschungsbereich der Humanisten. Damit nimmt die vergleichende, universelle Rechtslehre ihren Anfang, wie sie Jean Bodin dann zum Forschungsanliegen erhebt. Es verändert sich damit aber auch der politische und rechtliche Diskurs, indem zunehmend historische Präzedenzfälle eine Rolle spielen.

Ein anderer Bereich, in dem sich humanistisches Denken mit beachtlichen Folgewirkungen durchsetzt, ist die Erforschung der Bibel. Waren die scholastischen Bibelkommentare darauf gerichtet, aus zahlreichen Bibelzitaten Grundprinzipien herauszuarbeiten, so verzichten die Humanisten weitgehend auf allegorische Interpretationen und allgemeine Moralvorstellungen, sie versuchen, die *ipsissima verba* der Bibel aus ihrer historischen Situation zu erklären. Das Postulat korrekter philologischer Übersetzung der Bibeltexte ersetzt die thomistische Interpretation des Zusammenwirkens von Gottes Gnade und menschlicher Bemühung zur Erreichung des Heils. Die Neugierde bemächtigt sich der bis dahin von der Kirche verwalteten Heiligen Schrift. Im Anschluß an Erasmus wird in Frankreich, England, Dänemark, Schweden und Deutschland versucht, korrekte Bibelübersetzungen in der Umgangssprache herauszubringen, die viel mehr Menschen mit den heiligen Texten vertraut machen. Der Widerspruch zwischen dem Christentum des Neuen Testamentes einerseits und der gegebenen Organisation der Kirche, den Ansprüchen des Papsttums, der weltlichen Herrschaft des Nachfolgers Petri andererseits verändert die Beziehung zwischen Amtskirche und weltlicher Macht, zwischen Klerus und Gläubigen. Reale Praxis und Lehre der Bibel entsprechen einander nicht, zumindest wird es möglich, Widersprüche zu erkennen, an denen dann die Reformation ansetzen kann[6].

Die augustinische Vorstellung von *virtus* und *fortuna* wird nun in der Nachfolge Petrarcas zurückgewiesen; die Humanisten des Quattrocento rekonstruieren die antike Ansicht, wonach es die Laune Fortunas und nicht die Vorsehung ist, wenn der Aktionsradius des Menschen beschränkt erscheint. Damit eröffnet sich aber der neue, befreiende und aktivierende Aspekt, daß der Mensch auch gegen Fortuna bestehen kann, wodurch er zum Meister seines Schicksals wird. Angesichts zahlreicher Wirren, Kriege und Unruhen kann gelegentlich auch ein Pessimismus auftreten, weil gegen soviel Launen Fortunas selbst der Mensch mit seiner Tugend nichts ausrichten kann[7]; im großen und ganzen aber setzt man in die Willenskraft des Menschen großes Vertrauen. Während bisher das Besondere am Menschen in seiner unsterblichen Seele gesehen wurde, erblickt man es nun in seiner Fähigkeit, sein Schicksal durch Intelligenz und

[6] Vgl. Skinner, Foundations, I, S. 201ff.

[7] Das Rad der Fortuna ist im Mittelalter Sinnbild der Unbeständigkeit der gesellschaftlichen Verhältnisse und der Sinnlosigkeit des Ehrgeizes: »Mancher, der heute groß ist, stürzt schon morgen von seiner Höhe herab; mancher, der heute noch niedrig ist, wird bald von Fortunas rollendem Rad hinaufgetragen ... Symbol und Ausdruck einer ungesicherten Welt, in der die Unsicherheit die Menschen Resignation und Mißtrauen gegen alles Neue lehrt.« Le Goff, Kultur, 1972, S. 282.

Willenskraft selbst zu bestimmen. Die Macht der Vorsehung wird geleugnet, es folgt eine Vertrauenserklärung an die menschliche Kreativität, an die Kraft der Intelligenz und den Willen des Menschen.

Die daraus erklärliche Bewunderung der Aktivität führt dazu, daß auch die Arbeit in nahezu puritanischen Formen, wie wir ihnen dann im 16. Jahrhundert nochmals begegnen werden, gewürdigt wird. Gianozzo Manetti meint, ohne Aktivität könne es kein Vergnügen geben, und Leon Battista Alberti formuliert: »Nichts verursacht mehr Unehrenhaftigkeit und schlechteren Ruf als Faulheit ... der Mensch ward nicht geboren, um ruhig zu liegen und in Faulheit zu verrotten, sondern aufzustehen und zu handeln.«[8]

Wenn Petrarca, der *Poeta laureatus,* bei seiner Dichterkrönung erklärt, er wolle sich dieses Ruhmes würdig erweisen und Unsterblichkeit für seinen Namen erlangen, so dokumentiert das eine Abkehr von den Prinzipien, die Augustinus lehrte. Für diesen ist die Liebe zum Ruhm ein Laster, und auch Thomas von Aquin betont noch, daß gute Herrscher ihre Pflicht nicht aus dem Streben nach leerem Ruhm, sondern aus Liebe zum ewigen Segen erfüllen müßten.

Die Renaissancekünstler und Humanisten bewundern nicht nur die Antike, sie wollen dieses Vorbild noch übertreffen. Mit der Betonung der Aktivität, mit der Ablehnung des *otium* und der Unterstützung des *negotium*[9], mit dem Bemühen, die klassischen Autoren aus ihrer Zeit und ihrer Situation zu verstehen und damit der Verwerfung der scholastischen Abstraktion, entsteht die Forderung, die Philosophie solle von praktischem Wert, sie solle im gesellschaftlichen und politischen Leben anwendbar sein. Tugend wird dabei allerdings im Gegenzug zunehmend abstrakter, nicht mehr faßbar im konkreten Geschehen des täglichen Lebens. Das erweist sich deutlich, wenn die Florentiner Humanisten *virtus* fortan einfach mit öffentlicher Mitwirkung gleichsetzen. Sobald private und gesellschaftliche Interessen nicht mehr in Einklang zu bringen sind, läßt sich Tugend als öffentliche Mitwirkung bei Verzicht auf private Ambitionen umdeuten. *Virtus* wird definiert als Bemühen, das Gemeinwohl über alles zu fördern, während unter *corruptio*

[8] Vgl. Burckhardt, Kultur der Renaissance, 1956, S. 71 f.

[9] *negotium:* Geschäft, Aufgabe, Unternehmen, leitet sich von der Negation der Muße her; *nec otium est:* »es ist nicht Muße«.

höchst unpräzise die Verweigerung verstanden wird, seine Talente dem Gemeinwohl zu widmen[10].

Virtus kann somit als Eigenschaft eines freien Volkes gesehen werden, das bemüht ist, seine Freiheit zu bewahren und die Größe und Bedeutung des Staates zu mehren. Die republikanische Staatsform wird zur Förderung dieser Ziele für besonders geeignet erachtet. Eine gemeinschaftlich verfaßte Staatsform bietet Menschen von ausgezeichneter politischer Tugend die Gelegenheit, Ehre, Ruhm und Prestige zu erwerben. Da der Zugang aber jedem offensteht, fördert eine solche Verfassung auch die Tugendhaftigkeit ihrer Mitglieder; *virtus* hilft somit, die Freiheit zu bewahren. Es wird vorstellbar, daß Republiken von Bestand sein können als ein sich selbst förderndes und aufrechterhaltendes System, im Gegensatz zu den Vorstellungen von Platon, Aristoteles und Polybios, die den drei positiven Regierungsformen insgesamt nur eine kurze Lebensdauer zuschreiben.

Die Übernahme der Philosophie der italienischen Humanisten erfolgt jenseits der Alpen nicht unkritisch. Gewisse Themen werden kaum oder überhaupt nicht aufgegriffen, andere den Gegebenheiten der monarchisch verfaßten Gesellschaften angepaßt. Daneben werden auch eigene Gedanken entwickelt, die die Ansätze zu einer neuen diskursiven Entwicklung bieten.

Einer der wichtigen Punkte des Dissenses ist die Einstellung zum Krieg. Die aristotelische Vorstellung des »Bürgers in Waffen« spielt in den Schriften des Quattrocento eine große, ja entscheidende Rolle. Für die Freiheit zu kämpfen, gehört zu den normalen Pflichten eines Bürgers, und so wird der Krieg als Fortsetzung der Politik mit anderen Mitteln gesehen. Demgegenüber meinen viele der nichtitalienischen Humanisten – beeinflußt durch die reale gesellschaftliche Situation in ihren Ländern und in der Form der Stoa verpflichtet –, wenn alle Menschen Brüder seien, dann sei jeder Krieg gleichbedeutend mit Brudermord. Erasmus konstatiert, der Krieg sei ein Feind tugendhafter Regierungen, da die Stimme des Rechtes nie im Waffengetümmel gehört werden könne, und wie Thomas Morus hält er fest, daß dabei gerade die übelsten Menschen den größten Anteil an Macht und Reichtum gewännen – genau umgekehrt wie es sein sollte. Ablehnung erfährt auch die auf Augustinus zurückgehende Vorstellung eines »gerechten« Krieges.

[10] Vgl. Machiavelli, Discorsi, I/17 u. I/18, 1977.

Sie wird unter Hinweis auf Paulus abgelehnt, der schreibt, daß es nichts gebe, was Schlechtes überwinde, außer dem Guten. Wahrhafte Christen müßten verstehen, daß kaum ein Frieden existiere, der so ungerecht sei, daß er nicht dem gerechtesten Krieg vorzuziehen sei[11].

Diese andere Einstellung zum Krieg an sich führt auch zu einer Revision der Haltung gegenüber Söldnertruppen. Haben Machiavelli und seine Vorläufer sowie seine Nachfahren das Anwerben von Söldnertruppen als höchst gefährlich kritisiert, so betont Thomas Morus (1478–1535) im Gegensatz dazu, die Utopier verwürfen den Krieg und verabscheuten ihn als eine reine Raubtiermethode: »Ein blutiger Sieg ist ihnen nicht nur zuwider, sie schämen sich auch seiner, in der Überlegung, es sei eine Dummheit, eine noch so wertvolle Ware allzu teuer zu kaufen. Sind aber die Feinde durch List und Täuschung geschlagen, sind sie überrumpelt worden, so rühmen sie sich über die Maßen, veranstalten deswegen offiziell einen Triumph und errichten ein Denkmal wie für eine große Tat...« Ist aber ein Krieg unvermeidlich und erklärt, so versuchen die Utopier zuerst durch das Versprechen gewaltiger Belohnungen, die feindlichen Fürsten umbringen zu lassen oder Zwietracht zwischen den Führern der Feinde zu säen. Führen aber auch all diese Maßnahmen nicht zum Ziele, so werben sie Söldner an, »denn sie tun ... alles, um nicht selber sich schlagen zu müssen, solange sie hoffen können, daß an ihrer Stelle die Soldtruppen mit dem Krieg fertig werden.«[12]

Erst wenn all dies nichts nützt, werfen sich die Utopier wohlüberlegt und mit voller Kraft in das Schlachtgetümmel. In der ›Utopia‹ führt Morus weiter aus: »Würde es sich herausstellen, daß ... Gerissenheit, besser gesagt ... Betrügerei und Hinterlist in einem privaten Kontrakt am Werke war, so würden die gleichen Leute in heller Entrüstung laut von Gotteslästerung und todeswürdigem Verbrechen reden, die sich rühmen, wenn sie einem Fürsten zu Gleichem geraten haben. So kommt es, daß alle Redlichkeit nur als plebejische und mindere Tugend gilt, die weit unter dem Niveau eines Königs bleibt.«[13] Dies ist aber abzulehnen, denn eine verwerfliche Politik wird nicht dadurch besser, wenn man mit ihr etwas Gutes erreichen kann, sie bleibt

[11] Vgl. Morus, Utopia, 1981, S. 142.
[12] Morus, Utopia, 1981, S. 145 u. 151.
[13] Ebd., S. 140f.

ein Verstoß gegen die Gerechtigkeit. Eine gute Regierung hat aber stets zur Aufgabe, die Gerechtigkeit aufrecht zu erhalten.

Aus der nämlichen Tradition kommend, stellt sich Erasmus (1469–1536) im ›Christlichen Fürsten‹ die gleiche Frage, die sich Machiavelli im ›Principe‹ stellt. Was soll getan werden, wenn ein Reich nur unter Verletzung der Gerechtigkeit, unter Verlust von Menschenleben und unter Beeinträchtigung religiöser Prinzipien überleben kann? Für Erasmus ist die Antwort klar: Die wesentliche Aufgabe der Regierung besteht in der Aufrechterhaltung der Gerechtigkeit innerhalb eines Volkskörpers. Demgegenüber meint Machiavelli, die entscheidende Frage sei vielmehr, wie man einen Volkskörper, eine Gemeinschaft am Leben erhalten könne. Alle Mittel, die dazu dienten, seien zulässig. Anstelle der Frage nach dem »Was« wird hier nur mehr die Frage nach dem »Wie« gestellt.

Nach dem Bekanntwerden der Arbeiten Machiavellis setzt eine wahre Flut von kritischen Auseinandersetzungen mit dem Werk des Florentiners ein. Seine Maximen werden verworfen, die Gottlosigkeit seiner Überlegungen wird in England, in Spanien und in Frankreich verurteilt. Mit dem Anstieg der politischen Auseinandersetzungen im 16. Jahrhundert, mit dem immer stärkeren Abstützen der Politik auf Gewalt und Betrug, wird es für die Humanisten allerdings schwieriger, ihre Ablehnung Machiavellis zu behaupten. Gegen Ende des 16. Jahrhunderts wird eingeräumt, im Interesse einer Aufrechterhaltung der Gemeinschaft könne es durchaus angebracht sein, die Wahrung des Rechts und der politischen Tugend hintanzustellen. Bereits um 1550 verteidigt der englische Lordkanzler Stephen Gardiner ohne Vorbehalt die Machiavellische Position[14].

Üblicherweise akzeptieren die Humanisten das Staatsinteresse als simplen Zwang der Notwendigkeit und suchen, indem sie die Notwendigkeit selber als Tugend erachten, sich darüber hinwegzutäuschen, daß die Vorstellung der alten Tugenden keinen Platz mehr findet. Erscheint diese besondere Hervorhebung des Zusammenhangs zwischen Tugend und Bedeutung eines Gemeinwesens wohl neu in der politischen Theorie, so reicht doch die Wurzel dieser Überlegung in das 13. Jahrhundert (Rhetoriker) zurück: Gesundheit und Wohlstand eines Volkskörpers hängen weniger von der Perfektionierung der Institutionen als von der Entwicklung und Förderung der Tugen-

[14] Vgl. Pocock, Machiavellian moment, 1975, S. 333ff.

den ihrer Bürger ab. Der Wert eines Bürgers kann nicht an seinem Reichtum, an der Länge seiner Ahnenreihe gemessen werden, sondern nur an seiner Fähigkeit, Begabungen zu entwickeln und seine Energie in den Dienst der Gemeinschaft zu stellen. Einziger Maßstab der Nobilität – und hier kann man auf Dante verweisen – ist demnach die Tugend.

Unzweifelhaft in der Tradition der italienischen Humanisten stehend hat Machiavelli in seinem ›Principe‹ die wesentlichen Schlußfolgerungen dieser Tradition in Frage gestellt: Politische Vernunft verlangt den Schein der Tugend, steht aber durchaus gelegentlich im Widerspruch zu den tradierten Tugendvorstellungen. Dieser Widerspruch – von unzähligen Antimachiavellisten angegriffen und als teuflisches Machwerk verurteilt – läßt selbst die Vorstellung einer auch nur kurzfristigen und sehr weit gefaßten Harmonie als Utopie erscheinen[15].

Obwohl selbst ebenfalls in der Tradition der Humanisten stehend, übt aber Thomas Morus die in ihrer gesellschaftlich-politischen Aussage wohl radikalste Kritik an den Grundlagen dieses Denkens. Morus führt die wahre Nobilität auf die Tugend zurück. Mit besonderer Schärfe geißelt er die Annahme, Nobilität läge in Abstammung und Vermögen; dies führe dazu, daß sich Menschen einfach deswegen für nobel erachteten, weil sie das Glück hätten, Vorfahren zu haben, die es in ihrem Leben zu Reichtum an Grund und Boden gebracht hätten. Dieser seltsame Wahn brächte es mit sich, daß die angeblich Edlen mit nahezu göttlichen Ehren behandelt würden; man begrüße sie barhäuptig und mit gebeugtem Knie. Die Radikalität seiner Aussage wird bei Morus nicht gemindert, wenn er anführt, im großen und ganzen würden dennoch die Tugenden von den Mitgliedern der herrschenden Schicht hochgehalten und gepflegt. Eine tugendhafte Gemeinschaft kann seiner Meinung nach daher nicht auf Ordnung gegründet sein, wie es die anderen Humanisten unterstellen. Will man wirklich eine tugendhafte Gemeinschaft errichten, dann muß man darauf verzichten, den derzeitigen Adel mit edel gleichzusetzen. Die tradierten Rangordnungen sind vielmehr abzuschaffen, damit nur Männer von wahrer Tugend mit Ehrerbietung behandelt werden. Obwohl ihm bewußt ist, daß dieser Vorschlag von allen, auch von den traditionsgebundenen, unteren Volksschichten radikal abgelehnt wird, wiederholt er unverdrossen, der einzige Weg zu

[15] Vgl. Skinner, Foundations, I, 1978, S. 131ff.

allgemeiner Wohlfahrt bestünde in der Abschaffung elitärer Rangordnungen in allen ihren Formen und in der Herstellung einer Gleichheit der Menschen.

Eine hierarchisch geordnete Gesellschaft kann niemals eine tugendhafte Gemeinschaft werden, denn in einer solchen Gesellschaft ist es unvermeidlich, daß die verdorbensten Elemente in Politik und Wirtschaft die Oberhand gewinnen. Jene Eigenschaften, die in einer hierarchischen Gesellschaft zum Erfolg führen, werden von Morus verachtet: »Denn wo bleibt die Gerechtigkeit, wo es folgendermaßen steht? Ein Adliger, ein Goldschmied, ein Wucherer oder sonst einer von denen, die entweder nichts tun oder doch nichts für das Gemeinwesen Nötiges, lebt herrlich und in Freuden bei seiner Untätigkeit oder unnützen Tätigkeit; der Knecht aber, der Fuhrmann, der Bauarbeiter, der Bauer, die eine so schwere und so andauernde Arbeit leisten, wie sie kaum ein Zugtier aushält, und eine so notwendige, daß ohne sie kein Staat auch nur ein Jahr lang bestehen könnte, die haben nur kümmerlich zu essen und führen ein so jämmerliches Leben, daß das Los der Arbeitstiere viel besser scheinen möchte ... Ich heiße das ein ungerechtes und undankbares Gemeinwesen, das an sogenannte Edelleute, an Goldschmiede und andere derartige Nichtstuer oder bloße Schmeichler und Handlanger eitler Vergnügungen solche Geschenke verschwendet, für Bauern aber, für Kohlenbrenner, Knechte, Fuhrleute und Bauarbeiter, ohne die es gar kein Gemeinwesen gäbe, keinerlei freundliche Vorsorge trifft, sondern die Arbeitskraft ihrer besten Jahre ausnützt, dann aber, wenn sie alt und krank sind und völlig mittellos, kein Gedächtnis mehr hat für so viele und so wichtige Dienste, und in schnödem Undank ihnen dafür nichts bietet als den Tod im Elend. (Und dies ist nicht ein privates Laster, sondern eine öffentliche Regelung, Ausdruck gesellschaftlichen Interesses). Und selbst vom Taglohn der Armen zwacken die Reichen täglich noch etwas ab, nicht nur durch private betrügerische Manipulationen, sondern auch aufgrund staatlicher Gesetze.«[16]

Noch aus einem anderen Grund verlangt Morus die Abschaffung der Ränge: Wenn Rangordnungen aufrechterhalten werden, kann keine tugendhafte Gesellschaft begründet werden, denn durch diese Differenzierung ermuntert und fördert man Sünde, Herrschsucht und Stolz. Es ist die Herrschsucht, die das

[16] Morus, Utopia, 1981, S. 177f.

Wesen der Gesellschaft ausmacht, denn sonst hätte sich die ganze Welt schon zu den Gesetzen der Utopier bekehrt, wenn eben nicht »ein einziges Untier, das Haupt und die Mutter alles Verderbens, die Herrschsucht, sich grimmig dawider sträubte.... Diese Schlange aus der Hölle, die allenthalben in die Brust der Menschen schlüpft, saugt sich, wie der Saugfisch es mit den Schiffen treibt, an ihnen fest und hindert sie, den besseren Kurs einzuschlagen«[17].

Mit Machiavelli tritt die Idee des »Herstellens« in den Vordergrund; es geht nicht mehr um das »Überlisten der Natur« und um das »Vertrauen in die Vorsehung«, sondern um die Herstellung oder Rekonstruktion der gewünschten Wirklichkeit. An die Stelle der auf den Menschen bezogenen göttlichen Vorsehung rückt Fortuna; diese wird jedoch nicht länger als schicksalshaft empfunden, sondern als gestaltbar aufgefaßt. Damit tritt der Mensch in eine neue Position gegenüber der Natur ein; sie wird als reines »Objekt« gesehen, und der Mensch muß sich mit Gewalt, weil er sich nicht mehr in die Natur eingebunden sieht, das aneignen, was ihm die Natur vorenthält: »Denn Fortuna ist ein Weib; um es unterzukriegen, muß man es schlagen und stoßen.«[18]

Die Gefahr für die Gemeinschaft, die in der Verfolgung von Privatinteressen gesehen wird, schlägt sich in den Ratschlägen an die Fürsten nieder. Wer im Interesse seines eigenen Vorteils und nicht des Gemeinwohls regiert, kann nach Meinung des Erasmus nicht als ein wahrer Fürst angesehen werden, sondern lediglich als ein Räuber und Tyrann. Die Vernachlässigung des öffentlichen Wohls wirkt damit kontraproduktiv, sie führt zu Aufruhr und Unruhen, die wiederum in Auflösung und Untergang des Gemeinwesens münden.

Thomas Morus (und mit ihm die Mehrzahl der englischen Humanisten) versucht, diese generelle Klage auf ihren sozioökonomischen Hintergrund zu projizieren; dieses »aufdämmernde Bewußtwerden sozialer Prozesse« (Adam Ferguson) läßt zwei soziale Gruppen in ihrer erbarmungslosen Verfolgung partikulärer Interessen als Feinde des Gemeinwohls erscheinen: »Da gibt es nun eine Unzahl Edelleute, die faulenzend wie die Drohnen von der Arbeit anderer leben, indem sie die Pächter auf ihren Gütern um der Steigerung ihrer Einkünfte willen bis

[17] Ebd., S. 181.
[18] Machiavelli, Fürst, 1978, S. 106.

aufs lebendige Fleisch schinden ... Sonst sind sie bereit, den letzten Heller zum Fenster hinauszuwerfen, und dann schleifen sie erst noch einen dicken Schwarm ebenfalls faulenzender Gefolgsleute mit sich herum, die nie etwas Rechtes gelernt haben, womit sie ihr Brot verdienen könnten. Sobald aber ihr Herr tot ist oder sie krank werden, wirft man sie auf der Stelle hinaus.«[19]

Dies gilt vor allem für jene Grundbesitzer, darunter »vornehme adlige Herrn, ja auch so heilige Männer wie Äbte«, die aus Profitgier im Rahmen der Einhegungen »Schafe zu Menschenfressern« werden lassen[20]. Eine zweite Gruppe, die Ärgernis erregt, sind die Kaufleute und andere *nouveaux riches,* denn sie zerstören die von Gott gewollte Rangordnung, die jedes Gemeinwesen auszeichnet. Sie verwenden ihre Reichtümer dazu, in höhere Positionen, als ihnen zustehen, vorzudringen. Sie zerbrechen über ihre Verlegertätigkeit das traditionelle Berufsgefüge, weil sie andere für sich arbeiten lassen; sie sind habgierige Menschen, die nie ruhig und zufrieden sein können.

Der zentrale Aspekt ist auch für die humanistischen Ratgeber der Fürsten die Ausbildung und Entwicklung der Tugend. Für sie ist Tugend lern- und lehrbar[21], und nur eine gute Erziehung bewirkt eine gute Regierung. Die große Bedeutung, die der Ausbildung beigemessen wird, findet in zahlreichen pädagogischen Schriften einen Niederschlag, denn für Erasmus sind Menschen primär ein Produkt ihrer Erziehung. In eigenen *Curricula* wird die Grundlage dafür gelegt, daß künftig humanistische Studien als eine unabdingbare Voraussetzung für ein öffentliches Amt angesehen werden; damit wird aber auch die traditionelle ständische Differenzierung der Ausbildung aufgehoben. Neben den drei christlichen Haupttugenden Glaube, Liebe und Hoffnung soll ein verehrungswürdiger Fürst auch über die antiken Tugenden *pax, fortitudo, prudentia, concordia, magnaminitas, temperantia* und *iustitia* verfügen. Im Unterschied zu ihren italienischen Vorgängern wird besonderes Ge-

[19] Morus, Utopia, 1981, S. 27.

[20] Ebd., S. 30f.

[21] Antonio Averlino (ca. 1400–1469), der den griechischen Beinamen Filarete (Freund der Tugend) annimmt, entwirft für den Mailänder Herzog Francesco Sforza um 1457 die Idealstadt »Sforzinda« nach dem Vorbild des vitruvianischen Zirkels. Darin findet sich an zentraler Stelle das »Haus des Lasters und der Tugend«, ein ringförmiger, zehnstöckiger Bau, gekrönt von der Statue der *virtù*, ein Disziplinierungsinstitut in Vorwegnahme des *Panopticon,* das nach den Intentionen des Erbauers zur sittlichen Vervollkommnung der Insassen beitragen soll. Rosenau, Ideal city, 1983, S. 46.

wicht auf die Frömmigkeit gelegt, die für einen Fürsten als unabdingbar betrachtet wird. Die Hervorhebung der Tugenden wird verständlich, berücksichtigt man die erfolgte Gleichsetzung von Tugend und Religiosität. Dazu wiederum Thomas Morus in seiner ›Utopia‹: »Obwohl die Utopier nie etwas von der christlichen Heilslehre gehört haben, sind ihre Institutionen nicht nur äußerst weise, sondern auch ebenso heilig, denn Heiligkeit besteht in einem tugendhaften Leben. Die Heiden Utopias realisieren dies vielleicht besser, als die nominellen Christen, für die der Glaube ... darin besteht, die Sakramente zu akzeptieren, die Grundprinzipien des Glaubens zu kennen und damit argumentieren zu können.«[22]

Nur wenn die Tugenden befolgt werden, können die zwei wichtigsten Ziele einer Gemeinschaft realisiert werden: Die Oberschicht kann für ihre höchsten Ziele leben, nämlich Ruhm, Rang und Ehre gewinnen und im Gedächtnis der Nachwelt weiterleben; dem Volkskörper gelingt es, zu überleben, ja gut zu leben. Nur selten klingt dabei in den monarchisch verfaßten Gesellschaften die Vorstellung der Freiheit an; der Zweck aller Gesetze, aller Herrschaft sind vielmehr Friede, Ruhe und Eintracht der Bürger. Tugend, sowohl als Schlüssel einer guten Regierung als auch als zentrale Regelung hierarchisch geordneter Gesellschaft gesehen, verlangt konsequenterweise, daß Menschen von höchster Tugend das Gemeinwesen regieren und verwalten. Wiederum wird wahre Nobilität auf Tugend begründet und nicht auf Reichtum oder Abstammung zurückgeführt. Wie versöhnt man jedoch diese im Diskurs entwickelte Notwendigkeit mit der Realität einer geburtsständischen herrschenden Klasse? In welcher eleganten Formulierung auch immer – und darauf verstehen sich die nördlichen Humanisten –, die Erklärung läuft darauf hinaus, daß sich edles Verhalten eben zumeist bei Adeligen und Edlen findet. Daraus resultiert, unter Vermeidung einer Diskussion der vorgegebenen oder möglichen gesellschaftlichen Institutionen, daß es gesellschaftlich gesehen am besten sei, alles beim alten zu lassen, gesellschaftliche Differenzierung zu bewahren und sie nicht etwa verändern zu suchen. Die Bewahrung der Ordnung verlangt die Aufrechterhaltung der Rangordnung. Nimmt man den Dingen die Ordnung, so muß dies zu einem andauernden Konflikt, zu einem unkontrol-

[22] Morus, Utopia, 1981, S. 156f.

lierbaren Chaos führen[23]. Bei Machiavelli wird der Konflikt hingegen zum Bewegungsmoment der Entwicklung.

Das Interesse am Fürsten, die neue Bedeutung, die ihm zuerkannt wird, führt allerdings zu einer anderen Betonung und zu einem anderen Inhalt von *virtus*. Die Tugendvorstellung erlebt eine Zweiteilung: Fürstentugend ist eine, Bürgertugend eine andere Sache. Dem Fürsten als Garant des Staatswesens wird eine kreative Qualität zugeschrieben, den Bürgern eine passive, wohlwollende, gehorsame. In der Erklärung des Wortes *virtus* greift man je nach Bedarf auf eine Reihe heroischer Eigenschaften zurück; bei der Auflistung persönlicher Eigenschaften werden die antiken Tugenden ebenso gefordert wie die christlichen Kardinaltugenden.

Was jedoch Machiavelli von seinen Zeitgenossen abhebt, ist sein unerschütterliches Vertrauen in die negative Natur des Menschen. Daher verweist er auch am Beginn seiner ›Discorsi‹ darauf, der Neid sei der menschlichen Natur immanent, und an anderer Stelle führt er aus, »daß der, welcher einem Staatswesen Verfassung und Gesetze gibt, davon ausgehen muß, daß alle Menschen schlecht sind und daß sie stets ihren bösen Neigungen folgen, sobald sie Gelegenheit dazu haben«[24].

Der bedeutendste politische Denker der Renaissance befindet sich durchaus im Einklang mit seinen Zeitgenossen, abgesehen von einer sehr starken Heraushebung der Rolle der Gewalt und damit des Militärwesens. Im Gegensatz zu der üblichen Betonung von Ruhe, Frieden und Eintracht als Grundlagen der Republiken, gewinnt Machiavelli anhand der römischen Geschichte allerdings eine andere Vorstellung: »Die Mischung der Regierungsformen führte zu einem vollkommenen Staatswesen; diese Vollkommenheit entsprang aus der Uneinigkeit des Volks und des Senats ...«[25] Er geht in seinem Konfliktmodell sogar so weit zu sagen, alle für die Freiheit vorteilhaften Gesetze seien erst durch den Zusammenstoß der »Klassen« entstanden. Damit verliert der Konflikt seinen auflösenden, ruinösen Charakter und wird zum Bindemittel des Gemeinwesens, eines Staates.

Es ist naheliegend, daß Machiavellis Vorstellung von *virtù* mit der Tugendvorstellung des Aristoteles und des Christentums nicht vereinbar ist, denn sobald *virtus* das Interesse des

[23] Vgl. Skinner, Foundations, I, 1978, S. 238ff.
[24] Machiavelli, Discorsi, I/3, 1977, S. 17.
[25] Ebd., I/2, S. 17.

Staates als oberstes Ziel hat, sind *virtus* und Tugend nicht mehr kompatibel. Christliche Werte sind eben nicht für die Bewertung politischer Gemeinschaften geeignet und entwickelt worden, und gute Folgen rechtfertigen nach Machiavelli jede Aktion. Sichtbar wird darin ein Ziel-Mittel-Denken, wobei nur dem Ziel Wertkategorien unterlegt werden, den Mitteln hingegen quasi technische Wertfreiheit zukommt. Die allgegenwärtige Angst vor der gewaltsamen Auseinandersetzung, der Versuch, den Konflikt zu vermeiden, wird obsolet, sobald man den Konflikt positiv, als aktivierendes und erneuerndes Element sieht.

Die positive Besetzung des Konfliktes sowohl in der Vorstellung der Ordnung und Sicherheit als auch die Berücksichtigung des Konfliktes in der Technizität des Rechts eröffnet die Möglichkeit, Ordnung und Sicherheit mit Freiheit, Expansion und Wohlstand zu verknüpfen. Dabei wird es allerdings notwendig, daß die Menschen sich gegenseitig als Träger von subjektiven Rechten (insbesondere des Eigentumsrechts) anerkennen. Indem Menschen Verträge schließen, können Konflikte mittels des Rechts gelöst werden; indem miteinander konkurrierende Menschen ihren persönlichen Vorteil verfolgen (Besitzakkumulation, Vermögensvermehrung), vergrößern sich auch der Wohlstand der Gemeinschaft und die Freiräume des Einzelnen. Die Regelungen, welche die Beziehungen zwischen diesen einzelnen autonomen Individuen gestalten, sind dabei rein verfahrensmäßiger und nicht mehr tugendhafter Art; Tugend wird zur »Moral« und damit ausschließlich als dem privaten, individuellen Verhalten zugehörig betrachtet und gilt nicht länger als eine den einzelnen Menschen der Gemeinschaft verpflichtende Kategorie.

Die Position Machiavellis unterscheidet sich also von der seiner Zeitgenossen in der Bedeutung, die *virtù* für das politische Leben einnimmt. Man kennt dafür zwei Vorstellungen: Einerseits gilt *virtù* als Qualität zur Erreichung der ausgezeichneten und edlen Ziele des Fürsten, andererseits versteht man unter *virtù* auch den Besitz, in den alle anderen Tugenden eingeschlossen sind. Unisono ergeht daher der politische Rat der Humanisten an den Fürsten: Um den Staat zu halten und um Ruhm, Rang und Ehre zu erwerben und zu mehren, sind alle christlichen und moralischen Tugenden zu fördern. Machiavelli teilt zwar die Zielvorstellung, verwirft aber mit Vehemenz die Mittel, nämlich die Ansicht, diese Ziele seien mit Tugend zu erreichen. Was Machiavelli hier angreift, sind aber nicht die christlichen und antiken Tugenden an sich, das ist vielmehr die Unterstellung, daß mittels Tugenden, so erstrebenswert sie auch sein mögen, politische Ziele zu erreichen oder zu realisieren sind. Der Fürst muß vielmehr ein »großer Lügner und Täuscher« sein, um Vorteil daraus zu ziehen, »daß der, der betrügen will, immer einen findet, der sich betrügen läßt«[26]. Der Fürst muß nicht notwendigerweise alle jene im Kanon der Tugenden angeführten guten Eigenschaften haben, aber er soll zumindest so erscheinen, als ob er sie hätte: »Ein Mensch, der immer nur das Gute möchte, wird zwangsläufig zugrunde gehen inmitten von so vielen Menschen, die nicht gut sind.«[27] Konsequenterweise demoliert Machiavelli daher in den Kapiteln 16 bis 18 des ›Principe‹ die traditionellen fürstlichen Tugenden Großzügigkeit, Mitgefühl und Treue.

Damit beginnt die Entwicklung einer neuen normativen Vorstellung menschlichen Verhaltens. Machiavelli verallgemeinert seine Erfahrungen und seine Beobachtungen der Menschen und resümiert, »daß sie undankbar, wankelmütig, verlogen, heuchlerisch, ängstlich und raffgierig sind«[28]. Für Machiavelli bedeutet somit *virtù* nicht mehr den Besitz der Tugend, vielmehr wird *virtù* zu einer Menge beliebiger Eigenschaften, die der Fürst erwirbt, um den Staat zu bewahren. Im Fürsten ist das *zoon politikon* aufgelöst; Tugend wird somit zu einer reinen Herrschaftstechnik umgedeutet, die permanent angewandt werden muß, um Sicherheit zu geben. In diesem andauernden Bestreben bricht das durch, was Machiavelli auch in den ›Discorsi‹ postuliert: die Fürsten können nur bestehen, wenn ihre Bürger in Verfolgung »tugendhaften« Lebens eine Expansion betreiben. Die Parallelität zur Akkumulation, hier noch ausgedrückt in der Vermehrung von Ruhm, ist dabei nicht zu übersehen. Von hier erstreckt sich ein diskursiver Bogen bis hin zu Adam Smith, dessen Vorstellungen von Sicherheit und Ordnung einerseits und Freiheit und Expansion andererseits – beides verwirklicht im Handel – ebenfalls auf bestimmten, hier erstmals angedeuteten individuellen moralischen Prinzipien fußen[29].

[26] Machiavelli, Fürst, 1978, S. 73.
[27] Ebd., S. 63.
[28] Ebd., S. 68f.
[29] Vgl. die 1759 erschienene ›Theory of moral sentiments‹.

Zweiter Teil
Der Staat als »Super-Oikos« und Gewaltinstanz

VI. Staat und Kapitalismus

Die Säkularisierung der Religion, die Auflösung der tradierten Gemeinschaftsbeziehungen und die »Individualisierung« der Gesellschaft zerstören die alte Ordnung und damit die Sicherheit für den einzelnen Menschen, der sich nun auf sich selbst gestellt sieht. Die »neue Ordnung« ist ein »rationales« Konstrukt; abgeleitet aus der »Natur« des Menschen, wird die Notwendigkeit des »Leviathan«, die Monopolisierung der Gewalt durch den Fürsten(staat) statuiert.

Die Durchsetzung eines fürstlichen »Super-Oikos«[1] und die sich darin manifestierende Macht schaffen die Voraussetzungen für die Entstehung des modernen Territorialstaates. Der Hof des Fürsten wird zur Verkörperung der neuen Zentralgewalt. Die Ausbildung einer bürokratisch organisierten Infrastruktur, die Monopolisierung der Gewalt und die Durchsetzung der allgemeinen Steuerpflicht bilden die nötigen Rahmenbedingungen.

Der Zentralstaat, der aus dem Prinzip des herrschaftlich organisierten *oikos* abgeleitet wird, ist in seiner Politik gegen die traditionale, ständisch gegliederte Gesellschaft gerichtet. Der Absolutismus und die »politische Ökonomie« wirken auflösend und individualisierend auf die alte Ordnung. Der Zentralstaat geht dabei, nachdem er selbst die Durchsetzung von Marktbeziehungen initiierte, mit dem sich ausformenden Kapitalismus eine Symbiose ein. Die »stumme« Herrschaft des Geldes setzt sich mit den länger werdenden Handlungsketten generell durch; das tauschende Individuum wird zum Ausgangspunkt der Erzeugung von Reichtum und zum Lebensnerv des Staates, der sich nicht zuletzt als »Steuerstaat« versteht.

Der Handel wird neu als friedenstiftende und zivilisatorische Tätigkeit interpretiert. Es entstehen im Diskurs neue Denkfiguren, welche die Ausprägung der politischen Ökonomie als Wissenschaft zur Folge haben.

[1] Etymologisch passender wäre wohl »Hyper-Oikos«; um jedoch die gemeinsame griechisch-römische Tradition zu betonen, folgen wir einem Brauch der früheren Humanisten und bilden ein aus griechischer und lateinischer Wurzel stammendes Kunstwort. Die lateinische Wurzel soll die Analogie zum zentralistischen römischen Territorialstaat der Antike betonen.

Die politischen Verhältnisse der traditionalen ständischen Gesellschaft sind, wie schon aus der Entstehung des Feudalismus ersichtlich, durch permanente Kämpfe und Auseinandersetzungen zwischen Adel, Kirche und Landesherren um Anteile an der Herrschaft über Land und Leute, um Macht und Ertrag des Landes sowie um Prestige und Ruhm gekennzeichnet. Fehden, Bündnis-, Erb- und Heiratspolitik dienen vor allem der Verbreiterung und Sicherung der ökonomischen und damit auch der politischen Machtbasis.

Im Laufe des 12. und 13. Jahrhunderts nimmt, mit dem Aufstieg der Städte und des Handelskapitals, als neue politisch und ökonomisch relevante Gruppe das Bürgertum immer stärker an diesem Kräftespiel teil; es wird in diesen Auseinandersetzungen nicht selten zum Zünglein an der Waage, vor allem weil es sich zur Durchsetzung seiner Anliegen in der Regel auf die Seite der Landesherren schlägt und von diesen besonders gefördert wird. Obwohl daneben sicherlich auch bedeutende gesellschaftliche Antagonismen bestehen, scheint uns der Gegensatz zwischen fürstlichem Machtanspruch und ständischen partikularen Interessen der Kern des Konflikts zu sein, dessen Ausgang die Form des modernen europäischen Territorialstaates entscheidet. Demgegenüber haben andere Autoren, wie etwa Karl Marx und Friedrich Engels, die den Klassenantagonismus zum Angelpunkt ihrer Theorie gemacht haben, den historischen Charakter des Absolutismus im Gleichgewicht zwischen dem alten feudalen Adel und der neuen Stadtbourgeoisie gesehen, also als einen patt-ähnlichen Zustand zwischen zwei sich gegenüberstehenden Klassen interpretiert: »Ausnahmsweise indes kommen Perioden vor, wo die kämpfenden Klassen einander so nahe das Gleichgewicht halten, daß die Staatsgewalt als scheinbare Vermittlerin momentan eine gewisse Selbständigkeit gegenüber beiden erhält. So die absolute Monarchie des 17. und 18. Jahrhunderts, die Adel und Bürgertum gegeneinander balanciert ...«[1]

Dieses Bild des ständigen Kampfes mit wechselnden Koalitionen und Stärkeverhältnissen ist zwar in den einzelnen Ländern

[1] MEW 21, S. 167; vgl. auch Anderson, Absolutistischer Staat, 1979, S. 17; vgl. dazu allgemein Service, Ursprünge des Staates, 1978; Eder, Entstehung, 1976.

durchaus unterschiedlich, der Ausgang dieser Kämpfe aber immer der gleiche. In allen größeren Territorien des europäischen Kontinents, aber auch in England, sammelt sich die Macht in der Hand des Fürsten, dem die Stände nicht gewachsen sind. Die »Autarkie der vielen« wird Schritt für Schritt ersetzt: in Frankreich, England, Spanien, Schweden und den habsburgischen Ländern durch die Königsmacht, in Italien und Deutschland durch kleinere Territorialherren, Duodezfürsten und Oligarchien der Stadtstaaten.

Dabei sollte man die Bedeutung der Akteure auf der weltgeschichtlichen Bühne nicht übersehen: in Frankreich etwa die Könige von Philipp August bis Franz I. und Heinrich IV., in Brandenburg Kurfürst Friedrich Wilhelm und im habsburgischen Machtbereich die Herrscher von Maximilian I., Karl V. und Ferdinand I. bis hin zu Maria Theresia, welche die auf ihre Eigenrechte bedachten Landstände zurückdrängen, oder die Medici in Florenz, welche die anderen Patriziergeschlechter entmachten, und die Tudors in England, die Adel und Parlament beherrschen. Dabei werden den Fürsten diese Auseinandersetzungen durch die in der Reformationszeit ausbrechenden Glaubenskämpfe mitunter erleichtert, indem sie widerspenstige Adelige als »Ketzer« (in England die »Papisten«, anderswo die Protestanten) diskriminieren und verfolgen können. Jedoch, abgesehen von der Bedeutung einzelner historischer Persönlichkeiten: Was in dieser Veränderung der Herrschaftsstruktur zum Ausdruck kommt, ist im Grunde eine Veränderung der abendländischen Gesellschaftsstruktur im ganzen. Es gewinnt nämlich nicht nur ein bestimmter König an Macht, sondern offenbar wird der gesellschaftlichen Institution des Herrschers mit der Ausprägung des fürstlichen Gewaltmonopols neues Gewicht innerhalb einer allmählich sich umformenden Gesellschaft beigemessen. Der Hof des Herrschers[2] erhält dadurch eine neue Bedeutung, er verkörpert die neue Zentralgewalt und wird zum Mittelpunkt einer neuen Integrationsform der Menschen[3]. Die Entstehung und Entwicklung des modernen Staates sind identisch mit der Erlangung und Behauptung des Gewaltmonopols, mit der Zentralisation der finanziellen Mittel und der Administration sowie mit der Konzentration der militärischen Macht in der Hand des Fürsten. Norbert Elias hat diesen

[2] Vgl. allgemein Mozzarelli/Olmi, Il corte nella cultura, 1983.
[3] Vgl. Elias, Höfische Gesellschaft, 1969.

Prozeß anschaulich beschrieben: »Aus den Konkurrenz- und Ausscheidungskämpfen kleinerer Herrschaftseinheiten, den Territorialherrschaften, die sich selbst in den Ausscheidungskämpfen noch kleinerer Einheiten herausbilden, gehen langsam einige wenige und schließlich eine der kämpfenden Einheiten als Sieger hervor. Der Sieger bildet das Integrationszentrum einer größeren Herrschaftseinheit; er bildet die Monopolzentrale einer Staatsorganisation ...«[4]

Die neue staatliche Souveränität beruht letztlich auf einem Differenzierungsprozeß, auf einer »Herauslösung des Staates als eines Individuums aus der Gebundenheit alter Gemeinschaftsverhältnisse«[5]. Wie schon Fichte argumentierte: »So haben die modernen Staaten sich gebildet; nicht wie man in der Rechtslehre die Entstehung eines Staates zu beschreiben pflegt, durch Sammlung und Vereinigung unverbundener einzelner unter die Einheit des Gesetzes, sondern vielmehr durch Trennung und Zerteilung einer einigen großen, jedoch nur schwach verbundenen Menschenmasse. Die einzelnen Staaten des christlichen Europa sind solche losgerissene, ihrer Ausdehnung nach größtenteils durch das Ohngefähr bestimmte Stücke des ehemaligen Ganzen.«[6]

Letzten Endes liegt aber auch bei dem Differenzierungsprozeß jener umfassende Vorgang zugrunde, den wir als konstitutiv für die Ausformung der neuzeitlichen Gesellschaft, Ökonomie und Wissenschaft ansehen: die Aufspaltung eines nicht beherrschbaren[7] Ganzen in seine Komponenten und deren neue

[4] Elias, Prozeß der Zivilisation, II, 1977, S. 435. Die englische Ausgangssituation ist aufgrund der Neuorganisation nach der normannischen Invasion von 1066 dadurch gekennzeichnet, daß die Königsmacht sich nicht erst aufgrund von Ausscheidungskämpfen gegenüber anderen Territorialherren durchsetzen muß. Der König als Garant des Rechtssystems setzt eine sehr frühe Strukturierung in Richtung Zentralstaat in Gang, die auch in den künftigen Auseinandersetzungen nicht mehr angetastet wird. Es geht in der Folge letztlich nur mehr darum, wer die so etablierte Struktur benützt.

[5] Hintze, Moderner Staat, 1962, S. 470ff.

[6] Fichte, Handelsstaat, 1800, S. 140.

[7] Die Frage nach der Beherrschbarkeit dieses Ganzen konnte aus traditional-christlicher Sicht nicht aufgeworfen werden, denn Gott, der Allmächtige, war sowohl das Zentrum des *corpus Christi mysticum* als auch der *societas christianorum*. Jeglicher Herrschaftsanspruch war daher davon abgeleitet. Erst mit Renaissance, Humanismus, Reformation und Säkularisationsbewegung werden die antiken Begriffe von *fortuna* und *virtus* neu rezipiert. Allerdings liegt nun das Schwergewicht auf letzterem, der selbst unter den widrigsten Umständen (wenn *fortuna* fehlt oder dagegensteht) sich durchsetzen kann. Der Wille unterscheidet den Menschen vom Tier, im Gegensatz zu früher, wo nach Aristoteles und

Zusammenfassung durch einen »außerhalb stehenden« Kopf, den »objektiven« Experimentator, in diesem Fall den absoluten Fürsten. Diesen Ansatz macht kein geringerer als Thomas Hobbes deutlich, indem er sich der beliebten Metapher des Uhrwerks bedient: »Denn so wie bei einer Uhr oder einer ähnlichen so kleinen Maschine die Materie, Gestalt und Bewegung der Räder nicht erkannt werden können, außer man nimmt sie auseinander und betrachtet die Teile; so ist es auch, wie ich meine, nötig, wenn man die Rechte der Staaten und die Pflichten der Untertanen näher untersuchen will, diese zwar nicht auseinanderzunehmen, aber doch so zu betrachten, als wären sie zerlegt[8].«

Nur über ein sehr persönlich gefärbtes, patriarchalisches Verhältnis kann es vorerst gelingen, in den Untertanen das Bewußtsein staatlicher Einheit zu wecken; nur auf diese Weise kann eine ursprünglich ethnisch, sprachlich und kulturell oft sehr heterogene Bevölkerung eines auf mannigfache Weise – durch Heirat, Eroberung oder Erbschaft – zusammengebrachten und lediglich durch das Band der Dynastie verknüpften Territoriums mit dem Bewußtsein der Zusammengehörigkeit erfüllt werden.

Denn, wie hätte jener *pater familias,* der als Herr eines *oikos* durch Auseinandersetzungen mit den Herren anderer *oikoi* zu einem mächtigen Fürsten geworden ist, diese Situation anders erfassen können als durch den Versuch, diese seine Herrschaft ebenfalls in den Formen des »ganzen Hauses« zu sehen und zu organisieren. Diese Organisationsform wird zur Keimzelle eines Super-Oikos, und dessen mittels Gewalt durchgesetzte Dominanz hat zur Voraussetzung eine Armee und muß Abgaben und Leistungen von seinen »Abhängigen« verlangen, also ohne Zustimmung der Stände[9] Steuern erheben können. Es wäre fortan absurd, wie Veit Ludwig von Seckendorff dies etwa noch tut, Steuern noch länger als freiwillige Abgabe zu betrachten. Zunehmende Macht und der Herrschaftsanspruch des Zentralherrn setzen anstelle freiwilliger Kontributionen seitens der

Thomas von Aquin die Seele dies bewirkte. Der normative Charakter des analytischen Reduktionismus ist nur begreiflich, wenn der individualisierte Mensch emotional und intellektuell an die Stelle Gottes tritt.

[8] Hobbes, De cive, II, 1962, S. XIV.

[9] Es wird hier klar, daß der Super-Oikos des fürstlichen Zentralstaates die traditionale »Gemeinde«, wie sie in der Ständeversammlung verkörpert ist, zerstören muß.

Stände (etwa bei Bedrohung durch äußere Feinde) die Steuerpflicht. Der Bereich des ständischen Eigenlebens bleibt dabei aber in manchen Bereichen erhalten; es gibt noch über lange Zeit verschiedene, einander überdeckende Zonen fürstlicher und ständischer Kompetenz. In England wirken etwa Krone und Parlament in der Ausübung der Gewalt zusammen, weil die politischen Interessen zumindest zeitweilig zusammenfallen[10].

Der Weg dorthin ist mit vielen Rückschlägen für den Fürsten verbunden. Auf Verlangen der ständischen Notabeln, die im November 1380 in Paris tagen, wird eine Verordnung erlassen, nach der von nun an und für immer »tous les fonaiges, imposicions, gabelles ... tous aydes, subsides ...«[11] abgeschafft werden sollen. Juvenal des Ursines, Erzbischof von Reims, schreibt z.B. an Karl VII. von Frankreich, als ganz offen Abgaben auf Dauer und ohne vorherige Genehmigung der Stände festgesetzt und erhoben werden: »Wenn Eure Vorgänger einen Krieg vorhatten, dann gehörte es zu den Gepflogenheiten, die drei Stände versammeln zu lassen ... die Leute von der Kirche, die Adeligen und das gemeine Volk ... Ihr selbst habt es immer so gehalten, bis ... Gott und Fortuna – die wandelbar ist – Euch so geholfen haben, daß Ihr Euch darüber erhaben fühltet. Die Aides und anderen Abgaben setzt Ihr an ... wie Abgaben von Euren Domänen ohne die Einwilligung Eurer drei Stände ... Und heute schneidet man die Untertanen nicht nur, man schert ihnen nicht einfach nur die Wolle, sondern die Haut, das Fleisch und das Blut bis auf die Knochen.«[12]

Im Jahr 1535 berichtet der venezianische Gesandte leidenschaftslos, wenn auch mit einem gewissen Staunen: »... Seine Majestät (hat) gewöhnlich Einnahmen von zweieinhalb Millionen ... Ich sage ›gewöhnlich‹, denn, wenn er die Abgaben von seinem Volk erhöht ... soviel Lasten, wie er ihnen auferlegt, soviel zahlen sie ohne Einschränkung ...«[13] Und in einem umfänglichen Bericht über Frankreich schreibt derselbe Gesandte 1546 an den Dogen: »Viele Königreiche ... sind fruchtbarer und reicher als Frankreich ..., aber keines ist so geeignet und gehorsam wie Frankreich.«[14] In Vorwegnahme der Begründung

[10] Vgl. Vierhaus, Absolutismus, 1986, S. 56.
[11] Elias, Prozeß der Zivilisation, II, 1977, S. 292.
[12] Ebd., S. 299f.
[13] Ebd., S. 304.
[14] Ebd.

für den »Leviathan« des absoluten Staates konstatiert der Diplomat: »... Indes haben die Franzosen ... ihre Freiheit und ihren Willen vollkommen dem König übergeben. So genügt es, daß er sagt: Ich will so und so viel ... Die Sache ist schon so weit gegangen, daß heute einer von ihnen, der mehr Geist besitzt als die anderen, gesagt hat: Früher hätten sich ihre Könige *reges Francorum* genannt, heute können sie sich *reges servorum* nennen. So zahlt man dem König nicht nur alles, was er verlangt, sondern alles andere Kapital ist ebenfalls dem Zugriff des Königs offen.«[15]

Die Rechtswissenschaft unternimmt es ihrerseits, dieser Gewaltverschiebung wie immer die nötige Begründung nachzuliefern. Es wird versucht, die Lehre vom »geteilten« (besser: teilbaren) Eigentum, das auf der mittelalterlichen Besitzrechtspyramide aufbaut, die in der deutschen Rechtssprache im Gegenüber von »Eigen« und »Lehen« gefaßt und in das römische Rechtsdenken eingepaßt ist, zu unterlaufen, oder besser gesagt, zu überwältigen. Im Rückgriff auf den schillernden Terminus *dominium* sollen Kaiser, Papst und Princeps nicht nur Oberhoheit an den Gütern ihrer Untertanen haben, sondern diese sollte als das stärkere, übergreifende Eigentumsrecht gedeutet werden: »Der König von Frankreich ist überall in Frankreich zu Hause.« Sehr geschickt macht sich Thomas Hobbes, der prominenteste Vertreter der Staatsrechtslehre im 17. Jahrhundert, die Möglichkeit des *dominium*-Begriffes zunutze: »Denn diejenigen, die einen Herren haben, haben kein Eigentumsrecht. Kraft Verfassung ist aber der Staat der Herrscher der Bürger. Sag mir daher, woher sollte dein Eigentum sonst herkommen, wenn nicht vom Staat?«[16]

Die Person des Fürsten wirkt dabei als unifizierendes Element. Der Fürst als apotheotisch überhöhter *pater familias*, eben daher oft auch als Landesvater (bzw. Landesmutter) bezeichnet, stellt nicht nur den Katalysator für den Staatswerdungsprozeß, sondern geradezu die Verkörperung dieses neuen Staates dar *(»l'état c'est moi«)*. Indem das ältere Prinzip des »ganzen Hauses« und damit auch das der »hausrechtlichen Abhängigkeit« auf das gesamte Staatswesen übertragen wird, so daß sich der einzelne »Untertan« in eine patrimonial bestimmte Verbindung zum Landesherrn versetzt sieht, kann letzterer er-

[15] Ebd., S. 305.
[16] Hobbes, De cive, 1642, zit. in Schwab, Eigentum, 1975, S. 95.

folgreich darangehen, die alten partikularen Gewalten der Ständevertretungen zurückzudrängen und über deren Reste den Leviathan[17] des modernen Staates zu errichten. Das persönlich-dynastische Machtstreben des absolutistischen Fürsten sucht sich im Rahmen des von Armee, Bürokratie und Finanzwesen getragenen modernen Staates zu verwirklichen. In der Ausweitung des fürstlichen Interesses zum allgemeinen Staatsinteresse liegt die Besonderheit der europäischen neuzeitlichen Staatsentwicklung: »Das Staatswohl deckt sich mit dem Wohl des Fürsten, aus dessen Machtvollkommenheit heraus die Idee der Obrigkeit sich entwickelt.«[18] Analog dazu meint Richard van Dülmen: »Aufgrund des Monopolisierungsanspruchs bedurfte der frühmoderne Staat erstmals außer der traditionell religiösen eine rationale Legitimation durch die politische Theorie der Souveränität. Moderne naturrechtliche Begründungen, die u.a. auf dem Boden der Rezeption des römischen Rechts entwickelt wurden, ... waren dabei ebenso relevant wie die traditionelle, durch die Reformation überhöhte Hausvaterideologie, die nun erstmals konsequent ›eingesetzt‹ wurde; d.h. neue abstrakte Beziehungen mußten zu ihrer Durchsetzung noch traditionalistisch-personalistisch vermittelt werden.«[19]

Diese Ableitung des modernen Zentralstaates aus dem Prinzip des herrschaftlich-hierarchisch organisierten »ganzen Hauses« ist für die weitere Entwicklung von größter Bedeutung; indem das gegen exklusive Herrschaftsprivilegien gerichtete Prinzip der genossenschaftlich organisierten »Gemeinde« durch den fürstlichen Absolutismus verdrängt wird, entsteht so die Dichotomie jenes später im Bewußtsein so stark verankerten Auseinandertretens von zentralistischer Staatsgewalt und beherrschten »Untertanen«[20].

Der uns vertraute Begriff »Absolutismus« kommt für diese Regierungsform erst in den 1830er Jahren auf; die Zeitgenossen sprechen in der Regel vom *despotisme légal.* Wenngleich es im sogenannten »aufgeklärten Absolutismus« schließlich zur Ablösung des Staats von der Person des Herrschers kommt und damit auch zu einer veränderten Einstellung des Fürsten zu seinen Untertanen, und sich mit dem Einströmen der Gedanken der Aufklärung und der rationalistischen Staats- und Natur-

[17] Vgl. Hobbes, Leviathan, 1651.
[18] Sombart, Moderner Kapitalismus, I/1, 1919, S. 334.
[19] Van Dülmen, Europäische Gesellschaft, 1981, S. 32f.
[20] Vgl. Blickle, Deutsche Untertanen, 1981.

rechtsphilosophie – verbunden mit einer weitere Kreise der Bevölkerung erfassenden Alphabetisierung – die Ideen der Gleichheit verbreiten, so ändert dies an der staatlichen Bevormundung wenig. Der Wandel vom »Landesvater« zum »ersten Diener des Staates« ist wohl bedeutsam, jedoch sollte man nicht übersehen, daß sich auch »aufgeklärte« Monarchen als alleinige Gesetzgeber betrachten, in ihren Auffassungen noch zu einem wesentlichen Teil vom Bewußtsein des Gottesgnadentums und den daraus fließenden Rechten geleitet sind. Daher ist diese Form der Regierung eher eine »aufgeklärte Despotie« *(despotisme éclaire)*, die sich im Alleinbesitz des Wissens wähnt, was denn das alleinige Wohl der Untertanen sei. Dies ist nicht etwa nur ein Problem mangelnder Kommunikation zwischen Regierenden und der Basis, sondern eine im Prinzipiellen wurzelnde Einstellung: »Alles für das Volk, nichts durch das Volk.«

Zur Vermeidung von Mißverständnissen scheint eine kurze Erörterung des Begriffes »Zentralstaat« angebracht. Der Terminus, wie er hier verwendet wird, subsumiert ausschließlich die spezifisch europäische Erscheinungsform, die (wahrscheinlich) am klarsten in Frankreich zutage getreten ist, und hat nichts mit dem Zentralstaat vom »asiatischen« Typus zu tun[21].

Was unterscheidet nun unseren historisch erstmaligen und einmaligen europäischen Zentralstaat vom asiatischen? Nach Hegel, Marx und in deren Nachfolge Karl A. Wittfogel ist der asiatische Zentralstaat von der Produktionsweise her nicht feudal, sondern steht auf einer gänzlich anderen Entwicklungsstufe, wenn man eine historische Abfolge von Produktionsweisen annimmt. Über dem Volk, das in relativ isolierten und in einigen Bereichen als Kollektiv autonomer Dorfgemeinschaften verstreut lebt (ein Resultat rudimentärer Infrastruktur), herrscht, davon abgehoben, eine Klasse von Bürokraten, Priestern und Kriegern, die öffentliche, von den einzelnen Dorfgemeinschaften nicht organisierbare Arbeiten organisiert (z.B. den Bau von Wasserleitungen und die Verteidigung)[22]. Die Ab-

[21] Das Adjektiv »asiatisch« stellt keine geographische Einschränkung dar. Nahezu alle antiken und außereuropäischen Hochkulturen, besonders die lateinamerikanischen, neben China, Indien und Rußland, waren (oder sind noch) Gesellschaften mit einem Zentralstaat des »asiatischen« Typs. Vgl. Marx, Grundrisse, S. 375 ff.; Wittfogel, Orientalische Despotie, 1977.

[22] Im Unterschied zum europäischen Feudalismus, in dem die autonomen Gemeinden und Herrschaften auch über Organisationswissen verfügen und dieses anwenden, existiert im Zentralstaat des asiatischen Typs kein Zusammenhang zwischen Organisationswissen und seiner praktischen Anwendung.

wesenheit des privaten Grundeigentums ergibt sich aus der genossenschaftlichen Organisation der Produktion in der Dorfgemeinschaft; diese Dorfgemeinschaft ist aber dem despotischen Zugriff des Zentralstaates ausgeliefert. Daraus folgt letztlich eine allgemeine »Staatssklaverei«, im Unterschied zu der auf das Haus bezogenen »Privatsklaverei« des antiken Mittelmeerraumes. Diese Staatssklaverei ist bei weitem nicht so unmittelbar wie die griechische oder römische Form der Sklaverei, kann aber durchaus mit Brutalität durchgreifen. Wenn wir die asiatischen Zentralstaaten in Sachen Dynamik und Transformation im Vergleich zur Geschichte des feudalen Europa betrachten, so ist eine Stagnation unverkennbar. Über Jahrtausende ändert sich fast gar nichts an der Gesellschaftsform, außer durch Einflüsse von anderen Kulturen, meist kriegerischer oder – oft noch gewaltsamer – ökonomischer Art[23].

Betrachten wir die Rolle des einzelnen Menschen, so bemerkt schon Hegel, daß im Zentralstaat des asiatischen Typus der Religion als Herrschaftsinstrument eine wesentlich stärkere Rolle zufällt als in Europa. Diese Herrschaftsreligion trägt den Charakter allgemeiner Vorstellungen in sich, gleichbedeutend mit der sogenannten orientalischen Philosophie, die vom westeuropäischen Standpunkt aus nicht mit echtem philosophischem Denken verwechselt werden darf. Denn ein wesentliches Kriterium des philosophischen Denkens ist das Prinzip der Freiheit, der Individualität, und sei es nur, wie in Europa, eine problematische und oft nur verbal artikulierte »Freiheit«. Dieses Moment der Subjektivität kann jedoch in den asiatischen Zentralstaaten nicht zum Durchbruch kommen, da erstens der einzelne Mensch sich nicht als Individuum begreift, sondern als Bestandteil der kooperativ organisierten (Dorf-)Gemeinschaft, und zweitens die Herrschaftsreligion ihre anti-individualistische Weltsicht aus Gründen der Herrschaftserhaltung und aus Mangel an geeigneten Vorbildern verfeinert und propagiert.

Beim europäischen Zentralstaat verhält es sich völlig anders. In seinem Ursprung zeigt er den Wechsel von der feudalen Produktionsweise zur kapitalistischen, die Herrschaft der Kirche wird untergraben, der Bürger tritt als Träger des subjektiven Moments auf, also genau im Gegensatz zum asiatischen Zentralstaat; der europäische ist antiklerikal und pro-individua-

[23] Illustrativ: MEW 9, S. 127ff.

listisch. Rückblickend kann man den europäischen Zentralstaat fast als eine Art von »historischem Kompromiß« beschreiben. Einerseits sichert er der Aristokratie gegenüber dem aufstrebenden Bürgertum einen Teil ihrer alten Privilegien, andererseits ist er die *conditio sine qua non* für den endgültigen Erfolg der kapitalistischen Produktionsweise, das heißt, er schafft die einheitliche, verbindliche und sanktionierte Rechtsordnung, die Sicherung und den Ausbau der Handels-(Verkehrs-)wege, und er ist der Schöpfer einer nationalen Ökonomie, die dann in eine politische Ökonomie mündet[24]. Dieser einmalige Typus schafft auch einen anderen Bezugspunkt für das Individuum: nicht mehr die als Kollektiv aufgefaßte Dorfgemeinschaft, wie im asiatischen Zentralstaat, oder die Hausgemeinschaft, wie im klassischen Feudalismus, sind die Bezugspunkte, sondern der Zentralstaat selbst ist es.

Eine wichtige Funktion in diesem Transformations- und Differenzierungsprozeß, der schließlich zur Etablierung des modernen Zentralstaats führt, kommt dem fürstlichen Hof zu, der als Zentralisationskern wirkt: »Indem es dem Fürsten gelang, den Adel an seinen Hof zu ziehen, ihm Hof-, Beamten- und Offizierstellen anzubieten, und der Gunstbeweis des Fürsten mehr galt als ständisches Eigenleben, war der Kampf um den Staat bereits entschieden.«[25]

Indem der Herrscher den Adel an seinen Hof bindet, kann er ihn kontrollieren, eine Partei gegen die andere ausspielen, ihn zu einem aufwendigen Leben »zwingen«, das ihn in Abhängigkeit von fürstlichem Gunstbeweis bringt. Die Ausbildung von höfischer Etikette und Zeremoniell ist zugleich Mittel, um einerseits der besonderen Würde des Herrschers Ausdruck zu geben, und andererseits die anderen ihre Abhängigkeit spüren zu lassen; ein *roi soleil* duldet seine »Trabanten« nur in Bahnen von angemessenen Abständen neben sich – die perfekte Adaption des kopernikanischen Weltbildes auf die staatlich-gesellschaftliche Organisationsform. Das Levée der französischen Könige, in dem selbst die privateste Handlung zum repräsentativen Staatsakt gemacht wird, ist ein Symbol der Entmachtung

[24] Vgl. Elias, Prozeß der Zivilisation, 1977; MEW 21, S. 392ff. Etymologisch bezieht sich die »nationale Ökonomie« auf die durch den Super-Oikos erzeugte Nation. Damit ist der Herrschaftsaspekt deutlich. »Politische Ökonomie« hingegen stellt in den Vordergrund der Politik die Mehrung von Reichtum.

[25] Schumpeter, Krise des Steuerstaates, 1976, S. 337.

des alten Feudaladels, der in Hof, Verwaltung und Heer eingegliedert werden soll.

Die höfische Gesellschaft und das Hofleben bilden erst jene innerständische Konkurrenz ganz aus, die in zunehmend verfeinerten Umgangsformen, im demonstrativen Konsum und in rasch wechselnden Moden ihren Ausdruck findet. Der Drang zu ständig variierenden Formen der Mode ist zunächst weniger durch die Nachahmung in unteren Gesellschaftsschichten erzwungen als durch den Wettbewerb der Standesgenossen untereinander. Erst als im Verlauf des 18. Jahrhunderts die mittelalterlich-ständischen Kleiderordnungen aufgehoben und durch das auf Reichtum basierende Diktat der Luxusentfaltung ersetzt werden, wird die »Mode« zu einem Instrument sozialer Differenzierung, weil »es den Niedrigen nun möglich geworden ist, durch Nachahmung an die Reichen sich heranzudrängen, und diese durch Stolz bewogen werden, sich immer wieder von denen, die unter ihnen sind, zu entfernen«[26].

Je enger die räumliche Berührung, desto strenger werden die hierarchische Rangordnung und die Einhaltung der Konvention. Aber auch die Herrscher unterliegen einem Repräsentations- und Differenzierungszwang, nicht nur gegenüber dem heimischen Adel, sondern auch gegenüber anderen Fürsten. Diese Konkurrenz äußert sich etwa in großartigen Schloßanlagen, in Kabinettskriegen, aber auch in der Pflege von Kunst und Wissenschaft.

Rudolf zur Lippe verweist auf das Beispiel des französischen Balletts im Zeitalter des Absolutismus, in dem eine »Rationalisierung und Geometrisierung« nicht nur des individuellen Körpers, sondern vor allem auch der Raum-Choreographie erfolgt. Das Ballett wird zum Ritual, in dem die von König und Bürgern angestrebte »vernünftige« Ordnung der Gesellschaft beschworen wird. Der gemeinsame Kampf gegen den anarchischen Feudaladel gilt als Kampf gegen die »dumpfe Natur« und die Leidenschaften; dies verlangt aber die totale Aufhebung persönlicher Vorrechte zugunsten einer friedenstiftenden Ordnung. Darauf gründet sich nicht zuletzt das Machtmonopol des modernen Staates.

Im Grunde genommen ist das ganze Salonleben, das sich hier entfaltet, eine Art Menuett; es gibt nichts, was nicht einem minutiösen und wohldurchdachten Reglement unterworfen

[26] Zit. in Sandgruber, Konsumgesellschaft, 1982, S. 300.

wäre, ein Schachspiel, in dem alle Figuren ihre vorschriftsmäßigen Züge zu machen haben. Der König selbst tritt als Person zurück hinter dem Funktionsträger »Herrscher«. Auch der mächtige Ludwig XIV. unterliegt zwar nicht dem Gesetz, wohl aber dem Zwang des Reglements: »Dieser gestrengen Geistesetikette durfte sich auch der große König nicht entziehen, sie war die einzige Macht, die stärker war als er. Seine Tagesordnung war genau geregelt. Jede Stunde hatte ihre bestimmte Beschäftigung, Kleidung und Gesellschaft. Der unumschränkte Herrscher ist im Grunde nicht mehr als eine große Puppe, die von gewissen hierzu auserwählten Personen angekleidet, umgekleidet, gefüttert, spazierengefahren und zu Bett gebracht wird.«[27]

Die höfische Kultur stellt sich somit als eine das ganze Abendland umgreifende Gesellschaftsform dar, die sich der gleichen Sprache, zuerst des Italienischen, dann des Französischen, bedient; gleicher Geschmack in Musik, Lektüre und bildender Kunst, gleiche Mode und Manieren, all das ist, bei allen Niveauunterschieden zwischen Versailles und einem kleinen deutschen oder italienischen Fürstenhof, Ausdruck eines korrespondierenden Lebensstils, unbeschadet aller politischen Differenzen. Erst mit dem Aufstieg einer bürgerlichen Klasse, des »dritten Standes«, seit der Mitte des 18. Jahrhunderts und der allmählichen Verlagerung des ökonomischen und politischen Schwergewichts sollten sich diese Bande zwischen der übernational orientierten höfisch-aristokratischen Gesellschaft lokkern, und konnte anstatt der höfischen die nationale Integrationsform der »bürgerlichen Gesellschaft« in den Vordergrund rücken. Was die Repräsentationsspesen und Luxusaufwendungen betrifft, so spielt sicherlich auch die geistige Neuorientierung gegenüber den materiellen Dingen eine Rolle. Das (barocke) Lebensgefühl mit seiner Sinnenfreudigkeit genießt im Überschwang den früher unter dem Diktat der Religion oft als sündhaft empfundenen Reichtum; der Prunk einer verschwenderischen Lebenshaltung, eine nach außen gerichtete Frömmigkeit, großartige Architektur- und Gartenkünste, mit denen man auch die Natur gleichsam dem menschlichen, fürstlichen Willen zu unterwerfen sucht, kostspielige Sammler- und Spielleidenschaften und andere raffinierte Vergnügen dokumentieren einen Lebensstil zumindest der herrschenden Schichten, der sich von

[27] Friedell, Kulturgeschichte, 1959, S. 508.

den althergebrachten gesellschaftlichen Normen und religiösen Leitvorstellungen emanzipiert hat. So wird etwa die Schloßanlage nicht nur zum Ort »repräsentativer Öffentlichkeit« in dem Sinne, daß man diese als Staffage benötigt, sondern zugleich zum *Theatrum* der Selbstdarstellung neugewonnener Individualität. Der Fürst als distanzierter Beobachter außerhalb der »Gesellschaft« betrachtet diese aus dem Blickwinkel der »Guckkastenbühne«. Die dabei zugrunde gelegte zentralperspektivische Betrachtungsweise kennzeichnet Rudolf zur Lippe[28] folgendermaßen: »Nur in einer Gesellschaft, in der *eine* Person das richtige Sehen aller für sie und vor ihnen repräsentativ wahrnimmt, gibt es einen ›idealen Betrachter‹, der, im Distanzpunkt sitzend, der perspektivischen Darstellungswirklichkeit politisch die Geltung in der gesellschaftlichen Wirklichkeit verleihen kann.«

Die oft beklagte höfische Verschwendung hat eine weitere wichtige Funktion: »Lohnender Hofdienst verwandelt trotzigen Adel in gefügigen Hof-, Beamten- und Militäradel, und wenn der Landesfürst gegenüber den Ständen Boden gewinnen wollte, so mußte er solche Hofdienste gewähren, sowie sich die Bande der Lehensverhältnisse zu lockern begannen.«[29]

Die steigenden Ausgaben für die Hofhaltung entsprechen somit nicht nur der Freude an Prunkentfaltung und den Repräsentationsbedürfnissen, sondern sind primär Ausdruck des fürstlichen Machtanspruches[30]. Auch sind die Funktionen von Hofstaat und Verwaltung ursprünglich weitgehend identisch; erst aus der fortschreitenden Arbeitsteilung innerhalb des Gesamthofes ergibt sich eine Differenzierung der Funktionen. Im Zusammenhang mit der Funktion des fürstlichen Hofes entwickelt sich aus einem Teil der Hof- und Gefolgschaftsdienste die »Bürokratie« als eine Gruppe zwar vom jeweiligen Träger der Herrschaftsgewalt abhängiger, aber gleichzeitig ihrerseits Hoheitsrechte ausübender Organe. Auf diese kann sich der absolutistische Herrscher in seiner Auseinandersetzung mit den traditionellen, autochthonen privilegierten Schichten und zur Sicherung seiner Machtansprüche stützen. Max Weber meint sogar, die Entwicklungsgeschichte des modernen Staates sei mit der seines Beamtentums weitgehend identisch[31].

[28] Hof und Schloß, 1986, S. 143.
[29] Schumpeter, Krise des Steuerstaates, 1976, S. 337.
[30] Vgl. Vierhaus, Höfe und höfische Gesellschaft, 1986, S. 131f.
[31] Vgl. Weber, Legitime Herrschaft, 1952, S. 151f.

So wie der Grundherrschaft im engeren lokalen Bereich »Schutz und Schirm der Untertanen« anvertraut war, so erblickt nun seinerseits der Fürstenstaat in der Wahrung der inneren und äußeren Sicherheit das wichtigste Ordnungsprinzip, wobei Verwaltung und Gerichtsbarkeit in beiden Fällen die wichtigsten Instrumente darstellen. Hier finden wir also generell eine Übernahme alter Herrschaftsfunktionen durch eine neue Institution. Ähnliches gilt für die Wirtschaftspolitik des absolutistischen Staates, die vielfach nichts anderes ist als die Ausdehnung der alten, an das Haus geknüpften Autarkievorstellung – einschließlich des auf den Austausch von Überschüssen gerichteten städtischen Handels – auf die gesamtstaatliche Ebene, die nationale Ökonomie. Dies schließt aber auch die »hausväterliche« Fürsorge für die Untertanen mit ein; so läßt etwa Ludwig XIV. in der Hungersnot um 1660 Getreide austeilen und berichtet darüber an den Dauphin: »Ich erschien meinen Untertanen als echter *père de famille*, der für sein Haus Vorsorge trifft und gerecht die Nahrung mit seinen Kindern und Dienern teilt.«[32] Daneben steht die Besorgung von Agenden, die früher im *oikos* des Fürsten besorgt wurden, wie der Domänenverwaltung, der Regalien, der Münze, der Montanwirtschaft, der Mauten und Zölle, die nunmehr als staatliche Aufgaben betrachtet werden.

Die Besorgung dieser Agenden wird zur Aufgabe eines neuen »Standes« von Beamten, der als Gegengewicht zu den alten Ständen fungieren soll. Militär und Bürokratie als die staatstragenden Kräfte überlagern die alten Stände und beziehen deren Mitglieder in das neue System ein[33]. Die Autorität der »Staatsdiener« ergibt sich letzten Endes aber aus der patriarchalischen Struktur der Staatsführung. Der »väterlichen« Gewalt und Obsorge des Herrschers entspricht die Pflicht, die insbesondere für die »Diener des Staates« gilt und durch einen besonderen Amtseid auf die Person des Fürsten bzw. auf den Staat bekräftigt wird. Sowohl die Zeremonie der militärischen Vereidigung als auch der Diensteid der pragmatisierten Beamten leiten sich aus dieser Tradition ab. Die Funktion der Bürokratie erkennt bereits Niccolo Machiavelli: »Wer Regierungsgeschäfte besorgt,

[32] Kaplan, Bread, 1976, S. 6.

[33] In der Bürokratiediskussion wird seit Otto Hintze (Staat und Verfassung, 1970, S. 245ff.) zwischen einer älteren, noch der ständisch-territorialen Periode angehörigen Schicht, und einer jüngeren, den Bestrebungen des neuen absolutistischen Zentralstaates dienenden Bürokratie unterschieden.

darf nie an sich denken, sondern immer nur an seinen Herrscher, und er darf dessen Absichten nie auf Dinge lenken, die nicht im Interesse des Staates sind. Andererseits muß der Herrscher auch an seinen Mitarbeiter denken, um sich dessen Ergebenheit zu sichern; er muß ihn auszeichnen und wohlhabend machen, ihn sich verpflichten und ihn an allen Ehren und Pflichten teilhaben lassen ...«[34]

Die unmittelbare Bindung an den jeweiligen Herrscher äußert sich auch darin, daß das Dienstverhältnis ursprünglich mit dem Tod des Fürsten automatisch erlischt und vom nachfolgenden Regenten erneuert werden muß. Erst im aufgeklärten Absolutismus, als die Person des Herrschers bereits hinter die Institution »Staat« zurücktritt, setzt sich dann der Grundsatz des lebenslänglichen Dienstverhältnisses und damit ein eigenes Standesethos durch. Dies hängt auch damit zusammen, daß der »Unternehmenscharakter« vieler Ämter und auch der höheren militärischen Ränge zurückgedrängt wird und allmählich einer Professionalisierung Platz macht; bis dahin ist es nicht nur möglich, derartige Stellen durch Ämterkauf zu erlangen, sondern diese werden durchaus auch als entsprechende Einkunftsquelle gesehen[35]. Die besonderen Rechte und Pflichten des Beamtentums sichern diesem eine spezifische Position, machen es zu einem Berufsstand eigener Art. Seine Stellung in Staat und Gesellschaft, seine Funktion als »Bürokratie« gehört zu den bestimmenden Wesensmerkmalen des modernen Staates überhaupt[36].

Dieser Prozeß läuft jedoch nicht ohne Widerstände ab. Der landesfürstliche Machtanspruch wird zunächst begrenzt durch die herkömmliche Landesverfassung; die durch das Ständewesen vorgegebene Rahmenordnung gilt als das größte Hindernis bei der Verwirklichung absolutistischer Prinzipien und kann nicht ohne Rechtsbruch beseitigt werden. Die zur Staatsbildung

[34] Machiavelli, Fürst, 1978, S. 97.

[35] Die Ämterkäuflichkeit hat die Wirkung eines »Staatskredits mit Zinsenüberwälzung«; sie muß zunächst als »geschickte Indienstnahme älterer Strukturen zum Zwecke der finanziellen Stärkung des Staates« gesehen werden. Der neue Fürstenstaat beauftragt, solange er noch nicht das Steuermonopol mit Hilfe seiner Finanzbürokratie durchsetzen kann, Private mit der Wahrnehmung »öffentlicher« Funktionen. Obwohl dies Mißstände mit sich bringt, sieht er sich genötigt, Steuern und Zölle zu verpachten, die Kolonialexpansion Monopolgesellschaften und die Kriegführung »Militärunternehmern« zu übertragen. Vgl. Reinhard, Staatsmacht, 1986, S. 227f.

[36] Vgl. Rosenberg, Bureaucracy, 1958.

notwendige Vereinheitlichung des Rechtssystems erweist sich insbesondere als unvereinbar mit der Wahrung der Identität der durch die Stände repräsentierten Länder. Die Entmachtung der Stände als die wesentliche Voraussetzung für die Absorption der Länder in einen zentral verwalteten Gesamtstaat bedeutet meist ja auch eine Gefährdung der bisherigen Grundlage der fürstlichen Herrschaft. Das Hauptproblem der Staatsbildung ist damit der Gegensatz zwischen den Landständen (Ländern) und dem zentralistischen »Einheitsstaat«. Die Länder als die Grundlage der ständischen Verfassung und als die institutionelle Verkörperung des partikularistischen Pluralismus ständisch-korporativer Ordnung sind der Widerpart aller zentralistischen Staatsbildungsversuche. Aus der bislang noch als Realität empfundenen Einheit von »Recht« und »Gemeinwesen« wird nun ein mit der Gewaltentrennung begründeter Dualismus. Der Staat bezieht die Legitimation seiner Herrschaft aus der das althergebrachte Recht an menschlichem Wert überragenden Idee des aufklärerischen Eudämonismus, womit er auch den in der Auflösung der ständischen Autonomie enthaltenen Rechtsbruch bzw. die Rechtssetzung legitimieren kann. Lediglich der Fürst selbst ist nach der vorherrschenden Staatsauffassung, die den Monarchen außerhalb des Staates stellt, von jeder rechtlichen Bindung an diesen befreit, ja nach Machiavelli sogar jeglicher Moral enthoben. Er sieht die Politik ausschließlich als *techne:* »Daher muß sich ein Herrscher, wenn er sich behaupten will, zu der Fähigkeit erziehen, nicht allein nach moralischen Gesetzen zu handeln sowie von diesen Gebrauch oder nicht Gebrauch zu machen, je nachdem es die Notwendigkeit erfordert.«[37] Es sind keinerlei Mittel zu verwerfen, wenn sie zur Realisierung der Macht notwendig erscheinen.

Man sollte auch nicht übersehen, daß die Rezeption des römischen Rechts die Entfremdung zwischen der rechtskundigen Führungsschicht – eines weitgehend einheitlich ausgebildeten Beamtenkörpers, der seine Kenntnisse über Verwaltung und Rechtspflege auf »Landesuniversitäten« erhält, die der Fürst wohl dotiert, aber auch in ihren aus dem Mittelalter überlieferten Selbstverwaltungspraktiken und Autonomiestatuten ebenso beschneidet wie andere korporative Gremien – und der »rechtsbetroffenen« Bevölkerung vertieft. Mit der Vereinheitlichung des Rechts, mit der Verstaatlichung der Religion – mitunter

[37] Machiavelli, Fürst, 1978, S. 63.

wird der Fürst selbst zum Oberhaupt der Staatskirche – und der Überschichtung der ständischen Gesellschaft durch die neuen Organe der zentralistischen Bürokratie soll letzten Endes eine Gleichschaltung, eine »Individualisierung« *aller* Untertanen erzielt werden. Den »Staatsdienern« hingegen als eigenem neuen »Stand« werden Fürstengunst, Titel und Privilegien zuteil. Die Verleihung des Briefadels *(noblesse de robe)* an Beamte und Offiziere hat zudem auch den durchaus angestrebten Nebeneffekt einer »Verbürgerlichung« des Adels. Sosehr der Adel den »neuen Staat« als Werkzeug seiner Interessen nutzt und nutzen kann, so ist doch die Nobilität des frühabsolutistischen Systems nicht mehr die selbstbewußte feudale Aristokratie des Mittelalters, sondern ein weitgehend domestizierter, eine wichtige Funktion innerhalb des Staates bekleidender Adel. Die Nähe zur Zentralmacht ist wichtig. Der Fürst vergibt lukrative Ämter und Stellen und vermittelt Ehen. Nur wer stets über Machtintrigen, modische Vorbilder etc. informiert ist, kann auf längere Sicht seine Position behaupten oder sie verbessern. Das zwingt den Adel zur Integration in die höfische Kultur. Die höfische Gesellschaft entwickelt längere Handlungsketten, die in einer hierarchisierten Ordnung in Hinblick auf die Nähe zur Zentralmacht zu verstehen sind. Das höfische Leben kann man als Folge von »Karriereschritten« auffassen: je näher man dem Fürsten steht, desto mächtiger ist die abgeleitete Position. Da dies letztlich von der Willkür des Fürsten abhängt, ist im sozialen Verkehr mit den anderen Bewerbern um höfische Ämter jene unverbindliche Höflichkeit *(politeness)* geboten, die an die Stelle alter ständischen Tugend tritt; man kann ja nicht wissen, wohin sich Fortuna wenden wird.

Die Grundbesitzerklasse lebt als einflußreiches gesellschaftliches Element fort, doch verändern sich ihre politischen, rechtlichen und ökonomischen Bedingungen grundlegend; es kommt zu einer Verlagerung der Stellung von Bourgeoisie und Grundbesitzerklasse innerhalb des Staatsapparats[38].

[38] Dabei zeigt es sich jedoch, daß das Verhalten der bisher führenden, grundbesitzenden Oberschichten von entscheidender Bedeutung für den weiteren Verlauf des bürgerlich-kapitalistischen Emanzipationsprozesses wird: Die über den fürstlichen Absolutismus erfolgende Ausbildung der staatlichen Zentralmacht schafft zunächst die Rahmenbedingungen für die Durchsetzung des Kapitalismus. Es ist jedoch dabei nach Barrington Moore entscheidend, ob in weiterer Folge die Bourgeoisie die Staatsmacht übernehmen kann, und in welcher Form dies geschieht. In England, Holland und Frankreich, ja selbst in den späteren Vereinigten Staaten von Amerika bedarf es dazu eines gewaltsamen revolutionä-

Die neue Machtpolitik wendet sich insbesondere gegen die althergebrachten ständischen Gemeinschaften, vor allem gegen Landstände, Grundherrschaften und Zünfte, und schafft damit die Voraussetzung für eine neue, aus Individuen zusammengesetzte Gesellschaft. Diese Gemeinschaften verlieren immer mehr ihre Bedeutung als solidarprotektionistische Schutzorganisationen für ihre Angehörigen, denen sie früher so etwas wie ein standesgemäßes Einkommen garantierten. Der Staat setzt an die Stelle traditioneller Selbstregelungsmechanismen und gemeinschaftlicher Absprachen das System der »Wohlstandspolizei«. An die Stelle des gesicherten standesgemäßen Einkommens treten die neuzeitliche Dynamik des Individualismus und das etatistische Prinzip, die letztlich die ständisch gebundene Ordnung von ihrer Ideologie her auflösen. Vor allem wirkt jedoch die Durchsetzung des Marktprinzips für immer weitere Bereiche in diese Richtung.

Die verschiedenen Verfassungs- und Verwaltungsreformen in den einzelnen Ländern tendieren daher entweder zur Entmachtung und Zerschlagung der alten ständischen Einrichtungen oder zu deren Integration in die neuen Strukturen; deren Funktionen werden häufig einfach vom Staat übernommen. Dazu zählt die Neuordnung von Verwaltung und Rechtsprechung, die Schaffung von Zentralbehörden für Militär-, Verwaltungs-, Justiz-, Finanz-, Unterrichts-, Polizei- und Religionswesen, die Beschneidung und schließliche Abschaffung des Steuerbewilligungsrechts der Stände. Zwischen die alten ständischen Einrichtungen und die neuen Zentralstellen werden staatliche Behörden eingeschaltet; ehemals von Kirche und ständischen Institutionen betreute Bereiche wie Schule, Spitals- und Gesundheitspflege und Soziales werden in neue staatliche Institutionen transferiert. Die neue Gesellschaftslehre des Individualismus, der Fortschrittsgedanke sowie Naturrechtsphilosophie, Physiokratismus und Rationalismus liefern das geistige Rüstzeug zur Auflösung der alten Ordnung.

ren Durchbruchs der liberal-bürgerlichen Ideale; die Verhinderung dieser im weitesten Sinne »bürgerlichen« Revolution führt demgegenüber in manchen europäischen Ländern zu einer Art »Modernisierung von oben«, in der Folge aber auch zu zum Teil »atavistischen« Erscheinungsformen. Das Abkoppeln von der westeuropäischen Entwicklung, das Nichtentstehen einer breiten bürgerlichen und kommerziellen Schicht bringt hingegen in Osteuropa mit entsprechender zeitlicher Verzögerung über Bauernrevolutionen den dritten Weg in die moderne Welt, den »Kommunismus« hervor. Vgl. Moore, Demokratie und Diktatur, 1974.

Dies bedeutet, daß die vertikal geschichtete ständische Gesellschaftsordnung mit ihren vielen eigenständigen Gemeinschaften – mit jeweils spezifischen Rechten und selbständigen Gerichten – einer horizontal strukturierten Gesellschaft »gleicher« Untertanen weichen soll, für die nurmehr ein »allgemeines, ganz gleichförmiges Recht« gilt. In diesem Sinne erfolgen in den meisten Staaten Rechtskodifikationen und der Erlaß allgemeiner Gerichtsordnungen, wobei diverse ständische Privilegien zurückgedrängt werden zugunsten einer postulierten Gleichheit vor dem Gesetz. Der Staat übernimmt auch die wichtige Funktion, die Eigentumsrechte zu sichern. Mit der Durchsetzung von Marktbeziehungen wird Eigentum, auch dasjenige am Boden, für jedermann von Rechts wegen zugänglich und durch kodifiziertes Recht abgesichert.

Dieser Wandel geht Hand in Hand mit der Ablösung des traditionalen Weltbildes und hängt mit der allgemeinen Säkularisierung zusammen. Nicht mehr eine von Gott gewollte Ordnung, wie sie die Kirche tradierte, steht im Mittelpunkt, sondern eine dem Menschen entsprechende »rationale« Ordnung und Organisation: »Wirtschaft und Staat regelten ihre Funktionen durch eigene zweckrationale Normen, die sich immer entschiedener aus dem Deutungskontext einer religiös geprägten Weltauffassung ablösten. Infolge der radikalen Entzauberung der Natur wurde der Anwendungsbereich des von der Kirche getragenen religiösen Kosmos noch weiter verengt. Während die Funktionen des Verwandtschaftssystems stark zusammenschrumpften, entwickelten sich immer stärker bürokratisierte Organisationsformen in Wirtschaft und Staat. Es entstand eine hochdifferenzierte Berufsstruktur und ein neuer urbanisierter Mittelstand.«[39]

Die Vereinheitlichungs- und Zentralisierungstendenz des Absolutismus und die Betonung der Rolle des Individuums in der neuzeitlichen Gesellschaftsphilosophie stehen dabei durchaus nicht in einem Gegensatz zueinander, denn Absolutismus und Kapitalismus wirken gemeinsam »auflösend und individualisierend in Bezug auf die (alten) sozialen Ordnungen, reglementierend und zwingend in Bezug auf das Verhältnis des Individuums zum Staate«[40].

Der Absolutheitsanspruch der Kirche wird ersetzt durch den

[39] Luckmann, Persönliche Identität, 1972, S. 172.
[40] Adler, Gewerbepolitik, 1903, S. 51.

des Staates[41]. Mit Toleranz hat dies an sich wenig zu tun. Nonkonformisten, Nichtanpassungsfähige oder -willige werden nämlich zu Beginn des »aufgeklärten« 18. Jahrhunderts verfolgt und unterdrückt wie während der Reformation und der Gegenreformation aus konfessionellen Gründen. Auch Hexen und »weise Frauen« werden am Beginn der Neuzeit zur Durchsetzung der *polizey*-staatlichen »Menschenproduktion« so heftig verfolgt wie nie zuvor[42].

Signifikant ist die Auseinanderentwicklung und Separierung der beiden bisher sich ergänzenden Lebensbereiche und Institutionen Kirche und Staat. Ein Markstein in dieser Entwicklung: Durch ein Edikt von 1656 wird das Hôpital général in Paris gegründet; verschiedene bereits bestehende Einrichtungen werden unter einer einzigen Verwaltung zusammengefaßt und, wie es heißt, den Armen von Paris zur Verfügung gestellt, »beiderlei Geschlechts, jeden Alters, von welcher Geburt und welchen Standes, in welcher Verfassung sie auch seien, wohlauf oder versehrt, krank oder genesend, heilbar oder unheilbar«[43]. Nach den Statuten werden dort jene Menschen aufgenommen, die sich selber melden, und solche, die durch richterlichen oder königlichen Befehl *(lettre de cachet)*, aber auch auf Wunsch des Hausherrn, des Familienvaters zwangsweise eingewiesen werden. Im übrigen kann auch das auf Lebenszeit eingesetzte Direktorium Arme aus ganz Paris inhaftieren lassen.

Offenkundig handelt es sich dabei nicht um eine medizinische Anstalt, sondern um eine neue Institution neben den anderen Gewalten König, Polizei und Justiz. Aber diese neue Instanz der Ordnung, und zwar der monarchischen und bürgerlichen Ordnung[44], distanziert sich gleichzeitig von einer anderen Autorität. Denn der König dekretiert: »Wir sind Bewahrer und Schützer des genannten Hôpital, das Unsere königliche Grün-

[41] Z.B. Thomas Hobbes wendet sich gegen den Universalanspruch der Kirche; der König soll auch Oberhaupt der Landeskirche sein, um eine *einheitliche* Gottesverehrung durchzusetzen. Er argumentiert dabei, daß es nicht schwerfallen könnte, die Menschen von den Rechten des Herrschers zu überzeugen, hätten diese doch auch gelernt, an das Christentum und selbst an die Transsubstantiation zu glauben. Vgl. Russell, Philosophie, 1950, S. 564.

[42] Bekanntlich war Jean Bodin, der die moderne Lehre von der Staatssouveränität begründete und die absolute Monarchie für die beste Staatsform erklärte, zugleich einer der eifrigsten Hexenverfolger. Vgl. Becker u.a., Verzweiflung, 1977; Delumeau, Angst, 1985; Hammes, Hexenwahn und Hexenprozesse, 1983.

[43] Foucault, Wahnsinn und Gesellschaft, 1977, S. 72.

[44] Vgl. ebd., S. 73.

dung ist, und das keinesfalls von Unserer *Grande Aumônerie* ..., (der und allen anderen) Wir jegliche Kenntnisnahme und Rechtsprechung, gleich welcher Art und Weise das sein könnte, untersagen.«[45] Die Kirche in ihrer traditionellen Rolle ist somit ausgeschaltet.

Dennoch resigniert die Kirche nicht. Sie bleibt bei dieser Entwicklung, die eine ihrer ureigensten Aufgaben betrifft, nicht abseits. Neben der Ausweitung des königlich-bürgerlichen Netzes von Hospitalen (*Hôpital général* in jeder Stadt des Reiches: Edikt 16. Juni 1676) reformiert auch die Kirche ihre alten Hospitaleinrichtungen, ja sie gründet sogar Kongregationen, deren Ziele fast identisch sind mit denen des *Hôpital général.* Das letzte von 32 in den Provinzstädten wird wahrscheinlich in Rennes 1780, knapp vor der Revolution, gegründet[46].

Etwas verzögert, dem allgemeinen Entwicklungsstand entsprechend und den konkreten Machtverhältnissen, finden wir ähnliche Phänomene im zerfallenden »Heiligen Römischen Reich Deutscher Nation«, insbesondere in den habsburgischen Ländern, etwas früher in England und in Holland[47]. Aber kaum woanders kommt die Abhebung des Staates in der Gestalt des absoluten Souveräns und in seiner Politik aus der religiösen Einbindung so klar und scharf zum Ausdruck wie in Frankreich. Der neue Staat duldet keine Institution neben sich, die ihm den Vorrang bei seinen Bürgern hätte streitig machen können. Auch das »Hof- und Staatschristentum« des aufgeklärten Absolutismus ist nicht zu verwechseln mit der später vom Liberalismus propagierten Trennung von Kirche und Staat, sondern strebt die totale Integration der Kirche in den Staat an. Weniger das Bekenntnis zu einer »Staatsreligion«, als vielmehr zum Staat selbst steht dabei im Vordergrund.

Neben der Bürokratie und der »Staatskirche« ist es vor allem die Armee, die den fürstlichen Machtanspruch durchzusetzen hilft und das physische Gewaltmonopol sichern kann: »Die Angewiesenheit der Gruppen und Schichten dieser Gesellschaft auf einen obersten Koordinator, der den Austausch und die

[45] Ebd.

[46] Als Sammlerin und Verteilerin von Almosen nahm die Kirche über die Distribution eine aufs Diesseits bezogene Machtposition ein, die in ihr selbst begründet und nicht vom Staat abgeleitet war. In der neuen Situation ist ihre Macht subsidiär, sie ist Erfüllungsgehilfe des Staates.

[47] Vgl. Stekl, Zucht- und Arbeitshäuser, 1978; Emminghaus, Armenwesen, 1870; Nicholls, Poor Law, 1845; Howard, Nachrichten, 1791; ders., State of the prisons, 1779–84.

Zusammenarbeit der verschiedenen gesellschaftlichen Funktionen und Bezirke in Gang hält, wächst mit ihrer Interdependenz, und sie wächst erst recht unter dem Druck einer Kriegsgefahr.«[48] Der Armee fällt aber auch eine wichtige Rolle im Prozeß der sozialen Disziplinierung zu, dem »Fundamentalvorgang des europäischen Absolutismus«[49]. Exerzierreglement, »Schulmaschine« und Fabriksordnungen versuchen gleichermaßen, einen neuen, gehorsamen und funktionstüchtigen Menschen zu kreieren. Der im Fürsten verkörperte Staat beansprucht gleichsam ein Obereigentum über seine »Staatsbürger«, was so weit gehen kann, daß der Herrscher seine »Landeskinder« als Söldner an einen anderen Fürsten veräußert[50]. Die Uniformierung, die notwendig ist, um die Truppenteile auf dem Schlachtfeld, auf dem sich die in Linientaktik operierenden Verbände wie auf einem Schachbrett hin und her bewegen lassen, unterscheiden zu können, erfaßt nicht nur den äußeren Menschen, sondern auch seine psychische Konditionierung. Die »Abrichtung« soll ein gleichförmiges, von außen zu steuerndes Massenverhalten erwirken, wie bei den damals so beliebten Automaten. Die Einführung der Linienformation durch Moritz von Oranien und Gustav Adolf (anstelle des tiefgestaffelten spanischen *tercio* bzw. der Schweizer Kolonne) hat eine disziplinierende Wirkung: Diese kleinen Einheiten müssen nun in Manövern gedrillt werden. Drill und Exerzieren werden zu grundlegenden Erfordernissen der Taktik: »Demnach sollte die Armee ... als klar gegliederter Organismus auftreten, dessen einzelne Glieder jeweils auf Impulse von oben reagierten. Die Forderung nach Einigkeit und Bewegungspräzision bedingte natürlich, daß fortan im Gleichschritt marschiert wurde ... Das Prinzip der Massenunterwerfung, des Zusammenfließens der Einzelwillen im Willen des Befehlshabers, erhielt mit der allmählichen Übernahme von Uniformen seine letzte Bekräftigung«[51].

Joseph A. Schumpeter weist darauf hin, daß es vor allem die steigenden Kosten der Kriegführung sind, die zum Versagen der traditionellen fürstlichen Finanzwirtschaft führen: »Ohne

[48] Elias, Prozeß der Zivilisation, II, 1977, S. 293.

[49] Mannheim, Mensch und Gesellschaft, 1958, S. 296f.

[50] Der Kurfürst von Hessen verkauft etwa im 18. Jahrhundert seine Soldaten an den englischen König Georg III., der sie im amerikanischen Unabhängigkeitskrieg gegen die abtrünnigen Neuenglandstaaten einsetzt.

[51] Roberts, Militärische Revolution, 1986, S. 276.

das finanzielle Bedürfnis hätte der unmittelbare Anlaß zur Schöpfung des modernen Staates gefehlt.«[52] Im Zeitalter der Erbfolge- und Kabinettskriege erfordert der Militäretat stets gewaltige Aufwendungen. Die Waffenentwicklung, besonders der Artillerie und der Kavallerie, der Aufbau der Kriegsflotte, vor allem aber auch die Vergrößerung der Heere lassen die Kosten steil ansteigen, ebenso der Lebensmittel- und Futterbedarf, die Standardisierung von Ausrüstung und Bewaffnung und die Uniformierung der Truppen. Auf das Kriegführen trifft daher mehr denn je der Ausspruch eines österreichischen Marschalls, des Grafen Raimund Montecuccoli, zu, der es ja wissen mußte, daß es dazu dreier Dinge bedürfe: »Geld, Geld und nochmals Geld«[53]. Die Anforderungen der Kriegführung sind jedenfalls als sehr hoch einzuschätzen, und in gewisser Weise werden die sich aus der Kriegsfinanzierung ergebenden Probleme zum eigentlichen Anstoß für die Durchsetzung der merkantilistischen Politik und vice versa: »Mit der Durchsetzung des physischen Gewaltmonopols, das mit siegreichen Feldherren, stehendem Heere und Kriegserschöpfung einherging, konnte auch das Steuermonopol errichtet werden.«[54]

»Staat« und »Etat« treten ursprünglich als synonyme Begriffe auf, und dies ist kein Zufall, denn die absolute Monarchie benötigt zur Begründung, zum Ausbau und zur Erhaltung ihrer Macht gewaltige Mittel. Diese können auf die herkömmliche Weise, durch ständische Kontributionen von Fall zu Fall und durch große Darlehen bürgerlicher Großkaufleute gegen Verpfändung von Regalien nicht mehr beschafft werden. Die Gelder, die zum Aufbau einer bürokratischen Verwaltung, zur Befriedigung des Heeresbedarfs und zur Entfaltung des höfischen Prunks notwendig sind, können nur durch neue Finanzierungsquellen aufgebracht werden[55]. So wird nach Schumpeter »aus der gemeinsamen Not der Staat geboren«[56].

Nachdem der Große Kurfürst Friedrich Wilhelm von Brandenburg 1644 das stehende Heer durchgesetzt hat, beginnt er von den widerstrebenden Landständen – wiederum besonders

[52] Schumpeter, Krise des Steuerstaates, 1976. S. 311.

[53] Schon dem italienischen Marschall Trivulzio wird gegenüber dem französischen König Ludwig XII. bei der Belagerung Mailands ein analoger Ausspruch zugeschrieben. Vgl. Diwald, Anspruch, 1983, S. 103.

[54] Matzner, Wohlfahrtsstaat, 1982, S. 53; vgl. auch Elias, Prozeß der Zivilisation, II, 1977, S. 297f.

[55] Vgl. Tremel, Wirtschaftsgeschichte, 1969, S. 302.

[56] Schumpeter, Krise des Steuerstaates, 1976, S. 339.

von den Städten – die Kosten dieses Heeres auch mit Gewalt einzutreiben; die Stände verweigern die Aufbringung der Mittel mit dem Hinweis, »daß sie dem Vaterlande zur Erhaltung der theuer erworbenen Privilegien, Freiheiten, Rechten, Herkommen und Reversalen verbunden seien und daß dieses eigenmächtige Vorgehen Novitäten und Einführung fremder Mittel bedeute«[57]. Demgegenüber verweist Friedrich Wilhelm I. darauf, daß die »Noth ... kein Gesetz leide ... und ... von allen Banden (entbinde)«[58]. Des Großen Kurfürsten Geheimer Rat und Kanzler Daniel Weimann formuliert die Position vielleicht noch deutlicher: »Noth, Raison, allgemeines Interesse, *res major*«[59] verlangen ein unverzügliches Handeln, dem die Freiheiten der Stände im Wege stünden.

Eines der wichtigsten Anliegen des fürstlichen Absolutismus ist somit die Allgemeinheit der Steuerpflicht und eine gesetzlich kontrollierte Verteilung der Steuerlast; erst die Durchsetzung der fürstlichen Unabhängigkeit vom landständischen Steuerbewilligungsrecht schafft die ökonomische Basis für die neuzeitliche Staatsbildung. Das neue System der nationalen Ökonomie dient in erster Linie dazu, die nötigen finanziellen Voraussetzungen für die Entfaltung der fürstlichen Zentralgewalt zu schaffen; der im Fürsten verkörperte Staat muß sich dabei vor allem aus der finanziellen Abhängigkeit von den Ständen befreien, die seit altersher das Steuerbewilligungsrecht ausüben. Die Verstaatlichung der Steuereinhebung und die gleichzeitige Anhebung der Einnahmen aus Domänen, Zöllen, direkten und indirekten Steuern schaffen erst die materielle Voraussetzung für die neuen Aufgaben des absolutistischen Zentralstaates, der, wie es sein späterer Apologet Hegel bezeichnet, als »der göttliche Gedanke, wie er sich auf Erden manifestiert«, förmlich sakrosankt gestellt wird.

Für die Wirtschaft bedeutet die Ableitung des Staates aus dem Rahmenhaushalt des fürstlichen Hofes die Ausdehnung des Prinzips der »geschlossenen Hauswirtschaft« auf die staatliche Sphäre, somit die Entstehung der »nationalen Ökonomie«. Da der Landesfürst sämtliche Bereiche von der Religion über das Rechtswesen bis hin zur Wirtschaft, dem neuen Souveränitätsgedanken unterordnet, gibt er unter dem Titel seines »Ober-

[57] Schreiben der klevischen Landstände; zit. in Dipper, Ständische Freiheit, 1975, S. 454.
[58] Ebd.
[59] Ebd.

eigentums« auch dem Eigentum seiner Untertanen einen »gemeinnützigen« Charakter. Das neue wirtschaftspolitische Denken ist wohl ebenfalls auf ein Ganzes gerichtet, aber dieses ist nicht mehr die christliche Ökumene des Mittelalters, ist noch nicht die vom Staat abgelöste und vom naturrechtlich begründeten Selbstinteresse der Individuen gesteuerte und auf der »Marktmechanik« beruhende autonome Volkswirtschaft, sondern die Rücksicht auf den Staat. Der absolutistische Staat hat zwar nicht den Kapitalismus geschaffen, aber letzterer steht doch in engster Verbindung mit dem Staat, ist in ihm herangewachsen. Der Staat hat »in seinem Dienst, durch seinen Schutz und seine Förderung«[60], durch die Einebnung der Gesellschaft und die Schaffung von Rahmenbedingungen und Machtmechaniken dem Kapitalismus zum Durchbruch verholfen. Es gibt hier eine innere Affinität: derselbe Geist gesteigerter Rationalität und Intensität des Betriebs lenkt den neuzeitlichen Staatsbildungsprozeß wie den aufkommenden Kapitalismus. Der Staat ist daher insofern der wichtigste Träger des neuen kapitalistischen Systems als die Staatsräson auch die ökonomische Ratio bestimmt; der Untertan als wirtschaftendes Subjekt gilt bloß als ausführendes Werkzeug im Sinne des Staatsinteresses. Auch der »Wohlstandspolizei« des aufgeklärten Absolutismus geht es weniger um die Befriedigung der Interessen der einzelnen Individuen als um die Unterordnung des einzelnen unter den »Imperativ der Staatsnotwendigkeit« eines als »positive Ordnung« aufgefaßten Staates, der die im Naturrecht angelegte »natürliche Ordnung« herbeiführt. Auch das spätere Wohlfahrtsstaatsideal des 18. Jahrhunderts, das die »gemeinschaftliche Glückseligkeit aller als das Fundament des Staates« (Wilhelm von Schröder und Johann H. G. von Justi) und notfalls in Form einer »Zwangsbeglückung« anstrebt, kann nicht verschleiern, daß im Grunde »Reichtum und Macht des in der Person des Fürsten verkörperten Staates das unbestrittene Objekt der Politik sind«[61].

Dieser Prozeß der Entstehung nationaler Volkswirtschaften hängt eng mit der Ausbildung des neuzeitlichen Territorialstaates und den generellen Zentralisationstendenzen während des Absolutismus zusammen. Der Zusammenhang zwischen merkantilistischer Wirtschaftspolitik und neuzeitlicher Staatsbil-

[60] Wehler, Entwicklungsbedingungen, 1978, S. 6f.
[61] Schumpeter, Ökonomische Analyse, I, 1965, S. 202.

dung wurde oft betont: »Merkantilismus ist in seinem innersten Kern Staatsbildung und zwar im modernen Sinn, nämlich die staatliche Gemeinschaft zugleich zu einer volkswirtschaftlichen zu machen.«[62]

Für die Charakterisierung des neuzeitlichen Merkantilismus ist es von entscheidender Bedeutung, daß dieser Prozeß der Ausbildung der modernen Ökonomie in der Regel über den landesfürstlichen Absolutismus verläuft. Denn die Handelsinteressen der Bourgeoisie würden allein noch nicht ausreichen, den Staat zu veranlassen, diese mit einer politischen Aktion zu unterstützen; ja für den Fürstenstaat des 17. und 18. Jahrhunderts kann die aktive Unterstützung bürgerlich-ökonomischer Interessen durchaus im Gegensatz zu seinen sonstigen Interessen stehen[63].

Der Landesfürst stützt sich bei seinen ökonomischen Bestrebungen auf ein politisch weitgehend machtloses Bürgertum – der Ausdruck »Staatsbürger« ist in dieser Weise durchaus vieldeutig, auch als possessiver Anspruch zu verstehen. Indem er die bürgerliche Erwerbstätigkeit in seinen Dienst nimmt, hebt und stärkt er auf der anderen Seite auch den ganzen Bürgerstand.

Da der Staat von einer auf das Erwerbsstreben gerichteten Wirtschaftsgesinnung getragen wird und seine Reichtumssteigerung durch den Appell an den Eigennutz des einzelnen erzielt, etwa im Sinne von Johann H. G. von Justi, wonach »jedermann durch seinen Fleiß vermögend sey, sich diejenigen moralischen und zeitlichen Güter zu erwerben, die er nach seinem Stand zu vergnügtem Leben nöthig hat«[64], führt der Macht- und Reichtumszuwachs des Staates zugleich auch zur Stärkung des Bürgertums, das sich nach und nach der absolutistischen Fesseln zu entledigen und verschiedene privatwirtschaftlich organisierte Freiräume zu schaffen weiß. Es kommt zu einer Symbiose, einer Art »Kompaniegeschäft« des Staates

[62] Schmoller, Merkantilsystem, 1879, S. 37. Dabei erscheinen merkantilistische Prinzipien zur Unterstützung staatlicher Souveränitätsansprüche, wie die Debatte um den sogenannten Neomerkantilismus in der Zwischenkriegszeit des 20. Jahrhunderts zeigt, durchaus nicht an eine bestimmte Zeit gebunden, sondern sind Erscheinungsweisen, die sich in verschiedenen Geschichtsepochen manifestieren können.

[63] Der Primat der allgemeinen Staatsräson zeigt sich etwa in der Auflösung der Ostende-Handelskompanie durch Kaiser Karl VI., der diese seinem Ringen um die pragmatische Sanktion zur Regelung seiner Erbfolge opfert.

[64] Justi, Staatswirthschaft, I, 1758, § 32.

mit dem vom Bürgertum getragenen emporstrebenden Kapitalismus, wie dies Werner Sombart einmal treffend genannt hat[65]. Die Existenz einer handels- und manufakturbetreibenden Bourgeoisie verschafft dem Staat zunächst neue Einkommensquellen. Die Interessen von Bürgertum und Staat erscheinen solcherart übereinstimmend: Der Staat muß Handel und Manufaktur fördern, um seine Einkünfte zu steigern, und die Bourgeoisie wiederum braucht ihrerseits die Unterstützung der Staatsmacht, die durch militärische und diplomatische Politik die Expansion des kapitalistischen Sektors auf Kosten auswärtiger Konkurrenten begünstigen und durch seine Infrastrukturpolitik erst die notwendigen volkswirtschaftlichen Rahmenbedingungen schaffen soll. Auf diese Weise werden im Laufe der weiteren Entwicklung alle der Wirtschaft bisher gesetzten rechtlichen, psychologischen und sozialen Schranken endgültig beseitigt; die Wirtschaft setzt alsbald an, alle anderen Lebensbereiche zu überwuchern und zu »ökonomisieren«, das Marktprinzip wird zum ausschlaggebenden Organisationsprinzip für die meisten Menschen. Dabei sollte man sich über die Stärkeverhältnisse keinen Illusionen hingeben: »Die Massen erfreuten sich eines gewissen Maßes an Schutz, obwohl dieser je nach Zeit und Land sehr verschieden war, und sie lebten unter einem Regime geregelter Ausbeutung. Der hohe und niedere Adel mußte sich fügen, fand aber sein Auskommen und seine Beschäftigung. Das Bürgertum wurde nach wissenschaftlichen Grundsätzen ausgebeutet und geschützt – wie das Wild in einem gutgepflegten Tierpark –, damit es im Zustand angemessener Unterordnung und Zufriedenheit blieb. Dieser ausgeklügelte Organismus war so gestaltet, daß er dem Glanz des Fürsten, dem Hofe und der Armee durch Bereitstellung eines Maximums an Überschüssen diente, die zur Finanzierung eines einzigen großen Ausgabenzentrums abgeschöpft wurden«[66].

Es ist klar, daß die politische Intervention des Staates zugunsten von Handels- und Manufakturinteressen auf einer politischen Vertretung solcher Interessen im Staatsapparat beruht. Die »Verbürgerlichung« der Gesellschaft, insbesondere der Bürokratie, ist in diesem Zusammenhang von Bedeutung. Der Erfolg des holländischen und englischen Kapitalismus beruht nicht zuletzt darauf, daß die bürgerlichen Schichten schon früh-

[65] Vgl. Sombart, Moderner Kapitalismus, I/1, 1919, S. 369.
[66] Schumpeter, Konjunkturzyklen, I, 1961. S. 247.

zeitig zu den Machtträgern aufrücken und damit der absolutistische zum »bürgerlichen« Staat werden kann[67]. Ein besonderer Ausdruck dieser Verbürgerlichung ist die Durchsetzung des Marktprinzips.

Das marktwirtschaftliche Konkurrenzprinzip wird aber nicht nur in der Wirtschaft zum »ausschlaggebenden Regulator der Produktions-, Konsum- und Lebenschancen der übergroßen Mehrheit«, sondern auch innerhalb des europäischen Staatenverbandes herrscht eine rücksichtslos um sich greifende Konkurrenz, ein Zwang zur Anspannung aller Kräfte und Arbeitsenergien, ein Impuls, »angesichts bestehender Niveauunterschiede mit den entwickelteren Pionierländern jeweils mitzuhalten«[68]. Als Vorbilder gelten zunächst die Niederlande, Frankreich und später vor allem England, wo sich dieser »westliche« Wirtschaftsstil zuerst durchsetzt. Dem vorherrschenden Menschenbild des *homo oeconomicus,* des Konkurrenzwesens, entspricht dabei auf globaler Ebene die Vorstellung der sich ebenso wie Individuen verhaltenden, um die Ressourcen der Welt konkurrierenden Staaten. Da letztere aber – zumindest in der Vorstellung – begrenzt sind, ergibt sich daraus das Bild eines »Null-Summenspiels«, was aus der Funktion des Handels, die im Austausch überschüssiger Güter besteht, abgeleitet werden kann. Gedacht wird hier auf der Ebene der Zirkulation, nicht der Produktion; allerdings wird über die Annahme, daß Handel Reichtum schaffe, die Umwandlung von Gütern in Waren vorausgesetzt und damit über den Warenbegriff die Produktionsebene indirekt einbezogen. Politik und Ökonomie dieser Zeit sind eben ohne diese interne und externe Konkurrenzsituation nicht verständlich; im Inneren der Konflikt zwischen Fürst und Ständen, zwischen Zentralgewalt und Föderalismus, zwischen den einzelnen, sich nur mehr atomistisch zur Gesellschaft zusammenfügenden Individuen, und nach außen der Konflikt zwischen einzelnen um Macht wetteifernden Staaten: »Der frühmoderne Staat entstand als Teil eines Staatensystems. Mit der Verrechtlichung der Beziehungen innerhalb des Territoriums, die zur Aufhebung innerterritorialer Konkurrenz von Herrschaften führte, korrespondiert eine Verrechtlichung der zwischenstaatlichen Beziehungen durch international anerkannte Verkehrsregeln (Völkerrecht). Sie wurden vermittelt

[67] Vgl. Hindess/Hirst, Vorkapitalistische Produktionsweisen, 1981, S. 266f.
[68] Wehler, Entwicklungsbedingungen, 1978, S. 5.

über Durchsetzung und Anerkennung von Fürstendynastien (Hausverträge). Wenngleich ein Friede in der frühen Neuzeit noch zwischen Fürstenhäusern ... geschlossen wurde, schlichtete er doch nicht mehr Konflikte sozialer Gruppen im Sinne der Wiederherstellung der Ehre, sondern regelte zwischenstaatliche Beziehungen zur Sicherung neuer politischer (und ökonomischer, Anm. d. Verf.) Vorteile und begründete damit erstmals hegemoniale Vorrangstellungen in einem an sich gleichberechtigten Staatensystem.«[69]

16. Die Bildung des »ökonomischen Leviathan«

Die Soziogenese des Zentralstaates aus dem *oikos*, dem Rahmenhaushalt des Fürsten, führt zur Verschmelzung zweier bisher streng geschiedener Bereiche, des privaten wie des öffentlichen. Verdeutlicht werden kann diese seltsame Zusammenfügung zweier bis dahin getrennt existierender Sphären an dem Auftauchen und schließlichen Durchsetzen einer Bezeichnung, die in dieser Zusammensetzung bis dahin undenkbar war, nämlich des Terminus' »politische Ökonomie«, der als eigener Begriff erst in der Manufakturperiode aufkommt[1].

Wahrscheinlich wird der Begriff »politische Ökonomie« erstmals im Titel eines Buches von Antoine de Montchrétien, Sieur de Vasteville, verwendet, einer praktischen Wirtschaftslehre für Gewerbe, Handel und Schiffahrt. Das Neue dieses Werkes liegt im Titel: ›Traicté de l'économie politique dedié en 1615 au Roy et à la Mère du Roy‹. Allein wegen dieses Titels kommt ihm Bedeutung zu; der Inhalt des Werkes ist eher traditionell, eine Abgrenzung und Profilierung eines neuen Fachgebietes wird darin noch nicht vorgenommen. Ob es sich um reine Zufälligkeit oder das Ergebnis politökonomischen Räsonierens handelt, ist unklar[2]. Mit diesem neuen Ausdruck »politische Ökonomie« öffnet sich jedenfalls eine gesellschaftliche, von den Zeitgenossen erfahrene Zäsur. Denn trotz aller Unterschiede zwi-

[69] van Dülmen, Europäische Gesellschaft, 1981, S. 33.
[1] Vgl. MEW 23, S. 386.
[2] Vgl. Arikin, Ökonomen, 1947, S. 42; Kramm, Politische Ökonomie, 1979, S. 20ff.

schen Antike und Mittelalter, trotz des immer gesehenen Zusammenhangs zwischen *oikos* und *politike*, eine Verbindung derselben war bis dahin einfach nicht vorstellbar. Ökonomie und Politik gehörten verschiedenen, genau abgegrenzten Bereichen an. Dabei müssen wir uns klarmachen, wie außerordentlich schwierig es für uns ist, eben aufgrund der neuzeitlichen Entwicklung, dieses fundamentale und radikale Auseinanderfallen von öffentlich und privat, diese Trennung zwischen dem »Raum der Polis und dem Bereich des Haushaltes und der Familie, schließlich den Tätigkeiten, die der Erhaltung des Lebens dienen und denjenigen, die sich auf eine allen gemeinsame Welt richten«[3], überhaupt zu verstehen. Denn was immer »ökonomisch« war, nämlich notwendig zum Leben des einzelnen, auch zum Überleben der Gattung, war »privat«; damit galt es als nicht-politisch, es gehörte nicht dem Bereich des »Öffentlichen« an. Politisches Handeln hatte vielmehr umgekehrt als Voraussetzung die Verfügung über einen *oikos*. Dies war gleichbedeutend damit, sich nicht um private Lebensnotwendigkeiten kümmern zu müssen.

Um so schwieriger ist es für uns, dies zu verstehen und auseinanderzuhalten, weil im neuzeitlichen Diskurs, vor allem seit dem 17. und 18. Jahrhundert, jeder Volkskörper, jedes politische Gemeinwesen als in einem überdimensionalen *oikos* durchgeführt verstanden wird. Wo bleibt aber der politische Verkehr zwischen den freien Besitzern der Häuser, wenn sich eine Zentralmacht durchsetzt, die sich als Staatshoheit und oberste Gewalt- und Machtinstanz versteht? Der *Super-Oikos* des Zentralstaates – eine andere Organisationsform war und wird nicht entwickelt – läßt allmählich den Verkehr von »Gleichen« miteinander im Sinne des *zoon politikon* als eine antiquierte Fiktion erscheinen. Vergessen wird dabei, daß damit möglicherweise eine andere Entwicklung abgeschnitten wurde, die über die Weiterentwicklung ständisch-genossenschaftlicher Organisationen zu neuen Formen der politischen Partizipation hätte führen können[4].

Signifikant für die gewandelte Situation und charakteristisch für die Schwierigkeit der adäquaten Erfassung der Sinnänderungen – zufolge derer der Bereich der Kommerzien, des Handels, des Tausches erst eine feste begriffliche Form finden muß,

[3] Arendt, Vita activa, 1960, S. 32.
[4] Vgl. Dittrich, Kameralisten, 1974, S. 26.

ebenso wie der Begriff des Politischen – ist Johann Joachim Bechers ökonomisches Hauptwerk ›Politischer Discurs‹ mit dem Untertitel: ›Von den eigentlichen Ursachen, deß Auff- und Abnehmens der Städt, Länder und Republicken, in specie, Wie ein Land volckreich und nahrhafft zu machen, und in eine rechte Societatem civilem zu bringen: auch wird von dem Bauern, Handwercks= und Kauffmann=Standt, derer Handel und Wandel, Item, Von dem Monopolio, Polypolio und Propolio, von allgemeinen Land=Magazinen, Niederlagen, Kauff=Häusern, Montibus Pietatis, Zucht= und Werck=Häusern, Wechselbänkken und dergleichen außführlich gehandelt‹. Es erschien erstmals 1668 und erfuhr zahlreiche Auflagen.

Das ökonomische Hauptwerk David Humes – rund 80 Jahre (1752) später entstanden – trägt ebenfalls den Titel ›Politischer Diskurs‹. Dies entspricht der alten Denktradition. Der Verkehr der »Häuser« über den Markt (Handel im kommerziellen Sinn) kann noch mit »politisch« – im Sinne des gesellschaftlichen Handelns grundsätzlich als gleich angesehener freier Männer – bezeichnet werden. Will man kommerzielles Handeln irgendwo in der alten Denkstruktur berücksichtigen, dann kann es nur als Tausch zwischen Freien angesehen werden. Lediglich der Verkehr zwischen Freien ist »Politik«; »Ökonomie« hingegen ist eine Herrschaftsform, welche die Voraussetzung für politisches Handeln oder Muße bildet. Die Verschmelzung der beiden bisher getrennten und lediglich über die Person des *pater familias* miteinander in Beziehung stehenden Sphären im neuen Super-Oikos, in der politischen Ökonomie des (Fürsten)staates, korrespondiert mit dem Verschwinden des alten »Hauses« und der Entstehung der modernen Familie und des neuzeitlichen Individuums. Nicht länger sind es die »Hausherren«, die Besitzer von »Häusern«, in denen Frauen, Kinder, Knechte arbeiten, die als sozialprotektionistische Gruppen miteinander die Gesellschaft entwickeln, sei es in Auseinandersetzungen oder in Absprachen und gemeinsamen Aktionen. Sie spielen zwar auch weiterhin eine nicht unwesentliche Rolle, aber nicht mehr die entscheidende. Vielmehr treten neben die alten »Häuser« andere »Häuser« des Kommerzes bzw. des Gewerbes, die auch mit dem Namen Industrie (Gewerbefleiß) in Verbindung gebracht werden. Diesen »Häusern« ist der traditionale Bereich des »Politischen« nicht mehr offen, denn dieser Bereich der Öffentlichkeit wird zunehmend vom Zentralstaat und seiner »Polizey« okkupiert und umgestaltet. (Polizey hat die nämliche sprachgeschichtliche Wurzel wie Politik, wird allerdings in der burgundischen Kanzleisprache herrschaftlich, zum Zweck der Kontrolle verwendet.) Hingegen eröffnet sich im »Handel«, dessen Bedeutung erst im Spätmittelalter und der frühen Neuzeit von der ursprünglichen Bedeutung »etwas, womit man zu tun hat«[5] auf die heute gültige kaufmännische eingeschränkt wird, ein Betätigungsfeld für die »Herren«, die Besitzer von Häusern[6].

1745 findet sich ein Beitrag in der ›Grande Encyclopédie‹ mit dem Titel ›Economie politique‹ von Jean-Jacques Rousseau. In ihm wird aber die Ökonomie von der Politik – merkantilistisch – dominiert, von jener Politik, von der Montesquieu noch befürchtet, sie könnte sich durch Gewaltstreiche an den Händlern und Bürgern bereichern, von jener Politik, deren Macht zwar ungeheuer angewachsen ist, die sich aber aus dem Wissen, aus welchen Quellen ihr Reichtum kommt, vor der Macht der Bürger zu hüten hat. Dieser Politikbegriff hat jene Vorstellungen zur Grundlage, die in der Nachfolge von Machiavellis ›Principe‹ – im Gegensatz zum antiken und mittelalterlichen Sinngehalt – Politik die Bedeutung von Regieren einerseits und den Beigeschmack des Betrügerischen andererseits verleihen. Auch Adam Smith wird die »Geschicklichkeit jenes hinterlistigen und schlauen Geschöpfes, das man einen Staatsmann oder Politiker zu nennen pflegt«[7], hinnehmen: In gewissen Grenzen sind die Tätigkeiten der Politiker und Staatsmänner zu tolerieren, solange nicht wirklich der Verkehr der Bürger negativ davon beeinflußt wird.

Es ist aufschlußreich, daß Machiavelli im ›Principe‹ nie den Ausdruck »Politik« verwendet, denn in der ihn prägenden Tradition kann das, was er in diesem Werk beschreibt, nur als Tyrannei erfaßt werden[8]; ja, er verwendet an anderer Stelle »politisch« als geradezu der Tyrannenherrschaft entgegengesetzt. Der Urheber des spezifisch neuzeitlichen Verständnisses von Politik als Machtkunst gebraucht diesen Begriff selber für die von ihm empfohlenen Maximen nicht[9]. Offenkundig hält die Tradition diesen Begriff also noch viel zu stark besetzt.

[5] Kluge/Mitzka, Etymologisches Wörterbuch, 1975, S. 287.

[6] Die ursprünglich einheitliche Lehre vom *oikos* erfährt ihre Veränderung zur Lehre von der politischen Ökonomie und zur Lehre von der Betriebs(Haushalts-)führung, die ihre Elemente vor allem aus dem kaufmännischen Leben bezieht.

[7] Smith, Wealth of nations, IV.ii.39.

[8] Vgl. Riedel, Metaphysik und Metapolitik, 1975, S. 49.

[9] Vgl. Sellin, Politik, 1978, S. 810.

Mit James Steuarts ›Inquiry into the principles of political economy‹ (1767) setzt sich dann der Terminus »politische Ökonomie« endgültig durch. Er markiert zugleich das Ende jener Übergangsphase, die mit dem Ende des 16. und Beginn des 17. Jahrhunderts einsetzt und deren ökonomische Denkweise Michel Foucault als die der »Theorie der Reichtümer« kennzeichnet. Freilich gilt auch für Steuarts Werk noch die Vorrangstellung des Politischen vor der Ökonomie, eine Vorrangstellung, die erst allmählich in eine Pattsituation mündet. Sein Anliegen ist es nämlich, »die verwickelten Interessen der inneren Politik auf bestimmte Grundsätze zurückzuführen und in eine regelrechte Wissenschaft umzubilden«[10]. Er gibt somit im wesentlichen eine Empfehlung an einen Staatsmann in Form einer »gesellschaftlichen Wirtschaftslehre«. Dort ist ihr Ansatzpunkt; politisch wird sie genannt, um sie von einer »privatwirtschaftlichen« Deutung im Sinne des *oikos* abzuheben, die sie allerdings, wenngleich modifiziert und mit anderer Bedeutung ausgestattet, noch immer besitzt, nämlich in bezug auf den Haushalt des Fürsten(staates). Sein Werk ist aber keine »gesellschaftliche Wirtschaftslehre« in dem Sinn, daß sie sich an den Zielen der Gesamtgesellschaft orientieren würde. Vielmehr steht dahinter der Anspruch, daß die Vorstellung des »ganzen Hauses« auf den Staat übertragbar ist, aber auch, daß diese Übertragung – selbst bei Akzeptanz der Gesellschaft – die grundsätzlichen alten Herrschaftslinien unberührt ließe. Bestens wird dieser Anspruch an die (und in der) politische(n) Ökonomie eingefangen: »Was die Wirtschaft in einer Familie ist, das ist die Volkswirtschaft in einem Staate, doch mit dem wesentlichen Unterschiede, daß in einem Staate niemand Knecht, alle nur Kinder sind.«[11] Später, bei Jean Baptiste Say, löst sich dieses Analogon von Haushalt und Staat in globalen Dimensionen auf, wobei dann Friedrich List darauf hinweist, daß das, was Jean B. Say *économie publique* nenne[12], im Grunde genommen »politische Ökonomie« sei: »Wir können die ökonomischen Interessen der Familien mit dem Hausvater an der Spitze in Betrachtung ziehen; die bis dahin einschlägigen Grundsätze und Beobachtungen bilden die Privatökonomie. Diejenigen Grundsätze aber, welche auf die Interessen ganzer

[10] Steuart, Grundsätze, I, 1913, S. 3.
[11] Ebd., S. 22.
[12] Vgl. Say, Economie politique pratique, VI, 1829, S. 288.

Nationen, an und für sich sowohl als anderen Nationen gegenüber, Bezug haben, bilden die öffentliche Ökonomie. Die politische Ökonomie endlich handelt von den Interessen aller Nationen, von der menschlichen Gesellschaft im allgemeinen.«[13]

Signifikant für diese Entwicklung ist, daß die »Hausväterliteratur«, die in Wolf Helmhard von Hohberg[14] eine späte Blüte erlebt, sich einerseits zu einer Agrarlehre entwickelt, andererseits aber kaum in der »politischen Ökonomie« Verwendung findet und auch nicht finden kann. Späteren Ökonomen erscheint die Hausväterliteratur als ein kurioses Sammelsurium, nichts anderes als »eine Sittenlehre für Hausväter und Hausmütter, Kinder und Gesinde ...«[15] und eine untrennbar damit verbundene Lehre von der Hauswirtschaft und Landwirtschaft. Deshalb stehen die späteren Ökonomen wie Adam Smith, David Ricardo, Jean Baptiste Say, David Hume, die Physiokraten, auch William Petty und Richard Cantillon der alteuropäischen Ökonomik weitgehend fremd gegenüber. Die Diskursebene hat sich eben entscheidend verändert.

Aber das »Haus« der frühen Neuzeit wird noch als ein »sozialer Körper« der Schöpfungsordnung gesehen. Der Mensch findet je nach familiärer Rolle als Hausvater und -mutter oder als Kind, Knecht und Magd seinen Platz, den Ort seiner Entfaltung, seiner Pflichten und der Befriedigung seiner Bedürfnisse. Der Status ist vom »Haus« her bestimmt. Hier darf nicht auf den »sentimentalen« Familienbegriff, der sich seit dem 18. Jahrhundert durchsetzt[16], vorgegriffen werden, sondern die ursprüngliche Bedeutung beispielsweise des Vaters muß herangezogen werden. Sie ist eine rechtlich herrschaftliche – so z.B. weist die indogermanische Wurzel auf »führen«[17] hin –, und der Vater transzendiert den Bereich des »Hauses«, indem er es nach »außen« vertritt. Tendenziell umfaßt das »Haus« noch alle Lebensbereiche: Arbeit (Tätigkeiten) und Verbrauch (»Nahrung«), Erziehung und Ausbildung, ja auch die Religion finden ihren Platz im »Hause«. Die alte Verknüpfungsregel der »Ähnlichkeit« gilt weiterhin, und so wird das »Haus« sowohl als Bestandteil als auch Analogon des Staates, des sich durchsetzen-

[13] List, System der Politischen Ökonomie, 1959, S. 134f.

[14] Georgica curiosa oder Adeliges Land- und Feldleben, 1682; vgl. auch Brunner, Adeliges Landleben, 1949.

[15] Salin, Geschichte der Volkswirtschaftslehre, 1944, S. 68.

[16] Vgl. Schwab, Familie, 1975, S. 271ff.

[17] Vgl. Kluge/Mitzka, Etymologisches Wörterbuch, 1975, S. 210.

den und sich dabei modifizierenden Super-Oikos, gesehen. Die Einbindung des »Hauses« in den sich formierenden Zentralstaat ist – zumindest seit der Zeit der Reformation – noch dadurch gekennzeichnet, daß – vom »Haus« aus gesehen – kaum Barrieren gegenüber der Obrigkeit bestehen. Der Zugriff der Zentralmacht auf das »Haus« *(familia)*[18] ist strukturell offen. Das zunehmende Bewußtsein dieser Situation, die eine Gefahr für das »Haus« und die »Familie« darstellt, führt schließlich zur Begriffsbildung der modernen Familie, die sich in diesem neuen Verständnis erst im 17. und dann mehr und mehr im 18. Jahrhundert nachweisen läßt[19].

Der Einfluß und die Prägekraft des Staates auf die Familie und den einzelnen ist jedenfalls groß, ebenso aber die Förderung und die Vorbildfunktion des Staates und seiner Organisation auf gesellschaftliche Institutionen und Bereiche, sei es in der Bürokratie, im Heer und in den Produktionseinheiten der Manufaktur, der Arbeitshäuser und Proto-Fabriken. Diese herrschaftliche Prägekraft des Super-Oikos ist unübersehbar, ebenso wie das dahinterstehende Interesse; denn »... ein Fürst (muß) seinen Untertanen zunächst zu einem guten Erwerb verhelfen, wenn er etwas von ihnen nehmen will«[20]. Es verwundert daher nicht, daß der Herausgeber im Frontispiz des Werkes als Motto das Bild einer Schafschur verwendet und darunter den Vers setzt:

> Wenn eines klugen Fürsten Herden
> auf diesem Fuß genutzet werden,
> so können sie recht glücklich leben
> und dem Regenten Wolle geben.
> Doch wer sogleich das Fell abzieht,
> bringt sich um künftigen Profit.

[18] Nicht uninteressant ist, daß der Begriff Familie nicht nur aus dem Lateinischen, und zwar in der Verwendung *familia* als (adeliges) Geschlecht, sowie aus dem mittelalterlichen Latein, wo er vorherrschend die Bedeutung des Gesindes hatte, ins Deutsche einfließt, sondern auch aus der Weiterentwicklung im Französischen, wie die Verwendung von *famille* zeigt. Das Wort *famille,* das im Spätmittelalter sowohl die Dienerschaft als auch die durch Verwandtschaft oder Ehe verbundenen Personen bezeichnet, die unter dem nämlichen Dach wohnen, nimmt im Französischen eine dem deutschen Familienbegriff ähnliche Entwicklung: Sicherlich auch aufgrund der Einflüsse der wissenschaftlichen (staatsrechtlich-ökonomischen) Sprache, ersetzt zuerst der neue Familienbegriff den älteren, ohne am Inhalt etwas zu ändern, bis schließlich seit der Mitte des 18. Jahrhunderts der Familienbegriff sich auf die Einzelfamilie beschränkt.

[19] Vgl. Schwab, Familie, 1975, S. 266.

[20] Schröder, Fürstliche Schatz- und Rentkammer, 1752, Vorrede.

Darin verbindet sich der herrschaftliche Blick deutlich mit dem Interesse an der Expansion des Handels und des Geldwesens. Dieses Verschmelzen des herrschaftlichen Interesses mit dem bürgerlichen Handels- und Gewinninteresse und dem Geldwesen manifestiert sich unter anderem in der Übernahme der Geldpolitik in den Einflußbereich des Staates. Die Möglichkeiten der Gewaltinstanz des Zentralstaates übertreffen die Möglichkeiten der Regelung durch die Kaufleute, so daß erst die Übernahme und Nutzung durch den Staat dem Geldwesen die vollständige Durchdringung der Gesellschaft erlauben: Die zahlreichen Zusammenbrüche italienischer Bankhäuser, welche das auf Übereinkunft der Kaufleute und Händler beruhende Geldsystem zunächst beherrschten, führen in der Folgezeit zu einer Gründungswelle von öffentlichen Banken im 17. Jahrhundert. Zuerst muß das Geldwesen das alte Gemeinwesen auflösen, bis es selbst zum neuen Gemeinwesen wird.

Aus dem Blickwinkel des Bürgers versucht man, die Ökonomie als eigene Sphäre zu sehen, ohne dabei die regelnde und sichernde Instanz des Staates (die Macht des absoluten Herrschers) in Frage zu stellen. Die über das Geld ermöglichte Universalisierung des Warentausches, innerhalb deren Schranken sich auch Kauf und Verkauf der Arbeitskraft bewegen, ist in der »Tat ein wahrer Garten Eden der angeborenen Menschenrechte. Was allein hier herrscht, ist Freiheit, Gleichheit, Eigentum ... (denn jedem ... ist nur um sich zu tun) ...«[21]. Eben weil es zwischen den Subjekten des Austausches bloß informelle und verschwindende Unterschiede gibt, bildet die Zirkulationssphäre die »Oberfläche der bürgerlichen Gesellschaft«.

Dieses Durchsetzen der Kreislaufbetrachtung korrespondiert mit der Entwicklung langer Handlungsketten. Der Unterschied zu den kurzen Handlungsketten des fehdenreichen Mittelalters, den Ausscheidungskämpfen des (Krieger-)Adels mit ihren intensiven Gefühlsschwankungen, wird von Norbert Elias anhand der »Benimmbücher« exemplarisch dargestellt. Die Ausblendung der Entscheidungsprivilegien bestimmter Gruppen, die im Endeffekt vom Staat garantiert oder zugewiesen werden und denen sich nachgeordnete Gruppen einfach unterordnen müssen, findet ihre Begründung darin. Das »tauschende« Individuum, der Herr eines Hauses und Verfüger über den Überschuß, ist der Ausgangspunkt der Erzeugung von Reichtum.

[21] MEW 23, S. 184.

Wie Colbert erklärt, ist »der Handel ... die Quelle der Finanzen, und die Finanzen sind der Lebensnerv des Krieges«[22]. Die wirtschafttreibenden Bürger stipendieren den Super-Oikos des Fürstenstaates auf dem Wege ihrer Steuerleistung.

Die Begründung des neuzeitlichen Steuer- und Beamtenstaates aus dem Finanzwesen des Absolutismus führt zu einem Phänomen, das Norbert Elias »eine der wichtigsten Struktureigentümlichkeiten ..., eine der Schlüsselstellungen im Aufbauen des Absolutismus und – bis zu einem gewissen Grade – des Staates überhaupt«[23] genannt hat, nämlich, daß die Ausgaben die Einnahmen bestimmen und nicht umgekehrt. Die zentralistische Staatsmacht ist also von ihren ersten Anfängen an mit einem steigenden Steuerdruck verknüpft, der sich schon aus den wachsenden staatlichen Aufgaben erklärt. Bereits Joseph A. Schumpeter weist darauf hin, daß »der unmittelbar formende Einfluß der Finanzbedürfnisse und der Finanzpolitik des Staates ... in manchen Geschichtsperioden so ziemlich alle großen Züge der Dinge«[24] erklärt. Ohne Zweifel hat das Finanzwesen für die Genese des Staates und der absolutistischen Herrschaftstechnik eine ganz zentrale Bedeutung. So unterscheidet etwa schon der französische Staatstheoretiker Cardin le Bret in seinem 1632 verfaßten Werk ›De la souverainité du roy‹ zwischen absoluter und eingeschränkter Monarchie: Nur in der absoluten können die Fürsten »allein aufgrund ihrer Autorität und ohne Zustimmung ihrer Untertanen die Abgaben festsetzen und Subsidien einheben, wenn sie urteilen, es sei für das Wohl ihrer Angelegenheiten notwendig«[25]. Da Staat und Etatwesen von Beginn an als synonyme Begriffe auftreten, könnte man den vielzitierten und Ludwig XIV. zugeschriebenen Ausspruch »l'état c'est moi« auch unter dem Aspekt sehen, daß hier der absolute Herrscher das Etatwesen »verstaatlicht«, eben die Steuerhoheit durchsetzt.

Weitere Belege dafür sind leicht zu erbringen: »Pecunia est nervum gerendarum« gilt als die Devise König Friedrich Wilhelms I., des Schöpfers der absoluten Monarchie in Preußen. Sein Nachfolger Friedrich II. macht diesen Zusammenhang auch in seinem politischen Testament von 1752 deutlich, wenn er feststellt: »Soll das Land glücklich sein, will der Fürst geach-

[22] Zit. in Heckscher, Merkantilismus, II, 1932, S. 7.
[23] Elias, Prozeß der Zivilisation, II, 1977, S. 302.
[24] Schumpeter, Krise des Steuerstaates, 1976, S. 331.
[25] 3. Buch, 7. Kap., S. 395f.

tet werden, so muß es unbedingt Ordnung in seinen Finanzen halten.«[26] Fast gleichlautend schreibt auch sein Zeitgenosse Wenzel Anton Graf Kaunitz, der Reformator des österreichischen Staatswesens im Zeitalter Maria Theresias: »Unter allen Gegenständen, welche die Aufmerksamkeit einer weisen Regierung am meisten erfordern, ist eines der allerwichtigsten der öffentliche und allgemeine Credit des Staates.«[27] Von solchen Feststellungen über die Bedeutung der Finanzen für den Staat des Absolutismus ließen sich noch viele anführen, so etwa das bekannte Goethewort vom Golde, an dem alles hänge und zu dem alles dränge. Der Dichter wußte wohl, wovon er redete, schließlich war er von 1782 bis 1788 Chef der Finanzkammer im Weimarer Geheimen Rat. Zitiert sei auch noch des Philosophen Arthur Schopenhauer ironische Feststellung in seinen ›Parerga und Paralipomena‹, in früheren Zeiten sei der Glaube die Stütze des Thrones gewesen, heutzutage aber der Kredit.

Vor allem in Mitteleuropa findet der »Fiskalismus seine umfassendste und deutlichste Ausprägung«, und nicht von ungefähr werden hier die Wirtschaftstheoretiker des 17. und 18. Jahrhunderts als »Kameralisten« bezeichnet. Dies deutet darauf hin, daß dem *Camerale*, also den landesherrlichen Finanzen, in allen gelehrten Betrachtungen eine zentrale Bedeutung beigemessen wird. Schon Johann Heinrich Gottlob von Justi (1717–1771) verweist im Vorwort zu seiner ›Staatswirthschaft‹ (1755) darauf, daß es die Aufgabe der »Staatswirtschaftslehre« des Kameralismus sei, zu zeigen, auf welche Weise der Landesherr bzw. der in diesem verkörperte Staat, sich zur Dekkung seiner Ausgaben die nötigen Einkünfte verschaffen und eine Steigerung dieser Einkünfte bewirken könne, ohne dabei die Wirtschaft seines Landes zu ruinieren. Die Kameralisten versuchen nachzuweisen, daß eine zweckmäßige Finanzpolitik die Wirtschaft nicht nur nicht schädige, sondern sie sogar zu fördern geeignet sei und als wirtschaftspolitisches Regulativ dienen könne, sofern man sie nur nach »vernünftigen« Grundsätzen handhabe. Ein solches Denken ist allen auf zentralstaatlicher Organisation basierenden Institutionen offenbar gemeinsam.

Ökonomie und Finanzen sind den Kameralisten aber nicht Selbstzweck, sondern nur ein Mittel, den höchsten Endzweck

[26] Friedrich d. Große, Politisches Testament, 1974, S. 6.

[27] Kaunitz, Oberherrliche Gewalt, 1768/69, zit. in Schasching, Staatsbildung und Finanzentwicklung, 1954.

zu realisieren, um dessen willen sich die Menschen überhaupt zu staatlichen Gemeinschaften zusammengeschlossen und auf einen Teil ihrer individuellen Freiheit verzichtet haben, nämlich die Erreichung individueller »Glückseligkeit« und damit zugleich allgemeiner Wohlfahrt, oder wie es der Utilitarist Jeremy Bentham ausdrückt, »das größte Glück der größten Zahl«. Der Fürst des aufgeklärten Absolutismus bezieht einen Teil seiner Legitimation daraus, daß er sich diesem höchsten Staatszweck ebenfalls unterwirft. Daraus leiten die Kameralisten die Berechtigung des Staates ab, von seinen Untertanen, den Staatsbürgern Abgaben zu fordern.

Die Durchsetzung dieser Prinzipien stößt naturgemäß auf den Widerstand der alten Stände, die eine generelle Steuerpflicht nicht anerkennen wollen und selbst dann noch die Steuern als freiwillige Beiträge zu den landesherrlichen Ausgaben betrachten, als die Steuern de facto längst zu einer regelmäßigen Einrichtung geworden sind. Prinzipiell halten sie jedoch immer noch an der Meinung fest, die fürstlichen Ausgaben sollten aus dem landesherrlichen *Camerale,* wozu alle Einkünfte aus den Domänen und Regalien sowie landesfürstliche Mauten und Zölle gerechnet werden, gedeckt werden, während das *Contributionale* lediglich eine von Fall zu Fall zu bewilligende Leistung der Stände darstelle.

Hinter dieser Ablehnung der Steuern als regelmäßige Staatseinnahmen durch die traditionellen politischen Institutionen der Ständeverfassung steckt zunächst das materielle Interesse der Steuerpflichtigen gegenüber einer Zwangsabschöpfung. Zum anderen verbirgt sich dahinter aber auch verfassungspolitisch eine durch die finanzielle und damit politische Stärkung des Landesfürsten bewirkte Minderung des politischen Einflusses der Stände. Sobald aber dem Fürsten das Recht der Steuereinhebung, wenn auch nur subsidiär für den Staat, zugestanden wird – woraus in der Folge die Steuerpflicht der Untertanen resultiert –, muß dafür auch eine theoretische Begründung geliefert werden. Diese besteht darin, daß den »Untertanen« der Schutz des Staates nach innen und nach außen zuteil werde und damit jeder einzelne aus der staatlichen Gemeinschaft einen individuellen Nutzen zöge, weil er seine »Glückseligkeit« nicht anders zu verwirklichen imstande sei, als im Schoße der staatlichen Gemeinschaft. Die Steuern stellen gleichsam den Preis für den Dienst dar, den der Staat für seine Bürger leistet.

Die Theoretiker dieser Zeit sind in erster Linie treue Diener des Absolutismus, der zu seiner gesellschaftlichen Konstituierung der Armee und der Polizei, der Monopolisierung der Gewalt, des Krieges nach innen und außen, bedarf. In doppelter Weise wird die konzentrierte und organisierte Gewalt des Staates eingesetzt, um die neuzeitliche kapitalistische Denkweise und Wirtschaftsform durchzusetzen.

Dieser Auffassung, die bei der Teilung der Gemeinschaft in Staat und Gesellschaft dem Staat den Vorrang einräumt, steht eine andere gegenüber, die der Handel treibenden, dem Privatinteresse verpflichteten und so verstandenen Gesellschaft von Bürgern mehr Zutrauen entgegenbringt. Sie meint, daß die Menschen mit dem »stummen Zwang der ökonomischen Verhältnisse« selber bestens fertig werden. Wenngleich auch hier der Fürstenstaat wesentlich zur Durchsetzung der neuen Prinzipien beiträgt, so kommt der wichtigste Anstoß doch von der neuen Handel und Manufaktur treibenden Klasse selbst. Diese Haltung resultiert aus dem Stolz auf die Ausübung wichtiger neuer gesellschaftlicher Funktionen, aus der Zurückweisung der traditionalen Wertmuster der »parasitären« aristokratischen Lebensweise und aus dem Verlangen nach entsprechender gesellschaftlicher Anerkennung: »Der einzelne, der mit den Menschenrechten ausgestattet und vor allem von der Vergangenheit ererbten ›künstlichen‹ Statusfesseln befreit war, sollte sich mit anderen einzelnen messen und das Glück suchen, das er verdiente.«[28]

Die scheinbare Versachlichung und »Rationalisierung« der gesellschaftlichen Beziehungen der Menschen in einer bürgerlichen Welt bedeutet die Ersetzung der den Feudalismus durchziehenden Gewaltstrukturen, die auf persönlichen Abhängigkeiten beruhten, durch Geldverhältnisse. Diese lassen im entwickelten Austauschsystem zu, daß die Individuen unabhängig scheinen und »frei« aufeinander reagieren: *l'argent n'a pas de maître.* Die Illusion läßt vergessen, daß – um im erwähnten Bilde von Wilhelm von Schröder zu bleiben – ja auch irgendwo das Schaf geschoren werden soll.

Ein Prozeß gewinnt an Bedeutung und setzt sich in objektiven, vom einzelnen nur mehr auswählbaren und nicht mehr selbst entwickelbaren Verhaltensweisen durch, die aber das Individuum mit Reflexion und aufgrund gesellschaftlich-struktureller Veränderung bewältigen kann. Es ist jene Entwicklung,

[28] Moore, Ungerechtigkeit, 1982, S. 182f.

die, immer wieder durch feudale Kräfte zugedeckt und zurückgeworfen, auf die »Eingliederung einer auf Plünderung, Schenkung und Freigebigkeit beruhenden Wirtschaft in den Rahmen der Geldzirkulation«[29] zielt, und dies auch unter anderem durch die Auflösung und Umformung des »Hauses« und seiner personalen Herrschaftsstruktur erreicht. Es handelt sich um die Ersetzung personaler Abhängigkeiten durch eine wesentlich »effizientere«: Anstelle von Fronen und sonstigen pflichtigen Arbeitsleistungen treten Formen von Entlohnung (Tag- und Stücklöhne), die eine Disziplinierung der Arbeitskräfte durch eine Internalisierung der Motivation erreichen. Bereits in einer agrarischen Empfehlung aus dem 13. Jahrhundert wird dies deutlich ausgesprochen, wenn für bestimmte Arbeiten eine bestimmte Zeit vorgegeben wird. Ob diese Vorgabe eingehalten wird oder nicht, bleibt den Taglöhnern anheimgestellt, denn »... wenn sie mehr Tage anrechnen, als gerechtfertigt ist, so bezahlt diese nicht, denn es ist ihr Fehler, wenn sie nicht so gut gearbeitet haben, wie es ihre Aufgabe wäre«[30].

Die Macht des Geldes weiß auch schon der Hofprediger und Provinzial des Augustinerordens Abraham a Santa Clara (1644 bis 1709) zu schätzen: »Grad machen, was krump ist, bescheid (d.i. fügsam) machen, was plump ist; schön machen, was schlecht ist; link machen, was recht ist; jungk machen, was alt ist; warm machen, was kalt ist; schwer machen, was leicht ist; tief machen, was seicht ist; hoch machen, was nieder ist; lieb machen, was zwider ist; ist ja viel und aber viel. Und dies alles kann das Geld; Geld ist das Mächtigste in der Welt.«[31]

Das Geld erweist sich also nicht nur als Rechengröße, Wertaufbewahrungs- und Tauschmittel, sondern vor allem auch als ein »rationales« Herrschaftsinstrument. Hegels Diktum, im Gelde liege das formale Prinzip der Vernunft vor, und Marx' Feststellung, das abstrakte Denken sei das Geld des Geistes, betonen die durchgängige, aber zumeist verschwiegene Gewaltorganisation des menschlichen Lebens, nämlich seine Rechenbarmachung. Daß die Durchsetzung des Tausches, dieses Rechenhaftwerden, auch Normierung auf anderer Ebene erzwingt, was wiederum eine Internalisierung von Angst erzeugender, aber auch Sicherheit vermittelnder Herrschaftsgewalt

[29] Stamm, Ursprünge der Wirtschaftsgesellschaft, 1982, S. 21.
[30] Ebd., S. 23.
[31] Santa Clara, Auff, auff ihr Christen, 1691, S. 251.

ist, zeigt der soziale Disziplinierungsprozeß, organisiert nach dem mechanistischen Paradigma, das die Naturwissenschaften des 16. und 17. Jahrhunderts beisteuern.

James Steuart spricht in seinen ›Principles‹ (1767) von der steigenden Notwendigkeit – nicht nur infolge der Bevölkerungszunahme und der größeren Verwaltungseinheiten, sondern auch der Vertiefung und Komplizierung des Produktionssektors –, alle relevanten Bereiche administrativ zu erfassen. Einen Niederschlag findet das in der wachsenden Bedeutung der »Polizeywissenschaften« in den Schriften der Kameralisten und »politischen Arithmetiker«. Es geht ihnen um die rentable und disponible Nutzung von Arbeitskräften. Als ein ökonomisches und qualifikatorisches Problem ersten Ranges bedarf es dazu neuer Verfahrensweisen, die der expansiven Tendenz wie auch der produktiven Kapazität dieser Zeit entsprechen. Es sind »Disziplinen«, deren Aufgabe es ist, »die Vielfältigkeit der Menschen und die Vervielfachung der Produktionsapparate in Übereinstimmung zu bringen (wobei unter Produktion auch die Produktion von Wissen und Fähigkeiten in der Schule, die Produktion von Gesundheit in den Spitälern, die Produktion von Zerstörungskraft mit der Armee zu verstehen ist)«[32]. Diese »Disziplinen« haben die Aufgabe, unmittelbar für gesellschaftliche Steuerungsprozesse verwendbar zu sein. Einerseits umfassen sie Suchprozesse, die Tatsachen feststellen und somit auch beschreiben, andererseits aber Kontroll- und somit auch Aussonderungsprozesse. Erstere stützen letztere empirisch ab. Die obige Aussage James Steuarts umschreibt jene Disziplinierungen, die im Rahmen des Super-Oikos gegenüber jedermann Platz greifen: »Insbesondere haben alle Formen der Ausbeutung des Menschen durch den Menschen auf religiösem wie auf ökonomischem Gebiet – Ausbeutung der Kolonialvölker, Ausbeutung der Frau, der Kinder – sich das Phänomen Autorität, das einen Ursprung in der biologischen und psychologisch-affektiven Abhängigkeit des Kleinkindes vom Erwachsenen hat, zunutze gemacht.«[33]

Die Willkürlichkeit des Politischen wird von den Individuen, die sich verändert haben, mehr und mehr internalisiert. Diese Akzeptanz des Rahmens, der nicht mehr in Frage gestellt werden darf, ermöglicht es, die wachsende Inanspruchnahme dieser

[32] Foucault, Überwachen und Strafen, 1977, S. 281.
[33] Mendel, Entkolonialisierung des Kindes, 1973, S. 12.

Struktur durch die Bürger als Emanzipationsprozeß zu erfassen: Die *politische Ökonomie* ist tendenziell darauf gerichtet, den Reichtum der Völker zu mehren, d.h. die Möglichkeiten zur Reichtumsvermehrung des einzelnen (Bürgers) zu verbessern und den Staat so auszustatten, daß er seine Aufgabe, nämlich dies zu gewährleisten, erfüllen kann. Der Staat, im Souverän repräsentiert, wird vom einzelnen als etwas Abgetrenntes, von der Gesellschaft Differentes erfahren. Nicht mehr die politische Zielsetzung bestimmt die Ökonomie, sondern die willkürliche Verfolgung ökonomischer Ziele bildet in der Vorstellung die Grundlage, an der sich Politik orientieren, die sie unterstützen und der sie sich unterordnen muß.

17. Die Verniedlichung des Handels: *doux commerce*

Dem Handel kommt eine konstitutive Rolle für die Ausformung der bürgerlichen Gesellschaft zu. Das den Handel charakterisierende Gewinnstreben ist allerdings bis etwa ins 16. Jahrhundert eine durchweg negativ besetzte Leidenschaft. Aufschlußreich sind in diesem Zusammenhang auch die etymologischen Wurzeln der mit dem Handel in Verbindung stehenden Begriffe[1]. Um die Tätigkeit des Handels positiv zu besetzen, ist daher eine Verharmlosung, wenn nicht eine Umdeutung notwendig. Diese wird dadurch erleichtert, daß sich in der »bürgerlichen Öffentlichkeit« zwei charakteristische Situationen ergeben: Die Kaufleute und die durch sie verkörperte *com-*

[1] Die Doppelbedeutung von *Hanse* (auch »bewaffneter Haufe«) und *Boucanier* (Seeräuber und Händler) zeigt die Verwandtschaft von Raub und Handel in der traditionalen Vorstellungswelt. Das lateinische *negotium* (*nec otium,* Nicht-Muße) zeigt ebenfalls die negative Besetzung des Handels, zumindest aus dem Blickwinkel der traditionellen Führungsschicht. Noch ein Hinweis: Kommerzieller Handel hat in keiner indogermanischen Sprache eine eigene Wurzel, sondern ist immer auf einen zusammengesetzten Ausdruck zurückzuführen, was auf das relativ späte Aufkommen des »Handels« als Tätigkeit verweist (und vielleicht auch auf die nicht besonders hohe Wertschätzung dieser Betätigung). So gibt Benveniste in seinem Vokabularium dem Abschnitt, der sich mit dem Handel beschäftigt, den treffenden Titel: ›Das Gewerbe ohne Namen‹. Eine weitgehende Gleichsetzung von Krieg und Handel – aus welchen Wurzeln auch immer kommend – nehmen u.a. Colbert und Child, also zwei prominente Vertreter des Merkantilismus, vor.

mercial society haben ein einheitliches Interesse, nämlich ihre Tätigkeit als positiv und im allgemeinen Interesse wirkend darzustellen. Der Adel, der sich teilweise mit den *nouveaux riches* zusammenfindet, ja wegen seiner zunehmend prekären Finanzlage finden muß, sieht hingegen das Geldverdienen aus dem feudalen Blickwinkel des Prunks, des Raubes, des Ruhms und Ranges als eine Tätigkeit an, um die nicht viel Aufhebens zu machen ist. Sie gilt zwar nicht als »standesgemäß«, aber – gemessen an den Rangstreitigkeiten und Fehden des Feudaladels – auch als vergleichsweise harmlos. So verwundert es nicht, daß einer der gebildetsten Männer seiner Zeit, Samuel Johnson, retrospektiv ein wenig herablassend meint: »Es gibt für einen Mann wenig Möglichkeiten, sich unschuldiger zu betätigen als beim Geldverdienen.«[2]

Albert O. Hirschman hat dieses verbale Herunterspielen des Handels und des Geldverdienens aus der Sicht der alten Oberschicht, die Verharmlosung dieser Tätigkeiten deutlich gemacht. Seine Zitate illustrieren auch, wie lange solche Strategien des Nichtsehenwollens lebendig bleiben können. So meint der Marquis de Vauvenargues noch in der Mitte des 18. Jahrhunderts: »Interesse (im Sinne von ›ökonomischer‹ Betätigung) schafft wenig Reichtum, (und) daß ein Mann von Rang im Kampf ehrenhafter und *rascher* zu Reichtum gelangt als ein gemeiner Mann durch Arbeit.«[3]

Aus der Sicht des traditionell kriegerisch eingestellten Feudaladels erscheint der Handel daher als vergleichsweise harmlos und friedfertig: »... es gilt beinahe allgemein die Regel, daß es da, wo sanfte Sitten herrschen, auch Handel gibt und daß überall, wo es Handel gibt, auch sanfte Sitten herrschen. Es ist also nicht verwunderlich, daß unsere Sitten weniger rauh sind, als sie früher waren ... Man kann mit demselben Recht behaupten, die Gesetze des Handels vervollkommneten die Sitten, wie sie sie verderben ...«[4] Montesquieu schließt mit dem Hinweis, daß die kriegerische Tüchtigkeit, die das Leben der Feudalität bestimmt, darunter leide, und Justi argumentiert: »Wenn eine Monarchie sich auf keine auswärtigen Commercien befleißiget, so handelt sie vollkommen ihrer Natur gemäß. Die Ehrbegierde ist die Seele und hauptsächlichste Triebfeder der Monarchien.

[2] Zit. in Hirschman, Leidenschaften und Interessen, 1984, S. 66.
[3] Ebd., S. 67.
[4] Montesquieu, Geist der Gesetze, 1965, S. 1.

Allein wenn sie blühende Commercien erlangen will, so muß sie diese Triebfeder, wo nicht gänzlich vernichten, doch sehr schwächen, weil der Eigennutz die hauptsächlichste Triebfeder des auswärtigen Handels ist.«[5]

Der ursprünglich kriegerische Aspekt des Handels wird höchstens angemerkt, nach Möglichkeit aber verdrängt. So wird es mit der Zeit möglich, die im ökonomischen Gewinninteresse unternommene Tätigkeit durch folgende Eigenschaften zu charakterisieren: Sie ist beständig, ohne von leidenschaftlichen Ausbrüchen tangiert zu werden, und sie ist harmlos, das heißt, sie hat keine bedeutsamen negativen Auswirkungen auf die Gesellschaft. Es ist nicht etwa so, daß man dem Handel und den damit verbundenen ökonomischen Interessen hohes soziales Prestige entgegenbrächte, aber er wird akzeptiert, was verständlich erscheint und auch mit der Sehnsucht nach Frieden im Einklang steht, denn: »Die natürliche Wirkung des Handels besteht darin, zum Frieden geneigt zu machen.«[6]

Adam Smith macht nochmals deutlich, wovon sich dieses ökonomische Interesse unterscheidet und wodurch es charakterisiert ist: »Was die Vergeudung betrifft, ist der Trieb, der zum Ausgeben verleitet, die Begierde nach augenblicklichen Genüssen, die, so heftig und unwiderstehlich sie auch zuweilen sein mag, doch gewöhnlich nur kurz und gelegentlich. Dagegen ist der Trieb, der zum Sparen treibt, das Verlangen nach Verbesserung unserer Lage, ein Verlangen, das zwar gewöhnlich ruhig und leidenschaftslos ist, uns aber von der Wiege an begleitet und bis zum Grabe nicht wieder verläßt.«[7] Es ist einsichtig, daß Adam Smith ersteres dem Adel zuschreibt und letzteres dem handeltreibenden Bürgertum.

Die historisch-gesellschaftliche Bedingtheit dieses Interesses zeigt sich in der Welt von Hirten- und Bauernstämmen, wo die Eigentumsverteilung den Großteil der Menschen zu Abhängigen weniger Fürsten macht. »Wo aber Menschen niederen Standes die Chance gegeben ist, durch ihre eigene Arbeitskraft zu Wohlstand zu kommen, und sie für ihren Broterwerb kaum noch um die Gunst der Höhergestellten hofieren müssen, dort dürfen wir wirklich erwarten, daß die Ideen der Freiheit allge-

[5] Occident (= Justi), Erzeugung des Menschen, 1769, S. 150.

[6] Montesquieu, Geist der Gesetze, 1965, S. 2. Im Friedensideal der Freihandelsbewegung findet dies seinen späten Nachhall.

[7] Smith, Wealth of nations, II.iii.28.

meine Verbreitung finden. Dies glückliche Zusammenspiel der Dinge ist der organische Ausfluß von Handel und Gewerbe.«[8]

Die unterschiedlichen Formen der Abhängigkeit der Menschen von Gewalt und Herrschaft bewirken jeweils andere Verhaltensweisen und Weltbilder. Die »befreiende« Wirkung des Handels kann sich in der neuen gesellschaftlichen Situation gegen die kriegerischen Leidenschaften der alten Oberschicht behaupten; das Bürgertum emanzipiert sich in der Folge aber auch von der Allmacht des Fürstenstaates.

Beruhte die Macht des Adels auf dem Besitz von Grund und Boden, auf Ansprüchen auf Sachen und Menschen, so entwikkelt der Handel eine Möglichkeit, sich dem Zugriff der Feudalmacht zu entziehen. Vilfredo Paretos Bild von den wechselnden Eliten und ihren Charakteren, nämlich löwenhaft und füchsisch, drängt sich hier auf. Handel, Wuchergeschäfte, Monopolausbeutung, Geldwechseln und all die »anderen ehrlosen Mittel des Gelderwerbs« sind für die alte Oberschicht eins und werden – so Montesquieu – von »ehrlosen Leuten« betrieben.

Die neue gesellschaftliche Bewertung des Bürgertums wird deutlich, wenn der Herrscher mit Erstaunen erkennen muß: ». . . er, der gewohnt war, sich in jeder Hinsicht als den ersten in der Gesellschaft zu betrachten, merkt vielleicht selbst, daß er durch den Glanz des Privatreichtums überstrahlt wird, der seinem Griff aber ausweicht, wenn er ihn zu fassen sucht. Dies macht seine Regierung komplizierter und schwieriger fortzuführen; er muß sich nun der List und Gewandtheit ebenso bedienen, wie der Macht und der Gewalt.«[9] Mit anderen Worten: Auch der Herrscher muß »bürgerliche« Verhaltensweisen übernehmen.

Weil der Handel nicht an Grund und Boden gebunden ist und sein ökonomischer Rückhalt in der Liquidität besteht, kann er sich dem Zugriff der Zentralmacht eher entziehen. Als Kronzeugen mögen wieder Montesquieu und Steuart dienen. Montesquieu verweist im Anschluß an die Erfindung des Wechsels und der damit bewirkten bzw. zum Ausdruck kommenden Verselbständigung der Zirkulation auf die »weise« Zurückhaltung der Zentralmacht: »Seit dieser Zeit mußten die Fürsten sich weiser verhalten, als sie sich selbst gedacht hatten, denn im Ergebnis erwiesen sich die großen Gewaltstreiche als so unge-

[8] Millar, Ursprung, 1967, S. 230f.

[9] Steuart, Grundsätze, I, 1913, S. 284.

eignet, daß es nun eine allgemein anerkannte Erfahrung wurde, daß nur eine gute Regierung Gedeihen bringt.«[10] Weniger zurückhaltend formuliert es James Steuart: »Sobald ein Staat anfängt, von den Folgen der Industrie zu leben, ist von der Macht der Fürsten weniger Gefahr zu befürchten. Der Mechanismus seiner Verwaltung wird verwickelter ...«[11] »Die Macht eines modernen Fürsten, mag er der Verfassung seines Staates nach noch so absolut herrschen, wird sofort eingeschränkt, sobald er das volkswirtschaftliche System einführt, das wir zu erklären versuchen.«[12] Nachdem die frühere Herrschergewalt mit einem Keil verglichen wurde, heißt es: »... so wird diese Macht schließlich einer Uhr gleichen, die keinem anderen Zwecke dient, als das Vorrücken der Zeit anzuzeigen, und die sofort zerstört wird, wenn sie anderweitig benützt ... wird. (Daher ist) die moderne Wirtschaft der wirksamste Zaum ..., den man je gegen die Torheit des Despotismus erfunden hat ...«[13]

Obwohl James Steuart ein Anhänger des absoluten Königtums ist, kommt auch er zu folgendem Ergebnis: Handel und Gewerbe verdanken »ihre Begründung dem Ehrgeiz der Fürsten, die den Plan am Anfang hauptsächlich mit der Absicht unterstützten ..., sich zu bereichern und dadurch ihren Nachbarn furchtbar zu werden«[14]. Die Verdichtung der Handlungsketten, die an den Gang einer Uhr erinnernden Regelmäßigkeiten, die Rechenbarkeit des in Institutionen und Verhaltensweisen realisierten Interesses führen jedoch selbst zu einer ungeahnten Macht: »Ein so mächtiger Einfluß auf die Operationen eines ganzen Volkes verleiht dem modernen Staatsmann eine Autorität, die in früheren Zeiten unter den absolutesten Regierungen unbekannt war.«[15] »Aber sie entdeckten (dies) erst, als die Erfahrung es sie lehrte, daß der Reichtum ... nur der Überschuß der Quelle war, und daß ein reiches, kühnes und mutiges Volk, welches den Fonds des Reichtums seines Fürsten in der Hand hat, auch die Macht besitzt, seine Autorität abzuschütteln, wenn der Wille dazu ... vorhanden ist.«[16] Daraus ergibt sich die Notwendigkeit eines geregelten, milden Verwaltungs-

[10] Montesquieu, Geist der Gesetze, 1965, S. 20.
[11] Steuart, Grundsätze, I, 1913, S. 333.
[12] Ebd., S. 422.
[13] Ebd., S. 422f.
[14] Ebd., S. 332.
[15] Ebd., S. 421.
[16] Ebd., S. 332.

systems, das – zwar überall involviert – seine Möglichkeiten nur dazu benutzt, den modernen Staat, der einer Taschenuhr gleicht, die des öfteren falsch geht, so zu korrigieren, daß sie »richtig« läuft. Gibt es Schwierigkeiten, so »bedarf (es) der Hand des Uhrmachers, um das Werk wieder herzustellen«[17].

Der wissenschaftliche Diskurs entfaltet sich um dichotome Bereiche, um den des Staates und den der Gesellschaft. Zugrunde liegt eine andere, eine neue Anthropologie, die den Menschen nicht mehr als ein gesellschaftlich-politisches Wesen *(zoon politikon)* sieht, sondern als eine von ihren Leidenschaften getriebene »Tiermaschine«, die durch Gewalt im Zaum gehalten werden muß. Das Bemühen in diesem Diskurs, die Leidenschaften zurückzudrängen und die Ratio zu stärken, führt zur Vorstellung einer Verhaltensstabilisierung durch die Umformung von Leidenschaften in Interessen, denen im Gegensatz zu den Leidenschaften ein anhaltender, langfristiger Charakter zugeschrieben wird. In der Praxis erfolgt diese Verstetigung durch die zunehmend komplexer werdenden Handlungsketten der über Geld und Handel miteinander verbundenen und kommunizierenden Menschen.

Als die wesentliche Leidenschaft, der Stabilität zugeschrieben und die als Interesse beschrieben und erfaßt wird, gilt die Habgier, die als Gewinnsucht auftritt. Neu ist dennoch – durch Reaktionsbildung – der Versuch, dem Handel *douceur* und *innocence* zuzuschreiben. Bei aller Friedfertigkeit des Handels, der sich entweder (wie später bei Adam Smith) unter bestimmten Annahmen mittels der *invisible hand* selbst im funktionierenden Gleichgewicht hält, oder (wie bei James Steuart) zu seinem uhrenmäßigen Funktionieren der Eingriffe des Staatsmannes bedarf, spielt die alte, hier modifizierte Vorstellung des Ausgleichs der Leidenschaften eine Rolle. Es wird den Trägern dieses Handels, den Bürgern, zugleich eine beachtliche Widerstandskraft gegen den Zentralstaat beigemessen. Vor allem sind sie in der Lage, den Souverän zu stürzen, wie dies ja auch in der Geschichte mehrfach geschah, und nicht zu Unrecht hat man die Generalstände von 1789 als eine »Gläubigerversammlung« des französischen Königs bezeichnet.

Wie sollte dies aber durch friedliche, gesittete, brave Bürger bewerkstelligt werden? Wie kann es zu einer solchen sprengstoffgeladenen Situation zwischen »Staat« und »Gesellschaft«

[17] Ebd., S. 334.

kommen? Die prunkvolle Hofhaltung des sich vermittels des Fürsten formierenden Staates, die dem Prestige der eigenen Tradition und der politischen Einbindung und Neutralisierung des alten Adels dient, der dadurch vom Krieger- zum Hofadel domestiziert wird, verschlingt beachtliche Mittel. Die jährlichen Kosten der Hofhaltung entsprechen etwa denen eines Kriegszuges. Die größten Kosten entstehen jedoch durch die permanent ausufernden und immer teureren Kriege[18], durch die *protectio*, den Schutz nach innen und außen. Ob diese Benennung verniedlichend sein soll oder einen besseren Klang hat als der mindestens genauso zutreffende Ausdruck *aggressio*, sei nicht weiter untersucht. Gemessen an der *protectio* und der Hofhaltung haben *administratio* und *jurisdictio* einen marginalen Anteil an der Mittelverwendung. Im Endeffekt können diese »Funktionen«, vor allem die Kriegskosten, nicht aus dem Ertrag der fürstlichen Besitzungen bestritten werden, sondern über ein zu entwickelndes Finanzwesen, das immer mehr auf Steuern und ähnlichen ständigen Abgaben beruht.

Die These, daß die »Soziologie des Finanzwesens« zum größten Teil mit der »Soziologie des Krieges« zusammenfällt[19], hat daher viel für sich. Die Finanzwissenschaft wäre somit ursprünglich eine »Kriegs-« und nicht eine »Friedenswissenschaft«. Wenn wir Jean Ch. L. Simonde de Sismondi folgen, dann gilt dies auch für die politische Ökonomie[20]. In der Sache klipp und klar sagt es Friedrich der Große: »Wer also ... das Regiment führt, muß unverzüglich erkennen, daß er keine anderen Geldmittel besitzt als die, die er während des Friedens sammelt.«[21] Daher ist auch damals die Notwendigkeit des – in der Praxis fast nie erreichten – jährlichen Überschusses und nicht die Ausgeglichenheit das Ziel des Budgets. Allerdings nimmt die Bedeutung der »Kriegskasse« mit der Entwicklung

[18] Das reiche Haus Habsburg hätte mit seinen 300000 fl Einkünften aus den »österreichischen Landen« bloß 5000 Fußknechte oder 2500 »gerüstete Pferde« für ein Jahr besolden können. Diese Truppe, 5000 Fußknechte oder 2500 Berittene, hätte der Kaiser gegen die 250000 Türken entsenden können, die die Hohe Pforte jederzeit stellen konnte. Vgl. Schumpeter, Krise des Steuerstaates, 1976, S. 338.

[19] Vgl. Goldscheid, Staat, 1976, S. 258. »Man ist außerstande, exakte Finanzwissenschaft zu treiben, wenn man nicht beachtet, daß das Gros aller Finanzprinzipien und Finanzpraktiken das Produkt kriegerischer Ereignisse, der Vorbereitung auf Kriege und ihrer Nachwirkungen ist«.

[20] Vgl. Sismondi, Principes d'économie politique, I, 1951, S. IV.

[21] Friedrich d. Große, Politisches Testament, 1974, S. 50.

des Handels und der Manufakturen kontinuierlich ab, weil der Abschöpfungsmechanismus hier umfangreicher greift[22]. Aber die zunehmende Abstützung auf Steuern geht nicht ohne Gewaltanwendung vor sich, da Steuern teilweise noch bis ins 18. Jahrhundert von den Ständen bloß als freiwillige Leistungen verstanden und weder in sach- und personenbezogener noch in direkter und indirekter Form als allgemein verbindlich angesehen werden[23]. Unter diesen Voraussetzungen ist die Folgerung zulässig, daß das Steuersystem das Resultat der Perpetuierung des Kriegszustandes ist. Dies unterstützt – etwas abgewandelt – die Hobbessche Ansicht, der Leviathan sei der unvermeidliche Preis, den der Bürger für den Schutz vor dem Bürgerkrieg zu zahlen habe.

Thomas Hobbes faßt die Gesellschaft als »Krieg aller gegen alle« auf, aber seine Zeitgenossen sehen es nicht viel anders, denn sie gehen von der gleichen Anthropologie aus, von einem Menschenbild, das ihnen ihre Mitmenschen vorleben. Bedenkt man, daß »die verschiedenen Spielarten des Zeitvertreibs ... immer irgendwie im Zusammenhang mit Charakter und Lebensgewohnheiten« stehen und die »menschlichen Verhaltensformen (sich als) natürliche Folge gegenseitigen Neides« entwickeln, so kann die »kulturelle Fortentwicklung«[24] nur in der »Verkriegerung« der Gesellschaft liegen. Letztere manifestiert sich im Konkurrenzprinzip des Marktes. Glauben wir den Berichten dieser Zeit sowie den Überlegungen von Beobachtern wie Thomas Hobbes, so ist dieser Prozeß der Verkriegerung sehr erfolgreich gewesen. Die Notwendigkeit der Zentralmacht als höchster Gewaltinstanz wird daraus abgeleitet; sie verhält sich gegenüber anderen Zentralmächten genauso wie die sich »freiwillig« der Zentralmacht unterwerfenden Bürger untereinander. Daher sehen die Denker des 17. und vor allem des 18. Jahrhunderts in einem ausbalancierten »Gleichgewicht« die adäquate Ordnungsform, um die menschliche Lebenswelt zu regulieren und auch die Natur zu begreifen.

Die Funktionen des Staates sind primär die Sicherung von Frieden und Ordnung, die Ausschaltung innerer und äußerer Feinde. Er soll verhindern, daß innere Feinde überhaupt erst entstehen können; das ist die vornehmliche Funktion der

[22] Vgl. Hume, Vermischte Schriften, 1766, S. 124ff.
[23] Vgl. Braun, Steuern, 1977, S. 241ff.
[24] Vgl. Millar, Ursprung, 1967, S. 92 u. 101.

Rechtssprechung und der Verwaltung. Die effizienteste Strategie besteht darin, in dem Spiel der Kräfte Schiedsrichter zu sein. Der Ausschluß des Widerspruchs ist die Hauptaufgabe einer zentralen Instanz[25]. Selber auf der Basis von Gewalt errichtet, ist deren Weiterexistenz nur mit permanenter Gewaltanwendung zu gewährleisten. Die Analyse des Zwecks dieser permanenten Gewaltanwendung erschließt uns post festum die Triebkräfte dieser Entwicklung und ihrer Verknüpfung. Auch der Zentralherr ist letztlich dem Kreislauf, den »Eigengesetzlichkeiten« der lang gewordenen Aktionsketten, den dichten Verflechtungen nicht entzogen. Auch in unserer Analyse, die vom zumeist Verschwiegenen, von der Gewalt, nicht abstrahiert, die also im Staat nicht die »Verwirklichung der sittlichen Idee« (Hegel), im Markt nicht einen »natürlichen« Selbstregelungsmechanismus (wie die heutigen *Mainstream*-Ökonomen) erblickt, nähern wir uns der Steuartschen Beschreibung von Staat und Gesellschaft.

Die gesellschaftlichen Schichten, auch die keineswegs machtlosen Oberschichten, werden durch die Verflechtungen, die zwischen ihnen bestehen, in Schach gehalten; sie paralysieren sich gegenseitig und sind daher auf einen obersten Koordinator und Regulator angewiesen. Diese Vernetzung hat jedoch mit der zunehmenden Funktionsteilung zu tun. Jede Schicht entwickelt eine »Vielfältigkeit der Interessen«[26], und zwar um so mehr, je größer die Interdependenz wird und somit jede Schicht jeweils auf eine andere angewiesen ist: Sowohl einzelne Menschen als auch ganze Schichten manifestieren sich als potentielle Freunde, Verbündete und Aktionspartner, ebenso wie als potentielle Interessensgegner, Konkurrenten oder Feinde; der nicht mehr dominierende Affektgehalt von Freundschaft bzw. Feindschaft macht traditionale Schwarz-Weiß-Malerei obsolet und legt über alles einen indifferenten Grauschleier. Rachedurst und Familienfehden, die über Generationen gepflegt wurden, verdämmern in der neuen Gesellschaftsstruktur, in den neuen Notwendigkeiten der Zeit der »Aufklärung«. Es zeigt sich die Irrelevanz von Gut und Böse, das stabilisierende Interesse überwindet die Leidenschaften, die Ratio dominiert gegenüber dem Affekt.

[25] Dieses Postulat ist auch im Programm der zeitgenössischen Wissenschaft verankert.

[26] Vgl. Elias, Prozeß der Zivilisation, II, 1977, S. 231 ff.

Die Entwicklung der westeuropäischen Staaten England und Frankreich wird als Vorbild empfunden, die anderen europäischen Herrscher versuchen, nach diesen Mustern die Entwicklung interner Strukturen zu fördern. Längere Aktionsketten korrespondieren mit größerer Reichtumserzeugung; dies erfordert aber in Einstellung und Verhalten einen anderen Menschen. Nur dann ist die Bereitstellung der für den externen Behauptungskampf notwendigen Geldmittel denkbar. Dies führt dazu, daß die Merkantilisten und Kameralisten die generelle Konkurrenzierung fördern oder auch erst initiieren müssen. In den Passagen seines Werkes ›Vom Kriege‹, die sich mit den militärischen Auswirkungen der bürgerlichen Revolution in Frankreich beschäftigen, beschreibt Carl von Clausewitz die der organisierten Gewaltanwendung vorausgehende gesellschaftliche Bedingtheit. In der Dimension von Herrschern, die um Macht, Prunk und Ansehen konkurrieren, hat der (Kabinetts-)Krieg den Charakter eines fintenreichen Schachspiels. Es geht nicht so sehr um die Vernichtung des Gegners, als vielmehr um dessen »Ausmanövrierung« und um die Demonstration der Macht. Die bürgerliche *levée en masse* bedeutet hingegen die »industrielle« Nutzung der durch Zentralstaat und Handelskapital hergestellten langen Handlungsketten für die Steigerung nationaler Macht und nationalen Reichtums. Im Vordergrund steht nicht mehr die Demonstration, sondern die Realisierung von Macht. Die bis dahin »beschränkte, zusammengeschrumpfte Gestalt des Krieges«[27] in Form des »Kabinettskrieges« hat ihren Grund in der gesellschaftlichen »Unterlage« des Fürstenstaates. Im Gefolge der bürgerlichen Revolution wird aber die Gewaltanwendung »zuerst auf der einen, dann auf der anderen Seite wieder eine Sache des ganzen Volkes«[28]. In der Zeit der duellartigen Kabinettskriege können Politik und militärische Gewalt noch als separate Formen des »sozialen Verkehrs« angesehen werden. Diese Trennung ist aber im Anschluß an die bürgerliche Revolution nicht mehr aufrechtzuerhalten. Die vorausgesetzte gesellschaftliche Basis hat durch die Revolution den Krieg zu seiner »wahren Natur, seiner absoluten Vollkommenheit (geführt) ... von allen konventionellen Schranken befreit, (ist er) mit seiner ganzen natürlichen Kraft losgebrochen«[29]. Eine solche Entfesselung von Energie wäre in anderen gesell-

[27] Clausewitz, Vom Kriege, 1980, S. 656.
[28] Ebd., S. 660.
[29] Ebd.

schaftlichen Formationen nicht möglich. Damit ist aber der Krieg im gesellschaftlichen Gesamtzusammenhang nur ein besonderer Aggregatzustand der Gewalt, der den sozialen Verhältnissen entspringt[30]; die Gewalt ist ihr gemeinsamer Nenner. Daraus folgt, daß »der Krieg nur ein Teil des politischen Verkehrs (ist), also durchaus nichts Selbständiges«. Carl von Clausewitz überschreibt diese Stelle mit dem Titel: ›Der Krieg ist ein Instrument der Politik‹: »Ist nicht der Krieg bloß eine andere Art von Schrift und Sprache ihres Denkens? Er hat freilich seine eigene Grammatik, aber nicht seine eigene Logik.«[31]

Als wesentlich für den Diskurs können wir also zusammenfassen, daß hier neue Begriffe und Denkfiguren entstehen, die sich von der alteuropäischen Ökonomik abheben. In diesem neuen Denken, das sich als politische Ökonomie konstituiert, fügen sich charakteristische Bestandteile aneinander, die uns heute so vertraut sind, daß wir uns erst ihres Herkommens besinnen müssen, um der Versuchung zu widerstehen, sie als »natürlich« oder »logisch« zu bezeichnen, sie eben als etwas Selbstverständliches hinzunehmen. Denn wenn man dies als selbstverständlich hinnehmen würde, kann erst gar nicht die Vermutung aufkommen, daß es sich dabei um Erklärungsmuster handelt, die helfen sollen, Vergangenes in Zukünftiges umzuwandeln. Vielmehr geht es darum, daß Elemente des alten Diskurses mit neuen Denkfiguren und Begriffen verknüpft werden und daraus ein neues Paradigma entsteht. Es lohnt sich also, darüber nachzudenken, ob die sich uns präsentierenden Strukturen nicht in Wahrheit über ganz andere Prozesse abliefen, von ganz anderen Bereichen gestützt und entwickelt wurden, als diejenigen, in denen sie sich heute, wohlabgeschlossen im Bereich dessen, was man ökonomische Theorie nennt, darstellen. Nach dem »Gesetz der Korrelation des Wachstums« (Darwin) »sind bestimmte Teile eines organischen Wesens stets an gewisse Formen anderer Teile geknüpft, die scheinbar gar keinen Zusammenhang mit jenen haben«[32].

Die sich entwickelnde politische Ökonomie bringt erst, wie anhand von Thomas Hobbes, John Locke, Montesquieu, James Steuart und schließlich Adam Smith gezeigt werden kann, die Dichotomie von Staat und Gesellschaft hervor. Das läßt sich

[30] Vgl. Diner, Anerkennung und Nichtanerkennung, 1980, S. 450.
[31] Clausewitz, Vom Kriege, 1980, S. 74.
[32] MEW 20, S. 446.

aber nicht nur an diesen westeuropäischen Autoren dokumentieren; die nämliche Entwicklung von der Dominanz des Politischen, von der Betonung des Primats des Staates zur Statuierung der treibenden Kraft der handeltreibenden Gesellschaft ist auch bei den späten Kameralisten zu bemerken. Auch bei ihnen kommt einer anderen »abstrakten« Denkfigur, nämlich dem sich weitgehend selbstregelnden Handel, entscheidende Bedeutung zu. Voraussetzung für diese Einstellung, die bereits in der berühmten Antwort des *»Laissez nous faire«* zum Ausdruck kommt, die Colbert von den Lyoner Kaufleuten auf die Frage erhielt, was er für sie tun könne, ist das Denken der sich als Klasse konstituierenden handeltreibenden Bürger. Diese verstehen sich als *die* Gesellschaft, im Gegensatz zu dem davon abgehobenen Staat, zum absoluten Souverän. Letzterer wird als nützliche Rahmenbedingung verstanden; der Staat soll nicht durch willkürliche Maßnahmen und Beschränkungen die Freiheiten des »autonomen Individuums« beschneiden. Dies konstituiert aus der Sicht des Bürgertums die »objektiven« Verhältnisse: »Also hat der Gesetzgeber nicht nöthig, einen Machtspruch zu thun, da sich alles durch eigene Bewegung in das Gleichgewicht setzt.«[33] Sie werden nicht nur zu einem politischen Postulat seit der Französischen Revolution, sondern vor allem zum Programm der politischen Ökonomie: »Ein jeder muß befugt sein, solche Arten der Commercien und Gewerbe zu treiben, die ihm am vorteilhaftigsten und angenehmsten scheinen ... (und ohne daß das durch die) Arten des Zwanges verhindert, oder sonst in seinen Geschäften und willkührlichen Handlungen eingeschränkt wird. Hauptsächlich ... muß man den Handels-Principiis der Kaufleute, in so fern sie der Wohlfarth des Staates nicht entgegen sind, nicht durch widrige Anordnungen Gewalt anthun.«[34]

Wie gezeigt werden konnte, ist diese Freiheit weder denkbar noch praktikabel ohne die vorweg getroffene Annahme der Gleichheit und ohne die Beseitigung persönlicher Abhängigkeiten. Da Menschen aber in Gemeinschaft leben und produzieren, geht es nicht ohne Abhängigkeiten, die aber im Ansatz der ökonomischen Theorie seitdem als naturgegeben vorausgesetzt und nicht mehr in Frage gestellt werden. Wird dies ausgeblendet, so kann man davon ausgehen, daß man es im großen und

[33] Sonnenfels, Grundsätze, II, 1771, S. 163.
[34] Justi, Policeywissenschaft, 1782, S. 176.

ganzen den Mitgliedern der Gesellschaft, den Marktteilnehmern, das heißt den Warenbesitzern, durchaus zutraut, sich zu behaupten und durchzusetzen. Eigentlich ist das nicht verwunderlich, wenn sowohl das Selbstvertrauen der Bürger gegeben ist, als auch (damit kompatibel, ja es fördernd) der Staat es unternimmt, den Universalkommerz zu realisieren. Damit fügen sich die aus der Zirkulationssphäre erklärbaren Vorstellungen der Bürger zu den Bemühungen der Zentralmacht, eben diese Zirkulationssphäre zu fördern, so etwa durch die Zusicherung der Gleichheit vor Behörden und Gerichten und bei der Besteuerung.

Betrachtet man diese zwei sich ergänzenden Tendenzen und Kräfte, nämlich die Herrschaft der Zentralmacht und die handeltreibenden Bürger, so bleibt in diesem ausbalancierten und perfekt abgestimmten System das »autonome Individuum« als *agens.* Indem sich das Interesse des einen mit dem des anderen aufhebt, mündet das Handeln der Bürger gleichsam in einer »prästabilierten Harmonie«.

Der elementarste Besitz, der jedem nach den Vorstellungen des »Naturrechts« eigen ist, ist der über seinen Körper, über seine Talente. Verlagert man die gesellschaftlichen Tätigkeiten und Abhängigkeiten in den Bereich der Naturgesetzlichkeit, so muß das Interesse des Denkens und Handelns sich nicht auf »vernünftige« Entscheidungen unter Berücksichtigung anderer Gleicher beziehen, sondern auf die Zusammenhänge, in die man als einzelner eingespannt ist und die einem als von außen, eben naturhaft gegeben erscheinen.

Bei der großen Wertschätzung, die den aus der Zirkulationssphäre stammenden Vorstellungen Gleichheit, Freiheit, Eigentum und dem »Ich« zukommt, ist es nicht verwunderlich, daß auch dem Handel und seinen Trägern, den Kaufleuten, »diese Gunst und Hochachtung ... zu Theil werden«[35] sollen. Dem Staat ist sehr daran gelegen, »daß keine Vorurtheile das Geschäfft der Handlung herabsetzen, oder den Stand des Handelsmanns verächtlich machen«[36]. Denn die Zirkulation ermöglicht es den Menschen, die »Bedürfnisse« – so würde man es seit dem späten 19. Jahrhundert nennen – optimal zu befriedigen. Und »dieser innerliche Umlauf der Waaren und Güter ist das eigentliche Leben und die Thätigkeit des Staats ...«[37], womit als öko-

[35] Ebd., S. 177.
[36] Sonnenfels, Grundsätze, II, 1771, S. 292.
[37] Justi, Policeywissenschaft, 1782, S. 169.

nomische Tätigkeit nur die Zirkulation und dabei in erster Linie die Funktion des Marktes betrachtet wird. Abschluß und zugleich Neubeginn dieses Ansatzes ist dann die Rückverlegung der dominierenden Positivität des Handel(n)s in die »Natur« des Menschen. Diese Eigenschaft wird schließlich als Ursache der Arbeitsteilung gesetzt, auf der wieder die Vermehrung des Reichtums basiert, denn sie ist »... Folge eines gewissen Hanges der menschlichen Natur ..., zu tauschen, zu handeln und eine Sache gegen eine andere auszuwechseln«[38]. Bezeichnen die Kameralisten den Handel als die »Seele des Staates«, gefördert und erzwungen durch das umfassende »Polizeysystem«, so internalisiert Adam Smith den Handel als die »Seele des Menschen«.

Der Wirkungsmechanik im Kreislauf dieser Quasi-Naturgesetzlichkeit steht somit ein Individuum gegenüber, das zur Voraussetzung hat, daß es ebenfalls bestimmten Regeln und Gesetzen unterworfen ist. Es stellt ebenfalls eine Art Maschine dar, die von einer (notwendigen) Kraft angetrieben wird. Was macht nun die Menschen laufen wie eine Uhr, wie eine Maschine? Zwei »Haupttriebfedern« regieren den Menschen: Furcht vor Strafe und Hoffnung auf Belohnung. Wohl selten wird die Irrelevanz qualitativen Wollens so deutlich gemacht, denn auch die wesentlichen Bestimmungen des Individuums werden von außen gesetzt: vom »Über-Ich«, das die Verinnerlichung äußerer und bedrohlicher Autorität bildet. Diese Autorität muß wieder als »Natur«, als Naturgesetzlichkeit interpretiert werden; dem panischen Selbsterhalt bleibt als Triebstruktur nur die Ingangḥaltung der Maschinerie überantwortet. Daher auch die Betonung von »Differenz«, das »Mehr« oder »Weniger«, die zur einzigen Qualität wird. Die Egozentrik, die Autonomie des Individuums, wird durch ein nach außen gerichtetes Gewinnstreben abgesichert. Letztlich ist dies eine ungerichtete, durch die Verdichtung und Kommerzialisierung der Gesellschaft erzeugte und überformte Aggressivität: »Da der Gewinnst der einzige Endzweck aller derjenigen ist, die Gewerbe treiben, und da ohne denselben natürlicher Weise alle Gewerbe zu Grunde gehen müssen, so muß die Landes-Policey durch ihre Einrichtung zu einem billigen Gewinnst in den Gewerben auf alle Art beförderlich seyn.«[39]

[38] Smith, Wealth of nations, I.ii.l.

[39] Justi, Policeywissenschaft, 1782, S. 171. Diese Sichtweise kennzeichnet eine Möglichkeit, die in der »Welt der Repräsentation« (vgl. Foucault, Ordnung der

Lassen wir die Möglichkeiten, wie ein billiger »Gewinnst« auf »alle Art« zu befördern ist, einstweilen beiseite. Auch bei den Merkantilisten wird das Gewinnstreben zum alles regelnden Interesse, wobei manchmal die notwendige Konditionierung einer feudalen Verhaltensweise, die auf kriegerischer Aneignung beruht, verlangt wird. Da »Geldbegierde, und Gewinnsucht (auch) der Beweggrund aller Raube und Diebereien«[40] sind, so müssen nach Joseph von Sonnenfels Auflagen für den Ankauf bestimmter Güter erlassen werden. In einer fast identischen Erklärung des Gewinns als zentrale Antriebskraft, diesmal auf den Staat bezogen, heißt es: »Ein Interesse, das sich nicht auf den Vortheil der Nation gründet, ist allemal eine Chimäre.«[41]

In einem solchen, zumindest tendenziell perfekten System müssen alle Aktivitäten nach einem Prinzip erfolgen. Reservate, die dem feudalen Prunkstreben überlassen werden, wie die Hofhaltung des Königs, dürfen nicht ausgedehnt werden, sie dürfen nicht die verlangten und neu geregelten Aktivitäten verändern. Daher werden auch im entwickelten Merkantilismus landesfürstliche Manufakturen abgelehnt, in deren abweichender Verwaltung Nachteile möglich und sogar plausibel erscheinen. Daher sind sie viel besser von Privateigentümern zu führen: »Wahrscheinlicher Weise ist der Fleiß derjenigen, welche einer solchen (landesfürstlichen) Manufaktur vorstehen, nicht so groß, als der Fleiß desjenigen seyn würde, der ihn für sich selbst anstrenget: auch läßt sich die genaue Sparsamkeit nicht erwarten, womit der Privateigenthümer für sich selbst zu Werke gehen würde; immer werden die Gebäude größer ...: eine solche Manufaktur wird im Vergleich mit einer Privatmanufaktur nicht so geschwind vollkommen; und dann nie in einen so niedrigen Preise stehen: also wird sie auch nicht diejenige Ausbreitung erhalten, welche die Frucht der Güte und Wohlfeilheit einer Waare und die Absicht der Manufaktur ist.«[42]

Denn, wie Joseph II. feststellt: »Wenn solche Fabriken aerarisch geführt werden, so kann man nur in die hier angezeigte

Dinge, 1971, S. 310ff.) gegeben ist. Repräsentation bedeutet in diesem Zusammenhang, daß der »Wert« einer Sache darin besteht, daß in ihr etwas repräsentiert wird: Einerseits *Arbeit,* wobei dieser Ansatz in der klassischen ökonomischen Theorie dann zu einem Bruch in der Welt der Repräsentation führt (Entwicklungsdenken), andererseits *Bedürfnis,* was von der neoklassischen ökonomischen Theorie aufgegriffen wird.

[40] Sonnenfels, Grundsätze, I, 1787, S. 134.

[41] Justi, Policeywissenschaft, 1782, S. 185.

[42] Sonnenfels, Grundsätze, II, 1771, S. 157f.

üble Wirtschaft verfallen, weil die Oberdirektion allzu kostbar und nicht wachbar genug ist.«[43]

Es ist nur die Frage, wie nun dieses Gewinninteresse wirkt, das seine Konstanz den zusammenwachsenden *abstrakten Figuren* des Zentralstaates und des Handels verdankt und damit den Spielraum des Individuums auf das Überleben einschränkt, und wie es die unstrukturierten Leidenschaften zu kontrollieren versucht, das heißt, wie es mit den Gewinninteressen anderer in gleicher Situation befindlicher Bürger vereint werden kann.

Dem Interessebegriff verbunden, spielt dabei eine mechanistische Vorstellung eine große Rolle. Die eine Erklärungsvariante hebt das *Herstellen der Situation* hervor, die andere versucht, die *Mechanik selbst* zu erklären, wenn die Situation bereits gegeben ist: Die neue Situation, d.h. die Zirkulation, der Markt, wird durch den Fürsten erzeugt, initiiert und gefördert, »... und man muß nicht etliche wenige allein reich zu machen suchen. Es ist besser, wenn sich der Reichthum des Staats in vielen Händen befindet ...«[44]. Das kann durch die Mechanik (des Marktes) erreicht werden, was, wie Sonnenfels behauptet, dann gegeben ist, wenn Waren »wohlfeil« angeboten werden; dies wiederum kann durch eine größere Anzahl von Verkäufern als Käufern bewerkstelligt werden: »Es kömmt aber nur darauf an, dem Fabrikanten Mitbewerber zu geben.«[45] Bei der Diskussion der Verhinderung von Teuerungen wird auf den Vorteil von Lagerhäusern verwiesen[46], bei denen jedoch auch Nachteile auftreten können: »Alle diese nachtheiligen Folgen sind ... nicht zu besorgen, wenn Privatleute ... kleine, viele, und öffentlich eingeschriebene Magazine (errichten und verwalten).«[47] Aber der Fürst kann (und soll auch) derartige gute Taten aufspüren und belohnen[48]. Das Weiterwirken einer anderen, älteren Vorstellung des Menschen und einer seine Handlungen bestimmenden Motivation – wie sie in der alteuropäischen Ökonomik (distributive Gerechtigkeit) zu finden ist – schlägt hier noch partiell durch. Ebenso ist der Kontrollmechanismus der Ge-

[43] Zit. in Mikoletzky, Österreich, 1967, S. 54.

[44] Justi, Policeywissenschaft, 1782, S. 177f.

[45] Sonnenfels, Grundsätze, II, 1771, S. 145.

[46] »Also enthält der beförderte Zusammenfluß allein das Mittel, die Manufakturerzeugnisse zu derjenigen Vollkommenheit zu erheben, welche ihren Absatz vervielfältigen.« Sonnenfels, Grundsätze, II, 1771, S. 146.

[47] Sonnenfels, Grundsätze, I, 1787, S. 114.

[48] Vgl. Friedrich d. Große, Politisches Testament, 1974, S. 49.

heimpolizei noch gegenwärtig. Der Markt braucht allerdings dazu keine Spione mehr, er wirkt durch sich selbst und erzwingt konformes Verhalten.

Auf der anderen Seite, nämlich der Erklärung der Mechanik, steht die Vorstellung der Balance, des Gleichgewichts, wenn eine Situation bereits gegeben ist. Auf diese prägende Idee des 17. und 18. Jahrhunderts, einer Epoche, in der viele andere Begriffe der Mechanik für Politik, Gesellschaft und Ökonomie an Bedeutung gewinnen (wie Revolution, Rotation, Toleranz, Opposition), aber keiner so bedeutend wird wie der des Gleichgewichts, der Balance, haben wir bei der Behandlung der Leidenschaften und des Interesses bereits verwiesen, ebenso auf die Bedeutung Machiavellis, des *Machiavellian moment*[49]. Die Aktualität des Gleichgewichts stammt vor allem aus dem Politischen, aus dem konkreten Kräftespiel der Mächte. Zuerst wird das Gleichgewicht zwischen den Staaten internalisiert; mit den Auseinandersetzungen im England des 17. Jahrhunderts wird dann die Gleichgewichtsvorstellung auch national, als Balance zwischen Parteien und Gesellschaftsklassen gesehen[50].

In den Wissenschaften ist Isaac Newtons ›Philosophiae naturalis principia mathematica‹ (1687) mit der Interpretation des Weltalls als umfassendes Gleichgewichtssystem sicherlich am folgewirksamsten. Denn seine Auffassung vom Gleichgewicht im Universum wird auf Mensch und Gesellschaft angewendet und verbreitet dadurch das Denkmodell der Balance; so heißt es 1728 in einem Gedicht: »The Newtonian system of the world, the best model of government.«[51] Das Interesse, das als Verstetigung der Leidenschaften »subjektiv« interpretiert wird und in nichts anderem als der Verdichtung der gesellschaftlichen Beziehungen sowie deren Ersetzung durch Geldbeziehungen »objektiv« begründet ist, legt in England mangels einer anderen Interpretationsmöglichkeit aufgrund der gesellschaftlichen Si-

[49] Vgl. Pocock, Machiavellian moment, 1975.

[50] So etwa beschreibt Friedrich der Große den rücksichtslosen Konkurrenzkampf der europäischen Mächte und bedauert, daß es seinem Großvater »seine Schwäche (nicht) erlaubte, sich auf Kosten der Nachbarn auszudehnen, die ebenso stark und mächtig waren wie er«. Friedrich d. Große, Politisches Testament, 1974, S. 168. Vergleicht man dies mit dem Verhalten der sogenannten *Trimmer* in den leidenschaftlichen Auseinandersetzungen um die Thronfolge des Stuarts Jakob II., so sieht man die nationale Dimension: Durch eine geschickte Schaukelpolitik, frei von jedem Dogma, verhindern diese den Bürgerkrieg und ermöglichen die Glorreiche Revolution.

[51] Kluxen, Englische Aufklärung, 1972, S. 48.

tuation diese mechanistische Metapher nahe. Das Interesse wird nicht mehr am Fürsten festgemacht, sondern in die Sphäre des bürgerlichen Verkehrs übernommen. Vorstellungen der Oberschicht werden ja häufig von den unteren, besonders von aufstrebenden Schichten aufgegriffen und wie eigene gepflegt.

Dahinter steht die massive Angst in einer von Kriegen geschüttelten und von gravierenden gesellschaftlichen Veränderungen erfüllten Zeit. Der Gleichgewichtsbegriff als der vollkommenste Ausdruck der Angst der Menschen vor sich selbst – damit wird jenes Problem angesprochen, das seit der *invisible hand* Adam Smiths und noch mehr durch die Übernahme dieser Vorstellung durch seine Epigonen tabuisiert ist, respektive als gelöst gesehen werden kann und auch muß. Wie kann sonst aus dem brutalen, auf Krieg begründeten Staatswesen durch Selbstbeschränkung ein friedlicher Staat werden, wie kann sich sonst aus eigennützigen Individuen so etwas wie die Gesellschaft konstituieren? Durch diese Tabuisierung entfällt die Notwendigkeit, den Kommerz als etwas Liebliches und Angenehmes zu bezeichnen, er ist vielmehr etwas »Natürliches« geworden. Die Rechtfertigung ist in die Gesellschaftsstruktur und ihre Theorie selbst eingegangen.

18. Neues Wirtschaftssystem: Merkantilismus und Physiokratismus

Angesichts der veränderten Einstellung zur Welt und der neuen gesellschaftlichen Situation erwächst auch eine neue Haltung gegenüber der Wirtschaft. Diese ist nicht nur von der Suche nach den tauglichsten Mitteln geleitet, die Macht und den Reichtum des Staates zu fördern und diesem eine gesicherte Einnahmequelle zu erschließen. Reichtum wird ganz allgemein angestrebt – als Mittel zur Macht-, Luxus- und Prestigesteigerung der aufstrebenden, miteinander rivalisierenden Nationen und Territorien: Reichtum in Form von Geld zur Entlohnung der festbesoldeten Beamten und zum Unterhalt des stehenden Heeres als der beiden wichtigsten Gruppen der sich am herrschaftlichen Interesse orientierenden »Staatsdiener«, Reichtum zur Finanzierung der Kriege und Kolonisationsversuche,

Reichtum in Form von Kapital für die finanzhungrige kapitalistische Wirtschaft[1].

»Schatzbildung« bedeutet nicht mehr und nicht weniger als jederzeit realisierbare Macht und ist das vortrefflichste Mittel, um das jeweils angestrebte Ziel einer Erweiterung und Stabilisierung der politischen Macht zu erreichen. Die Bedürfnisse des Staates sind dabei nicht nur bei der Wahl der wirtschaftspolitischen Mittel maßgebend, sondern sie bestimmen auch deren Zielrichtung. Im Zentrum der konkreten wirtschaftspolitischen Forderungen steht der Gedanke der Reichtumsmehrung durch eine aktive Handelsbilanz. Dieses Ideal und damit das Bestreben, durch Steigerung der Ausfuhr und Verminderung der Einfuhr den »Nationalreichtum« zu steigern, wird verständlich, wenn man bedenkt, daß erst der Handel und die Geldwirtschaft des Frühkapitalismus dem neuen System zum Durchbruch verholfen haben: »Nach Hobbes ist der venenartige Kreislauf des Geldes der der Steuern und Auflagen, die eine bestimmte Metallmenge von den beförderten, gekauften oder verkauften Waren erheben. Diese Metallmenge wird bis ins Herz des Leviathan gebracht – das heißt in die Staatskasse. Dort erhält das Metall das ›Lebensprinzip‹, der Staat kann es einschmelzen oder wieder in Umlauf setzen. Seine Autorität allein ist es in jedem Fall, die ihm zum Umlauf verhilft. Wieder an die Untertanen verteilt (in Form von Pensionen, Besoldung oder Zuteilungen für vom Staat gekaufte Lieferungen), stimuliert es bei dem zweiten Umlauf, der jetzt arterieller Natur ist, den Warentausch, die Fabrikation und den Ackerbau. Die Zirkulation wird so eine der fundamentalen Kategorien der Analyse. Aber die Übertragung dieses physiologischen Modells ist nur durch die tiefere Öffnung eines dem Geld und dem Zeichen, dem Reichtum und den Repräsentationen gemeinsamen Raumes möglich geworden.«[2]

Gehen wir von der Durchsetzung der langen Handlungsketten, der weiteren Auffächerung im Kreislauf der Ökonomie aus, so erklärt sich auch jener Vorwurf, den Adam Smith den Merkantilisten macht, daß sie nämlich Geld und Reichtum gleichsetzten – ein Vorwurf, den später Friedrich List und auch William Cunningham[3] relativieren: In einer Welt, in der die

[1] Vgl. Laum, Geschichte der Wirtschaft, 1932, S. 204f.
[2] Foucault, Ordnung der Dinge, 1971, S. 226f.
[3] Vgl. Cunningham, Adam Smith, 1884, S. 41ff.

Feudalität noch stark nachwirkt, das Handelskapital noch nicht deren Produktionsweise genügend aufgebrochen hat, d.h. die Universalität des modernen ökonomischen Prinzips noch nicht realiter begründet ist, kommt einem »Schatz« eine ganz andere Bedeutung zu als später dem produzierenden und produzierten Reichtum. Dies bedeutet nicht, daß die Funktion des Geldes als »Schatz« ohne gleichzeitige Verfügung über »produktive Faktoren« (Waren und Menschen, insbesondere Heere) gedacht wird. In dem John Hales zugeschriebenen ›Discourse of the common wealth of this realm of England‹[4] findet sich folgende Randüberschrift: »Ein Fürst muß einen großen Schatz haben, oder auch seine Untertanen, gegenüber allen Eventualitäten«, und weiter als Begründung: »Wenn wir Krieg oder Mißwachs bekämen, wie wir gehabt haben, oder wir brauchen Artillerie, Waffen oder andere Hilfe von Fremden, so ist es nicht die Münze, die wir gegenwärtig haben, die uns damit versehen könnte. Und ebenso, wenn wir großen Mangel an Getreide im Lande litten ... da wären unsere Waren nicht imstande, dies bei fühlbarem Mangel aufzuwiegen ... Daher wenn Krieg und Mißwachs zusammenkäme, wie zuvor geschehn ist, was wollten wir tun? Gewiß wären wir in einer sehr schwierigen Lage, und in einer großen Gefahr vom Auslande. Andererseits, wenn es einen Vorrat von Schatz im Lande gäbe, so blieben wir trotz Krieg und Mißwachs in der Lage, sie ein, zwei Jahre auszuhalten, denn ich würde ebenso gerne sehen, daß tausend Menschen in einem Teuerungsjahr 100000 Pfund in guter Münze hätten, wie 1000 Kisten voll Getreide im Werte von je 100 Pfund, denn das Geld würde ebensoviel Getreide einbringen, wie alle diese Kisten ausmachen würden. Und Geld ist sozusagen ein Vorratshaus für jede beliebige Ware.«[5]

Die Monetarisierung und damit Ausgliederung vieler Beziehungen, die einst im Rahmen des »Hauses« realisiert wurden, das ja tendenziell immer dem Vorbild der Selbstversorgung verpflichtet bleibt, geht einerseits von den sich verstärkt durchsetzenden Landesfürsten aus (Hofhaltung, Armee), mit denen die alte Feudalität, wenn schon nicht mehr konkurrieren, so doch mithalten will, andererseits von den in den Städten ansässigen Kaufleuten, dem Handelskapital. Denn bezieht ursprünglich

[4] Schumpeter, Ökonomische Analyse, I, 1965, S. 224, verweist auf 1559 als das umstrittene Entstehungsjahr.

[5] Heckscher, Merkantilismus, II, 1932, S. 193; vgl. auch Hayek, Mercantilistic theories, 1980.

der Feudalherr seinen Lebensunterhalt *in natura* von seinen Untertanen, so sind mit dem Geldwesen neue Bedürfnisse entstanden, denen der Feudalherr wenig Vermarktbares entgegenzusetzen hat. Die Ablösung von Natural- durch Geldleistungen reicht bei weitem nicht, um den Prunk der Kleidung und die Tafelfreuden der höfischen Kultur zu bezahlen. Als Beispiel für die Preisschere zwischen agrarischen und gewerblichen Erzeugnissen: Zur Zeit Luthers kostet eine Kuh 4 Gulden, während nur eine Elle broschierten Gewebes, Brokat oder eines billigen Gold- oder Silberstoffes auf 10 bis 18 Gulden zu stehen kommt[6], ganz zu schweigen von dem einzigen originären »Produktionsmittel« des Feudalherrn, seiner Rüstung, die ebenfalls von städtischen Handwerkern gekauft werden muß. Um mithalten zu können, ist oft der Gang zum Wucherer unumgänglich: »Lange ehe die Ritterburgen von den neuen Geschützen in Breschen gelegt, waren sie vom Geld unterminiert; in der Tat, das Schießpulver war sozusagen nur der Gerichtsvollzieher im Dienste des Geldes.«[7]

Dieser reale Prozeß, in dem die neuen Machtverhältnisse, die neue Ökonomie sich durchzusetzen beginnen, impliziert eine Veränderung der Diskursebene. Martin Luther sei als Kronzeuge aufgerufen: »Ich habe vor fünfzehn Jahren wider den Wucher geschrieben, da er so gewaltig eingerissen war, daß ich keiner Besserung zu hoffen wüßte. Seit der Zeit hat er sich so erhebt, daß er nun auch kein Laster, Sünde oder Schande mehr sein will, sondern läßt sich rühmen für eitel Tugend und Ehre, als thue er den Leuten große Liebe und christlichen Dienst. Was will nun helffen und raten, da Schande ist Ehre und Laster ist Tugend worden?«[8]

Wie sehr schon die späte feudale Welt vom Geld unterhöhlt ist, tritt deutlich am Golddurst zutage, der Westeuropa in dieser Zeit befällt. Der Drang, in der Ferne nach Gold zu suchen, verwirklicht sich teilweise noch in feudalen und halbfeudalen Formen, ist noch partiell eingebunden in die feudale Weltauffassung, deren Grundlage die Landwirtschaft ist, deren Eroberungszüge und deren Denken auf Aneignung von mehr Land gerichtet sind.

Der europäische Bevölkerungsanstieg seit Beginn der Neuzeit in Westeuropa findet nunmehr ein Ventil in der überseeischen

[6] Vgl. Boehn, Mode, 1923, S. 110.
[7] MEW 21, S. 394.
[8] Zit. in MEW 26/3, S. 521.

Kolonisation im Gefolge der großen Entdeckungen seit Ende des 15. Jahrhunderts, die zunächst durchaus in den eingefahrenen Bahnen bisheriger Landnahme erfolgt. Vor allem die iberischen Kolonisten versuchen zunächst, ihr Feudalsystem einfach in modifizierter Form auf die Neue Welt zu übertragen *(repartimientos, ecomiendas)*, sie sehen die Kolonien einfach als bloßes Ausbeutungsobjekt, so wie man etwa auch bisher gegen »Heiden« vorgegangen ist. Während die Spanier, die in Süd- und Mittelamerika auf relativ hoch entwickelte Ackerbaukulturen stoßen, hier eine quasifeudale Plantagenwirtschaft errichten, betreiben die westeuropäischen Siedler in Nordamerika unter schrittweiser Vertreibung der hier lebenden, zum Teil nomadisierenden Indianervölker eine echte Kolonisationspolitik, denn der sich bald als überlegen erweisende westeuropäische Merkantilismus betrachtet die überseeische Landnahme mehr als Erweiterung des Marktgebietes und der ökonomischen Ressourcen[9].

Die Ausdehnung des Weltmarktes, die beachtliche Ausweitung der potentiellen Nachfrage durch die Bevölkerungsvermehrung des 16. Jahrhunderts (etwas schwächer im 17. Jahrhundert), der Wettbewerb der europäischen Mächte um die Aneignung der asiatischen Produktion und der amerikanischen Schätze und die Kolonisierung der außereuropäischen Welt fördern neuerlich die Verwendung des Geldes, die Ausweitung des Handels und somit indirekt wiederum die Produktion[10]. Damit wirkt der Handel »überall mehr oder minder auflösend auf die vorgefundenen Organisationen der Produktion«[11], indem der Handel gegebene Institutionen (Organisationen) nutzt und für seine Expansion neue schafft.

Wie gestalterisch mächtig der Handel bereits ist, zeigt sich an

[9] Die unterschiedlichen Strategien resultieren nicht zuletzt aus den verschiedenen Entwicklungsniveaus der Mutterländer. Welche der beiden Vorgangsweisen für die betroffenen Ureinwohner schmerzlicher ist, die ambivalente Natur des feudalen Aneignungssystems, die zumindest im Prinzip auf gegenseitigen Verpflichtungen aufbaut, oder der auf bloße Nützlichkeit und Gewinnmaximierung abzielende neuzeitliche Kapitalismus, sei dahingestellt. Der »Rest«-Anteil der indianischen Bevölkerung in den beiden amerikanischen Hemisphären spricht für sich (wobei bei der Ausrottung der heute in Nordamerika nur mehr folkloristisch in Reservaten gehaltenen indianischen Bevölkerung sicherlich auch deren geringe Resistenz gegenüber aus Europa und Afrika eingeschleppten Krankheitserregern, wie Tuberkulose, Grippe, Malaria, Gelbfieber, ein wichtiger Faktor ist).

[10] Vgl. Kriedte, Spätfeudalismus, 1980.

[11] MEW 25, S. 344.

der Zentralisierung des Geldes. Da die feudalen Organisationen der Münze, die erst langsam unter einer Zentralgewalt zusammengefaßt werden – ebenso wie die Ämter der sich herausbildenden Zentralmacht wird auch das Münzrecht noch durch Kauf vergeben –, nicht in der Lage sind, konstante Recheneinheiten zur Verfügung zu stellen[12], bewältigen die Kaufleute diese Schwierigkeit zunächst in Eigenregie. Sie schaffen etwa mit den Messen von Besançon eine Organisation, die viermal pro Jahr etwa 50 *mercanti di conto,* die Creme der bedeutendsten italienischen Handelshäuser zusammenführt, um bargeldlos ihre gegenseitigen Forderungen auszugleichen; das ist gegenüber der vorher dominierenden Praxis eine beachtliche Neuerung. Im Gegensatz zu dem sich noch wenig als Wertnenner eignenden Geld des Staates – selbst als Ende des 16. Jahrhunderts in Frankreich ein vielversprechendes monetäres Programm entwickelt wird, unterlaufen feudale Manipulationen die Stabilisierung des Geldwertes – gelingt den Wechslern, Bankiers und Kaufleuten die Etablierung und Durchsetzung einer kaum Schwankungen ausgesetzten Währung in Form des Markenscudo, eines Rechengeldes[13].

Der große Vorteil dieses Markenscudo liegt darin, daß er für Kreditgeschäfte verwendet werden kann, ohne Angst um seine innere Stabilität haben zu müssen. Während in einem bimetallistischen System die Relation von Gold und Silber durch die öffentliche Gewalt mittels Gesetzgebung festgesetzt wird, kann der Markenscudo auf Veränderungen des Verhältnisses zwischen Gold und Silber viel einfacher und problemloser reagieren. Nicht unwesentlich für die Popularität dieses Rechengeldes dürfte auch gewesen sein, daß es durch bestimmte Kursmanipulationen möglich war, Zinsgewinne[14] zu verbergen und damit Schwierigkeiten mit dem kanonischen Zinsverbot der Kirche aus dem Wege zu gehen. Obwohl noch in einer Form des Überganges ständischer Korporation, somit in der Vergangenheit

[12] Vgl. Stamm, Ursprünge der Wirtschaftsgesellschaft, 1982, S. 54.

[13] Es ist wesentlich komplizierter konstruiert als die Versuche, im 16. Jahrhundert ein Rechengeld im Staat einzuführen, und obendrein funktioniert es auch noch. Bezugseinheit dieses Rechengeldes sind sechs Goldmünzen, deren Austauschrelationen stabil gehalten werden. Grund für die Stabilität dürfte das Interesse der die ökonomisch führenden Städte regierenden Kaufleute gewesen sein, der Handelsherren von Genua, Venedig, Florenz, Neapel, Sevilla und später noch Antwerpen.

[14] Vgl. Stamm, Ursprünge der Wirtschaftsgesellschaft, 1982, S. 63.

beheimatet, beinhalten diese Messen bereits die Logik der modernen (ökonomischen) Ratio.

Kein Wunder, daß mit der Durchsetzung der zentralstaatlichen Bürokratie im Laufe des 17. Jahrhunderts, teilweise auch erst im 18. Jahrhundert, der Staat die Regelung des Geldes wieder an sich zieht. Der moderne, zentralisierte »Nationalstaat« wird als eines seiner wichtigsten Charakteristika auch eine zentrale Regelung des Geldwesens durchsetzen und damit das unterstützen oder selbst fördern und initiieren, was der Handel über das Medium des Geldes begonnen hat: die Auflösung der alten Produktionsweise, die Zerschlagung der alten gesellschaftlichen Organisation.

Welche Produktionsweise aber an die Stelle der alten, welche gesellschaftliche Organisation an die Stelle der Feudalität tritt, ist nicht mehr dem Handel und dem Handelskapital geschuldet, sondern wird verursacht durch die Verwandlung von Geld in Kapital. Denn Geld und Waren sind nicht aus sich heraus Kapital: »Sie bedürfen der Verwandlung in Kapital. Diese Verwandlung selbst kann nur unter bestimmten Umständen vorgehen, die sich dahin zusammenspitzen: Zweierlei sehr verschiedene Sorten von Warenbesitzern müssen sich gegenüber und in Kontakt treten, einerseits Eigner von Geld, Produktions- und Lebensmitteln, denen es gilt, die von ihnen geeignete Wertsumme zu verwerten durch Ankauf fremder Arbeitskraft; andererseits freie Arbeiter, Verkäufer der eigenen Arbeitskraft und daher Verkäufer von Arbeit. Freie Arbeiter in dem Doppelsinn, daß weder sie selbst unmittelbar zu den Produktionsmitteln gehören wie Sklaven, Leibeigene usw., noch auch die Produktionsmittel ihnen gehören, wie beim selbstwirtschaftenden Bauern usw., sie davon vielmehr frei, los und ledig sind. Mit dieser Polarisation des Warenmarkts sind die Grundbedingungen der kapitalistischen Produktion gegeben.

Der Prozeß, der das Kapitalverhältnis schafft, kann also nichts anderes sein als die Scheidung des Arbeiters vom Eigentum an seinen Arbeitsbedingungen, ein Prozeß, der einerseits die gesellschaftlichen Lebens- und Produktionsmittel in Kapital verwandelt, andererseits die unmittelbaren Produzenten in Lohnarbeiter.«[15]

Das Königtum ist in allen Wirren und Auseinandersetzungen der Feudalherren als Vertreter der Idee der Ordnung und des

[15] MEW 23, S. 742.

sich formierenden Staates, als Förderer und Repräsentant der sich bildenden Nationen, ein zusätzlicher progressiver Faktor. Mit ihm koalieren die »bürgerlichen« Elemente, zumindest versuchen sie es seit dem späten Mittelalter. Vor allem die Städte mit dem von ihnen getragenen Handel sind seine natürlichen Partner. Seit dem 16. Jahrhundert verfestigt sich diese Allianz von Super-Oikos und Handelskapital – oft durch Konflikte unterbrochen – und führt zur Durchsetzung der Zentralmacht, zur Festigung des ökonomischen Leviathan. Sobald aber der Handel und damit die Bürger als seine Akteure in den Super-Oikoi eine Position erreichen, die sie zumindest gegenüber dem Fürsten als gleich mächtig erscheinen läßt, erzwingt die Situation des permanenten Wettkampfs der sich von den Haushalten der Fürsten zunehmend abhebenden Staaten untereinander, daß auch in jenen Staaten, in denen die Bürger noch nicht so mächtig sind, diese gefördert, ja gleichsam »hergestellt« werden müssen.

Stabilisiert sich, unter welcher Führung auch immer, diese Allianz, so kommt eine Expansion in Gang, die, von beiden – Zentralmacht und Handelskapital – betrieben, weder im Äußeren noch im Inneren Grenzen zu akzeptieren bereit ist. Dieser zweiseitige und sich gegenseitig fördernde Drang zur Expansion wird einerseits die Schaffung immer größerer Märkte befördern, diese zuerst in den durch Zölle abgesicherten und durch die Bürokratie verwalteten Territorien einrichten, gleichzeitig (oder in der Folge) aber darüber hinausgreifen und ein dichtes Netz des Welthandels etablieren.

Der Erwerb von Kolonien spielt jedenfalls bereits in den frühen merkantilistischen Überlegungen eine wichtige Rolle, wobei entsprechend der theoretischen Ausformung des neuen ökonomischen Systems zunächst die Aneignung des Edelmetallreichtums im Vordergrund steht, im weiteren jedoch die Steigerung des Wohlstandes durch die Ausweitung des Handels unter protektionistischen Rahmenbedingungen. Der berühmte *pacte colonial,* wie ihn die Franzosen nennen, wie er auch in die englischen »Navigationsakte« (1651–1849) eingegangen ist, stellt gleichsam den Inbegriff der merkantilistischen Kolonialbestrebungen dar. Ein britischer Minister stellt in diesem Zusammenhang 1726 eindeutig und ohne Umschweife fest: »Jeder Akt einer abhängigen Provinzialregierung sollte deshalb zum Vorteil für das Mutterland sein, dem sie ihre Existenz und den Schutz aller wertvollen Privilegien verdankt. Daraus folgt, daß alle vorteilhaften Projekte und Handelsgewinne in jeder Kolonie, wenn sie dem Mutterland abträglich oder mit den Interessen nicht zu vereinbaren sind, als gesetzeswidrig gelten müssen und ihre Durchführung unverantwortlich wäre, weil sie dem Daseinszweck der Kolonie widersprechen und nicht mit den Bedingungen in Einklang stehen, auf Grund derer das Volk Privilegien und Schutz beansprucht ... Denn das ist der Zweck der Kolonien, und wenn dieser Nutzen nicht daraus gezogen werden kann, wäre es weitaus besser für den Staat, ohne sie auszukommen.«[16]

Diese Maximen der Handelspolitik lassen sich auf Dauer natürlich nur bedingt aufrechterhalten, denn durch die europäische Besiedlung und die Ausweitung der Eigenproduktion in den Kolonisationsgebieten wächst auf längere Sicht auch der Grad ihrer Unabhängigkeit.

Die Erreichung eines Handelsmonopols setzt eine entsprechend starke Flotte voraus[17]. Die ersten Handelsgesellschaften der *merchant adventurers* beschränken sich zunächst oft nur auf ein bestimmtes Projekt, z.B. die Ausrüstung einer Handelsflotte; sie werden jedoch später zumeist in Dauergesellschaften umgewandelt, so daß sich hier bereits erste Ansätze zur Form der Aktiengesellschaft finden. Diese ersten »Kompagnien« im Kolonialhandel, wie sie zu Beginn des 17. Jahrhunderts in Westeuropa vermehrt auftreten, sind allerdings meist nur ein organisatorischer Rahmen, innerhalb dessen das Kapital für bestimmte Geschäfte zusammengefaßt werden kann. Dennoch ist die Ausweitung des Handelssystems eine wichtige Zäsur: »Es unterliegt keinem Zweifel ..., daß im 16. und 17. Jahrhundert die großen Revolutionen, die mit den geographischen Entdekkungen im Handel vorgingen und die Entwicklung des Kauf-

[16] Zit. in Faulkner, English colonies, 1957, S. 86.

[17] Das Monopol der Portugiesen im Überseehandel nach Südostasien, das seinerseits das Monopol der Venezianer und Genueser im Handel auf dem Landweg (über Vermittlung arabischer und jüdischer Kaufleute) mit dem Fernen Osten durchbrochen hat, wird zunächst von den Holländern unterlaufen. Die Niederländische Ostindien-Kompanie schickt ihre Flotte um die Südspitze Afrikas herum, wo erste Stützpunkte angelegt werden; in Sumatra, Java, den Molukken, Teilen Neu-Guineas und Borneos sowie der Malayischen Inselwelt und Ceylon setzt man sich auf die Dauer fest. Die holländische Handelskompanie hat gleichsam seit 1624 ein Monopol im Chinahandel und beherrscht von ihren Stützpunkten auf Formosa und in Kanton aus von 1638 an auch den Handel mit Japan und verdrängt hier die Portugiesen. Die zweifellos erfolgreichste Handelsgesellschaft ist jedoch die britische East India Company, die in Indien nahezu souverän regiert.

mannskapitals rasch steigerten, ein Hauptmoment bilden in der Förderung des Übergangs der feudalen Produktionsweise in die kapitalistische. Die plötzliche Ausdehnung des Weltmarkts, die Vervielfältigung der umlaufenden Waren, der Wetteifer unter den europäischen Nationen, sich der asiatischen Produkte und der amerikanischen Schätze zu bemächtigen, das Kolonialsystem, trugen wesentlich bei zur Sprengung der feudalen Schranken der Produktion.«[18]

Doch ist in diesem Zusammenhang sehr wohl der Unterschied zwischen der kapitalistischen »Rationalität« einer kontinuierlichen und langfristigen optimalen Rendite gegenüber der kurzfristigen maximalen, aber diskontinuierlichen »Gewinn«-Abschöpfung[19] durch einen »Abenteurer- und Raubkapitalismus« zu beachten[20].

Wenn Gustav Schmoller im Merkantilismus den Übergang der wirtschaftlich entscheidenden Instanzen und Kräfte von der Stadt auf das Territorium sieht, in dem die Stadtwirtschaft ihre alten Grenzen überschreitet und zur Staats- und Volkswirtschaft wird, so betont dies vorwiegend bloß *einen* Aspekt. Auch die berühmte Sentenz, wonach der Merkantilismus »in seinem innersten Kern Staats- und Volkswirtschaftsbildung zugleich«[21] sei, bleibt zu sehr an der Oberfläche. Etwas breiter angelegt und auf die Prozessualität abgestellt, versucht Friedrich Engels diese Veränderungen so zu umschreiben: »Der

[18] MEW 25, S. 345.

[19] Die neuen Handelswege nach Übersee werden zunächst im 16. Jahrhundert von den Spaniern und Portugiesen beherrscht. Karl V. macht die überseeischen spanischen Kolonien auch seinen übrigen Untertanen zugänglich. Holländer und Engländer versuchen zunächst über Seeraub und Sklavenhandel ihren Anteil zu realisieren, wobei der Untergang der spanischen Armada 1588 und der Befreiungskampf der Niederlande seit 1559 diesen beiden Völkern den Vorrang im Seehandel seit Ende des 16. Jahrhunderts sichern. Amsterdam wird zeitweise zum größten kommerziellen Zentrum Europas. Die englischen *merchant adventurers* gründen eine Reihe von Handelskompanien: 1555 Muscovy Company, 1577 Spanish Company, 1579 Eastland Company, 1588 Senegal Adventurers, 1600 die berühmte East India Company, 1670 Hudson Bay Company. Die Holländer folgen mit einer eigenen Ostindienkompanie 1602 und einer Westindienkompanie 1626. Die holländische Republik wird im 17. Jahrhundert zum Vorbild für alle anderen handeltreibenden Nationen. Die Franzosen gründen z. B. eine Compagnie du Nord, eine Compagnie du Levant, eine Compagnie des Indes orientales, eine Compagnie des Indes occidentales und eine Compagnie du Sénégal.

[20] Vgl. Weber, Wirtschaft und Gesellschaft, 1976, S. 817–826; Willke, Systemtheorie, 1982, S. 65.

[21] Schmoller, Merkantilsystem, 1879, S. 37.

Kampf der Bourgeoisie gegen den Feudaladel ist der Kampf der Stadt gegen das Land, der Industrie gegen den Grundbesitz, der Geldwirtschaft gegen die Naturalwirtschaft, und die entscheidende Waffe der Bürger in diesem Kampf waren ihre durch die Entwicklung der erst handwerksmäßigen, später zur Manufaktur vorschreitenden Industrie und durch die Ausbreitung des Handels sich fortwährend steigernden ökonomischen Machtmittel.«[22] Es bleibt also nicht bei einer simplen Übertragung von der Stadt auf den Staat (mit der Verknüpfung zweier bis dahin weitgehend getrennter Verhaltensweisen) oder bei einem Drei-Elemente-Spiel zwischen Fürst, Adel und Bürgern, wobei die Bedeutung der Zentralmacht zunimmt, vielmehr vollzieht sich in der Phase des Merkantilismus eine Neuentwicklung in ein anderes Umfeld.

Eine andere Erklärung von Gesellschaft, Mensch und Natur beginnt sich abzuzeichnen. Sosehr auch die alten Kräfte und Vorstellungen noch weiterwirken, so stehen sie doch in einem anderen sozioökonomischen, kulturellen und geistigen Kontext und werden damit zu etwas anderem. Die Übertragung der organisierenden Kräfte des Handels und des Geldes von der Stadt auf ein ganzes Territorium und die Durchsetzung eines Super-Oikos in Bereichen, die früher anders organisiert waren und damit anderes Verhalten erzwangen, bewirken eine Neugestaltung der gesellschaftlichen Grundstrukturen. Ihr entspricht eine Veränderung der Diskursebene[23]. Es wird ausdrückbar und erfaßbar, was bis dahin nicht denkbar war: Staat, Arbeit, Politik, Kapital und Gewinn erhalten ihre neuzeitliche Bedeutung. Die gegenseitige Durchdringung von (bürgerlichem) berechnendem Gewinnstreben und (feudalen) Machtstrukturen, die sich in Prunk, Prestige und in augenblicklichem Lustgewinn ausleben, wird von Daniel Defoe 1726 – höchst merkantilistisch – so charakterisiert: »Wo die Nationen reicher werden, da werden sie verhältnismäßig mächtiger. Auf diese Weise wird der Verkehr die Basis des Reichtums und der Reichtum die der Macht.«[24]

Sicher funktioniert der Binnenmarkt ähnlich wie die alten städtischen Märkte, auf denen die sich ansonst weitgehend selbstversorgenden Haushalte in Austauschbeziehungen treten. Dabei erfolgt nunmehr ein Ausgleich innerhalb der Volkswirt-

[22] MEW 20, S. 152f.
[23] Vgl. Kap. VIII.
[24] Defoe, Essay on ways and means, 1726, S. 26ff.

schaft, und die »Volkswirtschaft« agiert zunächst durchaus im Sinne der traditionellen Ökonomie: sie orientiert sich am Autarkieideal. Der Außenhandel folgt hingegen im wesentlichen den »räuberischen« Grundsätzen des Fernhandels; wie schon Sir Joshuah Child festhält: »Jeder Handel ist eine Art von Kriegsführung!«[25] Für den älteren Merkantilismus gelten also durchaus noch Prinzipien und Motivationen wie in der städtischen Wirtschaft und im Feudalismus, daneben finden sich aber neue Verhaltensweisen, wird eine neue Organisationsform, nämlich die des Super-Oikos entwickelt, ergeben sich andere Erklärungsmuster für Gesellschaft, Mensch und Natur. Nicht mehr Sitte und Tradition, öffentlicher Dienst und häusliche Verpflichtung, religiöse Vorschriften und wechselseitige Treueverhältnisse, sondern ein von direkten persönlichen Beziehungen abgelöster Zwang und die »Rationalität« des Marktes gewährleisten, daß der einzelne sich konform zu den abstrakten Regeln verhält[26]. Gefühlsmäßig leistet er nicht mehr *seinen* Teil zu einem – von ihm im Verein mit anderen bewertbaren und akzeptierbaren – gesellschaftlichen Ganzen, sondern er wird als anonymisiertes Individuum einer abstrakten Pflicht in einem neuen Regelsystem unterworfen.

Trotz all dieser in der neuen Staatsauffassung und Wirtschaftsgesinnung wurzelnden Gemeinsamkeiten, bleibt auch heute noch der Merkantilismus »eine vieldiskutierte Frage«[27]. Bei aller prinzipiellen Übereinstimmung der zugrundeliegenden Maximen unterscheidet sich die Wirtschaftspolitik der einzelnen Staaten »je nach den Bedürfnissen und dem materiellen Zustande des Landes, nach der Individualität der leitenden Persönlichkeiten, nach zahlreichen politischen und ökonomischen Momenten«[28]. Während in England Vertreter des Handelskapitals *(merchants)* für ihresgleichen schreiben, widmen auf dem Kontinent Beamte, Höflinge, Geistliche und Professoren ihre Werke den regierenden Fürsten; daraus ergeben sich naturgemäß Auffassungsunterschiede. Der pragmatische Zuschnitt einzelner Aktivitäten verschleiert aber ihre gemeinsame Verwurze-

[25] Zit. in Letwin, Origins, 1975, S. 44.

[26] Vgl. Polanyi, Ökonomie und Gesellschaft, 1979, S. 137.

[27] Man kann von keiner einheitlichen Theorie des Merkantilismus sprechen, da die jeweiligen Vorstellungen an realen Aufgaben der staatlichen Wirtschaftspolitik orientiert sind. Eine einheitliche Theorie kann es nur dann geben, wenn die jeweiligen Wissenschaftsdisziplinen im Interesse *einer* dominierenden Instanz agieren; hier sind aber mehrere Staaten in Konkurrenz untereinander.

[28] Srbik, Exporthandel, 1907, S. XXIII.

lung im Leviathan; daher meint Schumpeter: »Die merkantilistische Politik umfaßt auch keineswegs ein geschlossenes Gefüge bestimmter wirtschaftlicher Ziele oder Grundsätze. Wie jede Politik war sie beherrscht von den Mächten der Stunde und versuchte, nach bestem Vermögen mit der ganzen Reihe von Schwierigkeiten fertig zu werden, die sie vorfand und zum großen Teil selbst hervorgerufen hatte. Merkantilistische Regierungen beseitigten zuweilen Handelsbestimmungen, Restriktionen und Maßnahmen zur Belebung der Wirtschaft; zuweilen führten sie diese ein. In England z.B. wurde die Politik der Preisregulierung unter dem sonst merkantilistischen Protektorat aufgegeben. In mancher Beziehung arbeiteten merkantilistische Regierungen auf größere Handelsfreiheit hin – Heinrich VIII. ergriff mehrere Maßnahmen in dieser Richtung, Colbert lockerte viele Fesseln –, in anderer Beziehung wieder auf Protektion und nationale Autarkie. Bisweilen schufen sie Monopole, bisweilen bekämpften sie diese. Sie liehen Innovationen ihre Unterstützung, aber ebensooft ließen sie Verbote gegen dieselben ergehen. Das ist alles leicht verständlich, wenn man es im Lichte individueller historischer Situationen deutet. Aber ein geschlossenes philosophisches System des Wirtschaftslebens oder der Rolle des Staates in der Wirtschaft läßt sich daraus nicht konstruieren.«[29]

Die genauere Abgrenzung des »Merkantilsystems« wird selbst dann nicht leicht, wenn man sich darauf einigt, darunter das Wirtschaftsdenken und die Wirtschaftspolitik des absolutistischen Staates zu verstehen. Sicher handelt es sich beim Merkantilismus in erster Linie um eine Reihe von praktischen Vorschlägen und dazugehörigen theoretischen Reflexionen, die nicht frei von Widersprüchen sind. Der Endzweck ist aber immer die Machtsteigerung des Super-Oikos. Die nationalökonomischen »Klassiker« haben den Merkantilismus verurteilt: Für David Hume und Adam Smith ist Vernunft (und Moral) ein kommunikativer Prozeß. Daher muß etwas herrschaftlich, das heißt nicht-kommunikativ Vermitteltes und Hergestelltes[30] abgelehnt werden. Der Eingriff der Zentralgewalt, der die Inkarnation des Merkantilismus darstellt, ist nicht-kommunikativ vermittelt und daher abzulehnen[31].

[29] Schumpeter, Konjunkturzyklen, I, 1961, S. 245.

[30] Vgl. Kap. VIII.

[31] Es dauerte relativ lange Zeit, bis der Merkantilismus eine Art Rehabilitierung erfahren sollte – ein Indiz für eine neue geistige Affinität zu den Grundsät-

Am Ausgangspunkt der merkantilistischen Theorie steht die Frage der Beschaffung von Edelmetall, somit die später von Adam Smith so kritisierte Überzeugung, daß Geld gleich Reichtum sei. Man kann dies jedoch auch anders betrachten, denn: »Indem die Merkantilisten die Anhäufung von Schätzen als einen Vorteil bezeichneten, verwendeten sie höchstwahrscheinlich eine konventionelle Norm, um Maßnahmen zu rechtfertigen, die ihnen aus anderen Gründen als vorteilhaft erschienen, ebenso wie die späteren Nationalökonomen die angebliche Maximierung des Nutzens als Rechtfertigung der Politik des laissez-faire anführten.«[32]

Wesentlich dabei ist wohl die zunehmende Bedeutung der Geldwirtschaft schlechthin. Die schrittweise Aufgabe des alten, am Oikos orientierten Autarkieideals infolge immer dichter werdender Marktbeziehungen sowie die zunehmende, eine Spezialisierung erlaubende Arbeitsteilung hat die Geldwirtschaft zur Voraussetzung. Der Kapitalist setzt Geld zum Kauf von Waren ein, die er weiterverarbeitet und mit Profit weiterveräußert. Das heißt aber, daß die Expansion der Märkte und die immer länger werdenden Handlungsketten auf größere Mengen an Zirkulationsmitteln angewiesen sind. Die Edelmetallausbeute aus dem heimischen Bergbau, später aus den Kolonien, kann aber diesen Bedarf nicht ganz befriedigen. Damit setzt einerseits der »Kampf« um diesen relativ begrenzten »Schatz« ein (Aktivierung der Handelsbilanz), andererseits wird versucht, durch Geldschöpfung (Münzverschlechterung, Erzeugung von Inflation mittels Kredit und Papiergeld) sich an den Bürgern zu bereichern.

zen des Merkantilismus. Historiker wie Gustav Schmoller, William Cunningham und Eli F. Heckscher, aber auch so berühmte Ökonomen wie Friedrich List und später Joseph A. Schumpeter und John M. Keynes haben mit ihrer Beurteilung zu einer neuen Sicht des Merkantilsystems beigetragen. So wirft Schumpeter etwa den »Klassikern« vor: »Wenn Smith und seine Schule die merkantilistischen Lehrsätze verbessert und entwickelt hätten, anstatt sie zu verwerfen, hätte bis 1840 eine richtigere und reichhaltigere Theorie der internationalen wirtschaftlichen Beziehungen entwickelt werden können ...« Schumpeter, Ökonomische Analyse, I, 1965, S. 472. John M. Keynes meint: »Der Verdammung des merkantilistischen Wirtschaftssystems durch den darauffolgenden Liberalismus können wir nicht in allen Punkten zustimmen. Wahr ist es, daß die Merkantilisten in keiner Täuschung befangen waren über den nationalen Charakter ihrer Politik und deren Neigung, den Kriegen Vorschub zu leisten. Was sie offenkundig bezweckten, war nationaler Vorteil und verhältnismäßige Stärke.« Keynes, Allgemeine Theorie, 1952, S. 294.

[32] Dobb, Entwicklung des Kapitalismus, 1970, S. 205.

Diese Situation lenkt die Aufmerksamkeit einer Reihe ökonomisch interessierter Autoren auf das Phänomen des Geldes. Man fordert, das Geld im Lande zu belassen und zu verhindern, daß Geld und Edelmetall ins Ausland fließen, denn für den Fürstenstaat des Absolutismus ist allein die Höhe des »Schatzes« Ausdruck des staatlichen Reichtums. Der Außenhandel soll nur aus der Ausfuhr eigener Erzeugnisse bestehen, um so möglichst viel Geld ins Land zu bekommen, was den Staatsschatz erweitert. Eine Reihe von theoretischen Abhandlungen wird dieser Frage gewidmet, und diese Autoren werden in der Folge als »Monetaristen« bezeichnet, um damit die Eindimensionalität ihres ökonomischen Denkens zu charakterisieren. Um Verwechslungen mit der Schule von Milton Friedman auszuschließen, soll hier für diese Richtung des Merkantilismus die alte Bezeichnung »Bullionismus« (*bullion:* Barren aus Edelmetall) gelten, eine vor allem in England entwickelte Form des »älteren« Monetarismus. Die Bullionisten fordern einen hohen Exportüberschuß in Form von Edelmetallen, da es England mangels eigener Edelmetallvorkommen nur möglich ist, seinen »Schatz« durch Außenhandel zu vergrößern. Der Erfolg der Wirtschaftspolitik wird an der positiven Edelmetallbilanz beurteilt; in der Einfuhr von Edelmetallen sehen sie die einzige Möglichkeit zur Vermehrung des Reichtums. Der Bullionismus versucht daher sogar jedes einzelne Außenhandelsgeschäft zu regulieren: Englische Händler müssen danach trachten, sich von Ausländern grundsätzlich nur mit Bargeld bezahlen zu lassen. Nur als »notwendig« betrachtete Importe werden toleriert, so daß der Staat die Importwaren in *essentials* und *non essentials* klassifiziert. Diese einseitige und gewiß auch kurzsichtige Außenhandelspraxis, mit dem einzigen Ziel, den »Schatz« zu mehren und ein Abfließen von Geld zu verhindern, wird erst mit dem Aufkommen des eigentlichen Merkantilismus überwunden, in dem bereits die Interessen der *merchants* und Manufakturinhaber dominieren.

Es wird immer wieder behauptet, daß Jean Bodin als einer der ersten den Zusammenhang zwischen der als »Preisrevolution« bezeichneten säkularen Inflation des 16. und frühen 17. Jahrhunderts – zwischen 1550 und 1650 steigen die Preise (ausgedrückt in Silber) in Spanien um 400, in England um rund 200 Prozent[33] – und dem Edelmetallzustrom aus der Neuen Welt

[33] Vgl. Keynes, Vom Gelde, 1955, S. 423; Sombart, Moderner Kapitalismus, I/1, 1919, S. 529.

erkannt habe. Der große Rechtfertiger des modernen Zentralstaates wendet sich dabei insbesondere gegen die »primitive Vorstellung«, die Preissteigerungen seien bloß auf das schändliche Verhalten von Wucherern und Spekulanten zurückzuführen. Dem ist entgegenzuhalten, daß diese Preissteigerungen bereits *vor* den Gold- und Silberimporten aus Amerika zu beobachten sind, und das hohe Preisniveau sinkt auch nach dem Versiegen der neuen Zuflüsse an Edelmetallen nicht ab. Ja, was immer wieder konstatiert wird, ist eine signifikante Geldknappheit überall in Europa, ein Mangel an Zirkulationsmitteln angesichts der Ausweitung der Marktbeziehungen. Mit dem Abbau autarkieorientierter Lebensformen und Organisationen und der Stärkung des Handelskapitals durch den Zentralstaat wird Geld auch als Instrument der Kontrolle wichtig: Leistungsfestlegung in Geld anstatt in Naturalien bewirkt zugleich eine Rechenbarkeit und in weiterer Folge die Erzwingung von Leistungssteigerung.

Der Preisanstieg ist eher erklärbar durch die asymmetrische Verfassung des Marktes; da eben keine vollkommenen Märkte, sondern weitgehend Oligopol- und Monopolmärkte existieren, ist durch die interessengeleitete Preissetzung der »Mächtigen« (der Händler) ein hoher Grad der Abschöpfung möglich. (Geld ist eben nicht bloß Tausch-, Wertaufbewahrungsmittel und Recheneinheit, sondern notwendigerweise auch Herrschaftsmittel.) Was Jean Bodin also vornimmt, ist eine *Camouflage* – an sich Richtiges (Wucher) wird in Reaktionsbildung zum Falschen deklariert. Die übliche Erklärung der Preissteigerungen als Folge des Zuflusses von Edelmetall (Quantitätstheorie) greift also zu kurz, da das Phänomen der gleichzeitigen Unterversorgung mit Zirkulationsmitteln überhaupt nicht in dieses Erklärungsmuster paßt; denn an sich müßte ja bei Gelten der traditionellen Quantitätstheorie die Preissteigerung durch eine übergroße Geldmenge, d.h. den Überschuß an Zirkulationsmitteln hervorgerufen worden sein[34].

Ein wichtiger geldtheoretischer Beitrag stammt von dem englischen Kaufmann Thomas Gresham (1519–1579), der beobachtet, daß bei einer Doppelwährung das »schlechtere« Geld das

[34] Allerdings berücksichtigt Bodin noch nicht die Umlaufgeschwindigkeit des Geldes; dies tun erst Richard Cantillon und die Kameralisten. Die Quantitätsgleichung spielt dann mit Irving Fisher eine wichtige Rolle für die Rekonstruierung der Makroökonomie durch die Keynessche Kritik an der Vorstellung der Umlaufgeschwindigkeit als stabiler Größe.

»bessere« verdrängt, indem man das niedriger bewertete benützt und das höher bewertete thesauriert oder für Zahlungen an das Ausland verwendet. Das nach ihm benannte Gesetz zeigt sich deutlich am Beispiel Spaniens, das sich trotz aller Ausfuhrverbote als unfähig erweist, sein amerikanisches Silber im Lande zu halten, und in eine Kupfergeldinflation stürzt. Gleichzeitig können die Niederlande und England aufgrund ihrer aktiven Handelsbilanz den Strom des Silbers aus Amerika auf sich lenken – eine Beobachtung, die Thomas Mun, ein leitender Angestellter der Ostindischen Handelskompanie, zum Anlaß seiner Untersuchung über die Bedeutung der Handelsbilanz machen sollte.

Reichtum bedeutet für den Staat in erster Linie Macht, und den Reichtum zu erwirtschaften bzw. abzusichern und auszubauen, ist das Hauptanliegen der Merkantilisten. Das bedeutet aber, daß sie ihre Aufmerksamkeit vor allem jenen Wirtschaftszweigen widmen, die geeignet sind, den Reichtum des Staates zu vermehren. Daß man in der Wahl der Mittel anderen Staaten gegenüber nicht zimperlich ist, zeigt schon die Tatsache, daß Handelskriege als durchaus legitimes Mittel im Wettbewerb mit anderen Ländern betrachtet werden; »das streitende Handelsinteresse ist oft die wahre Ursache von Kriegen, denen man einen anderen Vorwand gibt«[35]. Das vom »Kampfe aller gegen alle« her konzipierte merkantilistische Denksystem findet in der Rivalität der Volkswirtschaften und Staatsindividualitäten seinen Niederschlag. Man geht dabei von der Vorstellung aus, die Güter der Erde seien nur in begrenztem Maße verfügbar und die ökonomische Weltkapazität mehr oder minder festgelegt. Infolgedessen muß der Vorteil des einen zwangsläufig zum Schaden des anderen gereichen und umgekehrt. Davon zeugt auch der Ausspruch Thomas Muns »one man's loss is another man's gain«. Seine Schrift ›England's treasure by foreign trade‹ trägt den Untertitel: ›Nach der Bilanz unseres Außenhandels richtet sich unser Bestand an Edelmetallen‹ (entstanden 1630, gedruckt 1664). Sie steht mit dem von ihm in den Mittelpunkt gerückten Begriff der Handelsbilanz am Beginn einer Reihe wirtschaftstheoretischer Untersuchungen des eigentlichen Merkantilismus.

Der Außenhandel sollte demnach so gestaltet werden, daß möglichst viel Geld und Edelmetall ins eigene Land strömen. Folglich gilt es, jene Wirtschaftszweige zu entwickeln, welche

[35] Fichte, Handelsstaat, 1800, S. 182.

Waren herstellen, die im Ausland mit möglichst hohem Gewinn abgesetzt werden können[36]. Dafür ist die vollständige Ausnutzung, die Mobilisierung aller arbeitsfähigen Untertanen des absoluten Herrschers notwendig. Im Mittelpunkt merkantilistischen Denkens steht der Handel, dessen Ausweitung und Förderung die Ökonomen in den einzelnen Ländern allerdings vor unterschiedliche Probleme stellen: Der entwickelten englischen und holländischen Wirtschaft, in der die Kaufleute ihre Interessen als nationales Anliegen darstellen können, geht es um weiteres Wachstum durch den Seehandel, so daß man sich hier in erster Linie auf die Gründung von Kolonialhandelskompanien und Begünstigungen für die Schiffahrt im in der Folge errichteten Kolonialreich konzentriert. Der Colbertismus in Frankreich soll hingegen die politischen Führungsansprüche der Bourbonenherrscher auch wirtschaftlich durch eine entsprechende Infrastruktur- und Machtpolitik absichern. Die deutschen Merkantilisten stehen wiederum vor der Aufgabe, erst so etwas wie ein Wirtschaftsleben zu entwickeln. Die Krise gegen Ende des 16. Jahrhunderts und dann der Dreißigjährige Krieg haben die Gebiete des Reiches entvölkert und zerstört. Daher stehen Förderung und Ausbau des Binnenhandels durch Schaffung entsprechender Infrastrukturen und Zollerleichterungen im Innern sowie Steigerung der Produktionskraft und der heimischen Nachfrage durch die Bevölkerungspolitik im Mittelpunkt des wirtschaftlichen Wiederaufbaues[37].

Die englischen Merkantilisten beschäftigen sich also vornehmlich mit Problemen des Außenhandels, der Handelsbilanztheorie, wobei der Staat im wesentlichen nur die nötigen Rahmenbedingungen schaffen soll, während die Durchführung dieser Maßnahmen meist privaten Handelskompanien überlassen wird. Die Interessen der Handelskompanien finden etwa in Joshuah Child einen beredten Vertreter, der aber auch als erster den theoretischen Wert des einfachen Umstandes erfaßt, daß »Waren stets nach dem vorteilhafteren Markt hin tendieren«[38]. Der Schritt zur vollen Wirtschaftsfreiheit liegt hier nicht weit, sobald man die direkte Intervention des Staates überhaupt entbehren zu können glaubt. Auf diese Weise kann die Auffassung

[36] Vorausgesetzt wird dabei stets, daß bereits die entsprechenden Wertmaßstäbe des Tausches (Geld) und das Instrumentarium zur Gewinnabschöpfung entwickelt sind.

[37] Vgl. Justi, Policeywissenschaft, 1782, S. 169.

[38] Schumpeter, Ökonomische Analyse, I, 1965, S. 462.

entstehen, daß die Wirtschaft als Selbstregulierungsmechanismus funktioniert[39].

Sir William Petty (1623–1687) ist insofern ein Außenseiter unter den englischen Autoren des 17. Jahrhunderts, als er weder Geld- noch Handelsgewinn, sondern rationale Verwaltungspraxis in den Mittelpunkt seiner Betrachtungen stellt (und damit eine gewisse Affinität zum mitteleuropäischen Kameralismus aufweist); so wird etwa die Aufteilung des arrondierten irischen Grundbesitzes nicht mit dem Wirken von Marktkräften, sondern mit administrativen Maßnahmen (Landvermessung) in Zusammenhang gebracht[40]. Statistische Erfassungen sind dabei für die »politischen Arithmetiker« der Ausgangspunkt jedweder staatlichen Einflußnahme.

In Frankreich legt man hingegen besonderes Gewicht auf die Gewerbeförderung und die Entwicklung produktiver Ressourcen durch den Staat. Die Schaffung eines territorial einheitlichen Marktes und die Vereinheitlichung des Wirtschaftsgebietes sind die Voraussetzungen für eine organisatorische Zusammenfassung der gewerblichen Produktion für die Versorgung eines größeren Marktes. Man will sich dabei vom Import ausländischer Fertigwaren unabhängig machen. Der sogenannte Colbertismus sucht mit der Gründung von *Manufactures royales* und der staatlichen Reglementierung der Zünfte vor allem den Bedarf an repräsentativen Luxuswaren im Inland zu dekken. Diese direkten staatlichen Wirtschaftseingriffe, Planungs-

[39] In Wahrheit werden die englischen »Proto-Liberalen« von höchst egoistischen Handelsinteressen geleitet; der englische Merkantilismus betreibt einen Abbau der binnenwirtschaftlichen Hemmnisse und eine Regulierung des Außenhandels. Sir Joshuah Child (Brief observations, 1668, S. 13ff.) propagiert etwa, England möge dem niederländischen Vorbild folgen, um reich und mächtig zu werden. Merkantilistische Prinzipien wie Gütegarantien, Markt- und Gewerbeaufsicht, Armenpolitik werden ergänzt durch liberale Vorschläge wie mäßige Steuern, Religionsfreiheit, Erziehung zum Handel, Senkung des Zinssatzes und Erleichterung des Grundverkehrs. Vgl. Appleby, Economic thought, 1978, S. 88ff. Ähnlich argumentieren Henry Robinson (England's safety in trade encrease, 1641) und William Temple (Observations upon the United Provinces of the Netherlands, 1668). Hingegen vermitteln stärker liberales Gedankengut: Gerard de Malynes (The maintenance of free trade, 1622), Edward Misselden (The circle of commerce, 1623; Free trade, or the means to make trade flourish, 1622) und Nicholas Barbon (A discourse of trade, 1690), der die merkantilistische Handelsbilanztheorie heftig kritisiert, weil sie den Handelskrieg und damit das Erliegen des internationalen Güterverkehrs provoziere. Vgl. Letwin, Origins, 1975, S. 63f.

[40] Petty, Economic writings, 1899, S. 154ff.

elemente und auch neuartige Finanzierungstechniken (Bankwesen)[41] werden entwickelt und geben der französischen Wirtschaftspolitik eine spezifische Note.

Das einfache Prinzip der Steigerung der Ausfuhr und der Beschränkung der Einfuhr wird in der Folge wesentlich verfeinert, und die Behandlung der verschiedenen Export- und Importgüter differenziert. Dabei erweist sich die Zollschranke als ein viel feineres Instrument als allgemeine Verbote. Gleichzeitig wird der Binnenmarkt entwickelt und durch Ausbau der Infrastruktur, insbesondere durch Straßen- und Kanalbauten, erschlossen. Der Entwicklung des Handels dienen auch die angestrebte Vereinheitlichung des Geld-, Maß- und Gewichtssystems und die Abschaffung der zahlreichen Binnenzölle und Mauten. Hier, wie auch in der nunmehr staatlichen Reglementierung der gewerblichen Produktion und im Festhalten am Autarkieideal, knüpft die merkantilistische Politik partiell an die Wirtschaftspolitik der Stadtwirtschaft an; es handelt sich gleichsam um eine Übertragung wirtschaftspolitischer Prinzipien aus dem engen Wirtschaftsraum der Stadt auf den weiträumigen Territorialstaat. Dieser Grundgedanke bestimmt, wie gesagt, auch die Handelspolitik; während man sich im Binnenverkehr auf die Beseitigung der bestehenden zahlreichen Verkehrshindernisse beschränkt, um auf diese Weise ein einheitliches Wirtschaftsgebiet (Universalkommerz) zu schaffen, wird an den Grenzen eine ausgesprochene Absperrungspolitik mit Hilfe fester Schutzzolltarife für einzelne Warengattungen praktiziert, im Extremfall sogar ein Prohibitivsystem errichtet.

In Mitteleuropa etabliert sich als spezifische Form der neuen Wirtschaftslehre der »Kameralismus«. Die Kameralisten legen ihr Hauptaugenmerk weniger auf den Außenhandel als auf eine Ausweitung der binnenwirksamen Nachfrage durch Steigerung der *consumtio interna,* wobei nach Johann Joachim Becher, dem neben Wilhelm von Schröder und Philipp Wilhelm von Hörnigk wichtigsten Vertreter des älteren Kameralismus, eine wesentliche Voraussetzung dafür die »proportionierte Struk-

[41] Die Idee, Kredit als Geldschöpfungsmechanismus einzusetzen, geht auf den in französischen Diensten stehenden Schotten John Law (1671–1729) zurück, den »Ahnherrn der Idee der manipulierten Währung« (Schumpeter). Er praktiziert erstmals die Loslösung des Papiergeldes von der Edelmetalldeckung und versucht gleichzeitig, die Staatsschulden zu liquidieren. Als Sicherstellung dienten in Laws System die Aktien einer »Mississippi-Compagnie«, die jedoch eine spekulative Bewegung erfuhren, was schließlich zum Zusammenbruch führte.

tur« aller Wirtschaftszweige ist. Denn erst eine Abstimmung von Gewerbe, Manufaktur und Kommerz ergibt das ökonomische Optimum für die Staatswirtschaft. Bei seinen Untersuchungen über die möglichen Störungen des wirtschaftlichen Wachstums schafft er, gleichsam als Nebenprodukt seiner Arbeit ›Politischer Diskurs von den eigentlichen Ursachen des Auf- und Abnehmens der Städte, Länder und Republiken‹ (1668), durch die Differenzierung von »Monopolium« und »Polypolium« auch erste Ansätze zu einer Theorie der Marktformen[42].

Die Ökonomie ist für den Kameralismus, vor allem für die jüngere Generation der Kameralisten mit Johann Heinrich Gottlob von Justi, Veit Ludwig von Seckendorff und Joseph von Sonnenfels, allerdings nur eine von mehreren Aufgaben des Staates, welche Justi insgesamt mit »Staatswirtschaft« umschrieben hat, und die politische, juristische, fiskalische, soziale und ökonomische Probleme umspannt. Der Kameralismus beruht in seinen volkswirtschaftlichen Vorstellungen auch in seiner späteren Ausformung wohl auf der merkantilistischen Wirtschaftslehre, ist jedoch im Grunde genommen eine umfassende Verbindung von volks- und finanzwirtschaftlichen Theoremen. Zusammen mit verwaltungstechnischen Prinzipien und bevölkerungspolitischen Zielsetzungen entsteht schließlich aus all diesen theoretischen Überlegungen die »Staatskunstlehre« der Kameralisten. Die Anschauungen der jüngeren Kameralisten gipfeln im Ideal des eudämonistischen Wohlfahrtsstaates des aufgeklärten Absolutismus, in dem die Regierung die »Oberverantwortung« für alle gesellschaftlichen, insbesondere aber auch die moralischen Verhältnisse übernimmt. Dies gilt ebenso für die Sicherung der Beschäftigung und des Unterhalts, für die Verbesserung von Produktions- und Organisationsmethoden sowie die Basisleistungen im Bildungs- und Ausbildungswesen.

Die jüngere kameralistische Schule sieht die Beziehungen von Staat und Wirtschaft bereits sehr differenziert. Zwar steht auch im Zentrum ihrer Interessen und ihres ökonomischen Denkens der Staat, aber in Verbindung mit den neuen, durch die Aufklärungsphilosophie und Naturrechtslehre dem Staat

[42] Becher verwendet auch den Begriff »Propolium«, worunter er verschiedene Erscheinungsformen unerwünschten Wettbewerbs versteht, insbesondere Preisabsprachen, Vorkaufsrechte und Formen von »Dumping«. Vgl. Stavenhagen, Wirtschaftstheorie, 1969, S. 25.

beigemessenen ethischen Inhalten und Idealen ergibt sich eine veränderte Fragestellung auch für die Wirtschaftspolitik. Während noch bei Hörnigk »nur vom Fürsten das Heyl herkommen kann«[43], sieht etwa Justi den Staat wohl als wichtige regelnde Instanz an, die aber nur »den richtigen und proportionierten Zusammenhang des Nahrungsstandes«[44] zu gestalten hat. Wenngleich er die staatliche Reglementation im Prinzip akzeptiert, kann sich Justi dennoch durchaus zu dem »liberalen« Grundsatz bekennen, daß alles, was Handel und Gewerbe benötigen, Freiheit und Sicherheit seien; für beides habe aber der Staat die Garantie übernommen. Justis »Wirtschaft« ist also die eines privaten Unternehmertums, dessen mögliche Fehlleistungen jedoch vom Staat im Sinne eines übergeordneten gesellschaftlichen Interesses zu korrigieren seien. Wenn man die Auffassung Schumpeters akzeptiert, der diese Haltung als eine »Laissez faire Politik ohne den darin enthaltenen Unsinn«[45] charakterisiert, so kommt die Auffassung des Spätkameralismus dem heutigen Verständnis von der Rolle des Staates in der Wirtschaft nahe.

Die »Staatsbetriebslehre« des Kameralismus enthält auch Elemente einer Organisationslehre und Betriebsführung. Da die moderne Unternehmung im neuzeitlichen Staatswesen bereits eine effiziente Organisation und eine an Führungsproblemen geschulte Bürokratie vorfindet, orientieren sich die »privatwirtschaftlichen Managementtechniken« zunächst in auffallender Weise an staatlichen Verwaltungsmethoden: Heeres- und Bürokratieorganisation werden zum Vorbild der Betriebsorganisation[46].

Bei der Analyse der merkantilistischen Literatur zeichnen sich vor allem drei Problemkreise ab, die im Mittelpunkt der Theorie und damit – aufgrund des engen Zusammenhanges zwischen theoretischen Überlegungen und deren Umsetzung in praktische Maßnahmen – auch der Wirtschaftspolitik stehen, nämlich die Schwerpunkte Geld und Kredit, Handelsbilanz und Einkommen, Beschäftigungs- und Bevölkerungspolitik. Die Kameralisten beschäftigen sich überdies auch mit Fragen des Wirtschaftswachstums, ohne allerdings eine entsprechende Theorie zu begründen. Ihre wachstumspolitischen Konzepte

[43] Hörnigk, Österreich, 1978, S. 87.
[44] Justi, Grundfeste, I, 1760, S. 438.
[45] Schumpeter, Ökonomische Analyse, I, 1965, S. 231.
[46] Vgl. Kap. VII.

sind vielmehr auf die »Reichtumsmehrung« des Staates, auf die Erhöhung der nationalen Steuerkraft orientiert, wobei die staatliche Wirtschaftspolitik als wesentlicher Antriebsfaktor der ökonomischen Entwicklung erachtet wird[47].

In ihrer Argumentation verwenden die Autoren des 17. und 18. Jahrhunderts eine besondere Methode, nämlich die der »politischen Arithmetik«, wobei jeweils auf die »Evidenz« der »Natur« verwiesen wird; so drückt sich etwa Petty in seiner ›Political-Arithmetic‹ mit Hilfe von Zahlen, Gewichten und sonstigen Maßeinheiten aus, er argumentiert mit »Erfahrung« und dem Regreß auf die »Natur«[48]. Der »induktive Empirizismus«, wie ihn Francis Bacon vorgezeichnet und die Royal Society zu ihrem wissenschaftspolitischen Programm erhoben hat, leitet sowohl William Petty als auch John Collins und Charles Davenant[49]. Sir Dudley North[50] hingegen ist wohl der erste, der sich der »cartesianischen« Methode einer deduktiven Ableitung von Schlußfolgerungen aus einigen wenigen Prinzipien bedient. Damit hält gegen Ende des 17. Jahrhunderts dieses Paradigma seinen Einzug in die ökonomische Theorie. (Während viele ältere Werke in ihrem Titel den Begriff *discourse* führen, wird seit dem Aufkommen der klassischen ökonomischen Theorie dann derjenige der *principles* bevorzugt.) Hinter Norths Wirtschaftsauffassung steht eine mechanistische Idee, welche die »ökonomische Maschine« quasi automatisch zu einem »Gleichgewicht« tendieren läßt[51].

Setzen die Bullionisten in ihrem Denken noch Geld mit Reichtum gleich, indem sie versuchen, den Erfolg der Wirtschaftspolitik an der Zunahme der Gold- und Edelmetallvorräte des Staates zu messen, so hat das Geld für die eigentlichen Merkantilisten bereits eine andere Bedeutung: sie sehen in ihm in erster Linie ein Tauschmittel. Eine Erklärung dafür, warum den Merkantilisten trotzdem vorgeworfen wird, sie identifizierten Geld mit Reichtum, liegt im Reichtumsverständnis dieser Zeit. Da das Geld damals zu beträchtlichem Teil aus Gold und Silber besteht, kann man dieses – von seiner Tauschfunktion einmal abgesehen – als dauerhaftes Gut mit dem Begriff »Reichtum« in Verbindung bringen.

[47] Vgl. Dürr, Wachstumstheorie, 1978, S. 1.
[48] Petty, Economic writings, 1899, S. 244.
[49] Vgl. Letwin, Origins, 1975, S. 97ff.
[50] Discourse upon trade, 1691.
[51] Vgl. ebd., S. 198.

Allerdings betonen die Merkantilisten in hohem Maße die Bedeutung des Geldes. Der Grund dafür liegt sicher im raschen Vordringen der »Geldwirtschaft« und der damit verbundenen Verdrängung der »Naturalwirtschaft«. Das (auch in räumlicher Sicht) immer weitere Auseinanderfallen von Produzenten und Konsumenten setzt voraus, daß die Produkte zur Ware werden, und daß auch gesellschaftliche Beziehungen und Phänomene in erster Linie unter dem Aspekt der Rechenhaftigkeit gesehen werden. Dies äußert sich im wachsenden Interesse an Wert- und Preisproblemen und auch in der Auffassung, »Arbeit« (»Arbeitskraft«) sei eine auf dem Markt angebotene Ware. Der Mechanismus des Marktes ist über den Begriff der »Ware« mit den verschiedensten Bereichen der Wirtschaft verknüpft. Vor allem für den Kameralismus ist eine Steigerung der kaufkräftigen Nachfrage durch eine Vermehrung der Geldmenge, bzw. durch die Erhöhung der Umlaufgeschwindigkeit des Geldes ein wesentliches Element. So sieht Johann J. Becher die Ausweitung der Binnennachfrage, die *consumtio interna,* als »Seele des Wirtschaftslebens«, wobei die Ausgaben der einen zu den Einnahmen der anderen werden (eine Art Kreislauftheorie). Er wendet sich daher auch entschieden gegen das Horten von Bargeld; es würde dadurch dem Wirtschaftskreislauf entzogen und die kaufkräftige Nachfrage verringert. Auch italienische Autoren wie Antonio Serra behandeln den Einfluß der Umlaufgeschwindigkeit des Geldes und weisen auf die Wichtigkeit sowohl der Geldmenge als auch der Umlaufgeschwindigkeit hin. Dem Engländer William Petty kommt das Verdienst zu, erfaßt zu haben, daß für den Handel eines Landes nicht nur eine zu geringe, sondern auch eine zu große Geldmenge von Nachteil sein kann. Den Umfang der notwendigen Geldmenge macht er von der Umlaufgeschwindigkeit des Geldes abhängig, die er auf die Zahlungsgewohnheiten und -fristen der Bevölkerung zurückführt. Er hat auch konkrete Vorschläge zur Regulierung der Geldmenge: Ist sie zu klein, soll die Gründung einer Notenbank die Lücke in der Versorgung des Wirtschaftskreislaufes mit Geld überbrücken; ist sie zu groß, sollen Münzen eingeschmolzen oder Geld als Ware bzw. in Form von Krediten exportiert werden.

Die Höhe des Zinses leiten die Merkantilisten aus dem Umfang der Geldmenge ab, die sich im Umlauf befindet. Sir Thomas Culpepper kommt zu dem Schluß, daß ein hoher Zinssatz die wirtschaftliche Entwicklung lähme, ein niedriger Zinssatz diese hingegen fördere. Dabei hat er das Beispiel der erfolgreichen niederländischen Wirtschaft vor Augen[52].

Noch bis ins 15. und 16. Jahrhundert war es das Ziel von Städten und Ländern, durch Eingriffe in den Handel die größtmögliche Warenversorgung für die einheimische Konsumtion sicherzustellen: »Die landwirtschaftliche Arbeit erhöht den Vorrat an Lebensmitteln, die handwerkliche Arbeit den Geldvorrat.«[53] Typisch dafür ist, daß Exportverbote und -lizenzen in wesentlich höherem Ausmaß erlassen werden als Importverbote und -lizenzen[54].

Demgegenüber richten die Merkantilisten ihre Abneigung gegen den »reinen Import«, d.h. gegen den Import von im Inland verbrauchbaren Waren. So schreibt 1699 Charles Davenant, es sei »im Interesse aller Handelsnationen ohne Ausnahme, daß ihre einheimische Konsumation kleiner ist..., denn durch den Verbrauch im Lande verliert nur der eine, was der andere gewinnt, und die Nation als Ganzes wird damit um nichts reicher... Gewinn ist nur soviel, wie die Nation vom Import nicht konsumiert, sondern in Form von Waren und Edelmetall anhäuft oder in Geld oder einen gleichwertigen Schatz wandelt.«[55] Und erstaunt konstatiert William Petty, »daß Irland, obwohl es mehr exportiert als es importiert, dennoch ärmer wird«[56]. Nicht mehr der Oikos, seine Versorgung und die »standesgemäße Nahrung«, dient als Ausgangspunkt, sondern

[52] Die Lehre der Merkantilisten, wonach das Geld, auch wenn es nicht unbedingt mit dem Reichtum identisch ist, in jedem Fall ein wesentlicher Bestandteil der Wohlhabenheit einer Nation ist, ist von Adam Smith als eine offenkundige Absurdität angeprangert worden; John M. Keynes hat sie jedoch durchaus als eine intuitive Erkenntnis des Zusammenhangs zwischen einer großen Geldmenge und niedrigen Zinsraten zur Stimulierung der Investitionen und der Beschäftigung rehabilitiert. Vgl. Dobb, Entwicklung des Kapitalismus, 1970, S. 203.

[53] Heckscher, Merkantilismus, II, 1932, S. 81.

[54] Die Äußerung Gustav Wasas (1546) beleuchtet diese Einstellung bestens: »Da in Wahrheit befunden werden kann, daß er feste Waren hierher in das Reich eingeführt hat, und auch weiterhin einführen will, wie er hier gelobt hat, können wir wohl zulassen, daß er Fettwaren und andere Waren, die ihm dienen können, wieder aus dem Reich verschiffen möge.« Heckscher, Merkantilismus, II, 1932, S. 69; ebenso eine zweite Stellungnahme aus dem Jahre 1545: »Ihr möget auch daran denken, gute Güter wieder in das Land einzuführen, davon das Reich und ehrliche Leute Nutz und Frommen haben mögen.« Ebd., S. 72. Diese beiden Zitate illustrieren das Versorgungsdenken der »moralischen Ökonomie«, das hier auf das ganze Staatswesen übertragen wird.

[55] Davenant, Essay, 1699, S. 281f.

[56] Petty, Economic writings, 1899, S. 46.

die Erzielung von Gewinnen ist fortan das primäre Motiv ökonomischen Handelns.

Ins Zentrum der theoretischen Erörterungen der Merkantilisten rückt seit der Mitte des 17. Jahrhunderts die Handelsbilanzlehre. Edward Misselden führt den Begriff der »Handelsbilanz« in die ökonomische Diskussion ein und erblickt darin das wesentliche Instrument zur Quantifizierung des internationalen Güteraustausches. Thomas Mun stellt als erster das Ausmaß der Vermehrung des Reichtums durch den wertmäßigen Überschuß der Ausfuhr über die Einfuhr in einem bestimmten Zeitraum – also durch den Aktivsaldo der Handelsbilanz – dar. Er erkennt darüber hinaus die Bedeutung der Leistungsbilanz, indem er nachweist, daß neben der Aus- und Einfuhr von Waren, die in der Handelsbilanz sich niederschlägt, auch ein »unsichtbarer« Transfer stattfindet; dazu rechnet er Ausgaben, die nicht unmittelbar mit dem Handel zu tun haben, wie etwa die Ausgaben Reisender in der Fremde, die Finanzierung von Kriegen und militärischer Besetzung im Ausland und Fracht- und Versicherungsspesen im Außenhandel. Daß es unsinnig ist, jedes einzelne Außenhandelsgeschäft zu reglementieren, wie dies die Bullionisten gefordert haben, erkennen die Merkantilisten schnell. Entscheidend für sie ist, daß sich die Gesamtbilanz, in der die außenwirtschaftlichen Beziehungen zu allen Ländern verzeichnet sind, positiv darstellt. Thomas Mun weist nach, daß eine passive Bilanz im Handel mit einzelnen Ländern noch keinen Anlaß zur Besorgnis gibt, solange in der Gesamtbilanz ein Überschuß der Ausfuhren zu verzeichnen ist[57]. Ganz generell ist das Erreichen einer aktiven Handelsbilanz für die Merkantilisten ein Mittel, dem Wirtschaftskreislauf im eigenen Land die notwendigen Geldmengen zuzuführen, die – als »Kapital« eingesetzt – die Ausweitung der Zirkulation begünstigen. Zur Erzielung einer aktiven Handelsbilanz empfehlen Merkantilisten wie Charles Davenant[58] im wesentlichen folgende Maßnahmen:

1. Verhinderung der Einfuhr von Fertigwaren, da der Import von Fertigwaren auf den Wirtschaftskreislauf eine hemmende Wirkung ausübt. Die Mittel dazu liegen in Importverboten,

[57] Die Vorstellung des Überschusses der Ausfuhr über die Einfuhr blendet selbstverständlich die Ware »Geld« aus; technisch ist diese Bilanz wie jede andere *eo ipso* ausgeglichen. Rein technisch betrachtet, handelt es sich aber hier um Stromgrößen; daher impliziert dies eine Gewinn- und Verlustrechnung auf nationaler Ebene.

[58] »An Essay upon the probable methods of making a people gainers in the balance of trade«, 1699.

Kontingentierungen, oder, wie auch schon Thomas Mun empfiehlt, in ausgesprochenen »Prohibitivzöllen«. Vor allem die Einfuhr von Luxuswaren soll verboten werden; was früher aus Gründen der Religion als seelenverderbender Aufwand geächtet ist, wird jetzt als Bedrohung der Handelsbilanz entweder schlechtweg verboten oder wenigstens hoch besteuert.

2. Förderung der Einfuhr von Rohstoffen, z. B. durch Zollbefreiungen.

3. Verhinderung der Ausfuhr von Rohstoffen.

4. Förderung der Ausfuhr von Fertigwaren durch Subventionen und die Gewährung von verschiedenen Privilegien an Unternehmer.

5. Auch Dienstleistungen sollen möglichst durch inländische Unternehmer und Institutionen (Reeder, Banken, Versicherungen) ausgeführt werden, um das Abfließen »unsichtbarer« Gelder ins Ausland zu unterbinden. Eine entsprechende Maßnahme stellt etwa die britische Navigationsakte (1651 bis 1849) dar, wonach die Waren aus den Kolonien nur auf englischen Schiffen oder auf Schiffen der betreffenden Kolonie transportiert werden dürfen, während europäische Waren ebenfalls nur auf englischen Schiffen oder auf denen des Herkunftslandes eingeführt werden, und überdies von der englischen Küstenschiffahrt und -fischerei alle fremden Fahrzeuge ausgeschlossen sein sollen[59].

In engem Zusammenhang mit der Handelspolitik des Merkantilismus ist auch dessen Kolonialpolitik zu sehen. Da nicht jedes Land über die notwendigen Rohstoffe und die erforderlichen Absatzmärkte verfügt, bedarf es der Rohstoffeinfuhr und des Absatzes in fremden Gebieten, wobei man die Märkte, wie es von Hörnigk ausdrückt, »bis an das äußerste Ende der Welt suchen« müsse. Das alte Kolonialsystem orientiert sich an der Maxime, die Kolonien am Eigenhandel und am Aufbau einer eigenen Produktion zu hindern, das Mutterland zum Stapelplatz für die kolonialen Erzeugnisse zu machen und die Kolonialgebiete dafür mit gewerblichen Produkten zu beliefern. Die Kolonien müssen dabei nicht unbedingt in Übersee liegen, denn eine Art von kolonialer Abhängigkeit und kolonisatorischen Aufgaben findet etwa das Habsburgerreich in den den Türken abgerungenen ost- und südosteuropäischen Gebieten oder Rußland jenseits des Urals vor.

[59] Der Aufbau einer Handels- und Kriegsflotte wird besonders betrieben; die europäische Handelsflotte verzeichnet um 1780 bereits eine Tonnage von 3,3 Millionen BRT. Vgl. Milward/Saul, Economic development, I, 1973, S. 108.

Die Leitvorstellung bei all diesen Aktionen ist aber in jedem Fall die Idee eines geschlossenen Wirtschaftsgebietes. Auf diese Weise wird die gesamte Welt allmählich in Einflußzonen aufgeteilt, deren Veränderung meist nicht ohne kriegerische Auseinandersetzungen vor sich geht; überdies wird der Erwerb von Kolonien, abgesehen von deren ökonomischer Bedeutung, auch als Prestigeangelegenheit betrachtet. Auf diese Art wird aber praktisch die gesamte Welt zum Markt Europas; das neue System des Kapitalismus gewinnt durch den Merkantilismus Macht über Länder mit ganz anderen gesellschaftlichen Strukturen und kulturellen Traditionen[60]. Es entsteht somit das System eines (asymmetrisch strukturierten) Welthandels.

Tabelle 3: Welthandel 1720–1800

Volumen (Index 1913 = 100)	1,13	1,90	2,18	2,3
Jährliche Wachstumsrate	–	1,75%	0,46%	0,27%
Jahr	1720	1750	1780	1800
	Anteile in Prozent			
Großbritannien	13	13	12	33
Frankreich	8	10	12	9
Deutschland	9	11	11	10
Schweiz	1	1	2	1
Holland und Belgien	5	4	4	4
Skandinavien	2	2	3	1
Italien	4	4	4	3
Westeuropa	42	45	48	61
Spanien	12	10	10	3
Portugal	2	2	2	1
Österreich-Ungarn	2	3	3	2
Osmanisches Reich	2	2	2	1
Rußland	9	10	9	9
Europa insgesamt	69	72	74	77
Nordamerika	–	–	2	5
Südamerika	12	11	11	7
Asien	11	7	5	3
Britische Kolonien	2	2	0,5	1
Rest	6	7	8	6

Quelle: Rostow, World economy, 1978, S. 70.

[60] Vgl. Hindess/Hirst, Vorkapitalistische Produktionsweisen, 1981, S. 264ff.

Wenn dem Wirtschaftssystem des Merkantilismus verschiedentlich vorgeworfen wird, es habe den Außenhandel auf Kosten anderer Sektoren bevorzugt, dann muß dem entgegengehalten werden, daß gerade zur Verwirklichung der vom Merkantilismus geforderten aktiven Außenhandelspolitik eine Reihe von Maßnahmen notwendig ist, welche die Wirtschaft im Inneren des Staates fördern. So kommt es besonders in den kontinentaleuropäischen Ländern erst dadurch zu einer Erhöhung der Leistungsfähigkeit des Gewerbes (durch die neuartige Betriebsform der Manufaktur) und zur Ausweitung des Verlagssystems in Form der »Proto-Industrialisierung«, zum Ausbau des Verkehrswesens und zum Aufbau eines Bildungssystems, also, wie man heute sagen würde, zu wesentlichen Investitionen im Bereich der Infrastruktur.

In engem Zusammenhang mit der Außenhandelstheorie sehen besonders die englischen Merkantilisten, wenn die Preise inländischer Produkte höher als diejenigen vergleichbarer ausländischer sind, auch die Frage des Beschäftigungsgrades. Exportierte Waren sind das Ergebnis heimischer Arbeit, importierte Waren verdrängen hingegen die heimische Arbeit. Man beurteilt den Wert der Rohstoffe nach der Menge an Arbeitskraft, die benötigt wird, um sie zu Fertigwaren zu verarbeiten. Je mehr Arbeitskräfte dabei beschäftigt werden, um so wertvoller ist ein Rohstoff für die heimische Wirtschaft. Der Wert der Exportgüter wird von einigen Merkantilisten nicht nach dem erzielten Verkaufspreis, sondern nach der Höhe des Arbeitsaufwandes beurteilt. Daher wird auch die Ausfuhr von Waren, die eine arbeitsintensive Herstellung voraussetzen, höher eingeschätzt als der Wert von weniger arbeitsintensiven Fabrikaten, selbst wenn diese den höheren Erlös einbringen sollten.

Von hier ist es nur ein weiterer Schritt, nicht mehr nur dem Handel eine reichtumsmehrende Funktion beizumessen, sondern auf die Wichtigkeit der Erzielung von Überschüssen in der Produktion hinzuweisen[61] und damit die überragende Position der *merchants* in Frage zu stellen[62]. So stellt William Petty[63]

[61] Allerdings ist die Erzielung von Produktionsüberschüssen nach damaliger Auffassung in jedem Fall für den Handel essentiell, denn etwa nach Sir Dudley North ist der Handel bloß eine »commutation of superfluities.« Zit. in Letwin, Origins, 1975, S. 198.

[62] Vgl. Rosner, Arbeit und Reichtum, 1982, S. 27ff.

[63] Vgl. Economic writings, 1899, S. 259.

etwa landwirtschaftliche Pächter, Seeleute, Soldaten und Handwerker neben die Kaufleute. In einem eigenen Kapitel seines Werkes ›Verbum sapienti‹ (1691) erhebt er im Zusammenhang mit der Beschäftigungspolitik und seinem Anliegen einer Produktivitätssteigerung auch die theoretische Frage, ob sich ein Volk zur Ruhe setzen, ob durch die Entwicklung der Produktionskräfte und durch Arbeitsteilung der Akkumulationszwang aufgehoben werden könne. Es verweist wiederum auf den partiellen Fortbestand des traditionalen Denkmusters der »Repräsentation«, wenn Petty davon ausgeht, dies könnte der Fall sein, sobald im Verhältnis zu den Nachbarstaaten eine »arithmetische« und »geometrische« Proportion erreicht sei[64].

In einem engen Konnex mit der Beschäftigungspolitik steht die Bevölkerungspolitik des Merkantilismus, denn Fragen der Populationistik nehmen neben denen des Außenhandels in der Theorie des Merkantilismus wohl den breitesten Raum ein. Eine aktive Handelsbilanz wird ihrer Meinung nach auch dadurch erzielt, daß man die Konkurrenz durch Preisunterbieten aussticht. Das setzt aber voraus, daß die zum Export bestimmten Fabrikate im Inland möglichst billig gefertigt werden, daß die Löhne also möglichst niedrig sind, denn in den meisten Gewerbezweigen fallen angesichts des noch geringen Aufwandes an sachlichen Produktionsmitteln hauptsächlich die Löhne ins Gewicht.

Daher richtet der Merkantilismus auch großes Augenmerk auf eine hohe Bevölkerungszahl. In Deutschland ist dieses Anliegen durch den Bevölkerungsverlust von etwa 30 Prozent im Dreißigjährigen Krieg besonders dringlich. Außerdem sind Handel und Gewerbe Deutschlands zu dieser Zeit der ausländischen Konkurrenz klar unterlegen. Johann J. Becher erblickt daher das oberste Ziel der staatlichen Wirtschaftspolitik in der Erhöhung der Bevölkerungszahl und in der Schaffung von Beschäftigungsmöglichkeiten für möglichst viele Menschen. Damit soll die Versorgung einer wachsenden Wirtschaft mit Arbeitskräften sichergestellt und gleichzeitig der innere Absatzmarkt vergrößert werden. Die Merkantilisten erkennen auch, daß die Arbeitsteilung wächst, je dichter und stärker die Bevölkerung wird, und daß der Inlandsverbrauch mit dem Anwachsen der Bevölkerung zunimmt. Wichtigste Voraussetzung für eine hohe Bevölkerungszahl ist eine genügend große und gesi-

[64] Vgl. ebd., S. 119.

cherte Nahrungsmittelbasis; deshalb ist eine Förderung der landwirtschaftlichen Produktion und eine Bevölkerungspolitik notwendig, um den Markt auch in Mangeljahren mit genügend Lebensmitteln versorgen zu können. Eine staatliche Vorratspolitik, der Übergang von der Dreifelder- zur Fruchtwechselwirtschaft, die Verbesserung der Kenntnisse der Landwirte durch Ackerbaugesellschaften, der Anbau neuer Futterpflanzen, die Propagierung von Mais- und Kartoffelanbau und die Rassenveredelung in der Viehzucht sollten die immer wieder auftretenden Engpässe in der Lebensmittelversorgung tatsächlich entscheidend verbessern, so daß zumindest in großen Teilen Europas gegen Ende des 18. Jahrhunderts trotz des Bevölkerungsanstiegs zumindest eine der drei bisherigen großen Plagen der Menschheit, nämlich der Hunger, weitgehend überwunden werden konnte.

Darüber hinaus suchen insbesondere jene Staaten, die eine rückläufige Bevölkerungsbewegung zu verzeichnen haben, wie Spanien, Schweden und Deutschland, die Bevölkerungslehren der »politischen Arithmetiker« durch verschiedene Maßnahmen in die Praxis umzusetzen:

1. Eheschließungen werden gefördert.
2. Der Staat versucht, Auswanderungen durch Verbote zu verhindern. Auswanderer dürfen höchstens in eigene Kolonien emigrieren, wenn sie dort für das Mutterland arbeiten.
3. Einwanderungen werden gefördert.
4. Verbesserungen der medizinischen Infrastruktur, wie Einrichtung von Krankenanstalten und Verbesserung der Hygiene durch Kanalisation der Städte, sollen auch den Gesundheitszustand der Bevölkerung heben. Damit gelingt es vor allem, die Säuglings- und Kindersterblichkeit zu reduzieren, was sich statistisch in einer Anhebung des Durchschnittsalters auswirkt. Es zeigt sich jedoch, daß die Veränderung der generativen Struktur ein eher langfristiger Prozeß ist und diese Maßnahmen sich erst mit einer Zeitverschiebung von etwa einer Generation tatsächlich auswirken[65].

Das Bevölkerungsproblem ist für die Merkantilisten aber nicht nur eine Frage der Bevölkerungszahl, sondern vor allem geht es um die Hebung der arbeitsamen Bevölkerung. Daher ergreifen sie auch eine Reihe von Maßnahmen zur Verbesserung des »qualitativen« Aspekts der Arbeit im Rahmen einer wach-

[65] Vgl. Kap. 19.

senden Bevölkerung: Die Bevölkerung soll an regelmäßige Arbeit »gewöhnt« werden, denn eines der Hauptprobleme stellt die »Disziplinierung« der Arbeitskraft[66] dar, die Frage, die Hörnigk 1684 formuliert: »Wie seind aber die Inländer zur Arbeit zu gewöhnen, die nur gewohnt seind, im Luder zu liegen?«[67] So kommt es zur Förderung der Kinderarbeit, zur Zwangsbeschäftigung in Arbeitshäusern. Bernard de Mandeville faßt dies 1723 folgendermaßen zusammen: »... daß in einem freien Volke, wo die Sklaverei verboten ist, der sicherste Reichtum in einer großen Menge schwer arbeitender Armer besteht«[68].

Das Ausbildungssystem soll gleichzeitig ausgebaut werden, um Spezialisten heranzuziehen; die Einführung der allgemeinen Schulpflicht, die Errichtung von Manufaktur-, Spinn- und Webschulen erfüllt nicht zuletzt auch den Zweck einer sozialen Disziplinierung. Der Grundsatz der Planmäßigkeit, Regelmäßigkeit, Rechtschaffenheit soll sich in den »Fähigkeiten und der Disposition des Menschen zu bestimmten Arten praktisch-rationaler Lebensführung überhaupt«[69] niederschlagen. All diese Maßnahmen dienen aber letztlich dazu, den Staat *independent* zu machen; das Ideal des Merkantilismus ist schließlich der »geschlossene Handelsstaat«, in dem eine weitgehende Autarkie und ein Zustand gesellschaftlichen Gleichgewichts, ein »proportionierter Zusammenhang zwischen den einzelnen Ständen« erreicht ist. Johann Gottlieb Fichtes im Jahre 1800 veröffentlichtes gleichnamiges Buch trägt den Untertitel ›Philosophischer Entwurf als Anhang zur Rechtslehre und Probe einer künftig zu liefernden Politik‹, und nimmt in seinem Totalismus die Struktur von »Staatshandelsländern« vorweg: »Nachdem im Inneren der Ackerbau und die Fabriken auf den beabsichtigten Grad der Vollkommenheit gebracht, das Verhältnis jener beiden zueinander, des Handels zu beiden und der öffentlichen Beamten zu allen dreien berechnet, geordnet und festgesetzt ist, in Beziehung auf das Ausland der Staat in seine Grenzen eingerückt ist und von keinem Nachbarn etwas zu fordern, noch an ihn abzutreten hat, tritt die völlige Schließung des Handelsstaates und die ... beschriebene Verfassung des öffentlichen

[66] Vgl. Kap. VII.
[67] Hörnigk, Österreich, 1978, S. 122.
[68] Mandeville, Bienenfabel, 1980, S. 319.
[69] Vgl. Weber, Wirtschaftsgeschichte, 1958, S. 302; ders., Gesammelte Aufsätze, I, 1947, S. 30ff.

Verkehrs ein ... Der Staat ist verbunden, den diesem Gleichgewichte des Verkehrs erfolgenden Zustand allen seinen Bürgern durch Gesetz und Zwang zuzusichern ... aller Verkehr mit dem Ausländer muß den Untertanen verboten sein und unmöglich gemacht werden ... Bedarf ja der Staat eines Tauschhandels mit dem Auslande, so hat lediglich die Regierung ihn zu führen.«[70]

Die Autorität des so bezeichneten »Vernunftstaates« erlaubt, notfalls mit der unterstützenden Hilfe von Zwangsmaßnahmen, eine detaillierte Planifikation; denn »jeder, der in dem schon bestehenden Staate irgendeiner Beschäftigung ausschließlich sich zu widmen gedenkt, muß ohnedies von Rechts wegen sich bei der Regierung melden, welche ihm als Stellvertreterin aller im Namen derselben die ausschließende Berechtigung erteilt«[71]. Die Gesellschaft stellt sich solcherart als nivelliertes Tableau dar, in dem jedem einzelnen durch die Staatsgewalt ein Platz zugewiesen wird.

Eine der Hauptsorgen der Regierung dieses »Vernunftstaates« ist die Unterbindung jeglichen Verkehrs mit dem Ausland; dies gilt auch für die grenzüberschreitende Zirkulation von Geld und Kapital. Der Staat ist damit in die Lage versetzt, durch Expropriation der Untertanen einen »Staatsschatz« zu akkumulieren, denn »ein geschlossener Handelsstaat, dessen Bürger mit dem Ausländer keinen unmittelbaren Verkehr treibt, kann zu Geld machen, schlechthin was er will ... alles in den Händen der Bürger befindliches Weltgeld, d.h. alles Gold und Silber, wären außer Umlauf zu bringen und gegen ein neues Landesgeld, d.h. welches nur im Lande gälte, in ihm aber ausschließlich gälte, umzusetzen«[72]. Ein illegaler Geldabfluß ist nicht zu befürchten, denn selbst für den Fall, daß jemand keinen Anteil an diesem »Vernunftstaat« haben wollte, weiß der deutsche Professor Johann Gottlieb Fichte Abhilfe: »Eine beträchtliche Emigration wäre höchstens im Anfange zu befürchten, von Personen, welchen die neue Ordnung, welche allein die wahre Ordnung ist, lästig, drückend, pedantisch vorkommen würde. An ihren Personen verliert der Staat nichts ... Zu reisen hat aus einem geschlossenen Handelsstaate nur der Gelehrte und der höhere Künstler, der müßigen Neugier soll es nicht

[70] Fichte, Handelsstaat, 1800, S. 274 u. 58ff.
[71] Ebd., S. 33.
[72] Ebd., S. 91 u. S. 223f.

länger erlaubt werden, ihre Langeweile durch alle Länder herumzutragen.«[73]

Die Ratschläge und Vorstellungen Fichtes, die sich an den königlich-preußischen Staatsminister Struensee wenden, stehen damit durchaus in der Tradition des Merkantilismus. Fichtes Konzept eines »geschlossenen Handelsstaates« zeigt den ökonomischen Leviathan in seiner abschließenden, vollkommensten Ausprägung: Es geht Fichte darum, daß der Staat »einen abgesonderten Handelskörper bilde, wie er bisher schon einen abgesonderten juridischen und politischen Körper gebildet hat«[74].

Noch am Ende des 18. Jahrhunderts stellt die politische Ökonomie nur einen bestimmten Bereich der Politik dar, sie ist ein Teil der Regierungskunst, wie sie auch Jean-Jacques Rousseau noch in seinem 1755 für die ›Grande Encyclopédie‹ verfaßten gleichnamigen Artikel verstanden hat, jene Abteilung der Staatsverwaltung, die sich mit der materiellen Wohlfahrt befaßt, mit dem Zweck, »das Volk und den Herrscher zu bereichern«[75]. Dabei sollen die »Staatsbürger« auf »gegenseitigen Handel, Gewerbe unter und für einander eingeschränkt, und jeder, der nicht unter der gleichen Gesetzgebung und zwingenden Gewalt steht, vom Anteil an jedem Verkehr ausgeschlossen werden«[76]. Was erstaunt, ist nicht so sehr der Inhalt, sondern der Zeitpunkt der Veröffentlichung des ›Geschlossenen Handelsstaats‹, sind doch mittlerweile die Schriften der »neuen Wissenschaft« der Physiokratie[77] sowie das Werk von Adam Smith erschienen.

Die Physiokraten, die sich selbst als *philosophes économistes* bezeichnen, postulieren wirtschaftliche »Gesetzmäßigkeiten« analog den Naturgesetzen und gelten als erste ökonomische »Schule« im engeren Wortsinn. Zwischen 1756 und 1778 erscheinen in Frankreich eine Reihe von Schriften, die ein neues volkswirtschaftliches System begründen und eine neue Art der abstrakten Analyse und Terminologie in den ökonomischen Diskurs einbringen, wobei diese Anschauungen im Rationalis-

[73] Ebd., S. 274f.

[74] Ebd., S. 203.

[75] Quesnay, Maximes générales, 1846, S. 104. Dieses und die folgenden unter 1846 angeführten Zitate sind der Physiokraten-Edition von E. Daire, Paris 1846, entnommen. Die Seitenangaben beziehen sich auf dieses Werk.

[76] Fichte in seiner »vorläufigen Erklärung des Titels« in der Einleitung zum ›Geschlossenen Handelsstaat‹.

[77] Dupont de Nemours, De l'origine et des progrès d'une science nouvelle, 1768.

mus, Individualismus und der Naturrechtslehre des 17. und 18. Jahrhunderts wurzeln[78].

Als ihr unbestrittener geistiger Führer gilt François Quesnay (1749–1774), Leibarzt Ludwigs XV. und der Pompadour[79]. Als wahrer Polyhistor verfaßte er verschiedene medizinische Schriften, befaßte sich auch mit Mathematik und Psychologie sowie agrarischen und wirtschaftlichen Fragen, zuerst in Beiträgen zur ›Großen Enzyklopädie‹ über »Pächter« *(fermiers)* und »Körnerfrüchte« *(grains)* in den Jahren 1756/57. 1758 veröffentlicht er die Erstfassung seines berühmten ›Tableau économique‹, das erste vollausgeformte abstrakte volkswirtschaftliche Kreislaufmodell. Unter dem Einfluß der Sozialphilosophie von Richard Cumberland und Nicolas de Malebranche geht Quesnay davon aus, daß der Mensch die »Natur«, hinter der sich ein höchstes, ordnungsstiftendes Wesen verbirgt, für seine Zwecke nützen könne; wie Dupont de Nemours sagt: »Die natürliche Ordnung ist die physische Verfassung, die Gott selbst dem Weltganzen gegeben hat«[80], und auch »die konstitutiven Gesellschaften sind die Gesetze der natürlichen Ordnung, die für das Menschengeschlecht am günstigsten sind. Diese Gesetze sind entweder physisch, oder moralisch.«[81] Man spürt auch den Einfluß jener psychologischen Schule, die menschliche Handlungen auf Leidenschaften *(l'amour de soi)* und Triebe zurückführt, die sich in Form von »Interessen« zu positiven gesellschaftlichen Ergebnissen verstetigen lassen. Auch Quesnay argumentiert, daß sich der Großteil der Menschen ausschließlich vom persönlichen Interesse und von der Aussicht auf Gewinn oder Vorteil leiten läßt: Die »Stimme der Natur« gibt dem Menschen ein, was ihm am vorteilhaftesten ist[82].

[78] Vgl. Mann, Physiokratie, 1964, S. 296.

[79] Vgl. Hecht, Quesnay, 1958.

[80] Dupont, Discours de l'éditeur, 1846, S. 21. Eine durchaus ähnliche philosophische Ausgangsposition vertritt in mancher Weise übrigens bereits Pierre Le Pesant de Boisguillebert (1646–1714), der sich ebenfalls kritisch gegen die Reichtumsauffassung des Merkantilismus wendet und die reichtumsstiftende Rolle der Landwirtschaft betont. Auch er fordert freie Getreideexporte, um den heimischen Agrariern günstige Preise zu sichern und geht von einer Interessenharmonie beim freien Güteraustausch und von den »natürlichen Gesetzen« der Wirtschaft aus. Seiner organizistischen Staatskonzeption gemäß betrachtet er die verschiedenen Bevölkerungsklassen als Glieder eines Körpers. Somit ist Boisguillebert in manchem ein Vorläufer der Physiokraten.

[81] Zit. in Recktenwald, Geschichte, 1971, S. 45.

[82] Vgl. ebd., S. 40f. In der Folge besorgt Quesnay drei erweiterte Fassungen des ›Tableau‹ und verfaßt dazu drei bedeutende Artikel; schließlich erscheinen

Die Grundprinzipien der Physiokraten bewegen sich im Rahmen der zeitgenössischen Naturrechtsphilosophie; als zentraler Begriff figuriert auch hier derjenige der natürlichen Ordnung *(ordre naturel)*, Dupont de Nemours definiert die Physiokratie sogar als »die Wissenschaft von der natürlichen Ordnung«, und Mercier de la Rivière übertitelt sein Hauptwerk mit ›L'ordre naturel et essentiel des sociétés politiques‹ (1767). Die natürliche Ordnung ist die in der Vorsehung Gottes für das Glück der Menschen *(summum bonum)* beschlossene Ordnung: »Alle un-

1760 die ›Maximes générales du gouvernement économique d'un royaume agricole‹, in denen er seine Grundsätze erstmals klarlegt. Zu Quesnays Mitstreitern und Schülern zählen insbesondere Victor Riqueti Marquis de Mirabeau (1715–1789), Verfasser von ›L'ami des hommes‹ (1756), dessen Steuertheorie (›La théorie de l'impôt‹, 1760) und dessen in Zusammenarbeit mit Quesnay entstandene Agrarphilosophie (›La philosophie rurale‹, 1762) zutiefst von physiokratischen Anschauungen geprägt sind, weiterhin der Parlamentsrat Paul-Pierre Mercier de la Rivière (1720–1794), sodann der spätere Vorsitzende der gesetzgebenden Versammlung Pierre-Samuel Dupont de Nemours (1739–1817), Verfasser des Werkes ›Physiokratie ou constitution éssentielle du gouvernement le plus advantageux du genre humain‹ (1761), auf den die Bezeichnung »Physiokratie«, was »Naturherrschaft« bedeutet, zurückgeht. Zu den Physiokraten werden auch der Staatsanwalt Guillaume-François Le Trosne (1728–1780), u.a. Verfasser des Traktats ›De l'intérêt social, par rapport à la valeur, à la circulation, à l'industrie et au commerce intérieur et extérieur‹ (1777), sowie zwei Geistliche, nämlich der Abbé Nicolas Baudeau, als dessen bedeutendstes Werk die ›Première introduction à la philosophie économique ou analyse des états polices‹ (1771) gilt, und der Abbé Roubaud gerechnet. Die Physiokraten verfügen auch über entsprechende Publikationsorgane, nämlich das ›Journal de l'agriculture du commerce et des finances‹ und die ›Ephémérides du citoyen‹. Als ein entfernter Schüler Quesnays gilt auch der Markgraf Karl Friedrich von Baden-Durlach, der auch selbst ein ökonomisches Werk mit dem Titel ›Abrégé des principes de la science économique‹ (1771) veröffentlicht, das ganz den Prinzipien der Physiokratie verbunden ist. Überdies versucht er, das neue physiokratische Denken in seinem Duodez-Fürstentum zur praktischen Anwendung zu bringen, und trifft sich in diesen Bestrebungen mit anderen Fürsten, wie Kaiser Joseph II., dem Großherzog Pietro Leopoldo der Toskana (dem späteren Kaiser Leopold II.), Katharina II. von Rußland, König Stanislaus von Polen und König Gustav III. von Schweden. Vgl. Hansmeyer, Methodengeschichte, 1969, S. 23ff.; Gide/Rist, Geschichte, 1913, S. 4ff. Eine Sonderstellung kommt Anne-Robert Turgot (1726–1781) zu, der, wenn er auch gewöhnlich dem Kreis der Physiokraten zugerechnet wird, doch in vieler Hinsicht eine eigenständige Position einnimmt. Als Intendant von Limoges und spater als Minister Ludwigs XVI. und Generalkontrolleur der Finanzen kann er seine Ideen zumindest teilweise auch in die Praxis umsetzen (Aufhebung der inneren Getreidezölle, Abschaffung der Zünfte). Wohl beeinflußt ihn Quesnay, er verdankt aber auch dem Großkaufmann und Intendant du commerce, Vincent de Gournay, sowie Richard Cantillon wichtige Anregungen. Seine erste Abhandlung datiert von 1748 und handelt über das Papiergeld; als sein Hauptwerk gelten die ›Réflexions sur la formation et la distribution des richesses‹ (1766). Vgl. Weulersse, Mouvement physiocratique, 1910.

sere Interessen, all unser Wollen vereinen sich ... und bilden für unser gemeinsames Glück eine Harmonie, die man als das Werk einer gütigen Gottheit, die die Erde von glücklichen Menschen bewohnt sehen will, ansprechen kann«[83], und der Abbé Baudeau sieht im *ordre naturel* die »einzige, ewige, unveränderliche und allgemeine Gesetzesvorschrift«, zugleich »die dem menschlichen Geschlechte vorteilhafteste«[84]. Die Tatsachen – die Physiokraten sprechen oft von »Evidenz« – sprechen dabei für sich selbst; sie sind die Zeichen, an denen diese natürliche Ordnung erkannt werden kann – eine vortreffliche Rechtfertigung für das Bestehende. Es nimmt daher nicht wunder, daß die »Achtung vor dem Eigentum und der Autorität ihnen als Basis der natürlichen Ordnung erschien«[85].

Die Physiokraten sind also alles andere denn Sozialrevolutionäre: »Aller gesellschaftlichen Hierarchie, bis zu ihrem Oberhaupt, bringen sie die größte Ehrerbietung entgegen. Sie weisen jede Idee, den Adel oder die Monarchie angreifen zu wollen, weit von sich. Was sie wollen, ist eine Regierung unter der Form einer einzigen, zentralisierten, erblichen Monarchie, ohne Gegengewicht und allmächtig. Was sie wollen, und sie fürchten sich nicht, es bei seinem Namen zu nennen, ist: der Despotismus.«[86]

Sollte aber die unmittelbare Einsicht nicht genügen, den *ordre naturel* zu erkennen, dann müssen nach Quesnay die Gesetze der natürlichen Ordnung »gelehrt« werden, was insbesondere eine Aufgabe des Staates ist. Zivilisatorischer Fortschritt, Autorität, Freiheit und Sicherheit, insbesondere aber die Existenz des Eigentums garantieren die Übereinstimmung mit dem *ordre naturel.*

Da nun diese natürliche Ordnung auch dem Interesse jedes einzelnen entspricht, wird jeder »ganz natürlich«, von selbst, ohne irgendeinen Zwang von außen, die für ihn jeweils vorteilhafteste Entscheidung treffen; diese »Gesetze (der natürlichen Ordnung) binden in nichts die Freiheit des Menschen ..., denn die Vorteile dieser höchsten Gesetze sind ganz offenbar das Ziel

[83] Mercier de la Rivière, L'ordre naturel, 1846, S. 638.

[84] Vgl. Baudeau, Introduction, I, 1846, S. 819.

[85] Gide/Rist, Geschichte, 1913, S. 11.

[86] Ebd., S. 39. Dem *despotisme* entspricht im Deutschen der »Absolutismus«. Vgl. auch Dupont de Nemours: »Schon dadurch, daß dem Menschen bestimmt ist, in Gesellschaft zu leben, ist ihm bestimmt, unter dem Despotismus zu leben.« Physiokratie, 1846, S. 364.

der besten Wahl, welche die Freiheit treffen kann«[87]. Und Mercier de la Rivière meint ebenso: »Wir haben gesehen, wie es auf dem Wesensgrund der Ordnung beruht, daß das private Interesse des einzelnen niemals vom gemeinsamen Interesse aller getrennt werden kann; den überzeugenden Beweis dafür finden wir in den natürlichen und notwendigen Auswirkungen uneingeschränkter Freiheit, die im Handel herrschen muß, soll sonst das Einkommen nicht Schaden nehmen. Der persönliche Vorteil ist, unter den ermutigenden Umständen dieser Freiheit, ein lebhafter und dauernder Ansporn für jeden einzelnen, die Zahl und Qualität der Dinge, die er verkauft, zu steigern, damit die Genüsse zu vermehren, die er anderen zu bereiten vermag, und schließlich auf eben diesem Weg wiederum jene Genüsse, die ihm im Wege des Tausches selbst angeboten werden. So nimmt also die Welt von selbst ihren Lauf. Das Trachten nach Wohlleben und die Freiheit, zu genießen, hören niemals auf, die Vermehrung der produktiven Tätigkeiten und das Wachstum des Gewerbefleißes hervorzurufen; sie üben auf die ganze Gesellschaft einen Bewegungsantrieb aus.«[88]

Die Aufgaben des Staates werden im Sinne dieser vorbestimmten Ordnungsprinzipien im wesentlichen darauf begrenzt, die künstlich geschaffenen Hemmnisse zu beseitigen, das Eigentum und die Freiheit des einzelnen zu schützen und – was von den Physiokraten als besonders wichtig erachtet wird – die »Gesetze der natürlichen Ordnung zu lehren«[89]. Für die Physiokraten sind alle gesellschaftlichen Einrichtungen, darunter ganz besonders das Eigentum, bloß eine mehr oder minder spontane Manifestation der natürlichen Ordnung; Eingriffe der Regierung behindern nur die Entfaltung des *ordre naturel.* In seinem der Aufklärung nahestehenden Optimismus sieht Quesnay in der natürlichen Ordnung eine gottgewollte

[87] Quesnay, Droit naturel, 1846, S. 55.

[88] Mercier de la Rivière, L'ordre naturel, 1846, S. 617. Das Prinzip des »laissez faire, laissez passer, le monde va de lui-même« sollte dann, den Physiokratismus überdauernd, zur politischen Maxime des Liberalismus im 19. Jahrhundert werden. Vgl. Oncken, Maxime, 1886. Diese *laissez faire* Formel dürfte, wie an anderer Stelle bereits ausgeführt, auf einen Anspruch Lyoner Kaufleute gegenüber Colbert zurückgehen. Manche Autoren führen sie auf Gournay bzw. den Marquis d'Argenson zurück. Das Beseitigen von Hindernissen bedeutet hier, die im Ursprung der Dinge bereits angelegte Form zur Entfaltung zu bringen, und hat noch nichts mit dem modernen Evolutionsbegriff zu tun, der erst bei Turgot und Smith (3 Phasen- bzw. 4 Phasen-Modell) zum Tragen kommt.

[89] Gide/Rist, Geschichte, 1913, S. 13.

Harmonie der Gesellschaft gegeben. Da jedoch der Mensch als freies Individuum sich gegen die moralischen Gesetze der Naturordnung auch versündigen könnte, ist durch den *ordre positif* das Zusammenfallen von Individual- und Gesamtinteresse zu sichern, falls es sich nicht durch Gewährenlassen von allein herstellt[90]. Der *ordre positif* ist die gegebene gesellschaftliche Ordnung, die dem *ordre naturel* weitgehend nahekommen und sich an diesem orientieren soll.

Die Diskurselemente, die im Zusammenhang mit der Vorstellung der natürlichen Ordnung bei den Physiokraten auftreten, sind in der Tradition angelegt: Ordnung, Freiheit, Sicherheit, Autorität, Eigennutz, Pflicht gegenüber der Gemeinschaft, Interessen und Leidenschaft als soziale Triebkräfte. Sie sind jedoch hier nicht mehr insgesamt eingebunden in eine umfassende Ordnungsvorstellung, sondern der wirtschaftliche Kreislauf, wie er im ›Tableau économique‹ abgebildet wird, funktioniert selbständig; das Tableau ist nicht nur ein konsequenter »Versuch, den ganzen Reproduktionsprozeß darzustellen«[91], sondern es zeigt zugleich die Ökonomie in Form eines abstrakten, autonomen Denkmodells. Das ›Tableau économique‹ soll nicht zuletzt dem Souverän Anhaltspunkte für die Gesundung der Wirtschaft liefern[92]. Mit der Ausformung des Super-Oikos, der die Sphäre der *politike* ganz für sich usurpiert, wird einerseits die Ökonomie aus der Sicht des Zentralstaates zu einem ihn alimentierenden Bereich, andererseits differenziert sie sich als genuine Sphäre aus. Damit verselbständigt sich aber die Ökonomie als wissenschaftliche Disziplin und entwickelt ihr eigenes Analyse-Instrumentarium: »Da die ökonomische Wissenschaft sich mit meßbaren Dingen befaßt, kann sie eine exakte, der Berechnung zugängliche Wissenschaft genannt werden. Sie braucht eine besondere Formel, die ihren Zwecken angepaßt war und die als Stütze der Vernunftschlüsse diente. Diese Formel ist im ›Tableau économique‹ gegeben.«[93] Dabei wirkt das Vorbild der Naturwissenschaften mehrfach hinein, denn die sich im Güterkreislauf manifestierenden »Gesetzmäßigkeiten« gelten bloß als eine Spielart der physischen Naturgesetze. Theoreme der Mechanik und Hydraulik spielen hinein, vor allem die Analogie zum Blutkreislauf wird mehrfach betont. Wenn in

[90] Vgl. Zorn, Physiokratie, 1967, S. 27.
[91] MEW 26/1, S. 12.
[92] Vgl. Kaufmann/Krüsselberg, Markt, 1984, S. 116.
[93] Le Trosne, De l'ordre social, 1777, Kap. VIII, S. 218.

diesem Zusammenhang von einem organizistischen Ansatz gesprochen wird, so ist allerdings dabei primär an die Vorstellung des *homme machine* zu denken, denn die physiokratische Konzeption des ökonomischen Kreislaufs ist rein mechanistisch[94].

Die einzige Quelle des Reichtums liegt für die Physiokraten in Grund und Boden, ein »Reinertrag« *(produit net)* ist nur aus der Landwirtschaft zu ziehen[95]: »L'agriculture est la source de toutes les richesses de l'état.« Alle übrigen Zweige der Produktion entfalten ihrer Ansicht nach lediglich eine stoffumwandelnde (Gewerbe und Industrie) und ortsverändernde (Handel) Tätigkeit; oder, wie es Turgot formuliert: »Was die Erde durch den Fleiß des Landwirts über seine persönlichen Bedürfnisse hinaus hervorbringt, ist der einzige Fonds für die Bezüge, die alle anderen Mitglieder der Gesellschaft erhalten.«[96] Alle anderen Klassen werden von der Landwirtschaft »stipendiert«[97]. Ähnlich wie vor ihm schon Richard Cantillon unterscheidet Quesnay (und auch seine Schule) in seiner Produktions- und Verteilungstheorie, wie sie im ›Tableau économique‹ niedergelegt ist, drei gesellschaftliche Klassen, nämlich:

1. die *classe propriétaire* oder *classe distributive*, wozu die Grundeigentümer (also unter den damals gegebenen Verhältnissen Kirche und Adel) gehören, aber auch all jene, die aufgrund eines Rechtstitels Hoheitsrechte über Grund und Boden ausüben, das ist insbesondere der Souverän. Als Grundeigentümer stellen sie der produktiven Klasse die Fonds für die alljährliche Bearbeitung des Bodens in Form von Vorschüssen zur Verfügung. Außerdem stimulieren sie über den Verzehr ihrer Grundrente die Nachfrage nach landwirtschaftlichen und gewerblichen Erzeugnissen[98].

[94] Die Darstellung des Blutkreislaufes durch den englischen Arzt William Harvey (1578–1657) war dem Mediziner Quesnay vertraut, und es lag nahe, dieses Modell auf den wirtschaftlichen Organismus zu übertragen: »Dieser Umlauf ist es, dessen Beständigkeit das Leben des politischen Körpers ausmacht, gerade wie das Leben des tierischen Körpers vom Blutumlauf abhängt.« Turgot, zit. bei Gide/Rist, Geschichte, 1913, S. 20. Es dürften aber auch die merkantilistischen Handelsbilanzüberlegungen mit ihrer impliziten Kreislaufbetrachtung hier eine Rolle spielen.

[95] Grund und Boden sind in der traditionellen Vorstellung allerdings stets verbunden mit den grunduntertänigen Bauern oder den darauf sitzenden Pächtern. Dupont, Origine et progrès, 1846, S. 349.

[96] Turgot, Réflexions, 1844, S. 9f. Es liegt hier die von E. Daire besorgte zweibändige Textedition von 1844 zugrunde.

[97] Hansmeyer, Methodengeschichte, 1969, S. 23.

[98] G. Weulersse (Mouvement physiocratique, 1910, S. 710) meint, die Physio-

2. die *classe productive*, zu der die Landwirte und Pächter (u. U. auch Fischer und Bergleute) zählen, die einzig und allein neue Stoffe und Werte erzeugen: »Das, was seine (des Landarbeiters) Arbeit über seine persönlichen Bedürfnisse hinaus den Boden erzeugen läßt, ist der einzige Lohnfond *(l'unique fonds des salaires)*, den alle anderen Mitglieder der Gesellschaft im Austausch für ihre Arbeit empfangen.«[99]

3. die *classe stérile* (auch *classe inféconde, non productive*), zu der Gewerbe, Industrie, Handel und sonstige Dienstleistungen gezählt werden. Der Handel kann wohl die Transaktionen, nicht jedoch die Produkte vermehren; das Gewerbe betreibt lediglich die Umformung von Rohstoffen; es gibt keine Schaffung neuer Werte, da der eine gewinnt, was der andere verliert. Insbesondere der äußere Handel wird daher als »ein notwendiges Übel« angesehen, dies richtet sich vor allem gegen den Merkantilismus[100]. Bei den Leistungen von Handel und Gewerbe kommt es daher nur zu einer einfachen »Addition« der Werte, während hingegen in der Landwirtschaft durch »Multiplikation« der Rohstoffe ein »Reinertrag« entsteht.

Zwischen den drei Klassen existiert ein permanenter Einkommenstransfer, ein geschlossener Kreislauf. Das Schema demonstriert, nach welchen »Gesetzmäßigkeiten« die Verteilung des Sozialprodukts und seine Erneuerung vor sich gehen und wie die der Natur geschuldeten Güter, die von den Landwirten dem Boden entnommen werden, durch in Geldwert ausgedrückte Transaktionen anderen Bevölkerungsgruppen zugeführt werden und wieder zurückfließen[101]. Das Interessante an diesem Verteilungssystem ist nicht so sehr die besondere Form, wie diese Einkommensströme verlaufen, sondern der Grundgedanke, nämlich daß der Güterkreislauf autonom und gesetzmäßig vor sich geht und das Einkommen eines jeden von diesem Kreislauf abhängt. Der Ausgangspunkt liegt dabei in der produktiven Klasse, die jenen Teil ihrer Erzeugnisse, den sie nicht selbst verbraucht, dazu benützt, gewerbliche Erzeugnisse zu erwerben oder den Grundbesitzern Pachtzins und Abgaben zu

kraten hätten dabei vor allem jene grundbesitzende Klasse vor Augen gehabt, wie sie in England seit Mitte des 18. Jahrhunderts existierte *(landed bourgeoisie)*. Die Physiokratie sei daher die »ökonomische Rationalisierung der Interessen dieser Klasse«. Meek, Economics of physiocracy, 1962, S. 393.

[99] Turgot, Réflexions, 1844, S. 9 f.

[100] Mercier de la Rivière, L'ordre naturel, 1846, S. 548.

[101] Vgl. Meek, Economics of physiocracy, 1962, S. 20ff.

zahlen. Nach Ansicht der Physiokraten beschränkt sich die Gewerbetätigkeit darauf, die von der produktiven Klasse erzeugten Rohstoffe zu verändern. Daraus entsteht aber kein Wertzuwachs, sondern nur eine Veränderung des Wertmaßstabes, denn der Preis der Handarbeit stellt nichts weiter dar als den Preis der zum Unterhalt des Handwerkers nötigen Verbrauchsgüter[102].

Aus der Sicht der Physiokraten repräsentieren daher Handwerk und Industrie eine unproduktive Klasse, weil sie keine neuen Reichtümer erzeugen, sondern ihren Unterhalt gleichsam aus zweiter Hand empfangen: »Die von den Handwerkern den Rohstoffen gegebenen Formen sind gut und schön, aber vor ihrer Arbeit müssen andere schon Güter erzeugt haben; erstens alle Rohstoffe, zweitens alle Nahrungsmittel. Nach ihrer Arbeit müssen andere das erzeugen, womit sie entschädigt oder bezahlt werden. Im Gegensatz hierzu erzeugen die Landwirte als erste und einzige alles, was sie verwenden, alles, was sie und andere verbrauchen. Hierin liegt der Unterschied zwischen produktiv und unproduktiv.«[103]

Baudeau differenziert zwischen Unternehmern und Arbeitern, erstere »leiten und dirigieren die Arbeit«, letztere »führen sie unter Anleitung und gegen Lohn aus«[104]. Die Arbeiter gelten als bloß ausführende Organe, sie wirtschaften nicht selbst.

Die Physiokraten rechtfertigen hingegen die Position der Grundherren, also des Adels und der Kirche, denen die Möglichkeit einer standesgemäßen Lebensführung ebenfalls erst durch die produktive Klasse eröffnet wird, indem sie diesen eine distributive Funktion zuschreiben, und weil für sie »die Sicherheit des Eigentums die Grundbedingung der ökonomi-

[102] Turgot (Réflexions, 1844, S. 10) nimmt nach Stavenhagen in diesem Zusammenhang sogar das »eherne Lohngesetz« vorweg: »Infolge der Konkurrenz zwischen den Arbeitern ist der Lohn des Arbeiters auf das beschränkt, was er zum Erwerb seiner Unterhaltsmittel, zur Existenzsicherung benötigt.« Die Bestimmungsgründe des Arbeitslohnes ergeben sich daraus, daß der Arbeiter keinen neuen Wert schafft, sondern dem Gut, das er bearbeitet, nur den Wert der von ihm konsumierten Subsistenzmittel hinzufügt; die Konkurrenz auf dem Arbeitsmarkt sorgt dafür, daß das Existenzminimum langfristig nicht überschritten werden kann. Vgl. Stavenhagen, Wirtschaftstheorie, 1969, S. 28. Dies scheint jedoch, bei Durchsicht der fraglichen Stellen bei Turgot, auf eine Überinterpretation hinauszulaufen.

[103] Baudeau, Briefwechsel mit Graslin, zit. bei Gide/Rist, Geschichte, 1913, S. 14.

[104] Introduction, 1846, S. 718f.

schen Gesellschaftsordnung« ist[105]. Die grundbesitzende Klasse *(classe distributive)* fungiert allerdings als »Agentur des Zentralstaates«; an keiner Stelle lassen daran die Physiokraten einen Zweifel. Die hohe Verehrung, welche die Physiokraten dem Eigentum beimessen – so meint etwa Mercier de la Rivière, es sei »nicht mehr möglich, das Eigentumsrecht nicht als eine göttliche Einrichtung anzuerkennen«[106] –, wird damit legitimiert, daß die Grundeigentümer »die ersten Vorbereiter und Pfleger der Bodenkultur und die verteilenden Besitzer des Reinertrags« seien[107]. Die Begründung für die privilegierte Stellung des Grundbesitzers wird also neben ihrer »distributiven Tätigkeit« darin gesehen, daß diese als erste das Land urbar gemacht hätten und auch fortlaufend die grundlegenden Vorschüsse *(avances foncières)* wie Rodungen, Einhegungen, Wege- und Wasserbau, Errichtung von Gebäuden leisteten. Wenn der Landwirt die Produktion hervorbringt, so hat zuvor der Grundbesitzer den Boden erst in Produktivkraft verwandelt, »daher beruht die Rechtfertigung seiner Vorrechte auf der physischen Notwendigkeit der Reproduktion«[108]. Außerdem würde ihrer Meinung nach die landwirtschaftliche Erschließung des Bodens aufhören und damit die einzige Quelle der Güterhervorbringung versiegen, wenn man jene daran hindern wollte, die Früchte ihres Fleißes zu ernten, die den Boden seinerzeit erst kultiviert haben[109].

Marx erhebt daher gegenüber der Physiokratie den Vorwurf des Klasseninteresses und erblickt in ihr das kapitalistische Produktionssystem in einer »feudalen Hülle«: »Es sind dies alles Widersprüche der kapitalistischen Produktion, die sich aus der feudalen Gesellschaft herausgearbeitet und letztere selbst nur mehr bürgerlich interpretiert, ihre eigentümliche Form aber

[105] Quesnay, Maximes générales, 1846, S. 83.

[106] L'ordre naturel, 1846, S. 618.

[107] Quesnay, Dialogues, 1846, S. 186.

[108] Mercier de la Rivière, L'ordre naturel, 1846, S. 466.

[109] Darin liegt allerdings ein Widerspruch, den die Physiokraten negiert zu haben scheinen: Wenn das Einkommen des Grundbesitzers nur ein Entgelt für seine Vorschüsse, seine Kosten darstellt, dann ist es kein Geschenk der Natur, und der Reinertrag löst sich in nichts auf, da er ja, aufgrund der Definition selbst, nur das ist, was vom Bruttoertrag nach Rückzahlung der Kosten übrig bleibt, nämlich der Überschuß über die Produktionskosten. Bei der physiokratischen Erklärung aber bleibt kein Überschuß. Folglich beziehen die Grundbesitzer ihr Einkommen nur als Rentiers und nicht aufgrund eines höheren, »göttlichen« Rechts, wie die Physiokraten glauben machen wollten. Vgl. Gide/Rist, Geschichte, 1913, S. 27.

noch nicht gefunden hat ... Man begreift zugleich, wie der feudale Schein dieses Systems, ganz wie der aristokratische Ton der Aufklärung, eine Masse von feudalen Herrn zu Schwärmern für ein System und Verbreitern eines Systems machen mußte, das wesentlich das bürgerliche Produktionssystem auf den Ruinen des feudalen proklamierte.«[110] Lediglich Turgot, der auch hier einen eigenen Standpunkt einnimmt, ist weit weniger vom sozialen Nutzen der Grundbesitzer und von der Rechtmäßigkeit adeliger Besitzrechte überzeugt, er erblickt hierin vielmehr das Ergebnis eines historischen Aneignungsaktes.

Unmittelbar mit ihrer Auffassung des Reinertrags und der Rolle des Grundbesitzes hängt die Steuertheorie der Physiokraten zusammen. Hier vertreten sie die Position der staatlichen Autorität *(ordre positif)*, die ja diese natürliche Ordnung und auch deren Grundlage, das Eigentum in allen seinen Formen, zu schützen hat. Im *Tableau* der Einkommensverteilung kommt der Staat zwar explizit nicht vor, und die Regierung soll sich aus dem ökonomischen Kreislauf heraushalten; die Physiokraten anerkennen jedoch durchaus die Notwendigkeit[111], den Staat entsprechend zu dotieren und insbesondere direkte Steuern einzuheben, und zwar, ohne wie die Engländer, »jedes Jahr die Summen, die man der Regierung freundlichst zur Verfügung stellen will, festzulegen und sich das Recht der Steuerverweigerung vorzubehalten«[112]. Die Physiokraten befürworten einerseits die Autonomie der Wirtschaft vor staatlichen Eingriffen, andererseits aber auch die Garantie dieser Unabhängigkeit durch einen allmächtigen Souverän, dessen »Eigeninteresse« infolge des ihm zugeschriebenen »Miteigentums« an das physiokratische Wirtschaftssystem gebunden ist[113]. Zentralstaatliche Interessen werden durch Steuerabschöpfung befriedigt.

Steuern können nur aus dem Reinertrag, also aus Grund und Boden, und zwar in Form einer (30prozentigen) Grundsteuer *(l'impôt unique)* fließen. Dem Souverän wird dabei eine Art Obereigentum am gesamten Grundbesitz zugeschrieben – eine Vorstellung, die schon im Zusammenhang mit der Ausformung des absolutistischen Staates beschrieben wurde. Die Bindung an den landwirtschaftlichen Reinertrag bedingt, daß es den Menschen nicht zukommmt, »die Steuern nach ihrem Gutdünken

[110] MEW 26/1, S. 22f.
[111] Vgl. Quesnay, Maximes générales, 1846, S. 102ff.
[112] Dupont, Correspondance avec J. B. Say, 1846, S. 413.
[113] Vgl. Hirschman, Leidenschaften und Interessen, 1984, S. 107.

zu verteilen; es besteht hiefür eine genaue, von der natürlichen Ordnung vorgeschriebene Form«[114].

Indem sich die Ökonomie als genuiner Bereich und die ökonomische Theorie als eigenständige Disziplin der Wissenschaften statuierten, treten neue Problemfelder in den Vordergrund des Diskurses. Es geht in erster Linie nicht mehr darum, eine moralische Begründung für die ökonomische Betätigung zu liefern, sondern eher um technische Probleme; an die Stelle der Frage nach dem *Warum* tritt die Frage nach dem *Wie*. Es ist dies jene Art der Fragestellung, die seit Galilei in den Naturwissenschaften dominiert. Die Frage nach dem *Warum* berücksichtigt stets auch letzte Wirkungszusammenhänge, während die Frage nach dem *Wie* nicht nur einen methodisch-analytischen Reduktionismus impliziert, sondern auch die Ausbildung einer eigenen Disziplin aus der Komplexität des traditionalen Diskurses bewirkt. Der Diskurs verkürzt sich auf unterschiedliche Konstrukte des *Wie;* die ökonomische Theorie wird zu einer »cartesianischen Wissenschaft«[115].

Einer der ersten, der sich durch sein Streben nach »Methodenreinheit« im Sinne einer »isolierenden Abstraktion« auszeichnet, ist Richard Cantillon, ein in Frankreich lebender Bankier und Handelsherr irischer Abstammung, mit seinem ›Essay sur la nature du commerce en général‹ (1755)[116]. Wie vor ihm Petty und später Turgot und Condillac kann er jedoch nicht unbedingt einer bestimmten Schule zugerechnet werden. Er schließt einerseits an die Merkantilisten an, nimmt andererseits

[114] Dupont, Correspondance avec J. B. Say, 1846, S. 413. Die Physiokraten argumentieren, daß diese Steuer niemand fühlen würde, weil »jedes Grundstück unter Abzug des Steuerbetrages, d.h. also 30 Prozent unter seinem Wert, verkauft werden (würde), und folglich würde der Eigentümer, obgleich er nominell die Steuer trägt, sie in Wirklichkeit nicht zahlen«. Dies gilt jedoch nicht für jene Grundbesitzer, die »die Ehre haben würden, das physiokratische Reich einzuweihen, und es ist klar, daß sie die ersten sind, die bekehrt werden müßten«. Gide/Rist, Geschichte, 1913, S. 45f. Damit besorgen nach Ansicht von Marx die Physiokraten in Wahrheit das Geschäft der Bourgeoisie: »Daher auch in den Konsequenzen, die die Physiokraten selbst ziehn, die scheinbare Verherrlichung des Grundeigentums in (dessen) ökonomische Verneinung und Bestätigung der kapitalistischen Produktion umschlägt. Einerseits werden alle Steuern auf die Grundrente verlegt, oder das Grundeigentum wird in andren Worten partialiter konfisziert, was die französische Revolutionsgesetzgebung durchzuführen suchte und das Resultat der Ricardoschen ausgebildeten modernen Ökonomie ist.« MEW 26/1, S. 22f.

[115] Pribram, Economic reasoning, 1983, S. 97ff.

[116] Deutsch: Abhandlung über die Natur des Handels im allgemeinen. Mit einem Vorwort von F. A. von Hayek, Jena 1931.

aber auch Ansichten der Physiokraten und der »Klassiker« vorweg[117].

Anders als die Physiokraten würdigt er sowohl die Bedeutung des Bodens als »Quelle des Reichtums« als auch die Rolle der Arbeit[118]: »Der Boden ist die Quelle oder der Stoff, woraus man den Reichtum gewinnt: die Arbeit des Menschen ist die gestaltende Kraft, die ihn erzeugt, und der Reichtum selbst ist nichts anderes als die Nahrungsmittel, die Bequemlichkeit und die Annehmlichkeiten des Lebens.«[119]

In seiner Bevölkerungstheorie nimmt er gewissermaßen das Malthussche Theorem vorweg: »Die Menschen vermehren sich wie die Mäuse in der Scheuer, wenn sie unbeschränkte Mittel für den Lebensunterhalt haben«[120]; darauf basiert seine Lohn- und Werttheorie, wobei er die von Petty als wichtigste Frage der »politischen Arithmetik« bezeichnete Gleichung zwischen Arbeit und Boden zum Ausgangspunkt seiner Kostentheorie des Wertes macht. Dabei wird zwischen dem »wirklichen« bzw. »inneren Wert« und dem »Marktwert« unterschieden, die sich tendenziell einem Gleichgewichtszustand annähern: »Der innere Preis oder Wert einer Sache ist das Maß der Menge von Boden und Arbeit, die in seine Erzeugung eingeht, wobei auf Güte oder Ertrag des Bodens und die Qualität der Arbeit Rücksicht zu nehmen ist ... Sicher ist, daß die zum Verkauf angebotene Menge von Lebensmitteln oder Waren im Verhältnis zur Nachfrage oder zur Zahl der Käufer die Grundlage bildet, auf der man die jeweiligen Marktpreise bestimmt oder zu bestimmen glaubt, und daß sich diese Preise im allgemeinen nicht weit vom inneren Wert entfernen.«[121]

In seiner Geldtheorie stellt er unter anderem fest, daß die

[117] Quesnay und insbesondere Mirabeau schulden ihm wichtige Anregungen, aber auch Smith und Malthus nehmen auf ihn Bezug; auch gilt er als einer der Vorläufer der Theoretiker des »allgemeinen Gleichgewichts«. Vgl. Hayek, Einleitung zu Cantillons ›Abhandlung‹, 1931, S. XXIV ff.

[118] Hayek meint, daß Cantillon dabei einen »psychologisch« begründeten Reichtumsbegriff zugrundelegt; aber es liegt dabei eher die traditionale Vorstellung zugrunde, die nicht auf einen individuellen (psychologisch begründeten) Nutzen, sondern auf gesellschaftliche Einbindung und Repräsentation bezogen ist.

[119] Cantillon, Abhandlung, 1931, S. 1.

[120] Ebd., S. 54.

[121] Ebd., S. 19 u. S. 76f. Im Zusammenhang mit der Marktpreisbildung berücksichtigt er auch die Transportkosten und verweist damit auf eine Sichtweise, die später von Thünen wieder aufgenommen wird. Vgl. Cantillon, Abhandlung, 1931, S. 75f.

Umlaufgeschwindigkeit auf den Geldwert eine ebensolche Wirkung ausübt wie die Geldmenge: »Ich habe schon bemerkt, daß eine Beschleunigung oder eine größere Geschwindigkeit des Geldumlaufes im Tauschverkehr bis zu einem gewissen Punkt wie eine Vermehrung des Bargeldes wirkt.«[122] Mit seiner Kritik an der auf Ideen Newtons basierenden englischen Münzreform von 1717 reiht er sich unter die Begründer der modernen Geldtheorie. Neben der Darstellung des Mechanismus der Doppelwährung und der Wirkung von Wechselkursänderungen sowie wichtigen Beiträgen zur Zins- und Mindestreservenpolitik der Banken ist vor allem seine Lehre vom Unternehmer wichtig. Dieser ist für ihn jemand, der als Risikoträger – weil er »sein Unternehmen in Ungewißheit führt« – fungiert und Gewinne (im Gegensatz zu Grundrente und Löhnen) als Einkommen bezieht. Am Beispiel der landwirtschaftlichen Pächter differenziert er zwischen verschiedenen Einkommensarten: die an den Eigentümer gezahlte Grundrente, den seinen eigenen Unterhalt und den seiner Arbeiter deckenden Lohn und seinen Unternehmergewinn, wozu Cantillon noch ausdrücklich den Kapitalzins als weitere Einkommensquelle erwähnt[123].

Eine Sonderstellung unter den Physiokraten nimmt, wie erwähnt, Anne-Robert Turgot ein, vor allem durch seine Arbeitswertlehre; denn für ihn ist es nicht der Überfluß, den die Natur wie eine echte Gabe gewährt, sondern allein die Arbeit, die Werte schafft: »Il est donc l'unique source de toute richesse.«[124] Das Grundeigentum führt Turgot auf einen Akt der Besitzergreifung zurück, er betont aber dessen öffentliche Nützlichkeit. Das bewegliche Eigentum nimmt bei ihm, wie alle Erzeugnisse der Arbeit, eine besondere Stelle ein; das »Kapital« wird als »unumgänglich notwendige Grundlage jedes Unternehmens« gewürdigt. Der Kapitalzins wird gerechtfertigt mit Hilfe der »Fruktifikationstheorie«, wonach ein Zins für das Kapital gezahlt werden müßte, weil es sonst in Grund und Boden angelegt würde[125].

Manche Gedanken Turgots werden vom Abbé Etienne Bonnet de Condillac, einem bereits als Philosophen bekannten

122 Ebd., S. 104.

123 Cantillon, Abhandlung, 1931, S. XXXIff.

124 Réflexions, 1844, S. 10f.

125 Ebd., S. 46f. Vgl. auch E. von Böhm-Bawerk, Kapital und Kapitalzins, I, 1921, S. 123ff., der daran kritisiert, daß damit nur eine Erscheinungsform des Kapitals durch eine andere erklärt würde.

Schriftsteller, weitergeführt, der in seinem erst im Alter veröffentlichten ökonomischen Werk ›La commerce et le gouvernement considérés relativement l'un à l'autre‹ (1776) versucht, die Einseitigkeit der Physiokraten zu vermeiden und den Diskurs zu erweitern. Dabei nimmt er viele Gedanken vorweg, die knapp 100 Jahre später von der Grenznutzenschule wieder aufgenommen werden sollten. Sein Ausgangspunkt ist die Wertlehre, wobei er den Gebrauchswert auf den »Nutzen« bezieht. Er findet darin im selben Jahr, in dem Adam Smiths ›Wealth of nations‹ erscheint – der individuelle Nutzenüberlegungen als nicht bedeutsam ansieht –, die Grundlage zu einer subjektiven Werttheorie, indem der Nutzen nicht als Ausdruck einer physischen Eigenschaft einer Sache (Gebrauchswert) definiert wird, sondern als Ausdruck einer bestimmten Beziehung zwischen einer Sache und den menschlichen Bedürfnissen[126]: »Der Wert liegt weniger in einer Sache selbst als im Begehren, das wir ihr entgegenbringen, und die Schätzung hängt von unserem Bedürfnis ab; er steigt und fällt wie unser Bedürfnis größer oder geringer wird ... Da der Wert der Sachen sich auf das Bedürfnis gründet, so ergibt sich, daß ein stärker gefühltes Bedürfnis den Sachen einen größeren, und ein geringer gefühltes Bedürfnis ihnen einen geringeren Wert gibt. Der Wert der Dinge wächst daher mit ihrer Seltenheit und fällt mit ihrem Überflusse. Im Überfluß kann er sogar vollständig schwinden. Ein überreichlich vorhandenes Gut z.B. wird stets wertlos sein, wenn man keinen Gebrauch davon machen kann, da es dann völlig nutzlos geworden sein wird.«[127]

Die grundsätzlichen Elemente sind bei den Physiokraten wie bei Condillac die gleichen. Der Reichtum ist dem Grund und Boden geschuldet, der Wert der Dinge an den Warentausch gebunden. Im Geld repräsentieren sich die in der Tauschsphäre zirkulierenden Güter. Ansonst ergibt sich geradezu eine Umkehrung des Begründungszusammenhanges: Für die Physiokraten werden die Produkte der Erde transformiert, und damit entsteht auch das Subsistenzeinkommen der Arbeiter. Dieses wird vom Produktenwert in Abzug gebracht. Damit die Menschen sich reproduzieren können, muß die Fruchtbarkeit der

[126] Der Zusammenhang des Wertes mit den menschlichen Bedürfnissen wird schon von den Italienern Bernardo Davanzati (1588), Geminiano Montanari (1680) und Fernando Galiani (1740) und auch von Daniel Bernoulli (1738) herausgestellt.

[127] Condillac, Commerce, 1776, S. 15.

Natur sich immer wieder erneuern, fortschreitend neue, unerschöpfliche Reichtümer hervorbringen.

Für Condillac hingegen ist der Ausgangspunkt der Überlegungen nicht das, was in einem Tausch gegeben wird, sondern das, was man erhält. Alles, was zur Befriedigung eines subjektiven Bedürfnisses führt, hat einen Wert. Jede Hinzufügung (Bearbeitung, Transport usw.), durch die weitere Bedürfnisse befriedigt werden können, wird als Addition von Werten aufgefaßt. (Damit mündet sein bedürfnisorientierter Ansatz letztlich aber wieder in eine traditionelle Werttheorie.) Dies gestattet die Entlohnung der Arbeiter, indem man ihnen das Äquivalent ihres Unterhalts gibt. Aber alle diese den Wert bildenden Elemente beruhen auf einer bestimmten Gesellschaftsstruktur, die – wie bereits gezeigt – über den Tausch vermittelt ist und sich in Preisen notwendigerweise ausdrückt (Repräsentation). Diese Gesellschaftsstruktur ist, was jedoch immer wieder ausgeblendet wird, zentralstaatlich hergestellt[128].

[128] Vgl. Foucault, Ordnung der Dinge, 1971, S. 247 u. 251. Aus dieser subjektiven Sicht, die hier von Condillac zugrundegelegt wird, resultiert in weiterer Folge die Vorstellung einer »Knappheit der Güter«. Denn aus dem Blickwinkel der Subjektivität muß ein begrenzter Charakter der Fruchtbarkeit der Natur, eben Knappheit, angenommen werden. Daraus ergibt sich eine statische Betrachtungsweise. Diese Statik ist zwar auch bei den Physiokraten vorhanden, sie ergibt sich jedoch nicht *eo ipso* aus ihrem Ansatz, sondern daraus, daß sie die zugrundegelegte Gesellschaftsstruktur fortschreiben.

VII. »Menschenproduktion« im absolutistischen Staat

Der »ökonomische Leviathan« braucht Menschenopfer. Die Herausbildung des »Produktionsfaktors« Arbeit beruht auf einem umfassenden sozialen Disziplinierungsprozeß, der über Institutionen vermittelt wird, die nach dem Prinzip des »Panopticon« organisiert sind (Schule, Kaserne, Arbeitshaus, Manufaktur, Gefängnis). Diese »Menschenproduktion« hat neben dem quantitativen Aspekt der Bevölkerungsvermehrung auch eine qualitative Dimension. Die Durchsetzung der »Zeitökonomik« im Zusammenhang mit der Arbeitsteilung und die Vermittlung »bürgerlicher Tugenden« wie Pünktlichkeit, Fleiß, Gehorsam und neuer Bewegungs- und Leistungsnormen bewirken die Formation eines Untertanenverbandes von gehorsamen »Staatsbürgern« und entsprechen der »Rationalität« der neuen Arbeitsorganisation. Der damit verbundene Kontrollimperativ verlangt die Konzentration der Arbeitskraft in größeren, vom »Haus« abgetrennten Einheiten und ermöglicht eine Effizienzsteigerung durch betriebliche Arbeitsteilung, die auf dem mechanistischen Paradigma der Naturwissenschaften beruht.

Die von Zentralstaat und Kapitalismus geforderte »Menschenproduktion« erweist sich als soziales »Überschichtungsphänomen«, beruhend auf der Auflösung der traditionalen »generativen Struktur«. Das Auseinanderfallen von Produktions- und Reproduktionsbereich läßt eine neue Familienstruktur entstehen; »Familie« ist von nun an ausschließlich Reproduktionssphäre und wird mit sentimentalem Gefühlsgehalt ausgestattet.

19. »Bevölkerungsexplosion« und Bevölkerungstheorie

Die Zusammenhänge zwischen dem seit Ausgang des 16. Jahrhunderts in vielen Teilen Europas feststellbaren Bevölkerungsanstieg und dem wirtschaftlichen Strukturwandel wurden wiederholt betont, ohne daß jedoch über den diese beiden Phänomene verbindenden Kausalzusammenhang restlos Klarheit bestünde. Anders formuliert: Auf die Frage, ob die demographische die industrielle Revolution auslöste, oder umgekehrt, konnte eine schlüssige Antwort nicht gegeben werden. Nun scheint jedoch eine solche Frage am eigentlichen Kern des Problems vorbeizugehen, handelt es sich doch hier um interdependente Prozesse, wobei durchaus eine Beziehung zwischen Bevölkerungsgröße und wirtschaftlichem Entwicklungsstand herzustellen ist[1]. Es steht nämlich fest, daß einerseits der industrielle Aufschwung ohne einen aus dem absoluten Bevölkerungszuwachs resultierenden steigenden Arbeitseinsatz und wachsenden Bedarf unmöglich gewesen wäre, daß aber andererseits auch die Stetigkeit, mit der sich die Bevölkerung vermehrte, ohne gleichzeitiges Anwachsen der volkswirtschaftlichen und im speziellen der »industriellen« Wertschöpfung sehr früh gestoppt worden wäre. Denn für die Bedingungen einer traditionalen Agrargesellschaft gelten gemeinhin die bereits von Thomas Robert Malthus 1798 festgestellten Zusammenhänge von Nahrungsspielraum, also der verfügbaren wirtschaftlichen Kapazität, und der Bevölkerungsgröße. Die Frage nach dem Beitrag dieser demographischen Veränderungen zum modernen Wirtschaftswachstum ist damit wegen der vermuteten Gegenseitigkeit der Relationen nicht leicht zu beantworten[2].

Für die Mitte des 17. Jahrhunderts schätzt man die europäische Bevölkerung auf etwa 100 Millionen Menschen, was nicht ganz einem Fünftel der damaligen Weltbevölkerung von etwa 515 Millionen entspricht. Allein auf Asien entfallen etwa 300 Millionen, also nahezu drei Fünftel der Weltbevölkerung, während das restliche Fünftel sich auf die übrigen Kontinente verteilt. Das heute so volkreiche Südamerika zählt um 1650 bloß 6 Millionen Menschen. Um 1800 hingegen leben in Europa 187 Millionen; gleichzeitig ist die Weltbevölkerung in 150 Jahren auf 906 Millionen angewachsen, was aber bedeutet, daß die europäische Bevölkerung stärker als die Gesamtbevölkerung der Welt zugenommen hat. Dies fällt noch viel stärker ins Gewicht, wenn man berücksichtigt, daß in dieser Zeit auch die europäische Auswanderung nach Übersee einsetzt. So sind von den etwa 6 Millionen Nordamerikanern, die um 1800 leben, der größte Teil europäische Einwanderer bzw. deren Nachkommen. Auch ein Teil der für dieselbe Zeit auf 19 Millionen ge-

[1] Vgl. Habakkuk, Population problems, 1963, S. 607f.
[2] Vgl. Tilly, Wachstumsparadigma, 1977, S. 101.

schätzten Bevölkerung Mittel- und Südamerikas ist europäischer Herkunft.

Betrachtet man die Periode von 1650 bis 1800, so wird allerdings deutlich, daß das Wachstum der europäischen Bevölkerung keineswegs gleichmäßig über den gesamten Zeitraum erfolgt, sondern der große Bevölkerungsgewinn in erster Linie auf die zweite Hälfte des 18. Jahrhunderts entfällt. Der permanente Anstieg des Anteils Europas an der Weltbevölkerung läßt diese Entwicklung deutlich erkennen: 1650 macht die europäische Bevölkerung 19,4 Prozent aus, bis 1750 ergibt sich ein Absinken auf 19,2 Prozent – manche bevölkerungsgeschichtliche Werke sprechen in diesem Zusammenhang sogar von einer »demographischen Krise« –, um dann bis 1800 auf einen Anteil von 20,6 Prozent zu wachsen.

Dabei sind jedoch regionale Unterschiede zu beachten. In Frankreich sind etwa die Bevölkerungszahlen in der zweiten Hälfte des 17. und der ersten Hälfte des 18. Jahrhunderts besonders rückläufig, im Mittelmeerraum ist dieser Bevölkerungsrückgang schon früher nachweisbar, in Spanien besonders frühzeitig; hier kommt es allerdings schon in der ersten Hälfte des 18. Jahrhunderts zu einer gegenläufigen Bewegung. Hingegen weist England einen kontinuierlichen Anstieg auf, und in Mitteleuropa steigen nach dem Einbruch infolge des Dreißigjährigen Krieges die Bevölkerungszahlen kräftig an[3].

Untersucht man die Faktoren, welche die Bevölkerungsbewegung beeinflussen, so ist zunächst zu berücksichtigen, daß Klima- und Temperaturschwankungen indirekt, das heißt über die landwirtschaftliche Produktion, sicherlich eine Bedeutung zukommt. Man denke etwa an die allgemeine Klimaverschlechterung in Europa vom ausgehenden 16. bis zur Mitte des 17. Jahrhunderts oder an die katastrophalen Folgen, die besonders harte Winter hatten, etwa die von 1709, 1771/72 oder von 1789, vor allem durch die daraus resultierenden schlechten Ernten – dabei ergeben sich interessante Querverbindungen auch zu politischen Ereignissen und Krisen. Selbst lokale Mißernten haben oft Hungerjahre zur Folge, denn ein regionaler Ausgleich ist aufgrund der unzureichenden Verkehrsverbindungen kaum möglich. Im Anschluß an Mißernten und Hungersnöte fordern epidemische Krankheiten weit mehr Opfer als sonst.

Vor allem die Pest hat, wie das ganze Mittelalter hindurch,

[3] Vgl. Kirsten u.a., Raum und Bevölkerung, 1956.

noch bis ins frühe 18. Jahrhundert hinein von allen Epidemien die verheerendsten Folgen auf die Bevölkerungsentwicklung[4].

Die Ursachen für das plötzliche Aufhören dieser »Geißel Europas« sind nur zu vermuten: Manche Medizinhistoriker sehen einen Zusammenhang mit der Verdrängung der schwarzen europäischen Hausratte – der Pestbazillus wird durch Flöhe von Nagetieren auf den Menschen übertragen – durch die graue asiatische Wanderratte seit dem 18. Jahrhundert, welche die Nähe der Menschen meidet; dies wäre das Ergebnis eines biologischen »Verdrängungswettbewerbs«. Es besteht auch die Möglichkeit, daß sich Mutationsformen eines Bazillus durchsetzten, die zumindest eine Teilimmunität gegen die epidemischen Krankheitsformen mit sich brachten. Solche Immunisierungsreaktionen treten unter bestimmten Bedingungen bei der Tuberkulosebazillus-Infektion gegenüber dem Hansenschen Bazillus auf, der die Lepra hervorruft, eine Krankheit, die bekanntlich in Europa und den Küstenländern des Mittelmeeres bis zum 14. Jahrhundert weit verbreitet war (man schätzt die Zahl der Leprosenhäuser in der christlichen Welt im 13. Jahrhundert auf nicht weniger als 19000). Die Verbreitung der Lungentuberkulose in Europa seither unterbricht die Infektkette, da sie Antikörper gegen den Leprabazillus hervorruft[5].

Der medizinische Fortschritt hat dabei zum Sinken der Sterblichkeit nur peripher beigetragen, etwa im Falle der Pocken durch die Einführung der Vakzination, in England seit 1721, im allgemeinen dann in der zweiten Hälfte des 18. Jahrhunderts; 1798 entwickelt Edward Jenner die Kuhpocken-Schutzimpfung. Stärker noch dürfte sich zur Eindämmung von Epidemien die Verbesserung der Hygiene, etwa in Form der Kanalisation in Großstädten und einer verbesserten Trinkwasserversorgung, sowie die Errichtung von Kontumaz- und Quarantäneeinrich-

[4] Bei den durch Flohbiß angesteckten Kranken schwankte die Sterblichkeitsrate zwischen 60 und 70 Prozent, während die durch Tröpfcheninfektion von Mensch zu Mensch übertragene Lungenpest vor Einführung der Antibiotika als absolut tödlich galt. Vgl. McNeill, Seuchen, 1978, S. 291; Ariès, Geschichte des Todes, 1980. Noch 1665 kommen in London rund 100000 Menschen – das ist ein Drittel der Einwohner – durch die Pest ums Leben. Für verschiedene deutsche Städte lassen sich sogar Verluste von über 50 Prozent der Bevölkerung belegen. Große Epidemiewellen gehen 1629/31, 1663/84 und 1709/13 über ganz Europa; Rußland wird noch 1737 und 1770/75 von der Pest heimgesucht. Hinzu kommen noch andere epidemische Krankheiten wie Cholera und Pocken, die in städtischen Siedlungsräumen ein besonders gravierendes Ausmaß annehmen.

[5] Vgl. McNeill, Seuchen, 1978, S. 199f.

tungen in Hafenstädten und Grenzstationen ausgewirkt haben. So fungiert etwa die Errichtung der österreichischen Militärgrenze gegenüber dem Osmanischen Reich zugleich als *Cordon sanitaire* gegen Osten. Wichtig ist sicher auch die zunehmende Immunisierung einer Bevölkerung: Indem Krankheiten wie Mumps, Masern und Scharlach, die früher alle Altersschichten verheerend getroffen haben, zu »Kinderkrankheiten« werden, finden die Erreger keine stabile ökologische Nische mehr.

Genauso wie zwischen Pestepidemien und Hungerjahren infolge von Mißernten gibt es auch einen signifikanten Zusammenhang zwischen dem Auftreten epidemischer Krankheiten und Kriegsereignissen. Die drei »apokalyptischen Reiter« treten ja meist zusammen auf. So hat die Pest als indirekte Folge im Dreißigjährigen Krieg, dem rund ein Drittel der deutschen Bevölkerung zum Opfer gefallen ist, mehr Menschen als die Kriegswirren selbst gefordert. Obwohl mit dem Aufkommen der Massenheere auch die Menschenverluste sich erhöhten, hat der höhere Blutzoll auf den Schlachtfeldern Europas, verglichen mit den als indirekte Kriegsfolgen auftretenden Seuchen und Ernteausfällen, die großen Tendenzen der Bevölkerungsbewegung nur gering beeinflußt[6]. Dennoch hat auch das Aufkommen der Massenheere und der modernen Waffentechnik die Menschenverluste vergrößert: »Zwei der drei Hauptursachen der periodischen Todesgipfel sind mehr oder minder ausgeschaltet worden. Leider kann man das nicht von der dritten Ursache, dem Krieg, sagen. Derselbe wissenschaftlich-technische Fortschritt, der den Menschen von Hungersnot und Seuchen befreit hat, verstärkte auch die Zerstörungskraft des Krieges.«[7]

Von besonderer Relevanz für das Sinken der Sterblichkeit ist die Revolutionierung der Agrarwirtschaft. Sicherlich wirken verschiedene Faktoren zusammen beim Durchbrechen der »Malthusschen Schranken«, aber vor allem ist es die durch verbesserte Agrartechnik gestiegene landwirtschaftliche Produktion; denn noch im 18. Jahrhundert gibt es wesentliche Fortschritte bei den Anbau- und Erntemethoden (Meliorationen, Fruchtwechselsysteme). Infolge der sich verbreiternden Nahrungsmittelbasis, der besseren Ernährung, wächst auch die Wi-

[6] Vgl. Mitterauer, Europäische Bevölkerung, 1971, S. 9ff.

[7] Cipolla, Wirtschaftsgeschichte und Weltbevölkerung, 1972, S. 73; vgl. auch Glass/Eversley, Population, 1965.

derstandskraft gegen Krankheiten. Immer weniger Menschen fallen diesen schon allein aus Gründen der Unterernährung zum Opfer. »Die Veränderung in der Landwirtschaft, die bessere Leistungsversorgung bewirken darüber hinaus komplexe ökologische Folgeerscheinungen: Mehr Tiere bedeuten auch mehr Fleisch und Milchprodukte in der Ernährung der Menschen und dadurch einen höheren Proteingehalt. Das mag sehr wohl die menschlichen Fähigkeiten zur Bildung von Antikörpern gegen Infektion jeglicher Art erhöht haben, da solche Antikörper selbst Proteine sind und nur aus den chemischen Bausteinen gebildet werden können, die die Proteine liefern. Die allgemeinen Abwehrkräfte gegen Infektionskrankheiten können daher in weiten Teilen der Bevölkerung erheblich gestiegen sein.«[8]

Die »neue Landwirtschaft« hat noch eine weitere, medizingeschichtlich relevante Konsequenz: Die vermehrte Viehhaltung verbessert nicht nur die menschliche Ernährung, sondern unterbricht auch die Kette der Malariaübertragung: Da Rinder für das malariaerregende Plasmodium keine geeigneten Wirte sind, hat die Vorliebe der Anophelesmücke für Rinderblut den willkommenen Nebeneffekt, daß der Entwicklungsgang des Plasmodiums in jenen Teilen Europas unterbrochen wird, in denen Rinderzahlen genügend ansteigen. Was jahrhundertelang auch bei den nördlichen Europäern eine bedeutende Krankheit gewesen ist, hört in der Folge auf, jene Gebiete zu verseuchen, in denen vermehrte Viehhaltung betrieben wird. Hinzu kommt noch die Trockenlegung von Teichen und Mooren zur Gewinnung von Ackerland, wodurch die Vermehrung der Moskitos eingeschränkt wird.

Der allgemeine Rückgang der Sterblichkeit ist somit primär in der Periode von 1750 bis 1800 auf das Absinken der Hungersnöte und Seuchen zurückzuführen. Damit steht die Eindämmung der »Krisensterblichkeit« am Beginn der demographischen Revolution, erst später folgt auch ein Rückgang der normalen Sterblichkeit[9].

Die erwähnten Fortschritte in Landwirtschaft und Medizin, so urteilt André Armengaud, führen zu einem Sinken der Sterberate, und, was sich statistisch auf die Lebenserwartung auswirkt, besonders stark bei Kindern und Jugendlichen. Auch

[8] McNeill, Seuchen, 1978, S. 278f.
[9] Vgl. Habakkuk, Population growth, 1972, S. 50ff.

unter diesem Aspekt zeigen sich aber auffällige Entwicklungsunterschiede zwischen den europäischen Nationen: Mit einiger Sicherheit kann angenommen werden, daß in England die Sterblichkeit bereits seit 1740 rückläufig ist, in Schweden dürfte die Wende um 1750 eingetreten sein; ähnlich in Frankreich, wo noch unter dem *Ancien régime* durch eine rückläufige Sterberate die durchschnittliche Lebenserwartung beträchtlich ansteigt. Im Unterschied zu England sind aber in Frankreich vor allem landwirtschaftliche Ertragsschranken nach wie vor demographisch relevant, da es seinen Inlandsbedarf nicht selbst decken kann.

Seit der Mitte des 18. Jahrhunderts verfügen wir über gesichertere demographische Daten: Die Sterblichkeit geht weiter, manchmal geradezu sprunghaft zurück. Durch das Ansteigen der Transportmittel und durch staatliche Bevorratungspolitik ist es möglich, daß zumindest lokale Hungerkrisen ihren Schrecken verlieren. Besondere Bedeutung erhält die Reduktion der Säuglingssterblichkeit, die (rein statistisch gesehen) wesentlich auf die Bevölkerungsgröße und Lebenserwartung einwirkt.

Der Rückgang der Sterblichkeit ist aber nur *eine* Variable für die »Bevölkerungsvermehrung«, die zweite, wenngleich erst später wirksame, ist die Veränderung der Geburtenziffern. Bei allen Unterschieden zwischen den einzelnen Ländern lassen sich auch hier generelle Entwicklungstrends erkennen: anhaltend hohe Geburtenziffern im 18. Jahrhundert, leichtes Sinken bis in die 1870er Jahre und anschließend ein starker Rückgang. Dabei zeigen sich allerdings starke Differenzierungen. In Frankreich setzt bereits in der Mitte des 17. Jahrhunderts ein leichter Rückgang ein, ein Trend, der zunächst die oberen, dann jedoch alle Bevölkerungsschichten erfaßt. Hingegen verzeichnen die zentral- und nordeuropäischen Staaten nach den Napoleonischen Kriegen eine bis in die 1820er Jahre anhaltende Zunahme der Geburten, darunter Schweden, Preußen und die Habsburger Monarchie. Bemerkenswert ist der erst in den achtziger und neunziger Jahren des 19. Jahrhunderts einsetzende Rückgang der Geburtenrate in England und Deutschland, nun allerdings mit besonderer Intensität. Vor dem Ersten Weltkrieg werden die höchsten Geburtenraten in Ost- und Südeuropa gezählt, Mitteleuropa entspricht dem Durchschnitt, weiter nach Westen nehmen die Werte ab, die niedrigste Zahl verzeichnet Frankreich.

Die Geburtenhäufigkeit innerhalb einer Bevölkerung wird

von einer ganzen Reihe von zum Teil schwer zu beeinflussenden Faktoren bestimmt, die im wirtschaftlichen und sozialen wie auch im religiösen und kulturellen Bereich wurzeln. Als die zwei wichtigsten Faktoren, die selbst wiederum in einem engen Konnex mit den sozioökonomischen Veränderungen stehen, werden die staatliche »Bevölkerungspolitik« und das »generative Verhalten« betrachtet. Die absolutistischen Staaten des 17. und 18. Jahrhunderts versuchen erstmals, in großem Maßstab auf die Bevölkerungsbewegung durch »polizeistaatliche Menschenproduktion« Einfluß zu nehmen. Das ökonomische Kalkül des zentralistischen *Polizey*-Staates zielt auf die Durchsetzung einer neuzeitlich-christlichen Fortpflanzungsmoral zur Hebung der Population: »Die merkantilistische Menschenproduktion verselbständigt sich allmählich zu einem allgemeinen Prinzip der Reichtumsgewinnung durch Bevölkerungsvermehrung, weil das sehr bewährte Kalkül des neuzeitlichen Staates als einzige Moral und Sittlichkeit exekutiert wird«;[10] in einer unter einem Pseudonym erschienenen Schrift stellt der Kameralist Justi daher die Frage: »Man sucht das Vieh auf alle Art zu vermehren, man errichtet Stutereyen, Schäfereyen und dergleichen. Warum sollte man auch nicht Menschereyen anrichten, die einen viel größeren Werth haben?«[11]

Es lassen sich dabei unmittelbare Verbindungen sowohl zum Wandel der sozioökonomischen Bedingungen als auch zu einer veränderten christlichen Sexualmoral herstellen. Die »Bevölkerungsexplosion« wurzelt in der Zulassung breiter, bisher daran gehinderter Schichten zur Eheschließung sowie in der Durchsetzung der naturrechtlich begründeten These – die aber durchaus im Einklang mit der neuzeitlichen christlichen Sexualmoral steht – von der jedem Individuum gleichsam inhärenten Familiensehnsucht (Sentimentalisierung der Familie), die allerdings erst gegen Ende des 16. Jahrhunderts auftritt und nunmehr zum Dogma gesellschaftlichen Denkens wird: Ein historisches Produkt erscheint als ewige Naturkonstante[12].

In der ökonomischen Theorie dieser Zeit wird die Anschau-

[10] Heinsohn u.a., Menschenproduktion, 1979, S. 79f.

[11] Occident, Erzeugung des Menschen, 1769, S. 59f. – Das Werk wird im ›Catalogue of Printed Books‹ des Britischen Museums von 1889, ebenso im Katalog der Wiener Universitätsbibliothek Justi zugeschrieben. Skeptisch äußert sich dazu Frensdorff, J. H. G. v. Justi, in: Nachrichten von der Königlichen Gesellschaft der Wissenschaften zu Göttingen, Phil.-histor. Klasse, 1904.

[12] Vgl. Heinsohn u.a., Menschenproduktion, 1979, S. 89.

ung vertreten, eine hohe Bevölkerungszahl sei die Basis der politischen Machtsteigerung. »Menschen achte für den größten Reichtum« – dieser berühmte Ausspruch des preußischen »Soldatenkönigs« Friedrich Wilhelm I. darf als Allgemeingut merkantilistischer Schriftsteller gelten. Die »Peuplierungspolitik«, die Soldaten, steuerzahlende Bürger und fleißige Arbeiter produzieren soll, also auf quantitative wie auf qualitative Aspekte orientiert ist, versucht dies aktiv durch Heiratserleichterungen, Ablehnung des Zölibats, strikte Sanktionen auf die Tötung der Leibesfrucht, Verfolgung der Prostitution, Einrichtung von Findel- und Waisenhäusern, Verbot der Auswanderung und Förderung der Immigration und passiv durch eine Verbesserung der Ernährung, der Erwerbsmöglichkeiten und der medizinischen Versorgung zu erreichen. Eine größere Bevölkerungszahl wird mit mehr Macht für den Staat gleichgesetzt: »Fast alle Schriftsteller und Männer des gemeinen Lebens haben sich das Ehrenwort gegeben, daß man nicht nach vergänglichem Silber oder Golde, sondern nach der Menschenzahl den Reichtum der Staaten bestimmen müsse.«[13]

Einige Autoren weisen in diesem Zusammenhang auf den Kampf gegen die Geburtenbeschränkung hin. Die Hexenprozesse bis zum 18. Jahrhundert hätten insbesondere dazu gedient, das »Nachwuchsverhütungswissen« von Hebammen und »weisen Frauen« auszurotten[14]; der Ursprung der Bevölkerungsexplosion des 16. und frühen 17. Jahrhunderts sei bereits im letzten Viertel des 15. Jahrhunderts zu suchen, und es handele sich dabei um ein »direktes Ergebnis der beginnenden Verfolgung und Bestrafung von Verhütung, Abtreibung und heimlicher Kindestötung ..., welche zur Überwindung des Menschenmangels staatlich-kirchlich bewußt inszeniert wird«[15].

Andererseits ist es bemerkenswert, daß gerade ein Staat, der sich im Interesse seiner Machtpolitik am engagiertesten um eine Bevölkerungsvermehrung bemüht, nämlich Frankreich unter Ludwig XIV., besonders stark an Bevölkerung abnimmt. Dabei spielen neben den verlustreichen Kriegen des »Sonnenkönigs« sicherlich auch die religiöse Intoleranz und der maßlose Steuerdruck auf die Bauern und die in der Folge auftretenden Massenauswanderungen eine Rolle. So emigrieren nach der Aufhebung

[13] Hippel, Ehe, 1872, S. 3.
[14] Vgl. Gloger/Zöllner, Teufelsglaube und Hexenwahn, 1984.
[15] Heinsohn, u. a., Menschenproduktion, 1979, S. 53.

des Edikts von Nantes im Jahre 1685 etwa 300000 Hugenotten. Michael Mitterauer weist in diesem Zusammenhang auch darauf hin, daß die Vermehrung einer Population insofern eine wichtige politische Indikation hat, als »allgemeine Reglementierungen, polizeistaatliche Methoden und zwangswirtschaftliche Maßnahmen ... nicht unbedingt geeignet (sind), bei den Untertanen eine Lebenseinstellung zu bewirken, die das generative Verhalten positiv beeinflußt ... So blieben auch bevölkerungspolitische Maßnahmen, wie die Colberts in Frankreich, vielfach ohne den gewünschten Erfolg.«[16]

Allerdings ist den ökonomischen Denkern und Staatstheoretikern ein Bevölkerungsanstieg nur dort und so lange erwünscht, als dies einem von ihnen angenommenen Gleichgewicht zwischen natürlichen Ressourcen und Arbeitsmenge entspricht. Schon Johann Joachim Becher stellt fest: »Es ist aber nicht genug, die Populierung und Volkreichmachung einer Stadt oder eines Landes, wenn die Nahrung nicht dabei ist; denn damit eine volkreiche Versammlung bestehen kann, muß sie zu leben haben, ja eben dies letztere ist ein Anfang der ersteren ... und das ist die andere *Fundamental* Staats-Regel, nämlich um ein Land *populös* zu machen, demselben gute Verdienste und Nahrung zu schaffen.«[17]

Eine wesentlichere gesellschaftliche Steuerung als durch politische Einflußnahme erfolgt wohl über das »generative Verhalten«, worunter in erster Linie kollektive Leitvorstellungen und Verhaltensmuster zu verstehen sind, die sich direkt auf die Fortpflanzung auswirken, wie etwa bestimmte gesellschaftliche Normen, die das Heiratsalter oder die erwünschte Kinderzahl regeln. Die Auflösung der traditionellen Normen im Zuge der frühkapitalistischen Durchdringung der alten Feudalordnung und die parallel dazu erfolgte Schaffung neuer Stellen durch die Proto-Industrialisierung und das Manufakturwesen erzeugen zunächst die Illusion, diese neuen Berufspositionen seien mit den alten zu vergleichen. Die neuen »Haushaltsvorstände« verhalten sich so, wie der alte *pater familias:* Sie gründen selbst Familien, obgleich sie nicht über eine »Vollstelle« im Sinne der traditionellen Oikosvorstellung verfügen. Es steigt zunächst die Heiratshäufigkeit; Bevölkerung und Wirtschaft können sich nicht mehr über die Zahl der Arbeitsstellen aufeinander abstim-

[16] Mitterauer, Europäische Bevölkerung, 1971, S. 11.
[17] Becher, Politischer Discurs, 1972, S. 2.

men. Es entwickelt sich eine neue »Bevölkerungsweise«, wobei zwar die Institution der Familie eine ähnlich große Bedeutung für die generativen Vorgänge hat wie früher, Heiratsalter und Heiratshäufigkeit jedoch aufhören, entscheidende Variablen im Bevölkerungsprozeß zu sein. Familie und Kindsein werden mit einem bisher unbekannten Affektgehalt ausgestattet, »ein bloßes Gefühl, der Familiensinn jenseits aller materiellen Interessen, wird zu der kindgemäßen Kultur verdichtet«[18].

Die europäische Bevölkerungsexplosion ist demnach aus dieser Sichtweise in erster Linie ein Überschichtungsphänomen. Eine tradierte »Bevölkerungsweise« wird, auf eine veränderte Sozialstruktur übertragen, zum Auslöser der Bevölkerungsexplosion. In der traditionalen Gesellschaft sind die Heiratsmöglichkeiten begrenzt und stets an die Erlangung einer zur »standesgemäßen Nahrung« ausreichenden Stelle (z.B. Hoferbe, Meisterstelle) geknüpft. Nicht erbberechtigte Nachkommen sind eben nicht ehefähig; nachgeborene Adelskinder werden etwa für das Kloster bestimmt, Bauernkinder verdingen sich als Dienstpersonal, Bürgersöhne bleiben lebenslang Gesellen ohne Hoffnung auf sozialen Aufstieg. Nur fallweise eröffnen Kolonisationsunternehmen oder kriegerische Eroberungen (Kreuzzüge, Ost-, Überseekolonisation) eine Möglichkeit, selbst zu Besitz zu gelangen und damit in die Stellung eines »Hausvaters« aufzurücken und eine Familie zu gründen. Nach Pierre Chaunu[19] ist diese, durch außereheliche Enthaltsamkeit (Geburtenregulierung) und späte Heirat charakterisierte vorindustrielle Bevölkerungsweise allerdings nicht eigentlich eine alte, sondern eine erst um 1300 mit Auslaufen der Binnenkolonisationsmöglichkeiten entstandene spezifische demographische Struktur mit weitreichenden soziokulturellen Implikationen.

Diese traditionellen Verhaltensnormen bedingen einerseits die schon erwähnte hohe Zölibatsquote, wobei selbst die große »Versorgungsanstalt« Kirche nicht alle Menschen aufnehmen kann. In der Ehe existiert praktisch keine Form der freiwilligen Geburtenkontrolle, verheiratete Frauen bringen bis zu ihrem Klimakterium praktisch alle zwei bis fünf Jahre ein Kind zur Welt, lediglich die längeren Stillzeiten wirken sich ovulationshemmend aus. Das Heiratsalter wirkte sich früher stärker auf die Geburtenzahl aus, weil ein höheres Heiratsalter die Zeit der

[18] Heinsohn u.a., Menschenproduktion, 1979, S. 88.
[19] Vgl. Chaunu, Histoire quantitative, 1978.

möglichen Empfängnisse verringert. Generell wird jedoch eine hohe Kinderzahl – im Blick auf die Arbeitskraft und die Altersversorgung – als positiv betrachtet. Allerdings ist die Säuglings- und Kindersterblichkeit exorbitant hoch; damit ist auch die Beziehung zum Kind eine völlig andere als heute. Philippe Ariès weist nachdrücklich darauf hin, daß das, was wir heute unter »Kindheit« verstehen, ein historisches Phänomen ist. Die heute übliche Abgrenzung zwischen Kindern und Erwachsenen kennt das Mittelalter nicht; Kinder leben, sobald sie sich allein fortbewegen und verständlich machen können, mit den Erwachsenen, sie sind kleine Erwachsene[20].

Solange genug Land vorhanden ist, hat auch in der traditionalen Gesellschaft praktisch jeder die Chance zur ehelichen Fortpflanzung; erst mit der Verknappung des Bodens entwickelt sich ein besonderes »Anerbenrecht« und damit eine Regelung des Heiratsverhaltens. Nur im Falle nachlassenden Bevölkerungsdrucks werden Stellen frei, oder bei steigender Produktivität wachsen bäuerliche Viertel- und Halbhofstellen zu Vollstellen und werden damit für Vollfamilien tragfähig, die so den vergrößerten Nahrungsspielraum ausfüllen. Realteilung ist aber im romanisch-germanischen Raum eher selten, das heißt, der Zugang zu den im ökonomischen Niveau gleichbleibenden Stellen wird über die Zölibatsquote eingeengt[21].

Die Verbreiterung der ökonomischen Basis ermöglicht ein starkes Ansteigen der Geburtenziffern, gemäß den noch gültigen Leitvorstellungen der traditionalen Gesellschaft führen die zunehmenden Heiraten und das sinkende Heiratsalter diese Entwicklung herbei. Die neuen ökonomischen Gegebenheiten beeinflussen jedenfalls die generativen Verhaltensweisen ganz wesentlich. Während sich die traditionale europäische Gesellschaft des späten Mittelalters und der frühen Neuzeit verschiedene Regulative geschaffen hat, um eine die Existenzbasis ge-

[20] Vgl. Ariès, Geschichte der Kindheit, 1975.

[21] Anders ist dies im osteuropäischen Bereich; in der altrussischen Agrarverfassung, die etwa mit dem »Mir«, der Umteilungsgemeinde, auch auf einem anderen Eigentumsbegriff basiert, wird nach Arbeitskräften oder »Essern« und nicht nach Höfen, also Betriebseinheiten, umgeteilt. Hier hausen mehrere Kleinfamilien unter einem Dach; diese unterschiedliche Entwicklung verhindert auch die Ausprägung eines individualistischen Eigentumsbegriffes. Die erwachsenen Söhne bleiben auch nach der Heirat im Haus, können eine Familie gründen, ohne eine Vollstelle zu haben. In einer derartigen Bevölkerungsweise fehlt die Abstimmung des Bevölkerungszugangs zum Lebensraum, das Wachstum kann mitunter das Existenzminimum gefährden.

fährdende Überbevölkerung zu vermeiden, ergeben sich im Zuge der Entstehung des »modernen Kapitalismus« im System der generativen Verhaltensnormen wesentliche Verschiebungen. Nicht nur, daß früher wirtschaftlich unselbständige, hausrechtlich Abhängige vielfach Heiratsverboten und -beschränkungen unterliegen, auch die Übergabe des Hofes oder die Erlangung der Meisterwürde als Voraussetzung der Eheschließung setzen das durchschnittliche Heiratsalter hinauf. So wird verhindert, daß mehr als zwei Generationen einer Familie über längere Zeit in einem Haushalt ernährt werden müssen. Erst die neuen Stellen, die durch das ländliche Verlagsgewerbe (Proto-Industrialisierung) und die Beseitigung der traditionellen Beschränkungen der Arbeitsplätze im städtischen Produktionsbereich entstehen, führen zur Lösung der alten sozialen Bindungen und Orientierungsnormen, die bisher als Regulative auf die Bevölkerungsvermehrung wirkten[22].

Die ersten Auswirkungen des neuen Wirtschaftssystems überschichten sich mit noch alten generativen Strukturen: Die Menschen, die sich von den Bindungen der alten Gesellschaftsordnung befreit sehen, verhalten sich weiter so, wie sich die europäischen Menschen über Jahrhunderte verhalten haben: sie heiraten und gründen eine möglichst vielköpfige Familie. Der veränderte Status des Arbeitsplatzes in der modernen Gesellschaft wird erst in der zweiten und dritten Generation reflektiert, wobei Wirtschaftskrisen und strukturelle Unterbeschäftigung eine entscheidende Bewußtseinsänderung bewirken. Die Überschichtung einer neuen Wirtschaftsweise mit einer alten Bevölkerungsweise, die erst allmählich abgebaut wird, führt zu der großen Bevölkerungswelle, der Bevölkerungsexplosion der »weißen Völker«. Es handelt sich hier um den typischen Fall eines *cultural lag*, um ein geschichtliches Phänomen verzögerter Anpassung.

Dieses Bevölkerungswachstum findet statt, obwohl im gleichen Zeitraum ständig Menschen nach Übersee auswandern. Die Ansiedlung der »weißen Welt« in Übersee wird vor allem von Großbritannien, Frankreich, Holland, Deutschland und Irland getragen (bevor Ende des 19. Jahrhunderts die »neue Einwanderung« aus Mittel-, Ost- und Südeuropa einsetzt). Da der

[22] In diesem Zusammenhang spielt sicher auch das Aufkommen des Individualismus eine wichtige Rolle, der die alten sozialen, solidarprotektionistischen Bindungen lockert und an deren Stelle die Möglichkeit einer autonomen Entscheidungsfreiheit suggeriert.

Bevölkerungszuwachs bei ständigen Wanderungsverlusten allein aus Geburtenüberschüssen resultiert, lassen sich die Prozesse, die solcher explosionsartigen Zunahme zugrunde liegen, zuerst in der Entwicklung der Geburten- und Sterblichkeitsziffern dokumentieren[23].

Die Veränderungen der Geburten- und Sterblichkeitsziffern ergeben in ihrem Zusammenwirken das Phänomen der europäischen »Bevölkerungsexplosion«. Während in vorindustrieller Zeit nur eine diskontinuierliche Entwicklung erfolgt, da hohe Geburtenzahlen durch ebenso hohe Sterbequoten wieder ausgeglichen werden, so daß das von Malthus formulierte Bevölkerungstheorem gültig ist, wird dieser Zusammenhang in der zweiten Hälfte des 18. Jahrhunderts plötzlich durchbrochen: Die Einwohnerzahlen beinahe aller europäischen Länder steigen kontinuierlich und in bisher unbekanntem Ausmaß an. Ein entscheidender Faktor ist dabei auch, daß die Sterblichkeit vor den Geburten zurückgeht und auf diese Weise ein Geburtenüberschuß entsteht.

Das Wachstum der Bevölkerung, die »Gesetze«, nach denen es sich vollzieht, sind bereits seit dem Einsetzen dieser »Bevölkerungsexplosion« Gegenstand demographischer Theoriebildung gewesen. Bevölkerungstheorien, die versuchen, das Wachstum der Bevölkerung, seine Ursachen und Auswirkungen auf Gesetzmäßigkeiten hin zu untersuchen, reichen bis ins 16. Jahrhundert zurück. Bereits 1589 weist der Italiener Giovanni Botero (1533–1617) in seinem Werk ›Cause della gran-

[23] Allgemein werden für diesen »demographischen Übergang« vier Phasen angesetzt: 1. *traditionale Gesellschaft:* eine Phase relativen Gleichstands der beiden Ziffern auf hohem Niveau, die Heiratshäufigkeit ist gering, bei hoher innerehelicher Fruchtbarkeit; 2. *Bevölkerungsexplosion:* eine Phase sinkender Sterblichkeit, Geburtenrate weiterhin hoch, die Heiratshäufigkeit steigt, vor allem sinkt die Kindersterblichkeit und damit steigt die durchschnittliche Lebenserwartung; 3. *Industriegesellschaft:* eine Phase sinkender Geburtenraten bei weiterhin anhaltender, jedoch geringerer Verminderung der Sterblichkeit; relativ konstante Heiratshäufigkeit; 4. *postindustrielle Gesellschaft:* eine Phase erneuten Gleichstands auf niedrigem Niveau mit »rationalisierter« Geburtenrate (bewußte Steuerung der Familiengröße).

Es ergibt sich somit eine »doppelte Bevölkerungsschere« (Mackenroth) als Charakteristikum der europäischen Bevölkerungsbewegung. Dabei ist zunächst die erste Scherenbewegung in der Bevölkerungsentwicklung von Interesse, signalisiert sie doch zugleich auch ein Auseinanderklaffen von Bevölkerungswachstum und Nahrungsspielraum. Eben diese Zusammenhänge, die sich heute wiederum in globalen Dimensionen zeigen, sind auch schon früher ein Anlaß gewesen, sich mit Bevölkerungsfragen näher zu befassen.

dezza e magnificenza delle città‹ im Vorgriff auf Malthus auf den Zusammenhang zwischen der Zunahme der Bevölkerung und der Begrenztheit der Nahrungsmittelressourcen hin. Neben zahlreichen Ansätzen dieser Art findet man die ersten statistisch abgestützten Theorien im 17. Jahrhundert, so z. B. die der »politischen Arithmetiker«, als deren wichtigste Vertreter John Graunt (1620–1674) und William Petty (1632–1687) in England und Johann Peter Süßmilch (1707–1767) in Deutschland gelten[24]. Sie errechnen zum ersten Mal demographische Kennziffern, entdecken in den Vorgängen von Geburt und Tod gewisse Gesetzmäßigkeiten, leiten daraus allerdings bloß eine Bestätigung der göttlichen Weltordnung ab[25]. Immerhin erkennt Süßmilch in seiner Schrift ›Die göttliche Ordnung in den Veränderungen des menschlichen Geschlechts aus der Geburt, dem Tode und der Fortpflanzung desselben erwiesen‹ (1741) als erster den Struktur- und Prozeßcharakter des Bevölkerungszustandes und der Bevölkerungsbewegung. Zum ersten Mal werden hier demographische Phänomene und relative Gesetzmäßigkeiten selbständig und mit Hilfe eigenständig entwickelter statistischer Methoden umfassend analysiert[26].

Für das 18. (und auch für das 19.) Jahrhundert ist jedoch besonders das schon mehrfach erwähnte Bevölkerungstheorem von Thomas Robert Malthus (1760–1834) interessant, auf dem auch später der »Neomalthusianismus« sowie die Bevölkerungstheorie und die Theorie der »Biologisten« aufbauen[27]. In seinem 1798 zunächst anonym erschienenen Buch ›An essay on the principle of population as it effects the future improvement of society‹ versucht Malthus, ein englischer Landpfarrer und Privatgelehrter, seine beiden »Naturgesetze« der Bevölkerungsentwicklung aufzustellen und empirisch zu belegen.

Er geht in seiner Theorie von einem generellen Fortpflanzungs- und Vermehrungswunsch in der belebten Natur aus und leitet daraus folgende Grundhypothesen ab: Die Menschen haben die Tendenz, sich in geometrischer Progression zu vermehren; dieser Tendenz wirken Laster und Elend entgegen, die immer dann verstärkt auftreten, wenn die Bevölkerungszahl an

[24] Vgl. Graunt, Observations, 1662; Petty, Politicall Arithmetick, 1960; Süßmilch, Göttliche Ordnung, 1775.

[25] Vgl. Pulte, Bevölkerungslehre, 1972.

[26] Vgl. Köllmann, Bevölkerung, 1974, S. 10.

[27] Auf diese und spätere Bevölkerungstheorien wird in einem 2. Band eingegangen.

die Grenze des Nahrungsmittelspielraums stößt, der sich nur in arithmetischer Folge vermehrt. Malthus nimmt für die Verdoppelung der menschlichen Bevölkerung einen Generationszeitraum von 25 Jahren an.

Nach zwei Jahrhunderten würde das Verhältnis der Bevölkerung zu den vorhandenen Nahrungsmitteln 256:9, in drei Jahrhunderten 4096:13 sein. Da aber eine Bevölkerung niemals größer werden kann, als es der Nahrungsmittelspielraum zuläßt, sind der Bevölkerungsvermehrung natürliche Grenzen gesetzt. Zur Vermeidung der Nahrungsmittelgrenzen gibt es eine Anzahl von *checks*, die entweder repressiv (Krankheiten, Seuchen, Kriege usw.) oder präventiv (Spätehen, Enthaltsamkeit, Zölibat usw.) wirken. Die Bedeutung der Malthusschen Konzeption liegt in erster Linie im Gedanken der »Gesetzmäßigkeit« der von ihm dargestellten Bevölkerungsvorgänge. Die Selbständigkeit der ökonomischen Sphäre ist damit gleichsam durch Sanktionen der Natur gewährleistet; gesellschaftliche und staatliche Eingriffe können daran nichts ändern: »Die Rolle des ökonomischen Systems in der Gesellschaft war nicht durch die Macht der Gesellschaft oder der Regierung herangebildet worden, sondern durch die Macht der Natur schlechthin.«[28]

Obwohl das Malthussche »Gesetz« im Grunde trivial ist – es besagt ja nichts anderes, als daß derjenige, der nichts zu essen hat, sterben muß –, und es physiologische Vorgänge (wie das Zeugungsverhalten) mit einem sozialen Vorgang, nämlich dem generativen Verhalten gleichsetzt, während alle historischen und sozialen Erscheinungen in die Korrekturfaktoren hineingedeutet werden, erregte es doch ungewöhnliches Aufsehen und löste eine weitreichende Diskussion aus[29]. Damit engt sich aber die Diskussion auf die Problematik Volkszahl und Nahrungsmittelspielraum ein, verstellt also gerade den Blick für die Probleme der Bevölkerungsstruktur und ihrer Dynamik[30]. Malthus formuliert ein mechanistisches Modell des »Bevölkerungsdrukkes«, indem zu viele Menschen in Relation zu den Produktionsmitteln existieren: »Wer in eine volle Welt hineingeboren wor-

[28] Polanyi, Ökonomie und Gesellschaft, 1979, S. 201.

[29] Vgl. Mackenroth, Bevölkerungslehre, 1953; Mombert, Bevölkerungslehre, 1929; Carr-Saunders, World population, 1936; Wrighley, Bevölkerungsstruktur, 1969. – Diese reicht von der Ablehnung bei Marx und Engels und harmoniegläubigen liberalen Optimisten bis zu emphatischer Zustimmung und Propagierung in der neomalthusianischen Bewegung.

[30] Vgl. Köllmann, Bevölkerung, 1974, S. 9ff.

den ist, darf für sich kein Gedeck an der reichen Tafel der Natur erwarten, im Gegenteil: nichts Geringeres als das Naturgesetz wird ihn zwingen, den Saal, in dem die Glücklichen speisen, zu verlassen!«[31] Die Frage nach der Verteilung der Bodenflächen (oder sonstiger Produktionsmittel) im Verhältnis zur Produktivität pro Kopf stellt Malthus nicht[32].

Es ist jedenfalls evident, daß die Bevölkerungsbewegung in jedem Fall als eine entscheidende Variable im sozioökonomischen Prozeß zu bewerten ist. Zunehmender Bevölkerungsdruck bewirkt soziale und ökonomische Veränderungen und Konflikte, erzwingt größere Anstrengungen zur Steigerung der Ernährungsbasis und erzwingt einen entsprechenden institutionellen und geistigen Wandel in der Gesellschaft.

Von hier ist es nur ein Schritt zur historisch-soziologischen Bevölkerungstheorie (Gerhard Mackenroth), in der nicht mehr der »Volkskörper als Ganzes«, sondern die »Bevölkerungsweise« im Vordergrund der Betrachtung steht: »Eine ›Bevölkerungsweise‹ oder – synonym gebraucht – ›generative Struktur‹ ist eine bestimmte Konstellation biologischer und soziologischer Elemente der Heirat, der Fruchtbarkeit und der Sterblichkeit, die sich innerhalb des physiologisch gesetzten Rahmens in Korrelation zum ›sozialen Dasein‹ fügt. Das sich in dem Zusammenspiel der einzelnen, wechselseitig voneinander abhängigen Elemente ausprägende Baugesetz entspricht damit der geschichtlichen Situation, es ist keine allgemein gültige, sondern eine konkret erfaßbare historische Gesetzmäßigkeit, deren jeweilige Gültigkeitsdauer von der Beständigkeit des akzeptierten Sozialsystems abhängt.«[33] Es gibt demnach nur eine einzige legitime Methode, »Bevölkerungsgesetze« festzustellen, nämlich generative Verhaltensweisen in ihrer historischen, räumlichen und schichtungsspezifischen Differenzierung zu sehen und diese zu generativen Strukturen zusammenzufassen, welche zum dazugehörigen sozialen und ökonomischen Aufbau der Gesellschaft in Beziehung gesetzt werden müssen.

[31] Malthus, »Feast of Nature«-Parabel gegen Godwin, zit. in Beaud, History of capitalism, 1984, S. 77.

[32] Vgl. Tilly, Wachstumsparadigma, 1977, S. 101. – Allerdings wendet sich Malthus mit jeder neuen Auflage seines ›Essays‹ mehr vom radikal wachstumsfeindlichen Determinismus seines Modells von 1798 ab; zuletzt erreicht er mit der Annahme einer weltmarktabhängigen und in Grenzen steuerbaren, optimalen Volkszahl einen Punkt, an dem die Versöhnung mit dem Merkantilismus geglückt erscheint.

[33] Köllmann, Bevölkerung, 1974, S. 12.

20. Die soziale Disziplinierung: Der Mensch als »Objekt«

Sowohl das neue Wirtschaftssystem als auch die im Verlauf eines auf Konkurrenz und Prestigekampf beruhenden sozialen Prozesses ausdifferenzierte absolutistische Herrschaftstechnik implizieren nicht nur eine Änderung in der Gesellschaftsstruktur, sondern auch in den Verhaltensweisen der Menschen. Man kann diesen Vorgang im weitesten Sinne als »soziale Disziplinierung« bezeichnen, wobei dieser Prozeß der Neuordnung und Vereinheitlichung der »Untertanen« und die Vermittlung der »Bürgertugenden« wie Fleiß, Gehorsam, Ordnung und Pünktlichkeit sowohl im Interesse des absoluten Monarchen als auch der aufstrebenden Wirtschaftsbourgeoisie stehen. Während einerseits dem Fürsten an gehorsamen Staatsbürgern, Soldaten, Beamten und Steuerzahlern liegt, bedarf andererseits auch die kapitalistische Wirtschaft – sobald sie einmal gesetzt ist – zu ihrer Funktionsfähigkeit der Ordnung und Disziplin. Es geht mit anderen Worten in letzterem Fall um die Herausbildung des »Produktionsfaktors« Arbeit – zumindest in der Vorstellung des Marktes. Damit aber die Arbeitskraft des Menschen gleichsam als »Ware« betrachtet werden kann, die auf einem eigenen Markt, dem Arbeitsmarkt, angeboten wird, ist jedoch die Herauslösung des Menschen aus den bisherigen solidarprotektionistischen Verbänden, seine Vereinzelung (Individualisierung) und Zusammenfassung in neue, durch einen Außenstehenden beherrschbare Konfigurationen notwendig. Nicht vergessen werden darf dabei das Nachwirken der Tradition, wonach Arbeit mit dem Leben eines freien Mannes unvereinbar sei.

Zunächst geht es um die Privatisierung, das bedeutet die Konstituierung eines neuen Eigentumsrechts[1]. Während dieses früher durch Nutzungsrechte und Veräußerungsbeschränkungen stark eingeengt war – insbesondere gilt dies für das Eigentum an Grund und Boden –, wird nunmehr »ein immer größerer Teil des nationalen Vermögens zu Volleigentum in dem Sinne, daß sich die einzelnen Bestandteile des Eigentums in der Person des Besitzers vereinigten, der die (damit letztlich zur Ware werdende, Anm. d. Verf.) Sache nach seinem Gutdünken benutzen und veräußern konnte«[2]. Es handelt sich um die Schaffung der ge-

[1] *privare* bedeutet ursprünglich: der Allgemeinheit etwas entziehen.
[2] Landes, Prometheus, 1973, S. 29.

setzlichen und für das Gemeinwohl angeblich notwendigen ordnungspolitischen Grundlagen, um die Abschaffung verschiedener im Laufe der Zeit erwirkter Sonderrechte und Privilegien; Gerichtsgewalt und Strafvollzug werden staatlich-zentralistisch organisiert. Die theoretische Reflexion läßt Denken nur mehr in Ordnungen zu, die aus dem Blickwinkel der Zentralgewalt sich als nivellierter *Tableau* darstellen[3].

Es ist zumindest ein erster Schritt in Richtung auf die soziale Disziplinierung, wenn der Zentralstaat die Judikatur und ihre Vollstreckung von jenem Toleranzraum und jenen Gewohnheitsrechten befreit, die vom Recht des Holzsammelns, der Aneignung der beim Löschen und Beladen der Schiffe verlorenen Taue, Nägel und Holz, oder von Strandgut, von der unentgeltlichen Weide über die Ohnmacht gegenüber Zoll- und Steuervergehen, Schmuggel und Landstreicherei bis hin zum Fehderecht, zu Duell und bewaffnetem Widerstand gegen die Abgesandten der Zentralgewalt reichen. Mit der Herausbildung eines neuen individuellen und zugleich absoluten Eigentumsbegriffes und dem immer größeren Ausmaß wirtschaftlicher Transaktionen sowie mit zunehmend länger werdenden Handlungsketten ist derartiges Verhalten nicht länger tolerierbar, sondern wird als »asozial« eingestuft. Im Manufakturbetrieb etwa sind Arbeits- und Zeitdisziplin notwendig, Werkzeuge, Rohstoffe und Fertigwaren dürfen nicht entwendet werden[4], Unregelmäßigkeiten im Produktionsprozeß und Unterschleife werden nicht akzeptiert. Im Merkantilsystem sind jedenfalls derartige Praktiken undenkbar, und so ist es nur verständlich, wenn ein Zeitgenosse fordert, »daß die Gesetze ›fest, beständig, genauestens bestimmt‹ sind, damit die Untertanen wissen, ›womit sie zu *rechnen* (Hervorhebung durch d. Verf.) haben‹, und die Richter nichts weiter sind als das ›Organ des Gesetzes‹«[5]. Schon Max Weber hält dies für eine der Voraussetzungen für das Aufkommen der kapitalistischen Gesellschafts- und Wirtschaftsordnung, nämlich »der Bedarf nach stetiger, straffer, intensiver und kalkulierbarer Verwaltung«[6], und damit einer Gesetzesord-

[3] Vgl. Spencers Ausspruch: »We cannot apply laws fit to the people, we will apply the people and fit them to the laws.« Zit. in Goldberg, James I., 1983, S. 8.

[4] Selbstverständlich wurden solche Vergehen auch im Rahmen des »ganzen Hauses« sanktioniert, jedoch primär unter dem Aspekt des Vertrauensbruchs und nicht dem der Verletzung des Eigentumsrechts.

[5] Zit. in Foucault, Überwachen und Strafen, 1977, S. 112.

[6] Weber, Wirtschaft und Gesellschaft, I, 1976, S. 129.

nung, in der der Richter »mehr oder minder ein Paragraphenautomat ist, in welchen man oben die Akten nebst den Kosten und Gebühren hineinwirft, nur daß er unten das Urteil nebst den mehr oder weniger stichhaltigen Gründen ausspeie«[7].

Grundlage der Gesetze ist jedoch das, was als »gesellschaftliche Norm« definiert wird, und diese legt zunächst ein absoluter Herrscher fest. Mit dem Machtmonopol des Staates verbunden ist die allmähliche Zentralisation der Gerichtsbarkeit und die Kodifikation des Rechts. Die Abschaffung des alten Gewohnheits- und Fehderechts und deren Ersetzung durch das bürgerliche Recht »heißt nicht eine staatliche Maßnahme ergreifen, wie tausend andere auch, sondern heißt, die Struktur von Staat und Recht grundlegend zu ändern«[8]. Sämtliche Sonderrechte, Privilegien und Freiräume werden beseitigt, Abweichungen hingegen mittels Gesetzgebung kriminalisiert; Wohlverhalten kann sodann durch Gnadenakte belohnt werden.

Die Jurisdiktion und Gesetzgebung sind aber nur das notwendige Instrument und die Juristen seine Handlanger. Die soziale Disziplinierung ist umfassend und erstreckt sich auf faktisch alle Lebensbereiche. Soziale Anpassung und konformes Verhalten werden eben nicht mehr über die traditionalen Instanzen des »ganzen Hauses« vermittelt, sondern erfolgen über Schule, Zucht- und Arbeitshaus, Kaserne und Manufaktur. Mit Hilfe einer zentralistisch organisierten Bürokratie, durch möglichst lückenlose Erfassung des einzelnen mittels der von Zeitgenossen als »Staatsbrille« bezeichneten amtlichen Statistik (die zunächst in erster Linie aus steuerlichen und militärischen Gründen betrieben wird), durch »Exerzieren« und »Kasernierung« (beides im weitesten Sinne), werden eine streng hierarchische Organisation und ein ausgeklügeltes Überwachungssystem errichtet[9]. Das dadurch vermittelte angepaßte Verhalten soll dabei nach Möglichkeit »internalisiert« werden. Selbst in den Märchenbüchern verschwindet mit der neuen Einschätzung des Arbeitsbegriffes das »glückliche« Auffinden eines Schatzes; auf ein glückliches Ende darf nur derjenige hoffen, der sich dieses durch harte Arbeit, Gehorsam und Fleiß »verdient« hat. Auch in der Wissenschaft gewinnen fortan jene Sparten unge-

[7] Weber, Politische Schriften, 1971, S. 323.

[8] Brunner, Land und Herrschaft, 1959, S. 33f.

[9] Heutige Datenschutzgesetze sind eine späte Resultante dieser Situation. Sie sind nichts anderes als eine Vergegenständlichung des Bemühens, Kommunikation zu verhindern.

heuer an Reputation, in denen Erkenntnisse nicht mehr durch Intuition oder über Vorstellungen von Ähnlichkeit, sondern durch »willkürliche« Anordnung von Versuchen (Experimente) und empirische Arbeit gewonnen werden.

Die Leistungsnormen und die Zeitdynamik des heraufdämmernden Industriezeitalters finden selbst im Freizeitverhalten, in Sport, Spiel und Gesellschaftstanz ihren Niederschlag; lineare Leistungssteigerung und Zeitmessung ersetzen die Orientierung an Position und Zirkulation, Rückkehr in die Ausgangsposition und Wiedereingliederung in dic Ausgangskonfiguration.

»Aus der Beobachtung von so verschiedenen Bewegungsformen in Leibesübungen, Spielen und Tänzen des 18. und 19. Jahrhunderts wird deutlich, daß ein Umbruch nicht nur im quantitativen Zeitbudget für die Leibesübungen, nicht nur in der Vereinsbildung und der Überschreitung der ständischen Grenzen, nicht nur in Regulierung, Verwissenschaftlichung und Verschulung der Leibesübungen vor sich ging, sondern auch im Bewegungsverhalten selbst. Im ausgehenden 18. Jahrhundert verfiel ein Bewegungsverhalten, das sich an räumlich-geometrischen Harmonien orientierte und bei dem es auf ›zierliche‹, figürliche und positionelle Veränderungen im Raum ankam. Die Bewegung war zuvor teils ein oszillierendes Hin und Her (Fechten), teils uhrenmäßiger Umlauf und Zirkulation (Tanz, Figurenreiten), teils ein Wechsel positioneller Haltungen (Reverenz, Exerzieren, Voltigieren). Die Wertungskategorien ließen sich zurückführen auf das Gegensatzpaar Form – Unform. Der Begriff der Form wies dabei deutlich eine Affinität zum Mittelmaß[10], zur Symmetrie und Harmonie auf, insbesondere zum Kreis. Vorstellungen einer linearen Leistungssteigerung ins Unbegrenzte ließen sich damit nicht vereinbaren.«[11]

Dieses am höfischen Ideal und an ständischer Schichtung orientierte harmonisch-traditionelle Verhalten endet mit dem 18. Jahrhundert. Als typisch für die »moderne« Leistungsorientierung gilt hingegen die Betonung des *Wettkampfs*, das Streben nach linear-skalarer *Meßbarkeit* der Leistung, also nach Standardisierbarkeit, Graduierbarkeit und Quantifizierbarkeit, das Bestreben nach *Steigerung* der Leistung sowie die Tendenz zu

[10] Gemeint ist hier nicht die Mittelmäßigkeit, der Durchschnitt, sondern die *temperantia.*

[11] Eichberg, Bewegungsverhalten, 1981, S. 132.

einer gesamtgesellschaftlichen Gültigkeit von Leistungsnormen, vor allem aber das Streben nach Egalisierung der Chancen[12], aber auch die Verbindung von Leistung und sozialem Statuserwerb. Wobei dieses Leistungsdenken in Sport und Turnen, das schon vor dem Einsetzen des Industrialisierungsprozesses festgestellt werden kann, einen bürgerlich emanzipatorischen Charakter aufweist, der von einem leistungsorientierten, dynamisch vorwärtsdrängenden Bürgertum gegen die Statik aristokratisch-ständischer Gesellschaftsnormen ins Treffen geführt wird. In den neuen »Leistungsgesellschaften« erfolgt soziale Hierarchisierung unter Berufung auf Leistung (im Unterschied etwa zu geburtsständischen Differenzierungen). Damit wird die Soziogenese der bürgerlichen Gesellschaft auch als Körper- und Bewegungsgeschichte erfahrbar[13].

Die neuen Leistungsvorstellungen und Bewegungsnormen lassen sich, wie gesagt, zurückführen auf den Aspekt der Leistungssteigerung; dabei spielt 1. die Orientierung an gemessenen Rekorden (Wettbewerben) sowie die Austragung von Wettkämpfen auf abgestuften Ebenen bzw. im Sinne einer Vielseitigkeitsleistung eine Rolle; dabei ist 2. das Moment der »Spannung« infolge Orientierung auf eine oder mehrere punktuelle Aktionen von besonderer Bedeutung; und dabei erfolgt 3. eine Aufwertung von Zeitsportarten, schnell bewegten Kampfsportarten oder Geschwindigkeitstänzen sowie der Übergang von positionellen Stütz- und Haltungsübungen zu schwingenden und fließenden Bewegungen.

Insgesamt ist all diesen Bewegungsabläufen ein dynamischer Charakter eigen, zu dem offenbar die Bevorzugung von zeitlich nicht umkehrbaren linearen Prozessen gehört. Henning Eichberg deutet diese Wahrnehmens- und Verhaltensänderung als einen Konfigurationswandel von einer positionellen zu einer zeitdynamischen Orientierung[14]. In diesem Zusammenhang in-

[12] Ebenso wie Marktbeziehungen und die damit verbundenen Vorstellungen von Freiheit und Gleichheit zur Aufrechterhaltung und weiteren Differenzierung des Eigentums durchgesetzt werden (vgl. Locke, 2. Abhandlung, 1966), bedeutet die Postulierung der Chancengleichheit die Forderung nach Aufrechterhaltung der ungleichen Ausgangsbedingungen. In der durch Märkte geordneten Welt mag die Vorstellung der Chancengleichheit sinnvoll sein, da von etwas Gegebenem, etwas bereits Produziertem ausgegangen wird. Unter Einbeziehung der Dimension der Veränderung, der Produktion, erweist sich diese Maxime als ordnendes, konservierendes Herrschaftsinstrument.

[13] Vgl. Eichberg, Messen, 1983, S. 12ff.

[14] Vgl. ders., Bewegungsverhalten, 1981, S. 133f.; ders., Weg des Sports, 1973.

teressiert uns vor allem, wie diese neue Leistungsorientierung und Zeitdynamik durchgesetzt werden, bis sie schließlich soweit internalisiert sind, daß sie sogar das Freizeitverhalten der Menschen beeinflussen[15].

Für den umfassenden sozialen Disziplinierungsprozeß – den »Fundamentalvorgang des europäischen Absolutismus« – kommen auf institutioneller Ebene primär Heer, Schule, Zucht- und Arbeitshäuser sowie die Manufakturen in Betracht, in denen die vom neuen Staats- und Wirtschaftssystem geforderten Eigenschaften des »neuen« Menschen vermittelt werden sollen. Vor allem während des Dreißigjährigen Krieges sind Ansätze zu einer disziplinären Straffung und Uniformierung der Armeen erkennbar, in Westeuropa sogar noch etwas früher. Im Gegensatz zu den bunt gemischten, verschieden ausgestatteten und in ungeordneten Haufen im Felde stehenden Söldnern, deren Zugehörigkeit zu einer der kämpfenden Parteien oft nur schwer erkennbar ist – tatsächlich kommt es auch oft vor, daß ein Landsknechthaufen wegen ausstehenden Soldes einfach die Seiten wechselt –, setzen die Spanier erstmals mit dem »spanischen Viereck« eine einheitlich bewaffnete Truppe, die »Infanterie«, ein, die durch ihre strenge Ordnung und ausgeklügelte, sich nach Dienstalter und Tüchtigkeit der Soldaten richtende Aufstellung besondere Schlagkraft aufweist. Mit der allgemeinen Verbreitung der Feuerwaffen ändert sich allgemein sowohl die Organisation als auch die Gefechtstaktik der Heere. Die Ausrüstung wird vereinheitlicht, desgleichen die Bekleidung, welche zur »Uniform« wird. Die verschiedene Uniformierung der Truppenteile und Waffengattungen hat vor allem auch den Zweck, daß der Feldherr die einzelnen Einheiten auf dem Schlachtfeld besser erkennen und wie in einem Sandkastenspiel, wie auf einem Schachbrett (das »königliche Spiel«) dirigieren kann. Durch Drill und Exerzieren soll schließlich eine massenhafte Präzision der Bewegungen und Befehlsausführung erzielt werden. Beispielsweise nimmt Ludwig XIV., geradezu die Inkarnation des absoluten Fürsten, 1666 in Paris die erste Militärparade ab, eine Machtdemonstration, in der erstmals die Vorstellung vom mechanischen Menschen ins Giganteske übertragen und die neue, geometrisch festgelegte Ordnung der Truppe realisiert wird. Diese Parade macht Schule an den Fürstenhöfen Europas; das Exerzierreglement wird dann vor allem von den

[15] Vgl. Mannheim, Mensch und Gesellschaft, 1958, S. 296f.

preußischen Königen übernommen und perfektioniert. Absoluter Gehorsam, mechanische Bewegungen, ja selbst eine weitgehende Formalisierung der militärischen Sprache werden in der auch als »Schule der Nation« bezeichneten Institution der Armee zum Ideal erhoben.

Es handelt sich um die Anwendung der »mechanistischen« Betrachtungsweise auf gesellschaftliche Organisationen. Die neuzeitliche Praxis und Wissenschaft erschaffen nicht nur das Individuum, sondern auch den »Maschinenmenschen«. Auch der Mensch wird analog dem Modell moderner Naturwissenschaften aus Funktionszusammenhängen, die insgesamt sein Funktionieren bewirken, Teilelementen und -gliedern additiv zusammengesetzt gedacht. Auch das Menschenbild der neuen Zeit steht unter der Dominanz physikalistischer Denkmuster, orientiert sich, ganz allgemein gesprochen, am cartesianisch-newtonschen Paradigma[16].

Die Schule, die bekanntlich »für das Leben vorbereiten« soll, und die der Absolutismus mit der Einführung der allgemeinen Schulpflicht, zumindest in der Theorie, auf die gesamte Bevölkerung ausdehnt, schließt hier an die Kadettenschulen und die Ordenskollegien an; insbesonders die Hierarchie des Jesuitenkollegs, in dem die Schüler in Dekurien von jeweils zehn »Römern« oder »Karthagern« eingeteilt werden, wobei jeder Schüler einen bestimmten Rang innerhalb der Gruppe erhält und seine Leistung in der vom jeweils besten Schüler geführten Gruppe zu Sieg oder Niederlage der ständig miteinander konkurrierenden Dekurien beiträgt, gelten dabei als Vorbild. Sie unterliegen dabei der Bewertung durch eine von außen gesetzte (»objektive«) Autorität. Die Vorstellung vom Konkurrenzwesen »Mensch« findet hier ebenso ihren Niederschlag in enger Verknüpfung moderner »gruppendynamischer« Leistungsanreize mit den lange geübten mönchischen Ordensregeln. Der Mensch wird dabei nicht mehr als ganzheitliches Eigenschaftensystem begriffen, sondern anhand vorgegebener Leistungskriterien gemessen und beurteilt. Dies nimmt eine »Autorität« wahr; der Diskurs wird strukturell asymmetrisch und damit die Art des Diskurses irreversibel. Die »Schulmaschine«, wie sie Zeitgenossen mitunter bezeichnen, hat somit nicht nur für die Ver-

[16] Hier ist der Hinweis angebracht, daß dieses Denkmodell aus der gesellschaftlichen Praxis heraus entwickelt wurde, in der eine gegenüber der traditionalen Ordnung neue soziale Verknüpfung entsteht, worin veränderte Interessen die Realität prägen.

mittlung elementarer Kenntnisse wie Rechnen, Lesen und Schreiben zu sorgen, sondern auch für die soziale Disziplinierung: Einordnung unter eine Hierarchie, Konkurrenzdenken, Vermittlung der bürgerlichen Tugenden wie Fleiß, Pünktlichkeit, Leistungswille und Gehorsam. Mit diesen Aufgaben werden spezielle Aufsichtspersonen, die »Präzeptoren«, betraut: »Die Kinder müssen alle Zeit unter sorgfältiger Inspektion gehalten werden, sei es in der Stube, oder auf dem Hof, im Speise- oder Bettsaal, beim Kleiderwechseln, bei der Reinigung oder wo es auch sein mag, und sind ohne Not auch nicht auf eine kurze Zeit allein zu lassen; daher kann ein Präzeptor in den Freistunden kein Kollegium besuchen. Es ist die Inspektion nicht nur *praesenti corpore* (mit gegenwärtigem Leibe), sondern auch *praesenti animo* (mit gegenwärtigem Geist) und also treulich zu verrichten, daher ein Präzeptor nicht mit anderen zusammentreten, noch auch *ambulando* (hin und her spazierend) sich in einen langen Diskurs einlassen kann, vielmehr hat er seine Kinder nach dem Katalog, so er auch wohl bei sich trägt, immer zu übersehen, sei es auf der Stube, auf dem Hof, in der Kirche, beim Spazierengehen oder sonst, ob sie auch alle da seien, und wo eines fehlt, selbiges zu bemerken und zu examinieren, wo es gewesen. Ist ein Präzeptor auf der Stube, hat er nicht nur zuzusehen, ob sie alle da seien, sondern auch, was sie machen, was sie lesen, was sie schreiben, denn es kann leicht geschehen, daß ein Kind heimliche Briefe schreibt oder in garstigen Büchern liest oder doch nichts Rechtes vornimmt, worin er ihm mit Rat, Warnung und Abhaltung, auch Vorstellung des Willens und der Allgegenwart Gottes, nach Befinden begegnen kann.«[17]

Die Konditionierung erfaßt das ganze Leben; mit ihr wird früh begonnen: »In den Schulen oder nirgends kann eine Nation zur Industrie, wie zu jeder anderen moralischen und politischen Tugend gebildet werden.«[18] Diesem Bemühen dienen etwa auch Kinderzeitungen, in denen gezeigt wird, wie unglückliche Erfahrungen, die man in der Kindheit macht, im Endeffekt doch etwas äußerst Positives sein können; eine Art *invisible*

[17] Franke 1722, zit. in Gstettner, Eroberung des Kindes, 1981, S. 63. Dies verschärft sich im Laufe des folgenden Jahrhunderts. Beispielsweise finden wir bei H. F. Kahle eine sehr direkte Anweisung für Volksschullehrer nach dem Motto »Lerne vom Militär!«, zit. ebd., S. 53.

[18] Campe, Beförderung der Industrie, 1785, S. 16; vgl. Kuhn, Tugend und Arbeit, 1975, S. 45.

hand wird auch hier sichtbar. Eine beliebte Parabel zeigt dies: Zwei Zeisige, der eine in Freiheit aufgewachsen, der andere in Gefangenschaft, werden eingefangen: »Der ältere, der von Jugend an Zwang zu ertragen nicht gelehrt worden war, stieß sich vor Gram und Ungeduld den nächsten Morgen an seinem Gitterchen den Kopf ein. Der andere, schon mit dem Kerker und der Kette bekannt, fand sich leicht in sein Schicksal, und ward nach und nach darin gewöhnt, daß er selbst die Freyheit nicht verlangte, sich die Geschicklichkeit, die er gelernt hatte, und die sich bald seinem Herrn verrieth, zum Zeitvertreibe zu machen, alt ward und ruhig starb.«[19]

Es ist nicht zuviel hineininterpretiert, wenn man darin die Vorbereitung auf ein »unfreies« Leben und Arbeiten (sei es in Form von Lohnarbeit oder auch im Zwang zur Kapitalakkumulation) sieht, indem man seine Fähigkeiten und Möglichkeiten für die anderen gezwungenermaßen zur Verfügung stellen muß: »Sobald sich die Schultore hinter ihm schlossen, trat das Kind in die neue Welt strenger Zeiteinteilung ein.«[20]

Eine große Bedeutung kommt in diesem Prozeß auch der Sozialisation innerhalb der »Familie« zu, die dabei als Institution allerdings einen radikalen Bedeutungswandel erfährt: Die Familie entwickelt sich zunächst zur Einzelfamilie, sie verliert ihre alte Bedeutung als zum »ganzen Haus« gehöriger Personenverband.

Diese Reduktion auf die Einzelfamilie und deren affektive »sentimentale« Sinnwelt stehen im Zusammenhang mit der zunehmenden Ausgliederung der erwerbswirtschaftlichen Komponente. Dadurch wird die Familie auf den Konsumbereich begrenzt. Dies läßt es verständlich erscheinen, daß seit der Mitte des 19. Jahrhunderts bei der Erklärung ökonomischer Phänomene immer mehr von den individuellen Bedürfnissen ausgegangen wird. Dabei werden aus der Welt der Zirkulation (bei Foucault: Repräsentation) die Überlegungen einiger französischer Theoretiker (Pierre le Pesant Boisguillebert, Jean J. L. Graslin) wieder aufgegriffen. Erst mit der Haushaltstheorie wird am Ende des 19. Jahrhunderts auch die sentimentale Fami-

[19] Weiße, Der Kinderfreund. Ein Wochenblatt, Teil III, 1791, zit. in Kuhn, Tugend und Arbeit, 1975, S. 75. Auch heute wird noch die Ordnung des schulischen Lebens sowohl von den Lehrern als auch von den Schülern als eine »äußere« erlebt: »Die äußere Ordnung einer Zwangsanstalt kann nur aufrechterhalten werden – durch Disziplin«. Fürstenau, zit. in Gstettner, Schule, 1971, S. 2.

[20] Thompson, Zeit, 1980, S. 53.

lie rationalisiert. Bezieht sich in der traditionalen Welt die Ökonomie auf die gesamten wirtschaftlichen Tätigkeiten des »ganzen Hauses«, so tritt mit dem Verlust der Erwerbskomponente im Haus der Begriff Ökonomie in den größeren sozialen Rahmen des Staates. Damit setzt sich – wie bereits gezeigt – mit dem Ausdruck »politische Ökonomie« eine andere Sinn- und Erfahrungswelt durch. Der einzelfamiliäre Bezug der Ökonomie (anstelle des Hausbezuges) muß gesondert angegeben werden[21].

Der Verlust der Produktionskomponente in der Familie reduziert auch »Hauswesen« und »Haushalt«, die alten Bezeichnungen der Wirtschaftseinheit, auf die Bedeutung einer bloßen Konsumgemeinschaft. Damit wird aber einerseits die Frau zur Leiterin und Verwalterin des Hauswesens, des Haushaltes, der Konsumgemeinschaft, es entsteht die Funktion der »Hausfrau«, andererseits wird Arbeit zu etwas im Außenbereich Angesiedeltem. In der Familie ist somit die Produktionssphäre ausgegliedert, es kommt zur Trennung von Wohn- und Arbeitsstätte. Im familiären Alltag wird *unmittelbar* nur mehr das Ende der Zirkulationssphäre, nämlich der Konsumakt erlebt. Daraus resultieren entsprechende, um den Konsum zentrierte Denkweisen – die moderne Produktionstheorie versteht auch die Produktion nur mehr als Konsum (am Markt realisierte Nachfrage) des Faktors Arbeit.

Die »Sentimentalisierung« der Familie wird weiter gefördert; ihr gegenüber steht die rationale, hierarchische Organisation der Manufakturhäuser und frühen Fabriken sowie anderer »männlicher« erwerbswirtschaftlicher Tätigkeiten im außerfamiliären Bereich. So wird die Dichotomie von Rationalität der Produktionsorganisation von der Gefühlswelt der Familie (die Trennung von »Kopf« und »Bauch«) konstituiert – eine Separierung, die im alten »ganzen Haus« undenkbar gewesen wäre. Die Beschränkung der Familie auf den »Haushalt«, d.h. der Verlust der erwerbswirtschaftlichen Komponente, führt schließlich auch zur Auflösung der Beziehung zwischen Herrschaft und Gesinde[22].

[21] Es handelt sich hier um Ausdifferenzierungsprozesse, die in der Reflexion als individuelle Autonomisierung gedeutet werden – Freud würde hier von Reaktionsbildung sprechen.

[22] Die Trennung von Haus (»Familie«) und Arbeit ist historisch älter und komplexer, als hier angedeutet werden kann. Bereits im Spätmittelalter gibt es Produktionszweige, in denen die Arbeiter nicht mehr Mitglieder des »Hauses«

Fassen wir zusammen, so finden wir in dieser Zeit die Ersetzung des Hausbegriffs durch den der Familie und später die Reduzierung der Familie auf den Haushalt. Das Ausscheiden der Produktionstätigkeit aus der Familie fördert die Reduzierung der Familienvorstellung auf die »sentimentalisierte« Einzelfamilie, die als Konsumeinheit der Frau untersteht. Dieser (kleinbürgerlichen) Kleinfamilie, vom Anspruch her voller Enge, Wärme und Emotion, stehen die herrschaftlich organisierten, den logisch-deduktiven Modellen äquivalenten Armee-, Schul-, Betriebsorganisationen, die Armen-, Irrenhäuser und Hospitäler usw. gegenüber, denen Rationalität zugeschrieben wird: Benthams »Panopticon«. Es darf aber nicht vergessen werden, daß ein obrigkeitliches Regime über die Familie herrscht, ja daß die Familie als »verlängerter Arm des Staates« gilt. Das geht soweit, daß der Haushaltsvorstand fast schon als Organ der obrigkeitlichen »Sittenpolizei« angesehen wird: »Die Macht des Vaters in der Familie wurde von kirchlichen und weltlichen Autoritäten gestützt, denn die absolute Herrschaft des Vaters, der an der Spitze der Familienhierarchie steht, garantiert die unveränderliche, gottgewollte Weltordnung und spiegelt sie gleichzeitig wider, da jeder Vater ein König im kleinen und damit unbewußt ein williges Werkzeug zur Festigung des zentralistischen Absolutismus war. Die Familienmitglieder lernten, sich dem König zu unterwerfen, indem sie sich dem Vater unterwarfen: Das gesamte Alltagsleben war autoritär und hierarchisch geprägt.«[23]

Gesindeordnung, Kleiderordnung, Anforderungen an Zucht und Ehrbarkeit sollen durch ihn durchgesetzt werden. Die Ehebewilligung wird nicht von der Familie her bestimmt, sondern rechtlich zunächst durch einen grundherrlichen, später durch einen staatlichen Bescheid ersetzt, und die Haushaltsgründung wird zur Schaffung einer Art staatlich konzessionierter »Konsumgemeinschaft«. Der Zusammenhang von Obrigkeit und Familie wird so stark, daß die ›Deutsche Enzyklopädie‹ (1784) die Lehre von der Einzelfamilie unter dem Stichwort ›Familie, poli-

sind, etwa Bauunternehmen, Weberei- und Bergwerksbetriebe, teils sogar die Landwirtschaft. Auch im ständisch-handwerklichen Betrieb wird zwischen Handwerksgesellen und Hausgesinde unterschieden, wobei erstere nur temporär im Haus sozialisiert werden. Trotz all dieser speziellen Bedingungen und Ausnahmen setzt sich in der Vorstellung diese Separation erst im späten 18. Jahrhundert durch.

[23] Muchembled, Kultur des Volks, 1984, S. 196.

zeimäßig‹ vorstellt[24]. In anderer Form werden die Familienmitglieder ebenso kontrolliert wie die Insassen der Erziehungs- und Arbeitshäuser[25]. Vor allem für die Unterschichten wird die Ehe seit dem ausgehenden 18. Jahrhundert, vor allem im frühen 19. Jahrhundert, bewußt propagiert und gefördert, machen doch damals wilde Ehen noch ein Drittel bis zur Hälfte der Verbindungen aus. Der Grund dieses Interesses an der Institution Ehe für die Unterschichten liegt einerseits darin, die Paupers, die »Armen«, zumindest in eine primäre Sozialisation einzubinden, andererseits in der Notwendigkeit, konditionierte, gesunde und willige Arbeitskräfte für die Manufakturen und Fabriken bereitzustellen. Das Modell der patriarchalisch organisierten Familie – die Mitgift der Frau sollte dazu dienen, den Mann als »Standes«-mitglied für sein Haus, seine Familie auszustatten – kann nicht mehr aufrechterhalten werden; dies gilt vor allem für die Unterschichten. Der konsumierende Haushalt ist um die Frau zentriert, die Autorität des traditionalen »Hausvaters« wird mehr und mehr ausgehöhlt und durch die des Zentralstaates ersetzt. Daher wird die Konditionierung der Familienmitglieder über eine andere, über die bewußte Rollengestaltung für die Frau unternommen. An Stelle des Kontraktes, den die Frau mit dem Mann schloß und der ihm mit der Aussteuer die Möglichkeit einer äußeren Selbständigkeit eröffnete, das heißt, zu einer sozialen Stellung mittels eines »Standes« verhalf, gerät jetzt der Mann in die Abhängigkeit eines »Innenraumes« (Hygiene, Kinderaufzucht, Sexualität, Ernährung, Verhaltenssteuerung in der sentimentalisierten Familie), über den die Frau allein gebietet, den sie aber auch jederzeit entziehen kann. Die sorgsame Frau und Mutter wird zum Heil des Mannes hochstilisiert und auch so empfunden; unzweifelhaft wird sie zu einem Instrument der Zivilisierung, insbesondere der Arbeiterklasse. Es reicht zu diesem Zweck, die Frau zu formen, ihr die nötigen Anweisungen zu geben, ihr die Grundzüge einer Taktik der Aufopferung einzuschärfen, damit sie Schluß macht mit der Ungebundenheit des Arbeiters und ihn in eine »marktgerechte« Sozialisation zwingt[26].

Die sozialen Disziplinierungsfunktionen der Schule und Familie sind natürlich von subtilerer Natur als die ungeschminkte

[24] Vgl. Schwab, Familie, 1975, S. 278.

[25] »Hausmeister« dienen als vorgelagerte Überwachungsorgane des Staates, die über den »Leumund« Auskunft zu erteilen haben.

[26] Vgl. Donzelot, Ordnung der Familie, 1979, S. 23ff.

Gewaltsamkeit der Zucht- und Arbeitshäuser, die primär einer Resozialisierung von – aus der Sicht des Bürgertums – gesellschaftlichen Marginalgruppen dienen. Schon 1596 wird in Amsterdam das berühmte »Rasphuis« gegründet, das nicht nur Kriminelle aufzunehmen hat, sondern auch Schuldner, Landstreicher, Bettler und Arbeitsscheue – falls sie nicht zwangsrekrutierfähig erscheinen –, um sie zur Arbeit umzuerziehen. Später werden auch Waisen, Witwen und ausgediente Soldaten in derartige Korrekturanstalten gesteckt, wo sie durch Arbeit ihren Lebensunterhalt selbst bestreiten sollen.

Mit der Verdrängung der alten solidarprotektionistischen Verbände und karitativen Fürsorgeeinrichtungen und durch eine verschärfte »Armengesetzgebung« sowie mit der strengen Verurteilung des Müßiggangs vor allem als Konsequenz calvinistischer innerweltlicher Askese werden praktisch alle Randschichten der Gesellschaft, die bisher bevorzugte Objekte der christlichen Nächstenliebe oder der sozialen Fürsorge ihrer Gemeinde, Zunft und Gilde darstellten, nunmehr zwangsweise in den Arbeitsprozeß eingegliedert oder ansonsten kriminalisiert. Auch die zeitgenössischen Juristen, Strafvollzieher und Rechtsreformer vertreten einhellig die Auffassung, der Müßiggang der unteren Schichten sei der Keim aller Laster und Verbrechen und Arbeitsscheue, Bettler, Landstreicher ebenso wie Prostituierte und Kriminelle müßten zur Arbeit erzogen werden.

Allen frühen Modellen des Zwangshauses, ob es sich nun um das Amsterdamer Rasphuis, das Genter Zwangshaus, das Buß- und Besserungshaus in Gloucester oder das Modell von Philadelphia handelt, ist gemeinsam, daß die Inhaftierung mit regelmäßiger Arbeit verbunden wird. Kriminelle und gesellschaftliche Außenseiter sollen eine Profession erlernen, um nach erfolgter »Transformation von Seele und Verhalten« wieder in das System der bürgerlichen Gesellschaft eintreten zu können. Das Gefängnis ist also »ein Apparat zur Veränderung der Individuen, ein Reformatorium« und hat eine dreifache Funktion »als abschreckendes Beispiel, als Konversionsinstrument und als Handwerkslehre«[27].

Mit der »werktätigen Ausrottung des dem Lande so schädlichen Müßigganges und der Beförderung der Manufakturen« stehen diese Anstalten an vorderster Stelle in jenem umfassenden Umformungs- und Disziplinierungsprozeß, der auf die

[27] Foucault, Überwachen und Strafen, 1977, S. 159.

Ausbildung eines gehorsamen Untertanenverbandes abzielt. Der Staatswirtschaft, den Interessen des absoluten Herrschers sollen darüber hinaus zu besonders vorteilhaften Bedingungen sämtliche verfügbaren Arbeitskräfte nutzbar gemacht werden. Der staatliche Disziplinierungsprozeß umfaßt daher nicht nur den Abbau der vorindustriellen unregelmäßigen Arbeitsgewohnheiten und Arbeitszeiten, sondern auch zusätzliche Maßnahmen wie Förderung der Kinderarbeit, Unterweisung der Witwen im Spinnen und Weben. Das »Zuchthaus« wird solcherart zur Korrekturanstalt für all jene, die sich nicht in den Grundtypus primärer Sozialisation, also die Familie, eingliedern lassen. Die Auflehnung gegen jede Form von Autorität, sei es gegen die Herrschaft des Haushaltsvorstandes oder die der Krone, wird generell als moralisches Versagen des Individuums interpretiert. Daher verbinden alle derartigen Anstalten eine Reihe von Zielsetzungen, Strafzwecken, Anliegen reaktiver Kontrolle und Resozialisierungsvorstellungen; das Anhalten zu regelmäßiger Arbeit, religiöse Betreuung und die Vermittlung verschiedener elementarer Kenntnisse bilden – zumindest intentional – dafür die Rahmenbedingungen[28].

Dieser allgemeine Prozeß der Disziplinierung, die Gewöhnung an Gehorsam, Fleiß und Zeitökonomik, ist aber auch eine wichtige Voraussetzung für die Erfüllung der Arbeitsbedingungen in den modernen zentralisierten Großunternehmen. Die Manufaktur ist ja nicht nur eine arbeitsteilig organisierte Produktionsstätte, sondern zugleich auch ein wichtiges soziales Disziplinierungsinstrument. Es geht dabei vor allem um die Einfügung in ein System der Produktion, dessen wesentliches Merkmal in regelmäßigen, pünktlich beginnenden Arbeitszeiten sowie einer für die gesamte Arbeitszeit geforderten gesteigerten Arbeitsintensität besteht. Mangelnde Disziplin und Müßiggang sind im 18. Jahrhundert Gegenstand generellen Interesses; die Moralisten dieser Zeit sind der Ansicht, es sei eine allgemein anerkannte Tatsache, »daß der Mangel in gewissem Umfang als Triebfeder der Industrie zu gelten hat, und daß der Arbeiter, der innerhalb von drei Tagen genügend verdient, den Rest der Woche mit Nichtstun, Sauferei herumbringt ... Die Armen in den Industriegebieten verwenden nur so viel Zeit auf die Arbeit, wie sie zum Leben und zur Finanzierung ihrer all-

[28] Vgl. Stekl, Zucht- und Arbeitshäuser, 1978, S. 62ff.

wöchentlichen Ausschweifungen benötigen ...«[29] Die Schlußfolgerung liegt daher nahe, durch Niedriglöhne, die nur knapp über dem Existenzminimum liegen, vorindustrielle Gewohnheiten gewaltsam abzubauen. In Weiterentwicklung des Malthusschen Bevölkerungstheorems liefert ja dann David Ricardo auch die theoretische Begründung dafür nach.

Auch Max Weber betont, die Manufaktur habe einen neuen Menschentypus erfordert, den es vorher nicht gegeben habe. Pünktlichkeit, gleichmäßige Arbeitsleistung und angespannte Aufmerksamkeit seien Erfordernisse, denen die für die Industrialisierung notwendige »industrielle Reservearmee« nur unter dem Zwange härtester Lebensbedingungen zu entsprechen gewillt war: »Das Wesen der Fabrik ist die Disziplin, also die Möglichkeit, den Arbeitsprozeß zu leiten und zu koordinieren.«[30] Es wird von »den auf der Hand liegenden Vorteilen in Organisation und Aufsicht« gesprochen[31], die durch die disziplinierende Organisation der Arbeitskräfte in den modernen zentralen Produktionsstätten gegeben sei. Der regelmäßige Ablauf der Produktion, die Verwendung von Maschinen und das Prinzip der Arbeitsteilung verlangen regelmäßige Konzentration, Aufmerksamkeit und Wiederholung immer derselben Handgriffe. Disziplin, Regelmäßigkeit und Fügsamkeit werden daher oft wichtiger als Ausbildung und Begabung, denn die durch die fortschreitende Arbeitsteilung ermöglichte Herabsetzung der Qualifikation der Arbeitskraft erlaubt nicht nur die Integration von bisherigen gesellschaftlichen Randschichten in den Arbeitsprozeß, sondern auch die verstärkte Heranziehung angelernter Arbeitskräfte wie Frauen und Kinder.

Der abgestufte, aber wohl überall generalisierte Druck wird gefordert – und sicher nicht bloß gefordert, sondern auch erzwungen: »Besonders sollte man die Jugend in den Waisenhäusern, neben dem Unterrichte auch genügsam zur Arbeit anhalten, und ihre Nothdurft (Nahrung, Anm. d. Verf.) bloß durch ihre eigene Hände zubereiten lassen. Der Müßiggang entsteht ..., wenn die Arbeiter Gelegenheit haben, sich ihre Arbeit theuer bezahlen zu lassen. Denn die meisten Menschen sind geneigt, nicht eher zu arbeiten, bis sie die Noth darzu treibt. Der Flor der Gewerbe und Commercien aber erfordert, daß sich die Arbeiter mit einem mäßigen Gewinnste begnügen und

[29] Marglin, Vorgesetzte, 1977, S. 176.
[30] Landes, Rise of capitalism, 1966, S. 14.
[31] Mantoux, Industrial Revolution, 1962, S. 109.

bloß durch ihren Fleiß sich einen zureichenden Gewinnst verschaffen.«[32]

Im Zweifelsfall soll die »Policey« eben niedere Taxen (Tarife) festsetzen[33], damit das Prinzip, das Ferdinand Lassalle später als »ehernes Lohngesetz« bezeichnet, wirksam bleibt. Es kann kein Zweifel daran bestehen, daß die Armen – »von den glücklichen Ausnahmen derer abgesehen, denen es gelungen ist, sich nach oben zu hungern« – keine Verbesserung ihrer Situation erwarten können, denn »... in einem freien Volke, wo die Sklaverei verboten ist, (besteht) der sicherste Reichtum in einer großen Menge schwer arbeitender Armer ...«[34]

Diese Verpflichtung zur Arbeit, zur funktionalen Einbindung ins System, die aus der Sicht des Zentralstaates als Herstellen gesehen wird, gilt allerdings auch für die oberen Schichten. Zumindest wird als erster Schritt die Entmachtung der alten Oberschicht (unter welchem Titel auch immer) betrieben: »Früher wurde die Macht des Fürsten dazu verwendet, um die Freiheit zu zerstören und eine willkürliche Unterordnung einzuführen; in unseren Tagen aber haben wir gesehen, wie diejenigen, die die wahren Grundsätze des neuen politischen Systems am besten erfaßt hatten, die Macht der höheren Klassen willkürlich einschränkten und sich dabei ihrer Autorität zur Erweiterung der allgemeinen Freiheit bedienten, indem sie jede Unordnung außer der den bestehenden Gesetzen gebührenden aufhoben.«[35]

Hume und Millar sehen den Grund für die Einschränkung der Macht der alten Oberschicht im Erstarken der Mittelschichten. Adam Smith schreibt diese aus seiner Sicht erwünschte Entwicklung der Unvernunft der alten Oberschicht zu, deren Mitglieder sich nicht vom tradierten Verhalten und Denken lösen können.

Sofern durch irgendwelche Umstände der Drang zur Arbeit noch nicht internalisiert ist, muß die Zentralmacht dies durch Regeln und Zwang bewirken. Jene, die den Schutz des Staates genießen, sollen »etwas ansehnliches beytragen; und wenn diese Abgabe stark ist, so werden sie um so eher bewogen werden, sich einem öffentlichen, erlaubten und nützlichen Gewerbe zu widmen«[36]. Dabei ist der Anfang in der Landwirtschaft zu ma-

[32] Justi, Policeywissenschaft, 1782, S. 282.
[33] Vgl. ebd.
[34] Mandeville, Bienenfabel, 1980, S. 231 u. 233f.
[35] Steuart, Grundsätze, I, 1913, S. 332.
[36] Justi, Policeywissenschaft, 1782, S. 283.

chen, denn für Justi ebenso wie für Smith ist Vermögen ohne Landbesitz kaum vorstellbar.

Die Bemühungen, das Volk zur Arbeit zu erziehen, beschränken sich nicht nur auf theoretische und moralische Schriften; die Aufklärer sind von der Macht der literarischen Beweisführung nicht sehr überzeugt: »*Labore et fame*, die Inschrift über dem Eingang des Wiener Zucht- und Arbeitshauses charakterisiert die Mittelwahl, zu der die Zeitgenossen viel mehr Vertrauen hegten. Eine Gesellschaft, die Hunger und Gewinn zu den Triebkräften ihrer Entwicklung machte, schien mit den Idealen puritanischen Konsumverzichts und kapitalistischen Investitionsverhaltens am leichtesten vereinbar. Auch die Lohn- und Armutstheorien der frühen Nationalökonomie sind Ausfluß einer Beurteilung der Arbeitsverhältnisse, die davon ausging, daß nur bei niedrigen Löhnen der Arbeiter zum Arbeiten zu bewegen sei. Von solchen Vorstellungen ist der Schritt nicht weit, daß die Disziplinierung, die die Fabriken erforderten, vornehmlich durch versteckte und offene Gewalt zu erreichen sei, durch die physische Gewalt des Prügelns, des Einpassens, der Beschränkung der Freiheit oder durch die nicht weniger physische Gewalt des Hungers. Das Arbeitshaus schien unter solchen Bedingungen das probateste Mittel der Disziplinierung.«[37]

Bei der Untersuchung des Ursprungs all dieser Disziplinierungsinstitutionen und angesichts der bei Armee, Schule, Arbeitshaus und Manufaktur feststellbaren Analogien in der inneren Organisation stößt man auf komplexe Beziehungen und Verbindungen zu religiösen Organisationen (Orden) und der darin angewandten Pädagogik, auch auf gewisse Schemata und Methoden, die aus den Klöstern mit ihren festen Ritualen, die auch eine genaue Zeiteinteilung und Überwachungsmechanismen festlegen, stammen dürften und die später von anderen Institutionen übernommen und verfeinert werden. Die benediktinische Mönchsregel weist, so gesehen, tatsächlich verblüffende Parallelen zu Fabrikordnungen, Dienst- und Stundenplänen in Schule, Heer und Arbeitshäusern auf[38].

Bewirkt wird dadurch ein »Zivilisationsschub«, den Michel Foucault folgendermaßen charakterisiert: »Die Entwicklung der *Disziplinen* markiert das Auftreten elementarer Machttechniken, die einer ganz anderen Ökonomie zugehören: es handelt

[37] Sandgruber, Konsumgesellschaft, 1982, S. 378.

[38] Vgl. Treibert/Steinert, Fabrikation des zuverlässigen Menschen, 1980.

sich um Machtmechanismen, die nicht durch Abschöpfung wirken, sondern im Gegenteil durch Wertschöpfung, indem sie sich in die Produktivität der Apparate, in die Steigerung dieser Produktivität und in die Ausnutzung der Produkte vollständig integrieren ... Die Disziplinen sind Techniken, die gemäß diesem Prinzip die Vielfältigkeit der Menschen und die Vervielfachung der Produktionsapparate in Übereinstimmung bringen (wobei unter Produktion auch die Produktion von Wissen und Fähigkeiten in der Schule, die Produktion von Gesundheit in den Spitälern, die Produktion von Zerstörungskraft mit der Armee zu verstehen ist).«[39]

Zentrales Objekt in den säkularisierten »Disziplinierungsanstalten« ist aber der menschliche Körper, der seit dem 17. Jahrhundert sowohl zum bevorzugten Gegenstand wissenschaftlicher Forschung als auch zur Zielscheibe der Machtausübung in diversen Militär-, Schul- und Spitalsreglements wird. Der Körper des Menschen wird (nicht nur in der Anatomie) analysiert, in Details zerlegt und sodann mittels kalkuliertem Zwang in eine möglichst perfekt funktionierende Maschine umgewandelt. Es kommt primär darauf an, die »Mechanik des Menschen« in möglichst kleine Teile zu zerlegen, um eine höchstmögliche Effizienz und Ökonomie der Bewegung zu erreichen. Eine derartige Sichtweise beflügelt den Fortschritt in den zunehmend spezialisierten Einzelwissenschaften, auf der anderen Seite geht der Blick für Gesamtzusammenhänge verloren: »Der Reduktionist gewinnt immer mehr Information über Fragmente, verliert aber zugleich Information über die größeren Ordnungen, die er hinter sich läßt.«[40]

Diese Betrachtungsweise wird aber nicht nur auf den menschlichen Körper angewandt, sondern auch auf so komplexe »Organismen« wie Gesellschaft, Wirtschaft und Wissenschaft. Als bestimmende »neuzeitliche« Sichtweise liegt sie aber auch dem säkularen Disziplinierungsvorgang zugrunde. Sowohl das Individuum als auch Gruppen sollen dabei zunächst »isoliert«, damit besser überschaubar, kontrollierbar und beherrschbar gemacht werden. Im Fall der Zucht- und Arbeitshäuser geschieht dies ganz unverhüllt. Wesentlich diskreter, dennoch nicht weniger wirksam, erfolgt dies in den Kollegs, Internaten und Kasernen. Aber auch im modernen Großbetrieb wird die räumliche

[39] Foucault, Überwachen und Strafen, 1977, S. 281.
[40] Weiss, Lebendes System, 1970, S. 20.

Einschließung (Klausur) zu einem zentralen Element; die Kontrolle des Arbeitsprozesses ohne Zentralisierung der Arbeitskräfte ist, wenn nicht unmöglich, so doch sicher sehr schwierig, und daher ist eine der Voraussetzungen für das Management die Zusammenfassung der Arbeitskräfte unter einem Dach und die Zuweisung eines bestimmten »Arbeitsplatzes«. Der »Ideal«-Zustand wird dann in Form der *company towns* erreicht, in denen auch die Freizeit der Arbeitskräfte in die soziale Kontrolle einbezogen werden kann. Sidney Pollard nennt das Beispiel der berühmten Crowleyschen Eisenwerke, deren ›Gesetzbuch‹ aus der Zeit um 1700 erhalten geblieben ist; man könnte aber genauso gut die Fabrikordnung des Steingutfabrikanten Wedgwood von 1780 oder auch andere erwähnen: »Die Firma stellte einen Arzt, einen Geistlichen, drei Schulmeister und unterhielt ein Armenfürsorge-, Altersversorgungs- und Begräbnisprogramm, und Crowley versuchte mit seinen Anweisungen und Ermahnungen das geistige Leben seiner Herde zu beherrschen und sie zu bereitwilligen und gehorsamen Rädchen in seiner Maschine zu machen. Es war seine erklärte Absicht, daß ihr ganzes Leben, einschließlich sogar ihrer knappen Freizeit (die normale Arbeitswoche betrug 80 Stunden), sich um die Aufgabe drehen sollte, die Fabrik profitabel zu machen.«[41]

Dieses Element der Kontrolle ist auch für die Architektur der Zeit bestimmend; am deutlichsten wird das bei den Zuchthäusern der Epoche: Während die alten Gefängnisse oft nur aus einem einzigen großen Raum bestanden, schreitet man in den als Korrekturapparaten konzipierten modernen Gefängnissen und Arbeitshäusern zu einer rigideren Separation, nämlich der Parzellierung, die wiederum ihr direktes Vorbild in den Klosterzellen findet. Hierbei kommt es darauf an, daß jedem Individuum ein genau festgelegter Platz zugewiesen wird (was im spezifischen Fall des Gefängnisses eine solidarische Gruppenbildung schon im Ansatz verhindern soll). Die Zuweisung von Funktionsstellen ist aber ein generelles Phänomen; sie wird immer mehr an eine rigorose Raumeinteilung geknüpft, die etwa durch die Zuweisung äußerer Attribute auch in den Dienst einer internen Hierarchisierung gestellt werden kann. Nachdem schon Josef Furtenbach d. Ä. in seiner ›Architectura universalis‹ (1634) zwei Mustergefängnisse unterschiedlicher Größe konzipiert hatte, setzt sich in der Folge, vor allem beeinflußt durch

[41] Pollard, Modern management, 1965, S. 56.

französische Hospital- und Festungsbauten, jene architektonische Lösung durch, die Jeremy Bentham 1787 in die klassische Form des »Panopticon« gebracht hat[42].

In welchem Ausmaß die Disziplinierung und Kontrolle erstrebt wird, wird nirgends klarer formuliert als bei Jeremy Bentham, einem der Väter des Utilitarismus. Nahezu euphorisch kündigt er an, daß durch eine einfache Idee die Moral reformiert, Gesundheit bewahrt, die Industrie belebt werden könne, nämlich durch das »Panopticon«. Dieses stellt er als eine neue Methode vor, »geistige Macht über Geist in beispiellosem Umfange auszuüben ... durch jedermann zu realisieren; ohne Ausweichmöglichkeit – so schaut die Maschine aus«[43]. Und im Titel heißt es, die Disziplinierungsmaschine sei anwendbar in allen Besserungshäusern wie Gefängnissen, Industrie-, Arbeits-, Armenhäusern, Manufakturen, Irrenanstalten, Lazaretten, Spitälern und Schulen. Die Idee besteht in folgendem Plan für ein Gebäude: »Das Bauwerk ist rund. Die Räume (des Gefängnisses etc.) nehmen den äußersten Bereich ein. Man mag sie, wenn man will, als Zellen bezeichnen. Diese Zellen werden durch Mauern so getrennt, daß zwischen den Insassen keinerlei Kommunikation möglich ist. Die Mauern folgen einem Radius, von der Außenwand ausgehend hin zum Zentrum ... Die Räumlichkeiten des Inspektors nehmen das Zentrum ein. Man mag sie das Amtshaus des Inspektors (Turm) nennen.

Zwischen dem Zentrum und dem äußeren, umschließenden, runden Bau soll zumeist ein freier Platz sein. An der Außenseite jeder Zelle liegt ein Fenster; groß genug, nicht nur der Zelle Licht zu geben, sondern auch dem entsprechenden Teil des Turmes genügend Licht zu gewähren. Auf daß das Licht für den Inspektionsturm ausreichend sei, sollen die Fenster in der Außenwand der Zelle und die jeweils entsprechenden des Turmes so groß wie möglich sein ...

Nach innen wird die Zelle durch ein eisernes Gitter abgeschlossen. So fein aber, daß die Stäbe nicht den Blick des Inspektors auf irgendeinen Teil der Zelle beeinträchtigen. Ein Teil jedes Gitters ist in Form eines Tores zu öffnen, um den Gefangenen etc. bei seinem ersten Eintritt einzulassen, und um jederzeit dem Inspektor den Zugang zu ermöglichen ... Um jeden Gefangenen gegen die Blicke aller anderen abzuschirmen, sollen

[42] Vgl. Bentham, Panopticon, 1843, S. 37ff.
[43] Ebd.

die Trennmauern einige Fuß über die Gitter in den freien Platz hineinreichen ...«[44]

In solch penibler Art und Weise wird die Struktur des Baues beschrieben. Die Regelungen und Detailplanungen des Raumes erstrecken sich bis auf die kleinste Ecke, bis hin zur Größe von Abflußrohren und deren Biegung. Von den Prinzipien des Kerkers – Einsperren, Verdunkeln, Verbergen – bleibt nur das Einsperren. Die beiden anderen werden durch ihr Gegenteil ersetzt: Das Licht – auch in der Nacht wird durch Lampen, die mit Reflektoren ausgestattet sind, »die Sicherheit des Tages« ausgedehnt – macht die Insassen dem Inspektor immer sichtbar. Jeder der Insassen, vollkommen »individualisiert«, ohne Kommunikationsmöglichkeit mit anderen Eingesperrten, ist durch seine permanente Sichtbarkeit der Überprüfung und dem Zugriff ausgesetzt.

Um die Individualisierung – oder Isolierung – perfekt zu machen, wird der Inspektor durch an der Außenseite des Turmes angebrachte Blenden für die im Ring Festgehaltenen unsichtbar. Um sogar den Lichtschimmer und den Lärm, der durch das Schließen der Türen auftreten und so den Gefangenen Hinweise geben könnte, wo oder ob der Inspektor kontrolliert, auszuschalten, werden die Innenwände ohne Türen, kreuzweise sich überlappend angeordnet. Selbst das »Gehäuse« wird zu einer Maschine; es scheidet Sehen und Gesehenwerden: *Im äußeren Ring wird man vollständig gesehen, ohne je zu sehen. Im Zentrum sieht man alles, ohne je gesehen zu werden* (ein noch immer wichtiges Managementprinzip!). Da eine andauernde Beobachtung jedes einzelnen nicht möglich ist, kann die nächst wünschenswerte Lösung realisiert werden. Jeder Insasse soll Grund haben zu glauben, ohne für sich einen gegenteiligen Hinweis finden zu können, er befände sich in einer solchen (kontrollierten) Situation. Die Asymmetrie ist perfekt: Der Inspektor kann immer kontrollieren und eingreifen, das isolierte Individuum muß es immer befürchten. Die Angst, von außen herangetragen, nötigt den Insassen, sich so zu verhalten, wie es von ihm gewünscht, verlangt wird. Sicherer als alle äußere Realität wirkt das »Über-Ich«.

Die Machtapparatur funktioniert automatisch: Die Wirkung der Kontrolle ist permanent, selbst wenn sie nur gelegentlich erfolgt. Die Macht ist sichtbar, aber uneinsichtig. Sie ist unab-

[44] Ebd., S. 40.

hängig von der Person; wer immer dieses Gehäuse, diese Maschine benutzt, die Macht funktioniert. Jeremy Bentham verweist mit Stolz darauf, daß, je größer die Familie des Inspektors ist, desto mehr Inspektoren kontrollieren – während nur einer bezahlt wird[45]. Die »offenkundige Allgegenwart« des Inspektors wird mit der extremen Variabilität seiner »tatsächlichen Anwesenheit« verbunden.

»Ein anderer Vorteil«, ergänzt Bentham, »ist die große Menge von Mühe und Ärger, die von den Schultern jener gelegentlichen Inspektoren von höherem Rang wie Richter und Magistrate genommen wird, ... die von den übergeordneten Rängen des Lebens zu einer solch mühseligen Aufgabe gerufen werden. Überlege, wie es sich für sie nach dem vorliegenden Plan verhält und wie es selbst nach den besten der bisher entworfenen sein muß! Die Zellen oder Abteilungen ... müssen Tor für Tor geöffnet werden. Um ihre Aufgabe zu erfüllen ..., müssen sie nahekommen, ja nahezu mit jedem Insassen in Kontakt kommen ... Durch den neuen Plan wird der Ekel vollkommen genommen und die Mühe, in ein solches Amtshaus zu gehen, ist nicht größer als die, irgend ein anderes zu besuchen ...«[46]

Zu jedem Zweck – um »Unverbesserliche zu strafen, Irre zu bewahren, Bösewichte zu reformieren, Verdächtige festzuhalten, Faule (ohne Arbeit) zu beschäftigen, Hoffnungslose zu pflegen, Kranke zu heilen, Willige in jedem Bereich der Industrie auszubilden, Heranwachsende auf den Stufen der Ausbildung zu trainieren«[47] – kann und soll dieses Gebäude, diese Macht- oder Gewaltmaschine, angewandt werden. Lebenslängliches Gefängnis, Untersuchungsgefängnis, Kaserne, Besserungs- oder Zuchthaus, Arbeitshaus oder Manufaktur, Irrenhaus, Spital oder Schule – für alles wird es verwendet.

Handelt es sich bei dieser Wundermaschine um eine gänzlich neue Macht- und Gewaltmaschine? Michel Foucault weist darauf hin, daß solch ein herrschaftliches, asymmetrisches Programm, wie es von Bentham entworfen wurde und das wir über Jahrhunderte zunehmend angewandt finden, bereits vor dem »Panopticon« realisiert war, allerdings mit der Einschränkung, daß der »Blick« des Herrschers sich auf Tiere richtete; Bentham sagt nicht, ob er sich zu seinem Projekt von der Menagerie

[45] Vgl. ebd., S. 45.
[46] Ebd.
[47] Ebd., S. 40.

inspirieren ließ, die Le Vaux in Versailles erbaut hatte: »Es handelte sich um die erste Tierschau, die nicht wie früher üblich auf einen Park verstreut war. In der Mitte stand ein achteckiger Pavillon, der im ersten Geschoß nur einen einzigen Raum enthielt, nämlich den Salon des Königs. Alle Seiten öffneten sich durch breite Fenster auf sieben ummauerte Gehege, (die achte Seite war dem Eingang vorbehalten), in denen verschiedene Arten von Tieren eingesperrt waren ... Im Programm des Panopticon findet man dieselbe Bemühung um individualisierende Betrachtung, um Charakterisierung und Klassifizierung, um analytische Aufteilung des Raumes. Das Panopticon ist eine königliche Menagerie, in der das Tier durch den Menschen ersetzt ist, die Gruppierung der Arten durch die Verteilung der Individuen und der König durch die Maschinerie einer sich verheimlichenden Macht.«[48]

Separation und Klausur dienen hier als wichtige Instrumente der Disziplinierung, während gleichzeitig, wie es etwa in einer Innsbrucker Anstaltsordnung von 1769 heißt, »durch Züchtigung und Verbesserung« die Häftlinge »zu arbeitsamen und nützlichen Menschen« erzogen werden sollen. Gleichzeitig ergibt sich durch die zentrale Überwachung und die ständige, vom Überwachten jedoch nicht wahrnehmbare Kontrolle, daß es oft ausreicht, die Insassen bloß glauben zu machen, sie würden überwacht, um ein bestimmtes Verhalten zu internalisieren. Die über unmittelbare Gewaltanwendung vermittelte Angst wird durch die Verinnerlichung des Zwanges ersetzt[49]. Die Parzellierung hat aber noch einen anderen Aspekt: Eine genaue Platzeinteilung und regelmäßige Überwachung des »Kranken« durch Visiten, seine Registrierung und Individualisierung als »Fall«, seine Isolierung bei Ansteckungsgefahr, all dies charakterisiert die moderne Klinik. Was liegt näher, als dieselben Methoden anzuwenden, um auch gravierende gesellschaftliche, »ansteckungsgefährliche« Übel zu bekämpfen?

Die Überwachung kann noch verfeinert werden, wenn man die Frage *Quis custodiet ipsos custodes?* miteinbezieht und auch das Aufsichtspersonal überwachen läßt[50]. In der Folge kann dieses perfektionierte Überwachungssystem auch auf den ganzen Staat ausgedehnt werden; statistische Erfassung mittels

[48] Foucault, Überwachen und Strafen, 1977, S. 261.
[49] Vgl. Elias, Prozeß der Zivilisation, 1977.
[50] Vgl. Bentham, Panopticon, 1843, S. 43.

Konskription (charakteristischerweise von den Zeitgenossen auch als »Seelenbeschreibung« bezeichnet), polizeiliche Überwachung und Spitzelwesen, eine Geheimpolizei, die möglichst jeden aktenmäßig erfassen soll, sind nur eine Verallgemeinerung des »Panoptizismus«[51].

Als wesentlich komplexer erweist sich die Zuweisung von Funktionsstellen in den Fabriken, da hier außer der Raumverteilung zum Zwecke der besseren Übersicht auch noch die Erfordernisse des Produktionsapparates und der Arbeitsteilung berücksichtigt werden müssen. Die Parzellierung in Form eines bestimmten Arbeitsplatzes ermöglicht auch in den Manufakturen und Fabriken eine effizientere Kontrolle und eine bessere Beurteilung der Anwesenheit, Arbeitsgeschwindigkeit und Arbeitsqualität der Arbeiter. Die Produktion wird einerseits nach Tätigkeiten und Phasen, andererseits nach den arbeitenden Individuen gegliedert. Aus der Zuweisung einer Funktionsstelle, dem zugeteilten Platz, ergibt sich auch der »Rang«, nach dem eine Klassifikation erfolgen kann. Beim Militär ist es eine straffe, nach Befehlsbefugnissen und Kommandogewalt abgestufte Hierarchie von an bestimmte Funktionen geknüpften Dienstgraden; im Betrieb ergibt sich ebenfalls die Trennung von bloß ausführender sowie dispositiver und kontrollierender Arbeit mit einer Hierarchie von Hilfs- und Facharbeitern, Werkmeistern, leitenden Angestellten und Vertretern des Managements. Auch das Klassenzimmer wird zu einem *Tableau*, in dem die Plätze nach verschiedenen Kriterien und Funktionen verteilt sind. Dies soll sowohl die Kontrolle jedes einzelnen als auch die gleichzeitige Arbeit aller möglich machen. Der Biologe Rupert Riedl stellt einen allgemeinen Zusammenhang her: »Hierarchie erweist sich als die naturgesetzliche Differenzierung aller individualisierten Systeme.«[52]

Eine Sub-Justiz als »Verlängerung« des Zentralstaates sucht alle Bereiche zu erfassen; es werden genaue Normen erlassen, und jede Abweichung wird mit strengen Strafen belegt. Die Sanktionen erfolgen als Reaktion auf Verstöße und die Unfähigkeit, eine Aufgabe zu erfüllen, wobei die Strafe darauf abzielt, das abweichende Verhalten zu reduzieren. Die Prüfung wird im Zuge der Disziplinierung zu einem Instrument der

[51] Es erstaunt auch nicht, daß etwa die solcherart organisierte französische Polizei alle Regimes von der Monarchie, über Revolution, Republik, Bonapartismus und Restauration unbeschadet überdauert hat.

[52] Riedl, Strategie der Genesis, 1984, S. 270.

Abrichtung: »Sie ist ein normierender Blick, eine qualifizierende Klassifizierung und bestrafende Überwachung.«[53] Von den immer strengeren Visiten in der Klinik über die Truppeninspektion, die Stichproben in den Manufakturen bis zu den Examen in der Schule dringt die Prüfung in jeden Bereich des gesellschaftlichen Lebens ein. Die Prüfung macht das Individuum sichtbar und somit zu einer besseren Zielscheibe von Eingriffen, sie basiert auf der Dokumentation der Individualität, mit deren Hilfe aus jedem Individuum ein »Fall« konstruiert werden kann. Der einzelne »Fall« ist sowohl Erkenntnisgegenstand als auch Angriffspunkt der Machtausübung[54].

Um eine genaue Kontrolle der Tätigkeit zu ermöglichen, bedarf es eines »Zeitplans«, für den wiederum auf das Vorbild der klösterlichen Gemeinschaft zurückgegriffen werden kann. Über ein strenges Schema von festgelegten Rhythmen und über Zwänge zu bestimmten Tätigkeiten muß die *time is money*-Ethik (Benjamin Franklin) und das »Gesetz der Zeitökonomik« erst im Bewußtsein des Volkes verankert werden. Der Versuch, Arbeitszeit und -disziplin zu erhöhen, zeigt sich anhand der veränderten Normen (verlängerte bzw. unbeschränkte »Tages-Arbeitszeit« durch künstliche Beleuchtung, Kampf gegen den »blauen« Montag, Reduzierung der kirchlichen Feiertage) sowie am kontinuierlichen und saisonunabhängigen Arbeitsablauf.

Erst die Zeiteinteilung mittels Zeitplan ermöglicht die totale Zeitausnützung. Exakte Stundenpläne sollen die Dokumentation jeder kleinsten Einheit an Zeit, jedes Augenblickes gewährleisten, um eine bessere Ausschöpfung der Zeit zu erreichen. Signale und Befehle etwa zwingen den Schülern der damaligen Kollegs beim Schreiben einen Rhythmus auf und versuchen gleichzeitig, den Lernprozeß zu beschleunigen. Die zeitliche Einteilung sowie die Zerlegung und exakte Beschreibung der Tätigkeiten sind unbedingte Voraussetzungen für ein funktionierendes Heer und die Arbeitsteilung in der Fabrik; ein Moralist des 17. Jahrhunderts schreibt: »Ein weiser und verständiger Christ sollte allen seinen täglichen Aufgaben ihren Platz zuweisen; eine jede ist ... wie der Teil eines Uhrwerks oder einer anderen Maschine, alle müssen zusammenwirken, jeder an seinem Platz.«[55]

[53] Foucault, Überwachen und Strafen, 1977, S. 238.
[54] Vgl. Foucault, Geburt der Klinik, 1976.
[55] Baxter, Christian's directory, I, 1673, S. 285. Die Zerlegung und genaue

Nicht mehr die von der Natur (Jahreszeiten, Gezeiten, Tageslicht) vorgegebenen Rhythmen, sondern das Diktat der Uhr, die ja letztlich nichts anderes als eine Maschine ist, regeln die Tätigkeiten im Zeitablauf. Das Bild des Uhrwerks wird zu einem bestimmenden Motiv des 17. (und 18.) Jahrhunderts, um mit Newton schließlich das Universum zu erobern[56]. Das Weltall ist ein Mechanismus, nach streng mathematischen Gesetzen bewegt, aber durch mysteriöse Fernkräfte in einer prästabilierten Harmonie befindlich[57]. Im Barock geht die Faszination durch das Uhrwerk so weit, daß die Welt schlechthin als Uhr gesehen wird; Leibniz versucht sogar, eines der Hauptprobleme der zeitgenössischen Philosophie, die Korrespondenz zwischen Leib und Seele, mit einer entsprechenden Metapher zu erklären: Sie verhalten sich wie zwei Uhren, die so vorzüglich gearbeitet sind, daß sie einem genau die gleiche Zeit angeben: »Das ganze Weltbild der Zeit ist ein Mosaik aus *perceptions petites*, aus unendlich kleinen Vorstellungen, und jeder Mensch ist eine Monade, in sich abgeschlossen, ohne Fenster, allein auf seinem Sonderplatz in einem sorgfältig gestuften Kosmos, der, in allem prästabiliert, vorherbestimmt, seinen mechanistischen Lauf nimmt wie ein Uhrwerk und darum für die beste aller Welten gilt. Denn man war tief innerlich überzeugt: das Bewundernswerteste und Prächtigste, das Kunstvollste und Geistreichste sei eben doch eine gutgehende Uhr.«[58]

Der exakte Gang der Uhr und die damit verbundene Disziplinierung faszinierten schon die Menschen der Renaissance und darüber hinaus die absolut werdenden Fürsten sowie deren Philosophen[59]: »Die Uhr verkörperte, was die Wirklichkeit nicht, bzw. was sie noch nicht enthielt, sie war Demonstration einer zentral organisierten, unabänderlich funktionierenden Ord-

zeitliche Einteilung der Tätigkeit findet in den Exerzierreglements des 18. und 19. Jahrhunderts und im Taylorismus des frühen 20. Jahrhunderts ihren Höhepunkt. Die immer stärkere Durchsetzung eines Zeitbewußtseins im Alltagsleben seit dem Ende des 18. Jahrhunderts stellt somit eine ganz entscheidende Vorleistung im Sinne der Ausbildung eines *human capital* dar. Die Selbstdisziplinierung dokumentiert in geradezu paradigmatischer Weise Immanuel Kant, dessen Tagesablauf so penibel eingeteilt war, daß man danach die Uhr stellen konnte.

[56] Vgl. Maurice/Mayr, Welt als Uhr, 1980.

[57] Schon 1453 gebraucht Nicolaus Cusanus das Uhrengleichnis, indem er Gottes Entwurf der Welt mit der Vorstellung eines Uhrmachers vergleicht, der von Beginn an den Bauplan der Uhr vor Augen hat.

[58] Friedell, Kulturgeschichte, 1959, S. 556.

[59] Vgl. Mumford, Mythos der Maschine, 1980.

nung. Man begann das Weltbild nach dem Vorbild der Uhr zu formen und sich die drei wesentlichsten Systeme, in denen der Mensch sein Leben verbringt, nämlich Kosmos, Körper und Staat, als Uhrwerk vorzustellen.«[60] Das Uhrwerk wird von einem Gehäuse eingefaßt, prunkvoll nach außen, nach innen eher unansehnlich. Die monoton, im Takt ablaufende »künstliche Zeitmessung«, unterbrochen vom Glockenschlag, der den Abliefertermin, den Arbeitsbeginn usw. anzeigt, und dazu das Geld, dessen Zirkulation die dahinter verborgene Herrschaft mit ihrer Prägung der Gefühle und des Denkens der Menschen und deren schließlich internalisierten Motivationen vergessen macht – beide, Geld und Zeitregelung, bedürfen noch eines Dritten, um die Disziplinierung des modernen Menschen zu erzeugen: des Gehäuses. Mögen Zeit und Geld unerbittlich ablaufen, ihnen ist zumindest noch ein sehr eingeschränkter Prozeßcharakter eigen. Das Gehäuse steuert die Statik bei. Ohne sie ist die Disziplinierung unvollständig. Diese Disziplinierung ist die Voraussetzung dessen, was man später die ökonomische oder schlechthin *die* »Rationalität« nennt.

Die Gewaltanwendung sowie der Machtapparat, die kaum verdeckt, ja manchmal ganz offen und unverhüllt das Denken und das Verhalten bestimmen, werden in der durchgehenden Disziplinierung des gesellschaftlichen Lebens als allgegenwärtig erfahrbar. Die Prägung des Wissens durch die Formation der Begriffe (und der Verknüpfungsregeln), der Gegenstände, der Äußerungsmodalitäten und damit die Akzeptanz von Autorität und Herrschaft[61] wird bewirkt und gleichzeitig ergänzt durch die Normierung des Lebens (und damit der Erfahrungsmöglichkeiten) infolge der Disziplinierung. Obwohl die Disziplinierung durchgängig ist, ist sie doch nach Klassen abgestuft. So konstatiert Friedrich der Große, daß mit der Manneszucht im Heer blinder Gehorsam eingeführt werden soll – eine durchaus positive Sache, denn: »Die geringste Lockerung der Disziplin würde zur Verwilderung führen, diese zur Aufsässigkeit, und schließlich würden die Chefs nicht Herr ihrer Untergebenen sein, sondern ihnen gehorchen müssen.«[62] Sofort wird klargemacht, in wessen Interesse die Disziplinierung zu geschehen hat, was der Zweck der Sache ist: »Mit solcher strengen Subor-

[60] Maurice/Mayr, Welt als Uhr, 1980, S. XV.
[61] Vgl. Foucault, Archäologie des Wissens, 1973, S. 31 ff.
[62] Friedrich der Große, Politisches Testament, 1974, S. 117.

dination erreicht man, daß eine ganze Armee von der Führung eines einzigen abhängt.«[63] Daß für die Führungsschicht anderes gilt, ist trotz aller Disziplinierung sicherzustellen: »Was das Generaldirektorium betrifft, so ist es besser, daß Leute von Verstand, wenn auch von zweifelhafter Redlichkeit darin sitzen, als dumme und ehrliche Leute ...«[64] Eigentlich verständlich, denn »wer keine Talente besitzt, darf auch keinerlei Fortkommen für seine Person erwarten«[65]. Der Inkarnation der Zentralmacht gegenüber gilt nicht einmal mehr die chevalereske Haltung wie gegenüber den Generaldirektoren und ähnlich hohen Amtsinhabern; für den Fürsten legt der König, der einst einen ›Anti-Machiavell‹ geschrieben hatte, die Gründe dar, die ihn »zwingen, der Praxis zu folgen, die den Betrug und den Mißbrauch der Macht autorisiert«[66].

Wohl durch nichts läßt sich der radikale Bruch mit der Vergangenheit deutlicher zeigen als mit diesem Ausspruch Friedrichs II. Denn zumindest dem Anspruch nach war »tugendhaftes« Verhalten für »Herren« ja etwas Anzustrebendes gewesen, nur hatten Tugend und Arbeit – gemäß Aristoteles – einander ausgeschlossen. Ganz ungeniert wird nun unter dem allgemeinen Titel der Notwendigkeit das Forderungs- und Darstellungsmuster umgedreht: Für die Führungsschicht gilt es als durchaus *comme il faut,* von »zweifelhafter Redlichkeit« zu sein, für sie muß der Zwang der Notwendigkeit, der Sachzwang, alles exkulpieren; für die Unterschicht gilt anderes, auch bereits in der Erziehung. Doch ungeachtet dieser an sich bedeutsamen Differenzierungen und Rücksichtnahmen – die Tendenz zur Konditionierung *aller* Menschen gilt generell. Die dabei vorgenommene oder bestätigte Hierarchisierung erfolgt hinsichtlich des Nutzens und hinsichtlich der Nähe zur Zentralmacht.

Direkte Macht, besonders in Form physischer Gewalt, wird schließlich nur in Ausnahmefällen als notwendig erachtet, und zwar dort, wo die gesetzten »Normen« durchbrochen werden; im allgemeinen genügt der durch Disziplinierungstechniken und über Funktionszusammenhänge vermittelte Selbstzwang des »Über-Ichs«. Macht kann somit in der entwickelten bürgerlichen Gesellschaft primär als Verflechtungsphänomen inter-

[63] Ebd., S. 118.
[64] Ebd., S. 16.
[65] Ebd., S. 52.
[66] Ebd., S. 167.

pretiert werden[67]. Gründet sich der soziale Disziplinierungsprozeß anfangs zumindest intentional auf der Anwendung von Gewalt und der Einschränkung der persönlichen Freiheit, so erweist es sich bald, daß wesentlich subtilere und letztlich auch besser wirkende Machtmittel zur Verfügung stehen: »Daß die abendländische Gesellschaft allmählich als Ganzes eine reguliert arbeitende Gesellschaft geworden war, lag in der allseitigen, gleichmäßigen und stabiler werdenden Selbstkontrolle, die durch eine Regelung des gesamten Trieb- und Affektlebens möglich geworden war und die Kontrolle durch körperliche Bedrohung in den Hintergrund schob ... Die Ausbreitung von Konsumzielen, die früher zu den Unterscheidungsmerkmalen der Oberschichten gehörten, über die ganze Gesellschaft hin förderte die Verwandlung der gesellschaftlichen Fremdzwänge in Selbstzwänge, in eine automatisierte, zur selbstverständlichen Gewohnheit gewordene Triebregulation und Affektzurückhaltung, ... die eine weit stärkere Bindung und Kontrolle bewirkte als die Angst vor Elend, Hunger oder unmittelbarer körperlicher Gefahr.«[68]

Die Etablierung von Märkten (auch für den ausschließlich als Produktionselement aufgefaßten »Menschen«) ist dabei wohl der entscheidende Schritt; die wirtschaftliche Motivation über Gewinnstreben und immer wieder neu erzeugte Konsumbedürfnisse erweist sich gegenüber der Gewalt als stärkere Antriebskraft. Die Idee der Marktmechanik tritt an die Stelle der Mechanik der Disziplin, die sich an funktionierenden Uhrwerken orientiert, wo jedes Rad ins andere zu greifen hat. Indem auch die Arbeitskraft in eine Ware verwandelt bzw. als solche behandelt wird, ist der soziale Disziplinierungsprozeß abgeschlossen, denn »die Warenfiktion überantwortet das Schicksal von Mensch und Natur dem Spiel eines nach eigenen Gesetzen wirkenden Automaten«[69] – ein Geschäft, dessen »Naturnotwendigkeit« die neuzeitliche ökonomische Theorie begründen wird.

Genau da setzen jene Fragen ein, etwa nach der Verteilungsgerechtigkeit, die zwar bis hin zu den Klassikern durchaus auftauchen, aber immer wieder ohne Konsequenz bleiben: Garantieren Eigentum und Gleichheit eine Balance, dann muß die

[67] Vgl. Matzner, Wohlfahrtsstaat, 1982, S. 65.
[68] Sandgruber, Konsumgesellschaft, 1982, S. 379f.
[69] Polanyi, Ökonomie und Gesellschaft, 1979, S. 132.

Frage gestellt werden, bis zu welchen Besitzunterschieden ein Gleichgewicht nicht beeinträchtigt wird. Denn wenn beispielsweise die Übermacht des Zentralstaates wegen der Willkür gefürchtet wird, wie steht es mit der Übermacht eines anderen Bürgers? Nachdenkliche Hinweise, daß zu große Besitzdifferenzen nicht mit einem uhrgleichen Funktionieren verbunden sein dürften, gibt es zwar immer wieder, doch radikalisiert wird dieses Problem bei jenen, die über einen einzigen Besitz verfügen, nämlich ihre Arbeitskraft. Da aber die Ausdehnung der Märkte mit einer Vermehrung des nationalen Reichtums einhergeht, wird das Problem des Besitzunterschiedes durch das wirtschaftliche Wachstum überdeckt.

»Ist es gut, die Menschen, so wie Sie sind, leiten zu wissen; so ist es weit zuträglicher, Sie so zu bilden, wie Sie sein sollen.«[70] Letzteres wird explizit und implizit getan. Es soll nicht verschwiegen werden, daß letzteres geschieht, um ersteres zu können, daß also Menschen konditioniert werden, um sie dann leichter beherrschen zu können. Sicher ist auch, daß ein ungeheurer »Wissensdurst« entsteht, der befriedigt werden muß: »Um aber über den wirklichen Zustand des Staates die vollständigste Einsicht zu erlangen, muß man durch genaue Berichte, topographische Beschreibungen in jeder Hinsicht, u. m. dgl. Behelfe in den Stand gesetzt werden, das Ganze, wie es ist, übersehen zu können«[71]; allerlei *Tableaus* werden angelegt, ein differenziertes System von Namen und Daten kodifiziert die Welt und macht sie zu einem übersichtlichen Kosmos; »die universale Quantifizierbarkeit (ist) eine Vorbedingung für die *Beherrschung* der Natur«[72]. Der Blickwinkel des Staates verlangt: »Die Polizei muß von der Stärke aller Stände und Gemeinden genau unterrichtet sein, damit ... sie nicht zu einer verdächtigen Größe anwachsen.«[73] Dazu gibt es die verschiedensten Berechnungsmethoden; eine jährliche »Seelenbeschreibung« wird verlangt, deren wichtigste Rubriken u. a. umfassen: Stand der Familie, Zuwachs, Zugereiste, Gestorbene, Ausgewanderte, Geschlecht, Alter, Religion, Beschäftigung ...[74] Sogar »Bericht- und Tagzettel« sollen von Gastwirten und Hauseigentümern,

[70] Sonnenfels, Grundsätze, I, 1787, S. 23.
[71] Högwein, Armenanstalten, 1805, S. 16.
[72] Marcuse, Eindimensionaler Mensch, 1979, S. 178.
[73] Sonnenfels, Grundsätze, I, 1787, S. 32.
[74] Vgl. ebd., S. 35 f.

wenn ein Fremder bei ihnen ankommt, verfertigt werden[75]. »Aus den Manufaktur- und Kommerzialtabellen läßt es sich eigentlich erkennen, welcher Stoff zureichend, welcher überflüßig ...«[76] vorhanden ist. Gepaart mit den anderen unzähligen Tabellen, Klassifizierungen und Einteilungen versucht der Zentralstaat, seine vollkommene Information über die Untertanen, seine »vollkommene Einsicht«, seine »Staatsbrille« zu erhalten[77]. Denn das vielleicht wichtigste Produkt des Merkantilismus ist der neue Mensch, den er hervorbringt, der disziplinierte und konditionierte »Staatsbürger«, der *homo oeconomicus* des modernen Kapitalismus, das als Einzelwesen konzipierte Individuum jenseits aller traditionalen Gemeinschaftsbindungen. Insbesondere geht es dem Rationalismus, der hier zugrundeliegt, jedoch um eine Ver*sach*lichung, *Objekt*ivierung, d.h. um eine Vergegenständlichung des Menschen, der eben nur noch als Sache, als Objekt gesehen wird. Zwischen die Menschen tritt ein abstrakter Wertmaßstab, der sie zu Dingen macht; egal ob es dabei um Preise, Löhne, Umsatz, Output oder Marktanteile, um Geld oder Schulnoten geht, Interaktionsformalismen subsumieren den Menschen unter ein abstraktes Schema[78].

21. Betriebsorganisation, Arbeitsverfassung und Struktur des Arbeitsmarktes

Neben der traditionellen Zunftwirtschaft weist die gewerbliche Warenproduktion während der Transformationsperiode zum Kapitalismus eine Reihe von Organisationsformen auf: So gibt es vor allem die in Heimarbeit betriebene Haus- und Verlagsindustrie[1], daneben findet sich die Form der Produktionsgenossenschaft, d.h. Zusammenschlüsse unzünftiger Meister, die einzelne Produzenten für ganz bestimmte Aufgaben organisato-

[75] Vgl. ebd., S. 162. Was die »Seelenbeschreibungen« der Menschen für den Staat leisten sollen, nämlich eine Klassifikation in Form eines *tableau*, unternimmt Carl v. Linné für die Natur.

[76] Sonnenfels, Grundsätze, II, 1771, S. 129.

[77] Vgl. Justi, Policeywissenschaft, 1782, S. 300.

[78] Vgl. Schwarz, Ordnung, 1985, S. 214.

[1] Vgl. Schremmer, Industrialisierung, 1980, S. 420ff.

risch locker zusammenfassen, und dann vor allem die Manufaktur oder Proto-Fabrik, wobei man wiederum sowohl nach der Größe als auch nach dem Organisationsgrad zwischen Groß- und Kleinmanufaktur differenzieren kann. Beiden gemeinsam ist die Zentralisation der arbeitsteilig organisierten Produktion und damit verbunden eine Steigerung der Effizienz durch verbesserte Kontrollen. Die zentralisierte Manufaktur ist dabei häufig an einen dezentralisierten Verlag gebunden, ja manche Autoren unterscheiden überhaupt bei der Manufaktur einen zentralisierten und einen dezentralisierten Bereich, so daß man auch das Verlagswesen und die ländliche Proto-Industrie, indem man sie als ausgegliederte Manufakturproduktion begreift, hier mit einbeziehen könnte[2].

Als Prototyp einer arbeitsteiligen, dezentralisierten Betriebsform kann das Verlagswesen angesehen werden, das auf der im allgemeinen als bäuerlicher Nebenerwerb betriebenen Heimarbeit beruht. Als Hauptkennzeichen des Verlagssystems gilt nach Stephen Marglin »die Spezialisierung von Menschen innerhalb von Arbeitsbereichen, aus denen keine Fertigprodukte hervorgingen«[3].

Uns interessiert in diesem Zusammenhang primär die Betriebsform und -organisation, denn »die Grundlage, auf der sich das Betriebsleben abspielt, bildet die Organisation. Ihre rationale Gestaltung ist eine besonders wichtige Aufgabe und ist in jedem Bereich und zu jeder Zeit Voraussetzung für ein gutes Management.«[4]

Es handelt sich dabei, wie gesagt, um eine dezentralisierte Form der gewerblichen Warenproduktion, überwiegend im ländlichen, teilweise aber auch im städtischen Raum, in der Regel organisiert in Form des Verlagssystems. Wenn dieses Verlagssystem, wie meistens, mit einer zentralisierten Manufakturproduktion gekoppelt auftritt, dann könnte man auch sagen, daß, vom Gesamtunternehmen her gesehen, hier bloß einige Produktionsstufen der Erzeugung ausgegliedert sind.

Als Heimarbeit findet sich dieses Organisationsmodell insbesondere in der Textil-, Metall-, Fayence- und Tonwarenindustrie, wo der kapitalistische Unternehmer, meist über Vermittlung von sogenannten Faktoren, Kommissionsagenten und

[2] Vgl. Sombart, Moderner Kapitalismus, II/2, 1924, S. 732; Kulischer, Wirtschaftsgeschichte, II, 1958, S. 146f.

[3] Marglin, Vorgesetzte, 1977, S. 158.

[4] Mellerowicz, Sozialorientierte Unternehmensführung, 1976, S. 104.

Zwischenhändlern, auf der Basis von Stückarbeit Rohstoffe an die Heimarbeiter verteilt, teilweise auch Werkzeuge (wie Webstühle, Spinnräder etc.) gegen Lohnabzug zur Verfügung stellt, dann das fertige (Zwischen-)Produkt meist wöchentlich einsammelt und an die Fertigmacher weiterleitet. Verschiedentlich wird hier unter Ausnützung der herrschaftlichen Feudalverhältnisse auch die Grundherrschaft eingeschaltet, und Herrschaftsverwalter treten in vielen Fällen als Faktoren (Subunternehmer) auf[5]. Man sieht gerade an diesem Beispiel, wie sehr diese Betriebsorganisation noch an die herrschende Sozialstruktur anschließt.

Die Verlagstätigkeit nimmt vor allem in der Textilindustrie ein gewaltiges Ausmaß an; die meisten Beispiele entstammen daher dieser Branche. So arbeiten die großen Zitz- und Kotonfabriken sowie die Seiden- und Wollfabriken des 18. Jahrhunderts vor der Mechanisierung der Spinnerei und Weberei durchwegs mit verlegten Spinnern, Streichern, Schweifern, Krämplern und Webern. Den zahlenmäßig stärksten Teil stellen bei diesen im wesentlichen bloß angelernten Arbeitskräften zunächst die unterbäuerlichen Schichten, die angesichts ihrer wachsenden Pauperisierung infolge des zunehmenden Bevölkerungsdruckes meist genötigt sind, Verlagsarbeiten anzunehmen. Aber auch die Insassen von Arbeitshäusern, Spitälern, Kasernen und Gefängnissen werden mit Verlagsarbeiten bedacht[6]. Die Verlagsproduktion wird auch vom sich formierenden Territorialstaat aktiv gefördert, nachdem hier, entsprechend dem Ideal der merkantilistischen Wirtschaftslehre, »viele Hände in Beschäftigung gehalten« werden, und die Proto-Industrialisierung vor allem auch als »sozialer Lernprozeß« begriffen wird, im Sinne einer Beseitigung des für die »Glückseligkeit des Staates« so gefährlichen Müßiggangs. Denn als eines der wichtigsten Probleme gilt der Merkantilpolitik die soziale Disziplinierung und Leistungssteigerung der sozialen Unterschichten; es geht um die schon von Philipp von Hörnigk gestellte Frage: »wie seynd aber die Leute an Arbeit zu gewöhnen, die nur gewohnt seynd, im Luder zu liegen?«[7]

Spinnerei und Weberei sind im 18. Jahrhundert durchgehend verlagsmäßig organisiert; das »Werkamt« der Manufaktur kauft

[5] Vgl. Hoffmann, Grundherrschaft, 1958, S. 123 ff.

[6] Vgl. Sombart, Arbeiterverhältnisse, 1917/18, S. 46 ff.; Stekl, Zucht- und Arbeitshäuser, 1978.

[7] Hörnigk, Österreich, 1978, S. 122.

die halbfertigen Produkte bzw. verteilt die rohe Wolle über Faktoren an die Landbevölkerung. Als Arbeitgeber tritt daher für die verlegten Heimarbeiter meist der Faktor in Erscheinung; als Faktoren finden sich etwa Herrschaftsverwalter, Hausväter von Armen- und Waisenhäusern und Verwalter von Quarantänestationen. Diese Faktoren stehen meist in enger Verbindung mit einem größeren zentralisierten Unternehmen, in dem dann die Weiterverarbeitung und Finalisierung der Zwischenprodukte vorgenommen wird. Sie beziehen für ihre Tätigkeit entweder feste Gehälter, meist aber leben sie von der Differenz zwischen den von der Fabrik gezahlten Preisen für die halbfertigen Waren und den von ihnen bestrittenen Arbeitslöhnen für die Verlagsarbeiter. Sie sind gleichsam Subunternehmer, die als Rohstoffausgabe- wie auch als Sammelstelle der Halbfertigwaren für die zugeordneten Spinner- und Weberbezirke fungieren. Die Handspinner liefern die Gespinste an den Faktor ab, dieser prüft das Garn, bezahlt die Spinner aus und gibt das Garn dann an die Weber weiter. Von diesen bezieht er wieder das fertige Gewebe, prüft es und nimmt für etwaige Fehler Lohnabzüge vor; dann wird das Gewebe an das »Werkamt« weitergeleitet, wo es noch einmal überprüft, zwischengelagert und sodann an die Manufaktur expediert wird, wo man dann die Veredelung der Gewebe vornimmt[8].

Die Abgrenzung der Spinn- und Webbezirke und die gegenseitigen Übergriffe der Unternehmen bilden eines der zentralen Organisationsprobleme und Streitthemen. Wiederholt müssen die Regierungen schlichtend eingreifen und, wenn ein neues Unternehmen ins Leben gerufen wird, eine Neuverteilung der Bezirke vornehmen. Organisatorisch ist es eine schwierige Aufgabe, so viele Menschen, noch dazu über teilweise sehr große räumliche Distanz, in den arbeitsteiligen Produktionsprozeß einzugliedern. Das kann nur durch Delegation, also durch die Zwischenschaltung von Faktoren, Zwischenmeistern oder Gedingenehmern, bewerkstelligt werden. Der unmittelbare Auftraggeber ist daher in der Regel nicht ein »Großkapitalist«, sondern ein Subkontraktor, der wohl ebenfalls Auftragnehmer ist, gleichzeitig aber seinerseits Auftragnehmer beschäftigt, also eine Art Funktion des mittleren Managements ausübt. Genau dasselbe Prinzip finden wir übrigens auch in den zentralisierten Großbetrieben, wo ebenfalls verschiedentlich die beschäftigten

[8] Vgl. Matis, Betriebsorganisation, 1981, S. 411 ff.

Meister Subkontrakte mit den ihnen beigegebenen Arbeitskräften schließen und sie selbst entlohnen. Diese frühen Systeme der Heimarbeit wie auch das Schema der Subkontrakte bilden jedoch eine Übergangsform, eine Phase, in der der Unternehmer noch nicht die so wichtige Funktion der Kontrolle über den Arbeitsprozeß übernommen hat[9].

Bereits im Zuge der Proto-Industrialisierung zeigt es sich aber, daß der Unternehmer sein Bemühen darauf richtet, Arbeitskraft zur Ware zu machen, sie in der gleichen Weise zu kaufen wie er Rohstoffe und Werkzeuge einkauft, als eine genau definierte Menge Arbeit, die in dem Produkt verausgabt ist (Stücklohn)[10].

Die Untervertrags- und Verlagssysteme entsprechen wohl dem damaligen Standard an Kommunikations- und Kontrollmöglichkeiten, leiden aber unter Schwierigkeiten der unregelmäßigen Produktion, des Verlustes von Rohstoffen beim Transport und durch Unterschlagungen, an schwerfälliger Produktion sowie schwankender und ungewisser Qualität der Produkte. Vor allem jedoch sind ihnen Grenzen gesetzt durch ihre Unfähigkeit, den Produktionsprozeß grundsätzlich zu ändern. Mit einer, wie Sidney Pollard schreibt, rudimentären Arbeitsteilung als Grundlage verhindert das Verlagssystem die weitere Entwicklung der Arbeitsteilung[11]. David S. Landes bemerkt dazu, daß es dem Fabrikanten, der seine Produktion vergrößern will, darauf ankommen muß, »mit den bereits beschäftigten Arbeitern eine höhere Leistung zu erzielen«[12]. Aber auch hier rennt er gegen die inneren Widersprüche des Systems an. Er hat keine Möglichkeit, seine Arbeitskräfte zu einer festen Zahl von Arbeitsstunden zu zwingen. Verlegte Heimarbeiter und Handwerker sind in hohem Maße noch eigene Herren ihrer Zeit; in der Organisation des »ganzen Hauses« erfolgt die Zeiteinteilung noch autonom. Sobald der Arbeitgeber versucht, durch Erhöhung des Stücklohns seine Beschäftigten zu größerem Fleiß anzuspornen, erlebt er bald, daß die Produktion zurückgeht. Höherer Lohn wird dann nämlich in mehr Freizeit und eventuell auch in Betätigung in der eigenen als Haupt- oder Nebenerwerb betriebenen Landwirtschaft umgesetzt[13].

[9] Vgl. Dobb, Entwicklung des Kapitalismus, 1970, S. 266f.

[10] Vgl. Pollard, Modern management, 1965, S. 38ff.; Braverman, Arbeit, 1977, S. 55ff.

[11] Vgl. Pollard, Modern management, 1965, S. 38f.

[12] Landes, Prometheus, 1973, S. 67.

[13] Vgl. ebd.

Die Heimarbeit im Verlagssystem, aber auch jene im zünftigen Handwerk, ist darüber hinaus gekennzeichnet durch saisonale Schwankungen der Jahresbeschäftigung, die sich sowohl nach der Marktlage richtet, als auch jahreszeitlich unterschiedlich in ihrer Intensität ist, und in der Arbeitszeit während der Arbeitswoche selbst (»Blauer Montag«). Die Zahl der Arbeitstage und die Länge des Arbeitstages sind durch den Unternehmer nicht zu kontrollieren, d.h., die Arbeitsleistung ist nur anhand der abgelieferten Produkte zu messen und eine höhere Arbeitsintensität höchstens durch zunehmenden Lohndruck zu erzwingen[14]. Soweit ein gewisses Leistungssoll (für Perioden von jeweils ein oder zwei Wochen) erfüllt wird – ein Stück Tuch, eine bestimmte Anzahl von Nägeln oder Schuhen –, liegt die Länge des einzelnen Arbeitstages weitgehend in der Disposition des Arbeiters. Dazu stellt Edward P. Thompson fest: »Die Bedeutung der Zeit nimmt in dem Maße zu, in dem der Arbeitsprozeß synchronisiert werden muß. Solange sich die Produktion in Heimarbeit und kleinen Werkstätten ohne weitgehende Arbeitsteilung vollzog, blieb auch das notwendige Ausmaß an Synchronisation gering, die *Orientierung an den Aufgaben* weiterhin vorherrschend ... Wo immer die Menschen ihren Arbeitsrhythmus selbst bestimmen konnten, bildete sich ein Wechsel von höchster Arbeitsintensität und Müßiggang heraus.«[15]

Derartige Methoden, mit der Arbeit umzugehen, tragen den Stempel ihrer Anfänge im Handelskapitalismus, der sich auf den Kauf und Verkauf von Waren versteht, aber nicht auf die Produktion, der nicht in den Kategorien des Herstellens denkt, und der daher auch die Arbeit wie alle anderen Waren zu behandeln sucht. Sie müssen sich auf lange Sicht zwangsläufig für eine Produktivitätssteigerung als ungeeignet erweisen. Die »alte« Organisationsform des Verlages bietet daher kaum Möglichkeiten, die Produktivität zu steigern, die etwa dadurch festgelegt ist, daß ein Spinner ca. 350 Meter Garn pro Stunde spinnen, während ein Handwebstuhl etwa die Produktion von acht bis zwölf Spinnern verarbeiten kann[16]. Bei steigender Nachfrage muß man eben mehr Arbeitskräfte einstellen; eine Verlängerung der Arbeitszeit und eine Steigerung des Arbeitstempos

[14] Vgl. Freudenberger, Arbeitsjahr, 1974, S. 392ff.
[15] Thompson, Zeit, 1980, S. 44 u. 46.
[16] Vgl. Braverman, Arbeit, 1977, S. 58; Eggebrecht u.a., Geschichte der Arbeit, 1980, S. 199f.

kommen nur in zentralisierten Betrieben in Frage, wo man dies auch überwachen kann. Selbst für den Fall, daß sich einzelne Unternehmer gegenüber ihren Konkurrenten einen Vorteil durch Abwerbung von Arbeitskräften verschaffen könnten, was aber der merkantilistische Staat zu verhindern sucht, dann hätte sich damit noch nicht die Summe der innerhalb der Volkswirtschaft produzierten Güter vermehrt[17].

Erst die weitere Entwicklung der Technik, vor allem der Spinnmaschinen (*spinning jenny* mit Patent 1764, *waterframe* 1769 und *mule jenny* 1779), leitet dann die große Wende ein, die zur »modernen« Fabrik mit Arbeitsmaschinen und zentraler Kraftmaschine führt[18]. Die Produktionsleistung eines Maschinenspinners entspricht nach Phyllis Deane der von 200 Handspinnern vor Erfindung der *spinning jenny*[19]. Diese Zahl illustriert eindringlich die Erhöhung der Arbeitsproduktivität als Folge des technischen Fortschritts. Die im Verlag betriebene Spinnerei wird dadurch binnen weniger Jahre aus dem Felde geschlagen. Der Einsatz der Spinnmaschine seit dem Ende des 18. Jahrhunderts, zunächst in der Baumwollindustrie (weil die Baumwollfaser infolge größerer Reißfestigkeit sich dafür am besten eignet), beseitigt durch eine enorme Steigerung der Produktivität den größten Engpaß in der Textilindustrie, verursacht aber sofort weitere Engpässe in anderen Stufen der Fertigung. Die meisten davon werden durch den Einsatz von Arbeitsmaschinen überwunden (Waschen, Kardieren, Kämmen, Vorspinnen, Scheren, Aufrauhen, Drucken) oder durch neue chemische Verfahren (Bleichen, Färben). Hingegen bleibt der an sich bereits 1785 erfundene mechanische Webstuhl so unzuverlässig, daß sich die Maschinenweberei erst nach den 1820er Jahren allgemein durchzusetzen beginnt[20]. Die durch die Produktivitätsunterschiede zwischen Spinnen und Weben bedingte Nachfrage nach Webern führt zunächst zu einem »goldenen Zeitalter« der Handweberei und zu einer entsprechenden Überbesetzung. Jeder konjunkturelle Abschwung führt daher zu ei-

[17] Vgl. Marglin, Vorgesetzte, 1977, S. 157ff.

[18] Dazu ein Beispiel: Das erste derartige Unternehmen in Österreich war die 1802 gegründete Pottendorfer Spinnerei, in der bereits 1812 etwa 2000 Beschäftigte über 28000 Spindeln betreiben konnten; bis 1848 stieg die Zahl der Spindeln auf über 54000 an, während gleichzeitig die Zahl der Arbeiter auf 1686 gesunken war (vgl. Matis, Betriebsorganisation, 1981, S. 411ff.). Ein derartiges Unternehmen ersetzte die Arbeitsleistung von mehreren 100000 Handspinnern.

[19] Vgl. Deane, Industrial revolution, 1969, S. 87.

[20] Vgl. Eggebrecht u. a., Geschichte der Arbeit, 1980, S. 218f.

nem erbarmungslosen Wettbewerb und zu einem Herabdrükken der Löhne in der Weberei. Mit dem Vordringen der mechanischen Weberei diktiert nun die Maschine mit einem zweieinhalbfach bis vierfach höheren Ausstoß die Stücklöhne. Obwohl die Heimweber zunächst durch Verlängerung der Arbeitszeit dem Verdrängungswettbewerb trotzen, können auch die Hungerlöhne, zu denen sie arbeiten und die nur möglich sind, weil sie in der Regel einen landwirtschaftlichen Nebenerwerb haben, das Tempo der Mechanisierung nur noch verzögern.

Viele Autoren gehen von einem Ablaufschema Verlag-Manufaktur-Fabrik aus: »Der Verlag, eine niedrige Form der kapitalistischen Produktion, ... wurde im 18. Jahrhundert in vielen Fällen in die höhere Form der kapitalistischen Produktion, in die Manufaktur überführt.«[21] (Man könnte ergänzen: und diese dann im 19. Jahrhundert in die Fabrik.) Aus den zuvor getroffenen Feststellungen über das Nebeneinander von Verlags- und Manufakturproduktion ergibt sich jedoch realiter ein anderer Befund: Erst der technische Wandel und die Mechanisierung der bisher verlagsmäßig betriebenen Produktionsstufen bringen die große Zäsur. Man kann daher sagen, daß die »moderne« Industrialisierung und die »moderne« Fabrik historisch nicht an die Manufaktur anschließen, sondern eigentlich (wie etwa im Falle der Baumwollindustrie) in vielen Fällen eine Substitution des Verlagsgewerbes sind oder sich autochthon entwickeln[22]. Überdies zeigt das Beispiel der Baumwollindustrie deutlich die Interdependenz von technischem Standard und Betriebsorganisation auf.

Wohl besitzen gewisse Produktionszweige schon allein aus technischen Gründen, durch Einsatz einfacher Maschinen zusammen mit Arbeitsteilung und anschließender Endfertigung in einem zentralisierten Betrieb, von jeher fabrikähnliche Züge, doch ist die großbetriebliche Erzeugung, die bis zum Beginn des 19. Jahrhunderts im wesentlichen auf handwerklicher Technik basiert, eher ein organisatorisches als ein technisches Problem[23]. Man wird Karl Marx wohl darin zustimmen können, daß »die Manufaktur sich, mit Bezug auf die Produktionsweise selbst, in ihren Anfängen kaum anders von der zünftigen Hand-

[21] Krüger, Manufakturen, 1958, S. 183.

[22] Vgl. Keeß, Fabriks- und Gewerbswesen, IV, 1819, S. 320.

[23] Vgl. Ure, Philosophy, 1835, S. 13ff.; Kulischer, Wirtschaftsgeschichte, II, 1958, S. 146f.; Sombart, Moderner Kapitalismus, II/2, 1924, S. 732ff.; Freudenberger, Frühindustrielle Fabrik, 1968, S. 413ff.

werksindustrie (unterscheidet) als durch die größere Zahl der gleichzeitig von demselben Kapital beschäftigten Arbeiter«[24]. Was darin zunächst nicht zum Ausdruck kommt, ist die neue Form der Organisation, die dahinter steht. Denn schon mit dem ersten Auftreten der modernen Großunternehmen zeigt sich deren »soziale Doppelstruktur als Herrschafts- und Kooperationssystem«[25]. An die Stelle hauswirtschaftlich organisierter Kleinbetriebe mit ihren vorindustriellen Arbeitsgewohnheiten treten Proto-Fabriken, die infolge einer vom technischen Produktionsapparat und dem Wunsch nach größerer Produktivität geforderten und oft nur rigoros durchsetzbaren Arbeitsdisziplin »nicht nur äußerlich Kasernen und Arbeitshäusern glichen«; denn »die Sozialordnung der industriellen Welt kündigt sich zunächst in der Produktionssphäre, im völlig neuen industriellen Arbeitsverhältnis an und wirkt von dort weiter auf die sozialen Gebilde und Institutionen der Gesamtgesellschaft. Andererseits erscheint der moderne Industriebetrieb nicht nur als Voraussetzung und Ausdruck der Serien- und Massenproduktion sowie als Ort, wo sich der technische Fortschritt in der pausenlosen Entwicklung neuer Fertigungsverfahren und Produkte konkretisierte, sondern auch als Spiegel der sozialen Struktur der neuen Gesellschaft.«[26]

Bereits Josef Löffelholz hat die Schwierigkeit einer Definition von »Manufaktur« und »Fabrik« deutlich gemacht; die Abgrenzung fällt so oder so aus, je nachdem, ob man den Schwerpunkt mehr auf die technologische oder die organisatorische Seite legt[27]. Herman Freudenberger hat diesen Schwierigkeiten insofern Rechnung getragen, als er den Terminus »Proto-Fabrik« in die Diskussion eingeführt hat. Die ersten »Fabriken« im technologischen Sinne, mit zentralen Kraft- und Arbeitsmaschinen, sind die um die Wende vom 18. zum 19. Jahrhundert auftretenden mechanischen Baumwollspinnereien[28].

Stephen A. Marglin[29] hat darauf hingewiesen, daß die kapitalistische Arbeitsteilung, wie Adam Smith sie anhand des berühmten Beispiels der Stecknadelmanufaktur beschreibt, nicht das Ergebnis der Suche nach einer technologisch überlegenen

[24] MEW 23, S. 341.
[25] Borscheid, Textilarbeiterschaft, 1978, S. 360.
[26] Fürstenberg, Industriesoziologie, 1966, S. 15f.
[27] Vgl. Löffelholz, Geschichte der Betriebswirtschaft, 1935, S. 301f.
[28] Vgl. Freudenberger, Frühindustrielle Fabrik, 1968, S. 413ff.
[29] Vgl. Marglin, Vorgesetzte, 1977, S. 150 u. 169.

Arbeitsorganisation ist, sondern nach einer, die dem Unternehmer die zentrale Rolle im Produktionsprozeß verschaffen soll, indem er die Teilarbeiten seiner Arbeiter zu einem marktwirksamen Produkt integriert. Die durchschlagenden Erfolge des neuen Fabriksystems sind nicht nur aus technologischen Erwägungen ableitbar, sondern auch bedingt durch die Möglichkeit einer Kontrolle über den Produktionsprozeß und die produzierte Ware, die Möglichkeit einer Fremdbestimmung der Arbeitsbedingungen, die sich fortan nicht mehr den Bedürfnissen des einzelnen Arbeiters beugen; die Entscheidung heißt arbeiten oder nicht arbeiten (insofern man dies als Entscheidung bezeichnen kann)[30].

Die manufakturelle Fertigung bedeutet für den Unternehmer eine wesentlich höhere Investitionsleistung als im Verlagssystem; dort ist in erster Linie zirkulierendes Kapital eingesetzt. Im Falle der Manufaktur handelt es sich um eine nicht unbeträchtliche Bindung von fixem Kapital. Feste Anlagen, Maschinen, Lagerhaltung, eine höhere Summe Geldes für Rohstoffe, Betriebsmaterialien und Löhne, all das erfordert in der Regel einen relativ höheren Kapitaleinsatz. Es ist naheliegend, daß man sich immer wieder bemüht, die anteilmäßig immer noch stark ins Gewicht fallenden Arbeitskosten zu senken, wenn schon nicht durch Einsatz modernerer Technologie, so doch zumindest durch Steigerung der Arbeitsintensität und Heranziehung minder entlohnter Arbeitergruppen, wie etwa Frauen und Kinder. Die dazu eingesetzten Mittel bestehen vor allem in der Arbeitsteilung und verschärfter Kontrolle des Arbeitsprozesses. Ja die Notwendigkeit einer effizienteren Kontrolle über den Arbeitsprozeß gibt nicht selten erst den Anstoß zur Gründung einer Manufaktur.

Disziplinierung und Beaufsichtigung werden meist nur als zweitrangige Komponenten betrachtet, wenn man die Gründe für den Erfolg des Fabriksystems sucht. So findet etwa auch Landes – der sehr wohl die organisatorischen und disziplinären Vorteile der zentralisierten Unternehmensform sieht – die Ursachen des Erfolges primär in technologischen Faktoren: »Der Triumph der konzentrierten über die verstreute Erzeugung ist

[30] Ein Gegensatz zwischen der Produktivitätssteigerung durch den technischen Fortschritt und der Effizienzsteigerung durch betriebliche Kontrollmechanismen besteht wohl nicht; das betriebliche Rentabilitätsproblem ist nur unter der Voraussetzung abgesicherter Kontrolle über die Arbeitskräfte sinnvoll zu erörtern.

auf die wirtschaftliche Überlegenheit der kraftbetriebenen Anlagen zurückzuführen.«[31] Dabei ist es zumindest einem zeitgenössischen Beobachter, nämlich Andrew Ure – wohl der bedeutendste Verfechter des Fabriksystems im 19. Jahrhundert –, bereits klar, daß der Siegeszug der Fabrik in erster Linie auf ihrer disziplinierenden Wirkung und den Vorteilen der verbesserten Kontrollfunktion basiert. So schreibt er etwa die Erfolge Richard Arkwrights ganz offen dessen administrativen Fähigkeiten zu: »Meiner Ansicht nach war das Hauptproblem Arkwrights nicht so sehr, einen selbsttätigen Mechanismus zu erfinden, der die Baumwolle herausziehen und in einen fortlaufenden Faden einflechten konnte, als vielmehr den Leuten ihren unsteten Arbeitstag abzugewöhnen und sie dazu zu bringen, sich mit der unabänderlichen Ordnung eines komplexen Automaten zu identifizieren ...«[32]

Um eine solche effiziente Kontrolle durchführen zu können, ist eine entsprechende innerbetriebliche Organisation notwendig. Max Weber erwähnt die Bedeutung der neuen betrieblichen Organisation für die neuzeitliche Ökonomie: »Der moderne kapitalistische Betrieb ruht innerlich vor allem auf der Kalkulation. Er braucht für seine Existenz eine Justiz und Verwaltung, deren Funktionieren wenigstens im Prinzip ebenso an festen Normen rational kalkuliert werden kann, wie man die voraussichtliche Leistung einer Maschine kalkuliert.«[33]

Die »Proto-Fabrik« übernimmt ihrer inneren Struktur nach zunächst die Tradition des »ganzen Hauses«[34]. Auch der frühindustrielle Unternehmer begreift sich als *pater familias*, seine Arbeitnehmer befinden sich in der Situation von »hausrechtlich Abhängigen«. Die oft vorzufindende Dreieinheit von Unternehmervilla, Fabrik und Arbeiterwohnung (häufig noch durch eine Mauer von der Umwelt abgegrenzt) setzt gleichsam die Tradition des grundherrlichen patrimonialen Herrschaftsverbandes fort. Ähnlich wie sich auch der moderne Zentralstaat aus einem Rahmenhaushalt, nämlich dem des absoluten Fürsten, entwickelt hat, erwächst die Organisationsstruktur der »Proto-Fabrik« zunächst aus dem patrimonialen Verband eines *oikos*, nämlich dem des Unternehmers. (Ähnlich wie man vom Haus Habsburg, Hohenzollern, Bourbon usw. spricht, wird

[31] Landes, Prometheus, 1973, S. 19.
[32] Ure, Philosophy, 1835, S. 13f.; vgl. auch Ure, Fabrikswesen, 1847, S. 14.
[33] Weber, Wirtschaft und Gesellschaft, II, 1976, S. 826.
[34] Vgl. Brunner, Ganzes Haus, 1956, S. 33ff.

man später vom Haus Siemens, Krupp, Schoeller usw. sprechen.)

Die gemeinsame Ableitung sowohl des Staates als auch der Unternehmung aus dem »ganzen Haus« – charakteristischerweise erfolgt gerade um diese Zeit auch die Aufspaltung der ursprünglich einheitlichen Lehre vom *oikos* in eine Lehre von der politischen Ökonomie und von der Betriebsführung – bedingt auch Analogien in den Organisationsmustern[35].

Auch die weitere Entwicklung entbehrt nicht der Parallelen: Ähnlich wie in der staatlichen Verwaltung das persönliche Element des Herrschers – sei es Gnade oder Willkür – mittels der Bürokratie und gesetzter Verfassung bewußt ausgeschaltet und durch die Bindung der Verwaltung an formale Regeln ersetzt wird, wird auch die persönlich-patriarchalische Beziehung zwischen Unternehmer und Arbeiter immer mehr abgelöst durch eine Abhängigkeit von formalen Regeln, die etwa in Form von Fabrikordnungen niedergelegt werden[36]. Denn manche Unternehmen geben sich förmlich eine »Verfassung«, wie etwa das merkwürdige ›Gesetzbuch der Crowley Eisenwerke‹[37] in England, wo es nach Edward P. Thompson »der alte Autokrat Crowley für nötig (hielt), ein ganzes bürgerliches Gesetzbuch und eine Strafgesetzordnung von mehr als 100000 Worten zu verfassen, um seine widerspenstigen Arbeitskräfte unter Kontrolle zu haben«[38]. Es erfolgt, wiederum nach Max Weber, der »Übergang von Brauch und Sitte zu einer Ordnung mit Normen und Pflichten, wobei deren Einhaltung durch das Verhalten von Menschen garantiert wird, die eigens zu diesem Zweck als ›Leitung‹ eingestellt werden«. Zwischen Bürokratie und Management wird dabei kaum differenziert, denn Weber spricht überall dort von Bürokratie, wo ein »durch Beteiligung an der Herrschaft und deren Vorteilen an ihrem Bestehen persönlich mitinteressierter Kreis von Personen sich dauernd zur Verfügung hält und sich in die Ausübung derjenigen Befehls- und Zwangsgewalten teilt, welche der Erhaltung der Herrschaft dienen«[39].

[35] Max Weber vertritt demgegenüber die Ansicht, daß die den beiden Organisationsformen gemeinsame »innere Rationalität« zu analogen Organisationsausprägungen führt.

[36] Vgl. Kieser/Kubitschek, Organisationstheorien, 1978, S. 102.

[37] Vgl. Flinn, Law Book, 1957.

[38] Thompson, Zeit, 1980, S. 50.

[39] Weber, Wirtschaft und Gesellschaft, II, 1976, S. 549.

Grundlegend für alle Unternehmen ist von Beginn an das »Prinzip der Arbeitsteilung«, das ja auch am Ausgangspunkt neuzeitlichen ökonomischen Denkens steht. Soziale Arbeitsteilung und die damit verbundene Hierarchie stellen an sich nichts Neues dar, sie sind keineswegs eine Erfindung des »modernen Kapitalismus«, sondern gehören zum Wesen aller komplexeren Gesellschaften. Jahrhundertelang und teilweise bis heute ist etwa die handwerkliche Produktion in Form der Rangfolge Meister – Geselle – Lehrling organisiert, ein hierarchisches Schema, das auch die Manufaktur, wenngleich in stark modifizierter Form, für ihre Zwecke adaptiert, indem sie Meister als Subkontraktoren einstellt. Während jedoch der in der Zunft organisierte Produzent keine Vermittlerinstanz zwischen sich und dem Markt hat, im allgemeinen nicht seine Arbeitskraft, sondern sein Produkt verkauft, entreißt die fortschreitende Zerlegung der Arbeit in immer kleinere Schritte dem Produzenten die Kontrolle über das Produkt seiner Arbeit. Immerhin kann auch der im Verlag arbeitende Produzent zumindest über seine Arbeitszeit und den Arbeitsablauf selbst verfügen, dies ändert sich jedoch mit dem Aufkommen des zentralisierten Großunternehmens, das dem Arbeiter auch die freie Disposition über Arbeitszeit und -methode entzieht. Es herrscht hier jedoch eine Wechselbeziehung, denn die zunehmende Arbeitsteilung, und damit verbunden die Etablierung hierarchischer Kontrolleinrichtungen, erfordert wiederum die Zentralisation der Produktion im Rahmen der Manufaktur[40].

Die moderne Arbeitsteilung in der Produktion beginnt mit der Analyse des Arbeitsprozesses, genauer gesagt mit der Zerlegung der Arbeit in ihre einzelnen Schritte und Bestandteile. Hier findet sich übrigens eine Parallele zu anderen sozialen Subsystemen dieser Zeit, etwa zur Armee des absolutistischen Staates. Die auch dieser zugrundegelegte »Sozialethik« der Disziplinierung, arbeitsteiligen Organisation und Befehlshierarchie soll ebenfalls ein »künstlich einheitliches Massenverhalten«[41] produzieren. Damit soll aber letztlich insgesamt eine umfassende geistig-moralische und psycho-soziale Strukturveränderung der Sinnwelten, nicht nur des militärischen, sondern auch des politischen und ökonomischen Menschen erreicht werden: »Mit solcher strengen Subordination erreicht man, daß eine

[40] Vgl. Braverman, Arbeit, 1977, S. 60ff. u. 109ff.
[41] Mannheim, Mensch und Gesellschaft, 1958, S. 296f.

ganze Armee von der Führung eines einzigen abhängt.«[42] Auch Werner Sombart erblickt hierin ein wichtiges Führungsprinzip, indem die zu einer neuen Organisation zusammengefaßten Individuen bloß ausführendes Organ einer ihnen äußerlichen Leitinstanz sind: »Die Funktionen der (geistigen) Leitung und der (körperlichen) Aktion sind also getrennt und werden von verschiedenen Personen ausgeübt, während sie früher in einer und derselben Person zusammengefügt waren.«[43]

Diese Zusammenhänge hat auch Max Weber bereits klar herausgestellt: »Die Disziplin des Heeres ist aber der Mutterschoß der Disziplin überhaupt. Der zweite große Erzieher zur Disziplin ist der ökonomische Großbetrieb.«[44] Darauf verweist aber auch schon Karl Marx 1857 in einem Brief an Friedrich Engels: »Überhaupt ist die *army* wichtig für die ökonomische Entwicklung ... Auch die Teilung der Arbeit *innerhalb* einer Branche (ist) zuerst in den Armeen ausgeführt.«[45] In beiden Organisationen ist aber letztlich dasselbe Prinzip maßgebend, nämlich die Erzielung größerer Effizienz durch Zerlegung oft sehr komplexer Verrichtungen und Abläufe in einzelne kontrollierbare Teilprozesse, die dadurch meßbar, steuerbar, einzeln erlernbar und organisierbar werden. Exerzierreglements und Taktiklehrbücher befinden sich so in geistiger Affinität mit Fabrikordnungen und der Organisation des arbeitsteiligen Prozesses in den Großunternehmungen[46], in denen wir »den vertrauten Boden des disziplinierten Industriekapitalismus mit Kontrollkarte, Aufseher, Denunzianten und Fabriksstrafen« betreten[47].

An erster Stelle erscheint also die erzieherische und disziplinierende Funktion der »Fabrik«. Gegen Unpünktlichkeit und Unzuverlässigkeit wird in allen Betrieben ein permanenter Kampf geführt. Anstelle des von der Natur eingesetzten Lebens- und Arbeitsrhythmus' tritt die rational eingeteilte Zeit, das Diktat des Lohnes nach der Zeiteinheit (im Unterschied zum Verlag, wo Stücklohn dominiert)[48]. Die verschiedenen Fabrikordnungen, die uns überliefert sind, enthalten daher alle ein

[42] Friedrich der Große, Politisches Testament, 1974, S. 118; vgl. auch Justi, Finanzwesen, 1766, S. 117f.

[43] Sombart, Krieg und Kapitalismus, 1913, S. 28.

[44] Weber, Wirtschaft und Gesellschaft, II, 1976, S. 686.

[45] MEW 29, S. 192.

[46] Vgl. auch Oestreich, Europäischer Absolutismus, 1968, S. 337.

[47] Thompson, Zeit, 1980, S. 51.

[48] Vgl. Foucault, Überwachen und Strafen, 1977, S. 251 ff.

Strafsystem für Zuspätkommen und für geringen Arbeitsfleiß. Zur Durchsetzung der Disziplin suchen die Unternehmer mitunter auch die Grundherrschaft, auf der sich die Fabrik befindet, zu erwerben, was ihnen Polizeigewalt und Gerichtsbarkeit sichert[49].

Allen in diesen Institutionen angewendeten Methoden liegt der cartesianische Rationalismus, ein mechanistisches Denkschema und eine von den Naturwissenschaften her bestimmte »physikalistische« Symbolwelt zugrunde, sowie, davon abgeleitet, das Prinzip des Zerlegens, Messens und modellhaften Abbildens (worauf etwa auch die Konstruktion von Maschinen, aber auch von ökonomischen »Modellen« beruht). Während entsprechende Erscheinungen der Natur und des früheren Arbeitslebens stets in das vielschichtige Wirkungsgefüge von Organismus und Umwelt einbezogen bleiben, die Arbeitszeit sich etwa nach biologischen, jahreszeitlichen oder sonstigen »natürlichen« Rhythmen richtet, erscheinen die »Produkte« des sogenannten naturwissenschaftlich-technischen Zeitalters demgegenüber oft wie ein zum Sonderzweck emanzipiertes Einzelorgan. Schließlich wird auch der Mensch selbst nicht mehr als Ganzes, sondern nur mehr als ein »Produkt« seiner verschiedenen Teilfunktionen gesehen. Das Ideal der Zeit findet in la Mettries *homme machine* seinen adäquaten Ausdruck[50]. Die berühmten Automaten sind allerdings nicht bloß Abbild des menschlichen Organismus', sondern nach Ansicht Michel Foucaults »politische Puppen«, nämlich verkleinerte Modelle der Machtstrukturen, sie sind zugleich auch die »Obsession von Herrschern, die über gutgedrillte Regimenter und gehorsame Untertanen gebieten«[51] möchten.

Es kann kein Zufall sein, daß sich unter den frühen Ökonomen und Gesellschaftstheoretikern eine Reihe von »gelernten« Naturwissenschaftlern findet, wie Johann Joachim Becher, François Quesnay, William Petty, Bernard de Mandeville, Gregory King, John Locke, Joseph Townsend, Philipp W. von Hörnigk (aber auch heute noch hält ja etwa Milton Friedman[52] die Wirtschaftswissenschaften bloß für ein »verkapptes Fach der Mathematik«). Schon von den Zeitgenossen wird die Bedeutung der Naturwissenschaften in diesem Zusammenhang

[49] Vgl. Hecht, Spiegelfabrik, 1909; Flinn, Men of iron, 1962, S. 201 f.
[50] Vgl. de la Mettrie, L'homme machine, 1748.
[51] Foucault, Überwachen und Strafen, 1977, S. 175.
[52] Vgl. Friedman, Essays, 1953, S. 12.

deutlich gesehen, ein geistiger Einfluß[53], der sich ja nicht zuletzt an der typisch »wissenschaftlichen« Vorgangsweise zeigt: »Zerlegen des nicht beherrschbaren Gesamtprozesses in isolierte, partikular bestimmbare Einzelprobleme und deren Synthese durch einen dem Prozeß fremden Kopf.«[54]

Im Bereich des Unternehmens heißt dies aber nichts anderes als die Trennung von »Vorstellung« und »Ausführung«, also Management – etymologisch übrigens abzuleiten von *manus* und *agere*, also wörtlich »an der Hand führen«, etwa ein Pferd in der Manege bewegen[55]. Das Modell der Naturbeherrschung (nämlich das Ideal des von außen zu steuernden, kontinuierlich und kontrolliert ablaufenden Prozesses), das für die experimentellen Naturwissenschaften konstituierend ist, wirkt auf den modernen Produktionsprozeß allerdings zunächst nur über die Organisationsform ein, später erst über die technische Hilfestellung[56]: Nicht nur die Gesetze der Naturwissenschaften – vor allem der Mechanik –, sondern auch deren Betrachtungsweise, Begriffe und Definitionen (etwa Leistung, Kraft, Gleichgewicht usw.) werden mehr oder weniger konsequent auch auf den Bereich der Sozialwissenschaften rückübertragen. Einige Grundannahmen des ökonomischen Denkens, vor allem der klassischen ökonomischen Theorie, lassen zumindest an eine Parallelität des Diskurses denken[57]. Die Etymologie bestimmter, für unsere zentrale Fragestellung relevanter Begriffe ist in diesem Zusammenhang interessant, so etwa, wenn man später von *scientific management* spricht und gleichzeitig bedenkt, daß im Englischen zwischen *science* und *humanities* unterschieden wird. Erste Hinweise auf ein Studium der Arbeit unter »physikalistischen« Aspekten findet sich laut einer ›History of the Royal Society of London‹ etwa schon Mitte des 17. Jahrhunderts. Wir haben bereits die klassischen Nationalökonomen erwähnt; später ist es vor allem Charles Babbage, der nicht nur scharfsinnige Erörterungen über die Organisation des Arbeitsprozesses zu seiner Zeit schreibt, sondern sich auch mit Rechenmaschinen und Lochkartensteuerung auseinandersetzt. Auch Frankreich verfügt über eine lange Tradition von Bemühungen um das wissenschaftliche Studium der Arbeit, die mit

[53] Vgl. Jojima, Ökonomie und Physik, 1985.
[54] Ullrich, Technik und Herrschaft, 1979, S. 119f.
[55] Vgl. Braverman, Arbeit, 1977, S. 94.
[56] Vgl. Ullrich, Technik und Herrschaft, 1979, S. 119.
[57] Vgl. Foucault, Ordnung der Dinge, 1971.

Colbert und Militäringenieuren wie Vauban und Belidor anfängt, bis hin zu Coulombs physiologischen Untersuchungen über die Anstrengungen bei der Arbeit und Mareys Versuchen, durch berußte Papierzylinder eine graphische Darstellung von Arbeitsphänomenen zu erhalten[58].

Von hier aus führt ein geradliniger Weg zu Frederick W. Taylors *scientific management,* der keine grundlegenden Unterschiede mehr zwischen der Gestaltung der menschlichen Arbeit und der Gestaltung von Maschinen sieht[59]. Den Ausgangspunkt seines Ansatzes bildet ein systematisches Studium von Arbeitsprozessen und darin enthaltenen Bewegungen, deren Ziel darin besteht, den Kräfteeinsatz zu minimieren, tote Zeiten zu eliminieren und Richtwerte für zumutbare Leistungen aufzustellen[60].

Die Analyse des Arbeitsprozesses und seine Zerlegung in einzelne Elemente hängt primär mit den drei bereits bei Adam Smith zu findenden Vorteilen der Arbeitsteilung zusammen: »Diese große Vermehrung der Quantität des Erarbeiteten, die infolge der Arbeitsteilung die nämliche Zahl Leute herzustellen imstande ist, verdankt man dreierlei verschiedenen Umständen: erstens der gesteigerten *Geschicklichkeit* bei jedem einzelnen Arbeiter, zweitens der ersparten *Zeit,* welche gewöhnlich beim Übergang von der einen zur anderen Zeit verloren geht, und endlich der Erfindung einer Menge von *Maschinen,* welche die Arbeit erleichtern und abkürzen und einen einzelnen Mann imstand setzen, die Arbeit vieler zu verrichten.«[61]

Dabei unterschlägt der Begründer der klassischen ökonomischen Theorie aber drei weitere mit der Arbeitsteilung im zentralisierten Großbetrieb verbundene Aspekte, nämlich die Effizienzsteigerung durch Kontrolle, die Schaffung des Detailarbeiters und das »Babbage-Prinzip der ökonomischen Produktion«[62]. Auf die Bedeutung der Kontrolle wurde bereits hingewiesen; die Manufaktur schafft aber auch den Detailarbeiter, der nur noch einen kleinen Teil der Produktion übersieht und kaum mehr eine Beziehung zum Gesamtprodukt hat. Nicht nur, daß die Arbeit in einzelne Arbeitsverrichtungen aufgeteilt

[58] Vgl. Braverman, Arbeit, 1977, S. 91; Weld, Royal Society, 1848.

[59] Kieser/Kubitschek, Organisationstheorien, I, 1978, S. 117.

[60] Vgl. Taylor, Shop management, 1903; ders., Principles of scientific management, 1947.

[61] Smith, Wealth of nations, I.i.5.

[62] Marshall, Industry and trade, 1919, S. 149; vgl. auch Babbage, Machinery and manufactures, 1832, Kap. 19; Braverman, Arbeit, 1977, S. 70.

wird, diese werden auch von verschiedenen Personen ausgeführt. Smith sieht aber an anderer Stelle durchaus die Folgen dieser Entwicklung: »Je weiter die Arbeitsteilung fortschreitet, um so mehr kommt es dahin, daß die Beschäftigung des größten Teils derer, die von ihrer Arbeit leben ... auf einige wenige, sehr einfache Verrichtungen ... beschränkt wird ... Ein Mensch, der sein ganzes Leben damit verbringt, ein paar einfache Operationen zu vollziehen, deren Erfolg vielleicht immer derselbe oder wenigstens fast derselbe ist, hat keine Gelegenheit, seinen Verstand zu üben oder seine Erfindungskraft anzustrengen ... Er wird am Ende so unwissend und dumm, als nur immer ein menschliches Wesen werden kann.«[63]

Ein weiterer Aspekt der Teilung der Arbeit hängt mehr mit rein ökonomischen Erwägungen zusammen; indem der Arbeitsprozeß in seine einzelnen Elemente zerlegt werden kann, von denen einige billiger als andere sind und alle einfacher als das Ganze, ist es auch möglich, die zur Durchführung der Produktion erforderliche Arbeitskraft selektiv, d.h. in die Sprache des Marktes übertragen, billiger einzukaufen. Während früher die in einem Arbeiter insgesamt integrierten Fähigkeiten gekauft werden mußten, können nunmehr die weniger Geschicklichkeit oder Kraft erfordernden Teilarbeiten geringer entlohnt werden[64]. Die Ausweitung der billigen Kinder- und Frauenarbeit hängt mit diesem Effekt der Arbeitsteilung zusammen.

Damit ist eine stärkere Differenzierung der innerbetrieblichen Hierarchie verbunden, die geradezu typisch für die Arbeitsorganisation in den zentralisierten Großbetrieben ist. In den neuen Betriebsformen treten erstmals zwei bis dahin integrierte Tätigkeiten verselbständigt auf, nämlich die leitende und die ausführende Arbeit[65], eine Differenzierung, auf die ebenfalls bereits Karl Marx hingewiesen hat: »Diese Funktion der Leitung, Überwachung, Vermittlung wird zur Funktion des Kapitals, sobald die ihm untergeordnete Arbeit kooperativ wird.«[66] Die Manufakturen des 18. Jahrhunderts kennen bereits eine Hierarachie von Management, leitenden Angestellten, Fachar-

[63] Smith, Wealth of nations, V.i.f.50. Daß dies aber durchaus im Sinne des neuen Herrschaftssystems sein kann, zeigt J. G. Schlosser, Goethes Schwager, wenn er sagt: »Die eingeschränktesten Menschen sind meist am glücklichsten, und am brauchbarsten.« Schlosser, Wubdianer, 1785, S. 60f.

[64] Vgl. Braverman, Arbeit, 1977, S. 70ff.

[65] Vgl. Sombart, Arbeiterverhältnisse, 1917/18, S. 19ff.

[66] MEW 23, S. 350.

beitern und ungelernten Arbeitskräften; erstmals zeigt sich in ihnen die »Auflösung der Einheit von geistiger Konzeption und Ausführung der Arbeit«[67].

Allerdings nur die größten Unternehmen leisten sich eigene Fabrikdirektoren; soweit die Betriebsinhaber Kaufleute sind, beschränken sie sich überwiegend auf die Gesamtleitung und beauftragen »Werkmeister« mit der technischen Seite der Unternehmensführung, damit natürlich auch mit der Kontrollfunktion. Die relativ große Zahl von – wie man damals sagt – »Beamten und Faktoren« zeigt, daß auch die Großbetriebe des »Manufakturzeitalters« ohne ein Management[68] nicht mehr zu beaufsichtigen und zu lenken sind[69]. Daß es sich bei diesen Fabrikdirektoren, *manufacturers* und kaufmännischen »Beamten« – also in heutiger Nomenklatur bei den »leitenden Angestellten« – meist um äußerst strebsame Personen handelt, dokumentiert sich auch darin, daß es einer ganzen Reihe dieser Leute gelingt, sich zu selbständigen Unternehmern aufzuschwingen[70].

Ein davon abweichendes Schema weist die technisch-organisatorische Seite der Betriebsführung auf. Hier ist der wichtigste Mann der »Werkmeister« oder »Fabrikant«. Konzeption und Entwurf, ebenso Weiterentwicklung und Innovation bleiben Domänen dieser handwerklich ausgebildeten Werkmeister, die aber fast immer noch über zusätzliche Spezialkenntnisse verfügen müssen, so daß sie am ehesten dem späteren Berufsbild des Ingenieurs nahekommen. In vielen Fällen, vor allem, wenn diese Leute aus dem Ausland geholt werden, handelt es sich bei ihrer Tätigkeit nicht bloß um eine Entlastung der Unternehmensführung, sie sind zumeist auch zuständig für die Verbesserung der Produktionstechnik, für Innovationen oder den Import von Know-how, wenn nicht überhaupt für die Ermöglichung eines Manufakturbetriebes[71]. Dafür spricht auch das Bemühen, ausländische Werkmeister mit hohen Kosten und Mühen direkt aus den führenden Produktionszentren anzuwerben. Auf vergleichbarer Stufe oder eine Stufe darunter in der innerbetrieblichen Hierarchie stehen meist die Leiter der kaufmänni-

[67] Matis, Manufakturarbeiter, 1966, S. 453ff.

[68] Den Begriff *Management* im modernen Sinne verwendet Jeremy Bentham bereits im Titel seines ›*Panopticon*‹; er ist somit wesentlich älter als F. Redlich (Unternehmer, 1964, S. 175) vermutet.

[69] Vgl. ebd.

[70] Vgl. Matis, Betriebsorganisation, 1981, S. 431f.

[71] Vgl. Matis, Manufakturarbeiter, 1966, S. 436.

schen Direktion, sofern nicht, wie in kleineren Unternehmen üblich, alle diese Funktionen in ein und derselben Hand vereinigt sind. Die kaufmännische Abteilung orientiert sich weitgehend am Beamtenschematismus der staatlichen Verwaltung, diese Organe werden in den zeitgenössischen Manufakturtabellen sogar unter dem Begriff »Beamte« zusammengefaßt.

Die Feststellung Werner Sombarts, die Manufaktur hätte mit dem Handwerksbetrieb immerhin noch den Kern einer »gelernten ... handwerksmäßig ausgebildeten Arbeiterschaft«[72] gemein, gilt zumindest für das 18. Jahrhundert noch in vollem Umfange. Auch damals ist ein geordneter Großbetrieb in bemerkenswert hohem Maße auf die Mitwirkung sachkundiger, gelernter Handwerksmeister und Gesellen angewiesen. Deren Anteil an den Beschäftigten in den Manufakturen der Endfertigung schwankt dabei zwischen 25 und 60 Prozent. Allein die Tatsache, daß man selbst langwierige Reisen ins Ausland nicht scheut, um solche Facharbeiter anzuwerben, unterstreicht diese Feststellung. Die meisten Weber, Kotonmaler, Drahtzieher, Papierer, Walker, Bleicher, Tuchscherer, Färber, Dreher, Feilhauer, Knopfmacher usw. sind Meister oder Gesellen, und diese bestimmen Qualität und Tempo des ganzen Produktionsprozesses. In fast allen Fällen nehmen damit gelernte Arbeiter die Schlüsselstellung ein. Erst mit dem Aufkommen der »modernen« Industrie nach 1800 verliert sich allmählich die Bedeutung dieses Personenkreises, und die ungelernten bzw. angelernten Arbeitskräfte gewinnen vorübergehend an Wichtigkeit[73].

Die Hervorhebung ausgebildeter Handwerker als Grundstock der Manufakturarbeiterschaft[74] spricht keinesfalls gegen die Feststellung, daß die meisten Arbeiter angelernt oder ungelernt sind. Diese werden nicht nur als Gehilfen und Handlanger der Facharbeiter eingesetzt, sondern besetzen mit dem Aufkommen einfacher Maschinen zahlreiche Produktionsstufen; insbesondere im Textilgewerbe, wo eine weitgetriebene Zerlegung in Teilprozesse möglich ist, bilden die ungelernten Arbeitskräfte das Gros der Belegschaft. Die Masse der ungelernten Arbeiter setzt sich aus Taglöhnern, verarmten Bauern und Bürgern, Kleinhäuslern, verabschiedeten Soldaten und einer großen Anzahl von Frauen und Kindern zusammen. Die soziale Herkunft bestimmt weitgehend auch den innerbetrieblichen und

[72] Sombart, Arbeiterverhältnisse 1917/18, S. 46.
[73] Vgl. Matis, Manufakturarbeiter, 1966, S. 436.
[74] Vgl. Matis, Betriebsorganisation, 1981, S. 440.

rechtlichen Status der Arbeiter. Aus dem 18. bis weit ins 19. Jahrhundert hinein wirkt die Tatsache nach, daß viele Manufakturen Menschen minderen Rechts beschäftigen, Armenhäusler, Zuchthäusler, Waisen oder auch Soldaten, die unter besonderer Observanz der Obrigkeit stehen.

Es geht dem modernen Zentralstaat um die Ausrottung des Müßiggangs[75] und zugleich um eine »merkliche Förderung der Manufakturen« im Dienste jenes umfassenden Disziplinierungsprozesses, der auf die Bildung eines gehorsamen und ergebenen Untertanenverbandes hinausläuft. Die Disziplin soll nicht nur die Kräfte des Körpers steigern, um die ökonomische Nützlichkeit und Leistungsfähigkeit zu erhöhen, sondern zugleich auch dieselben Kräfte schwächen, um sie leichter beherrschbar zu machen[76]. Es geht darum, eine »infinitesimale« Gewalt über den tätigen Körper auszuüben, indem Raum und Bewegung bis ins kleinste codiert werden sollen[77], ganz im Sinne der im 18. Jahrhundert so beliebten mechanischen Uhrwerke und Automaten. Bezeichnenderweise spricht etwa auch der »aufgeklärte« Kaiser Joseph II., der einer »mechanistischen« Auffassung von Unterricht und Erziehung zuneigte, von einer »Schulmaschine«, für die er tatsächlich mit der ihm eigenen Beharrlichkeit für jeden Vorgang festzulegen sucht, wie er abzulaufen habe[78]. Der staatliche Disziplinierungsprozeß umfaßt nicht nur den Abbau der unregelmäßigen vorindustriellen Arbeitsgewohnheiten, sondern auch die Integration von gesellschaftlichen Marginalgruppen in den Arbeitsprozeß. Abschaffung des Müßigganges und Aufhebung der Armengesetze sind Maßnahmen, die letztlich auf die Herauslösung des einzelnen aus den traditionellen solidarprotektionistischen Bindungen und auf die Bildung eines gehorsamen und ergebenen Untertanenverbandes hinauslaufen. Der allgemeine Disziplinierungsprozeß, diese Verabsolutierung des neuzeitlichen Arbeitsethos', das an Zucht, Leistung, Gehorsam, Tüchtigkeit im rational geordneten Zeitablauf und an Pünktlichkeit orientiert ist, soll vor allem die bisherigen sozialen Randschichten erfassen und sie nötigenfalls auch mit Gewalt in den Produktionsprozeß eingliedern[79]: »Die durchgehende Akzentuierung von Befehl, Gehor-

[75] Vgl. ebd., S. 441 f.; Stekl, Zucht- und Arbeitshäuser, 1978, S. 91 f.

[76] Vgl. Foucault, Überwachen und Strafen, 1977, S. 177.

[77] Vgl. ebd., S. 174 f.

[78] Vgl. Matis, Betriebsorganisation, 1981, S. 442.

[79] Vgl. Matis, Betriebsorganisation, 1981, S. 442 f.; Stekl, Zucht- und Arbeitshäuser, 1978, S. 20.

sam und Disziplin war nur innerhalb eines Denkens möglich, das den Industriebetrieb primär unter den Kategorien des Konfliktes erfaßte und in Analogien zu staatlich-bürokratischen und militärischen Herrschaftsverbänden beschrieb.«[80]

Die Betriebsformen von Verlag und Manufaktur können, historisch-chronologisch gesehen, zwar nicht als unmittelbare Vorläufer der modernen Fabrik angesehen werden, sie erbringen jedoch äußerst wichtige Vorleistungen in Form der Teilung und Organisation der Arbeit, der Ausbildung eines entsprechenden Managements und der sozialen Disziplinierung und Umformung großer Teile der Bevölkerung zu einer »arbeitenden Klasse«. Es besteht allerdings kein Zweifel, daß Verlag und Manufaktur in ihrer inneren Struktur noch stark von Praktiken beeinflußt werden, wie sie im Handelskapitalismus üblich waren, darauf deutet etwa das verbreitete interne Subkontraktsystem. Die innere Verfassung der Manufaktur ähnelt darüber hinaus auch der alten Grundherrschaft, wo es ebenfalls im Rahmen des »ganzen Hauses« bereits eine ausgebildete Arbeitsorganisation gibt, der eine Reihe von Aufsichtspersonen in hierarchischer Ordnung vorsteht. Die »moderne« Fabrik tritt dann im 19. Jahrhundert meist an die Stelle des Verlagssystems oder entwickelt sich völlig autochthon, während die Manufaktur als Betriebsform in manchen Zweigen, etwa in der Porzellanerzeugung, bis heute weiterbesteht. Um mit Herman Freudenberger zu sprechen: »Es wäre zuviel gesagt, wollte man sie als notwendige Vorbedingung für die industrielle Revolution bezeichnen. In der Protofabrik ging jedoch ein Prozeß vor sich, der die grundlegende organisatorische Struktur beisteuerte, die dann für die vollentwickelte Fabrik, mit ihren Maschinen und ihrer zentralen Leitung wesentlich wurde.«[81]

Das vielleicht wichtigste Ergebnis der Proto-Industrialisierung ist also wohl der dahinterstehende soziale Lernprozeß; denn wichtigstes Produkt der modernen Industriewelt ist der neuzeitliche Mensch der industriellen Leistungsgesellschaft, oder wie es J. M. Clarke, ein bekannter amerikanischer Vertreter der Neoklassik, ausdrückt: »The most important output of modern industry is its impact on those who produce the product.«[82]

[80] Kocka, Industrielles Management, 1969, S. 368.
[81] Freudenberger, Frühindustrielle Fabrik, 1968, S. 433.
[82] Zit. in Ginzburg, Human economy, 1976, S. 9.

Was unterscheidet jedoch die »Manufaktur«, ganz abgesehen von dem anderen technologischen Standard, grundsätzlich von der »modernen« Fabrik? Wesentlich bleibt die Einbindung der proto-industriellen Produktion in einen nur partiell kapitalistischen Bereich, der jedoch innerhalb der Gesamtökonomie noch eine relativ geringe Rolle spielt. Die expansive Entfaltung der Warenproduktion im zentralstaatlichen Merkantilsystem schafft die grundlegenden Bedingungen, unter denen sich die »kapitalistische« Produktion entwickeln kann.

Dennoch bleibt die »Proto-Industrie« grundsätzlich von nichtkapitalistischen Märkten abhängig, vom Feudaleinkommen der Grundherren, von Staatsausgaben und vom Konsumationsfonds der Bauern[83]. Daraus folgt aber, daß der Markt für Manufakturprodukte äußerst begrenzt bleibt. Zwar bildet sich so etwas wie ein »kapitalistischer« Markt für Produktionsmittel und Manufakturprodukte, dieser ist jedoch nach wie vor stark abhängig vom feudalen Sektor. Der Übergang zum modernen Kapitalismus erfordert nicht nur die Entfaltung der Warenproduktion, sondern zusätzlich die Ausweitung dieses »kapitalistischen« Marktes, solange bis dieser innerhalb der gesamten Wirtschaftsstruktur vorherrschend wird[84]. Besonders wichtig ist in diesem Zusammenhang, daß auch jener Sektor, der sowohl Rohmaterialien als auch den Hauptanteil der Gegenstände der Konsumation liefert, nämlich die landwirtschaftliche Produktion, in den kapitalistischen Sektor mitintegriert, also den Marktprinzipien unterworfen wird. Genauso bedeutend ist aber auch die Ausdehnung des Marktprinzips auf die menschliche Arbeitskraft, die Strukturierung des Arbeitsmarktes: »Die Struktur des Arbeitsmarktes wölbt sich ... als eine Art Über-Organisation über die individuelle Kalkulation und gibt die Grenzen vor, innerhalb derer sich Individuen und Organisation über Leistung und Entlohnung arrangieren müssen ...«[85] Während die Grundlage der Rekrutierung der Arbeitskraft in modernen Industriegesellschaften aber die Institution des Arbeitsmarktes ist, greift die Manufaktur zumindest teilweise noch auf die Zwangsvermittlung des Arbeitshauses zurück.

[83] Vgl. Kap. 10.
[84] Vgl. Hindess/Hirst, Vorkapitalistische Produktionsweisen, 1981, S. 264f.
[85] Ortmann, Unternehmensziele, 1976, S. 32; vgl. auch March/Simon, Organizations, 1958.

Die Lösung des Menschen aus den traditionalen Bindungen läßt die Vorstellung des »Individuums« entstehen. Dieses als autonom gedachte Konstrukt bedarf zu seiner Konstituierung »natürlicher Rechte«, vor allem des Rechts auf Freiheit (Bindungslosigkeit) und Eigentum. Garantiert werden diese Rechte durch den vertragstheoretisch begründeten Zentralstaat. Diese Denkfigur schafft analytisch die Aufteilung in »Staat« und »Gesellschaft«, wobei letztere als Aggregat atomistischer Individuen aufgefaßt wird. Der Mensch figuriert als »künstliche Maschine«, gesteuert von Leidenschaften, die durch »Staatlichkeit« in Interessen transformiert werden; indem er das Eigeninteresse verfolgt, trägt jeder zum Gemeinwohl bei.

In einem Abgrenzungsprozeß gegenüber anderen kognitiven Unternehmungen setzt sich ein neues wissenschaftliches Programm durch, das über die in den »Akademien« erfolgende Institutionalisierung durch den Zentralstaat gefördert wird. Das neue Paradigma beruht auf einem mechanistischen Weltbild, auf der Trennung von Geist und Materie und auf der analytisch-reduktionistischen Methode, auf der Zerlegung komplexer Phänomene in ihre einzelnen Elemente, die zu quantifizieren sind: Alles messen, was meßbar ist, alles andere meßbar machen. Kausalitätsbeziehungen werden mathematisch exakt erfaßt.

Aus der Trennung von Subjekt und Objekt wird das Postulat der Wertfreiheit abgeleitet, denn die empirisch faßbaren Phänomene sind dann vom Bewußtsein des Beobachters unabhängig. Auf der Basis dieser neuen »Rationalität« setzt sich der Grundsatz durch, eine Theorie müsse nicht »wahr«, sondern »richtig« sein. Die ganze »Natur« wird gemäß einer gesetzmäßigen Einheit konstruiert, das Experiment gilt als entscheidende wissenschaftliche Methode; die Ursache des Fortschritts wird im schöpferischen Individuum ausgemacht, das gleichzeitig Erfüllungsgehilfe einer transzendentalen Kategorie »Fortschritt« ist.

Wenngleich die zeitgenössische Naturrechtslehre und in ihrer Nachfolge und Überwindung die (schottische) Moralphilosophie das mechanistische Paradigma durch einen organizistischen Ansatz zur kommunikativen Organisation gesellschaftlicher Beziehungen erweitert, setzt sich mit dem Einrücken der Bürger in die Funktionen des Zentralstaates in weiterer Folge das mechanistische, cartesianisch-newtonsche Denkschema als wissenschaftliches Programm durch. In Adam Smiths theoretischem Werk verknüpfen sich die Elemente des zeitgenössischen Diskurses (*civic tradition,* Naturrechtslehre, Epistemologie). Dabei entsteht eine neue Qualität gesellschaftstheoretischen Denkens, es formiert sich die »politische Ökonomie« als eigenständige Wissenschaft.

22. Die Vereinsamung des Individuums und der Regreß auf die »Natur« des Menschen

Die geistigen Strömungen der europäischen Neuzeit wurzeln insgesamt nicht nur in einer neuen Naturphilosophie, sondern auch in einer individualistischen Gesellschaftsphilosophie, so daß man verschiedentlich die Geschichte der europäischen Neuzeit mit der Ausformung des neuzeitlichen Individualismus identifiziert hat. Individuelle Entscheidung und die Vorstellung eines als Individuum gedachten Einzelwesens sind keineswegs selbstverständlich. Für Angehörige anderer Kulturkreise, die bis heute wesentlich stärker in Stamm, Sippe oder Familie integriert bzw. in die Vorstellung eines göttlichen, fast alle Bereiche des menschlichen Handelns regelnden Gesetzes oder in die allgegenwärtige Macht von Naturdämonen eingebunden sind, ist die Vorstellung eines autonom konzipierten Individuums, die Idee des »Ich« als ein Absolutes, des Einzelmenschen als Maß aller Dinge nur schwer nachzuvollziehen.

Dieser europäische Individualismus ist im wesentlichen konstitutiv für »Aufklärung« und »Rationalismus«. Das Phänomen der Glaubensspaltung, die Auseinandersetzung der Konfessionen um die »wahre Religion« und die in ihrem Gefolge eintretende Säkularisation beschleunigen diesen Prozeß. Das theozentrische, universalistische, *anthropomorph* strukturierte Weltbild des alteuropäisch-traditionalen Denkens wird aufgehoben durch ein *anthropozentrisches,* das dann »mechanistisch« ausgestaltet wird; zugleich steht aber im Mittelpunkt des menschlichen Universums nicht nur der Mensch an sich, sondern jeder einzelne baut sich gleichsam sein kleines Universum auf, seinen Mikrokosmos, in dem er für sich als ein von allen anderen letztlich völlig unabhängiges Individuum besteht.

Akzeptieren wir, daß am Anfang die Tat ist[1], sei sie auch noch so tastend, daß also Handeln und Agieren dem Denken und jeglicher Theorie vorausgehen, so gilt: Die gesellschaftlichen Konflikte und Entwicklungen haben zunächst zu einer Situation geführt, in der dann eine Art von losgelöstem »Ich«, das Individuum existiert, das nun eine weitere Umformung, ein gegenüber dem »Ich« weiter gefaßtes und strikteres »Über-Ich« erhält. Es wird den Menschen aufgeprägt, es wird zum Produkt jener gesellschaftlichen Prozesse, welche die Ausbildung des Zentralstaates sowie das Durchsetzen des Geldwesens und des Handels begleiten. Gar nicht so lang zurück liegen die Zeiten, in denen das »Ich« noch nicht der Bezugspunkt des Denkens und Argumentierens, auch nicht des Handelns war, vielmehr das »ganze Haus«. Wie verschieden von der Situation, als es nurmehr darum geht, ob die Gesellschaft sich um den *roi soleil* dreht oder um das *moi soleil,* wobei die inhärente Entwicklungstendenz zur Zentralmacht klar erkennbar ist[2]. Es geht hier um jenen gesellschaftlichen Prozeß, in dem über die Personifizierung der Zentralmacht dann die Trennung von Staat und Gesellschaft erfolgt; vermittels eines mimetischen Effektes (jeder setzt sich als *roi soleil*) und der vom Zentralstaat durchgesetzten »Atomisierung der Gesellschaft« entsteht das *Individuum* (das nicht weiter Teilbare). Es wird in solchen Mengen auftreten (erzeugt werden), daß diese Entwicklungsphase schlechthin als die des »Individualismus« bezeichnet werden wird.

Den wesentlichen Einflüssen dieser reflexiven Abstraktion, die das Fundament des »bürgerlichen« Denkens formt und in dessen Struktur sein Durchsetzungsvermögen begründet liegt, soll nachgegangen werden: Ausgehend von der »Realitätsprüfung« des 16. und 17. Jahrhunderts kann die Separation wesentlicher gesellschaftlicher Elemente und Denkstrukturen an drei Beispielen gezeigt werden: erstens an der Emanzipation des sich durchsetzenden (Zentral-)Staates und seiner schließlichen Dominanz gegenüber der Kirche; zweitens an der Ablehnung geistlicher Vormacht (Erklärungsmacht, Vermittlerfunktion) –

[1] Vgl. Furth, Intelligenz und Erkennen, 1976.
[2] Vgl. Krailsheimer, Studies in self-interest, 1962, S. 7.

sowohl der Theologie als auch der Kirche – durch das Bürgertum, trotz deren Bemühungen, das Bürgertum an sich zu binden bzw. ihren alten Einfluß zu behalten; drittens an der Entfremdung von Gott (Natur) und Mensch, die sich in einer Auseinanderentwicklung von kirchlicher Interpretation und theologischer Spekulation niederschlägt, ja letztlich zur Trennung von Theologie und Philosophie führt.

Erst dieses Auseinanderbrechen traditionaler Zusammenhänge macht die Entwicklung des »Ich« und seines Abwehrmechanismus' immer notwendiger, treibt die Herausbildung des »Ich« schärfer voran; Strukturtheorie und -entwicklung des psychischen Apparates sind dazu die Schlüsselbegriffe; hinzu treten Veränderungen des Denkens und der Gefühle. Vorformuliert wird dies in der Reformation und nicht so sehr in der Renaissance, die auf die antike Vorstellung des *zoon politikon* zurückgreift und daher kein »Über-Ich« kennt. Nolens volens erhält das sich entwickelnde »Ich« einen »Helfer«, gegen den es sich doch auch öfter zu wehren hat: das aus der Furcht geborene »Über-Ich«. Wie der Staat sich aus der immer mehr ihre Beziehungen in Geld ausdrückenden und regelnden Gesellschaft herausentwickelt und beide zueinander in Konfrontation stehen werden, so auch das »Über-Ich« und das »Ich«[3]. »Meine Mutter«, so schreibt Thomas Hobbes, »hat Zwillinge geboren, mich und die Furcht zugleich.«[4]

Dabei sind die Gewaltapparatur des Zentralstaates und die Herrschaftsfunktion der Kapitalzirkulation die wesentlichen Ursachen der Entwicklung des »Über-Ich« und damit des modernen Individuums. Die Ausprägung moderner Wissenschaft erzwingt ein spezielles Denken, das, indem es als »rational« definiert wird, einen ebenso gewaltigen wie erfolgreichen Siegeszug antreten kann. Es soll gleich an dieser Stelle darauf hingewiesen werden, daß gerade wegen der Erfolge dieser auf Gewalt und auf veränderten gesellschaftlichen Verhältnissen errichteten Denkweise die Genesis des Zentralstaates nicht mehr reflektiert wird. Er hat in Einstellung und Handeln aber jenen neuen Menschen hervorgebracht, der fortan im Mittelpunkt der Gesellschaftstheorie stehen wird, wie er auch die Voraussetzungen geliefert hat, den Menschen axiomatisch als *homo oeconomicus* zu sehen.

[3] Vgl. Freud, Das Ich, III, 1975, S. 315.
[4] Hobbes, zit. in Röhrich, Sozialgeschichte, 1979, S. 16.

Stärker und mächtiger als alle Philosophien, als alle Rechtfertigungen, ist die Wirklichkeit: Was uns seit dem ausgehenden 18. Jahrhundert als (Staats-)Bürger entgegentritt, ist ein neuer Mensch. Dieser »erzeugte, geformte« Mensch, dieses Produkt des Zentralstaates, setzt sich gegen alle anderen Anschauungen und Theorien durch – aber auch gegen jene Menschen, die im Traditionellen verhaftet bleiben.

Wohl nicht weniger läßt sich erwarten, daß der sich selbst nun anders begreifende Mensch dabei die Erfahrung macht, das »Objekt« seiner Reflexion sei ebenfalls ein anderes geworden; in unserem Fall: Es entsteht eben das Individuum, das sich selbst als von der Umwelt abgetrennt sieht[5]. Es ist frei geworden von allen bisherigen Bindungen, sei es von solchen an andere Menschen, an die Natur oder – was oft für beides steht – von solchen an Gott. Dieses Individuum hat aber auch die Sicherheit der Einbettung in eine Gemeinschaft, das Einssein mit der Natur und das Vertrauen in – was wiederum oft für beides steht – einen zwar strengen, aber doch wohlwollenden, vertrauenswürdigen Gott verloren. Die Ausprägungen sind verschieden, das Grundmuster bleibt, wenn schon nicht gleich, so doch höchst ähnlich: Es ist bereits erkennbar bei den Fürsten und den reichen Handelsherren der Renaissance. Machiavelli beschreibt dieses *Auf-sich-allein-gestellt-Sein,* aus dem auch die Kraft erwächst, nur mehr dem Überleben zu vertrauen.

Jene relative Sicherheit durch Zugehörigkeit, die in gewissem Umfang die mittelalterliche Welt gab, ist seit der Renaissance dahin. Um Macht und Reichtum gegen die beherrschten und ausgebeuteten Massen zu bewahren und gegen Konkurrenten der eigenen Gruppe zu verteidigen, sind alle Mittel der Täuschung, des Betruges und der Gewalt notwendig und legitim. Die zynische, reservierte Einstellung zum anderen als »Objekt«, das man manipuliert, benutzt, liquidiert, entspricht der leidenschaftlichen Egozentrik, dem »wert-freien« Verfolgen des eigenen Nutzens. Moral ist auch hier ein »Produkt tatsächlicher sozialer Verhältnisse«[6]. Diese »Freiheit« geht einher mit einem Gefühl der Stärke, zugleich aber auch mit Einsamkeit und Angst[7]. Die Humanisten als Sprachrohr dieser Zeit lassen in ihren philosophischen Schriften diesen Widerspruch jedenfalls erkennen.

[5] Vgl. Freud, Angst, 1964.
[6] Gumplowicz, Grundriß, 1978, S. 198.
[7] Vgl. Dilthey, Weltanschauung, 1914, S. 14ff.

In Italien tritt uns der neue Mensch zuerst entgegen. Jene Mischung von neuem Despotismus und neuem Individualismus, von Freiheit und Tyrannei und letztlich von Orientierungslosigkeit findet sich dann vor allem in den absolutistischen Zentralstaaten wieder; denn nicht das Italien der Renaissance mit seinen reichen Handelsdynastien sollte die eigentliche Wurzel des Kapitalismus werden, nicht seine gesellschaftliche Oberschicht und deren Situation das Denken bestimmen, sondern die Mittelschicht und die bürgerliche Welt Mittel- und Westeuropas. Die Namen Luther und Calvin sind hier zu nennen, nicht deswegen, weil sie in ihren Schriften die Position mittelalterlichen Denkens so verschärfen, daß man Ansätze neuzeitlichen Denkens aufdämmern sieht, sondern weil ein Zusammenhang zwischen der gesellschaftlichen und psychischen Situation des Verkünders und Entwicklers einer neuen Lehre oder Theorie und den psychischen Bedürfnissen und dem Charakter jener Gruppe von Menschen besteht, an die sich diese Lehre wendet, von denen diese Interpretation aufgegriffen wird – und wenn sie aufgegriffen, auch modifiziert wird[8].

Das traditionale ständische, am Prinzip der »gerechten Nahrung« orientierte Gesellschaftssystem wird seit dem ausgehenden Mittelalter zunehmend untergraben: große Unterschiede zwischen Zunftgenossen, Herausbildung von Monopolgesellschaften, Eintritt in die Zünfte nur mit zum Teil beachtlichem Kapitalnachweis, Pauperisierungstendenzen, der Verlust der Unabhängigkeit durch das Verlagswesen, wenn auch das tradierte Ideal der Unabhängigkeit aufrechterhalten wird. Die zahllosen – überflüssig zu sagen: vergeblichen – Versuche, die Kleiderordnungen wieder in Geltung zu bringen, sind ein schönes Indiz für das Zerbrechen der alten Ordnung. Die Unsicherheit, die Abhängigkeit des kleinen Handwerkers und Geschäftsmannes finden wir in vielen erbitterten Anklagen gegen die Monopolisten wieder[9].

Gleichzeitig ist eine bis heute nachwirkende Veränderung in der Psyche der Menschen zu bemerken; selbst die schönen Künste und die Wissenschaft werden zunehmend unter den Aspekt der Geschäftemacherei gestellt[10]. Es gibt kaum einen sicheren Platz mehr im Gesellschaftssystem, den man als natur- oder gottgegeben ansehen kann. Der einzelne ist sich selbst

[8] Vgl. Berger/Luckmann, Gesellschaftliche Konstruktion, 1970.
[9] Vgl. Luthers Schrift ›Von Kaufhandlung und Wucher‹, 1524.
[10] Vgl. Shapiro, Social Reform, 1909, S. 21 f.

überlassen: »Wir treffen auf das Doppelgesicht der Freiheit ... Der einzelne wird von wirtschaftlichen und politischen Fesseln frei. Er gewinnt auch etwas an positiver Freiheit durch die aktive, unabhängige Rolle, die er im neuen System spielen muß. Aber gleichzeitig wird er auch von allen jenen Bindungen frei, die ihm zuvor Sicherheit und ein Gefühl der Zugehörigkeit gaben ... Dadurch, daß er seinen festen Platz in einer geschlossenen Welt verliert, geht dem Menschen auch die Antwort auf die Frage nach dem Sinn des Lebens verloren. Er fühlt sich von mächtigen, überpersönlichen Kräften ... bedroht. Die Beziehung zu seinem Mitmenschen – ein potentieller Konkurrent – wird feindlich und entfremdet. Er ist frei, das heißt, er ist allein, bedroht von allen Seiten. Da er weder den Reichtum noch die Macht (der Renaissance-Kapitalisten) besitzt ... und obendrein das Gefühl des Einsseins mit seinen Mitmenschen und dem Universum verloren hat, überwältigt ihn ein Gefühl persönlicher Nichtigkeit und Hilflosigkeit ... Der einzelne steht allein der Welt gegenüber ... Die neue Freiheit mußte ... ein tiefes Gefühl der Unsicherheit und Ohnmacht, des Zweifels, der Verlassenheit und Angst wecken.«[11]

Die Angehörigen des bürgerlichen Mittelstandes sind gegen die neuen Mächte, sei es das Handelskapital oder (in wechselseitiger Unterstützung und Förderung) die Zentralmacht, genauso hilflos wie nach Luther und Calvin der Mensch gegenüber Gott. Er ist seiner Gnade ausgeliefert, für die er aber nichts tun kann (während die traditionale christliche Sicht das Tun der Menschen und die göttliche Gnade miteinander verknüpfte). Denn – stärker bei Calvin noch als bei Luther – es gilt die Prädestination: »Dieses Bild eines despotischen Gottes, der die unumschränkte Gewalt über die Menschen und deren Unterwerfung und Demütigung verlangt, war eine Projektion der Feindseligkeit und des Neides der Mittelschicht.«[12] Diese Feindseligkeit anderen gegenüber findet sich natürlich auch im Verhalten gegenüber sich selbst, wenn auch unbewußt, indirekt und zumeist in rationalisierter Form, im antreibenden Gewissen, jenem »Über-Ich«, das die Verinnerlichung äußerer und machtvoller Autoritäten darstellt. Die Ohnmächtigkeit, das Ausgeliefertsein, diese panische Angst, erklärt auch die Entstehung eines Überaktivismus, der sich im ungerichteten Streben,

[11] Fromm, Furcht, I, 1980, S. 254.
[12] Ebd., S. 273.

etwas zu tun, manifestiert. Der oft irrationale Charakter moderner Arbeitsgesinnung, die sich Selbstzweck ist, entsteht durch die Internalisierung äußerer Mächte. Nicht das Verändern (Aufrechterhalten des Lebens) durch Arbeit steht im Vordergrund, sondern das Erhalten eines »Zeichens« (Gnade Gottes). Das genommene »Selbstvertrauen« (das in sich ruht) und das verlorene Gefühl für Menschenwürde, die Voraussetzung des Widerstandes gegen Unterdrückung sind, machen es psychologisch verständlich, daß der Zweck des Lebens nicht mehr im (ewigen und eigenen) Heil des Menschen liegt, sondern daß das Leben in den Dienst wirtschaftlicher Zwecke gestellt wird, bestimmt von unverständlichen, abstrakten Denkfiguren ohne Rücksicht auf den Menschen, rücksichtslos sich selbst und anderen gegenüber[13].

Im Anschluß an Max Webers Thesen in dem bekannten Aufsatz ›Die protestantische Ethik und der Geist des Kapitalismus‹ (1904) hat Alfred Müller-Armack versucht, eine ›Genealogie der Wirtschaftsstile‹ (1941) zu entwickeln. Dabei differenziert er zwischen einer traditionalen, den alten ständischen Idealen verhafteten Wirtschaftsgesinnung in den katholisch dominierten Ländern, die einem individuellen Erwerbsstreben angeblich entgegenwirkte, während der lutherische Protestantismus ein neues Berufsethos ausgebildet habe, wodurch er, aufbauend auf bürgerlichen Wertvorstellungen und in Auslegung des Berufs als Berufung – jeder Mensch ist durch den »Ruf Gottes« *(vocatio)* auf einen bestimmten Platz im Leben gestellt, auf dem er sich zu bewähren hat –, den Arbeits- und Leistungsbegriff neu definiert habe. Es entspreche dies dem Selbstverständnis und Berufsethos der neuen Bürokratie, des Offizierskorps und der kameralistischen Ökonomen sowie aller sonstigen »pflichtgetreuen« Staatsmänner und Untertanen. Hingegen sei beim Calvinismus, im Rückgriff auf alttestamentarisches Gedankengut im Sinne der Prädestinationsidee, der Erwerbserfolg im irdischen Leben zugleich ein Zeichen des göttlichen Wohlgefallens und Segens. Die allgemeine Säkularisierung christlicher Ideen hätte dann zu einer immer stärkeren Interrelation, zur Identifizierung von Erfolg und Auserwähltheit geführt, während Miß-

[13] Die Individualisierung der Gesellschaft und die Durchsetzung des Steuermonopols durch den Staat gegenüber diesen Individuen befördert, ja erzwingt eine Konfliktsituation (Konkurrenz) unter den Bürgern. Durch die individuelle Bemessung der Steuern wird ein Verhalten induziert, das auf persönliche Aneignung und relative Schlechterstellung des anderen aufbaut.

erfolg als persönliche Schuld, als Zeichen der *Reprobation* gerechnet wurde. Die »innerweltliche Askese« des Calvinismus sei damit wesentlich an der Durchsetzung der neuen kapitalistischen Wirtschaftsgesinnung beteiligt gewesen.

Unbestritten bleibt, daß die Reformation institutionelle Hemmnisse abgebaut hat, die einer Neubewertung ökonomischer Leistung entgegenstanden. Nur muß man nicht unbedingt die verschiedenen Konfessionen für die Ausprägung unterschiedlicher ökonomischer Gesinnung und die Entfaltung eines neuzeitlichen bürgerlichen Leistungsbegriffs bemühen. Vielmehr scheint es so, daß die durchaus verschiedene Ausprägung des modernen Staates hier viel stärker als Antrieb gewirkt hat. Je »absolutistischer« die Organisation des Staates, desto stärker ist auch das Individuum in seinen Dienst gestellt, während sich außenstehende Marginalgruppen, die nur wenig in die Gesellschaft integriert werden (Juden, Quäker usw.), stets in besonderer Weise auf dem Gebiete der Wirtschaft betätigten; dies gilt aber für Katholiken in überwiegend protestantischen genauso wie für Protestanten in katholischen Ländern, für Chinesen im südostasiatischen Raum wie für Inder in Afrika usw. Gegen die These, daß die protestantische Ethik den kapitalistischen Geist begründet habe, wird zu Recht eingewendet, daß es zwischen zeitgenössischen protestantischen und katholischen Autoren bezüglich ihrer Einschätzung von kaufmännischer Kalkulation kaum einen Unterschied gibt[14]. Entscheidend sind jedoch die isolierte Position des Individuums, seine marginale Stellung in der Gesellschaft und damit das Entbundensein von Rücksicht und Verantwortung gegenüber der Gesellschaft.

Die Vorstellung des autonomen Individuums (*autos* = selber, *nomos* = Gesetz) ist, wie gesagt, durch und durch ein Produkt der »Moderne« und spezifisch europäisch: »Vor Beginn der Neuzeit kann man jedenfalls von so etwas wie einer allgemeinen Krise im Verhältnis des einzelnen zur Gesellschaft nicht sprechen. Für breitere Schichten der Bevölkerung wurde dieses Verhältnis erst problematisch, als sich die traditionellen Gesellschaftsformen und die mit ihnen verknüpften kulturellen Sinngebungen für das Einzeldasein aufzulösen begannen ... in der weiteren Entwicklung ›befreiten‹ sich die ökonomischen und politischen Institutionen dann immer mehr von den religiös geprägten Seinszusammenhängen der Überlieferung, die die

[14] Vgl. Walkers, Capitalism, 1937.

auseinanderstrebenden Normen der verschiedenen Institutionsbereiche zusammengehalten hatten.«[15]

Das Band zwischen Glauben und Leben, einst für das Empfinden eine greifbare Einheit, lockert sich. Der gebildete Laie macht keinen Gebrauch mehr von seinem Glauben als Lebensregulativ; die zunehmende Distanz führt dazu, daß er dem einfachen Volk nicht nur Mißbrauch mit dem Glauben vorwirft, sondern auch, daß überhaupt religiöse Vorstellungen im täglichen Leben Verwendung finden: »Ohne vollständig den Glauben zu verlieren, lassen wir es zu, daß er in unserem Inneren immer schwächer wird; wir machen keinen Gebrauch mehr von unserem Glauben.«[16] Dieses Loslösen aus gegebenem, allgemein verbindlich erachtetem Diskurs, Denken und auch Handeln tritt vor allem im 17. und 18. Jahrhundert in eine entscheidende Phase. Längst vergangen sind die Zeiten, in denen man mit Pierre Bayle sagen konnte: »Es ist kaum notwendig, Bücher zu schreiben, um dem Volk und dem Durchschnittsmenschen die Wahrheit seiner Religion zu beweisen ... es (wäre) ein Unterfangen, das keineswegs notwendig ist, weil sie sehr wenig dazu neigen, überhaupt Zweifel zu hegen, und Gründe des Gewissens und Gefühlsmotive auf sie eine viel größere Wirkung ausüben als die bestbegründete Theologie und Philosophie.«[17]

Die Auseinandersetzung des Bürgers mit sich und seiner Vergangenheit, mit der Kirche als Institution und Heilsmittler, die dieser Situation vorausgeht, besteht nicht so sehr in theoretischen Überlegungen, sondern im Tun; im Erproben fertigt er seine Wertvorstellungen, seine Taten emanzipieren ihn von den alten Vorstellungen. Er sieht, daß das, was er selbst vollbringt, nur auf der Basis seiner (tastenden) neuen Vorstellungen, Werte und Handlungsmuster möglich ist. Die christliche Lehre kann ihm nicht länger jenen Halt gewähren, den ihm seine profane Ideologie zu geben vermag: Er macht sich sein Leben verständlich, indem er auf eine transzendentale Sinngebung seines Daseins verzichtet. Er ist bewußt ein Laie, seine Heimat ist das Diesseits. Selbst wenn er sich spekulativen Reflexionen hingibt, begründet er höchstens, warum diese Welt so ist, wie sie ihm als Bürger erscheint, nämlich »bürgerlich« und nicht anders. In dieser Haltung, die man später als »aufgeklärt« bezeichnen

[15] Luckmann, Persönliche Identität, 1972, S. 172.
[16] Massilon, zit. in Groethuysen, Weltanschauung, I, 1978, S. 63.
[17] Bayle, zit. in ebd., S. 61.

wird, wird ihm aber als Bürger seine differente Einstellung der Welt und dem Leben gegenüber klar. Sie ist different sowohl hinsichtlich der Kirche als auch gegenüber dem gläubigen »Volk«, denn er weiß hier wohl zu unterscheiden: »für ihn die weltliche Moral und die Wissenschaft, für die anderen die Religion«[18].

Daß bei diesem Versuch, in der Reflexion einen neuen Standpunkt zu konstruieren und sich eines solchen zu vergewissern, alte, zum Teil wiederentdeckte Denkmuster und Begriffe eine Rolle spielen, ist unzweifelhaft. Wohl eine Art Leitfossil von unübersehbarer Signifikanz für diese »paläologische« Schicht unserer Entwicklung ist der Begriff der »Selbsterhaltung«. Die Stoa, respektive ihre Rezeption, als verantwortlich dafür zu bezeichnen, wie das oft getan wird, verkennt allerdings die gesellschaftliche Bedingtheit[19]. Die zahlreichen daran anknüpfenden Versuche, die Autonomie des »modernen« Menschen, die neuzeitliche Glorifizierung der Vernunft (Rationalität) zu erklären, müssen scheitern, denn: »Der Selbsterhaltungstrieb ist die extreme Gegeninstanz zu aller anthropologischen Theorie. Es ist der einzige subjektive Bewegungsimpuls, der Kraft seiner Definition auf *kein Ziel* aus ist ... jegliche Versuche einer Begründung der Ethik, die auf Hobbes folgten, sind alle auf die Selbsterhaltung bezogen ...«[20] Nicht mehr der Mensch als Ganzes, in seiner gesellschaftlichen Komplexität, sondern das das Individuum quasi mechanistisch steuernde Interesse steht im Mittelpunkt.

Der Antike und dem Mittelalter ist dieser Ansatz fremd, denn bis in die Neuzeit ist es zuerst notwendig zu erklären, was das menschenwürdige Leben ist. Wie es Thomas von Aquin faßt, kann der »Zweck der Gesellschaft ... nicht wiederum durch die Gesellschaft definiert werden«. Daher muß die Klärung der Vorfrage nach dem Sinn und Zweck des Lebens vorgenommen werden, bevor der »gesellschaftliche Mensch« in den Staat eingegliedert werden kann. In der neuzeitlichen Philosophie wird diese Gedankenkette jedoch umgedreht. Bernardino Telesio und Tommaso Campanella haben die aristotelische Unterscheidung von *zen* und *eu zen* (»leben« und »gut leben«) aufgehoben und das Gute als »das am Leben Erhaltende« definiert. Baruch

[18] Groethuysen, Weltanschauung, I, 1978, S. 17.
[19] Vgl. Dilthey, Weltanschauung, 1914, S. 283.
[20] Henrich, Sittliche Einsicht, 1960, S. 91.

Spinoza bestimmt Selbsterhaltung als das Wesen alles Seienden, und Thomas Hobbes gründet den Staat statt auf *bene vivere* aufs bloße Lebenwollen um jeden Preis[21]. Als Bestimmungsgrund dieses Lebens gilt nicht mehr das Gute (gute Leben), sondern dieser reduziert sich auf seine Basis: auf Existenzsicherung, auf Leben schlechthin[22].

Die »teleologische Interpretation« der Natur wird, nach den Worten Francis Bacons, geopfert »als gottgeweihte Jungfrau, die nichts gebiert ...«[23] An die Stelle der teleologischen Struktur, kraft derer alles, was ist, auf eine demgemäße Tätigkeit, diese Tätigkeit aber ihrerseits auf die Realisierung eines letzten *bonum* ausgerichtet ist, nämlich »Gott zu schauen«, tritt nun eine Inversion der Teleologie: Das Sein steigert sich nicht zum Tätigsein, sondern die Tätigkeit ihrerseits hat zum alleinigen Ziel die Erhaltung dessen, was ohnehin schon ist, nämlich zu überleben. Dies erklärt die Akzeptanz der Aussage Spinozas, daß man an der Realität und dem Perfekten das nämliche erkennt. Diese die neuzeitliche Metaphysik charakterisierende Aussage bricht mit der aristotelischen Auffassung. Gemäß dieser sind eben Sein und Vollkommenheit *(actus primus, actus secundus; zen, eu zen)* nicht identisch, sondern stehen in einem teleologischen Spannungsverhältnis. Die Vollkommenheit gilt als eine andere, zweite Wirklichkeit, die als Ansporn zur Tätigkeit, als Bemühen aufgefaßt wird[24]. Diese Tätigkeit erfolgt im Hinblick auf ein Ziel; im Bemühen um dieses Ziel realisiert und verwirklicht sich das Wesen, das existiert. Die Erfüllung des Menschen liegt demgemäß darin, daß er aus seinem Dasein etwas macht, das dem, warum er ist, entspricht.

Die neuzeitliche Inversion der Teleologie reicht nicht aus, um durch die Verkehrung eines Alten ein Neues zu sein. Denn einerseits bleiben Teleologien in vielfachen Ausprägungen erhalten und tauchen auch immer wieder neu auf. Auch ist andererseits das Urrecht auf Selbstbehauptung lange vor René Descartes und Thomas Hobbes als zentrales Charakteristikum menschlichen Selbstverständnisses auszumachen. Die Formulierung eines neugefaßten Konzepts gegenüber einem alten ist

[21] Vgl. Spaemann, Bürgerliche Ethik, 1976, S. 80f.

[22] Gesellschaftstheorie und politische Philosophie entwerfen damit in der Folge jenes Bild des Überlebenskampfes, das dann Darwin (unter explizitem Bezug auf Malthus) als biologisches Grundgesetz formulieren wird.

[23] Spaemann, Bürgerliche Ethik, 1976, S. 79f.

[24] Vgl. ebd.

jedoch der Abschluß einer Entwicklung: In Theologie und Philosophie mobilisieren sich Widerstand und Willensfreiheit gegen die alte Theologie, die in der Verfolgung eines vorgeblichen Interesses eines absoluten Gottes die Sorge der Menschen um sich selbst nicht reflektierte[25].

Der antike Ausweg – das in formaler Struktur ähnliche Denken Epikurs – in die Selbstgenügsamkeit des »Hauses« ist mit der Herstellung der neuen gesellschaftlichen Situation verschlossen: Zu tief ist der Mensch in der Sicherheit seines Denkens und Urteilens erschüttert, verunsichert durch einen extrem mächtigen und auch verschlagenen »Weltgeist« *(deus absconditus)*, dem die Irreführung des Menschen aufgrund seiner gegebenen Ausstattung immer möglich zu sein scheint. Die »Entzauberung der Welt« (Max Weber) ist bereits so weit fortgeschritten, daß der Mensch sich auf sich selbst reduziert sieht; die Sicherheit seines Denkens ist für ihn nur in sich selbst, durch einen Akt des Reduktionismus zu finden. Als Konsequenz des nominalistischen Gottes, der ja nicht dieser bösartige Weltgeist ist, sondern der dem Menschen nur nicht die Gewißheit gibt, es nicht zu sein, bleibt nur, die Sicherheit in seinem eigenen Denken zu finden. Der *deus absconditus* ist außerhalb der geoffenbarten Heilsbedingungen nicht festgelegt: Angesichts der gesellschaftlichen Realität liegt es nahe, ihn als *genius malignus* zu erfassen. Der Zwang zur Selbstbehauptung ist nicht nur im Denken gegeben, sondern spiegelt weitgehend die Verhältnisse wider, in denen sich der Zentralstaat und sein Sancho Pansa, das Kapital, durchsetzen, für das der Zentralstaat in der weiteren Folge als sein Don Quijote erscheinen muß. Begleitet wird dies durch den Untergang der relativen Stabilität der alten Welt und ihrer Lebensformen durch Religionskriege, Bauernaufstände, Bettlerheere[26]. Was somit Descartes mit seinem *cogitans sum* unternimmt, nämlich die Gewinnung eines neuen, festen Fundamentes, ist von Martin Luther bereits 1517 gegen die scholastische Theologie des Mittelalters so ausgedrückt worden: »Der Mensch kann kraft seiner Natur nicht wollen, daß Gott Gott ist, sondern er kann nur wollen, selber Gott zu sein, und daß Gott nicht Gott sei.«[27]

Gemäß unserer Hypothese, daß das Handeln grundsätzlich

[25] Vgl. Blumenberg, Säkularisierung und Selbstbehauptung, 1974, S. 216.

[26] Vgl. Lis/Soly, Poverty and capitalism, 1979, S. 78ff. u. 174; Borst, Lebensformen, 1979, S. 229.

[27] Zit. in Blumenberg, Säkularisierung und Selbstbehauptung, 1974, S. 210.

dem Denken, der Reflexion vorangeht (vgl. die Rolle der Assimilation bei Jean Piaget), hat Friedrich Nietzsche den Ordnungsschwund, den Verlust der Vorsorge der Natur für den Menschen als die Voraussetzung dafür erkannt, daß der Mensch sich zum schöpferischen Wesen macht. Der Mensch erfaßt sich und die Natur in einer Reaktionsbildung als zu gestaltende Materie. Die traditionale Betrachtungsweise sieht demgegenüber die Welt von Gott für den Menschen angelegt, den Menschen letztlich als ihren Bestimmungsgrund. Sobald jedoch diese Teleologie aufgegeben wird, kann der Mensch nicht mehr auf Gott vertrauen, sondern muß selbst tätig werden; dazu wiederum Nietzsche: »Das absurde Vertrauen zum Gang der Dinge, des für Hand und Vernunft lähmendsten Glaubens, den es je gegeben hat«[28], erscheint damit obsolet.

Damit wirkt Dieter Henrichs historisch-philosophischer Verständnisversuch moderner Subjektivität als »wechselseitige Implikation von Selbstbewußtsein und Selbsterhaltung«[29] plausibel: Die instabil gewordenen Erfahrungszusammenhänge des Menschen lassen es nicht mehr zu, sich als Wesen in einer wohlbestimmten und als Ganzes einsichtigen Ordnung zu erfassen. Dieses Fehlen einer Bestimmung des Menschen in einem Fakten- und Normensystem führt dazu, daß er sich nur als sich selbst begreift und als Grund und Thema eigener Normen nun interpretiert: *»Cogito, ergo sum.«*[30]

An die Stelle einer Teleologie, die auf ein *bonum,* und zwar in Gemeinschaft mit anderen gerichtet ist, tritt als Sinn des Lebens das bloße Überleben, die Selbsterhaltung. Damit rückt aber ein konstruktivistischer Ansatz des Denkens in den Vordergrund. Da der Mensch nur von solchen Dingen sicher wissen kann, die er herstellt, wird *das durch Kunst Seiende,* das vom Menschen Hergestellte und Erzeugte, *dem von Natur aus Seienden* vorgeordnet. Das, was künftig »natürlich« heißen wird, hat mit der überkommenen Vorstellung des *von Natur aus seiend* nichts mehr gemeinsam.

Thomas Hobbes ist es, der den traditionalen Naturbegriff – die zunehmenden mentalen Reservationen führten seit den »Nominalisten« zu immer neuen Modifikationen, die Assimilation an die tradierten Strukturen führte zu immer größeren Bereichen der »Anomalie« – radikal umgestaltet und damit den

[28] Zit. in ebd., S. 158ff.
[29] Henrich, Sittliche Einsicht, 1976, S. 307.
[30] Vgl. ebd., S. 308.

Rahmen des modernen »Naturrechts« begründet. Deutlich wird diese grundsätzliche Neustrukturierung in der Gegenüberstellung der Erklärung des Entstehens der politisch verfaßten Gemeinschaft bei Aristoteles, dessen modifizierte Vorstellungen auch das Denken des Mittelalters weitgehend beherrschten, und bei Thomas Hobbes. Beide unternehmen es, diese Gemeinschaft aus den darin umfaßten Elementen heraus zu erklären; aber auf diese rein formale Parallelität beschränkt sich auch schon die Vergleichbarkeit.

In den traditionalen Lehren sind die Regeln des Naturrechts bestimmend für jenen Bereich der kosmischen Ordnung, nach dem die Menschen sich zu verhalten haben. Greifen wir auf Aristoteles zurück, so nimmt dessen Lehre insofern eine Sonderstellung ein, als *das von Natur aus Rechte* zugleich mit der Polis entstehe, welche die einzige für Freie würdige Verfassungsform sei; das heißt, in Sitte und Satzung der Polis ist das »Naturrecht« immanent, es transzendiert diese nicht. Der ontische Status der »drei Seinsarten« (die von Natur aus seienden Dinge, die künstlich hergestellten Dinge, die eigentlich menschlichen Dinge, die sich im politischen Handeln darstellen) ergibt sich aus der Vorrangigkeit des Ewigen vor dem Veränderlichen. Dabei gilt, daß gemäß der Natur einer Sache auch sein *telos*, sein Ziel bereits bestimmt ist. (Es kann dabei um eine Sache gehen, deren *telos* schon immer erreicht ist, oder auch erst erreicht werden wird. Da nicht nach der Entstehung der Politik gefragt wird, spielt diese teleologische Überlegung keine Rolle.) Wichtig ist nach Aristoteles, daß der Staat (Polis) zu den *von Natur aus seienden Gebilden* gehört, und daß »der Mensch von Natur aus ein staatenbildendes Lebewesen« ist[31]; folgerichtig heißt es daher bei Aristoteles weiter: »Derjenige, der auf Grund seiner Natur und nicht bloß aus Zufall außerhalb des Staates lebt, ist entweder schlechter oder höher als der Mensch ... ein wildes Tier oder Gott.«[32]

Die Vorrangigkeit des Seins bedeutet nicht mehr oder weniger, als daß in den ersten Gemeinschaften bereits die Grundform der Polis angelegt ist. Das Werden, das Veränderliche wird als Negation der aus Form und Materie zusammengesetzten »Natur« angesehen. Daher muß das Sein der Negation stets vorangehen; die Negation bedeutet in der aristotelischen Onto-

[31] Aristoteles, Politik, 1978, 1253 a, 3.
[32] Ebd., 1253 a, 28.

logie einen Mangel, ein Nichtvorhandensein (bzw. ein Noch-Nichtvorhandensein). Daraus resultiert, daß die Auflösung und Rekonstruktion der Polis in einen der Hobbesschen oder Lokkeschen Vorstellung vergleichbaren »Naturzustand« aus dieser Sicht unmöglich ist: »Aus diesen beiden Gemeinschaften (Regierende und Regierte) entsteht zuerst das Haus ... Die erste Gemeinschaft, die aus mehreren Häusern ... besteht, ist das Dorf ... Endlich ist die aus mehreren Dörfern bestehende vollkommene Gemeinschaft der Staat.«[33] Angelegt ist offenkundig die Polis bereits in den ersten Gemeinschaften, und schon diese umfassen »politische Wesen«, die eben der Gemeinschaft bedürfen, um Menschen sein zu können und nicht für sich selbst seiende, autonome Individuen. Diese Verfaßtheit in Gemeinschaft, die demnach dem Menschen von Natur aus eignet, entspricht wieder in der antiken (und christlichen) Tradition der Zweischichtigkeit der Menschennatur. Zum einen besteht diese aus einer Trieb(Vital-)Sphäre, die sie mit dem Tier gemeinsam hat (Selbsterhaltung, Geschlechtstrieb), zum anderen aus jenen Qualitäten und »Tugenden«, die das eigentlich »Menschliche« ausmachen: Vernunft, der Trieb zur höheren Erkenntnis, Wohlwollen, Mildtätigkeit, Gerechtigkeit, Bürgersinn[34].

Thomas Hobbes hingegen als der Protagonist der modernen Gesellschaftsphilosophie dreht die Ontologie des Aristoteles um: Für ihn ist das »Nicht-Sein« *(negatio)*, das Veränderliche so real wie das »Sein« und ist darüber hinaus ontologisch vorgängig – eine Konsequenz der Annahme der Schöpfung aus dem Nichts *(creatio ex nihilo)*. Damit verliert die »Natur« ihren Vorbildcharakter und somit auch das traditionale Naturrecht seine Abstützung. Ontologisch ist aus dieser Sicht dann das *durch Kunst Seiende*, das *Hergestellte*, dem *von Natur aus Seienden* vorgängig und damit das Bestimmende. Mit dieser Konstruktion verliert aber auch das *telos* seine alte Bedeutung: Das, was hergestellt wird, ist letzte Wirklichkeit. Anstelle der Denkfigur von Materie und Form tritt die von Ursache und Wirkung, das Kausalitätsprinzip.

Während für das antike Griechenland und auch für das christliche Mittelalter die Polis der »großgeschriebene Mensch« (Plato) ist, ist der große »Leviathan« des modernen Staates ein Konstrukt, ein »künstlicher Mensch« (Hobbes). An die Stelle des

[33] Ebd., 1252b, 10, 15 u. 27.
[34] Vgl. Euchner, Naturrecht und Politik, 1979, S. 19ff. u. 241.

von Natur aus Seienden – das als *telos* bereits in den primitivsten Gemeinschaften vorhanden ist, um das politische Handeln (unter Gleichen und Freien) als *das echt Menschliche* zu realisieren – tritt *das Hergestellte, das Erzeugte.* Aufgrund der Vorgängigkeit der Negation, des Nicht-Seins, kann das Hergestellte nicht aus Elementen bestehen, die im Keim das fertige Werk bereits enthalten, sondern nur aus isolierten Atomen. Das *zoon politikon* wird abgelöst durch den *homo faber*, der sich als autonomes Individuum begreift und sich seine Welt selbst konstruiert.

Will man den Herstellungsgrund rückwärts gewendet rekonstruieren, so muß an einem Punkt begonnen werden, an dem es – auch nicht ansatzweise – keine Gemeinschaft politisch Handelnder gibt. In der neuen Gesellschaftsphilosophie ist dies der »Naturzustand« von (autonomen) Einzelwesen, die von einer einzigen Kraft (Trieb) in Gang gehalten werden, nämlich dem Wunsch nach Überleben. Diese aus Existenzangst gespeiste Kraft läßt – zumindest im rationalistischen Naturrecht – kaum Platz mehr für einen »Sozialtrieb« oder ähnliches; in diesem konstruktivistischen Ansatz kann er zumindest seine Kraft nicht mehr zur Geltung bringen. Einzig die Kraft der Leidenschaften treibt den Menschen, ebenso die Angst vor dem Tod.

Der neue Naturbegriff, der damit verbindlich werden sollte, schränkt den Menschen auf seine »Leidenschaften« ein, die ethisch-gesellschaftliche Dimension wird einfach ausgeblendet. Weder die Teilhabe an der Gemeinschaft der Polis, noch die am göttlichen Logos der Scholastik findet in dieser neuen, »modernen« Ontologie Berücksichtigung. Damit wird die nach traditionaler Auffassung der Vernunft eigene Fähigkeit, Gut und Böse zu unterscheiden, im Grundsätzlichen überflüssig; dies ist für die neue Ontologie zentral. Doch Gut und Böse zu erkennen, bleibt nach wie vor die Grundlage des gesellschaftlichen Lebens. Sie wird jedoch als über das Recht vermittelte Konvention und nicht mehr als ein Ergebnis ethisch-politischer Tätigkeit verstanden. Die Vertreter dieser neuen Betrachtungsweise sind in dieser Hinsicht überzeugt, daß sie ihre Naturrechtslehren, ihre politische Philosophie konsequent aus der Natur des Menschen, »wie sie nun einmal ist«[35], ableiten können. Ihre Deduktionen unterscheiden sich in dieser Annahme prinzipiell von den aristotelisch-scholastischen Überlegungen, denn diese

[35] Vgl. Spinoza, Tractatus theologico-politicus, II, 1830, S. 433.

betrachten *die Menschen nicht so, wie sie sind, sondern so, wie sie ihrer Meinung nach sein sollten.* Darin ist der Vorwurf, den die »Neuen« erhoben, zum Ausdruck gebracht. In der Betonung des Unveränderlichen und der endlich »richtig« erkannten Natur des Menschen fließt eben das ein, was die neuzeitlichen Philosophen als das Charakteristische am Verhalten der Menschen in ihrer Zeit und ihrer Umgebung bemerken und herausdestillieren.

Als Antriebskraft des menschlichen Handelns erscheinen somit die Leidenschaften, welche dem Menschen »naturhaft« innewohnen. Die Gesellschaft umfaßt die ökonomische Komponente, der durch die Regierung dargestellte Staat die politische Komponente der im Interesse des Eigentums verfaßten Gesellschaft. Dominierend wird aber in der Folge der ökonomische Bereich; der Ordnungsentwurf John Lockes ist zugleich ein entscheidender Schritt zur Konstituierung und Ausformulierung der *politischen Ökonomie.*

Die Teilung in Staat und Gesellschaft, das Auseinandertreten dieser beiden Bereiche, ist die Folge jener Ontologie, die bei Thomas Hobbes radikalisiert wird: Überleben in Befolgung der Leidenschaften ist das Ziel der Menschen. Ökonomische Kriterien bilden den Zweck der menschlichen Existenz in einer Gesellschaft. Die Leidenschaften sind das Begründende, die Vernunft verblaßt demgegenüber. Allerdings, nur über die Leidenschaften ist keine Gesellschaft zu konstruieren. Dies wird manifest in den Übergängen vom Natur- in den Kulturzustand, die zur Lösung bzw. Stabilisierung der Aporien des Naturzustandes notwendig werden. Wie können aber Leidenschaften als Basis individuellen Verhaltens dennoch für den Aufbau der Gesellschaft nutzbar gemacht werden? Hobbes' Lösung ist die des Zwanges und der Repression. Diese Aufgabe wird dem Staat übertragen, dem *Leviathan;* die pure Existenz eines Staates rechtfertigt dann *jede* politische und soziale Ordnung.

Theoretisch wirft aber die Hobbessche Lösung der Repression die Frage der Leidenschaften neuerlich auf: Wie soll denn ein Herrscher, der seinerseits den Leidenschaften unterworfen ist, das rechte Maß der Repression finden? So gewendet, bewirken die Versuche zur Überwindung von durch Leidenschaften bewirktem Elend und Unheil durch eine als *deus ex machina* erscheinende Autorität eher ein neues Problem als eine Lösung.

Die Beschäftigung mit psychologischen Fragen, meist unter

einem physiologischen Aspekt[36], läßt eine Sozialisation der Leidenschaften möglich erscheinen. Diese Spekulationen versuchen, die Leidenschaften in Neigungen, das Hemmungslose in Konstruktives zu verwandeln: »Die große Niedrigkeit des Menschen ist sein Geltungsdrang, und doch ist gerade er das deutlichste Zeichen seiner Vortrefflichkeit, ... (denn ihm ist gelungen), aus der Begierde ein so bewunderungswürdiges Arrangement (und eine) so schöne Ordnung«[37] hervorzubringen. Dies klingt – ohne die begründenden Zwischenargumente – wie Adam Smiths Argumentation des Wirkens der *invisible hand.*

Die Schwierigkeit dabei ist, zu eruieren, wie die Situation aussehen muß, welche Maßnahmen zu ergreifen sind, um »Leidenschaften« in »Tugenden« zu verwandeln. Der Gedanke, es müßte möglich sein, »private Laster« in »öffentliche Vorteile« zu verwandeln, wie der Untertitel von Mandevilles ›Bienenfabel‹ vorschlägt, begegnet uns im 17. und noch im 18. Jahrhundert häufig. Nur ein einziger Bereich kristallisiert sich allerdings heraus, in dem Verfahrensweisen beschrieben werden, durch welche die privaten Leidenschaften in etwas gesellschaftlich Positives transformiert werden: der ökonomische, die Leidenschaften für materielle Güter, z.B. für Luxusentfaltung und Konsum. Dabei verschwimmen verständlicherweise auch die traditionellen Grenzen zwischen »Laster« und »Tugend«: »Der Allerschlechteste sogar fürs Allgemeinwohl tätig war.«[38] Wir finden den Hintergedanken der Nutzbarmachung noch in der Selbstdarstellung des Mephisto als »Teil von jener Kraft, die stets das Böse will und stets das Gute schafft«[39].

Die Überzeugungskraft dieser Spekulationen, ihre Einsichtigkeit, ihre Plausibilität setzt sich erst mit der Erfahrung einer anders gewordenen Welt durch. Am Ende des 18. Jahrhunderts wird Casanova in seinen Memoiren das Verschwimmen der alten Grenzen auch im Individuellen festhalten und – sein Leben reflektierend – sagen, daß »auf dieser gleichermaßen körperlichen wie moralischen Welt das Gute aus dem Bösen hervorgeht, wie das Böse aus dem Guten«. Die Irrelevanz von Gut und Böse wird in der Empfehlung zum Ausdruck gebracht, daß jemand aus dem wechselvollen Schicksal Casanovas »die hohe

[36] Vgl. Descartes, Über den Menschen, 1969.
[37] Pascal, Pensées et opuscules, 1953, 404, 402 u. 403.
[38] Mandeville, Bienenfabel, 1980, S. 84.
[39] Faust I, Vers 1336. Vgl. auch Smith, Theory of moral sentiments, 1759, I. ii. 3.5.

Kunst« lernen könnte, »sich stets im Sattel zu halten«[40]. Die Relativierung und schließlich die Irrelevanz gesellschaftlicher Bewertungen, ihre Nebensächlichkeit, begleitet den Rückzug des Menschen, die Reduktion auf sich selbst. Wovon einst Blaise Pascal als Zukunft sprach, nämlich daß der Mensch allein sterben werde, und damit seine Zeitgenossen noch erschreckte, gilt am Ende des 18. Jahrhunderts fürs ganze Leben: »Der Mensch ist einsam auf der Welt. Alle Kreaturen sind vom Tage ihrer Geburt an einsam und bedürfen einander nicht.«[41] Die Entwicklung ist deutlich; freilich darf es nicht verwundern, daß neben den oben angegebenen Erklärungsversuchen (Repression, Transformation), wie es Albert O. Hirschman prägnant schildert, auch Denkfiguren – ebenfalls im Anschluß an Machiavelli – entwickelt werden, die Leidenschaft mit Leidenschaft neutralisieren wollen[42].

Die ökonomische Relevanz derartiger Einstellungen zeigt sich deutlich bereits am Beginn der neuzeitlichen »Konsumgesellschaft«: »Aufwand und Luxus, die Befriedigung neuer Bedürfnisse werden zu staatserhaltenden Faktoren. Was nützte hier noch die Erkenntnis, je weniger Bedürfnisse, desto weniger Mühe und Sorgen, meinte Johann Heinrich Pestalozzi, im Gegenteil, je mehr die Verfeinerung und Vervielfältigung der Bedürfnisse voranschreitet, umso schneller gehe auch die Entwicklung der Fähigkeiten und der Kräfte. Die neue Lebensauffassung beinhaltet einen sich beständig erneuernden Aufwand als das unumgängliche Bedingnis der gesellschaftlichen Glückseligkeit.«[43]

Die von Leidenschaften genährte, konsumorientierte, aufwendige barocke Lebensweise wird zudem mit dem Grundsatz des »vergnüglichen Lebens« nicht nur legitimiert, sondern sogar als Leitnorm empfohlen, denn Aufwand und Luxus werden unter dem Gesichtspunkt gerechtfertigt, daß erst dadurch für die Bevölkerungsmassen Erwerbsmöglichkeiten geschaffen würden[44]. Ähnlich wie in der Frage des Zinsnehmens wirkt hier die neue Gesellschaftsphilosophie im Sinne einer Ersetzung der

[40] Casanova, Geschichte meines Lebens, I, 1964, S. 64.

[41] Sade, Biographie, I, 1962, S. 41.

[42] Vgl. Hirschman, Leidenschaften und Interessen, 1984, S. 28ff.

[43] Ephémeriden der Menschlichkeit, X, 1781, S. 528, zit. in Sandgruber, Konsumgesellschaft, 1982, S. 384ff.; vgl. auch Plumb u.a., Consumer society, 1978.

[44] Vgl. Bernard de Mandevilles ›Fable of the bees‹ (1714) mit dem charakteristischen Untertitel ›Private vices, public benefits‹.

moralischen Gesichtspunkte durch ökonomische; von da ist es nicht mehr weit zur Idee, daß sich Stellung und Wert des einzelnen Menschen durch seine Position am Markt bestimmen. Leidenschaften werden schließlich umgemünzt in Bedürfnisse: »Während die konventionelle und auch rechtliche Definition einer standesgemäßen Lebensführung der Wahl von Bezugsgruppen zur Einschätzung der eigenen Lage einige Schranken gesetzt hatte, stand mit dem Vordringen der rechtlichen Gleichheit jedermann der Vergleich mit den oberen Schichten der Gesellschaft offen. Die damit einhergehende ›Entfaltung der Bedürfnisse‹ wurde durch die dynamische Entwicklung der Wirtschaft noch verstärkt, die an die Stelle stabiler Armut eine unbestimmte Zukunft setzte.«[45]

Es erscheint durchaus zulässig, die umfangreichen Theorien des Gesellschaftsvertrags mit den Versuchen, Leidenschaften miteinander auszugleichen, in Verbindung zu setzen. Vor allem bei Thomas Hobbes beschränkt sich die Phase des »politischen Handelns« auf die Vertragsschließung und damit die Wirksamkeit des Ausgleichs auf eine kurze Frist. Eine langfristige Verhaltensweise scheint jedoch notwendig zu sein, um die Ausgleichsstrategien innerhalb kurzer Zeiträume immer wieder aufs neue vornehmen zu können. Ein solches Konzept wird auch gefunden: Interessen stehen den Leidenschaften entgegen, wobei den Interessen eine langfristige Konstanz zugeschrieben wird; dadurch sollen die Wechsellagen der Leidenschaften stabilisiert werden.

Der Begriff Interesse bezieht sich anfangs auf das ganze Spektrum menschlichen Strebens, beinhaltet jedoch Elemente der Reflexion und Kalkulation hinsichtlich der Art, wie diesem Streben nachzukommen sei[46], vor allem – in der Nachfolge Machiavellis – aus dem Blickpunkt des Herrschers. Erstmals erhält dieser Begriff als Handlungsspielraum des Fürsten auch eine Einschränkung in der konkreten französischen Situation. Der berühmte erste Satz des Essays ›De l'interest des princes et estats de la chrestienité‹ (1628) des hugenottischen Herzogs von Rohan lautet: »Die Fürsten gebieten dem Volk, und das Interesse gebietet dem Fürsten.«[47] In diesem Essay verdeutlicht der berühmte Heerführer, daß »man sich in Staatsfragen nicht durch wirre Begierden leiten lassen darf, die uns oft veranlassen,

[45] Alber, Armenhaus, 1982, S. 33.
[46] Vgl. Hirschman, Leidenschaften und Interessen, 1984, S. 41.
[47] Ebd., S. 42.

Aufgaben zu übernehmen, die unsere Kraft übersteigen; auch nicht durch heftige Leidenschaften, die uns, sobald sie von uns Besitz ergreifen, auf verschiedene Weise erregen ...; sondern allein durch unser von der Vernunft geleitetes Interesse, das die Richtschnur unseres Handelns sein muß.«[48]

Während die alten Normen tugendhaften Verhaltens vom Anspruch her schwer zu erfüllen waren, liegt das Problem bei der Begründung über das Interesse im Definitorischen. Interesse läßt sich wohl im allgemeinen, aber kaum in Gestalt von Handlungsanweisungen fassen. Allerdings zeichnet sich im 17. Jahrhundert eine ergänzende Rahmenvorstellung ab, die dann im 18. Jahrhundert, in der »Blütezeit der Gleichgewichtsidee« in Politik und Wissenschaft, dominiert. Man sieht im Gleichgewicht die integrierende und steuernde Funktion. Dieses oft als modische Metapher gebrauchte Bild signalisiert ein gewandeltes oder zumindest stark sich wandelndes Weltbild[49]. Die Vorstellung der *Balance* finden wir mehr oder weniger ausgeprägt auch in den Verfassungsentwürfen von James Harrington, John Locke oder Montesquieu. Das Gleichgewichtsdenken entspringt jedoch nicht zuletzt dem Wunsch, die den Leidenschaften zugeschriebene Kraft der Veränderung zu stabilisieren und über Interessen eine ausbalancierte Ordnung zu etablieren, die den Status quo sichern soll.

Zunehmend wird die Vorstellung des Interesses als konstitutiver Faktor angewandt auf der Ebene des Verkehrs der Menschen untereinander, wird also dem Gesellschaftlichen zugeordnet, zuerst in den Fraktionskämpfen in England, schließlich aber im täglichen Leben, das immer stärker durch den Handel bestimmt wird. Es beginnt in diesem Prozeß auch die Verknüpfung der ursprünglich allgemeinen Bedeutung des Wortes Interesse mit der Erzeugung von Wohlstand und Vermögen. Alle semantischen Ähnlichkeiten des Interesses mit dem Zins (*interest, intérêt* bedeuten sowohl Interesse als auch Zins) dürften die Dominanz der ökonomischen Bedeutung nicht hinreichend erklären. Die Gründe liegen wohl tiefer: Die Versuchung des Reichtums wird anfangs zur einzigen, später zur entscheidenden Möglichkeit einer Veränderung der Lebenssituation für eine immer bedeutsamere Schicht, nämlich die der Bürger. Wählt man nicht einen »situativen« Ansatz, so erweist sich die Aus-

[48] Ebd., S. 43.
[49] Vgl. Dilthey, 18. Jahrhundert, IV, 1927, S. 24ff.

weitung des Interesses auf »Ökonomisches« durchaus auch verwendungsfähig im Ausgleichsmechanismus der Leidenschaften: Eine Menge von Leidenschaften, die nicht allzu gut beleumundet sind, wie Gier, Habsucht und Gewinnsucht, können nutzbringend eingesetzt werden, um andere wie Ehrgeiz, Machtgier und sexuelle Begierde zu bekämpfen, zu regeln oder zu modifizieren[50].

Viele Denker der frühen Neuzeit geben den Vernunftbegriff der traditionalen Philosophie auf, demgemäß Vernunft die Einsicht in das Gute und Gerechte ermögliche. Stattdessen wird nunmehr die Vernunft eng mit den Leidenschaften verknüpft. Thomas Hobbes, Bernard de Mandeville und David Hume bezeichnen alle in der einen oder anderen Art und Weise die Vernunft als Sklavin der Leidenschaften: »Wir drängen unser Denken jederzeit in die Richtung, in die es von unseren Gefühlen gezogen wird.«[51] Mit dem Begriff des Interesses wird aus der Zweierbeziehung Leidenschaft und Verstand, in der der Verstand zu einem »Spielball der Leidenschaften« zu werden droht, eine aus drei Elementen bestehende Beziehung: Vernunft, Interesse und Leidenschaft bilden einen Beziehungskomplex. Dem dabei im übertragenen Sinne in der Mitte stehenden Interesse werden, von den beiden anderen Elementen herkommend, positive Aspekte zugerechnet. Daraus resultiert die inflatorische Verwendung dieses Terminus, bis hin zu tautologischer Verwendung: »Interests govern the World« wird Ende des 17. Jahrhunderts zu einem positiv besetzten Sprichwort. (Freilich wird die stark ökonomische Affinität dieses Ausspruchs den zynischen Gehalt desselben begründen.)

Die Bedeutung für Handel und Kapital ergibt sich aus einem wesentlichen Vorteil des Interessensbegriffes, nämlich der Voraussagbarkeit. Darauf läßt sich nämlich eine Gesellschaftsordnung bauen, die eine vorausberechenbare Konstanz aufweist, insbesondere dann, wenn diese Interessen in die einzelne Person hineingelegt, als »naturhaft« begründet, und nicht als Reaktion auf geänderte gesellschaftliche Situationen gedeutet werden. So bezeichnet etwa David Hume Habgier als hartnäckige Eigenschaft und verbirgt sie nicht einmal hinter dem Vorhang des Interesses. Von ihm wird auch die Gewinnsucht, der Zwang zur Akkumulation als ewig und universell charakterisiert, wäh-

[50] Vgl. Hirschman, Leidenschaften und Interessen, 1984, S. 49.
[51] Mandeville, Bienenfabel, 1980, S. 363.

rend in alter Tradition alle Leidenschaften als kurzfristig und wankelmütig beschrieben werden. Auch Montesquieu bezeichnet das Gewinnstreben als eine anhaltende Leidenschaft, die sich mit den öffentlichen Angelegenheiten vermischt: »Ein Handelsgeschäft führt zum andern, das kleine zum mittleren, das mittlere zum großen. Und wer mit so viel Habgier auf kleine Gewinne aus war, kommt in so eine Lage, in der er mit nicht weniger Habgier auf große Gewinne aus ist. Überdies sind die großen Unternehmungen der Händler stets unumgänglich mit den öffentlichen Angelegenheiten verquickt... Weil man des Erworbenen sicher zu sein glaubt, wagt man, es anzulegen, um noch mehr zu erwerben.«[52]

Die Andauer dieser Leidenschaft der Habgier, das Nicht-Nachlassen derselben steht in einem staunend vermerkten Kontrast zu den übrigen Leidenschaften, denen eher Kurzfristigkeit zugeschrieben wird. Georg Simmel erklärt dieses Phänomen – mehr als eineinhalb Jahrhunderte später – psychologisch: »Wird Geld als Akkumulationsmittel an und für sich gesehen, so hat Geld im Verhältnis zu den Waren, die ebenfalls zur Bedürfnisbefriedigung dienen, spezielle Eigenschaften. Diese können zu Überraschungen führen, denn es mag durchaus eine Diskrepanz zwischen vorgestellter und realer Bedürfnisbefriedigung geben. Nicht so beim Akkumulationsmittel Geld, denn als absolut qualitätsloses Ding kann es eines nicht: Überraschungen oder Enttäuschungen in seinem Schoß bergen.«[53]

Deutlich wird also, daß Interesse in seinem Inhalt und seiner instrumentalisierten Form der Verwirklichung von den gesellschaftlichen Bedingungen her bestimmt ist. Privatinteresse ist nicht angeboren, von Natur aus vorhanden, sondern »selbst schon ein gesellschaftlich bestimmtes Interesse«[54]. Man kann sagen, es ist ein »bürgerliches« Produkt, denn wie schon Rousseau argumentiert: »Es ist vernünftig anzunehmen, daß eine Sache von denen erfunden worden ist, denen sie nützt.«[55]

[52] Montesquieu, Geist der Gesetze, 1965, S. 322.
[53] Simmel, Philosophie des Geldes, 1900, S. 232.
[54] Marx, Grundrisse, S. 47.
[55] Rousseau, Political writings, I, 1915, S. 183.

Indem religiöse Aspekte und eschatologische Welteinsicht als maßgebende Instanzen in Erkenntnisfragen generell zurücktreten, müssen nicht nur die Zusammenhänge der Natur, sondern schließlich auch die menschlichen Beziehungen mit den in den Wissenschaften entwickelten Methoden, durch Beobachtung und Analyse erforscht und durch das Kausalitätsprinzip erklärt werden[1]. Schon in einer seiner frühen Schriften (Elements of law, 1640) unternimmt es Thomas Hobbes, den Staat mit Hilfe dieser Methode zu analysieren. Seine Abhandlungen über die »Natur« des Staates wollen letztlich das tun, was Galileo Galilei und René Descartes für die Naturwissenschaften getan haben: den Gott der mittelalterlichen Scholastik durch die Überlegungen der menschlichen Ratio ersetzen. Der Regreß auf die »Natur« tritt an die Stelle der Ableitung aus göttlichem Gebot und geistlicher Weltordnung, ja er verleiht der Argumentation scheinbar noch mehr Gewicht, denn Gott kann man noch anzweifeln, nicht aber die täglich sich manifestierende Natur. Thomas Hobbes, John Locke und insbesondere ihre geistigen Nachfahren (Aberdeen-Gruppe, Reid) lösen die Gesellschaft – parallel zum analytisch-mechanistischen Denken der Naturwissenschaften – in ihre »letzten Atome«, die Individuen[2], auf und versuchen durch die Fiktion des Gesellschaftsvertrags, eine neue Ordnung des Gemeinwesens zu begründen. Die bürgerliche Gesellschaft (und ihre Wissenschaft) begreift sich damit ursprünglich als Assoziation vernünftiger, freier Individuen, die – um zu überleben – Verträge zwecks Regulierung der Aktivitäten und Interaktionen durch eine staatliche Autorität schließen[3].

Das in dieser Vision aufgeworfene logische Problem lautet: Wie kann aus dem »Naturzustand« solcher Wesen, die von Leidenschaften und Selbstsucht dominiert werden, denen die Natur (einschließlich derjenigen der anderen Menschen) als zur

[1] Wie jedoch in Kapitel 13 gezeigt wird, entsteht dieses Prinzip aus der Impetus-Theorie des 13./14. Jahrhunderts. Wichtig ist dabei, daß die menschliche »Natur« bzw. die »Rationalität« des Menschen, sich nicht als *a priori*, sondern als erworben erweist. Vgl. Strauss, Naturrecht und Geschichte, 1956, S. 285.

[2] Der *citoyen* ist bloß ein Teil des gesellschaftlichen Ganzen, eine *fraction du tout*, wie Rousseau später sagen wird.

[3] Vgl. Kiss, Steckbrief der Soziologie, 1976, S. 51 ff.; Schneeberger, Entwicklung, 1982, S. 24.

Ausnutzung freigegebene Umwelt erscheint, ein »politischer Körper« werden? Wie kommt es, daß die Menschen den Naturzustand verlassen und auf diese Weise der »Leviathan« des modernen Staates entstehen kann?

In Hobbes' Naturzustand sind alle Menschen gleich. Dabei handelt es sich um eine bürgerliche Vorstellung, die primär als Forderung gegen eine ständische Gesellschaft gerichtet ist. Als Prinzip ist uns »Gleichheit« als primäres Sozialisationselement der alteuropäischen Gesellschaft bekannt; sie war jedoch niemals durchgängig, sondern eine abgestufte Gleichheit von Korporationen von Gleichberechtigten. Die Hobbessche Vorstellung der »Gleichheit der Menschen« hat als Ideologie auch eine materielle Voraussetzung. Sie scheint erst in einer Gesellschaft möglich, »worin die Warenformen die allgemeine Form des Warenproduktes, also auch das Verhältnis der Menschen zueinander als Warenbesitzer das herrschende gesellschaftliche Verhältnis sind«[4]. Die Teilnehmer am Handel tauschen Waren, die als Äquivalente angesehen werden. Daher müssen auch die Tauschenden in dieser Beziehung »Gleiche« sein. Die gegebene Verschiedenheit der Tauschenden und ihrer Waren wird durch deren Verwendung als Tauschobjekte zum Grunde der sozialen Gleichheit. Die Tauschenden werden – gezwungenermaßen – zu Rechtssubjekten, eine Fiktion, deren »Naturgegebenheit« (natürliche Freiheitsrechte) sich in der Tauschsphäre manifestiert.

In der Übertragung der Stadt- auf eine Staatswirtschaft wird die Gleichheit aller Stadtbürger als Rechtspersonen einer sich (mit Einschränkungen) selbst verwaltenden politischen Gemeinschaft als Vorstellung und Forderung auf die sich entwikkelnden Territorialstaaten projiziert. Diese Vorstellung – zuzüglich der Einflüsse des römischen Rechts sowie der aus der Sicht des Zentralstaats notwendigen Verwaltungsvereinfachung durch Vereinheitlichung – läßt die »Gleichheit« zu einer leitenden Idee werden. Die »Verbürgerlichung« der Gesellschaft manifestiert sich auch darin, daß etwa in den »Gelehrten Gesellschaften« sich Angehörige *verschiedener* Stände zusammenfinden. So heißt es in einer Gründungsurkunde einer solchen Gesellschaft, daß dadurch »unter ungleichen Standespersonen eine Gleichheit und Gesellschaft getroffen« werde[5]. Ähnliches findet

[4] MEW 23, S. 65.
[5] Habermas, Strukturwandel der Öffentlichkeit, 1979, S. 50.

man bei vielen anderen Gesellschaften und Vereinen, wie den Freimaurern, aber auch auf den Universitäten als der Ausbildungsstätte der neuzeitlichen Intelligenz: »Adlicher, unmittelbarer Reichs-Adlicher und Bürgerliche, vornehme Bürgerliche und der Niedrigste, dem man einmal die Matrikel gegeben hat, sind gleich ... die Gleichheit des Menschengeschlechtes (ist hier) wieder eingeführt.«[6]

Aus der realen Situation erwächst in der theoretischen Reflexion die moderne Gleichheitsvorstellung, die eine wachsende Bedeutung in der sich eben herausbildenden mathematisch-naturwissenschaftlichen Denkweise (z.B.: gleichförmige Bewegung), aber auch in der modernen Naturrechtstheorie erlangt. Thomas Hobbes faßt nur verschiedene Tendenzen radikal zusammen: »Die Menschen sind von Natur aus gleich, sowohl in ihren körperlichen als auch in ihren geistigen Anlagen ... Man nehme nur die Körperstärke: Selbst der Schwächste ist stark genug, auch den Stärksten zu vernichten. Er braucht sich nur einer List zu bedienen oder sich zu verbinden mit anderen, die in derselben Gefahr sind wie er.«[7]

In Hobbes' Naturzustand sind die Menschen nicht nur gleich, sondern auch frei. Bei ihm und bei seinen Zeitgenossen treten diese beiden Begriffe immer miteinander auf, verbinden sich und werden eins. Eine Voraussetzung dafür liegt wiederum in der steigenden Bedeutung des Handels. Denn der Austausch der Waren vollzieht sich scheinbar freiwillig, ohne daß einer der Beteiligten unmittelbaren persönlichen Zwang ausübt; persönliche Zwänge werden durch »Sachzwänge« ersetzt. Der Marktteilnehmer bemächtigt sich, obwohl er »Bedürfnis« nach einer Ware hat, die im Besitz eines anderen ist, dieser nicht mit Gewalt, wider den Willen des anderen und *vice versa*; Voraussetzung ist vielmehr die wechselseitige Anerkennung des anderen als Privateigentümer, als Besitzer der Ware. Die Gesellschaft

[6] Michaelis, zit. in Dann, Gleichheit, 1975, S. 1007. Dieses vom sozialen Herkommen höchst differente Amalgam von aufsteigenden Bürgern, von Außenseitern, auch von Adeligen, entzieht sich den Kriterien der alten Ständeordnung. Dabei grenzen diese Gruppen sich gegenüber dem »Volk«, den Mittel- und Unterschichten, streng ab. Bei aller Beschwörung der »Gleichheit des menschlichen Geschlechts« ist dabei nur an *eine* Schicht gedacht und ausschließlich an die Männer dieser Gruppe. Unwillkürlich denkt man dabei an George Orwells Sozialutopie ›Animal farm‹, in der dieser den Gleichheitsgrundsatz variiert, wonach zwar »alle gleich, aber einige eben gleicher« sind; dies kommt ziemlich exakt der damaligen gesellschaftlichen Realität nahe.

[7] Hobbes, Leviathan, 1965, S. 96f.

konstituiert sich somit in Tauschbeziehungen zwischen diesen Eigentümern; ja das Maß der Eigentumsrechte bestimmt gleichsam das Maß der »Freiheit«, so wie in dem sich entfaltenden System der kapitalistischen Wirtschaft der »Wert« des einzelnen letztlich durch seine Position auf dem Markt bestimmt wird. Auch an diesem Beispiel wird die Ambivalenz neuzeitlichen Denkens deutlich: Das Verknüpfen »bürgerlicher« Rechte mit Besitz und Eigentum ist an sich eine Vorstellung, die schon die mittelalterliche »Gemeinde« als konstitutiv voraussetzt; die freie Verfügbarkeit über Eigentum jedoch ist in ihr noch durch Brauch und Sitte begrenzt, während andere Elemente, wie die Idee des Konkurrenzwesens und des gesellschaftliche Institutionen konstituierenden Vertrags zwischen Individuen, durch und durch neuzeitlich-bürgerlich sind. Im traditionellen politischen Diskurs hingegen gründet sich Freiheit auf die Tugend der Bürger; die sie gefährdende Sittenverderbnis der Bürger wird jedoch auf die Ungleichheit und Selbstsucht zurückgeführt. Noch Rousseau etwa sieht die Freiheit nur dann gesichert, wenn eine annähernde Gleichheit des Besitzes gegeben ist, »kein Staatsbürger so wohlhabend wird, um einen anderen kaufen zu können, und keiner so arm, um sich verkaufen zu müssen«. Daraus folgt, daß »der Gesellschaftszustand nur insoweit den Menschen von Vorteil ist, als sie *alle etwas* besitzen und keiner von ihnen zu viel«[8]. Es ist somit »gegen das Naturgesetz, wie man es auch definieren mag ..., daß eine Handvoll Leute im Überfluß schwimmt, während die hungrige Menge das Notwendigste entbehrt«[9].

Im Marktsystem, in dem Individuen, die ausschließlich nach dem Selbstinteresse beurteilt werden, agieren und die Gesellschaft als Ganzes unsichtbar bleibt, darf jedermann sich frei fühlen von Verantwortung, sowohl für andere als auch für die Gesellschaft. Der Erfolg ist letztlich das entscheidende Kriterium, ein Erfolg, der sich vor allem im Profit ausdrückt und in der Akkumulation von Eigentum als der Grundlage ökonomisch-gesellschaftlicher, bürgerlicher Macht[10].

[8] Rousseau, Contrat social, 1762, I, 9 u. II, 11.

[9] Rousseau, Political writings, I, 1915, S. 196.

[10] Die Bedeutung der Schaffung und Nutzung von Eigentum als konstitutives Element der bürgerlichen Gesellschaft wird von allen Autoren dieser Zeit entsprechend gewürdigt; aber auch die heutigen »neoklassischen« Wirtschaftshistoriker der »New Economic History« führen die stürmische ökonomische Expansion in der Neuzeit auf die Durchsetzung moderner Eigentumsrechte zurück, die

Der gesellschaftliche Hintergrund der Schriften von Thomas Hobbes und John Locke ist der Aufstieg einer neuen mächtigen Klasse, deren Existenz nicht auf physischer Gewalt aufbaut, sondern auf Kapital als einem dynamischen Prinzip der ständigen Vermehrung von Vermögen[11]. Damit muß auch eine andere Begründung entwickelt werden, warum im täglichen Leben Gleichheit und Freiheit sich kaum manifestieren. Bis zur Auflösung der Ständegesellschaft ist persönliche Freiheit stets in Beziehung zu Herrschaft gesetzt. Sie ist Ausdruck der Stellung der Person in einer gesellschaftlichen Hierarchie, d.h. einer funktionell »freien« Unfreiheit[12]. Ausgangspunkt dieser Denkweise ist das Eingebundensein in Gemeinschaften, zumindest die Vorstellung davon. Gerade jene Menschen, die schutzlos sind, da sie keinen Herrn haben oder keiner genossenschaftlichen Organisation angehören, die standlosen »Vogelfreien«, sind dem Verständnis ihrer Zeit nach eben nicht frei, »da von ›Freiheit‹ folgerichtig nur dann gesprochen wurde, wenn man ›von einer gemeinen Last, die andere tragen müssen, ausgenommen war‹«[13]. »Freiheit« als Begriff wird in dieser Denkwelt verwendet, ohne daß Gleichheit mitgedacht werden kann; die Verknüpfungen sind eben anders.

Der Staat des 17. Jahrhunderts, der im Verdrängen und Aufbrechen der ständischen Gesellschaftsformationen eine Notwendigkeit sehen muß, die ihm seine »Staatsraison« vorschreibt, weist nun die Richtung zu einer, die alten Freiheiten aufhebenden »Freiheit« für alle Bürger, unbeschadet der Tatsache, daß die Wirklichkeit dieser Tendenz kaum entspricht[14]. Diese realiter beschränkte Freiheit und gleichzeitig die Absolutheit des Begriffs lassen durch die Vorstellung der Freiheit des Willens, dessen Unendlichkeit Gott und Mensch verbindet, die Menschen zu aktiven Gestaltern *(plastor et fictor)*[15] ihrer selbst werden, während die andere, dem einzelnen gegenübertretende Welt sich als verfügbar darbietet. Aus dieser Sicht erscheint die Umwelt praktisch unbegrenzt gestaltbar (Hegels »unendliche

erst die Voraussetzung der intensiven Bewirtschaftung von Grund und Boden sowie der sonstigen Produktionsmittel einschließlich der Nutzung der abhängigen Arbeit bilden sollen. Vgl. North/Thomas, Rise, 1973.

[11] Vgl. Arendt, Elemente und Ursprünge, 1962, S. 320ff.

[12] Vgl. Bosl, Freiheit und Unfreiheit, 1964, S. 183.

[13] Dipper, Ständische Freiheit, 1975, S. 449f.

[14] Vgl. ebd., S. 455.

[15] Pico della Mirandola, 1557, zit. in Günther, Philosophischer Freiheitsbegriff, 1975, S. 457.

Negativität« des bürgerlichen Subjekts wird hier antizipiert). Dieser unbeschränkte Freiheitsbegriff findet in der »Vernunft« seine naturrechtliche Verankerung. Seit Descartes wird Freiheit ohne Restriktionen und, da spätestens seit der Entwicklung der Infinitesimalrechnung das Unendliche zu einer höchst »realen« Angelegenheit wird, als eine Vollkommenheit gedacht. Diese Freiheit erscheint ursprünglich und unmittelbar.

Thomas Hobbes versteht unter dem Naturrecht die Freiheit jedes Menschen, seine Kräfte nach eigenem Ermessen zu gebrauchen: »Freiheit bezeichnet ganz in der ursprünglichen Bedeutung des Wortes das Fehlen jedes äußeren Zwanges.«[16] Im Hobbesschen Naturzustand sind die Menschen gleich, auch deshalb, weil sie einander Gleiches antun können, d.h. sich gegenseitig umbringen, und sie sind auch frei, weil jeder äußere Zwang fehlt. Somit haben sie ein Recht auf alles (nämlich die Freiheit, etwas zu tun oder zu unterlassen).

Das neue Menschenbild basiert auf der Vorstellung eines *von Natur aus* als Konkurrenzwesen konzipierten Individuums *(homo homini lupus)*, das von einem schrankenlosen Egoismus beherrscht wird. Dies würde aber ohne Regulativ zu einem gnadenlosen »Kampf aller gegen alle« führen und gleichzeitig – und hier ergibt sich eine Parallele zur darwinistischen Selektion – zu einem Überleben der Tüchtigen und damit zu einer positiven Auslese und Weiterentwicklung des Menschengeschlechtes. Wir finden hier – wenngleich camoufliert – die Vorstellung des uneingeschränkten Marktmodells der freien Konkurrenz. Das Bild des absolut unabhängigen, frei entscheidenden Einzelmenschen, der frei ist von allen gesellschaftlichen Verflechtungen und Interaktionen entsprechend der Hobbesschen Anthropologie, findet seinen Niederschlag in den idealtypischen Konstrukten des bekannten *homo sociologicus, homo oeconomicus* usw. Diese Figur tritt uns aber auch in der Philosophie, etwa als erkenntnistheoretisches Subjekt, als *homo philosophicus* entgegen, der seine Erkenntnisse über die Welt *außerhalb* seines Seins ganz aus eigener Kraft gewinnt; Norbert Elias stellt in diesem Zusammenhang fest: »Das Bild vom Einzelmenschen eines Descartes, das Max Webers oder Parsons' und vieler anderer Soziologen, sie alle sind aus dem gleichen Holz geschnitzt.«[17] Während bei Hobbes menschliche Natur gleichsam

[16] Hobbes, Leviathan, 1965, S. 102.
[17] Elias, Prozeß der Zivilisation, I, 1977, S. L.

als anthropologische Konstante erscheint, betrachtet Rousseau, der einer strukturalistischen Entwicklungstheorie anhängt, den Menschen als eine genetische Kategorie; er entwickelt sich und ist durch Erziehung und politisch-gesellschaftliche Institutionen formbar.

Es kommt hier praktisch zu einer Aufspaltung des Menschenbildes, zur Vorstellung des Menschen als Individuum, dem das Bild der Menschen als Gesellschaft gegenübersteht. Dies führt auch zu dem charakteristischen Zwiespalt in den Idealen und Wertkategorien, der etwa dadurch gekennzeichnet ist, daß die Interessen von Individuum und Gesellschaft in einer Art Nullsummenspiel einander gegenübergestellt werden: So wie Atome und Moleküle miteinander eine Verbindung eingehen, geht der Mensch Verträge mit anderen Menschen ein[18].

Die Ehe ist von der Legitimation her nicht mehr ein göttliches Sakrament, sondern ein Vertrag zwischen zwei Individuen; das Arbeitsverhältnis begründet sich auf einem Kontrakt; selbst der Staat wird abgeleitet aus einem Gesellschaftsvertrag, den letztlich wiederum Individuen abgeschlossen haben, denn die Gesellschaft ist nach dieser Auffassung bloß eine Summe von »atomistischen« Individuen. Gemeinsam ist Hobbes, Locke und Rousseau die Vorstellung, daß nur über einen »freiwilligen« Zusammenschluß ein Gemeinwesen entstehen kann: Der Staat geht aus einem Vertrag aller mit allen hervor. Was von späteren Interpreten dabei oft übersehen wird, ist die *de facto* herrschaftliche Setzung der gesellschaftlich-staatlichen Organisation. Denn der Gesellschaftsvertrag ist nicht historisch faßbar, sondern aus einem vorgeblichen Naturzustand deduziert.

Die neuzeitlichen Philosophen stellen den Begriff des Individuums in den Mittelpunkt ihrer Erkenntnistheorie, die Thematisierung der Subjekt-Objekt-Beziehung wird ein Charakteristikum der neuzeitlichen Wissenschaftstheorie. Bei Descartes ist es das Individuum als denkendes Ich, das im Inneren seines Denkapparates sich gleichsam der ganzen Welt gegenübergestellt sieht und als solches nicht nur die Welt erfährt, sondern zugleich darin auch erst seine Existenz erkennt *(cogito ergo sum)*. Während bei Descartes der ihm eigene Gottesbegriff die

[18] Auf diese Weise wird eine Harmonisierung sozialer Beziehungen über Austauschrelationen vorstellbar; wie der Abbé Emmanuel Sieyès 1788 schreibt: »Alle Beziehungen zwischen Bürger und Bürger sind frei. Der eine gibt seine Zeit oder seine Ware hin, der andere gibt ihm dafür sein Geld. Das ist keine Unterordnung, sondern ein beständiger Austausch.« Sieyès, Abhandlung, 1968, S. 41.

Erfahrung der Vereinzelung des Menschen noch abschwächt, sucht Leibniz seine Version dieses *homo clausus,* nämlich die »fensterlosen Monaden«, durch eine metaphysische Konstruktion miteinander in Verbindung zu bringen; ähnlich muß später Adam Smith zum Kunstkniff der *invisible hand* greifen, um erklären zu können, wieso der Eigennutz dieser konkurrierenden Individuen auf einmal zu einem allgemeinen Vorteil führen soll. Die Vorstellung, daß das eigene »Ich«, das eigentliche Selbst des Menschen, etwas im »Inneren« von allen anderen Menschen und Dingen der Außenwelt Abgeschiedenes sein soll, wirft jene Frage nach der Trennlinie zwischen Innen- und Außenwelt des Menschen auf, die im europäischen Denken der Neuzeit so tief verwurzelt ist.

Gesellschaft bedeutet aus dieser Sicht letzten Endes nicht mehr als ein additives Gemenge von einzelnen, voneinander völlig unabhängigen Individuen, die nur oberflächlich miteinander in Beziehung treten. Es entspricht dem das Paradigma der cartesianisch-newtonschen Physik, die Zerlegung komplexer Phänomene und Prozesse in ihre einzelnen Elemente und Atome. Das Kriterium des Naturzustandes ist das Recht auf alles; deshalb muß aber der Leviathan als theoretisches Konstrukt gesetzt werden, das die Realisierung der Begierden und Leidenschaften, die auf dem Prinzip der Bewegung beruhen, kanalisiert. Sofern nun die gegebene Freiheit den Begierden und Leidenschaften, der eigentlichen Triebfeder jener »Begierdenmaschine« Mensch, ein Ausufern erlaubt, bedroht sie die Gleichheit: es kommt zum Kampf aller gegen alle. Da diese Leidenschaften und Begierden keine Grenzen kennen und es nur eine überwältigende Angst, die Angst vor dem Tode, gibt, kann das Lebensglück des Menschen nicht länger »in seiner ungestörten Seelenruhe« liegen, einem *summum bonum,* wie die früheren Moralphilosophen meinten, sondern: »Glückseligkeit ist ein beständiges Fortschreiten von Wunsch zu Wunsch.« Um das »größte Glück der größten Zahl« (Francis Hutcheson und Jeremy Bentham) zu erreichen und zu sichern, bedarf es jedoch der Macht, der Setzung von Ordnung und Sicherheit durch die Zentralisierung des Gewaltmonopols: »Als Haupttriebfeder der Menschen sehe ich den unstillbaren und nagenden Hunger nach Macht, der erst im Tode endet. Nicht etwa, daß der Mensch ausschließlich nach immer größerem Wohlbehagen strebe oder mit seiner gegenwärtigen Macht nicht zufrieden sein könnte, er kann sich nur seiner gegenwärtigen Macht und abermals Macht und der Mittel, die ihm selbst Glück schenken, nicht versichern, ohne immer noch mehr zu erwerben.«[19]

Und nur diese panische Angst zwingt den Hobbesschen Menschen dazu, jenen einzigen Weg zu beschreiten, der zum Frieden führt, in dem man seinen Leidenschaften leben kann: Die letzte Ursache und der Hauptzweck des Zusammenlebens der Menschen in einem Staat – und der damit verbundenen Selbstverpflichtung (die in offenem Gegensatz zu seiner natürlichen Freiheitsliebe und seinem Machttrieb steht) – ist sein Selbsterhaltungstrieb und sein Wunsch, »jenem elenden Zustand des Krieges aller gegen alle zu entrinnen, der ... unweigerlich eintritt, wenn der Mensch seinen Trieben folgt, d.h. wenn keine sichtbare Gewalt da ist, die ihn in Zucht hält ...«[20] Die Möglichkeit der sublimierten Form des »Kampfes aller gegen alle« bietet der Markt. Die zentralstaatlich hergestellte Befriedigung schafft dafür die notwendigen Rahmenbedingungen.

Da nach der Vorstellung der Aufklärungsphilosophie und des Rationalismus die Vernunft das menschliche Handeln bestimmt, geht jedoch dieses von Natur aus als Einzelwesen konzipierte Individuum, das einer neuen, anderen Moral verpflichtet ist – nämlich nur seinen Eigennutz zu verfolgen –, zu seinem eigenen Vorteil einen Ausgleich mit den anderen ein, unterwirft sich etwa der absoluten Macht des Staates als dem »zweckmäßigsten und rationellsten Instrument menschlichen Zusammenlebens«[21]. Thomas Hobbes leitet die Gesellschaftsordnung aus einer kalkulierenden Vernunft ab. Im Dienste der Selbstsucht und in Verfolgung sinnlicher Leidenschaften sucht diese Vernunft lediglich geeignete Mittel zur Erreichung der von den Leidenschaften festgelegten Ziele: Das wohlverstandene eigene Interesse führt die Menschen zu friedlicher Koexistenz. So sieht Thomas Hobbes im Staat ein mächtiges »künstliches Tier«, das den Egoismus des Einzelmenschen bändigen kann; da die Menschen von Natur aus nach immer mehr Macht streben, würde es in einer Gesellschaft ohne Zentralisierung des Gewaltmonopols zu einem manifesten Kriegszustand kommen[22]. Auch Kant sieht

[19] Hobbes, Leviathan, 1965, S. 77.

[20] Ebd., S. 133.

[21] Fetscher, Rousseaus politische Philosophie, 1981, S. 81f.

[22] So schreibt etwa Bertrand Russell über Hobbes: »›Freiheit‹ ist dann gegeben, wenn jegliche Bewegungsbehinderung fehlt – so verstanden deckt sich Freiheit aber mit Notwendigkeit, z.B. fließt Wasser notwendig bergab, wenn sich seiner Bewegung kein Hindernis entgegenstellt. Die Willensentschlüsse der Menschen haben Ursachen und sind in diesem Sinne notwendig. Die Bürger sind

im Menschen »ein Tier, das, wenn es unter anderen seiner Gattung lebt, einen Herrn nötig hat ... (dieser muß) ihn nötigen, einem allgemeinen Willen, dabei jeder frei sein kann, zu gehorchen.«[23]

Dieses Modell absolutistischer souveräner Gewalt erfordert zur Regelung des Zusammenlebens zumindest ein Stückwerk von Gesetzen. Dabei wird aber die Gesetzgebung nicht auf sittliche Normen oder göttliches Gebot zurückgeführt, sondern ergibt sich durch Ableitung aus dem mittels Gesellschaftsvertrag errichteten Staat. Die neue Staats- und Gesellschaftstheorie geht dabei von einem »Naturzustand« aus, wie sich angeblich die Menschen ohne die Existenz einer gesetz- oder vertragsdurchsetzenden Gewalt verhalten würden. Dabei wird stets auf die Erfahrung des alltäglichen Lebens verwiesen. Hobbes beschreibt Menschen, »wie sie sind«. Er kennt dabei prinzipiell keinen Unterschied zwischen dem Menschen des Naturzustandes und dem im Schoße der Staatlichkeit lebenden Bürger; was den *status naturae* vom *status civilis* trennt, ist einzig die Präsenz einer friedenstiftenden Staatsgewalt. Für Rousseau hingegen markiert ein jedes Fortschreiten vom Natur- zum Kulturzustand ein weiteres Stadium des Verfalls im historischen Ablauf. Im Urzustand lebt der vorgesellschaftliche Mensch ohne Tugend und Laster, »es sei denn, daß man Laster diejenigen Eigenschaften des Individuums nennt, die seiner Selbsterhaltung schaden können, und Tugenden diejenigen, die dazu beitragen können«[24]. Im Gegensatz zur Hobbesschen Anthropologie führt Rousseau einen Dualismus ein: Am Anfang steht der edle, aber noch völlig isoliert lebende »Wilde«, während nach dem »Sündenfall« der Arbeitsteilung und des Privateigentums der bereits vergesellschaftete »Barbar« erscheint.

Alle diese Elemente finden sich wieder bei Immanuel Kant, der in seiner ›Metaphysik der Sitten‹ (1797) allerdings nicht mehr auf die »Erfahrung« regressiert, wonach die Gewalttätigkeit der Menschen eine äußere machthabende Gesetzgebung erfordert, sondern auf die Vernunft. Demnach müsse man »aus dem Naturzustande, in welchem jeder seinem eigenen Kopfe folgt, herausgehen und sich mit allen anderen (mit denen in

überall dort frei, wo es die vom Herrscher gesetzten Gesetze zulassen. Vgl. Russell, Philosophie, 1950, S. 562f.

[23] Kant, Allgemeine Geschichte, 1784, Werkausg. VI, S. 11f.

[24] Rousseau, Discours sur l'inégalité, 1754, S. 164f.

Wechselwirkung zu geraten, er nicht vermeiden kann) dahin vereinigen, sich einem öffentlich gesetzlichen äußeren Zwange zu unterwerfen, also in einen Zustand treten, darin jedem das, was für das Seine anerkannt werden soll, *gesetzlich* bestimmt, und durch hinreichende *Macht* (die nicht die seinige, sondern eine äußere ist) zuteil wird, d.i. er solle vor allen Dingen in einen bürgerlichen Zustand treten«[25].

Thomas Hobbes zeigt auch, daß selbst nach Setzung des Leviathan durch den Gesellschaftsvertrag, auch bei Abschluß von Privatverträgen, nur diese übergeordnete Macht in der Lage ist, die Einhaltung der Verträge zu erzwingen[26]. Daher darf diese übergeordnete Instanz, will sie eine solche sein und somit den Zweck ihrer Existenz erfüllen, selbst nicht durch einen Privatvertrag gebunden sein; daher auch steht der Herrscher als die Personalisierung des Leviathan über Staat und Gesetz, muß er sich in der Rolle des außerhalb stehenden »objektiven« Experimentators sehen, des Uhrmachers, der die Megamaschine in Gang hält. Die Zentralgewalt ist sozusagen an jedem Vertragsabschluß beteiligt; sie ist ein emergentes Merkmal einer Sozialstruktur, die auf Märkten beruht, wo Individuen in Tausch-(Vertrags-)Beziehungen treten.

Während es bei Hobbes die Macht des Gesetzes und die Gewalt des im Fürsten verkörperten absoluten Staates sind, die einen Ausgleich zwischen widerstrebenden Untertanen, den einzelnen Individuen, herbeiführen, wird später das »Gesetz des Marktes« in diese Funktion einrücken. Das Streben aller menschlichen Wesen richtet sich auf die Freiheit vom Willen anderer; die Freiheit ist jedoch, wie schon erwähnt, im wesentlichen eine Funktion von Eigentum, denn Freiheit und die Chance eines Individuums, seine Fähigkeiten frei zu entfalten, hängen zusammen mit Besitz.

Im Grunde genommen wird aber der Leviathan des modernen Staates nur durch andauernde Macht und Gewaltdurchsetzung, durch ein ständiges Verlangen nach *immer mehr* konstituiert und aufrechterhalten: »Ein auf diese Art Macht begründetes Gemeinwesen könnte in der Ruhe der Stabilität nur verfallen. So wie das Individuum in der Gesellschaft in seinem Konkurrenzkampf nicht erlahmen darf, will es nicht von anderen an die Wand gedrückt und aus dem Spiel gebracht werden,

[25] Kant, Metaphysik, Werkausg. 1974, S. 430.
[26] Vgl. Hobbes, Leviathan, 1965, S. 108.

so muß ein auf diese Gesellschaft gegründeter Staat, der seine Macht erhalten will, dauernd danach streben, mehr Macht zu erwerben. Nur in der dauernden Machterweiterung, im Prozeß der Machtakkumulation, kann er sich stabil erhalten... Dies stellt sich politisch in der Theorie von dem Naturzustande dar, in welchem die Staaten gegeneinander verbleiben, und der als Krieg aller gegen alle einen dauernden Machtzuwachs auf Kosten anderer Staaten ermöglicht... Entsprechend der notwendigerweise dauernd anwachsenden Macht muß dieser Prozeß sich als unendlicher Prozeß darstellen, in welchem Individuen, Völker und schließlich die Menschheit... sich gefangen finden... Das Element des Zerstörerischen, das dem Hobbesschen Staat einer grenzenlosen Machtakkumulation innewohnt, führt Hobbes schließlich dazu, einen letzten Krieg zu antizipieren, der sich ereignen muß, wenn alle schwächeren Gemeinwesen von den Mächtigen verzehrt worden sind und nichts mehr übrigbleibt als ein letzter Kampf.«[27]

In einer derartigen, gewaltmäßig organisierten Gesellschaft – dem Leviathan, d.h. der Institutionalisierung des »absolut« werdenden Herrschers – ist für »politisches Handeln« im alten Sinne kein Platz mehr. Diese Art des »Handelns« ist vielmehr zum Reservat des Leviathan geworden; es manifestiert sich nur mehr im Außenbereich, im Verkehr mit anderen Staaten, d.h. eines fürstlichen Super-Oikos mit anderen; im Inneren stellt er die Ordnung her, die Rahmenbedingungen, innerhalb derer die zu »Bürgern« gewordenen Menschen gemäß ihren domestizierten Leidenschaften ihre privaten Ziele (Interessen) verfolgen können. Diese Menschen »funktionieren« naturgesetzlich, wie der Automatismus einer mechanischen Uhr. Der bei Hobbes in der »Natur« des Menschen angelegte Konflikt findet einerseits eine Kompensation in individuellen Tauschbeziehungen, andererseits verlagert er sich mit der Konstituierung des Staates aus der Individualsphäre auf die Ebene des Verkehrs der (wie Individuen aufgefaßten) Staaten untereinander.

Der Leviathan eines Thomas Hobbes versucht noch das, was spätestens seit John Locke auf eine Spaltung des gesellschaftlichen Körpers in Staat und Gesellschaft hinausläuft, in einem einzigen Super-Oikos zusammenzuhalten. Neben diesem Su-

[27] Arendt, Elemente und Ursprünge, 1962, S. 220ff. An diesem Punkt schließen später Theorien an, die einerseits auf die Errichtung eines »Weltstaates«, andererseits eines »Weltmarktes« abzielen.

per-Oikos gibt es keine autonomen Bereiche und in ihm kein herrschaftsfreies Handeln. Dieses wird vielmehr durch die Hobbessche Ontologie verhindert; aber mit dieser hat Hobbes zugleich auch die Möglichkeit der Trennung der *civitas* in Staat und Gesellschaft geschaffen. Sofern man nur die grundsätzliche Vorstellung von der Natur des Menschen aufrechterhält, kann man die Fiktion eines Gesellschaftsvertrages begründen, gleichzeitig aber die rigiden Konsequenzen des Fürsten à la Machiavelli oder des Leviathan verhindern. Die These vom Gesellschaftsvertrag wird jedenfalls von einer ganzen Reihe von Staatstheoretikern und Gesellschaftsphilosophen weitergeführt, wobei die absolutistische Tendenz bei Hobbes mehr und mehr abgelöst wird durch die Anschauung, der Gesellschaftsvertrag werde nicht mehr durch den absoluten Monarchen garantiert, sondern das Volk selbst sei der wahre Souverän, mit der Möglichkeit der Kontrolle des Staates durch die Gesellschaft. Bei Locke trifft man zum ersten Mal den Gedanken der Gewaltentrennung in Legislative, Judikative und Exekutive, der dann vor allem seit Montesquieus Werk ›De L'ésprit des lois« (1748) zur verfassungstheoretischen Grundlage aller modernen demokratischen Staatsformen geworden ist. Die Idee des Gesellschaftsvertrages findet dann in der französischen politischen Philosophie eine wesentlich radikalere Formulierung als bei den insgesamt mehr pragmatisch orientierten Engländern.

Ebenso wie Hobbes geht Locke von einem »Naturzustand« aus, der »ein Zustand vollkommener Freiheit ist, innerhalb der Grenzen des Naturgesetzes seine Handlungen zu lenken und über seinen Besitz und seine Person zu verfügen, wie es ihm am besten erscheint – ohne jemandes Erlaubnis einzuholen ... Es ist überdies ein Zustand der Gleichheit, in dem alle Macht und Rechtssprechung wechselseitig sind, da niemand mehr besitzt als ein anderer.«[28]

In diesem Naturzustand der Menschen gilt ein für alle verbindliches natürliches Gesetz; die Vernunft lehrt, »daß niemand (einem anderen) an seinem Leben, seiner Gesundheit, seiner Freiheit oder seinem Besitz Schaden zufügen soll«[29]. Der Naturzustand ist anders als bei Hobbes ein friedlicher. Der Ausgangspunkt Lockescher Überlegungen ist die Anschauung, daß die Erde und ihre Früchte ursprünglich den Menschen gemein-

[28] Locke, 2. Abhandlung, 1966, S. 9.
[29] Ebd., S. 11.

sam gegeben wurden[30]. Nach traditioneller Auffassung stand der Mensch im Mittelpunkt. Daher war Eigentum stets sozial gebunden. Dies weist Locke jedoch zurück, denn, so argumentiert er, die Früchte der Erde sind den Menschen zwar gegeben, aber bevor sie dem einzelnen Menschen nützlich sein können, muß es Wege geben, durch die er in den Besitz dieser Sachen kommt. Das Mittel dazu ist die Arbeit. Jeder Mensch hat Eigentum an seiner eigenen Person, niemand sonst, daher gilt: »Die Arbeit seines Körpers und das Werk seiner Hände ... sind im eigentlichen Sinne sein.«[31] Die individuelle Aneignung wird durch das Recht auf den Lebenserhalt und dadurch, daß Arbeit das Eigentum des Menschen schafft, begründet. Dies gilt im geldlosen Naturzustand (Naturzustand I). Hier gibt es hauptsächlich zwei Begrenzungen: Einerseits muß soviel übrig bleiben, daß auch den anderen noch »genügend und ebenso Gutes« zur Verfügung steht; andererseits gilt, daß eben nur soviel durch Arbeit angeeignet werden darf, als man verbrauchen kann, bevor es verdirbt[32].

Diese Beschränkungen werden durch das Auftreten des Geldes hinfällig, denn nach der Bekräftigung der ursprünglichen Eigentumsregel, »ohne daß jemand Not leiden müßte (denn es gibt noch genügend Land auf der Welt ...)«, wird angegeben, warum diese Regel nun doch nicht mehr gilt: »... die Erfindung des Geldes und das stillschweigende Übereinkommen der Menschen, ihm einen Wert zuzumessen, (führt) mit ihrer Zustimmung (zur) Bildung größeren Besitztums und (zum) Recht darauf ...«[33]

Die Einschränkung aufgrund der Verderblichkeit ist damit hinfällig, denn Gold und Silber verderben nicht. Geld wird darüber hinaus noch als Mittel, den Handel auszubreiten, betrachtet. Das Geld liefert somit sowohl die Gelegenheit als auch den Grund, über den Bedarf der Familie, des Hauses hinaus »mehr zu haben, als der Mensch benötigt«. Die Appropriation von Grund und Boden in typisch »bürgerlicher« Manier, also über den Eigenbedarf und über die eigene physische Fähigkeit, ihn selbst zu bearbeiten, hinaus, ist also zulässig. Auch die Ungleichheit des Grundbesitzes und im weiteren jeglichen Besitzes ist somit legitim. Die Einschränkung bezüglich des Bedarfs der

[30] Vgl. ebd., S. 26.
[31] Ebd., S. 27.
[32] Vgl. ebd., S. 29.
[33] Ebd., S. 33.

anderen wird aufgehoben durch den Hinweis, auf der Welt sei noch genügend weiterer Grund vorhanden. Entscheidend für die Aufhebung ist aber jene Überlegung, daß Bodenaneignung das gemeinsame Vermögen der Menschen nicht vermindere, sondern vermehre. Die Begründung liefert die höhere Produktivität des »rational« genutzten Privateigentums gegenüber »brachliegendem« Gemeingut[34]. Damit schafft Locke auch die Legitimation für die englische Einhegungsbewegung, für die Privatisierung von Grund und Boden. Daher ist es für ihn ganz selbstverständlich, daß sich mit der Verwendung des Geldes das Recht auf Besitz nicht nur auf eigener Arbeit, sondern auch auf fremder Arbeitskraft begründen läßt[35].

Unter den Bedingungen des bereits mit Geld ausgestatteten Naturzustandes (Naturzustand II) kann es schließlich zu Auseinandersetzungen kommen. Übergriffe werden an der Tagesordnung sein: »Da nämlich alle in demselben Maße König sind, da alle Menschen gleich sind und der größte Teil von ihnen sich nicht streng an die Billigkeit und Gerechtigkeit hält, ist der Besitz seines Eigentums in diesem Zustand höchst unsicher und höchst ungewiß.«[36] Ist es für Hobbes der Wunsch nach Frieden, der die Menschen aus dem Naturzustand herausführt, so ist für Locke, der damit bürgerliche Interessen vertritt, »das große und hauptsächliche Ziel, ... zu dem sich Menschen in Staatswesen zusammenschließen, ... die Erhaltung ihres Eigentums«. Dies ist der Grund, warum der Mensch die »natürliche Freiheit (aufgibt) und die Fesseln der bürgerlichen Gesellschaft (anlegt)«[37].

Mit Hilfe dieser Konstruktion versucht Locke, den rigiden Hobbesschen Leviathan zu vermeiden. Die Menschen verzichten auf ihre volle Freiheit in Verfolgung ihrer Interessen und begeben sich auch des Rechtes, selbst zu strafen (vgl. altes Fehderecht). Dieses Recht übertragen sie der Regierung, um das Eigentum besser erhalten zu können. Darin findet die Regierung ihre Grenze: Nicht sie ist souverän, sondern sie ist treu-

[34] Vgl. Macpherson, Besitzindividualismus, 1973, S. 239ff.

[35] Die Interpretation Lockes durch Macpherson (vgl. Macpherson, Besitzindividualismus, 1973, S. 243ff.), wonach anzunehmen sei, Locke habe Lohnbeziehungen als dem Naturzustand angehörend gedeutet, scheint doch überzogen zu sein. Die Stelle, die Macpherson zitiert, weist nur auf die Möglichkeit (und Erlaubtheit) individueller Aneignung fremder Arbeit hin, was aber nicht mit einem Lohnverhältnis gleichzusetzen ist. Vgl. Tuck, Natural rights theories, 1981, S. 3.

[36] Locke, 2. Abhandlung, 1966, S. 100.

[37] Ebd., S. 78.

händerisch für die Gesellschaft tätig[38], um unter Vermeidung der oben beschriebenen Nachteile des Naturzustandes II dessen wesentliche Vorzüge zu wahren, nämlich die Ungleichheit des Eigentums. Die ursprüngliche Gleichheit wird zur Gleichheit vor dem Gesetz zum Zwecke der Sicherung der ökonomischen Ungleichheit, die ursprüngliche Freiheit zur Freiheit, im Rahmen dieser Gesetze dem Erwerbstrieb ungehindert nachgehen zu können. Damit wird aber der Staat zum »Herrscher des Rechtes und nicht des Menschen«[39]. Der Staat wird zur »systematischen Einheit der Gesetze, die für alle in gleicher Weise gelten und jedem die gleiche Möglichkeit der Bewegungsfreiheit garantieren. Die so in ihrer individuellen Bewegungsfreiheit gesicherten Persönlichkeiten finden aber in dieser (Einheit des Gesetzes) für jeden freie und gleiche Chancen: die Gesellschaft. In diesem Sinn ist der Staat die Voraussetzung der Gesellschaft, andererseits die Gesellschaft der freien (von keiner persönlichen Macht abhängigen) und (insofern) gleichen Persönlichkeiten die Voraussetzung für den Staat.«[40]

Der Regreß auf den »Naturzustand« ist so gut wie allen bürgerlichen Gesellschaftsphilosophen des 17. und 18. Jahrhunderts gemeinsam, das dabei zugrundegelegte Menschenbild erfährt aber gewisse Differenzierungen: Gegenüber der englischen Gesellschaftsphilosophie – mit ihrem (aus der »Natur« des Menschen abgeleiteten) sehr pragmatischen Zuschnitt – vertritt die französische Aufklärung ein anderes Menschenbild. Der Mensch wird hier im wesentlichen als Produkt seiner gesellschaftlichen Umwelt interpretiert, als Ergebnis seiner sozialen Umstände.

Jean-Jacques Rousseaus im Naturzustand lebender *homme solitaire*, der edle Wilde, wird ausschließlich geleitet durch die Selbstliebe *(amour de soi même)*, die sich unmittelbar auf die notwendige Selbsterhaltung des Naturmenschen bezieht. Erst das Anwachsen seiner Bedürfnisse läßt ihn die Gesellschaft anderer Menschen suchen. Dies hat Konsequenzen für den menschlichen Gefühlshaushalt: Das Mitleid *(piété, commiseration)*, »eine angeborene Abneigung, ein fühlendes Wesen und vor allem seinesgleichen umkommen oder leiden zu sehen«[41], mäßigt und begrenzt die Selbstliebe und verhindert, daß sie sich

[38] Vgl. Kramm, Politische Ökonomie, 1979, S. 186.
[39] Harrington, Commonwealth of Oceana, 1977, S. 41.
[40] Landshut, Kritik, 1969, S. 88.
[41] Rousseau, Political writings, I, 1915, S. 160.

schädigend auf den Bestand der Gattung auswirkt. Wenn man sie biologisch deuten will, hat sie die Funktion der Selbsterhaltung der Gattung, wie der *amour de soi* die Selbsterhaltung der Individuen[42]. »Sie (die Wilden) kennen keinen Interessenstreit, der sie zerreißt; nichts bringt sie dazu, sich untereinander zu betrügen; die öffentliche Achtung (sic!) ist das einzige Gut, nach dem jeder strebt.«[43] Der »Sündenfall« beginnt nach Rousseau mit der Vergesellschaftung der Menschen; mit der Begründung des Privateigentums, längerer Handlungsketten und Arbeitsteilung büßen sie ihre »natürliche Unschuld« ein. Der Mensch, der früher frei und unabhängig war, wird nun durch eine Vielzahl neuer Bedürfnisse geleitet, sozusagen der ganzen Welt und vor allem seinen Mitmenschen untertan, selbst wenn er zu ihrem Herrn wird! Die Selbstliebe wird verdrängt durch die Selbstsucht *(amour propre)*, die egoistische Reduktion aller Mitmenschen im Hinblick auf die individuellen Privatinteressen: »Ich glaube, man könnte eine sehr richtige Beurteilung der Moral der Menschen aufgrund der Zahl der Handelsbeziehungen durchführen, die sie miteinander haben: je mehr sie miteinander Handel treiben, je mehr sie ihre Talente und Gewerbetätigkeit bewundern, desto mehr begaunern sie sich auf dezente und geschickte Weise und desto mehr verdienen sie unsere Verachtung.«[44]

Der Umschlag von der Selbstliebe zur Selbstsucht – wie gesagt, eine Folge der Vergesellschaftung – ist dabei entscheidend: »Aus dem von der Natur gewollten Motiv der Selbsterhaltung, das durch die Abneigung, andere leiden oder umkommen zu sehen, genügend in Schach gehalten wird, um nicht zur Zerstörung der Gattung zu führen, wird eine übermächtige, die Ordnung (der Natur) störende und verletzende Leidenschaft: der *amour-propre*, die Selbst*sucht*.«[45]

Während der autarke Naturmensch *ganz in sich* ruht, bezieht der *homme civilisé* sein Selbstbewußtsein aus der ihm entgegengebrachten Wertschätzung der anderen, er lebt *ganz außer sich*.

[42] Fetscher, Rousseaus politische Philosophie, 1981, S. 75.

[43] Rousseau, Oeuvres, V, 1905, S. 107. Mit Rousseau beginnt eine Bewegung, die sich zur Antithese des Liberalismus Lockescher Prägung entwickeln und die durch die Romantik und den Nationalismus an Stärke gewinnen sollte. In ihr greift der für die »neue Gesellschaftsphilosophie« konstitutive Individualismus von der intellektuellen Sphäre auf die der Leidenschaften über; vor allem der von Nietzsche und Carlyle entwickelte »Heroenkult« ist typisch dafür.

[44] Ebd.

[45] Fetscher, Rousseaus politische Philosophie, 1981, S. 64.

Nun gibt es aber kein sichereres Mittel, um anerkannt zu werden, als überlegene Macht. Macht innerhalb einer Gesellschaft ist immer relative Macht, sie steht in einem notwendigen Konkurrenzverhältnis zu anderen Mitbewerbern um Macht, und ihr Inhaber muß daher stets auf ihre Einhaltung und Erweiterung bedacht sein. Der zivilisierte Mensch hat damit jene soziale Bestialität erreicht, jene Aggressivität, von der andere Gesellschaftsphilosophen meinten, dies sei der wahre »Naturzustand« des Menschen; »... weil man nicht bemerkt hat ..., wieweit diese Völker schon vom ersten Naturzustand waren, haben manche sich beeilt zu schließen, daß der Mensch von Natur aus grausam sei, und er der Zivilisation bedürfe, damit diese ihn sanfter mache.« Die Anthropologie Rousseaus mündet hier letztlich in derjenigen von Hobbes[46].

Die pragmatischen Briten finden hier einen Ausweg: Bereits über ein Jahrhundert vor Adam Smith erkennt der englische Moralphilosoph und Parlamentarier Joseph Lee das Wirken einer prästabilierten Harmonie: »Es ist ein unleugbarer Grundsatz, daß jedermann dank dem natürlichen Licht und der Vernunft das für ihn Vorteilhafteste tut ... Das Fortkommen des einzelnen kommt der Allgemeinheit zugute.«[47]

Rousseau, der nicht einer prästabilierten Harmonie vertraut, zieht hingegen einen »fortschrittsfeindlichen« Schluß: Wenn »alle späteren Fortschritte scheinbar ebenso viele Schritte zur Vervollkommnung des Individuums und in Wahrheit zum Verfall der Gattung waren«[48], so besteht die Aufgabe einer guten Regierung darin, »eine Verlangsamung des Fortschritts unserer Laster« zu bewirken, den »natürlichen Gang« der Dynamik der bürgerlichen Erwerbsgesellschaft zu verlangsamen; es ist die Aufgabe des Gesetzgebers, die Menschen zu »denaturieren«, sie in einen – ausschließlich sittlich-moralisch verstandenen – Naturzustand zu versetzen, sie in *citoyens* zu verwandeln, die das Gemeinwohl wollen[49].

Durch die Vergesellschaftung (und infolge der Vernetzung der Gesellschaft durch die Entwicklung von langen Handlungsketten) hat der Mensch seine natürliche Unschuld eingebüßt; daraus leitet Rousseau als die *sittlich-moralische Aufgabe* des Menschen einerseits die Überwindung der aus der Selbstsucht

[46] Vgl. ebd., S. 47f.
[47] Zit. in Russell, Philosophie, 1950, S. 634.
[48] Rousseau, Political writings, I, 1915, S. 175.
[49] Vgl. Fetscher, Rousseaus politische Philosophie, 1981, S. 26.

resultierenden Leidenschaften durch die Tugend ab, als seine *politische Aufgabe* andererseits die Herstellung der staatlichen Gemeinschaft, in der die Zwietracht der vor allem durch das Privateigentum depravierten Naturmenschen überwunden wird. Während die englischen Moralphilosophen von Anthony A. Shaftesbury bis hin zu Adam Smith einen sich vornehmlich auf materielle Güter beziehenden, somit Interessen verfolgenden, gemäßigten Egoismus als durchaus vereinbar mit *virtue* erachten[50], legt Rousseau einen strengeren Maßstab an: Die Überwindung der Selbstsucht erfolgt, indem die Leidenschaften durch die »Tugend« *(vertu)* überwältigt werden. Aus der *amour-propre* gehen zwar alle Kraftanstrengungen hervor, denen wir den zivilisatorisch-kulturellen Fortschritt verdanken, aber zugleich wird dieser Fortschritt, von einem sittlichen Standpunkt aus betrachtet, äußerst fragwürdig. Wenn der depravierte, vergesellschaftete Mensch sich als ein »absolutes Selbst« betrachtet, sein »Ich« zum Mittelpunkt aller Beziehungen zur Natur und anderen Menschen zu machen sucht, dann zerstört er die »natürliche Ordnung«. Denn wie auch Kant ausführt: »Die in der Natur erkannte Ordnung wird zum Richtmaß für sittliches Verhalten; sittlich verhält sich, wer seine Person aufs Ganze bezieht und niemals das Ganze auf seine Person, oder wer seine Mitmenschen niemals bloß als Mittel, sondern immer zugleich als Selbstzweck ansieht.«[51]

Da Rousseau also überzeugt ist, daß die Menschen durch die Vergesellschaftung depraviert werden und einer versittlichenden und vergemeinschaftenden Einwirkung durch Sitten und Tugend und durch den Gesetzgeber bedürfen, um eine harmonische politische Ordnung begründen zu können[52], will er (wie übrigens auch Montesquieu) in durchaus traditioneller Weise die politische Gemeinschaft auf Tugend begründen. Sein Zeitgenosse Mirabeau, der hier »moderner« denkt, kritisiert daher auch, es würde dabei verkannt, daß in Wahrheit »die Grundgesetze der Gesellschaftsordnung physisch, aus der Natur der menschlichen *Bedürfnisse* genommene Gesetze« seien[53].

Nun ist aber der Tugendbegriff Rousseaus nicht identisch mit der traditionellen Vorstellung von *virtus;* Tugend wird von ihm einem Menschen zugeschrieben, dessen Handlungen vom »Ge-

[50] Vgl. Shaftesbury, Inquiry concerning virtue, II/2, 1904, S. 155ff.
[51] Zit. in Fetscher, Rousseaus politische Philosophie, 1981, S. 86f.
[52] Vgl. ebd., S. 250.
[53] Bourthonmieux, Doctrines économiques, 1936, S. 123.

wissen« anstelle der *amour-propre* bestimmt werden; Gewissen wird aber dabei definiert als »Liebe zur Ordnung« *(amour de l'ordre)*, d.h. daß das »Über-Ich« bereits internalisiert ist: »Der sittliche (tugendhafte) Mensch ist der ideale Staatsbürger, weil er niemals sein egoistisches Privatinteresse als sinnlicher Mensch, sondern stets das höhere Interesse seines sittlichen Selbst vertritt, das mit keinem fremden Privatinteresse und noch weniger mit dem der sittlich-rechtlichen Gemeinschaft in Konflikt geraten kann, weil es sich auf Güter bezieht, deren Menge unbegrenzt ist und daher durch ›Genuß‹ nie aufgebraucht werden könnte. Der konstituierte Staat aber liefert selbst noch in seiner schlechtesten Gestalt das Bild einer Ordnung, die die Vernunft erkennen kann, um die Liebe des Gewissens zu ihr auszulösen, und verhilft so der Tugend zur Herrschaft über die Leidenschaften.«[54]

Die *politische Aufgabe*, eine staatliche Gemeinschaft zu begründen, in der die Selbstsucht des depravierten »Natur-«Menschen überwunden wird, löst Rousseau durch die Annahme eines *contrat social*, der von den Menschen aus Gründen des eigenen Wohls und aus dem Bewußtsein individueller Freiheit eingegangen wird. Der Gesellschaftsvertrag gründet sich auf dem Prinzip der Einstimmigkeit, jeder tritt mit allen in einen Vertragszustand, wodurch jeder einzelne an dem so entstandenen Staat Anteil hat. Nachdem mittels Gesellschaftsvertrag ein politischer Körper geschaffen ist, ist ein zweiter Vertrag nötig, um die Regierung einzusetzen. Wie schon vor ihm bei Samuel von Pufendorf kann somit zwischen einem »Vereinigungsvertrag« und einem »Unterwerfungsvertrag« unterschieden werden, denn die Einrichtung einer Herrschaftsordnung, in der die Gesetze über den Menschen stehen, setzt erst die notwendigen Bedingungen für die Selbstüberwindung der tugendhaften, vom Gewissen und Gemeinwillen geleiteten Individuen[55]. Da der *ordre naturel* zu allgemein ist und nur als allgemeine, verinnerlichte Orientierungsnorm wirkt, muß er durch den *ordre positif* ergänzt werden, die staatlich gesetzte, in Gesetzen sich niederschlagende Ordnung, die jedoch an die natürliche Ordnung so weit wie möglich angenähert werden muß.

Der »Wille aller« *(volonté de tous)* muß sich zwar nicht stets mit dem »Gemeinwillen« *(volonté géneral)* decken, aber letzte-

[54] Fetscher, Rousseaus politische Philosophie, 1981, S. 93.
[55] Vgl. ebd., S. 98.

rer muß sich doch wenigstens in einer *Stimmenmehrheit (volonté de la majorité)* manifestieren; der Gemeinwille ist dabei *nicht* aus einer *Addition* einzelner Willensbekundungen zu deduzieren: »Oft ist ein großer Unterschied zwischen dem Willen aller und dem allgemeinen Willen; letzterer geht nur auf das allgemeine Beste aus, ersterer auf das Privatinteresse und ist nur eine Summe einzelner Willensmeinungen.«[56]

Was »den Willen zu einem allgemeinen macht, ist weniger die Anzahl der Stimmen, als das gemeinsame Interesse, das sie vereint«[57]. Wo der Partikularwillen der Individuen von moralischen Gesichtspunkten geleitet ist, wird auch ihr Einverständnis mit den vom Gemeinwillen erlassenen Gesetzen selbstverständlich sein[58]. Rousseau versucht damit, die beiden großen Probleme der zeitgenössischen politischen Philosophie, die Sicherung der Freiheit und die Garantie der Ordnung, zugleich zu lösen; es geht ihm darum, »eine Form der Vergemeinschaftung zu finden, die mit der ganzen gemeinsamen Macht die Person und das Eigentum jedes Gemeinschaftsgrades verteidigt und beschützt und durch die jeder, indem er sich mit allen vereinigt, doch nur sich selbst gehorcht und ebenso frei bleibt wie zuvor«[59].

Neben der als »Liebe zur Ordnung« definierten neuen politischen Tugend[60] bedarf es dazu der Einrichtung einer gesetzgebenden politischen Herrschaftsordnung. Die Gesellschaftsphilosophen des 17. und 18. Jahrhunderts greifen dabei auf traditionelle Elemente des politischen Diskurses zurück, geben ihnen jedoch eine neue inhaltliche Bestimmung. Während der Hobbessche Leviathan das Schwergewicht auf die Herstellung der Sicherheit und Ordnung für die Bürger legt, geht es Rousseau primär um die Wiederherstellung von Freiheit (und damit der Entwicklungsmöglichkeit) der in (Staats-)Bürger verwandelten Menschen, im Grunde genommen aber um das Problem der legitimen Herrschaftsordnung bzw. um die Aussöhnung zwischen der notwendigen ordnungsstiftenden Herrschaft und der als unaufgebbar empfundenen Freiheit, denn »auf seine

[56] Rousseau, Contrat social, II, 1762, 3.

[57] Ebd., 4. Von einer solchen Basis aus kann natürlich auch ein autoritäres Regime gerechtfertigt werden.

[58] Vgl. Fetscher, Rousseaus politische Philosophie, 1981, S. 155.

[59] Rousseau, Contrat social, I, 1762, 6.

[60] Rousseau verschweigt dabei, daß dies jedoch die Setzung des »Über-Ich« voraussetzt und über soziale Disziplinierungsprozesse vermittelt wird.

Freiheit verzichten heißt, auf seine Eigenschaft, Mensch zu sein, verzichten«[61].

Rousseau muß dazu Freiheit in Übereinstimmung mit dem allgemeinen Willen bringen: Nur derjenige ist frei, dessen Wille mit dem Gemeinwillen zusammenfällt; er ist zugleich auch tugendhaft, wobei diese politische Tugend immer auch einer echten sittlichen Selbstüberwindung bedarf, indem die von der Selbstsucht diktierten Leidenschaften zugunsten des Gemeinwillens (und damit auch des Gemeinwohles) unterdrückt werden, wenn das Gesetz bejaht werden soll. Diese Herrschaft des sittlichen Selbst über seine eigenen Leidenschaften – man kann auch sagen, die Entstehung des »Über-Ichs« – ist die Voraussetzung der Freiheit im moralischen wie im politischen Bereich: »Der Hobbessche Gesellschafts-(Unterwerfungs-)Vertrag hat einen absoluten Rechtsverzicht der einzelnen zum Inhalt, der Rousseausche eine moralische Selbstverpflichtung.«[62] Rousseau verlangt die »totale Entäußerung jedes vergesellschafteten Menschen *(associé)* mit allen seinen Rechten an die gesamte Gemeinschaft«[63]. Dies erst ist die konstitutive Voraussetzung für die Freiheit des einzelnen in dem über den Gesellschaftsvertrag begründeten Gesellschaftszustand. Die Entäußerung der individuellen Rechte kommt dabei nicht (wie bei Hobbes) einem von der Gemeinschaft abgehobenen anderen (dem souveränen Herrscher) zugute, sondern der Gemeinschaft aller, in der jeder einzelne wiederum Teilglied ist. Während durch die Trennung von Staat und Gesellschaft à la Locke letztere als Freiraum für die Bürger definiert werden kann (wodurch es dann später möglich ist, den Staat als Agentur der bürgerlichen Interessen aufzufassen), liegt das Geheimnis der Freiheit à la Rousseau darin, daß jeder Bürger zugleich Souverän und Untertan ist.

Die zeitgenössische Gesellschaftstheorie macht damit ein besonderes, nämlich das bürgerliche Interesse in der Vorstellung zu einem allgemeinen, das Bürgertum und seine Wertvorstellungen repräsentieren für sie die Menschheit schlechthin, womit der Zerstörung traditionaler Werthaltungen und Verhaltensweisen, etwa der »moralischen Ökonomie«[64] und des »ganzen Hauses«, durch einen »Besitzindividualismus« (Macpherson) nichts mehr im Wege steht.

[61] Rousseau, Contrat social, I, 1762, 4.
[62] Fetscher, Rousseaus politische Philosophie, 1981, S. 96f. u. 109.
[63] Rousseau, Contrat social, I, 1762, 6.
[64] Vgl. Thompson, Plebejische Kultur, 1980.

24. Die »neuen Wissenschaften« und ihre Eingliederung in den Staat

Nach dem Muster der reflexiven Abstraktion, in der das neuzeitliche Individuum sich seines anders gewordenen »Selbst« bewußt wird, nämlich seiner speziellen »bürgerlichen« Situation, können auch jene Kategorien vorgestellt werden, die ebenfalls als reflexive Abstraktion der Tätigkeiten von Gelehrten, Künstlern, Handwerkern und Ingenieuren entwickelt werden. Auch diese gründen sich auf der Voraussetzung und Erfahrung des neuen »Ich« und der damit verbundenen Umwelt- und Gesellschaftsbetrachtung. Aufgrund dieser neugewonnenen »inneren Struktur«, die sich in den Akkomodationsversuchen niederschlägt, bleibt noch zu klären, wie die Wissenschaft als kognitives Programm ihre sie tragende soziale Struktur entwickelt, bzw. wie die gesellschaftlichen Gruppierungen auf das kognitive Programm zurückwirken. Denn Wissenschaft kann als ein Typ sozialen Handelns, als Organisierung eines sozialen Subsystems aufgefaßt werden.

Hier interessiert nicht so sehr, wie die Entwicklung sozialer Normen durch spezielle Handlungstypen charakterisiert ist, oder die Kontrolle, mit der diese Normen aufrechterhalten werden (oder es zumindest versucht wird); hier interessiert vor allem die Eingliederung eines solchen Subsystems in die Machtstruktur der Gesellschaft. Zu klären ist, welche Ziele der »vorinstitutionellen« Wissenschaft[1] in die neue soziale Organisation der Wissenschaft übernommen und welche durch eben diese Institutionalisierung ausgeschieden werden.

Unter diesem Blickwinkel kommt den ältesten wissenschaftlichen Gesellschaften, etwa der Accademia dei Lincei in Rom oder der Accademia del Cimento[2] in Florenz Anfang und Mitte des 17. Jahrhunderts nur eine Vorläuferstellung, ein Versuchscharakter zu. Erst mit der Errichtung der ersten »modernen« wissenschaftlichen Gesellschaften[3], nämlich der Royal Society of London (1662) und der Académie Royale Française (1668), wird die Wissenschaft zu einem etablierten, wenn auch im ge-

[1] »Institutionell« bedeutet hier die Neuorganisation und damit neue Sinnausstattung der Wissenschaft in Akademien – also außerhalb – der alten fürstlichen, kirchlich dominierten Universitäten und später auch Landesuniversitäten.

[2] *cimento*, ital. »Wagnis«.

[3] Vgl. Bernal, Sozialgeschichte der Wissenschaften, II, 1978, S. 422ff.; Ben-David, Scientist's role, 1971.

sellschaftlichen Kontext marginalen Kulturfaktor. Die moderne Rolle der Wissenschaft und auch ihre Organisation, neben und getrennt von den traditionellen Erziehungssystemen, werden akzeptiert; eine spezielle Art sozialen Handelns wird damit etabliert. Die Ursprungssituation bestimmt sich nicht zuletzt aus den – für die neue kapitalistische Gesellschaft besondere Bedeutung erlangenden – technischen Problemen der Zeit: Fragen der Pumptechnik, Hydraulik, Ballistik und Schiffahrt, auf deren Lösung sie sich konzentriert, werden thematisiert, technische und soziale Elemente dieser kognitiven Tätigkeit werden durch die Institutionalisierung normiert.

Weder im absolutistischen Frankreich von Louis XIV., in dem die Krone auch als Finanzier der Akademie auftritt, noch im restaurativen England der Stuarts, wo Charles II. auf Betreiben der Handelsherren die Schirmherrschaft übernimmt und die Mitglieder der Gelehrten-Gesellschaft zur Finanzierung derselben wöchentlich einen Shilling bezahlen, bedeutet jedoch die Institutionalisierung der Wissenschaft auch die Akzeptanz ihrer Wertvorstellungen. Vielmehr erreicht die Wissenschaft ihre kulturelle Akzeptanz durch die Bereitschaft, sich im Hinblick auf die herrschenden Institutionen und Ideologien – jedweder politisch-kulturellen Legitimation – neutral, »wertfrei«, das heißt die gegebenen Bewertungen stillschweigend akzeptierend, zu verhalten. Denn das, was wir heute als (positive) Wissenschaft bezeichnen, ist nicht das Ergebnis einer kognitiv gesteuerten Selektion zwischen den vielen Varianten der »neuen« Wissenschaft, die selbst noch im 17. Jahrhundert vorhanden sind oder weiterwirken (wie etwa alchimistische, kasuistische Ansätze), sondern das Ergebnis einer spezifischen Sozialisation[4]. Nicht aufgrund der Überlegenheit ihres Programms gewinnt sie die Konkurrenz gegenüber alternativen Ansätzen, sondern diese Auseinandersetzung wird durch die Institutionalisierung beendet und entschieden. Somit wird sie als »positive Wissenschaft« konstituiert. Die Konstitution dieser Art von Wissenschaft bestimmt entscheidend Inhalt, Form und Tendenz ihrer Aktivitäten[5]. Bedeutsam für die Institutionalisierung sind die Beteuerungen und – nicht weniger wichtig – die vorgebrachten Nachweise der Interessenneutralität der »modernen« Wissenschaft[6].

[4] Vgl. Böhme u. a., Experimentelle Philosophie, 1977, S. 131.
[5] Vgl. ebd., S. 167.
[6] Vgl. Ben-David, Probleme der Wissenschaft, 1975, S. 133ff.; Kuhn, Scienti-

Im Mittelpunkt stehen zunächst der Aufbau und die Konsolidierung entsprechender Organisationsformen: »Sie schlossen den bestmöglichen Frieden mit kirchlichen wie auch weltlichen Autoritäten und bewachten rigoros die Grenzen. Sie schärften ihre Definitionen von Erkenntnistheorie und Methode und vermieden so lange von sich aus verbotene Bereiche, bis diese schließlich vergessen (d.h. internalisiert) waren ... Die neue Wissenschaft baut auf einem streng empirischen *Credo* auf; sie wird sich aus der normativen Diskussion heraushalten; Wissenschaftler beschäftigen sich nur mit bestimmten Wissensbereichen.«[7] Gleichzeitig ist dies die »Initiationsformel ..., um die Konzession der Herrschenden zu erhalten«[8]. Ein solcher Ansatz ist bezeichnenderweise noch im frühen 17. Jahrhundert (z.B. Bacon, Hartlib, Dury, Comenius) in England undenkbar. Der »Institutionalisierung der Wissenschaft« geht nämlich eine »Baconsche wissenschaftliche Bewegung« voraus. In ihr sind Naturerkenntnis, Moral, Religion, Erziehung usw. noch nicht fein säuberlich geschiedene Bereiche mit jeweils zuständigen Institutionen im Hintergrund. Vor der Restauration ist für das puritanische England »Baconismus« nicht bloß eine Art empirischer Wissenschaft (in einem heute gültigen Sinn), sondern zugleich eine umfassende, fachübergreifende Methode und ein interdisziplinäres Programm für soziale und politische Entwicklung[9]. Bacons Versuch einer logischen Systematisierung der wissenschaftlichen Arbeitsweise durch die induktive Methode (»wie Bienen sammeln und ordnen«) unterschätzt allerdings die Bedeutung von Hypothesen als Vorbedingung empirischer Arbeit[10]. Die Vielfältigkeit der noch möglichen Ansätze faßt Mendelssohn trefflich zusammen, wenn er festhält: »... im Todesjahr Bacons wäre es nahezu unmöglich gewesen, Aussehen und Grenzen der neuen Wissenschaft präzise anzugeben«[11].

Diese Bewegung und Wissenschaftsorientierung kann als stellvertretend für die Aufbruchs- und Umbruchsstimmung in

fic growth, 1972, S. 166ff.; Foucault, Ordnung der Dinge, 1971; Hall, Scientific revolution, 1966; Bachelard, L'ésprit scientifique, 1970. Kuhn datiert den Anfang der modernen Wissenschaft mit dem Ende des 18. Jahrhunderts, Foucault in der Zeit zwischen 1775 und 1825, Hall zu Beginn des 19. Jahrhunderts und Bachelard erst im 20. Jahrhundert.

[7] Mendelssohn, Social construction, 1977, S. 14ff.

[8] Böhme, Alternativen der Wissenschaft, 1980, S. 197.

[9] Vgl. Jones, Ancient and moderns, 1965.

[10] Vgl. Russell, Philosophie, 1950, S. 538.

[11] Mendelssohn, Social construction, 1977, S. 14ff.

England vor der Restauration angesehen werden. Die Grenzen zwischen Naturerkenntnis, Politik, Religion und Erziehung sind noch nicht abgesteckt. »Advancement of learning« (Bacon, 1605) ist im frühen 17. Jahrhundert noch Teil einer »Allgemeinen und General-Reformation der ganzen weiten Welt«[12], deren Grundzüge anti-autoritär, offen und anti-elitär sind. Dieses Bemühen ist von einem pädagogischen Idealismus und einer humanistischen Orientierung geprägt. Nach der Restauration der Stuarts erfolgt hingegen die erwähnte Abgrenzung von allen anderen gesellschaftlichen Bereichen, es wird die »reine Wissenschaft« konstituiert. Gleichzeitig erfolgt deren institutionelle Eingliederung in den Zentralstaat und somit die Unterwerfung unter ein Machtsystem[13]. Diese Situation ist konstitutiv für die Institutionalisierung der Wissenschaft: Ausdifferenzierung sozialer Normen, Akzeptanz der speziellen Handlungsformen durch Staat und Gesellschaft. Die Organisierung und Prägung der zu »Wissenschaftlern« werdenden Gelehrten, Humanisten, *Virtuosi*, auch Künstler-Ingenieure und Spezialhandwerker, erfolgt in den erwähnten »Akademien« und in den neuorganisierten »Landesuniversitäten« unter dem Patronat des Staates[14]. Seit Anfang des 18. Jahrhunderts werden dann Lehrstühle für »Ökonomik und Kameralistik« eingerichtet; das Ziel ist eine »lebensnahe Unterweisung im Hinblick auf den Aufbau eines absolutistischen Staatswesens«[15]. Der herrschaftliche Blick der landesherrlichen Förderer sieht es gerne, daß die sich institutionalisierende Wissenschaft aus ihrer Programmatik und Praxis andere kognitive Bereiche ausgrenzt und damit möglichen Konflikten (etwa mit der Kirche) ausweicht. Lediglich die »Techniken« und »Künste« (im Sinne des Handwerks), die seitdem als »bürgerliche« Wissenschaften angesehen werden, sind von dieser Ausgrenzung ausgenommen und werden vom Zentralstaat gefördert, gilt doch der Bürger unter dem Blickwinkel des Herrschers als der »gehorsame Teil des Staates«.

Wie weit die Anpassung an die Aufträge und die Unterordnung unter die gesellschaftlichen Machtträger geht, zeigen bereits die ersten Entwürfe zu einer Compagnie des Sciences et

[12] Yates, Aufklärung, 1975.

[13] Vgl. Hahn, Anatomy, 1971; Brown, Scientific organisations, 1934.

[14] Zilsel, Soziale Ursprünge, 1976, S. 49 ff. Damit wird zugleich auch klar, daß nicht jeder professionelle Wissenschaftler »Gelehrter« ist. Professor, Wissenschaftler und Gelehrter wird fortan nicht unbedingt dasselbe sein.

[15] Vgl. König, Universitäten, 1935, S. 20.

des Arts, deren Programm schließlich die Académie Royale im wesentlichen übernehmen sollte. Christiaan Huygens, der 1666 mit der Konzeption einer Akademie beauftragt wird, nennt als prospektive Mitglieder der Gesellschaft die gelehrtesten Personen in »den wahren Wissenschaften, wie Geometrie, Mechanik, Optik, Astronomie, Geographie, ... in Physik, Medizin, Chemie, Anatomie etc. oder in der Kunstpraxis, wie Architektur, Festungsbau, Bildhauerei, Malerei, ... Metallurgie, Agrikultur, Navigation, etc. ...«[16] So weit gefaßt diese Personengruppe auch ist, so restringiert erscheint sie in ihrer Programmatik: »In den Versammlungen werden nie die Mysterien der Religion oder die Angelegenheiten des Staates besprochen; und sollte einmal ein Gespräch über Metaphysik, Moral, Geschichte oder Grammatik stattfinden, dann nur en passant und in Beziehung zur Physik oder als Plauderei unter Männern.« Ähnliche Ausgliederungen wie für die Académie Royale Française werden bereits 1663 in dem von Robert Hooke verfaßten Entwurf der Präambel zu den Statuten der Royal Society in London vorgeschlagen: »Es obliegt der Royal Society, das Wissen um die Dinge in der Natur zu vervollkommnen und alle nützlichen Künste, Herstellungsweisen, mechanischen Verfahren, Maschinen und Erfindungen durch Experimente zu verbessern (unbehandelt bleiben dabei Theologie, Metaphysik, Politik, Grammatik, Rhetorik oder Logik etc.).«[17]

Wenn auch in die Statuten der Gesellschaft diese programmatischen Passagen nicht explizit aufgenommen werden, so wird doch sehr deutlich gemacht, daß die königliche Gnade und materielle Unterstützung nur dann gewährt werden, wenn sich die königliche Gesellschaft auf die Gebiete der »experimentellen Philosophie«, das heißt der »Körper des Menschen, die Künste seiner Hände und die Werke der Natur sowie der Mathematik und der mechanischen Gegenstände«, beschränkt. Denn von den drei Gegenständen menschlichen Denkens, nämlich Gott, Mensch und Natur[18], beschäftigt man sich mit Gott nur insofern, als seine Weisheit und Macht in der »Natur« offenbar wird. Die Seele, ihre Möglichkeiten und Aktivitäten, werden aus zwei Gründen nicht behandelt: Erstens fällt die Tätigkeit der menschlichen Seele in bereits existierende Wissenschaften,

[16] Huygens, zit. in Hahn, Anatomy, 1971, S. 426.
[17] Weld, zit. in Bernal, Sozialgeschichte der Wissenschaften, II, 1978, S. 426.
[18] Vgl. Sprat, Royal Society, 1958, S. 83.

etwa Politik, Moral und Redekunst; andererseits sind Vernunft, Verstand, Leidenschaft, Wille des Menschen u.a.m. so schwierig zu beobachten und bieten so viele Möglichkeiten des Widerstreits, daß die große Gefahr besteht, »dem Reden zu verfallen, statt zu arbeiten«. Man ist aber durchaus zuversichtlich, daß über die Untersuchung der Physis des Menschen auch Aussagen über die Seele gemacht werden können; die Reduktion komplexer, »höherer« Aktivitäten auf die Beobachtung und das Studium »natürlicher« niedriger Dinge bieten den Weg dazu; das Leibnizsche »Uhrenmodell« synchronisiert Psyche und Physis in mechanistischer Weise.

Somit sind einzig und allein das Handwerk und die Technik als Tätigkeitsbereich der experimentellen Philosophie freigegeben. Der konstruktivistische Ansatz der Naturerkenntnis läßt in dieser Phase Technik und Wissenschaft eins werden. Dies wird sicherlich durch die an praktischer Nützlichkeit (und damit Machtvermehrung) orientierte Vorstellung der absolutistischen Herrscher noch gefördert. Dabei wird eben den Interessen jener Macht bloß Rechnung getragen, die Sobière 1663 als Sekretär der Montmort Académie bereits folgendermaßen umschreibt: »... nur Könige, vermögende Souveräne und einige weise und reiche Republiken können es unternehmen, eine physikalische Akademie zu errichten, wo andauernd experimentiert werden kann. Eine spezielle Anweisungsstruktur muß errichtet, Handwerker müssen angestellt werden; und beachtliche Fonds sind für sonstige Ausgaben notwendig.«[19]

Der große, mit diesem wissenschaftlichen Aufbruch verbundene innovative Anspruch, das Umdenken und Verändern, muß sich in einer absolutistischen Staatenwelt und in einer sich über den Handel etablierenden und auch verstehenden »bürgerlichen« Gesellschaft mit einer dienenden Rolle bescheiden. Die relevanten Bereiche des »Staates« und der »Gesellschaft«, nämlich die unmittelbare Beschäftigung mit Menschen (insbesondere auch der unteren Schichten) sind für die institutionalisierte Wissenschaft vorderhand kein Thema.

Bevor wir uns weiter mit den Auswirkungen der An- und

[19] Brown, Scientific organisations, 1934, S. 144f. Verständlich, daß bei dieser über den Finanzbedarf begründeten Interessenlage ein Comenius in London kaum Verwendung findet, daß ein Hartlib nach der Restauration der Stuarts keine Pension vom König erhält und es keinen Kontakt zwischen ihm und der Londoner Akademie gibt; obwohl beide Gelehrte zu deren Protagonisten zählten, sind sie doch beide noch dem »Baconschen« Ideal verpflichtet.

Einpassung vor allem im Hinblick auf die uns interessierende Disziplin der neuzeitlichen Ökonomie beschäftigen, soll erörtert werden, inwieweit die sich neu organisierende Wissenschaft mit ihren Akkomodationsversuchen erfolgreich ist, und wie sehr sich die Wissenschaftler ihrem Anspruch gemäß auch tatsächlich von anderen Intellektuellen absetzen können. Die Normen und Kriterien, nach denen eine gesellschaftliche Bewertung erfolgt, sind Experiment, Fortschritt und Gesetz. Denn, wie Joseph Ben-David herausarbeitet[20], ist die Innovation des späten 16. und des 17. Jahrhunderts gerade das Insistieren darauf, daß die Forschungstätigkeit, die nach diesen Regeln bewertet wird, zu einer speziellen gesellschaftlichen Rolle gemacht wird. Auch die Ergebnisse sollen nach eben diesen Regeln bewertet und Belohnungen danach verteilt werden. Inwieweit ein solches intellektuelles Handwerk durchführbar ist und lohnend gestaltet werden kann, dazu gab und gibt es sehr geteilte Meinungen[21].

Der programmatisch-normative Aspekt der Rolle der Wissenschaftsdisziplinen ist vom kognitiv-technischen Inhalt, von ihrer tatsächlichen Praxis zu unterscheiden. Auch für Kopernikus ist die Vorstellung einer Umdrehung der Planeten um die Sonne bloß eine »ökonomischere« Vorstellung als die der Umdrehung aller himmlischen Sphären. Nach moderner Hypothese (Einstein), die jede Bewegung als relativ ansieht, ist der einzige Vorzug des kopernikanischen Systems gegenüber dem ptolemäischen System die Einfachheit. Kopernikus selbst war auch gar nicht in der Lage, stichhaltige Beweise für seine Hypothese zu erbringen[22]. Der programmatisch-normative Anspruch kann also kognitiv-technisch zunächst kaum eingelöst werden. Nur auf dem Gebiet der Astronomie und der Schiffahrt kann die neue Wissenschaft, die sich auf Mathematik und experimentelle Physik stützt, erste Erfolge vorzeigen[23].

Dies ändert sich jedoch mit Newton, dem im kognitiv-technischen Bereich die Verknüpfung von Mathematik und Experiment tatsächlich gelingt und bei dem ein »formaler« Gesetzesbegriff entsteht[24]. Allerdings bilden, was vielfach verschwiegen

[20] Vgl. Ben-David, Probleme der Wissenschaft, 1975, S. 133ff.

[21] Vgl. Jones, Ancient and moderns, 1965, S. 237ff.

[22] Vgl. Russell, Philosophie, 1950, S. 537f.

[23] Wie lange umstritten dieser Ansatz noch ist, machen u.a. die kritischen bis satirischen Anmerkungen Swifts in ›Gullivers Reisen‹ deutlich (siehe unten).

[24] Vgl. Jacob, Newtonians, 1983; Kuhn, Scientific growth, 1972.

wird, theologische Schriften den Hauptteil des Newtonschen Lebenswerkes, Studien, die bis heute nicht herausgegeben und übersetzt wurden. Offenkundig aus Vorsicht hat Newton diese Werke nicht publiziert; man vergleiche dazu das Werk des fast genau 150 Jahre vor Newton geborenen Paracelsus, um die Veränderung der gesellschaftlichen Erwartungen gegenüber der Wissenschaft und den gesellschaftlichen Druck auf die Wissenschaft abschätzen zu können[25]. Ob jene physikalischen Arbeiten, die Newtons Ruhm bei Zeitgenossen und Nachwelt ausmachen, für ihn selbst zentral waren oder nicht, ist nicht zu entscheiden; aber in der intellektuellen Gemeinschaft, der er angehört, erweisen sie sich als wirksam.

Es gilt, Bewertungs- und natürlich auch Belohnungsmechanismen zu etablieren, und zwar ehe es noch die kognitiv-technischen Leistungen gibt, die den programmatisch-normativen Anspruch rechtfertigen würden. Der Glaube an die später so unbestrittene Überlegenheit der empirisch-mathematischen Methode muß ja noch während des 17. und des Großteils des 18. Jahrhunderts als utopischer Glaube angesehen werden[26]. Die Belege für den Vorzug dieser Methode sind vor Newton minimal, und auch später kann man sich lange Zeit bloß auf die Evidenz Newtons verlassen[27].

Ohne die Vorstellung vom Fortschritt wäre die neuzeitliche Wissenschaft wohl gar nicht erst entstanden, und ohne eine entsprechende gesellschaftliche Anerkennung der Wissenschaftler hätte die Bewegung nicht überlebt. Diese kann aber zunächst nicht an technisch-kognitiven Leistungen gemessen werden, sondern es muß dafür eine Art »rechtsprechender Schöffensenat«, die *scientific community* herangezogen werden.

[25] Aufgrund der das Denken von Paracelsus noch prägenden Methode der Ähnlichkeit wandelt der Heilkundige ohne Bedenken zwischen den verschiedenen Fachgebieten, zwischen Gott und der Empirie hin und her.

[26] Vgl. Ben-David, Probleme der Wissenschaft, 1975, S. 142.

[27] So sind z. B. in jüngster Zeit gewisse Abweichungen von Newtons Gravitationsgesetz festgestellt worden: Irritierende geophysikalische Meßdaten, gewisse Ungereimtheiten im Elementarteilchenbereich sowie ein festgestellter Zusammenhang zwischen Abweichungen der Maßzahlen der Schwerebeschleunigung einer Reihe verschiedener Substanzen (wenngleich erst im Bereich der neunten Stelle hinter dem Komma) und einer Zahl, welche die nukleare Zusammensetzung des betreffenden Stoffes charakterisiert (die s. g. Hyperladung), lassen vermuten, daß die Gravitation doch von der Beschaffenheit der Massen abhängig ist. Sollte tatsächlich eine, wenngleich sehr schwache Gravitations-Wechselwirkung zusätzlich zu Newtons quadratischem Abstandsgesetz gelten, so würde dies eines der »Grundgesetze« der Physik relativieren.

Diese orientiert sich an den vorgegebenen Zielvorstellungen, obgleich sie um deren derzeitige – um es aus dem Blickwinkel des 17. Jahrhunderts zu sehen – Nichtrealisierbarkeit weiß. Die Idee des wissenschaftlichen Fortschritts läßt jedoch auf spätere Realisierung hoffen. Jeder einzelne, selbst ein »Zwerg auf den Schultern von Riesen«[28], kann dazu beitragen, dieses Ziel zu erreichen.

Erst zu Ende des 18. Jahrhunderts wird das Ideal der experimentell-mathematischen Forschung teilweise einlösbare Wirklichkeit; es ist fortan möglich, Programmatik und Praxis zur Deckung zu bringen, können in gewissen Bereichen der Physik und der Naturwissenschaften generell die Bewertungsnormen mit den tatsächlichen Arbeitsmethoden der physikalischen Wissenschaften identifiziert werden. Doch selbst in diesen Bereichen können sehr lange Zeitabstände zwischen der Konstatierung einer Hypothese und ihrer Akzeptanz liegen, vor allem dann, wenn es sich um grundsätzliche Aussagen handelt[29]. Sicher ist, daß es für die Bereiche der »Normalwissenschaften« (Thomas S. Kuhn) nicht mehr nötig ist, die Akzeptanz letzter Ziele einerseits und von Normen hinsichtlich der Bewertung andererseits als getrennte Dimensionen aufzufassen. Anstelle dessen kann die unifizierende Vorstellung treten, daß die gesetzten Bewertungsnormen mit der inhärenten Logik der Wissenschaft korrespondieren. So wie die Erkenntnistheorie[30] auf Schlußfolgerungen und Verallgemeinerungen beruht, die aus dem vorhandenen Wissen und Datenmaterial nicht (restlos) erschlossen werden können, so überfordert man auch den Anspruch, wenn von diesen Bestätigungen in Teilbereichen der Physik ausgehend dieser Anspruch verallgemeinert wird: Die gegebenen Methoden der Physik werden als geeignetes Paradigma für die Erkenntnis eines geschlossenen, vollständigen Systems der Natur, ja der Welt überhaupt, angesehen. Als Funktion der Wissenschaft wird das Ergänzen und Einpassen neuer Erkenntnisfortschritte in ein solches System »akzeptiert«[31].

[28] Merton, Auf den Schultern, 1980.

[29] Vgl. Kuhn, Struktur, 1981, S. 25ff.

[30] Vgl. Toulmin, Kritik, 1978, S. 27.

[31] Vrooman, René Descartes, 1970, S. 189. Wir finden diese Methode und Sichtweise in fast allen Wissenschaftsdisziplinen: in der Astronomie, in der Philosophie, der klassischen Physik, in der Biologie, aber auch in der Medizin und sogar in der Psychoanalyse, in der etwa die Freudsche Triebtheorie, sein »psycho-mechanisches« Seelenmodell eine Analogie zu den Gesetzen der Mechanik und Hydraulik aufweist, aber eben auch in den Sozialwissenschaften. So be-

Was nun den Beginn der »neuen« Wissenschaft im 16. und 17. Jahrhundert markiert, ist also ein sich herauskristallisierendes Denkmuster, ein Paradigma, das auch heute noch weitgehend gilt. Denn auf ein solches Denkmuster gestützt, läßt sich der »sichere Gang der Wissenschaft« konstruieren, den Kant nach der Kopernikanischen und Galileischen Revolution beginnen läßt. Voraussetzung dafür ist die reflexive Abstraktion, die aufgrund der geänderten gesellschaftlichen Situation und der veränderten Machtverhältnisse zu einem anderen Bewußtsein eines Teils der Bevölkerung und zum »neuen Menschen« führt. Aus dieser Situation, in der der Mensch sich als einzelner einer fremd gewordenen »Natur« und einer feindlichen gesellschaftlichen Umwelt – die Trennung von Natur und Gesellschaft setzt sich seit dem Ende des 16. Jahrhunderts im Denken der Philosophen durch – gegenübersteht, versucht er, seine nunmehr nicht mehr »erfolgreichen« Denkstrukturen umzuformen und abzuwandeln: die Akkomodation setzt ein. Diese neue »Denkungsart« versucht, der neuauftretenden Trennung zwischen erkennendem Subjekt und zu erkennendem Objekt zu entsprechen. Dieses Gefüge muß eine gewisse Stabilität erreichen, um auch unabhängig von den empirischen Erkenntnissen, in denen es sich bestätigt (oder auch nicht), zumindest eine Zeit überdauern zu können, eben zum vorherrschenden Paradigma werden. Dies gilt sowohl für das neue »Wissen« (»das, wovon man in einer diskursiven Praxis sprechen kann«) als auch für die dahinterstehenden Organisationen: Die Wissenschaft ist ein autorisierter Diskurs, in dem normative und herrschaftliche Strukturen zum Tragen kommen, sie ist lokalisiert »in einem Feld des Wissens«[32].

Dieses Feld des Wissens weist jedoch eine andere Organisationsstruktur als bisher auf. Michel Foucault macht die tragende Rolle der Ähnlichkeit im Denken der alteuropäischen Kultur deutlich, wenn er, Père Grégoire zitierend, noch für das frühe 17. Jahrhundert vielfältige Formen von Ähnlichkeit (Entsprechung, Nähe) auflistet: »Amicitia, aequalitas (contractur, consensus, matrimonium, societas, pax et simila), consonantia, concertus, continuum, paritas, proportio, similitudo, coniunctio, copula ...«[33] Ähnlichkeiten, Analogieschlüsse sind si-

zeichnet etwa Auguste Comte seine Soziologie als »Physik des Sozialen«. Vgl. Wallace, Culture and personality, 1961, S. 160ff.

[32] Kremer-Marietti, Michel Foucault, 1976, S. 24.

[33] Foucault, Ordnung der Dinge, 1971, S. 46.

cher noch bis zum Ende des 16. Jahrhunderts bestimmend für das Denken, ja sie wirken (differenziert nach Gesellschaftsschichten) deutlich merkbar bis ins 18. Jahrhundert nach, mitunter sogar darüber hinaus. Über die Ähnlichkeiten erfolgt die Exegese und Interpretation der Texte, die Anordnung der Symbole, die Erkenntnis der sichtbaren und unsichtbaren Dinge. Einprägsam und deutlich faßt der »Archäologe des Wissens« die durch Ähnlichkeit bestimmte Repräsentation zusammen, indem er Paracelsus, Cardano und Aldrovandi paraphrasiert: »Die Welt drehte sich in sich selbst: Die Erde war die Wiederholung des Himmels, die Gesichter spiegelten sich in den Sternen, und das Gras hüllte in seinen Halmen die Geheimnisse ein, die dem Menschen dienten.«[34] Die Welt wird voller übereinstimmender Nachbarschaften und Entsprechungen gesehen, in Ähnlichkeiten wiedergefunden, in Analogien aneinandergefügt, und dieser Raum wird wieder erfüllt von Antipathie und Sympathie. Diese halten die Dinge der Welt permanent in Bewegung, aber diese bleibt stets die nämliche, es fehlt der Gedanke des Fortschritts. Auch die »prämodernen« Wissenschaftler haben also beobachtet, nachgedacht, sie haben Ähnlichkeiten gefunden und verbunden, allgemeine Prinzipien aufgestellt – und doch ein ganz anderes Wissen aufgebaut. Denn ihrem Denken war »ein dem unseren ähnliches Erfassen der Gegenstände und Erscheinungen vollkommen fremd, ... unsere physikalische Wirklichkeit existierte für jene Menschen nicht. Andererseits waren sie aber bereit, manches andere als wirklich zu betrachten, wofür wir keinen Sinn mehr besitzen. Und das gibt eben jene Symbole, Parallelen, tiefe Vergleiche und befremdende Aussagen.«[35]

Wissen wir um die prinzipielle Ähnlichkeit in der Welt, erkennen wir, in welchen Verknüpfungen und Figuren sie sich dartut, so muß diese Ähnlichkeit doch erst gefunden werden, ihre Merkmale müssen bekannt werden. Daß z.B. gewisse Pflanzen geeignet sind, bestimmte Leiden zu kurieren, bliebe ohne »Zeichen« auf immer verborgen. So werden Schädelverletzungen durch die dicke grüne Schale der Nuß »therapiert«, da diese wie auf einem Knochen aufliegt. Kopfschmerzen werden durch die Frucht der Nuß geheilt, die völlig dem Gehirn gleicht. In einem solchen Zeichen manifestiert sich also in ande-

[34] Ebd.
[35] Fleck, Entstehung und Entwicklung, 1980, S. 168.

rer Form eine Ähnlichkeit und schließt somit den Kreis: Durch das Zeichen enthüllt sich das Unbekannte[36].

Noch die Monetaristen (Bullionisten) des 16. Jahrhunderts sind davon nicht frei; Gold gilt ihnen als das Merkmal des Reichtums; sein Schimmer enthüllt, daß es Reichtum darstellt und zugleich Zeichen des Reichtums ist. Deshalb hat es einen Preis, mißt jeden Preis und ist tauschbar. Es ist die Kostbarkeit an sich, eine Funktionsbeschreibung, die der Versorgungspolitik des Mittelalters und der frühen Neuzeit (moralische Ökonomie) gerecht wird und die Aufgabe und Verwendungsweise eines »Schatzes« verständlich macht.

Aus einer solchen Organisation des Wissens resultiert die Einsicht in das Immerwiederkehrende, das Erkennen der ähnlichen Dinge. Nur durch Anhäufung von vielen Ähnlichkeiten erhält eine konkrete Ähnlichkeit ihre Plausibilität. Die Einsicht in das vom Schöpfer gewährte Zeichen erlaubt erst das Auffinden weiterer konkreter Ähnlichkeiten. So lang auch immer der Weg der Analogien sein mag, die Differenz zwischen den Ähnlichkeiten ist nie unendlich, sondern endlich. Da alles auf der Welt in Gott begründet ist, ist nichts vom Zufall bestimmt, in jedem Zeichen offenbart sich die Weisheit des Schöpfers. Der Mensch kann und muß bloß danach trachten, die in den Zeichen (Ähnlichkeiten) verborgene Botschaft zu entschlüsseln. Daher gibt es auch die Bezogenheit auf den Menschen, das Eingebundensein der Menschen in Gemeinschaften, in die Welt, in das Wohlwollen Gottes; dies bedeutet eben für diese Zeit, daß Erkennen bloße Interpretation und Einsicht in die Allmacht Gottes ist. (Demgegenüber erstellt die neue Wissenschaft ein Programm, das auch das Unendliche in die Analyse einbezieht, beginnend mit den Grenzbetrachtungen des Cusanus bis hin zur Entwicklung der Differentialrechnung durch Leibniz und Newton. Dieser Ansatz erlaubt es zugleich, dyna-

[36] Dies erklärt auch die Bedeutung der Ähnlichkeit in aktuellen wissenschaftlichen Erklärungsversuchen. Grundsätzlich ist Ähnlichkeit bedingt durch eine anthropomorphe Betrachtungsweise. Die alte Ähnlichkeit geht vom Immerwiederkehrenden aus. Die Unsicherheit liegt in der Auswahl der einander widerspiegelnden Phänomene. Sie ist somit in einem statischen Rahmen eingebettet. Die in den aktuellen Ansätzen verwendete Ähnlichkeit (z. B. Atommodell – Universum) wurzelt in der Einmaligkeit der Phänomene. Die Unsicherheit ist somit nicht nur in der Auswahl der Widerspiegelungen verankert, sondern auch durch die Eröffnung neuer zukünftiger Prozesse gegeben. Dieser Ähnlichkeitsbegriff ist folglich in einem dynamischen Zusammenhang zu sehen.

mische Prozesse zergliedernd als Aufeinanderfolge von Gleichgewichtszuständen aufzufassen.)

Diese Begründung über die Ähnlichkeit bezieht sich nicht nur auf die konkreten Dinge der Welt, sondern auch – in unserer Sichtweise – auf so abstrakte Dinge wie die Sprache; auch sie gehört der Natur an und wird durch Ähnlichkeiten und Zeichen bestimmt, die sich zu einem System von Zeichen vernetzen. Diese Verknüpfung von Sprache und konkreten Dingen in einem gemeinsam betrachteten endlichen Raum bestimmt vor allem das 15. und 16. Jahrhundert, in dem die Buchdruckerei, die humanistischen Studien der antiken Texte und die wortgewaltigen Auseinandersetzungen während der Reformation das geschriebene Wort in den Vordergrund rücken. Das visuell erfaßte »Zeichen« überwältigt das gesprochene, es geht – vorstellungsmäßig – diesem voran. Aus dem Gesagten folgt, daß damals das System der Zeichen noch nicht wie in der modernen Wissenschaft eine *binäre* Relation darstellt, nämlich daß das Bezeichnete durch ein Bezeichnendes gekennzeichnet ist, also reinen Repräsentationscharakter besitzt. Die Ähnlichkeit in ihren vielfältigen Widerspiegelungen und Reduplizierungen macht vielmehr ein *ternäres* Zeichensystem notwendig: Neben dem Bezeichneten und dem Bezeichnenden steht die Konjunktion, das verknüpfende Element dessen, der spricht. Ähnlichkeiten, Gleichnisse, Verwandtschaften und Affinitäten verknüpfen sich, und die Sprache und die Dinge als Elemente des Diskurses überkreuzen sich, ohne angebbare Grenzen, ohne Ende. Diese Denk- und Wissensorganisation beginnt sich im 17. Jahrhundert dann zu verändern und eine neue Gestalt anzunehmen.

Was sind nun die wesentlichen Veränderungen, die das Wissen selbst so modifizierten, daß ganz anderes gewußt und erkannt werden kann (und muß) als bisher? Vorerst hört das Denken auf, sich auf Ähnlichkeiten zu beziehen. Diese sind dann nicht länger die Form des Wissens, sondern eher ein Ort des möglichen Irrtums. Ähnlichkeiten werden somit zu Chimären, denn die Ähnlichkeit verführt dazu, Aussagen, die nur für eine Sache zutreffend sind, auch für eine andere, die jedoch in bestimmter Hinsicht verschieden ist, als wahr anzunehmen[37].

[37] Die Akzeptanz dessen, was als Wissenschaft gilt, ist gesellschaftlich bestimmt. Zu Recht stellt Thomas S. Kuhn (Struktur, 1981, S. 3) fest: »Je sorgfältiger (der Wissenschaftshistoriker) die aristotelische Dynamik, die Phlogiston-Theorie oder kalorische Thermodynamik studiert, desto mehr gelangt er zur

Im Gegenatz zur Kritik des alten Denkens über Ähnlichkeiten durch Francis Bacon, der auf die Möglichkeit der Illusion hinweist und somit eine inhärente Kritik übt[38], ist die Kritik bei Descartes bereits auf dem Boden jener Organisation des Wissens begründet, die seit dem 17. Jahrhundert vorherrschend wird.

Der Wandel des Denkens, der sich in einer anderen Logik niederschlägt, sei an einem Textvergleich demonstriert: Maalers Wörterbuch ›Die Teutsche Spraach‹ (1561) bietet unter dem Stichwort ›Krieg, (der) Kriegszug, militia, bellum‹ nicht weniger als 81 zusammengesetzte Ausdrücke, Redewendungen, Sprichwörter u. ä. mit dazugehöriger lateinischer Übersetzung. Eine Ordnung der einzelnen Bedeutungen gibt es offenkundig nicht, sie erscheinen rein willkürlich angeführt. Adelungs Wörterbuch (1793–1801) hingegen gestaltet den Artikel ›Krieg‹ bereits in folgender Klassifikation: »1. Eigentlich, das Geschrey ... 2. Figürlich a: Zank, Streit, b: in engerer Bedeutung, ein Streit vor Gericht ... c: im gewöhnlichsten Verstand, der Zustand der öffentlichen Gewalttätigkeit zwischen Staaten oder beträchtlichen Theilen derselben ...«[39]

Anstatt der Akzeptanz der Ähnlichkeit als Erfahrung und Form des Wissens verlangt das neue Wissen die Analyse dieser »wirren« Ähnlichkeiten durch die Vorstellung der Identität und der Unterschiede, durch die Anwendung des Maßes und der Ordnung, wofür es jedoch der Festlegung eines Meßpunktes bedarf, denn Messen heißt immer Vergleich mit einem festgelegten Standard. Einen Ansatz dafür liefert die Vorstellung des (vereinzelten) *Ego (cogitans)*, das die Erkenntnis von der ihm »fremd« gegenüberstehenden »Natur« einerseits durch Anschauung und andererseits durch Deduktionen gewinnt, welche die Beobachtungen verknüpfen. Identitäten und Unterschiede erkennt man durch den Vergleich der einfachen Elemente in

Überzeugung, daß diese seinerzeit allgemein akzeptierten Auffassungen der Natur, im ganzen genommen, weder weniger wissenschaftlich noch im größeren Maße ein Produkt menschlicher Ideosynkrasien waren, als die heute verbreiteten ... Veraltete Theorien sind nicht im Prinzip unwissenschaftlich, nur weil sie aufgegeben wurden.«

38 Vgl. Bacon, Novum organum, 1870, S. 45 u. 49.

39 J. Maaler, Die Teutsche Spraach. Alle Wörter, namen unarten zu reden in Hochteutscher Spraach ... und mit gutem Latein. Zürich 1561, S. 252ff.; J. Ch. Adelung, Versuch eines vollständigen, grammatikalisch-kritischen Wörterbuchs der Hochdeutschen Mundart. Leipzig 1793–1801, S. 1784f., zit. in Hölscher, Zeit und Diskurs, 1978, S. 327ff.

den Objekten und durch Anwendung einer transitiven (nicht-zirkulären) Ordnung und des Maßes. Messen und Ordnen werden konstitutiv für den Prozeß der Erkenntnis.

Zwei Aspekte sind dabei wichtig: 1. Ordnungen sind verallgemeinerte Vergleiche, die im Erkenntnisakt konstituiert werden. Das Ausgehen von einfachen Elementen, der reduktionistische Ansatz, ist in der Erkenntnisweise begründet, nicht in der Sache. 2. Mit der Methode des Vergleichs, die allseits anwendbar ist, kann auch auf die Organisation der Welt und des Kosmos geschlossen werden. Allerdings, wie wir gesehen haben, geschieht dies gemäß einer festgelegten, willkürlich hergestellten Anordnung des Denkens, indem »natürlicherweise« vom Einfachen zum Komplexeren aufgestiegen wird.

Entscheidend dabei ist, daß hier einschneidende Modifikationen erfolgen, die das Wissen und das, was gewußt werden kann, in eine bestimmte Richtung lenken:

1. Bestimmt im 16. Jahrhundert noch das globale System der Entsprechungen, in dem jede Ähnlichkeit ihren Platz findet, das Denken, so wird in der neuen Betrachtungsweise die Ähnlichkeit dem Vergleich unterworfen.

2. Ist das Spiel der Ähnlichkeiten zwischen dem Mikro- und dem Makrokosmos unbeschränkt, so erscheint über den Vergleich und die Anordnung in Serien eine vollständige Erfassung (Auflistung, Messung, Aufzählung) möglich. Da das Spiel der Ähnlichkeiten keine Grenzen kennt, liefert die zunehmende Verwendung von Ähnlichkeiten nur eine höhere Plausibilität, nie aber Gewißheit. Anders stellt sich die Situation dar, wenn die Auflistung, das Aufzählen zu einem sicheren Ergebnis führt.

3. Geht es in der Welt der Ähnlichkeiten darum, Verwandtschaften, Antipathie und Sympathie über die Zeichen aufzufinden, d.h. ein vom Schöpfer vorgegebenes, für den Menschen gedachtes, geschaffenes und gekennzeichnetes Universum zu interpretieren, so geht es dem neuzeitlichen »Rationalismus« darum, zu zerlegen, zu reduzieren, auf Messung basierend zu unterscheiden.

4. Erkennen bedeutet nicht mehr interpretieren, sondern entscheiden aufgrund der Anschauung und des »rationalen«, deduktiven Denkens.

Damit verlieren die Texte und auch die Sprache ihre Zugehörigkeit zur Natur, sie stehen nicht mehr inmitten eines Geflechts, das die konkrete Welt umfaßt; sie werden an den Rand gedrängt, die Worte (Zeichen) werden transparente, neutrale Benennungen. Die Anschauung und die deduktive Verkettung ermöglichen das sichere Urteil, die Sprache selbst wird zum reinen Hilfsmittel. Dem Ideal der »neuen« Wissenschaft kommt damit die Mathematik am nächsten. Die Beschäftigung etwa mit Geschichte liefert bloß Anregungen, erlaubt aber kein sicheres Urteil. Die Reduktion auf das *ego cogitans* bedingt, daß über Sprache vermittelte Übereinstimmung irrelevant und damit für die wissenschaftliche Beweisführung obsolet wird; die intersubjektive Überprüfbarkeit tritt an die Stelle der Begründung über Autoritäten, wie sie etwa die Scholastik anwendet: »Denn handelt es sich um eine schwierige Frage, so ist es weit wahrscheinlicher, daß der wahre Sachverhalt eher von wenigen als von vielen gefunden wird.« Dies bezieht sich auch auf »große« Vorgänger: »... wenn wir auch alle Argumente von Plato und Aristoteles gelesen hätten ..., alsdann ... hätten wir offenbar nicht Wissenschaft, sondern Geschichte gelernt.«[40]

Man ist oft geneigt, die Geschichte des »Rationalismus« als einen Versuch zu interpretieren, die »Natur« rein mechanistisch zu sehen, um sie kalkulierbar zu machen. Sicherlich spielen diese Tendenzen eine Zeitlang als Vorbild eine große Rolle, sicherlich gibt es verschiedene Versuche, die Empirie der Mathematik zu erschließen (in manchen Bereichen andauernd, in manchen gelegentlich; teils wird dieser Versuch auch als Möglichkeit verworfen). Generell wird im 17. Jahrhundert jedoch der Anspruch erhoben, eine »allgemeine Ordnungswissenschaft« zu begründen[41]. Komplexere Größen, d.h. Repräsentationen im allgemeinen, so wie sie von der Erfahrung erfaßt werden, werden als *Taxinomia* dargestellt und dazu ein Zeichensystem eingerichtet, während einfache Größen auf *Mathesis* zurückgeführt werden[42]. Komplexe Größen können wohl reduktionistisch der *Mathesis* unterworfen werden (alles, was meßbar ist, messen; was nicht meßbar ist, meßbar machen), dabei verschwindet aber die qualitative Dimension der jeweiligen Ordnung *(Taxinomia)*. Die *Taxinomia* dient dazu, durch die Feststellung von Identität bzw. Differenz zu einer qualitati-

[40] Foucault, Ordnung der Dinge, 1971, S. 89.

[41] Dieses Ordnungsdenken wird in der »klassischen« ökonomischen Theorie durch ein Entwicklungsdenken ersetzt; es wird jedoch in der »Neoklassik« wieder zurückgenommen, mit ihr ist die ökonomische Theorie wiederum vom Ordnungsdenken geprägt (Marktgleichgewicht).

[42] Vgl. Foucault, Ordnung der Dinge, 1971, S. 107ff.

ven Ordnung der Dinge zu gelangen, die *Mathesis* quantifiziert mittels der Algebra Gleiches und Unterschiedliches. Dabei sind die Probleme des Maßes auf die der Ordnung reduzierbar. »Infolgedessen gibt sich die Beziehung jeder Erkenntnis zur *Mathesis* als Möglichkeit, zwischen den Dingen, selbst den nicht meßbaren, eine geordnete Abfolge herzustellen.«[43]

Von dieser Grundlage aus entwickelt sich die Analyse zu einer universalen Methode. Darin kommt aber weniger die Mathematisierung des Wissens zum Ausdruck als der Versuch, Denken und Wissen, aber auch die Wissenschaft ganz generell, in einem Raum der Ordnung zu etablieren. Zu dieser Analyse zählt als Werkzeug natürlich auch die algebraische Methode, aber viel weiter verwendbar, viel allgemeiner sind die Zeichensysteme mit ihren Ordnungen. Das Denken und Wissen dieser Zeit ist verknüpft mit der Vorstellung der Ordnung, genauso wie die gesellschaftliche Praxis von einer Ordnung bestimmt wird, nämlich vom Zentralstaat. Das Verhältnis zur Ordnung ist für das 17. und 18. Jahrhundert ebenso charakteristisch, wie für frühere Zeiten jenes zu der über Ähnlichkeiten sich vollziehenden Interpretation.

Es wurde bereits darauf hingewiesen, daß die Zeichen aufhören, Bestandteile der Natur, Symbole, in denen sie sich manifestiert, zu sein. Sie verlieren auch den durch Ähnlichkeit fest gegebenen Zusammenhang mit dem, was sie enthüllen; die Qualität der Zeichen hat sich damit radikal geändert. Ein Zeichen kann nur in dem Sinne »natürlich« sein, wie das Bild auf dem Spiegel das bezeichnet, was es reflektiert, es kann aber auch auf bloßer Konvention[44] beruhen. Ein Beispiel möge dies verdeutlichen: Im Gegensatz zu der Auffassung noch des 16. Jahrhunderts, wo das Edelmetall noch das Kostbare an sich und gleichzeitig eben verborgene Präsenz und sichtbare Signatur aller Reichtümer ist (Schatz), wird im Merkantilismus das Gold nur mehr als Zeichen gesehen, um den Wert von Dingen anzugeben: »Die wahre Schätzung des Wertes hat seine Quelle im menschlichen Urteil und in jener Fähigkeit, die man die des Einschätzens nennt.«[45]

[43] Ebd., S. 90.

[44] Es sollte aus dem bisher Gesagten klar sein, daß diese Konvention nicht auf freier Übereinkunft beruht, sondern daß Wissenschaft als Teil gesellschaftlicher Praxis herrschaftlich vermittelt ist; die neue Ordnung der Dinge und die damit zusammenhängende Methodik erlangen normativen Charakter.

[45] Gramont (1620), zit. in Foucault, Ordnung der Dinge, 1971, S. 222. Auch

Das denkende »Ich« ist das Entscheidende. Der Geist zerlegt und erschafft sich Zeichen, um die Welt und ihre Gegenstände in einem *Tableau* anzuordnen: »Indem Descartes Begriffe einander zuordnet, die einander wesensfremd sind, vollzieht er den Schritt, der ihn aus dem antiken Denken heraus sogleich auf das andere Ufer des neuzeitlichen Denkens der exakten Wissenschaften führt. Nicht mehr soll fortan sich das Denken bemühen ..., die wahren Wesenheiten der Dinge abzubilden, sondern es soll sich auf die Herstellung eines zweckmäßigen Modells der Wirklichkeit beschränken, das sich selber wieder auf Zahlen abbilden läßt.«[46] Die Meßbarkeit eines Phänomens ist ein Kriterium für dessen Realität; daher ist alles, was der quantifizierenden Analyse nicht zugänglich ist, »unwissenschaftlich«. Während man früher in der Tradition des Aristoteles nach dem »Warum« gefragt hatte, und dafür etwa Antworten fand, wie »Körper fallen, weil sie ihrem Wesen nach schwer sind«, so fragt man nun nach dem »Wie«; Galilei zerlegt etwa den Fallvorgang in seine einzelnen Komponenten, in meßbare Faktoren wie Fallstrecke, Fallzeit, Widerstand usw. und versucht, durch Experiment und Messen das quantitativ feststellbare Verhältnis dieser Faktoren zu bestimmen. Es stehen also nicht mehr finale, »essentialistische«, sondern kausale Probleme im Vordergrund wissenschaftlicher Reflexionen. Man beschränkt sich dabei auf die empirisch feststellbaren Fragen nach Zahl, Zeit, Ort, Masse, Kraft und Bewegung und fragt nicht länger, was die bewegende Kraft letztlich sei. Das so gefundene Ergebnis ist das »Gesetz«, eine mathematische Formel, die den physikalischen Vorgang nicht mehr seinem Wesen nach zu erklären sucht, sondern seinen Verlauf exakt beschreibt.

Die gegenüber dem Mittelalter und der Renaissance veränderte Welt der Erfahrung und der Betrachtung kann somit anhand dreier Vorstellungen dargestellt werden: des Planes einer allgemeinen (Wissenschaft der) Ordnung, der zum Zweck der Analyse entwickelten Zeichentheorie und der Zusammenfassung und Anordnung der Zeichen (und des Wissens) in *Tableaus*, die über Identität und Unterschied gegliedert werden.

Die Wissenschaft versucht, ein Modell der Wirklichkeit zu konstruieren, das in sich widerspruchsfrei sein muß und nicht

der Kameralist Wilhelm von Schröder erklärt, daß das Kupfer bei manchen Nationen erst wertvoll wird, wenn man es für Münzprägungen verwendet.

[46] Pietschmann, Ende des naturwissenschaftlichen Zeitalters, 1980, S. 27, der hier J. Fleckenstein zitiert.

in Widerspruch mit den Experimenten stehen darf. Es muß möglichst einfach und intersubjektiv überprüfbar sein. Verschiedenste Phänomene werden unter übergeordneten Gesichtspunkten (Ordnungen) vereinheitlicht. Dazu müssen einige Voraussetzungen außer Streit gestellt werden; sie sind von allen, die dieses Modell gebrauchen, zu akzeptieren[47].

Descartes hat diese neue Denkweise der Wissenschaft durch folgende Postulate charakterisiert:

Erstens, nichts für wahr anzunehmen, was der einzelne Verstand nicht als solches erkannt hat (Autonomie).

Zweitens, jedes Problem in so viele Teile zu zerlegen, daß damit die Lösung erleichtert wird (Klassifizierung).

Drittens, vom Einfachsten stufenweise zum Zusammengesetzten aufzusteigen, »ja auch bei dem, was keine natürliche Aufeinanderfolge bot, eine gewisse Ordnung festzusetzen« (Hierarchie).

Viertens, so vollständig Aufzählungen zu machen und allgemeine Übersichten anzustellen, daß nichts übergangen wird (Vollständigkeit)[48].

Die Beihilfe des Staates und privater Finanziers bei der Zulassung und Finanzierung der Akademien, die Bedeutung der »Ordnung« und des Gesetzesbegriffes für die neue Organisation des Wissens und des Denkens, die Vorbildfunktion handwerklicher, herstellender Tätigkeit für die Vorstellung des Experiments, die Konzeption eines durch Anschauung und deduktive Logik entscheidenden Menschen sind somit konstitutive Elemente der »neuen« Wissenschaft. Es verwundert daher auch nicht, daß die Wissenschaft als höchst nützlich für den Staat und die Gesellschaft angesehen und propagiert wird: »Die Wissenschaft allein macht die Völker vernünftig und gesittet, und ohne dieselbe kann mithin nie ein Volk glücklich werden.«[49] Dies findet sich unter der Kapitelüberschrift ›Von der Vorsorge der Regierung, um die Unterthanen in dem bürgerlichen Zustand nützlich zu machen‹.

Aber Wissenschaft ist nicht nur nützlich für den Staat (und die Gesellschaft), sie wird auch im Hinblick auf diesen Zweck gegliedert und organisiert. In der Vorrede zu seinem systematischen Grundwerk verlangt J. H. G. von Justi, daß jene Wissenschaften gefördert werden, wodurch »Bediente des Staates ihre

[47] Vgl. ebd., S. 36.
[48] Vgl. Descartes, Discours, 1637, 2. Kap.
[49] Justi, Policeywissenschaft, 1782, S. 296.

vollkommenen Pflichten erfüllen lernen«. Ein »zusammenhängendes Lehrgebäude« soll zum Vorteil des Staates errichtet werden. Aber auch die Systematisierung der Staatswissenschaften soll in einer weiteren Ordnung aufgehen, die nach dem Gesichtspunkt der Zweckmäßigkeit für das gesellschaftliche Leben der Menschen gegliedert werden soll. Als nützliche Wissenschaften bezeichnet Justi diejenigen, welche »die Kenntnis unser selbst und (der) Dinge, die neben uns im Weltgebäude sind, vermitteln«[50].

Wie sehr dieses Ordnungsdenken in seiner Willkürlichkeit und damit die Eingliederung in den Staat dominiert, kann wahrscheinlich am markantesten anhand des dem »Rationalismus« fiktiv entgegenstehenden »Empirismus« gezeigt werden, der Wissen allein auf Anschauung gründen will. John Lockes berühmte Metapher, wonach der Geist ein »weißes Papier (sei), von allen Schriftzeichen frei, ohne jede Idee«[51], dient diesem radikalen Versuch, den Ursprung allen Wissens allein in die Erfahrung zu verlegen. Freilich, wie die Geschichte des Empirismus zeigt[52], kann dieser Ansatz nicht konsequent durchgehalten werden, bereits Locke mußte bestimmte Leitaxiome als *a priori* vorhanden ansehen: »In eben dem Maß nämlich, in dem eine vom bereits gewonnenen (und tradierten) Unterscheidungs- und Beurteilungskonzept isolierte, eine begriffsunabhängige (und somit) reine Erfahrung einziger inhaltlicher Berufungsgrund im Sinne des Materials jeder Begriffsbildung wird, konstituiert sich auf der anderen Seite eine weitgehend erfahrungsunabhängige, in das Belieben des Verstandes gestellte, begriffliche Formen-Welt. Die Autonomie der Erfahrung ... geht so mit der Autonomie der Begriffe ... einher: Die komplexe, abstrakte Idee, gemacht und aufbewahrt als Muster, hat keinen anderen Urheber als das Belieben und den Willen dessen, der diese Kombination zuerst gemacht hat.«[63]

Jonathan Swifts Lemuel Gulliver scheint bei seinem Besuch

[50] Vgl. Justi, Staatswirthschaft, 1758, S. XXI, XXXI und XVI. Hier ist anzumerken, daß die zentraleuropäischen Kameralisten die Verfeinerung der Sitten dem zentralstaatlich organisierten Wissen, während die englischen und teilweise auch die französischen Theoretiker dies dem zentralstaatlich verfaßten Handel zuschreiben. Die Vorgängigkeit der Praxis gegenüber der Theorie ist auch hier wieder deutlich zu sehen (England, Frankreich), ebenso der verschärfte »imperialistische« Charakter des zentraleuropäischen Denkens.

[51] Locke, Essay, III/1, 1894, S. 2.

[52] Vgl. Kambartel, Erfahrung und Struktur, 1976.

[53] Locke, Essay, III/1, 1894, 42.

in der Großen Akademie von Lagado bereits das Problem der Konstruktion einer Ordnung gesehen zu haben; gleichzeitig beschreibt hier der vorausschauende Satiriker Swift einige charakteristische Merkmale des Wissenschaftsbetriebes *à la mode.*

»Der erste Professor ... befand sich in einem sehr großen Zimmer und war von vierzig Schülern umgeben ... Er sagte, daß durch seine Erfindung auch die unwissendste Person mit mäßigem Kostenaufwand und ein bißchen körperlicher Arbeit ... ohne Begabung oder Studium Bücher über Philosophie ... Politik, Recht, Mathematik ... schreiben (könne). Dann führte er mich zu dem Rahmen, um dessen Seiten all seine Schüler in Reihen standen. Dieser war zwanzig Fuß im Quadrat ... Die Oberfläche setzte sich aus verschiedenen Holzstükken von etwa der Größe eines Würfels zusammen ... Sie waren alle durch dünne Drähte miteinander verbunden. Diese Holzstücke waren an jeder Seite mit Papier beklebt, und auf diese Papiere waren alle Wörter ihrer Sprache in ihren ... Modi, Tempora, Deklinationen geschrieben, aber ohne Ordnung. Auf Befehl wurden die auf der Kante des Rahmens angebrachten Kurbeln von den Studenten gedreht, so daß die Anordnung der Wörter sich völlig veränderte ... Wo diese drei oder vier Wörter zusammenfanden, die einen Teil eines Satzes bildeten, diktierten sie diese den Schreibern.

Sechs Stunden am Tag waren die jungen Studenten mit dieser Arbeit beschäftigt, und der Professor zeigte mir mehrere Bände in großem Folioformat mit unvollständigen Sätzen, die sie bereits gesammelt hatten. Er hatte die Absicht, sie zusammenzusetzen und der Welt ... ein vollständiges System aller Geistes- und Naturwissenschaften zu liefern ... Freilich ginge es noch viel schneller, würde die Öffentlichkeit genügend Mittel zur Verfügung stellen, auf daß man fünfhundert solcher Rahmen – natürlich in Lagado – in Betrieb nehmen könne.«[54]

Swift betont die Willkürlichkeit im Rahmen von nicht klar definierten Ordnungen. Die mechanistische Organisation des Wissenschaftsbetriebes verschleiert die dahinter wirkenden Interessen. Das Erkenntnisstreben der Wissenschaft wird von Francis Bacon analog dem allgemeinen Eroberungsstreben gesehen, getragen von einem wachsenden Machtgefühl (Selbstbewußtsein): Der Fürst strebt nach Erweiterung der Macht auf andere Länder; dies ist sicher ein hochstehendes Interesse, aber

[54] Swift, Reisen, 1972, S. 264f.

es ist nicht weniger diktiert von Habgier und Selbstsucht als das gierige Bemühen von Händlern und Kaufleuten im eigenen Land. Selbstloser und edler ist jedoch die Ausdehnung der Herrschaft über das »Reich der Dinge«, die nur durch Künste und Wissenschaft erreicht werden kann[55].

Diese Dreiteilung ist wohl die Intention Bacons, aber schwerlich jene von Descartes, Hobbes und Hume, deren Absicht in der Fundierung der Staatslehre durch eine Moraltheorie liegt und die das Staatsinteresse in den Mittelpunkt stellen. Die Ansicht Bacons in einer Zeit der Aufbruchsstimmung, einer Periode der »allgemeinen und Generalreformation der ganzen weiten Welt«, verträgt sich auch nicht mit jenen Definitionen, die – als Widerspiegelung des organisierten Wissenschaftsbetriebes – ihren Herrschaftscharakter zum Ausdruck bringen: »Das Vermögen des Staates besteht nicht nur in allen Arten von beweglichen und unbeweglichen Gütern, die in den Grenzen des Landes befindlich sind, und entweder den Unterthanen gehören, oder dem Staat unmittelbar zustehen; sondern auch in allen Fähigkeiten und Geschicklichkeiten der zur Republik gehörenden Personen: ja, die Personen müssen in gewissen Betracht gerechnet werden; und der allgemeine Gebrauch dieses Vermögens macht eben die oberste Gewalt aus.«[56]

Selbst dort, wo kein spezielles Finanzierungs- und Belohnungsinteresse des Wissenschaftlers vorliegt und man sich dem Ideal der »Wert- und Zweckfreiheit« verpflichtet fühlen darf, erscheint die Nicht-Involvierung der Wissenschaftler sehr schwierig: »Folglich kann in einem Staat kein einziger vorhanden sein, welcher der obersten Gewalt nicht unterworfen ist. Dieser einzige würde der Gesellschaft nichts als Nachtheil und Schaden verursachen, weil er, nur zu seinem besonderen Vortheil wider das gemeinschaftliche Beste arbeiten würde.«[57]

Davon ausgehend, daß es besser sei, eine Wissenschaft für sich selbst und nicht vermischt mit anderen, also in ihrer Ordnung und ihrem Zusammenhang vorzutragen, stellt Justi fest: »Es gehört zu den Vollkommenheiten der Wissenschaften, daß sie wohl von einander abgesondert und die Grenzen einer jeden bestimmet werden; und selbst die Erkenntnis in einer Wissenschaft kann allemal nur unvollkommen seyn, wenn man diesel-

[55] Vgl. Elias, Höfische Gesellschaft, 1969, S. 330.
[56] Justi, Finanzwesen, 1766, S. 5.
[57] Ebd., S. 3.

be in ihrem gesamten Umfang und allen dazugehörigen Theilen nicht genugsam übersieht.«[58]

Dieses Programm der Schaffung von Disziplinen enthüllt die mechanistisch-additive Auffassung der Ordnung in der Wissenschaft und die darin enthaltene Forderung nach Vollständigkeit. Alles Wissen soll aus einem Punkt höchster Gewißheit abgeleitet werden. Dieser »Endzweck« dient dann dazu, logisch deduktiv die »allgemeinen Grundsätze (zu ziehen), dann seine Grundregeln (zu folgern), aus welchen dann alle besonderen Lehren von selbst abfließen«[59] – ein Postulat, das später Einstein in seinem Weltbild als »weit über die Leistungsfähigkeit menschlichen Denkens« hinausgehend bezeichnen wird. Es ist dies aber die Methode der »Wissenschaft der Ordnung«; als Quintessenz formuliert: »Man muß sich von der Polizey einen ebensolchen Begriff machen, wie von allen anderen Wissenschaften, wie von Mathematik, Naturlehre ...«[60]

Die Wissenschaft der Ordnung (die für die Nachfahren zur mathematischen Methode schlechthin wird und heute nicht selten unter dem Begriff der empirischen Verfahren aufscheint, womit der ordnende, herrschaftliche Aspekt unkenntlich wird) wird als Referenzsystem für jede Wissenschaft angesehen, unabhängig davon, ob es sich um eine Sozial- oder Naturwissenschaft handelt. Demnach kommt einer Wissenschaftsdisziplin Bedeutung nur dann zu, wenn sie sich dieses Verfahrens bedient. Dieses analytische Verfahren kann (muß) somit auch auf empirische Bereiche angewandt werden, denn Gesetze erfließen notwendigerweise aus der Natur der Dinge und des Menschen[61]. Benutzen »Rationalisten« die Empirie nur als Bestätigung ihrer deduktiv gewonnenen Erkenntnisse, so finden »Empiristen« ihre Konstrukte in der »Natur« angelegt. Da die »Natur keine Sprünge macht« (Spinoza), müssen die daraus abgeleiteten Theorien widerspruchsfrei sein.

Mit der Durchsetzung dieser modernen »Rationalität« wird also der Widerspruch beseitigt, bedeutet er doch die Akzeptanz menschlicher Möglichkeiten der Empfindung und damit potentiell anderer Wirklichkeitserfassungen. Dieser Widerspruch, al-

[58] Justi, Policeywissenschaft, 1782, S. 5.

[59] Ebd., S. 4.

[60] Butschek, Abhandlung, 1778, S. 1. »Polizey« bedeutet vom 15. bis ins 18. Jahrhundert hinein Regierung, Verwaltung und Ordnung, auch Staat selbst sowie Staatskunst.

[61] Vgl. Justi, Natur und Wesen des Staates, 1760, S. 134.

lein die Möglichkeit dazu, fällt der Zentralgewalt und der vorgeschobenen Ordnung der »Rationalität« zum Opfer[62].

25. Die Methodik der »neuen Wissenschaften«

Unsere heutige Vorstellung von moderner Wissenschaft[1] wird bestimmt durch eine Grundhaltung, die das Ergebnis heterogener, sich überlagernder historischer Entwicklungen und deren reflexiver Abstraktion darstellt. Diese Vorgangsweise läßt sich folgendermaßen charakterisieren: In der Wissenschaft werden »Gesetze« (der Natur) gesucht, deren Auffindung und Überprüfung durch »Experimente« erfolgt, die zum »Fortschritt« gegenüber dem bisherigen Wissen führen[2]. Vergleicht man dies mit anders verlaufenden Entwicklungen in fremden Zivilisationen, so erscheint dies jedoch keineswegs zwingend: »Es kann auch ein experimentelles Verhalten gegenüber der Natur geben, ohne daß Gesetze formuliert oder die erworbenen Kenntnisse als Fortschritte aufgefaßt werden. So haben die Künstler und Ingenieure an den feudalen Höfen Europas und Asiens Automaten, Wasserspiele und Feuerwerke erfunden, ohne auf Fortschritte zu achten oder Gesetze zu suchen. Schließlich entwikkeln im Humanismus Philologen und Historiker Vorstellungen des Fortschritts, die nicht von objektiven Kenntnissen, sondern von moralischen Wertungen geleitet sind, oder am künstlerischen Ideal der Antike orientiert sind, wie es in Vasaris Wendung vom *progresso de la Rinascità* zum Ausdruck kommt. Das Entscheidende ist offenbar die Verknüpfung dieser drei Dimensionen.«[3]

Betrachten wir kurz diese drei Vorstellungen, die für die Überzeugung, die Arbeitsweise und die Einstellung moderner

[62] Die Verdrängung des Widerspruchs führt etwa zur Beseitigung der menschlichen Maße (z. B. Elle, Fuß, Klafter, Faust), aber auch zur Akzeptanz, daß eine Theorie aufgrund ihrer Logizität nicht »wahr«, sondern nur »richtig« sein muß; vgl. Pietschmann, Ende des naturwissenschaftlichen Zeitalters, 1980, S. 54. »Richtig« ist hier im Sinne von »etwas gerade machen«, »zurechtrichten« gebraucht.

[1] Vgl. Zilsel, Soziale Ursprünge, 1976.

[2] Vgl. Fichant, Idee einer Wissenschaftsgeschichte, 1977, S. 93 f.

[3] Gilbert, Machiavelli and Guicciardini, 1984, S. 384.

Wissenschaft wohl entscheidend sind und seit dem 17. Jahrhundert gemeinsam das wissenschaftliche Weltbild bestimmen. Die Folgen dieser neuen Einstellung sind sowohl im kognitiven als auch im sozialen Bereich von Bedeutung. Aufgrund von Erfahrungen entwickelt der Mensch Einstellungen, Methoden und Überzeugungen. Die Verbreitung dieser Vorstellungen, die Intensität, mit der sie geglaubt und propagiert werden, bestimmt aufgrund der Institutionalisierung gesellschaftlich akzeptierbare Ziele und auch die dazugehörige Vorgangsweise: Man sucht nach Gesetzen, versucht sich im Experiment und glaubt an den Fortschritt; aufgrund der Reflexion über die Tätigkeiten, Wünsche und auch Vorstellungen werden diese thematisiert, ja zur Norm erhoben.

Der traditionelle Begriff des »Gesetzes« hat einerseits einen handwerklichen und einen juristisch-politischen, andererseits gegenüber der Natur einen teleologischen Hintergrund. (Heute verstehen wir unter Gesetz kaum mehr als eine empirisch beobachtbare Regelmäßigkeit.) Woher kommt aber nun diese Vorstellung des (Natur-)Gesetzes, die es ermöglichen soll, entdeckte und konstruierte Regelmäßigkeiten zu einem erklärenden Modell zu integrieren? Edgar Zilsel weist auf den Einfluß des politischen Absolutismus hin, der im Europa des 17. Jahrhunderts die vorherrschende Staatsform wird. Während die Generation von Naturforschern um William Gilbert (1544–1603), Galileo Galilei (1564–1642) und Johannes Kepler (1571–1639) den Begriff »Gesetz« nicht gebraucht, sondern nur die Begriffe »Proportion« und »Ratio« (also die mathematische und klassisch-naturphilosophische Ausdrucksweise), ist dieser Begriff zur Zeit von Robert Boyle (1627–1691), Isaac Newton (1643–1727) und Gottfried Wilhelm Leibniz (1646–1716) bereits eingebürgert. Es liegt hier offenkundig ein Einfluß aus dem politischen Vorstellungsbereich auf den technisch-wissenschaftlichen vor[4].

Das große Resultat dieses Stromes von Entdeckungen, der von Kepler über Newton und Descartes zu Laplace führt, ist eben das, was wir die »Entstehung der modernen Welt« nennen, »der Versuch, die gesamten menschlichen Kenntnisse vom Himmel zu einer kleinen Zahl von Formeln zu vereinfachen«[5]. Die analoge Beziehung, die der Gesetzesbegriff zwischen den

[4] Vgl. Zilsel, Soziale Ursprünge, 1976, S. 66ff.
[5] Laplace, zit. in Morazé, Gesicht des 19. Jahrhunderts, 1959, S. 98f.

absolutistischen Rechtsverhältnissen und dem Erkenntnisstand der Natur herstellt, begründet die moderne Überzeugung von der durchgängigen und systematischen Regelmäßigkeit der Natur. Die Überzeugung von der Gesetzmäßigkeit der Natur macht diese Einheitlichkeit vorweg zum Prinzip, das moderne Bewußtsein stellt diese Einheit theoretisch her, und Theorien sind nicht mehr bloße Naturbetrachtungen, sondern Modelle, Entwürfe, in denen bekannte und noch unbekannte Erkenntnisse (probeweise) geordnet werden. Die Verknüpfung dieser drei reflexiven Momente macht das neuzeitliche Wissenschaftsbewußtsein aus[6].

Zu den beiden antiken Vorstellungen des Gesetzesbegriffs kommt also eine neue, nämlich die des Absolutismus, in dem auch die Veränderung des Sinngehalts von »Politik« sich manifestiert. Zilsel betont ganz besonders den Einfluß dieser Machtorganisation auf die Form und die Vorstellung des neuzeitlichen Denkens, ist doch der Absolutismus mit seinen Gesetzen und der dem Herrscher gehorchenden Armee die Herrschaftsform des 17. Jahrhunderts schlechthin[7].

Die Bedeutung, die der Mathematik beigemessen wird, ebenso wie die keinen Widerspruch ertragende Ordnung des Absolutismus sind aber dafür verantwortlich, daß auch die gesamte »Natur« nunmehr gemäß einer gesetzesmäßigen Einheit definiert und konstruiert wird. So wird später Immanuel Kant nachzuweisen versuchen, daß nur solche Begriffe den strengen Anforderungen einer Definition genügen, die im Akt der Defi-

[6] Der handwerkliche Hintergrund des Gesetzesbegriffs wird etwa ersichtlich bei Aristoteles, nämlich bei der Gegenüberstellung der dauerhaften und natürlichen Materie (des Holzes) und den infolge »Arrangements gemäß Gesetz« hergestellten Erzeugnissen (hölzernen Brettern); vgl. Zilsel, Soziale Ursprünge, 1976, S. 233. Die Antike zählt hier das »Gesetz« dem handwerklichen Bereich der Kunst(fertigkeit) zu. Demgemäß kann Erkenntnis bei den Griechen offenkundig nicht mit der Technik, dem Konstruktivistischen verknüpft werden. Dieses Regelwissen, das den Handwerkern, Ingenieuren, den Medizinern (die damals noch konsequenterweise dem niedrigen Handwerk zugerechnet werden) eigen ist, besteht in Handlungsanweisungen, die tradiert werden können. Die Vorstellung der Gesetzmäßigkeit bedeutet im metaphysischen Bereich hingegen die Existenz eines zurückgezogenen unsichtbaren »Herrscher«-Gottes, dessen Konstruktionsfähigkeit die Natur ihre Existenz verdankt, und nach dessen »Legislatur« der Ablauf der Welt und des Lebens darin organisiert ist.

[7] Hierin bestätigt sich wiederum Piagets Theorie, daß die (gesellschaftliche) Organisation das Denken prägt, daß Organisation und Denken grundsätzlich die nämliche Struktur aufweisen und lediglich auf verschiedenen Ebenen angesiedelt sind.

nition selbst hergestellt (konstruiert) werden, also mathematische Gegenstände wie z.B. der Kreis, der definiert wird als Linie, deren Punkte alle gleich weit von einem Punkt entfernt sind, denn mit dieser Definition ist zugleich die Angabe darüber gemacht, worin sich diese Linie von anderen Linien unterscheidet und wie sie *hergestellt* wird. »Also bleiben keine anderen Begriffe übrig, die zum Definieren taugen als solche, die eine *willkürliche Synthesis* (Hervorhebung d.Verf.) enthalten, welche a priori konstruiert werden kann, mithin hat nur die Mathematik Definitionen.«[8] Eine Vorstellung wird hier maßgeblich, die sowohl dem neuzeitlichen Verständnis des Herstellens (Technik) als auch dem politischen Machtanspruch, der mit der »Gottnähe« des Fürsten noch erhöht wird, entspricht: *»maître et possesseur de la nature«* zu sein, ist einem absolut werdenden (oder zumindest werden wollenden) Monarchen angemessen. Dieser Wunsch enthält den alten biblischen Auftrag an die Menschen – der wohlgemerkt im Plural erging –, sich die Erde untertan zu machen, ebenso wie den neuzeitlichen technischen Begriff des Herstellens, aber auch die eher unbiblische Tradition einer strikten Differenzierung unter den Menschen, indem allen anderen mehr oder minder ihr Menschsein abgesprochen wird und diese Menschen aus der Sicht des Herrschers gleichsam als Gegenstände (Staatsbürger) erscheinen und als solche behandelt werden. Dieser letzte Aspekt zeigt sich im Absolutismus deutlich. Der außerhalb stehende Experimentator, der Herrscher, der über dem Gesetz, d.h. außerhalb des Gesetzes steht, ebenso wie der »objektive« Wissenschaftler, sie alle befinden sich zu ihren Objekten in einer vergleichbaren, herrschaftlichen Position. Das Gesetz benötigt einen Gesetzgeber, der bestimmt, was recht und richtig ist; richtig gemäß eines von der alten Vorstellung des *zoon politikon* losgelösten Systems. »Richtig« steht primär in Bezug zu Dingen und Gegenständen, die gemacht, hergestellt und hergerichtet werden.

Diese Vorstellung des *maître et possesseur de la nature* (Descartes) wird von anderen Gruppierungen ebenfalls geteilt, denen es auf den ersten Blick nicht so ansteht wie den absoluten Souveränen. Wie bereits erwähnt, haben Hobbes, Locke und Descartes diese Vorstellung gerne verwendet. Aber damit ist diese Gedanken- und Interessenidentität noch nicht beendet, denn sie teilen noch ein weiteres Interesse mit ihren Fürsten

[8] Kant, Kritik der reinen Vernunft, Werkausg. 1974, S. 624.

(Förderern): Sie sind gleichermaßen von Automaten beeindruckt, ja fasziniert. (Wobei im 17. Jahrhundert die Bezeichnung Automat noch den Selbstwillen dieser Maschine einschließt; erst gegen Ende des 18. Jahrhunderts wird die Vorstellung der von außen gesteuerten Maschine allgemein.) Diese Faszination ist aber nicht zufällig: Automatische Figuren, sei es in menschlicher oder tierischer Gestalt, »belebt« durch ein Uhrwerk, verkörpern die königlichen Tagträume: bedingungsloser Gehorsam, Kalkulierbarkeit und permanente Kontrolle. Könnten nicht auch lebendige Organismen als mechanische Maschinen erklärt und damit beherrscht werden? Soll und kann man es nicht so betrachten: »Daß (die) Funktionen von dieser Maschine ganz natürlich, aufgrund der Zusammensetzung ihrer Bestandteile zusammengesetzt werden, nicht mehr und nicht weniger als eine Uhr oder ein anderer Automat sich aufgrund von Gewichten und Rädern bewegt, so daß keine Notwendigkeit besteht, ihnen deswegen eine vegetative oder sensitive Seele oder ein anderes Lebensprinzip als ihr Blut zuzuschreiben.«[9] Die strikte Trennung von Geist und Materie in der Erkenntnistheorie dieser Zeit korrespondiert mit dieser Vorstellung.

Indem der Mensch so in eine »von Gott erschaffene Maschine« umgedeutet wird, rücken jene, die Maschinen machen können, die Wissenschaftler und Techniker, in die Funktion der alten Götter. Bei diesen Menschen kann es sich nicht um Menschen im üblichen Sinne handeln, sie müssen vielmehr als »mindestens untereinander genau gleiche Halbgötter«[10] angesehen werden; vielleicht kommt die Beschreibung als »intuitive Gottesstellvertreter«[11] sowohl der historischen Ausprägung im Absolutismus als auch der Reaktionsbildung eines seine Macht und seine Informationsmöglichkeiten ausnutzenden Individuums am nächsten. Daß es sich um eine Reaktionsbildung handelt, ist durchaus plausibel, da doch diese Annahme einer perfekten Rationalität äußerst realitätsfremd ist, »nicht einmal entfernt den Prozeß beschreibt, dem menschliche Wesen folgen ...«[12]

Dieser Aspekt gewinnt eine besondere Bedeutung dann, wenn man bedenkt, daß Hobbes und Locke sich nicht etwa um eine neue Fundierung der Naturwissenschaften bemühen, sondern die »Staats- und Rechtslehre« als exakte Moralphilosophie

[9] Mumford, Mythos der Maschine, 1980, S. 431.
[10] Morgenstern, Vollkommene Voraussicht, 1963, S. 50.
[11] Wolf, zit. in Tietzel, Rationalitätsannahme, 1981, S. 126.
[12] Simon, Rational decision making, 1979, S. 10.

fassen. Das berühmte *more geometrico*[13] bezieht sich auf die Moral, auf den Menschen, »diesen lebenden Automaten«, auf den menschlichen Körper, der nach Descartes »nichts als eine Statue oder eine Maschine aus Erde ist«[14]. Und David Hume versieht seinen ›Treatise of humane nature‹ mit dem charakteristischen Untertitel ›Ein Versuch, die experimentelle Methode des Denkens auf moralische Subjekte anzuwenden‹. Nicht verwunderlich, daß für Hume Metaphysik und Moral die wichtigsten Wissenschaften sind. Gemessen an dieser zentralen Aufgabe der Wissenschaft sind selbst Mathematik und Naturwissenschaft für ihn nicht einmal die Hälfte wert, haben nur sekundäre Bedeutung. Im Rückblick erscheint dann die Ausbildung neuer Kontrollen und Organisationsformen, die soziale Disziplinierung und die Gewöhnung der Menschen an diese neuen Herrschaftsformen – die »Produktion« eines als Maschine behandelten Menschen, der schließlich zum Anhängsel einer Maschine in den großtechnischen Anlagen der Industriewelt wird – als eine wesentliche Vorleistung für die seit dem Ende des 18. Jahrhunderts einsetzende Industrialisierung[15].

Das »Experiment« hingegen hat keine bestimmte Beziehung zu politischen Vorstellungen; ebensowenig ist es ein notwendiges Merkmal jeder Wissenschaft, da experimentell bestimmtes Handeln – wie die Feudalhöfe Chinas und Europas mit ihren Wasserspielen u.a.m. zeigen – auch ohne wissenschaftlichen Anspruch betrieben werden kann. Wird das Experiment jedoch zur entscheidenden wissenschaftlichen Methode, so erhält es eine inventive, erneuernde Tendenz. Dazu kontrastieren die bei den Griechen angewandten Methoden, Verfahren oder Techniken, die von den Lehrern bereitgestellt bzw. von den Jüngern gelernt werden müssen. (Was sicher auch heute der Praxis entspricht, wobei das Verifikations- bzw. Nichtfalsifikationspostulat diese Tendenz unterstützt.) Das Experiment bezieht sich zunächst auf die Tätigkeit von Handwerkern, zu denen auch Ingenieure und Ärzte zählen. Durch eine zusätzliche Anordnung von bestimmten Faktoren soll ein bestimmter Effekt erzielt werden. Die reflexive Abstraktion des Experiments führt zu Kausalvorstellungen (Wenn-dann-Beziehungen). Die experimentelle Methode basiert also auf einer herrschaftsorientier-

[13] Locke, Essay, III/3, 1894, S. 19.
[14] Mumford, Mythos der Maschine, 1980, S. 445.
[15] Vgl. Marglin, Vorgesetzte, 1977, S. 161 ff.

ten Manipulation von Umwelt und Gegenständen. Als wissenschaftliches Ideal der Neuzeit geht es dabei zunächst um die Ordnung der Erfahrung in heuristische, inventionsorientierte Modelle, die zu neuen Konstruktionen bzw. zur Vermehrung von Wissen über Eigenschaften und Relationen von Dingen führen sollen[16].

Der »wissenschaftliche Fortschritt« wiederum wird aufgrund der reflexiven Abstraktion als die Voraussetzung eines als allgemein aufgefaßten Phänomens des Fortschritts angesehen, der ohne Bezug auf ein bestimmtes Objektfeld konstruiert wird: Fortschritt erscheint als neutrale Kategorie. Ein solcher Fortschrittsbegriff kann kaum auf gesellschaftliche Prozesse angewendet werden, da darin die herrschaftliche Verfaßtheit der modernen Gesellschaft nicht berücksichtigt wird. Fortschritt wird erlebt als eine Abfolge von Stadien – selbst diese Bewegung wird zerlegt in einzelne Stufenelemente; Anne-Robert Turgot entwirft ein an der Geschichte der Wissenschaft entwikkeltes »Dreistadiengesetz«[17], und Antoine Condorcet findet in seinem ›Tableau du progrès de l'ésprit humain‹ eine neue teleologische Deutung des historischen Bewegungsprozesses, indem er die Freiheit als Ziel der Geschichte erklärt. Auch Adam Smith entwickelt eine Vierstadientheorie, wobei die *commercial society* als viertes Stadium den Endpunkt der Entwicklung markiert. Seit Francis Bacon wird das Nützliche nicht mehr wie in der traditionalen Sicht aus der Wahrheit abgeleitet. Das Verhältnis wird vielmehr umgedreht: Was nicht dienstbar oder nützlich gemacht werden kann, hat auch keine Bedeutung als »Wahrheit«. Dem liegt die Vorstellung zugrunde, daß durch den *homo faber* die Mühe und Plage des *animal laborans,* das den Lebensnotwendigkeiten unterworfen ist, reduziert werden kann. Die Anordnung der dem Fortschritt zugrundeliegenden historischen Ereignisse wird normativ verknüpft, d.h. das

[16] Vgl. Böhme u.a., Experimentelle Philosophie, 1977, S. 62ff. Mit Werner Heisenbergs Unschärferelation in der oft als Vorbild empfundenen Physik sowie dem Prinzip der Gegenübertragung u.a. in den Sozialwissenschaften scheint auch diese reflexive Abstraktion, auf welcher die um die Wende zum 17. Jahrhundert entstandenen systematischen Wissenschaften basieren, zumindest problematisierbar.

[17] Turgot, Réflexions, 1844. Edelstein (Ancient science, 1937, S. 90ff.) legt zwar nahe, daß das Wissen um die Existenz des Fortschritts auch in der Antike weit verbreitet war, jedoch liegen keine Texte vor, die eine solche zentrale Thematisierung des Fortschritts, wie sie dann in der Neuzeit erfolgt, auch nur erahnen lassen.

spätere Ereignis wird als das bessere, erstrebenswertere angesehen. Als Voraussetzung für diesen linearen Entwicklungsprozeß wird die Ursache für den Fortschritt im schöpferischen Individuum ausgemacht, das durch seine Innovationen neue Zusammenhänge entdeckt oder konstruiert. Daher kann Fortschritt niemals restaurativ, sondern nur progressiv aufgefaßt werden[18].

Die Vorstellung des Gesetzes läßt immerhin noch die Möglichkeit eines zwar immer weiter entfernten Gottes (als Gesetzgeber) zu. Newton und seine Schüler verwenden die »neue Wissenschaft« noch zur »Demonstration der Weisheit und Güte eines allmächtigen Schöpfers«, man darf sich – allerdings nur im Sinne von Voltaires ›Candide‹ – der Illusion, »in der besten aller Welten« zu leben, hingeben. Mit der Auflösung der traditionalen Vorstellungen – bedingt durch die reale gesellschaftliche Situation, den Autoritätsverlust der Kirche(n) durch ihre Eingliederung in den Zentralstaat – wird zwar der Gesetzesbegriff weiter aufrechterhalten, aber »Gott«, wird Pierre Simon Laplace später zu Napoleon I. sagen, »diese These konnte ich entbehren«. Auch das Experiment ist Ausdruck der (wachsenden) Entfernung Gottes aus Natur und Gesellschaft, ist es doch nunmehr dem Menschen anheimgestellt, bewußt kontrollierbare Situationen zu schaffen und damit die Welt zu gestalten. Auch die traditionale Teleologie, die in Gott ruht, wird durch die Fortschrittsidee aus der Wissenschaft verbannt. Mit der Bindung des Fortschritts an die Aktivität jedes einzelnen wird anstelle der Seele die psychische Struktur entscheidend.

26. Die Begründung der politischen Ökonomie

Der sich in einer Gesellschaft entwickelnde Diskurs erlaubt es dem späteren Beobachter durch die getroffene Wortwahl, durch die angewandten Verknüpfungsregeln und die ausgewählte Betrachtungsposition, einen Blick darauf zu werfen, wie sich die Gesellschaft oder Elemente der Gesellschaft darin verstehen. Darüber hinaus gestattet eine solche Betrachtung auch, organi-

[18] Vgl. Böhme u.a., Experimentelle Philosophie, 1977, S. 34ff.

sierte Sprachstrukturen und Begriffe im historischen Kontext nachzuvollziehen und deren Rolle für die Entwicklung einer Gesellschaft zu verfolgen. Mitunter scheinen diese Meinungen und Überzeugungen in einer Gesellschaft allerdings so vertraut und selbstverständlich, daß sie niemals vollständig oder systematisch artikuliert werden. Somit sind sie Bestandteil dessen, was die »verschwiegene Dimension« genannt werden kann[1]. Jede Zeit wird dominiert von einer Menge von »impliziten und unvollständig expliziten Annahmen, oder mehr oder weniger unbewußten *mental habits*«, die einen dazu bringen, »in Begriffen bestimmter Kategorien oder in besonderen Vorstellungen zu denken«. Oft offenbart sich, wenn man die einzelnen Argumentationsketten aufnimmt, die intellektuellen Probleme der Zeit in ihren Verknüpfungen rekonstruiert und den verwickelten diskursiven Transformationsprozeß nachvollzieht, eine Kontinuität zwischen dem Alten und dem Neuen[2].

Die zentralen Themen des neuzeitlichen Diskurses sind dabei bereits von den italienischen Autoren des Quattrocento und Cinquecento in der Auseinandersetzung mit den gesellschaftlichen Veränderungen der Renaissance herausgearbeitet worden. Es geht um die Veränderung bzw. die Stabilität der Gesellschaft und darum, wie Freiheit und Ordnung als Grundlagen der Existenz politischer Gemeinschaften im Zeitablauf, wie *virtus* gegenüber der *corruptio,* wie das Gemeinwohl gegenüber individuellen Interessen zu bewahren sind.

Was hier problematisiert wird, konnte in der Vorstellung des christlichen Mittelalters gewissermaßen als *Anathema* gesehen werden: In einer monotheistischen Welt, wo der allmächtige Gott jederzeit in das Weltgeschehen eingreifen kann, werden die Ereignisse durch die Vorsehung miteinander verknüpft. Der Grund aller Dinge liegt in Gottes Weisheit, bleibt aber dem menschlichen Verstand verborgen. Einzig und allein dem gottvertrauenden Glauben ist es gegeben, das konkrete Geschehen zu »verstehen«. Göttliches Wirken, da es einmalig und unwiederholbar ist, bestimmt die besonderen Situationen und konstituiert somit auch eine nichtlineare Vorstellung von Zeit. Veränderung scheint durch die Vernunft nicht faßbar zu sein; sie kann daher nur als Verletzung der Ordnung, als Übergang zur Unordnung aufgefaßt werden, die nur behoben werden kann,

[1] Vgl. Polanyi, Tacit dimension, 1966; Lovejoy, Chain of being, 1960, S. 7.
[2] Vgl. Hirschman, Leidenschaften und Interessen, 1980, S. 79.

indem man zum Ausgangspunkt zurückkehrt. Es steht dahinter eine christliche Teleologie und auch ein anderer Kausalitätsbegriff[3] als unser modernes Ursache – Wirkung – Schema; eine Verletzung der Ordnung erscheint in diesem Kontext als Sakrileg und verstößt gegen die Bestimmung des Menschen wie auch gegen den göttlichen Heilsplan.

Die Humanisten betonen demgegenüber eine nicht-theologisch begründete Variante der Vorsehung, nämlich das Wirken *fortunas,* das dazu dient, das Abweichen von der Ordnung, das Unerklärliche und Unvorhersehbare zu benennen. Das eröffnet die Möglichkeit der aktiven Bewältigung des Schicksals: Es liegt in der Hand des Menschen, *fortuna* zu bezwingen.

Wie bereits gezeigt wurde, entsteht auf dieser Basis die Sphäre des »Herstellens«, wobei es aber schwierig ist, die durch die Arbeitsteilung manifest werdenden individuellen (pekuniären) Interessen unter das »Gemeinwohl« zu stellen. Denn die Gemeinschaft, einzelne Gruppen und auch der einzelne Mensch sind sonst durch die *corruptio* bedroht; in dieser Vorstellungswelt ist Korruption nämlich immer dann gegeben, wenn eine positiv interpretierte Ordnung (Regierungsform) im zyklischen Ablauf pervertiert, wenn etwa freie Bürger von anderen einseitig abhängig werden, und wenn dabei die »Tugend« verlorengeht, die das eigene Wohl mit dem Gemeinwohl vereinigen soll. In einer solchen Situation ist es geboten, in Form einer »Revolution« an den Ausgangspunkt zurückzukehren (Machiavelli: *Ritorno ai principi*)[4], Unordnung wieder im zyklischen Ablauf in Ordnung zu überführen – sonst verfällt das System der Desintegration[5].

Die einzige Form der Bewältigung bot ein Rückgriff auf die

[3] Nach Aristoteles hat jede Veränderung, auch das Entstehen, vier Ursachen: materielle, bewirkende, formale und finale. Damit waren die möglichen Antworten erschöpft, die man auf die Frage nach einer Erklärung der Veränderung geben konnte. Bei einer Statue z. B. ist die materielle Ursache ihres Vorhandenseins der Marmor; die bewirkende Ursache ist die Kraft, die die Werkzeuge des Bildhauers auf den Marmor ausgeübt haben; die formale Ursache ist die Idealform des vollendeten Gegenstandes, die von Anfang an im Bewußtsein des Bildhauers vorhanden war; und die finale Ursache ist die Vermehrung schöner Gegenstände für die Griechen. Vgl. Kuhn, Entstehung des Neuen, 1977, S. 75.

[4] Im »Fürsten« Machiavellis nimmt dies allerdings die Form eines *Ritorno al principe* an – was auch die politische Welt des aufdämmernden und sich durchsetzenden Absolutismus kennzeichnet.

[5] Es liegt hier die ursprüngliche Bedeutung von »Revolution« zugrunde, ein Begriff, der erst mit der Französischen Revolution eine neue, fortschrittsbezogene Dimension erfahren sollte.

Vorstellung des Aristoteles, indem das Gemeinwesen als *polis* erfaßt wird, universell und allgemein, selbstgenügsam und theoretisch unsterblich. Die einzig angemessene Form der Tätigkeit des *zoon politikon* ist die *vita activa* (einmal abgesehen von der Muße). Der Entscheidungsprozeß in der gemeinschaftlich verfaßten *polis* gestaltet sich so, daß jeder Bürger das allgemeine Gute (Gemeinwohl) verwirklicht.

Der einzelne ist dabei nur der Autorität einer Allgemeinheit unterworfen, der er selbst angehört. Wenn in einer solchen Gemeinschaft die Autorität schlecht verteilt sein sollte, wenn ein einzelner oder eine Gruppe ihr partikuläres Interesse mit dem Guten der Allgemeinheit *(bonum commune)* gleichsetzen sollten, dann ist der Zweck der *polis,* der Gemeinschaft, eben nicht verwirklicht. Eine derartige Asymmetrie hinsichtlich der *res publica* führt zur *corruptio,* zu einem Verlust von *virtus;* und da »Tugend« sich auf Gleiche bezieht, handelt es sich dabei nicht um einen einzelnen, einen privaten Verlust, sondern um eine Minderung für die Gesamtheit. Das Gemeinwesen kann nur solange bestehen, als seine Bürger soweit unabhängig sind, daß sie als Gleiche agieren und unmittelbar an der Verfolgung des allgemeinen Guten mitwirken können. Nur im tugendhaften Zusammenwirken aller autonomen Bürger kann eine Gemeinschaft überleben. Ist die »Tugend« auch nur in einem einzelnen Punkt nicht verwirklicht, muß dies zur Beeinträchtigung der »Tugend« aller anderen und zum Untergang des Gemeinwesens führen.

Die einzige Regierungsform, der man in der Tradition des Polybios eine Dauer zuspricht, ist jene, in welcher der *eine,* die *wenigen* und die *vielen* so ihre Macht teilen, daß keine Gruppe ausschließlich herrscht und keine abhängig von irgendeiner anderen ist. Nur in der »gemischten« Regierungsform mit ihrer Balance ist Allgemeinheit, Vollständigkeit und auch Stabilität erreichbar.

Die alte Vorstellung der *politiké* stellt eben an alle Mitglieder der Gemeinschaft die rigide Forderung, die »Tugend« zu wahren, die als notwendig für die Selbstregelung der Gemeinschaft gilt. Die Vorstellung, die Möglichkeit der *politiké* ruhe auf der Tugendhaftigkeit, die »Tugend« bestehe in der Hingabe an das Allgemeine und drücke sich nicht in privaten Gütern aus, dieses statische Konzept der humanistischen Tradition und des klassischen Republikanismus verlangt von den Menschen einen beachtlichen Gemeinsinn.

James Harringtons Werk ›The Commonwealth of Oceana‹ (1656) übernimmt diesen Diskurs, adaptiert und modifiziert die einzelnen Diskurselemente und wendet sie auf die englische Situation an. Eine Rezeption dieses Diskurses findet sich auch bei den übrigen englischen »klassischen Republikanern« des 17. Jahrhunderts, zu denen John Milton, Andrew Marvel und Algenor Sidney zählen[6]. Harrington beschreibt im ›Commonwealth of Oceana‹ England als eine klassische, republikanisch verfaßte Gemeinschaft und die Engländer als freie, besitzende und waffentragende »Bürger« im Sinne der italienischen Politiktheoretiker[7]. (Die Amerikanische Revolution von 1776 sollte nicht zuletzt auf diese Vorstellung und damit auf Harringtons Philosophie der Politik rekurrieren.)

Die Rezeption vor allem der Machiavellischen ›Discorsi‹ stößt jedoch auf die Schwierigkeit, daß in England damals keine entsprechende politikphilosophische Tradition und auch keine sprachliche Regelung in diese Richtung hin entwickelt ist. Harrington verwendet wohl Machiavelli zur Beschreibung und (Um-)Deutung der englischen Situation; dies steht jedoch keineswegs in der Linie der bisherigen Denktradition, die sich auf »natürliche« Hierarchie, auf altehrwürdige Überlieferungen, auf kluge Unterwerfung unter die Macht der Vorsehung bezieht. Allerdings widersprechen die realen historischen Ereignisse des Bürgerkrieges, die Auseinandersetzung zwischen Krone und Parlament und schließlich die Enthauptung des Königs und die Schaffung des Protektorats ja ebenfalls der Tradition. Als die reale Verfassung zusammenbricht, stellen sich neue moralische, politische und theoretische Probleme. Harrington versucht das mit Hilfe eines für England neuen diskursiven Ansatzes verständlich zu machen. Dahinter steht aber kein neuer, bereits bewußt programmatischer Ansatz.

Als politisch handlungsfähiger Mensch in einer derartigen gemeinschaftlich verfaßten Ordnung agiert jedoch nach wie vor der Inhaber eines *oikos*, der Eigentum besitzende, waffentragende »Hausvater«. Harrington vertritt hier die *landed interests;* das ›Commonwealth of Oceana‹ ist eine Interpretation der Geschichte sowohl des Schwerts als auch des das erstere bedingenden Eigentums. Zu der Machiavellischen Annahme, das Waffentragen sei die Grundlage für den Status als Bürger, fügt

[6] Vgl. Fink, Classical republicans, 1945.
[7] *Commonwealth* hat hier dieselbe Bedeutung wie »Gemeinwohl«.

Harrington die These, der Landbesitz sei wiederum die Grundlage der Waffen[8], und begründet darauf die Idee eines republikanisch verfaßten Gemeinwesens[9]. Harrington liefert mit der Vorstellung, wonach die Verteilung des Landes und damit das Führen der Waffen zugleich die Machtausübung begründet, »einen Schlüssel zur Erschließung der gesamten historischen Entwicklung des Westens«[10]. Dadurch gelingt es ihm, mit Hilfe des Ursache-Wirkung-Zusammenhanges einen diskursiven historischen Bogen vom »goldenen Zeitalter« Roms bis hin zum zeitgenössischen England (Oceana) zu spannen. Freilich gilt dies für England nur dann, wenn eine relativ gleiche Grundausstattung der Bürger (insbesondere mit Grund und Boden) gewährleistet ist. Auf der Basis einer zum Teil idealisierten Geschichte Englands demonstriert er, wie dieses zu einer Republik unabhängiger Freisassen wurde. Demgegenüber ist jede feudale Ordnung durch eine instabile Beziehung zwischen dem König und seinen mächtigen Vasallen gekennzeichnet, da letztere über mehr Männer und Waffen als der König verfügen. Wenn es einem Herrscher (*Panurgus* = Heinrich VII.) gelingt, sich der Bevormundung durch die Feudalität zu entziehen, indem er deren Recht auf die Gefolgschaftspflicht ihrer Untertanen beseitigt, emanzipiert sich dieser König. Er steht dann jedoch vor einem neuen Dilemma: Die vielen Freisassen werden nun nicht mehr von den wenigen (Adel) kontrolliert, sondern der König sieht sich damit konfrontiert, daß die Waffen nunmehr in der Hand der vielen, d.h. des Volkes selbst sind. Eine siegreiche Armee (des Volkes) aber bestimmt die Regierungsform. Die historische Entwicklung bietet einem Mann (*Olphaus Megaletor* = Cromwell) die Möglichkeit, als Gesetzgeber aufzutreten.

[8] Wie bereits angedeutet, spielt diese Tradition in den USA eine wichtige Rolle sowohl für die Konstituierung des Staates als auch für sein weiteres Selbstverständnis (eine der bedeutendsten Lobbies in den USA ist noch heute die »National Rifle Association«).

[9] Die Idee einer *army of servants* wird als eine höchst unerwünschte Vorstellung erwähnt, sie ist Harringtons Denken fremd: Ein abhängiger Waffenträger widerspricht dem Konzept des universellen Menschen aufgrund seiner Spezialisierung. Obwohl Harringtons Denken vorkapitalistisch ist, kann er – in der Mitte des 17. Jahrhunderts schreibend – nicht daran vorbeigehen, daß es auch Menschen gibt, deren Vermögen nicht im Landbesitz liegt. Er akzeptiert diese wohl als Bürger, jedoch die Mobilität dieses Vermögens läßt es im Vergleich zum Landbesitz ein wenig bedenklich erscheinen, denn: »Lightly come, lightly go«. Vgl. Harrington, Commonwealth of Oceana, 1977, S. 405.

[10] Pocock, Ancient constitution, 1957, S. 144.

Die Lösungsansätze Machiavellis[11] vertrauen in Phasen einer Korrumpierung des Gemeinwesens, in denen das Gleichgewicht zerstört ist, dem Auftreten eines Gesetzgebers (Lykurg) oder Propheten (Moses), die das Gemeinwesen in eine vernünftige Ordnung zurückführen sollen. Denn nur die heroische Tugendhaftigkeit eines Gesetzgebers oder die begnadete Autorität eines Propheten sind imstande, *fortuna* im Zustand der nahezu vollkommenen Verderbnis des Gemeinwesens zu wenden. (Beide Rollen werden in der Zeit des Protektorates dem eher unwilligen Cromwell zugeschrieben bzw. abverlangt.) Harringtons Empfehlungen, wie die durch den Zusammenbruch der bisherigen Regierungsform ausgelösten Wirren zu beseitigen und die Gesellschaft gemäß ihren »natürlichen Prinzipien« wieder zu errichten sei, gehen von zwei Überlegungen aus: Er weist Machiavellis Vermutung zurück, daß Gesellschaften so korrumpiert werden könnten, daß Menschen nicht länger als Bürger agierten und existierten. Denn die Korrumpierung einer Regierungsform sei letztlich darin begründet, daß Macht- und Eigentumsverteilung einander nicht entsprechen. Dies trifft jedoch für England (Oceana) nicht zu, welches eine dem Volk gemäße Einkommensverteilung aufweise, so daß es nur mehr notwendig sei, eine entsprechende Regierung einzurichten. Damit unterläuft Harrington Machiavellis Unterscheidung zwischen expandierenden Republiken (Rom) und solchen, die auf Bewahrung (Venedig) begründet sind; selbst eine expandierende Republik kann dauerhaft sein, sofern eine Balance zwischen Nobilität und Volk gewahrt ist. Durch ein »agrarisches Gesetz« der Erbregelung und des Grunderwerbes soll die »gleiche« Vermögensausstattung gesichert werden.

Den Menschen wird ein Interesse am allgemeinen Guten zugeschrieben, partikulare Interessen haben sich dem unterzuordnen. Die »Tugend« des einzelnen kann aber in der Realität durchaus der Versuchung der Leidenschaften unterliegen[12]. Um dies zu verhindern, gibt es in einer Republik ein probates Mittel. Harrington demonstriert es am Beispiel zweier Mädchen, die einen Kuchen teilen möchten; eines davon bricht den Kuchen in zwei Teile, das andere wählt einen davon aus. Damit wird gewährleistet, daß einerseits beide den gleichen Anteil bekommen und beide zugleich »tugendhaft« handeln. Nun sind

[11] Vgl. Pocock, Machiavellian moment, 1975.
[12] Vgl. Harrington, Commonwealth of Oceana, 1977, S. 171 ff.

aber politische Entscheidungen komplexer als das Teilen eines Kuchens, dennoch gilt auch hier, daß die einen auswählen müssen und die anderen entscheiden. Ersteres verlangt die Fähigkeit des Diskurses, letzteres die der Auswahl. Beides ist jedoch strikt zu trennen. Harringtons ›Oceana‹ stellt die Vorstellung der Gemeinde in Form der *civic tradition* sowohl derjenigen der alten Feudaloligarchie als auch derjenigen des absolutistischen Super-Oikos entgegen. Genauso wie die Idee eines besoldeten, stehenden Heeres ihm fremd ist, ist es auch die einer zentralstaatlichen Bürokratie und eines Geld- und Kreditsystems, das in der Chrematistik wurzelt. Seine Weltsicht ist den Ideen eines Aristoteles, Polybios und Machiavelli verpflichtet[13].

Bereits vor Ausbruch des Bürgerkrieges von 1642 stellen die beiden königlichen Ratgeber Falkland und Coalpepper (›His Majesty's answer to the nineteen propositions of Parliament‹) in der Tradition von Polybios und Machiavelli die Regierung Englands als ein Zusammenspiel dreier interdependenter Kräfte dar[14]. Sie ziehen daraus den Schluß, in dem stets prekären Gleichgewicht zwischen dem einen (König), den wenigen (Adel) und den vielen (Volk) müsse die Beeinträchtigung der Macht des Königs bzw. die Beseitigung seiner Macht schwerwiegende Folgen für die Gesamtheit haben. Die drei Formen der Regierung, nämlich die (absolute) Monarchie, die Aristokratie und die Demokratie, jede davon mit besonderen Vor- und Nachteilen, hätten infolge der Erfahrung und Klugheit der englischen Könige zu einer gemischten Regierungsform geführt. Die dabei entstandene politische Kultur umfasse daher die Vorteile aller drei ohne die Nachteile einer der Formen. Dies gelte jedoch nur, solange das Gleichgewicht zwischen den drei Gruppierungen gewahrt bleibe.

Das bemerkenswerteste an dieser Schrift ist, obwohl sie die Position der Monarchie vertritt, ihre republikanische Diktion und ihr Verzicht darauf, die königliche Regierung als Ausdruck der göttlichen Weltordnung zu interpretieren, wie dies etwa ein anderer Parteigänger der Stuarts, Sir Robert Filmer – dessen Mentor Jean Bodin war –, aus traditionalistischer Sicht noch

[13] Vgl. auch Selden, De iure naturali, 1640.

[14] Es ist allerdings zweifelhaft, ob der Stuart-König einer solchen Interpretation seiner Machtbasis zugestimmt hätte; wie auch immer, seine beiden Berater folgen in ihrer Argumentation der alten republikanischen Tradition der Politiktheorie.

1680 in seiner Schrift ›Patriarcha: Or the natural power of Kings‹ unternimmt[15].

Angesichts des Zusammenbruchs der bisherigen Regierungsform eröffnet aber auch eine andere Tradition, nämlich die der christlichen Lehre, vielfältige Möglichkeiten einer Legitimation der Macht des Faktischen. So wird der Ausgang des Bürgerkriegs als Gottesurteil interpretiert; hinter dem Ergebnis des Kampfes steht die Vorsehung Gottes, welche die Bestrafung der »Tugendlosen« und eine Wiederherstellung der Ordnung verspricht. Aber auch das Kommen des Erlösers läßt sich nach einer Zeit der Wirren und Schrecknisse erhoffen, manche erwarten auch das Werden einer neuen, gottgefälligen Gesellschaftsordnung.

Für die Republikaner bedeutet hingegen das Verschwinden der absolutistischen Regierungsmacht, daß der einzelne nunmehr zum Ursprung seines politischen Daseins zurückkehrt – daher die geschichtliche Notwendigkeit der Revolution. Dabei spielt die Machiavellische Vorstellung des waffentragenden Volkes eine wichtige Rolle, eines englischen Volkes, das sich als Speerspitze im Kampf gegen Papismus und absolutistische Machtansprüche versteht und im »gläubigen Volk« den wahren Souverän erblickt. Chiliastische und millenaristische Heilsvorstellungen verbinden sich hierin mit der Vorstellung sozialer Gerechtigkeit und der Bereitschaft, den Kampf gegen den »Antichristen« aufzunehmen. Wie James Harrington sieht auch John Milton[16] das Recht zum Schutze des Gemeinwohls gegen die Tyrannenherrschaft beim waffentragenden Volk, aus dem sich Macht und Autorität der Regierung ableiten.

Diese Vorstellungen spielen in den folgenden Diskussionen und Auseinandersetzungen eine bedeutsame Rolle. Das Konzept der gemischten Regierungsform kann beiden Seiten im Bürgerkrieg als Ausgangspunkt dienen und sowohl für die Sache des Königs als auch für die des Parlaments herangezogen werden. In ihrer relativen Unbestimmtheit passen sie überdies

[15] Demnach habe Gott dem Stammvater Adam ursprünglich die königliche Macht übertragen; die Monarchen als seine unmittelbaren Erben sind als die natürlichen Väter des ganzen Volkes anzusehen. In dieser patriarchalischen Tradition sind aber auch die seinerzeitigen (hausrechtlich abhängigen) Untertanen Adams wiederum die Vorfahren der Untertanen des Monarchen. Das Verlangen nach Freiheit ist der eigentliche Sündenfall der Menschheit. Vgl. Russell, Philosophie, 1950, S. 629.

[16] The tenure of kings and magistrates, 1649.

in die damals vorherrschende kasuistische Denkweise. Wie sollte es auch anders in einer traditionalistisch geprägten Gesellschaft sein, in der zwei durch die Tradition geheiligte Mächte im Krieg miteinander stehen? Im Sinne der gemischten Regierungsform zu argumentieren, indem König und beide Häuser des Parlaments sich gegenseitig kontrollieren und sich in einem Gleichgewichtszustand[17] befinden, auf den jeder der Beteiligten Rücksicht zu nehmen hat, macht es dem Gewissen möglich, Partei zu ergreifen und dennoch die Rechtmäßigkeit aller drei anzuerkennen. Freilich, sobald dieses Gleichgewicht zerstört ist, gibt es keine Autorität mehr, dann droht Chaos und Unordnung, wie im Bürgerkrieg, also das, was man damals mit *corruptio* bezeichnet.

Nun ist der Mensch aber getrieben von der Macht der »Leidenschaften« und »Laster«, wozu vor allem Ehrsucht, Herrschsucht und Habsucht zählen[18]; vor allem letztere kann der Gemeinschaft gefährlich werden, denn die Liebe zum Ruhm als etwas öffentlich Wirksames wird im Gegensatz zum rein privaten Streben nach Reichtümern seit der Renaissance als dem allgemeinen Guten nicht entgegengerichtet gesehen. So findet sich die Vorstellung einer Art von *invisible hand* – einer Kraft, die bewirkt, daß Menschen, die ihren privaten Leidenschaften frönen, unwissentlich im Dienst des Gemeinwohls zusammenwirken – nicht im Zusammenhang mit dem Verlangen nach Geld, sondern mit dem Streben nach Ruhm formuliert[19]. Montesquieu stellt in diesem Zusammenhang fest, daß das Streben nach Ruhm (in einer Monarchie, nicht aber in einer Republik) »Leben in alle Teile des Staates (bringt, und es) stellt sich heraus, daß jedermann zum allgemeinen Wohl beiträgt, während er für seine eigenen Interessen zu arbeiten glaubt«[20].

Die größte Gefahr für das Gemeinwesen besteht nach traditioneller Ansicht jedoch in einer ungleichen Verteilung des Reichtums und in der Habgier, im Akkumulationstrieb und der andauernden Begierde, Güter und Besitztümer zu erwerben. Dies ist nicht zuletzt zurückzuführen auf die Unterscheidung zwischen allgemeinem Guten, dessen Förderung den Menschen

[17] Die Parallele zu den einander entgegenwirkenden und kompensierenden Leidenschaften wird hier offenkundig.

[18] Viele Allegorien stellen den Kampf der »Tugenden« gegen die Laster dar, mit der Seele des Menschen als Schlachtfeld.

[19] Hirschman, Leidenschaften und Interessen, 1980, S. 30.

[20] Montesquieu, L'ésprit des lois, 1748.

erst zum tugendhaften Gemeinschaftswesen macht, und der Unzahl spezieller Güter, deren ausschließliche Verfolgung ihn korrumpiert. Je größer die Anzahl und die Verschiedenheit der in einer Gesellschaft zur Verfügung stehenden Güter, desto größer ist die Gefahr der Korruption. Beispielsweise erachten Machiavelli und Guicciardini[21] die spartanische Zurückweisung chrematistischer Handlungsweisen (Handel) als eine notwendige Voraussetzung bürgerlicher »Tugend«[22]. Es ist zwar durchaus möglich, daß eine Gesellschaft infolge Ausweitung des Handels Luxus entfalten kann, aber sie mißbilligen dies aus den nämlichen Gründen, die später Rousseau davon abhalten, eine Gesellschaft zu begrüßen, die durch Wachstum, Produktivitätssteigerung und Arbeitsteilung vorangetrieben wird.

Rousseau[23] kommt bei der Analyse der neuzeitlichen Kulturnationen zum Schluß, daß in ihnen jeder, um überleben zu können, gezwungen sei, unmoralisch zu leben. Recht und Realität, Vernunft und Wirklichkeit fallen radikal auseinander. Der Gesellschaft selbst, nicht dem Staat und der Regierung, ist die Legitimation entzogen. Innerhalb des neuzeitlichen »Systems der Bedürfnisse« befinden sich die Menschen, ob sie wollen oder nicht, in einer wechselseitigen Abhängigkeit; nachdem es in einer Gesellschaft, die nicht mehr auf göttliches Gebot regressiert, keine verantwortliche Instanz außer der Gesellschaft selbst gibt, die moderne Gesellschaft jedoch unausweichlichen »Gesetzen« unterliegt (nämlich denen der politischen Ökonomie), stellt sich die moderne Gesellschaft als eine »Instanz ohne Verantwortung« dar[24]. Resignierend siedelt Rousseau seinen *contrat social* fern der Geschichte an, ohne Konnex mit der praktischen Realität, um die es der »Naturrechtslehre« immer ging. Zehn Jahre vor dem ›Du contrat social‹ erscheint Humes Essay ›Luxury‹, das ab 1760 den Titel ›Of refinement in the arts‹ trägt: Gutes Leben ist abhängig vom ökonomischen Fortschritt, denn gutes Leben ist das heutige, ausgefüllte Leben; Glücklichsein ist abhängig vom Fleiß und dem raschen Gang des Geistes, den der Mensch aus sich heraus entwickelt. Bestätigend erklärt Hume die Zeiten der Verfeinerung als die sowohl glücklichsten

[21] Vgl. Rawson, Spartan tradition, 1969, S. 131ff.

[22] »Bürgerlich« ist in diesem Kontext auf den *citoyen* und nicht auf den *bourgeois* bezogen.

[23] Vgl. Encyclopédie, Artikel ›Économie politique‹ und ›Inégalité des hommes‹.

[24] Brandt, Eigentumstheorien, 1974, S. 20.

als auch tugendhaftesten[25]. Hier vergißt Hume sogar die realistisch-skeptischen Hinweise, die der schottischen Aufklärung ansonsten immer eigen sind. Der Fortschritt der Zivilisation bedeutet Verbesserungen überall. Die »mechanischen« wie die »liberalen« Künste entfalten sich gemeinsam, »... noch kann eine zur Perfektion geführt werden, ohne in gewissem Ausmaß von der anderen begleitet zu werden ..., der Geist des Menschen, einmal aus der Lethargie aufgerüttelt, wendet sich allen Seiten zu und trägt Verbesserungen in alle Künste und Wissenschaften ... Desto mehr sich diese verfeinerten Künste entwikkeln, um so sozialer (gesellschaftlicher) werden die Menschen.«[26]

Das 17. und 18. Jahrhundert entfalten in Weiterentwicklung der im wesentlichen in den oberitalienischen Stadtstaaten entwickelten Diskursebene des bürgerlichen Humanismus neue Ansätze zur Lösung dieser Probleme, wobei durchaus eine »Sequenz miteinander verknüpfter Ideen« erkennbar wird[27]. Indem man von der »Natur« des Menschen, d.h., »wie er wirklich ist«, ausgeht, gelangt man auch zu einer neuen Bewertung der Triebe und Leidenschaften. Indem das Vertrauen in die moralisierende Philosophie im gleichen Maße schwindet wie das in die religiösen Gebote, sucht man nach neuen Möglichkeiten, die destruktiven menschlichen Leidenschaften zu zügeln. Eine autoritärrepressive Lösung dieses Problems vertreten jene, die wie Hobbes dafür eintreten, notfalls die gefährlichen Folgen der Leidenschaften mit Hilfe staatlicher Gewalt und den formalen Kategorien des Rechts einzudämmen. Eher vereinbar mit den neuen psychologischen Einsichten in die »Natur« des Menschen erscheint jedoch der Versuch, die destruktiven Leidenschaften der Menschen in konstruktive Neigungen umzuwandeln. Der Mensch ist wie jedes Tier zuerst bestimmt durch den Wunsch, sich zu schützen und versucht, das zu erreichen, was ihm nützt und das zu vermeiden, was ihm schadet. Dazu kommt, daß der Mensch als einzelner unfähig ist, dies zu erreichen; er bedarf der Gesellschaft, der Gemeinschaft anderer. Geht man von diesen unbezweifelbaren Faktoren als Grundprinzip aus, von der »Natur der Dinge«, so nennt man diese Vorgangsweise *a priori*. Man kann aber auch *a posteriori* argumentieren, indem man von

[25] Hume, The philosophical works, III, 1964, S. 300.
[26] Ebd.
[27] Hirschman, Leidenschaften und Interessen, 1980, S. 13.

den Auswirkungen auf die Ursachen zurückschließt. Die Naturgesetze, welche die Grundlage jedes moralischen und bürgerlichen Wissens sind, können daher über zwei Wege abgeleitet werden[28]: entweder von den offenkundigen Auswirkungen derselben oder von den Ursachen, woraus diese entstehen[29].

Der italienische Geschichtsphilosoph Giambattista Vico (1668–1747) artikuliert in diesem Zusammenhang sogar eine Ordnungsvorstellung, die wie ein Vorgriff auf die Idee einer »unsichtbaren Hand« anmutet: »Aus Grausamkeit, Habsucht und Ehrgeiz, den drei Lastern, die alle Menschen in die Irre führen, macht (die Gesellschaft) nationale Verteidigung, Handel und Politik und begründet damit die Stärke, den Wohlstand und die Weisheit der Republiken; aus diesen drei großen Lastern, die ganz gewiß den Menschen auf Erden vernichten würden, läßt die Gesellschaft auf diese Weise das allgemeine Glück hervorgehen. Dieses Prinzip beweist die Existenz einer göttlichen Vorsehung: Durch ihre vernünftigen Gesetze werden die Leidenschaften der Menschen, die gänzlich mit dem Streben nach privaten Vorteilen beschäftigt sind, in eine öffentliche Ordnung verwandelt, die es den Menschen erlaubt, in der menschlichen Gesellschaft zu leben.«[30]

In seiner ›Fable of the bees‹ entwickelt Vicos Zeitgenosse Bernard de Mandeville gleichfalls den Gedanken, die Laster und Leidenschaften der Menschen für das Gemeinwohl einzuspannen und demonstriert dies nicht an der Ehrsucht, sondern an der Leidenschaft für materielle Güter. Hirschman verweist zu Recht darauf, daß Adam Smith in seinem ›Wealth of nations‹ aufgrund der mittlerweile eingetretenen Sprachregelung Mandevilles dem für die Zeitgenossen noch schockierenden Paradoxon die Schärfe nimmt, indem er »Leidenschaften« und »Laster« durch die viel gemäßigteren Ausdrücke »Vorteil« und »Interesse« ersetzt: »In dieser eingeschränkten, domestizierten Form konnte der Gedanke, daß die Leidenschaften für andere Zwecke einzuspannen wären, als einer der Grundsätze des Li-

[28] Cumberland, Treatise, 1727, S. 10.

[29] Turnbull, der sich in seiner experimentellen Methode auf Harringtons These einer Balance des Eigentums und der Macht stützt, merkt an, daß Harrington ein »Newtonian« noch vor Newton war, indem er verschiedene Phänomene in der Welt der Moral auf einige wenige, einfache Prinzipien reduzierte, analog den Gesetzen in der materiellen Welt. Vgl. Turnbull, Principles of moral, II, 1741, zit. in Forbes, Hume's philosophical politics, 1985, S. 5.

[30] Vico, Scienza nuova, § 132 u. 133.

beralismus im 19. Jahrhundert und auch als zentraler Begriff der ökonomischen Theorie überleben und gedeihen ... So wurde zunächst in der Sphäre der Politik die Möglichkeit postuliert, daß aus der Mechanik der Interessenverfolgung ein allseitiger Vorteil entstehen würde, – lange bevor derselbe Gedanke zum Lehrsatz der Ökonomie erhoben wurde.«[31]

Die Lösung des Problems, die einzelnen Leidenschaften kompensatorisch gegeneinander ins Feld ziehen und einander neutralisieren zu lassen und schließlich als Gattungsbegriff für jene Leidenschaften, denen eine derartige ausgleichende Funktion beigemessen wird, das Wort »Interesse« einzuführen, ist ein Produkt der politischen Literatur seit Machiavelli, eine Betrachtungsweise, die sich auch die zeitgenössischen Naturwissenschaften zu eigen machen; ein Gleichgewicht kann nur durch sorgsames Ausbalancieren der Kräfte (Interessen) entstehen: Spinoza stellt etwa die These auf: »Ein Affekt kann nur ungehemmt oder aufgehoben werden durch einen Affekt, der entgegengesetzt und der stärker ist als der zu hemmende Affekt«, und Hume, der in der »Begierde ..., Güter und Besitztümer zu erwerben«, eine potentiell einzigartig starke Leidenschaft erblickt, sieht als Ausweg für diese Leidenschaft die Möglichkeit, »sie selbst sich entgegenwirken zu lassen«, indem man ihr nämlich eine neue Richtung gibt[32]. Helvétius schließlich macht diese Verbindung noch deutlicher: »Wie die physische Welt von den Bewegungsgesetzen regiert wird, so wird das moralische Universum von den Gesetzen des Interesses regiert.«[33]

Indem »Interesse« in die Rolle eines neuen Paradigmas eintritt (»Interests govern the world«), wird es üblich, menschliches Verhalten stets als interessenmotiviert aufzufassen. Die Kunst des Staatsmannes – Mandeville: »the skilful management of the dextrous politician« – besteht etwa darin, einen Ausgleich, eine Balance der Interessen zu bewirken; die ganze Lehre vom Gesellschaftsvertrag, der ja ebenfalls aus der »Natur« des Menschen deduziert wird, ist so gesehen ein »Ableger der Ausgleichsstrategie«[34]. Die in der politischen Literatur entwikkelte Idee des »Interesses« geht dann Anfang des 17. Jahrhunderts in den allgemeinen Sprachgebrauch ein und wird zuneh-

[31] Hirschman, Leidenschaften und Interessen, 1980, S. 27 und 59.
[32] Ebd., S. 33.
[33] Helvétius, De l'ésprit, 1758, S. 53, zit. in ebd., S. 52.
[34] Ebd. S. 40.

mend auch von den Moralphilosophen in ihren Abhandlungen über die »Natur« des Menschen und der daraus abgeleiteten gesellschaftlichen Ordnung verwendet.

Was ist aber, wenn die einzelnen Interessen miteinander in Konflikt geraten? Für die Erörterung dieser Frage und für die weitere Entfaltung des noch immer eine Einheit bildenden politischen und ökonomischen Denkens muß auf die englische Situation um die Mitte des 17. Jahrhunderts verwiesen werden: Revolution und Bürgerkrieg bedingen es, daß der Begriff des »Interesses« zunächst auf die Innenpolitik und im Hinblick auf einzelne religiöse und politische Protagonisten dieser inneren Kämpfe angewendet wird. Als dann gegen Ende des 17. Jahrhunderts infolge der Restauration und im Zuge der Glorious Revolution[35] die politische Stabilität wiederhergestellt und ein gewisses Maß an religiöser Toleranz gesichert ist, werden die Interessen von Individuen und Gruppen immer mehr im Sinne ihrer *ökonomischen* Ansprüche erörtert[36].

Der Staat wird als Ergebnis menschlicher Vereinbarung und nicht als Ausfluß einer gottgewollten und vorgegebenen Ordnung aufgefaßt: »Die Menschen als frei geborene Abbilder Gottes sind weder Herrscher noch Beherrschte oder Herren und Knechte, sondern begründen zur Ermöglichung eines friedlichen Zusammenlebens aus wechselseitiger Vereinbarung einen Bund oder Vertrag[37], politische Herrschaft. Jeder ist ein freier Mann, der durch eine solche Abmachung an der zweckmäßigen Einrichtung eines politischen Gemeinwesens mitbaut.«[38]

Im Gegensatz zu Machiavelli nimmt Harrington als einzigen möglichen Grund für die Korrumpierung einer Gemeinschaft die Nichtanpassung der Machtverteilung an die Eigentumsverteilung an. Da aber in Oceana (d.h. England) das Eigentum unter der Bevölkerung breit gestreut ist, erscheint auch aus dieser Sicht eine republikanische Regierungsform angebracht und überlebensfähig. Da nach der Beseitigung des Königs und des Oberhauses nur mehr eine Kammer übriggeblieben ist, noch dazu ohne Ränge und ohne innere Balance, erscheint die Stunde

[35] Die »Glorious Revolution« von 1688 markiert den Übergang zur konstitutionellen Monarchie in England. Die ›Bill of Rights‹ sichert deren verfassungsmäßige Grundlage. Vgl. Trevelyan, English Revolution, 1938.

[36] Vgl. Raab, English face of Machiavelli, 1964, S. 236ff.

[37] Darin kommt bereits das moderne Vertragsdenken zum Ausdruck, das den Staat aufgrund einer menschlichen Vereinbarung entstanden ansieht.

[38] Kluxen, Geschichte Englands, 1968, S. 326.

des Gesetzgebers *(legislator)* gekommen. Das Wirken des Gesetzgebers erfolgt aber im Rahmen des »modernen Naturrechts«; die Regierung gilt als die Seele des politischen Körpers und erwirkt Gesetze, die das »Reich der Vernunft« aufrechterhalten sollen. Es geht darum, eine »allgemein das Recht verwaltende bürgerliche Gesellschaft«[39] zu konstituieren; dies gilt insbesondere für die Eigentumsrechte. Egoistische Leidenschaften und Triebe sollen durch rechtliche Institutionen gebunden werden – Mandeville: »So vice is beneficial found when it's by justice lopt and bound.« »Tugend« in ihrer politischen Form ist die Autorität, also gleichzusetzen jenen Maßnahmen, die Gesetz und Vernunft aufrechterhalten. Diese Autorität ist gefährdet durch die Allgegenwart der Leidenschaften, die zu einem Widerspruch von Gesetz und Interessen führen. Im Gegensatz etwa zu Hobbes gibt es aber nach Harrington zumindest in einer gemeinschaftlich verfaßten Ordnung sehr wohl ein allgemeines Gutes *(commonwealth)*, das alle Menschen anstreben. Über die »Vernunft« erfolgt die Unterordnung der partikulären unter die allgemeinen Interessen; wenn es gelingt, jedem einen fairen, gerechten Anteil zu sichern, wird zugleich auch »tugendhaft« gehandelt werden. Die republikanische Verfassung beruht bei Harrington noch auf der Vorstellung distributiver Gerechtigkeit – eine »Vermehrung des Reichtums« erscheint aber durch die beginnende kapitalistische Entwicklung für eine wachsende Zahl von Menschen durchaus als realistische Möglichkeit.

Die Nachfolger Harringtons ersetzen dann nach der Restauration, besonders aber nach der Glorious Revolution, die Idee der Republik durch die traditionalistische Gleichgewichtsvorstellung der »gemischten Regierungsform«. Diese wird aus dem Common Law, aus religiösen Spekulationen (Spiritualisten, Independents), insbesondere aber aus dem »Naturrecht« abgeleitet und auf die neuen gesellschaftlichen Verhältnisse übertragen. Dementsprechend betont man die Rolle des Individuums, dessen »Zustimmung« als Grundlage einer vertraglich zustandgekommenen Gesellschaft angesehen wird[40].

[39] Kant, Werkausg. VIII/22, 1974.

[40] Vgl. Selden, De iure naturali, 1640. Für die Neo-Harringtonians liegt die Gefahr für Freiheit und Eigentum nicht mehr in der Bedrohung durch eine Feudaloligarchie, auch nicht mehr bei einer revolutionären, radikalisierten Armee des Volkes, sondern in der königlichen Exekutive, also beim sich konstituierenden Zentralstaat, der über eine Bürokratie und ein stehendes Heer verfügt.

Es wird also versucht, die Idee der »gemischten Regierung«, von der sich schon Polybios und Machiavelli beeindruckt zeigten, auf die Situation Englands nach dem Bürgerkrieg anzuwenden, ja das »Gleichgewicht« der drei gesetzgebenden Gewalten (König, Lords und Commons) führt in der Folge in der konstitutionellen Monarchie zu einer »Kanonisierung der Balance als Verfassungsgrundsatz«[41]. Diese Balance wird nicht als Trennung der Gewalten im Sinne von Montesquieu verstanden, wo Befugnisse per Recht zugewiesen werden, sondern sie beruht auf einer ausgewogenen Interaktion zwischen dem einen, den wenigen und den vielen. Die Konstitution gilt fortan als wichtigste Regel des gesellschaftlichen Verkehrs; die Bedeutung des Gesetzgebers verschwindet hinter der Verfassung, sublimiert in Geld, Administration und Rechtsprechung.

Sobald aber diese Situation hergestellt ist, und als Ergebnis der Glorious Revolution sowohl politische Stabilität als auch religiöse Toleranz möglich werden, sehen wir die schon erwähnte Akzentverschiebung der Interessen, die zuvor auf politische und religiöse Aspekte sich konzentrierten, auf die *ökonomische* Sphäre. Deutlich wird dies u.a. im Bedeutungswandel zentraler Begriffe: Das Wort »Interesse« wird seit Ende des 17. Jahrhunderts zunehmend im Sinne ökonomischer Ansprüche verwendet; auch der politische Konflikt ist fortan stärker als Ausdruck ökonomischer Klasseninteressen begreifbar, wenn etwa die *landed interests,* wie sie die Tories unter Führung Lord Bolingbrokes vertreten, gegen die *moneyed interests* der Whigs unter Walpole ins Treffen geführt werden. Auch der Ausdruck *corruptio,* der früher generell als Verfall einer Regierungsform und Verlust der politischen »Tugend« gesehen wurde, erfährt einen Bedeutungswandel und wird zunehmend als Bestechung interpretiert, nachdem man in der Walpole-Ära diese quasi zum System erhebt[42]. Und, wie es John Gay in seiner ›Beggar's Opera‹ mit beißender Ironie anführt, die neue Gesellschaft des kom-

Im Unterschied zu ihrem geistigen Inspirator Harrington, der sich gegen eine Vergangenheit wendete, richtet sich ihr Widerspruch gegen Gegenwart und mögliche Zukunft.

[41] Kluxen, Geschichte Englands, 1968, S. 372. Dabei wird die Stellung des Königs einfach als empirisches Faktum konstatiert: Die Argumentation gleicht dabei verblüffend der Methode des induktiven Empirizismus eines Bacon oder Hume, die zugleich auch die Ideologie der Royal Society ist; auch die berühmten Boyle-Lectures zur Propagierung der Newtonschen Ideen stehen unter diesem Einfluß.

[42] Vgl. Kramnick, Bolingbroke and his circle, 1968.

merziellen Interesses kennt eine Grundregel: »Geld zur rechten Zeit und angemessen angewandt, wird alles bewirken.« Ähnliches gilt für den Begriff *fortune,* den etwa Adam Smith ausschließlich im Zusammenhang mit Geld verwendet, im Gegensatz zu der viel umfassenderen Bedeutung von *fortuna* bei Machiavelli und Guicciardini[43]. Aber auch die Gleichgewichtsvorstellung, ein wichtiges Konzept sowohl in der Außen- wie in der Innenpolitik, verkümmert in der Folge zur Idee des ökonomischen Äquilibriums. Der alte Tugendbegriff von *virtus* erscheint in einer primär von ökonomischen Interessen geleiteten Welt obsolet, und anstelle der traditionellen Vorstellung von *politiké,* die den Verkehr Freier und Gleicher als Verfüger über Sachen als Grundlage der Politik zum Gegenstand hat, tritt *politeness* als unverbindliche Sozialform gesellschaftlichen Verkehrs. An die Stelle der aktiven Teilnahme und Mitwirkung in der Gemeinschaft rückt der Gedanke der politischen Stellvertretung, der »Repräsentation« (Foucault). Ein Auseinanderklaffen von Regieren und dem Verfolgen ökonomischer und kultureller Ziele, in dem nun die Hauptaktivitäten des Menschen gesehen werden, ist dabei unverkennbar. Die Versuche, »Tugend« neu zu definieren oder das traditionale Konzept überhaupt aufzugeben, haben hier ihre Ursache. Einer der wesentlichen Gründe für die Lobpreisung der Höflichkeit, der Eleganz, der gepflegten Umgangsformen, mit einem Wort der *politeness* der oberen Schichten, die nunmehr an die Stelle der in einer *politiké* notwendigen »Tugend« tritt, ist hier zu finden. Der traditionelle Tugendbegriff wird hingegen vor allem für die arbeitenden Schichten zur neuen »Bürgertugend«, d.h. zu einer moralischen Kategorie, umgedeutet, die einer Rationalisierung der Lebensführung dienen soll, mit Fleiß, Ausdauer, Pünktlichkeit, Leistung usw. (Dies entspricht jedoch vor allem den *moneyed interests* der neuen Oberschicht[44].) Eine auf Vertragsbeziehungen beruhende und über Rechtsnormen sich regeln wollende Gesellschaft löst die Vorstellung persönlich-kommunikativ vermittelter gemeinschaftlicher Beziehungen unter den Inhabern einzelner *oikoi* ab, die auf gegenseitiger Wertschätzung und Anerkennung beruhten.

Aus der Freiheit für (politisches) Handeln wird in einer Welt

[43] Pocock, Machiavellian moment, 1975, S. 504; Hirschman, Leidenschaften und Interessen, 1980. S. 49.

[44] Diese rekrutiert sich aus den zu Großgrundbesitzern gewordenen reichen ehemaligen Feudalherren und der neureichen Finanzwelt.

der politischen Repräsentation die Freiheit zum (ökonomischen) Handel, da persönliche Kommunikation fortan durch Kommunikation über Sachen in Form von Tauschakten geschieht[45]. Die realen (personalen) Beziehungen des »Hauses« werden ersetzt durch die abstrakten Regeln des Geldes und des Rechts. Die Frage der Kommunikativität wird unter den Bedingungen des zentralstaatlich verdinglichten sozialen Verkehrs zu einer Frage der Rechtsverfassung[46].

In der neuen Ordnung gilt als zentrales Regelungsprinzip das Geld. Es verändert die Natur des Menschen, die Institutionen der Gesellschaft und auch die reale Verfassung. Den Vertretern der alten Ordnung erschien das Geld noch als die Wurzel allen Übels und die Habgier als die Todsünde schlechthin; unter der Führung Walpoles wird aber das Geld »zum Maßstab und zum Nervensystem der Regierung«[47].

Da Harrington die Bedeutung des Eigentums an Grund und Boden heraushob, führt dies bei den Neo-Harringtonians zu einer scharfen Abgrenzung gegenüber allen anderen Formen von Eigentum. Diese Radikalisierung ist vor dem Hintergrund der Finanzrevolution des ausgehenden 17. und des beginnenden 18. Jahrhunderts zu sehen; denn es erscheint fortan durchaus möglich, daß politische Macht auch in den Händen jener ist, die über bewegliches Eigentum verfügen. Dabei handelt es sich nicht nur um Güter und Geld, sondern auch um Wechsel und Schuldscheine. Die neoharringtonischen Überlegungen von Shaftesbury bis Bolingbroke, welche die Position der *landed interests* vertreten, richten sich nicht mehr gegen eine zerfallende feudale Ordnung, sondern gegen einen bürokratischen und gehälterzahlenden Staat; sie richten sich nicht gegen die Vergangenheit, sondern gegen das, was sich damals entwickelt, nämlich den »modernen Kapitalismus« (Sombart). Denn Bürgerkrieg, Restauration, Glorious Revolution und die Einbeziehung Englands in die kontinentalen Auseinandersetzungen erschüt-

[45] Die *Enrichissez-vous*-Formel des französischen »Bürgerkönigs« Louis-Philippe folgt im 19. Jahrhundert ebenfalls dieser Linie.

[46] Unter diesem Aspekt wird auch die Marxsche Vorstellung von menschlicher Emanzipation verständlich, wenn er in einer Frühschrift schreibt: »Erst wenn der wirkliche individuelle Mensch den abstrakten Staatsbürger in sich zurücknimmt und als individueller Mensch in seinem empirischen Leben ... Gattungswesen geworden ist, erst wenn der Mensch seine *forces propres* als gesellschaftliche Kräfte erkannt und organisiert hat, ... erst dann ist die menschliche Emanzipation vollbracht.« MEW 1, S. 370.

[47] The Craftsman, zit. in Kramnick, Bolingbroke and his circle, 1968, S. 73.

tern nicht nur das traditionelle Gesellschaftsgefüge, sondern diese langanhaltenden Kriege lassen nicht zuletzt auch mächtige neue Institutionen entstehen[48]. Die Bank of England und andere mächtige *moneyed companies* der Londoner City entwickeln sich zu Finanzgiganten, der Aktienmarkt wird zu einer bestimmenden Größe. Hinzu kommt eine wachsende öffentliche Verschuldung; die weite Verbreitung von Kredit- und Papiergeld sorgt dafür, daß den Besitzern von Staatsschuldenpapieren entsprechend steigende Annuitäten (ewige Rente) zufließen. Den Finanzkreisen ermöglicht der Ankauf von Landgütern der verarmten Gentry auch den Erwerb von Parlamentssitzen. All dies sind wesentliche Elemente der neuen ökonomischen Ordnung, die zwischen 1690 und 1740 entsteht. Diese Innovationen haben sowohl qualitative als auch quantitative Bedeutung, aber entscheidend ist wohl das rasche *Wachstum* dieser Banken und Handelsgesellschaften sowie des Kapital- und Geldmarktes, was wiederum mit einem gewaltigen Anstieg der öffentlichen Verschuldung korrespondiert[49].

Kurz vor seinem Tode schreibt Bolingbroke, der Kritiker der neuen Verhältnisse: »Der Geist, die Einstellung unseres Volkes hat sich in der Öffentlichkeit und im privaten Leben geändert... Der Geist des privaten Interesses dominiert unter uns.«[50] Das selbstsüchtige Individuum steht nun am Anfang aller politischen und ökonomischen Aktivität, Eigeninteresse ist der Grund aller Dinge: »Das Ich, mit einem Wort, regiert die ganze Welt... (es ist) der Anfang und das Ende unserer Tätigkeit.«[51] Daniel Defoe beschreibt trefflich das Geheimnisvolle, das seine Zeitgenossen gegenüber dieser neuen Welt des Kapi-

[48] Es wird viel zu wenig beachtet, daß der wahre Sieger im Dreißigjährigen Krieg sowie im Spanischen Erbfolgekrieg (1701–1713/14), die nicht zuletzt auch die Dimension internationaler Handelskriege hatten, England war.

[49] Sir John Barnard, Parlamentsmitglied der City of London und Vertreter der kleinen Kaufleute und Handwerker, verweist wie Bolingbroke darauf, daß Walpoles Finanzpolitik zwei Nationen in England geschaffen habe; diese »teilte die Nation in zwei Ränge von Menschen, von denen der eine die Kreditgeber und die anderen die Schuldner sind. Die Kreditgeber sind die drei großen Gesellschaften und andere, die sich sowohl aus Einheimischen als auch Ausländern zusammensetzen. Schuldner sind die Landbesitzer, die Kaufleute, die kleinen Händler und sonst alle Ränge und Abstufungen von Menschen im ganzen Königreich.« Barnard, Reasons for the representatives, 1737, zit. in Kramnick, Bolingbroke and his circle, 1968, S. 51.

[50] Bolingbroke an Chesterfield, ungefähr 1750, zit. in Kramnick, Bolingbroke and his circle, 1968, S. 73.

[51] Defoe, zit. ebd., S. 190.

tals empfinden: »Wie die Seele im Körper wirkt er (der Kredit) wie alle Substanzen, dennoch ist er selbst immateriell. Er verursacht Bewegung, man kann dennoch nicht sagen, daß er existiert. Er schafft Formen, dennoch ist er selbst ohne Form. Er ist weder Quantität noch Qualität ... Sage ich, er ist der essentielle Schatten von etwas, was nicht ist, verwirre ich dann die Sache nicht eher, als ich sie erkläre und lasse Sie und mich noch ärger im Dunkeln, als wir vorher waren?«[52]

Es ist eine Zeit des Projektierens, Investierens, Spekulierens und Planens; ungebrochen bis zum »South Sea Bubble«[53] von 1721 herrscht, wie Defoe es nennt, das »Zeitalter der Projekte«.

Im Geiste der fortschrittsorientierten wissenschaftlichen Programmatik von Francis Bacon mühen sich Projektoren und Investoren um die Unterwerfung der Natur unter den Willen des Menschen; zu den Vorkämpfern der neuen Zeit zählen unter anderem auch John Locke und Isaac Newton, die bei der Modernisierung des Münzwesens mitwirken.

Die Männer hinter und um Walpole – sie sind auch die Vorbilder der Helden Defoes – lassen in ihrem Aufstiegswillen die alte soziale Zugehörigkeit, Stand und Rang hinter sich. Immer wieder suchen die Helden Defoes, in harter Arbeit ihre Vermögenssituation zu verbessern und den sozialen Aufstieg zu schaffen. Offenkundig entspricht dieser intensive Wunsch nach Aufstieg den Wünschen seiner zahlreichen Leser ebenso wie dem des Autors. So schlägt Robinson Crusoe den Rat seines Vaters in den Wind, sich mit dem gottgegebenen Platz in der Gesellschaft zufriedenzugeben. Nach Jahren harter Arbeit betrachtet Robinson sein Inselheim und sieht sich selber mit Vergnügen

[52] Defoe, An essay upon the public credit, 1710, zit. ebd., S. 40.

[53] Die 1711 im Hinblick auf die durch den Spanischen Erbfolgekrieg ermöglichte kommerzielle Ausbeutung der iberischen Kolonien gegründete South Sea Company erbot sich (ähnlich wie John Law in Frankreich), die gesamte englische Staatsschuld zu übernehmen. Ihre Aktien erfuhren eine spekulative Hausse, von der auch andere nicht-privilegierte Gesellschaften profitierten. Um diese Konkurrenz zu verhindern, erwirkte die South Sea Company die sogenannte ›Bubble Act‹, d.h., Aktiengesellschaften sollten nur aufgrund königlicher Konzession (Charta) errichtet werden. Dies galt zwar schon bisher, wurde aber nicht eingehalten; das neue Gesetz wirkte jedoch als Signal für eine allgemeine Deroute des Aktienmarktes, von der ein breites Publikum betroffen war. Die parlamentarische Untersuchung ergab in diesem Zusammenhang ein hohes Maß an politischer Korruption. Walpole, der selbst ein – allerdings durch zeitgerechten Verkauf – erfolgreicher Spekulant war, machte sich um Sanierung und Vertuschung »verdient« und erwarb sich damit die Unterstützung der großen (Monopol-)Gesellschaften.

als König oder zumindest Lord dieses Landes. Sein Heim nennt er Landgut *(estate)* und die Pflanzungen auf der anderen Seite der Insel seinen Landsitz; wäre dies nach England übertragbar, könnte er es als Erbe haben wie jeder adelige Landherr[54].

Wenn Bolingbroke kritisch von dominierenden privaten Interessen spricht, so zielt er dabei auf jene, die Gemeinschaft gefährdenden Interessen der *merchants* und der Finanzkreise, die in der Bank of England, der South Sea Company und der East India Company vereinigt sind, jene Lobbies, die Jonathan Swift zur Frage veranlassen: »Müssen unsere Gesetze von nun an die Bank und die East India Company passieren oder müssen sie, bevor sie in Kraft treten, die Zustimmung des Königs haben?«[55] Gegen diese, für die Praktiken der englischen merkantilistischen Handelskompanien typische Vorgangsweise, die den Staat wie eine Aktiengesellschaft auffaßt, wendet sich auch noch Adam Smith[56]: »Die Interessen der Grundbesitzer und Arbeiter sind strikt und untrennbar verbunden mit dem allgemeinen Gesellschaftsinteresse.... Die Interessen der Händler *(dealers)* sind in mancher Weise davon unterschieden und sogar entgegengesetzt denen der Öffentlichkeit«.

In Zeitungen und Pamphleten werden wohl heftige Kontroversen ausgetragen; deren Schärfe sollte jedoch nicht vergessen lassen, daß für die streitenden Parteien die *civic tradition,* beispielsweise mit der grundsätzlichen Akzeptanz der »gemischten« Regierungsform, eine gemeinsame Basis eröffnet. Dabei stellt sich diese Tradition nur auf einem sehr abstrakten Niveau als ein geschlossenes System dar, es läßt einen beachtlichen Interpretationsspielraum offen.

Republik und Commonwealth gelten in der *civic tradition,* die grundsätzlich von einem republikanischen Selbstverständnis geprägt ist, üblicherweise als Gegensatz zur Monarchie; dennoch kann man die Augen nicht davor verschließen, daß – als Konzept gesehen, wie auch als historisches Phänomen – die Monarchie eine wesentliche, wenn nicht entscheidende Rolle spielt. Das 17. und das 18. Jahrhundert können wohl als »Zeitalter der Monarchien«, der sich mehr oder weniger absolut gebärdenden Despoten, angesehen werden. Der Zentralstaat hat sich endgültig durchgesetzt; eine politische Mitwirkung der

[54] Vgl. Defoe, An essay upon the public credit, 1710, zit. in Kramnick, Bolingbroke and his circle, 1968, S. 196.

[55] Swift, History, 1951, S. 68f.

[56] Wealth of nations, I, XI, S. 9 u. S. 10.

Bürger ist nicht gefragt, Unterordnung und Anpassung hingegen sind es sehr wohl. In der *civic tradition* hat neben der aktiven politischen Betätigung aber auch die Muße ihren Ort. Was liegt daher näher, als in dieser Situation auf die Haltung der Stoa und auf Cicero zurückzugreifen, welche die Muße und die geistige Reflexion als adäquate Verhaltensweisen, nicht aber die aktive Partizipation betonen.

Die Zurücknahme des Bürgers aus der aktiven Politik hat somit einerseits eine Basis in der *civic tradition*, andererseits wird sie vom monarchischen Prinzip gefordert und erzwungen. Dies eröffnet den Weg zu jener Rechtstradition (»Naturrecht«, römisches Recht), die in der Monarchie wegen ihrer Einheitlichkeit und Geschlossenheit eine beispielhafte Regierungsform sieht. Diese Tradition ist mächtig, wird in ihr doch ein beachtlicher Teil europäischer Gelehrsamkeit entwickelt und weitergegeben. Das Naturrecht, das Völkerrecht und das Zivilrecht sind wesentliche Bestandteile eines an den Universitäten zu erlernenden und in einer Profession zu benützenden Kanons akzeptierter Lehrmeinungen und Autoritäten, Verfahrensweisen und Inhalte[57]. In diesem Rechtskanon werden auch andere Bereiche der Philosophie tradiert, etwa der Moral, der Gesellschaft, der Politik und der Epistemologie. Aus den Überlegungen von Descartes, Locke, Shaftesbury und Hume erwächst die Wissenschaft vom Menschen und von der Gesellschaft; dieser Wissenschaft liegt die Annahme einer prinzipiellen Gleichheit der menschlichen »Natur« zugrunde, wobei aber die unterschiedliche historische Ausprägung derselben durchaus berücksichtigt wird.

Ausgangspunkt jeder Rechtswissenschaft ist *ius*, das Recht, der Rechtsanspruch. Damit steht es dem Ausgangspunkt republikanischer Überlegungen, der *virtus*, gegenüber, wobei die Überführung des einen Begriffs in das Sprach- und Denksystem des anderen nicht möglich scheint. Das Denksystem des Rechts ist unvereinbar mit der Welt der *politiké*[58]. In diesen Widerspruch paßt die Auseinandersetzung mit der praktischen Moral, die mit Addisons Zeitschrift ›Spectator‹ (1711–1715) ein-

[57] Vgl. Pocock, Cambridge paradigms, 1983, S. 246f.; Lieberman, Legal needs, 1983, S. 205f. Dies spielt in der schottischen Rechtstradition wie auf dem Festlande eine wichtigere Rolle als in England, wo das Common Law für die Rechtstradition entscheidend ist.

[58] Vgl. Pocock, Cambridge paradigms, 1983, S. 248; Tuck, Natural rights theories, 1981, S. 141f.

setzt[59]. Ausgehend von der sich immer mehr ausbreitenden kommerziellen Gesellschaft mit ihren äußerst komplexen und schwer zu durchschauenden Strukturen, versucht die Zeitung, ihren Lesern eine Art Anleitung zu geben, wie in solcher oft verwirrenden Umwelt ein glückliches und »tugendhaftes« Leben zu führen sei. Die ungeheure Warenwelt, die sich dem Bürger auftut, liefert ihn den Versuchungen, den »geheimen Verführungen« von Moden und Vorurteilen aus. Der ›Spectator‹ und andere ähnlich orientierte Gazetten vermitteln die Vorstellung, daß in der Welt der Kaffeehäuser, Clubs und Salons, wo sich Menschen verschiedener Herkunft, aber mit gleichen Interessen als Gleiche begegnen, sich Freundschaften bilden können, aus denen sich ein soziales Gefüge entwickelt. Die Kunst der Konversation vermittelt auch die Wertschätzung von Toleranz, Mäßigung und Zurückhaltung[60].

Was hier als »Tugend« verstanden wird, hat mit der traditionalen Vorstellung von *virtus* kaum noch etwas gemein, es entspricht vielmehr einer Haltung der Schicklichkeit, des *comme il faut,* angesiedelt in der Gesellschaft, die neben dem Staat existiert. Diese hat ihre reale Voraussetzung im Handel *(commercial society)* und findet ihren Ausdruck im Kulturellen; ihre Form ist die der *politeness.* Dieser andere Inhalt von »Tugend« macht es möglich, sie in ein Rechtssystem einzufügen. Die Basis des Rechtssystems ist das »Naturrecht«.

Bis weit in das 18. Jahrhundert gelten als die bedeutendsten Denkleistungen auf dem Gebiet des Naturrechtes Hugo Grotius' ›De iure belli ac pacis‹ (1625) und Samuel von Pufendorfs ›De iure naturae et gentium‹ (1672). Mit Pufendorf beginnt der Versuch, die Naturrechtstheorie in ihrem historischen Kontext zu sehen. Als »Geschichte der Moralität« spielen diese analysie-

[59] Vgl. Bond, Spectator, 1965.

[60] Vgl. Phillipson, Adam Smith, 1983, S. 189. Insbesondere in Schottland kommt diesen Clubs eine große Bedeutung seit der Vereinigung mit England (1707) zu, nachdem Schottland seine eigenständige Regierungsform verloren hat. Die Clubs sind Orte des intellektuellen Lebens der »Aufklärung« und des politischen Diskurses. Schottlands Unabhängigkeit manifestiert sich nicht in den politischen Strukturen, sondern in den gesellschaftlichen Beziehungen. Diese sind geprägt durch einen ökonomisch-theoretisch und moralisch verfaßten Diskurs. Die wirtschaftliche Rückständigkeit des Landes soll durch den ungehinderten Zugang zum englischen Markt aufgeholt werden; vgl. Hont, »rich country – poor country«, 1983, S. 271 ff. In einer zivilisierten Gesellschaft soll es auch ohne Abstützung in einer Konstitution möglich sein, die Tugendhaftigkeit eines Patrioten zu erreichen. Vgl. Phillipson, Adam Smith, 1983, S. 201.

renden und zusammenfassenden Werke eine bedeutende Rolle in der Frühzeit der »Aufklärung«.

Das Recht, das die Naturrechtslehrer abhandeln, ist nicht das positive Gesetz eines bestimmten Staates, dessen Auslegung und Fortentwicklung die Rechtswissenschaften leisten, sondern es ist das Recht schlechthin. Das Naturrecht in seinen allgemein gültigen Prinzipien bildet die Grundlage des Völkerrechts und des öffentlichen Rechts. Es wird durch die Interpretation der »Natur« des Menschen, also »wie er wirklich ist«[61], und des göttlichen Willens durch die Vernunft aufgedeckt. Dies soll gewährleisten, daß den Gesetzen eine allgemeine und objektive Gültigkeit zukommt.

Das moderne Naturrecht ist keiner Glaubensgemeinschaft geschuldet und steht auch abseits der christlichen Theologie. Gerade in dieser (relativen) Distanziertheit liegt die große Bedeutung des Naturrechts. Sie erwächst gleichermaßen aus dem schwindenden Vertrauen in eine moralisierende Philosophie und in die umstrittenen und divergenten religiösen Gebote. Gleichzeitig will man sich gegen eine skeptisch-positivistische Tendenz abschirmen, für die Recht und Unrecht bloße Normen sind, abhängig bloß von den jeweiligen Machtsituationen. Das Naturrecht wird »empirisch« aus der Natur der Dinge abgeleitet *(self evidence)*. Die »Natur der Dinge« bezieht sich aber nicht nur auf diese profane Welt, sondern auch auf ihren Schöpfer und obersten Herrn[62]. Das Naturgesetz rekurriert auf die physische und die moralische Welt; es ist aber gleichzeitig Gesetz Gottes. Nur durch den Bezug auf diese oberste Instanz erhält es seine Bedeutung. Diese »natürliche« Theologie ist die unabdingbare Basis des Naturrechts; die Moralität ist hingegen

[61] Es ist wiederum Machiavelli, der als erster in bezug auf den Staat zwischen dem »wirklichen Wesen der Dinge« und den »bloß vorgestellten ..., von denen man in Wirklichkeit weder etwas gesehen noch gehört hat« (Fürst, Kap. 15), unterscheidet. Auch Spinoza kritisiert in seinem ›Tractatus politicus‹ die Philosophen, die »den Menschen nicht so darstellen, wie er ist, sondern wie sie ihn haben möchten«. Dieses Postulat nach einer wissenschaftlichen, positiven Methode wird dann später auf die »Natur des Menschen« angewendet.

[62] Vgl. Cumberland, Treatise, 1727, S. 191. »Die einzelnen Rechte hätten die Menschen des Nutzens wegen aufgerichtet, sie wären verschiedene je nach Sitten und änderten sich häufig im Lauf der Zeit. Ein Naturrecht gäbe es nicht, denn die Menschen hätten wie die übrigen lebenden Wesen von Natur nur den Trieb nach dem Nützlichen. Daher gäbe es entweder keine Gerechtigkeit oder, wenn sie bestehe, so sei sie die höchste Torheit, weil man durch Rücksicht auf den Vorteil anderer, nur sich selbst schade.« De iure belli ac pacis, zit. in Brandt, Eigentumstheorien, 1974, S. 32.

die »Tochter der Religion«[63]. Das System des Naturrechtes ist von der Theologie nur insofern unabhängig, als es diese voraussetzt; die Beweise der Existenz und der Eigenschaften Gottes werden vorweg genommen: »Die korrekte Ansicht über Gott wird in der natürlichen Theologie und in der Metaphysik gelehrt ... in der Behandlung der Moral akzeptieren wir diese Prinzipien als gegeben.«[64] Somit können die Prinzipien des Naturrechtes auf zweierlei Art abgeleitet werden: *a posteriori*, indem gezeigt wird, daß sie im allgemeinen in den literarischen Zeugnissen aller Zeiten Zustimmung erfahren und so das Wesen der wirklichen Menschen bezeugen, *a priori* durch die logische Ableitung aus der vernünftigen und sozialen »Natur« des Menschen.

Während Grotius die erste Methode anwendet und von der empirischen Beobachtung der Natur des Menschen ausgeht, greift Samuel von Pufendorf auf die apriorische Methode zurück: Gleich jedem anderen Lebewesen ist der Mensch durch den Wunsch nach Selbsterhaltung bestimmt. Er versucht, das zu erreichen, was ihm von Vorteil erscheint, und das zu vermeiden, was ihn schädigt. Diese Eigenliebe geht aber einher mit der Unfähigkeit, ohne die Hilfe seiner Mitmenschen zu existieren. Der Mensch ist – obwohl im Prinzip allzeit bösartig, eigensinnig und leicht reizbar – schon um zu überleben genötigt, sich sozial zu verhalten. Er ist daher bereit, sich mit seinesgleichen zusammenzutun bzw. sich so zu verhalten, daß er auch auf das Entgegenkommen seiner Mitmenschen hoffen darf[65].

Ausgehend von der Soziabilität des Menschen argumentiert Grotius, daß es die Prinzipien des Rechts seien, die eine stabile und lebenswerte Gesellschaft erlauben. Er akzeptiert dabei Aristoteles' Unterscheidung von distributiver und kommutativer Gerechtigkeit. Hält er sich bei der Beschreibung ersterer an die Lehre des Aristoteles, so nimmt er bei der zweiten eine Position ein, die stark an die Pariser Nominalisten Pierre d'Ailly und Jean de Gerson (um 1400) erinnert[66].

[63] Pufendorf, Droit de la nature, 1734, S. XXII.

[64] Hutcheson, Introduction, IV, 1747, S. 72.

[65] Vgl. Pufendorf, De iure belli, II/3/15, zit. in Stein, Legal evolution, 1980, S. 5.

[66] Diese hatten erstmals *ius* als eine Möglichkeit, eine Fähigkeit aufgefaßt. Damit kam allen Lebewesen eine Art von Recht zu. In diesem Zusammenhang entwickelten sie die Vorstellung, daß Freiheit *(libertas)* ein Recht *(ius)* sei. Dies war den frühmittelalterlichen ebenso wie den römischen Juristen fremd: Die Römer stellten *libertas* dem *ius* entgegen, indem sie den natürlichen, nicht-mora-

Dies wird unterstrichen, wenn Grotius »natürliche Freiheit« als nichts anderes auffaßt als die Macht eines Menschen, gemäß seinem Willen zu handeln. Damit setzt er die *libertas* hinsichtlich Aktionen (Möglichkeit zu handeln) und *dominium* hinsichtlich materieller Dinge (Eigentumsrechte) gleich. Ausgehend von der »natürlichen Freiheit«, die jedem ein subjektives Recht an allem einräumt, was er besitzen kann (bewegliche Dinge sind durch physische, unbewegliche Dinge durch Tätigkeiten, die zur Errichtung oder Definition von Grenzen führen, in Besitz zu nehmen), ist es Grotius ein leichtes, den Wettbewerb zwischen den Staaten um die Ressourcen der Natur zu propagieren. (Da dem Staat kein Recht zukommt, das nicht eine Person vorher besitzt, sind Staat und der Einzelne für Grotius Entitäten gleicher Qualität, gleicher Eigenschaften.) Eigentum ist von einer bestimmten Kulturstufe an notwendig und wird nach Grotius ermöglicht durch die intersubjektive Selbstbeschränkung der Menschen in ihrer Freiheit, willkürlich beliebige Dinge zu gebrauchen: Der Erwerb durch eine einzelne Rechtsperson kann entweder durch Aufteilung gemeinsamen Besitzes oder durch eine von allen geduldete, stillschweigende Zustimmung *(prima occupatio)* erfolgen; daraus entspringt jeweils ein für alle verbindlicher Rechtstitel. Festzuhalten ist in diesem Zusammenhang, daß Grotius dabei in seinem Menschenbild nicht primär von einem Nutzenmaximierungstrieb

lischen Charakter der *libertas* betonten: Freiheit ist die Möglichkeit, zu tun, was man will, solange man nicht durch Gewalt oder Recht *(ius)* daran gehindert wird. Indem postuliert wurde, daß *ius* eine *facultas* darstellt, wird es zulässig, *ius* und *libertas,* die einstigen Gegensätze, als *eins* aufzufassen. Darüber hinaus wurde die Freiheit als eine Art *dominium* betrachtet, was *dominium* mehr oder weniger unter *ius* subsumierte. Dies war ansatzweise und tendenziell bei den Juristen des Früh- und Hochmittelalters der Fall, gab aber immer zu höchst diffizilen Untersuchungen und Analysen Anlaß. Im republikanischen Rom ebenso wie in der Renaissance waren *dominium* und *ius* nicht miteinander in Einklang zu bringen: *dominium* wird nicht durch eine Übereinkunft gebildet, sondern es ist eine Realität. Diese ist gegeben durch die Herrschaft – nüchtern und unmißverständlich – eines Hausherrn über sein Haus (seine Welt): Land, Sklaven, Geld. Zur Zeit des späteren Imperiums scheint eine solche totale und unabhängige Verfügung und Herrschaft nicht mehr passend zu sein. Der Kaiser hat Beziehungen zu seinen Bürgern, er beansprucht, in ihr gesellschaftliches (soziales) Leben einzugreifen, ebenso wie in ihre ökonomischen Tätigkeiten. Damit wird *dominium* eine andere Form von *ius,* nicht etwas Differentes. Mit der immer stärkeren Durchsetzung der imperialen Macht ist es nur verständlich, daß die Juristen alles, was wir etwa als Eigentumsrecht ansprechen, als ein *ius* ansehen. Der Interpretation des Eigentums als eine Beziehung zwischen Kaiser und Bürger steht nichts mehr im Wege. Vgl. Tuck, Natural rights theories, 1981, S. 10ff.

oder dergleichen ausgeht, sondern von einem Sozialtrieb, der den Menschen leitet, der ihn erst aufgrund der kommunikativen Fähigkeit der Sprache, der Erkenntnis und des Handelns nach allgemeinen Regeln vom Tier unterscheidet. Der Mensch sucht dabei die Gesellschaft nicht aus bloßer Not oder zwecks Realisierung egoistischer Ziele, sondern aus Neigung und um ihrer selbst willen. Allerdings sind die aus diesem Sozialtrieb abgeleiteten staatlichen Konstruktionen nicht mehr wie in der aristotelischen Tradition als eine durch die Natur des *zoon politikon* vorgegebene »vollendete Ordnung« gedacht, sondern sie gründen sich wie Handelskompanien auf vertraglichen Vereinbarungen.

Somit ist es – nach seinen früheren Schriften – klar, daß der Fürst für und durch den Staat ist, während der Staat nicht für und durch den Fürsten existiert. Der vollständige Widerruf der Freiheit des Volkes gegenüber dem Fürsten erscheint Grotius prinzipiell undenkbar. In seinen späteren Werken – bis hin zu ›De iure belli ac pacis‹ – sind zwei Einrichtungen von entscheidender Bedeutung (man bedenke in diesem Zusammenhang die gesellschaftlichen Veränderungen und ihre Rezeption): Zwar unterscheidet er nach wie vor zwischen distributiver und kommutativer Gerechtigkeit. Da er aber als Gegenstand der Gerechtigkeit die (subjektiven) Rechte betrachtet, verlangt die distributive Gerechtigkeit ebensolche Rechte, Rechte des Verdienstes und des Gebührens. Um völlig mit der aristotelischen Tradition zu brechen, ist es nur mehr notwendig, skeptisch zu fragen, ob es eine distributive Gerechtigkeit überhaupt gibt, wenn die entsprechenden Rechte so schwer zu erfassen sind. So beschränkt er sich auf Eigentum(srechte). Rechte werden zum Inhalt des Naturrechts, und dieses besteht ganz einfach darin, die Rechte anderer zu respektieren. In Anbetracht des Eigentumsrechts eines Menschen über sich selbst (Freiheit als Teil des Eigentums eines Menschen) sowie der Freiheit, über Eigentum zu verfügen, wird es grundsätzlich möglich, sich selbst in Sklaverei zu begeben – der Absolutismus hat seine rechtliche Legitimation gefunden.

Trotz eines unterschiedlichen methodischen Ansatzes geht Pufendorf grundsätzlich von Grotius' Überlegungen aus; er gilt auch für die Nachwelt als der große Erneuerer von dessen Naturrechtslehre. Allerdings spielen für sein Denken auch das Werk von John Selden und das von Thomas Hobbes eine wichtige Rolle. So leitet er den Ursprung des Eigentums wie Grotius von Gott ab, d.h. der Mensch erwirbt Eigentum durch einen Akt der Okkupation. Er ergänzt diese Überlegung aber durch die Vorstellung, der Mensch habe das Recht, alles zu tun, was nicht explizit durch das Gesetz verboten wird[67]. Selden und Hobbes geschuldet ist hingegen seine Annahme, es müsse eine sanktionierende Instanz (Gott, Staat) vorhanden sein, um Verpflichtungen anderen gegenüber einzuhalten; dies ergibt sich schon aufgrund der negativen »Natur« des Menschen. Er entwickelt in diesem Zusammenhang die Vorstellung von der »legitimen Macht« und der »Korrelation«, wonach nicht der einzelne über ein (subjektives) Recht verfüge, sondern erst ein Vertrag wechselseitige Verpflichtung und damit auch Eigentum erzeuge. Im Gegensatz zu Grotius ist daher bei Pufendorf Eigentum erst *nach* dem Vertragsabschluß, *nach* der Staatswerdung denkbar. Es ist daher nicht überraschend, daß in weiterer Folge hier die Sozialphilosophen und Rechtstheoretiker eher der Grotiusschen Variante folgen werden, in der Eigentum der Staatswerdung bereits vorausgesetzt ist.

Der durch die Individualisierung der Gesellschaft erfolgte Wegfall der Sicherheit durch die Gemeinschaft, die ein standesgemäßes Leben garantieren sollte, macht es in der neuzeitlichen Tauschgesellschaft notwendig, dieses Individuum mit Eigentumsrechten auszustatten. Das Recht ist eben nach David Hume (1711–1776) die Resultante einer Mangelsituation in bezug zu den Wünschen und Begierden des Menschen und eines Kalküls der Klugheit; das Recht ist ein »Heilmittel für manche Unannehmlichkeiten, die sich aus dem Zusammentreffen bestimmter Eigenschaften des menschlichen Geistes mit Situationen externer Objekte ergeben. Die Eigenschaften des Geistes sind Selbstsucht und beschränkte Großzügigkeit; und die Situation der externen Objekte ist ihre leichte Austauschbarkeit, verbunden mit ihrer Knappheit im Vergleiche zu den Wünschen und Begierden des Menschen.«[68] Die real bestehenden Rechtszustände erfüllen nach Hume das Postulat der Koinzidenz von langfristigem Selbstinteresse des einzelnen und dem öffentlichen Interesse aller. Auf dieser Annahme einer tatsächlichen Koinzidenz beruht letztlich die Verpflichtung, die Rechtsregeln einzuhalten. Hume vermeidet die Gefahr eines übertriebenen Rationalismus, wie er etwa bei Hobbes auftritt, indem er – gemäß

[67] Vgl. Tuck, Natural rights theories, 1981, S. 157.
[68] Hume, Treatise, 1964, S. 494.

seinen empiristischen Tendenzen und seinen Newtonschen Regeln des Philosophierens – den Ursprung des Rechts auf sehr allgemeine menschliche Leidenschaften (von außen beschränkte Eigenliebe, mit beschränktem Wohlwollen), Maßnahmen (kluges Fernhalten vom Besitz anderer) und Verkehr (wechselseitige Zurückhaltung und Nachahmung) zurückführt. Freilich entwickelt sich bei ihm das Recht als die unbeabsichtigte Folge einzelner Aktionen von Menschen. Er läßt eine der zentralen Vorstellungen, eines der »heiligsten« Güter des Menschen, nämlich den »Gerechtigkeitssinn«, aus gesellschaftlichen Prozessen erwachsen. Trotz dieser Bindung an die »Natur« findet somit das Recht, ähnlich wie in der traditionellen Naturrechtslehre, seine Wurzeln jenseits rationaler Überlegungen der Menschen und jenseits der gegenwärtigen Gesellschaft[69].

Privateigentum beruht nach der damals durch die Rechts- und Gesellschaftsphilosophie vorherrschend vertretenen Meinung nicht etwa auf einer unrechtmäßigen Aneignung, sondern ist gemäß einsichtigen Gesetzen gerechtfertigt; dabei wird auf einen historischen und/oder idealen vorgesellschaftlichen Naturzustand *(status naturalis)* des Menschen zurückgegriffen. Die Ableitung der Rechtmäßigkeit des Privateigentums steht im allgemeinen *vor* der Begründung des Staates, ja dieser verdankt seine Existenz mehr oder minder der rechtlichen und faktischen Notwendigkeit, das einmal konstituierte Eigentum zu schützen. Ausgangspunkt ist stets das gegenüber anderen Mitmenschen freie und gleiche (Rechts-)Subjekt, das zumindest ein angeborenes Recht auf seinen Körper hat. Dieses kann – sieht man von der »Korrelationshypothese« Pufendorfs ab – die Güter der Natur prinzipiell auf zweierlei Art als sein Eigentum erwerben: Die erste Form (siehe oben) entspricht den Überlegungen von Hugo Grotius, die andere wird erstmals von John Locke (1623 bis 1704) argumentativ vertreten.

Nach Locke entsteht Eigentum aufgrund der Erweiterung des Selbstbesitzes des Menschen über seinen Körper hinaus auf Dinge der Natur. Diese Erweiterung erfolgt, indem der Mensch einen Teil seiner selbst, nämlich die Arbeit, an die Dinge entäußert und ihnen damit den gleichen Status der Unangreifbarkeit verleiht, den auch sein Körper im Naturzustand besitzt[70], allerdings nur unter den Bedingungen, daß das angeeignete Gut

[69] Vgl. ebd.; Haakonssen, Science, 1981, S. 13.
[70] Vgl. Brandt, Eigentumstheorien, 1974, S. 21 ff.

nicht verderben darf, ein anderer in seinen Eigentumsrechten nicht geschmälert wird und es sich um eigene Arbeit handelt[71].

Die instrumentale Bedeutung der Konstituierung von Eigentumsrechten angesichts der veränderten Realsituation wird besonders bei Locke deutlich. Locke geht davon aus, daß ab einer bestimmten Stufe der zivilisatorischen Entwicklung die Bedürfnisse des Menschen nicht mehr auf etwas Jenseitiges, Vollkommenes und Universales bezogen sind, auch nicht mehr auf das Ziel eines *bonum commune,* sondern daß die Befriedigung der menschlichen Bedürfnisse einerseits ziellos und andererseits unbegrenzt ist[72]. So wie Hobbes argumentiert, das Streben nach Macht kenne keine Grenzen, so kann fortan davon ausgegangen werden, dieser Akkumulationszwang gelte auch für den Erwerbstrieb. Der einzelne Mensch habe aber ein Recht an bestimmten Dingen, weil er sie geschaffen hat, so wie Gott ein Recht am Menschen und an allen Dingen dieser Welt hat, weil er sie geschaffen hat. Zwar hat der Mensch nicht diese göttliche Macht der ursprünglichen Schöpfung der Materie, wohl kann er aber aus dieser ihm vom Schöpfer gegebenen Materie seinerseits durch Trennen und Zusammenfügen, d.h. durch Arbeit, neue Güter herstellen, die somit in seinen Besitz übergehen: »Die Bedingungen des menschlichen Lebens, das Arbeit und Material, das bearbeitet werden kann, benötigt, führt notwendigerweise zum Privateigentum.«[73] Dieses Prinzip des Herstellens, das zugleich auch als Ursache der Konstituierung von Eigentum gesehen wird, deckt sich im übrigen mit den Zielen der Royal Society, das menschliche Wissen nicht in Spekulationen zu erschöpfen, sondern die Natur nach den Vorstellungen der Menschen zu gestalten und die materiellen Lebensbedingungen durch produktive Tätigkeit zu verbessern. Die Lockesche Hypothese der Entstehung privater Eigentumsrechte und die Programmatik der modernen Wissenschaft wirken also als Verbün-

[71] Diese Aneignungsschranken verhindern die Erklärung der Funktionsweise einer *commercial society;* daher beschränkt sich Locke in seiner Argumentation auf den Naturzustand. Durch die Einführung des Geldes wird die Schranke des Verderbens beseitigt, die Beschränkung durch die Berücksichtigung von Eigentumsrechten anderer wird auf den Naturzustand bezogen, woraus folgt, daß im Kulturzustand die gegebene Eigentumsverteilung zu akzeptieren ist. Die dritte Schranke der Aneignung durch eigene Arbeit ist irrelevant dadurch, daß der Mensch Besitzer seiner selbst ist und somit seine Arbeitskraft veräußern kann (durch Hingabe im Rahmen des »Hauses« oder durch Verkauf).

[72] Vgl. Appleby, Economic thought, 1978.

[73] Locke, 2. Abhandlung, § 35.

dete bei der Aneignung der »Natur« durch die moderne Gesellschaft.

Die Initiierung des Eigentums geschieht also nach Locke in jedem Fall durch bestimmbare physische Handlungen; aus einem Prinzip gemeinsamer Vernunft (in Form eines Vernunft- oder Naturrechts) wird deduziert, es sei für jeden einsichtig, daß diese physischen Handlungen Rechtsakte darstellen, die alle anderen zu einer Einschränkung ihrer Freiheit rechtlich (oder »moralisch«) nötigen. Jeder für sich erhebt dabei gegenüber allen anderen den Anspruch, daß sein subjektives Belieben einen objektiven Charakter habe; dies würde aber ohne Einschaltung des Staates, der als Schieds- und Sicherungsinstanz das Eigentum schützt, zu einem »Kampf aller gegen alle« führen, der in modifizierter Art und Weise bei nahezu allen Autoren auftritt (Ausnahme: Rousseaus ›Contrat social‹).

Der Naturzustand hat bei Pufendorf, Cumberland, Locke und auch Hobbes aber eine doppelte Funktion; er bezeichnet einerseits eine apriorisch-anthropologische Setzung der Natur des Menschen, und er ist gleichzeitig ein »vernunftgesetzliches« rationales Prinzip, aus dem sich Rechtsmodalitäten und -institutionen ableiten lassen; aus dem *status naturalis* als dem hypothetischen Ausgangspunkt folgt alles andere in einem historischen und rationalen Sinn[74]. Hume, der die empirischen Begründungen der notwendigen Entstehung des Naturrechts aufnimmt, unternimmt es in seiner ›Science of human nature‹, über eine Rekonstruktion der historischen Genese die Rechtsbegriffe als ein Produkt der tatsächlichen Lebensumstände abzuleiten: Privateigentum ist demnach nicht aus einem *a priori* des Vernunftprinzips zu deduzieren, sondern geht aus den Interessen der Menschen in ihren konkreten Lebensumständen hervor[75].

[74] Vgl. Brandt, Eigentumstheorien, 1974, S. 23ff.

[75] Vgl. ebd., S. 25ff. Kants Rechtslehre hingegen, die auf die naturalistische Komponente der Theorien des 17. Jahrhunderts zurückgreift, ist diesem Ansatz diametral entgegengesetzt. Er versucht, eine Theorie zu entwerfen, die apriorisch begründet ist und nicht auf die empirische Welt- und Selbsterfahrung des Menschen regressiert. Die Gesetze des Handelns lassen sich dennoch nicht aus diesen vermeintlichen Lebensumständen extrapolieren, sondern haben ihr Fundament in der apriorischen Erkenntnis sowohl der theoretischen wie der praktischen Vernunft. Die Folge ist die Möglichkeit und Notwendigkeit der Grundlegung einer »Metaphysik der Sitten« und einer »reinen« Rechtslehre, deren Rechtssätze von den natürlichen Bedürfnissen der Menschen (Grotius), von der Aneignung der Natur durch Arbeit (Locke), von der Geschichte als dem empirischen Feld der Genese der Rechtsbegriffe (Hume) abstrahieren. Vgl. Brandt, Eigentumstheorien, 1974, S. 27.

Sobald die traditionelle, kasuistische[76] Regelung des Ausgleiches von Einzel- und Gemeinwohl über die »Tugend« wegfällt, eine Rücknahme des Reichtums aus dem öffentlichen ins Private[77] erfolgt, Einzelinteresse und Allgemeininteresse gegeneinander förmlich aufgerechnet werden, stellt sich die alte Frage, wie *self-interest* zu einem *commonwealth* führen soll, in einem neuen Kontext: Es wird mit anderen Worten auch im ökonomischen Bereich eine neue Form des gesellschaftlichen Verkehrs gesucht; dabei versucht man, ähnlich wie in den Newtonschen Naturwissenschaften, die Grundprinzipien aufzufinden, was in der Praxis oft nicht von der traditionellen »Rückkehr zu den Grundprinzipien« im Sinne Machiavellis zu unterscheiden ist.

Dabei werden zwei Steuerungsmechanismen entwickelt, die miteinander verknüpft sind. Die erste Lösung vertraut der Regelung durch einen, in mechanistischer Sicht quasi als Uhrmacher aufgefaßten Souverän. Aufgrund dieser Rahmenbedingung wird versucht, der distributiven Gerechtigkeit[78] Raum zu geben. Die staatliche *Polizey* übernimmt die »gerechte Verwaltung des Mangels«[79]. Mit Vorkaufsrechten für Arme, Export- und Importregelungen, Bevorratungspolitik usw. wird versucht, gerechte Preise für Grundnahrungsmittel zu erreichen, denn sonst würden die egoistischen Wünsche ohne Kontrolle und Reglement zu einem Verfall der Gemeinschaft führen. Dies beruht noch auf der Vorstellung der moralischen Ökonomie, daß die in einer Gemeinschaft lebenden Menschen gegenüber dieser zumindest den Anspruch auf ein Subsistenzeinkommen haben müssen. Die zweite Variante strebt eine Lösung im Sinne einer kommutativen (oder allokativen) Gerechtigkeit über das ebenfalls mechanistisch aufgefaßte Wirken der Marktkräfte an. Indem jeder seinen privaten Vorteil verfolgt, trägt er gleichzeitig zum Gemeinwohl bei; eine prästabilierte Harmonie, die auf das Wirken einer »unsichtbaren Hand« zurückgeführt wird, sorgt für ein »natürliches« Gleichgewicht. Der Uhrmacher muß in einer solchen Ordnung nicht mehr intervenieren, höchstens durch diskretionäre Eingriffe Hemmnisse beseitigen und damit

[76] Als »Kasuistik« wird die Erörterung der Anwendung von ethisch-religiösen Normen auf Einzelfälle bezeichnet.

[77] Dagegen wendet sich u.a. Andrew Fletcher (Discours of government, 1698), der sogar zu den antiken Traditionen zurückkehren möchte und für die Errichtung öffentlicher Bauwerke usw. eintritt.

[78] Vgl. Laum, Schenkende Wirtschaft, 1960.

[79] Thompson, Plebejische Kultur, 1980.

das reibungslose Funktionieren eines solchen mechanischen Wunderwerks garantieren. Sobald das Schwergewicht auf die kommutative Gerechtigkeit gelegt wird, tritt die Idee der Akkumulation und der Produktivitätssteigerung an die Stelle der distributiven Gerechtigkeit.

Das »System der natürlichen Freiheit«, das Adam Smith (1723–1790) in seiner ›Theory of moral sentiments‹ (1759), in seinen als Vorlesungsmitschriften nachgelassenen und später wiederentdeckten ›Lectures on justice, police, revenues and arms‹ (entstanden 1752–1763) und in seiner ›Inquiry into the nature and causes of the wealth of nations‹ (1776) entwickelt[80], ist, wie er selbst sagt, durch die Anwendung der Newtonschen Methode geprägt. Dies resultiert nicht zuletzt daraus, daß Smith und viele seiner Zeitgenossen eine ganz spezielle Vorstellung von der Funktionsweise des Denkens haben. Die zentrale Vorstellung für diese Überlegungen *(imagination)* ist, daß der menschliche Geist danach strebt, die Dinge zu verknüpfen, sie in eine Ordnung zu bringen (Assoziationstheorie)[81]. Dies hat eine zeitliche Dimension, denn Adam Smith rekurriert dabei auf ein historisches Vier-Phasen-Modell, eine Abfolge von vier Kulturstufen oder Stadien der Menschheit. Dabei wird ein Fortschrittsgedanke unterstellt: Die Verbesserung der Welt wird als Prozeß in die Zeit hineinprojiziert. Das Neue an dieser Vorstellung ist, daß sie auf einem linearen Zeitbegriff beruht[82]. Jäger-Sammler, Nomaden, Ackerbau sowie Handel und Gewerbe – diese vier Entwicklungsstadien prägen jeweils die Gesellschaft. Im fortschrittlichsten Stadium der Entwicklung, der *commercial society,* entspricht dieser Imagination, diesem Wunsch, die Dinge zu ordnen, eben die Newtonsche Methode. Jedes dieser Stadien verfügt über spezielle Organisations- und Vergesellschaftungsformen, Denk- und Verhaltensweisen der

[80] Das Adam Smith-Problem entsteht in der Regel dadurch, daß diese einzelnen Werke nicht als Einheit gesehen, sondern einander gegenübergestellt werden. Seinen Zeitgenossen war es aber sehr wohl bewußt, daß hier ein Zusammenhang zwischen den Werken besteht und dem, was Smith, der knapp vor seinem Tode noch 16 Folianten an gesammelten Schriften vernichten ließ, insgesamt intendierte.

[81] Es geht nach Winch (Volkswirtschaftslehre als Wissenschaft, 1976, S. 344ff.) um eine Zusammenfassung bereits vorhandener Teilerkenntnisse über gesellschaftliche Tatbestände in einem System untereinander verbundener Prinzipien. Die Grundlagen des menschlichen Zusammenlebens sollen methodisch geordnet und durch einige wenige Fundamentalprinzipien verknüpft werden – wie dies ebenso bei den Phänomenen der Natur geschieht.

[82] Vgl. Kittsteiner, Ethik und Teleologie, 1984, S. 50.

Menschen. (Dies erinnert an die spätere Marxsche Vorstellung von den Produktionsverhältnissen.) Der erfahrungswissenschaftliche Ansatz, mit dem versucht wird, aus der historischen Betrachtung verschiedener Gesellschaftssysteme die Ursachen für deren Aufstieg und Untergang festzustellen und daraus Maximen für den Fürsten und den Gesetzgeber abzuleiten (Aristoteles, Polybios, Machiavelli, Harrington) erfährt mit der kolonialen Expansion im 16. und 17. Jahrhundert eine geographische und ethnographische Erweiterung. Dabei geraten mächtige außereuropäische Monarchien ebenso in das Blickfeld der europäischen Betrachter wie kleine primitive Stammesgesellschaften, die eine Ähnlichkeit mit europäischen archaischen Strukturen aufweisen. Dies ermöglicht Vergleiche über Zeit und Raum und entspricht somit den grundlegenden experimentellen Voraussetzungen einer Analyse menschlicher Erfahrungen. Die verschiedenen Stadientheorien (Montesquieu, der dabei das Schwergewicht auf die Rolle von Klima und geographischer Umwelt legt, Turgot, der ein Drei-Phasen-Modell entwickelt, und schließlich Smith mit seinem Vier-Stadien-Modell, das im Unterschied zu Turgot auch die *commercial society* berücksichtigt) sind ein Ausfluß dieser neuen Erkenntnisse[83].

Zumindest in ihrer Erstfassung steht die ›Theory of moral sentiments‹, in der Smiths Moralphilosophie kulminiert[84], im Einklang mit den Ideen der schottischen Aufklärungsphilosophie (Ferguson, Hume, Millar). Eine Nähe zu Vorstellungen der Stoa und zur Theodizee ist erkennbar: »Die alten Stoiker waren der Meinung, daß wir – da die Welt durch die alles regelnde Vorsehung eines weisen, mächtigen und gütigen Gottes beherrscht werde – jedes einzelne Ereignis als einen notwendigen Teil des Weltplanes betrachten sollen, als etwas, das die Tendenz habe, die allgemeine Ordnung und Glückseligkeit des Ganzen zu fördern: daß darum die Laster und Torheiten der Menschen einen ebenso notwendigen Teil dieses Plan bilden, wie ihre Weisheit und »Tugend«; und daß sie durch jene ewige Kunst, die Gutes aus Bösem schafft, dazu bestimmt seien, in gleicher Weise für das Gedeihen und die Vollendung des großen Systems der Natur zu wirken.«[85]

[83] Vgl. Winch, Adam Smith, 1984, S. 100f.; Stein, Legal evolution, 1980, S. 17ff.

[84] Smith arbeitete bis zu seinem Lebensende an diesem Werk weiter, was beweist, welche Bedeutung er ihm selbst zuwies.

[85] Smith, Theory of moral sentiments, I.ii.3.5.

Zwar spricht Smith davon, daß in Natur und Gesellschaft alles »darauf berechnet (sei), denselben großen Zweck zu befördern, die Ordnung der Welt und die Vollkommenheit und Glückseligkeit der Menschheit«[86], es handelt sich jedoch eher um ein *principle of design*[87] als um eine Teleologie im traditionalen Sinn. Teleologische Denkfiguren dienen nur mehr als theoretische Rechtfertigung, nicht jedoch als Handlungsanleitung. Das Schwergewicht liegt nicht mehr auf den Zielen, sondern auf den Mitteln. Dies wird nicht aus logischen Vernunftnotwendigkeiten abgeleitet, sondern beruht ausschließlich auf empirisch vermittelten, gesellschaftlichen Lernprozessen.

In ihrer prozessualen Auflösung der Theodizee unternimmt es diese Aufklärungsphilosophie, das »Böse« in einer Zweck-Mittel-Relation als Antriebsquelle des Fortschritts zum »Guten« einzusetzen und vollzieht damit letztlich eine Auflösung der Bewertungsmöglichkeit von »Gut« und »Böse«. Eine allumfassende Vorsehung regelt zwar noch die Phänomene der Gesellschaft; diese Vorsehung, die einerseits zwar die ungerechte Verteilung der Güter der Erde zuließ, hat aber andererseits zugleich für einen psychologischen Mechanismus gesorgt, der die Reichen und Besitzenden veranlaßt, getrieben von ihren egoistischen Gefühlen, gegen ihren Willen für das Wohl des Ganzen beizutragen.

Die traditionelle, theistisch-teleologische Interpretation wird abgelöst durch eine anthropologisch-psychologische Begründung; Triebe und Affekte, Leidenschaften und Interessen, die sich unter anderem im Hang zum Tausch als einer Form der Kommunikation manifestieren, sind in der »Natur« des Menschen angelegt[88]. Die »Natur« bedient sich jedoch einer listigen Täuschung *(deception)*, indem sie diese Affektstruktur dazu benützt, in kompensatorischer Weise ihre wahren, gewissermaßen im Schöpfungsplan angelegten Ziele zu realisieren. Laster und

[86] Ebd., III.5.10.

[87] Smith ist hier dem Ordnungsdenken (Foucault) bzw. der Vorstellung des *principle of design* (Shaftesbury, Butler, Cumberland) verbunden. Dies bezieht sich nicht nur auf das Denken, in dem mittels *imagination* Ordnung hergestellt wird, sondern wird auch den realen Erscheinungen unterlegt.

[88] Wichtig dabei ist, daß der Mensch hier nicht mehr als ein *zoon politikon*, das heißt, die Basis der archaischen Struktur des *oikos* zur Voraussetzung habend, sondern als ein soziales Einzelwesen, mit und durch seine ökonomischen Mittel handelnd, aufgefaßt wird. Smiths Verbindung zur alten Vorstellungswelt wird darin deutlich, wenn er davon spricht, daß der Hang zum Tausch letztlich im Drang, den Mitmenschen zu überzeugen, wurzelt.

Leidenschaften wie Machtgier, Habsucht und Ehrbegierde können auf diese Weise im zeitlichen Ablauf zur Grundlage der Entfaltung der Menschengattung, zur Kultur werden. Dieses Motiv durchzieht nicht nur Smiths ›Theory of moral sentiments‹, sondern wird nochmals zu Beginn seiner ›Wealth of nations‹ aufgenommen; die Leidenschaften und Laster werden in der Folge jedoch überlagert von Interessen, die zum Vorteil streben und zum Akkumulationszwang führen, die dann nicht mehr als menschliche Naturanlagen und psychologische Grundausstattung des Menschen, sondern als »Personalisierung ökonomischer Kategorien« aufgefaßt werden können[89]. Dies entspricht dem Marxschen Begriff des »Fetischcharakters der Ware«, daß nämlich unter den sich immer stärker durchsetzenden Bedingungen der Marktgesellschaft soziale Beziehungen sich als Verhältnisse von Individuen (Rechtssubjekten) zu Waren (Dingen) darstellen. Die Trennung von Subjekt und Objekt, die diesen Verhältnissen vorausgesetzt ist, führt in der Vorstellung dazu, daß einerseits Individuen dem »natürlichen«, sich über Waren vollziehenden Tauschgleichgewicht ausgeliefert sind und andererseits Gesellschaft dem Individuum als »natürliche« Umwelt erscheint. Dieser »Warenfetischismus« erklärt auch die Ablehnung diskretionärer Eingriffe in die Ökonomie, die ja als »natürliches«, sich im Gleichgewicht befindliches System aufgefaßt wird. In die genuine ökonomische Sphäre, die über eine bestimmte, höchst entwickelte, zugleich aber auch reduzierte Form der Kommunikation, nämlich den Handel, abläuft, kann die auf Tausch und Arbeitsteilung bezogene moderne Wirtschaftsgesellschaft einrücken. Hier wird deutlich, daß an die Stelle einer anthropologisch-psychologischen Verortung – quasi hinter ihrem Rücken – eine systemtheoretische Begründung tritt.

Der Mensch wird von Smith nicht als ein bloß rationales Wesen aufgefaßt, sondern als von Trieben und Leidenschaften bewegt. Von dieser Affektkonstitution des Menschen ausgehend, entwickelt Smith alternativ zur rationalistischen, naturrechtlichen »Vertragstheorie« des 17. Jahrhunderts in seiner ›Theory of moral sentiments‹ einen psychologischen Weg, um zu einer Übereinstimmung bzw. Harmonisierung sowohl des Einzel- als auch des Gemeininteresses zu gelangen. Indem er versucht, seine ökonomische Theorie in moralphilosophischer

[89] Vgl. Kittsteiner, Ethik und Teleologie, 1984, S. 67.

Absicht zu entwickeln, geht er davon aus, daß der Mensch, solange er existiert, nach gesellschaftlicher Anerkennung und Akzeptanz strebt, ohne daß dieser gesellschaftlich motivierte rastlose Trieb, »dieser Hang, sich vor anderen auszuzeichnen, der den Menschen so natürlich ist«[90], je befriedigt werden könnte. Die angestrebte Triebbefriedigung bleibt, weil sie letztlich ohne angebbare Grenzen ist, stets auf der Stufe einer Mittelbereitstellung, ohne daß je der Endzweck erreicht würde. Es wird jedoch ein anderer Zweck damit erfüllt, der jenseits des Bewußtseins der Handelnden liegt. Es ist dies eine Täuschung, welche die Natur, die uns mit diesem Trieb ausgestattet hat, insgeheim beabsichtigt und mit deren Hilfe sie ihre Absichten und Pläne realisiert: »Und es ist gut, daß uns die Natur in dieser Weise betrügt, denn diese Täuschung ist es, die den Fleiß der Menschen erweckt und in beständiger Bewegung erhält.«[91]

Der Mensch ist von Natur aus ein soziales Wesen: »Die Natur hat den Menschen, als sie ihn formte, mit einer ursprünglichen Bestimmung ausgestattet ... Alle Mitglieder der menschlichen Gesellschaft bedürfen des gegenseitigen Beistandes und sind ebenso gegenseitigen Verletzungen ausgesetzt.«[92] Dies realisiert sich über die Kommunikation, denn über diese baut sich die Gesellschaft auf. Smith (wie auch Hume) unterscheidet drei Ebenen der Kommunikation: Sympathie, Sprache und Tausch[93]. Der grundlegende Begriff ist für Smith derjenige der »Sympathie«, nicht etwa gedacht als rein emotionales Mitgefühl, sondern als eine Mischung von Emotion und Intellekt, wobei dieses Bewegungselement in der »Natur« des Menschen ausgemacht wird. Gesellschaftliche Verhaltensweisen bilden sich so aus, daß ein jeder als Individuum sich in die Situation eines anderen hineinzuversetzen versucht, wie auch jeder Mensch nach Anerkennung und Sympathie der anderen strebt. Jeder versucht dabei zu berücksichtigen, was den anderen motiviert, was ihn bedrücken oder auch sonst bewegen könnte. Sympathie ist das rein formale Vermögen, sich wechselseitig ineinander einzufühlen. Auf diese Weise entsteht eine wechselseitig verschiedene Beziehungsstruktur. Das hat mit Altruismus nichts gemein, vielmehr liegt hier ein Diskursprinzip zugrunde. Durch diese über das »Ich« aufgebaute Beziehungsstruktur auf-

[90] Theory of moral sentiments, IV.1.8.
[91] Ebd., IV.1.10.
[92] Ebd., II.ii.3.1.
[93] Vgl. Lange, Gestalt der Marktwirtschaftstheorie, 1983, S. 44ff.

grund der Sympathie entwickelt Smith das, was er den »impartial and well informed spectator« nennt: ein Prinzip der Selbstbilligung bzw. Selbstmißbilligung als Mechanismus der Internalisierung des gesellschaftlichen Verhaltens[94]. Die Quelle des menschlichen Gewissens sind soziale Interaktionen: »Diese sind die Regeln, die dazu bestimmt sind, die freien Handlungen von Menschen zu leiten.«[95]

Die Vorstellung ist zusammengefaßt folgende: Durch die Sympathie versetze ich mich als »Ich« in die Situation des anderen, betrachte nun, was ihn motivieren kann, warum er/ich Schmerz, Leid oder Freude empfinde(t) und finde mich dann aufgrund des Gleichklangs meiner Vorstellung mit der reproduzierten Vorstellung in der Situation, daß ich dem anderen zustimme oder auch nicht. Wenn ich ihm zustimme, dann nenne ich dies Sympathie, wenn ich ihm nicht zustimme, dann ist es Apathie[96]. Nun ist sich Adam Smith wohl bewußt, daß dies mit der Schwierigkeit verbunden ist, sich ganz in die Situation des anderen hineinzuversetzen; daher gibt er mögliche Einschränkungen für die Erreichung der Sympathie an. Man muß davon ausgehen, daß der Beobachter in der Situation des anderen nie die ganze Tiefe oder Intensität eines Gefühls übernehmen kann – insbesondere im Falle von negativ besetzten Gefühlen wie Schmerz –, sondern nur annäherungsweise. Er wird eine kontrollierte Äußerung des Gefühls akzeptieren, weil er dies durchaus mitdenken kann, absolute Verzweiflung entzieht sich hingegen der Vorstellungsmöglichkeit. Da jeder aber den Wunsch hat, mit dem anderen zu kommmunizieren, wird er bemüht sein, seine Gefühlsäußerungen so weit zu reduzieren, daß er vom anderen Verständnis erwarten kann. Diese Triebreduktion, diese Kontrolle der Emotionen, bewirkt eine Dämpfung der Triebe. Dies führt zu einer Modifizierung und Eineb-

[94] Vgl. Kittsteiner, Ethik und Teleologie, 1984, S. 43.

[95] Theory of moral sentiments, III.5.6.

[96] Sympathie und Apathie werden dabei, wie anhand der Impetustheorie bereits ausgeführt wurde, als »Bewegungen« aufgefaßt, die dem Kausalitätsprinzip zugänglich sind. Dieser *impartial spectator* wird nicht wie bei Benthams »Panopticon« durch eine administrative Ideologie burokratischer Art, d.h. asymmetrisch, vermittelt, sondern kommunikativ über wechselseitige Sympathie erzeugt. Zwei als frei und gleich aufgefaßte Individuen kommunizieren miteinander innerhalb des gesellschaftlichen Rahmens, sie sind nicht durch eine hierarchische Beziehung miteinander verknüpft, die auch eine Asymmetrie der Affekte bewirken würde, sondern beide finden sich als Resultat eines wechselseitigen Reflexionsprozesses wieder.

nung des Gefühlslebens; Leidenschaften werden in Interessen verwandelt[97] und *politeness* regelt den Verkehr zwischen den Menschen[98]. Adam Smith deutet damit etwas an, was man später das Prinzip der sozialen Prägung nennt. Wenngleich nicht ausformuliert, lassen sich auch die Freudschen Kategorien »Über-Ich«, »Ich« und »Es« in den Smithschen Konzepten des *impartial spectator* und des *impartial spectator within the breast* sowie den Trieben und Leidenschaften erahnen. Es ist das Prinzip der Billigung, das innere moralische Gefühl in uns, das unser Handeln leitet: Das betrachtende fremde Auge wird in sich hinein genommen, und vor diesem inneren Gerichtshof hat man sich dann zu verantworten. Durch den *impartial spectator* als Kommunikationsprinzip, durch die erwähnte situative Einfühlung, d.h. indem man versucht, ein abgeleitetes Gefühl für die Situation des anderen zu bekommen und dies mit seinen eigenen Gefühlen zu vergleichen und so zu einem Urteil zu finden, wird aufgrund der Affektkonstitution des Menschen etwas Individuelles zu etwas Gesellschaftlichem gemacht – immer unter der Annahme, daß der Mensch ein soziales Wesen ist[99]. Hier findet statt, was Piaget »Dezentralisierung« nennen würde. Von einer individuellen egozentrischen Basis ausgehend entwickeln sich im Menschen durch den Verkehr mit anderen gesellschaftliche Normen, die internalisiert werden. Das Rechtssystem resultiert also aus der gesellschaftlichen Entwicklung. Damit ist das Recht empirisch begründet und notwendigerweise im Zeitablauf der Kritik auszusetzen. Neu daran ist, daß Adam Smith und auch David Hume nicht wie die Vertragstheoretiker des 17. Jahrhunderts davon ausgehen, daß dies durch vertragliche Verpflichtung geschieht, sondern eben in Form eines natürlichen Prozesses, indem Menschen »von Natur aus« einerseits in gewissem Umfang Autorität akzeptieren, andererseits aber auch im Interesse des allgemeinen Guten handeln. Insofern steht Smith am Ende der Tradition des Naturrechts: Gegen Pufendorf, der die Entstehung des Eigentums (weitgehend gegen Grotius gerichtet) mit dem Vertrag (der

[97] Die Mechanismen der Internalisierung gesellschaftlichen Verhaltens als Voraussetzung der Kultur haben mit unterschiedlicher Akzentuierung unter anderem Kant, Freud, Marcuse und Elias aufgenommen.

[98] Millar verweist darauf, wie im zivilisatorischen Prozeß dieses Prinzip der *politeness* nicht nur im Gesellschaftlichen, sondern auch im Geschlechtlichen Eingang findet; vgl. Pocock, Cambridge paradigms, 1983, S. 241. Man beachte die Doppelbedeutung von *intercourse*, *commerce* und *conversation*.

[99] Theory of moral sentiments, III.2.6.

Staatlichkeit) entstehen läßt, setzt das Bemühen ein, die Entstehung des Eigentums im gesellschaftlichen Prozeß selbst festzumachen.

Das Prinzip der Sympathie funktioniert natürlich tendenziell am besten in kleinen, überschaubaren Gemeinschaften, im Kreise von Freunden und Verwandten. Dies findet darin seinen Niederschlag, daß beispielsweise Hume immer vom Eigeninteresse und dem Interesse für die Nahestehenden spricht[100]. Somit stellt sich das Problem, wie auf größere Gemeinschaften und Staaten diese »Kleingruppen«-Denkweise übertragbar ist. Smith verfolgt hier weiterhin sein Konzept, alles über Kommunikation bzw. über einen kommunikativen Prozeß aufzubauen. Als nächste Instanz tritt die Sprache auf, die es erlaubt, die Ebene der Kommunikation auszuweiten. Ein Problem liegt natürlich darin, daß auch in der Sprache zwischen den Menschen die Verzerrung, wenn man so will durch Gefühl, Interesse oder Kontrolle der Triebstrukturen, eine wesentliche Rolle spielt. Wie die Sympathie eine *artificial virtue,* d.h. nicht angeboren ist, sondern erst sozial entwickelt werden muß, ist auch die Sprache ein soziales Phänomen – dies steht im übrigen auch im Einklang mit den Erkenntnissen der modernen Gehirnphysiologie. Auf einer höheren Ebene des gesellschaftlichen Verkehrs, im Zusammenhang mit der Etablierung von Märkten und der Arbeitsteilung, setzt der Handel an, der einerseits als die höchste Ausprägung der Kommunikation gilt, andererseits aber auch eine reduzierte Form des sozialen Verkehrs darstellt. Der Handel beeinflußt dann rückwirkend natürlich auch alle anderen Bereiche, aber grundsätzlich beruht er ebenfalls auf Kommunikation bzw. ist eine bestimmte Form von Kommunikation, in der allerdings Gefühlen und Sympathien eine relativ geringere Bedeutung zukommt (Triebreduktion) und diese durch Vorteile und Interessen überlagert werden: »Nicht durch das Wohlwollen des Schlachters, Brauers oder Bäckers erhalten wir unser Abendbrot, sondern weil sie ihre eigenen Interessen verfolgen. Wir wenden uns nicht an ihre Menschlichkeit, sondern an ihre Eigenliebe und sprechen niemals zu ihnen über das, was wir selbst benötigen, sondern über ihre Vorteile.«[101]

Wie bereits erwähnt, lehnt Adam Smith das Nutzenkalkül in diesem Zusammenhang ab. Es ist die Täuschung, die im Ge-

[100] Vgl. Haakonssen, Science, 1981, S. 13ff.
[101] Smith, Early draft, 1965, S. 340.

winnstreben und in der Akkumulation zum Ausdruck kommt, nicht das Resultat »rationalen« Verhaltens im Sinne einer Nutzenmaximierung.

Im Grunde genommen ist es dieselbe psychologische Grundstruktur, die den Menschen zum Handel(n) treibt, eine Form von Kommunikation, nämlich seine »Neigung zu handeln, zu schachern und zu tauschen«[102]. Dies zeigt die Transformation eines von Natur aus als soziales Wesen aufgefaßten Menschen in einer Welt, in der jeder ein »tauschwütiger« Händler ist, in der die Spezialisierung und Arbeitsteilung die Menschen als Einzelwesen konstituiert, gleichzeitig aber in ihrer Abhängigkeit voneinander bestärkt und somit das komplexe und interdependente Gefüge der Marktwirtschaft konstituiert. Die kommutative bzw. allokative Gerechtigkeit, die den Ausgleich zwischen Eigeninteresse und Gesamtwohl in dieser Marktgesellschaft bewirkt, stellt sich dabei ganz ohne absichtsvolles Zutun des Menschen ein, eben aufgrund seiner kommunikativen, sozialen »Natur«. Es genügt, daß der Mensch ein Eigeninteresse an einer Verbesserung seiner Daseinsbedingungen entwickelt und ihn nicht etwa externe Eingriffe daran hindern, diesen Trieb auszuspielen: »Die einheitliche und ununterbrochene Anstrengung eines jeden Menschen, seine Bedingungen zu verbessern, das Prinzip, in welchem öffentlicher und nationaler wie auch privater Überfluß ihren Ursprung haben, ist häufig mächtig genug, um den natürlichen Prozeß auf eine Verbesserung hin, trotz der Extravaganzen der Regierung und der größten Irrtümer der Administration, aufrechtzuerhalten.«[103]

Der freie, ungehinderte Markt erscheint auf diese Weise als »grundsätzlich kooperative Veranstaltung«, die das antagonistische Motiv des Eigennutzes dazu zwingt, dem Gemeinwohl zu dienen, und dieses damit zu einer »Quelle der Solidarität im tieferen Sinne« macht[104]. Wenn Smith wiederholt menschliche Zusammenschlüsse angreift, die eigennützigen Individual- oder Gruppeninteressen dienen, so ist dies letztlich eine Konsequenz seiner kooperativ-kommunikativen Einschätzung des Handels: Monopolistische Zusammenschlüsse sind vor allem deswegen verwerflich, weil sie grundsätzlich kommunikations- und ko-

[102] Ebd., S. 380 u. Wealth of nations, I.ii.4.
[103] Wealth of nations, II.iii.31.
[104] Streißler, Vorgeschichte, 1984, S. 36; vgl. auch Rosenberg, Institutional aspects, 1960, S. 565.

operationswillige Menschen davon abhalten, mit anderen die gewünschte Verbindung einzugehen. Daraus ergibt sich eine Verurteilung jener Praktiken, die auf eine Behinderung des Marktes aus sind. Smith wendet sich deshalb gegen die Absprachen der zünftischen Meister: »Leute des gleichen Gewerbes, selbst wenn es sich um Zerstreuung und Fröhlichsein handelt, treffen selten zusammen, ohne daß die Unterhaltung mit einer Verschwörung gegen die Öffentlichkeit oder den Plan einer Preiserhöhung endet.«[105] Ebenso wendet er sich gegen dirigistische Eingriffe auf dem Arbeitsmarkt, merkantilistische Handelsregulierungen, Beschränkungen der Niederlassungs- und Berufsfreiheit, vor allem aber gegen das Monopol der großen Handelskompanien und die marktbehindernden Interventionen der Staatsverwaltung, denn ohne den Schutz der Regierung würden Monopole rasch durch die Konkurrenz verschwinden[106]. Dem Merkantilismus wird vorgeworfen, daß er in seiner Politik diese prinzipiell auf Kommunikation und Kooperation beruhende Veranstaltung des Marktes verkennt; seine Politik ist nicht nur ineffizient und ungerecht, sondern verletzt auch die Gesetze der Moralphilosophie, denn Wirtschaftsfreiheit und mitmenschliche Solidarität gehen bei Smith letztlich ineinander auf. Den Marktkräften wird aber vor allem auch eine bessere Steuerungsfähigkeit zugeschrieben; Streißler[107] (im Anschluß an Letwin, Origins, 1975) verweist darauf, daß implizit bereits der Merkantilismus die beschränkten Problemlösungskapazitäten jeder wirtschaftsfördernden Interventionspolitik eingesehen hätte. Adam Smith geht aber noch einen Schritt weiter: »Ein Staatsmann, der es sich einfallen ließe, Privatleuten darüber Vorschriften zu geben, auf welche Weise sie ihre Kapitalien anlegen sollen, würde sich nicht allein eine höchst unnötige Fürsorge aufladen, sondern sich auch eine Autorität anmaßen, die keinem Senate oder Staatsrate, geschweige denn einem einzelnen Manne mit Sicherheit überlassen werden könnte, und die nirgends so gefährlich sein würde, als in der Hand eines Man-

[105] Wealth of nations, I.x.c.27.

[106] Smith wendet sich dabei gegen durch die Regierung ermöglichte, (juristisch) dekretierte Monopole. Es bleibt offen, ob er sich auch gegen »rational bedingte, kapitalistische Monopole« im Sinne Max Webers gewendet hätte. Dabei dürfen die beachtlichen Aufgaben des Staates und der Regierung bei Adam Smith nicht vergessen werden. Vgl. Viner, Adam Smith, 1928; Ostrom, Adam Smith und öffentliche Güter, 1984, S. 143ff.

[107] Vgl. Vorgeschichte, 1984, S. 28.

nes, der töricht und dünkelhaft genug wäre, sich für fähig zu halten, sie auszuüben.«[108]

Der Handel mehrt den Wohlstand und Besitz, die zugleich auch die angestrebte Anerkennung durch die Mitmenschen fördern; denn die Fähigkeit zur Sympathie, d.h. sich wechselseitig ineinander einzufühlen, ist erst ab einem gewissen Kulturzustand, nicht jedoch bei Wilden zu erwarten und auch nicht bei jenen, die aufgrund ihrer Notlage und nicht gesicherten Subsistenz zu sehr mit ihren eigenen Bedürfnissen beschäftigt sind, »als daß sie denjenigen der anderen viel Beachtung schenken würden. Bevor wir viel für andere an Gefühl aufbringen können, müssen wir in gewissem Umfang mit uns im Reinen sein.«[109] Die für die Moral und auch für die Formation von zivilisierten Gesellschaften zentrale Befähigung zur »Sympathie« setzt also auch bei den *labouring poors* voraus, daß zumindest ihre materiellen Grundbedürfnisse gedeckt werden, d.h. ein gewisser »Wohlstand der Nationen« ist auch unter dem Gesichtspunkt der Moralphilosophie erstrebenswert[110].

Dabei verkennt Smith durchaus nicht, daß in einer über den Markt sich regelnden Wirtschaftsgesellschaft die Menschen nur formal gleich sind, daß Besitz und Wohlstand hingegen höchst ungleich verteilt sind, daß es Armut und Reichtum nebeneinander gibt. Den Ausweg sucht er in einer Reichtumsmehrung durch Steigerung der Produktivität der Arbeit im Zusammenhang mit einer gerechten Verteilung des Produktes. Dies sind gleichzeitig die einzigen Mittel, um eine sowohl zivilisierte als auch moralisch akzeptable Gesellschaftsordnung zu errichten. Das Prinzip der Arbeitsteilung, abgehandelt am Beispiel der Stecknadelmanufaktur[111], zeigt die Lösung, wie über eine Stei-

[108] Wealth of nations, IV.ii.10. Die übliche Interpretation, daß dezentral organisierte, statisch aufgefaßte Märkte aufgrund geringerer Informationskosten effizienter als staatliche, zentrale Regelungen funktionieren, greift zu kurz und wird dem Smithschen Anliegen nicht gerecht. Denn wenn das Gemeinwohl aufgrund kommunikativer *Prozesse* und *deception* zustandekommt, erscheint es obsolet, einen Staatsmann mit Lenkungsaufgaben zu betrauen. Im übrigen entspricht ein rein rationales Konstrukt (Informationskosten) nicht der Smithschen Vorstellung von Sympathie, die sowohl Emotion als auch Intellekt in sich einschließt.

[109] Theory of moral sentiments, V.2.9.

[110] Diese Argumentation macht deutlich, daß Smith (wie auch alle anderen Theoretiker der klassischen Ökonomie) von der Produktionsseite ausgeht. Dies bedeutet auch, daß Entwicklung durch Produktionsüberschüsse über die Subsistenz hinaus *(surplus)* und nicht durch Knappheit möglich wird.

[111] Das Beispiel der Arbeitsteilung anhand der Stecknadelmanufaktur kommt schon in der ›Grande Encyclopédie‹ (5. Bd., 1755, S. 804ff.) vor.

gerung der Arbeitsproduktivität ein Mehrprodukt entsteht. Dies bewirkt letztlich, daß selbst in einer hierarchisierten Gesellschaft, in der eingestandenermaßen »diejenigen, die arbeiten, zumeist am wenigsten bekommen«[112], dennoch diese besser gestellt sind als einst die vornehmen Leute oder als Könige im Inneren Afrikas oder Amerikas[113]: »Was nun aber die Lebensbedingungen des größten Teils verbessert, kann nicht als ein Nachteil für das Ganze angesehen werden. Eine Gesellschaft kann sicherlich nicht blühend und glücklich sein, wenn ihr weitaus größter Teil arm und elend ist.«[114]

Es ist also ein ökonomisches Prinzip, das all dies bewirkt. Die Arbeitsteilung steigert die Produktivität und ermöglicht nämlich nach den Prinzipien einer kommutativen Gerechtigkeit überhaupt erst, daß es hier in neuer Weise etwas zu verteilen gibt. Wo dieses Prinzip wirkt, können die egoistischen Neigungen der Menschen keinen Schaden für die Gemeinschaft anrichten, sondern wirken zum allgemeinen Besten: »Diese große, durch die Arbeitsteilung herbeigeführte Vervielfältigung der Produkte in allen verschiedenen Künsten bewirkt in einer gut regierten Gesellschaft jene allgemeine Wohlhabenheit, die sich bis zu den untersten Klassen des Volkes erstreckt. Jeder Arbeiter hat über das Quantum seiner eigenen Arbeit hinaus, welches er selbst braucht, noch einen großen Teil zur Verfügung, und da jeder andere Arbeiter sich völlig in derselben Lage befindet, so ist er imstande, einen großen Teil seiner eigenen Waren gegen einen großen Teil, oder, was auf dasselbe hinauskommt, gegen den Preis eines großen Teils der ihrigen zu vertauschen.«[115]

Wenn Smith im folgenden das Verhältnis zwischen Kapitalanlagen und Lohnfonds untersucht, stellt sich die Frage, wie trotz Existenz von Lohnarbeit dennoch ein realer Wohlstand auch der unteren Klassen hergestellt werden kann. Indem das Problem der Aneignung des Produkts transponiert wird in eine Verteilung von Gebrauchswerten, kann das Problem der gerechten Verteilung gelöst werden. Smith sieht zu Beginn der ›Wealth of nations‹ die Arbeiter nicht als Lohnarbeiter, sondern in der Rolle von einfachen Warenproduzenten und kleinen Ei-

[112] Smith, Early draft, 1965, S. 327f.

[113] Vgl. Wealth of nations, I.i.11. Diesen Vergleich bringen schon Mandeville (vgl. Bienenfabel, 1980, S. 208ff.), Locke (vgl. 2. Abhandlung, 1966, S. 227) und Petty (vgl. Economic writings, 1899, S. 260).

[114] Ebd., I.viii.36.

[115] Ebd., I.i.10.

gentümern. Daraus folgt, daß das Produkt den Produzenten direkt zufließt. Aufgrund der gesteigerten Arbeitsteilung, wobei Smith hier nicht zwischen betrieblicher und gesellschaftlicher Arbeitsteilung unterscheidet, ergibt sich eine höhere Produktivität, und damit kann auch eine größere Produktmasse zur Verteilung gelangen. Das theoretische Problem stellt sich jedoch, sobald Smith im weiteren Verlauf von ›Wealth of nations‹ diese Verteilungsvorstellung in Gebrauchswert-Kategorien aufgibt und versucht, Erzeugung und Verteilung des Reichtums auf Grundlage der Arbeitswertlehre zu erklären.

Nun gibt es aber in der von Smith analysierten *commercial society* keine einfachen Warenproduzenten, sondern Lohnarbeiter, Kapitalbesitzer und Grundeigentümer. Die ursprüngliche Bestimmung der Warenpreise und somit des Wertprodukts allein durch die darin enthaltene Arbeit *(labour embodied)* kann nicht aufrechterhalten werden, da sonst nicht erklärt werden könnte, wie Kapitalbesitzer und Grundeigentümer an der Verteilung des Wertprodukts teilnehmen. Konsequenterweise akzeptiert Smith die Arbeitswertlehre nur für jene Phasen der Entwicklung, in denen der nicht-marktmäßige Güterverkehr noch dominiert und daher das Kapital noch keine entscheidende Rolle spielt. In der *commercial society* hingegen müssen auch die Kapitalbesitzer (und Grundeigentümer) entlohnt werden, d.h. die traditionale distributive Gerechtigkeit wird einer solchen Gesellschaft, die über Märkte organisiert ist, nicht gerecht: »Es zerfällt folglich der Wert, den die Arbeiter dem Material hinzufügen, in diesem Falle in zwei Teile, von denen der eine den Arbeitslohn bestreitet, der andere den Profit, den der Arbeitgeber für das ganze Kapital an Material und Arbeitslohn, das er vorgestreckt hat, erhalten muß. Er könnte kein Interesse haben, die Arbeiter zu beschäftigen, wenn er nicht aus dem Verkaufe ihrer Arbeit etwas mehr zu ziehen hoffte, als zur Ausweitung seines Kapitals erforderlich ist.«[116]

Daher muß Smith das Prinzip der kommutativen Gerechtigkeit einführen; dabei ist es notwendig, die bisherige Rechtfertigung der gesellschaftlichen Differenzierung (Stände) aufzugeben, in welcher der Oberschicht (Herren der Häuser) die Aufgabe der Vorsorge für die abhängigen unteren Schichten aufge-

[116] Ebd., I.vi.5. Hier wird nur das Einkommen der Kapitalbesitzer (der Profit) berücksichtigt; natürlich muß das Nicht-Lohneinkommen auch die Grundrente beinhalten.

tragen war; damit läßt er die Vorstellung der moralischen Ökonomie hinter sich. Marktbeziehungen bringen, langfristig gesehen, eine größere Güterfülle hervor (Produktivitätssteigerung), und mit der Erzielung von permanenten Überschüssen (Wachstum) erscheint die distributive Gerechtigkeit überflüssig: »Die Nachfrage nach jenen, die vom Lohne leben, wächst also notwendig mit dem Wachsen des Einkommens und Kapitals in jedem Lande und kann unmöglich ohne dieses wachsen. Das Wachsen des Einkommens und Kapitals ist das Wachsen des nationalen Wohlstands. Folglich wächst die Nachfrage nach jenen, die vom Lohne leben, natürlich mit dem Wachsen des nationalen Wohlstands und kann ohne dieses durchaus nicht wachsen.

Nicht die jeweilige Größe des nationalen Wohlstands, sondern sein unausgesetztes Wachsen bringt ein Steigen des Arbeitslohnes hervor. Demnach steht der Arbeitslohn nicht in den reichsten Ländern am höchsten, sondern in den blühendsten oder denen, die am schnellsten reich werden.«[117]

Deutlich wird, daß das kurzzeitige Problem eines Mangels nur dann nicht auftreten kann, wenn es einen kontinuierlichen Wachstumsprozeß – über alle Klassen verteilt – gibt, dem somit eine große gesellschaftliche Bedeutung zugeschrieben wird[118].

Die Ablösung der distributiven durch die kommutative Gerechtigkeit wird in den *invisible hand*-Passagen der ›Theory of moral sentiments‹ und der ›Wealth of nations‹ manifest. In der ›Theory of moral sentiments‹ bezieht sich Smith auf die moralische Ökonomie der traditionalen Gesellschaft, die hier aber bereits stark mit neuzeitlich-individualistischen Kategorien (z.B. *selfishness*) durchsetzt ist: »Die Ernte der Erde erhält zu allen Zeiten nahezu die Menge von Einwohnern, für die sie zur Reproduktion ausreicht. Die Reichen wählen aus der Menge für sich aus, was am kostbarsten und angenehmsten ist. Sie konsumieren kaum mehr als die Armen, trotz ihrer natürlichen Selbstsucht und Raubgier, obwohl sie nur ihre eigene Annehmlichkeit im Sinn haben und obwohl der einzige Zweck, den sie von der Arbeit all der Tausenden haben, die sie beschäftigen,

[117] Ebd., I.viii.22 u. I.viii.23.

[118] Haben schon Oresme und Buridan die Kapitalakkumulation gerechtfertigt (Impetustheorie), so wird ihre Notwendigkeit bei North wie folgt begründet: »Der Mann ist der reichste, dessen Besitz im Wachsen ist, bestehe er nun aus verpachtetem Boden oder aus gegen Zins geliehenem Geld oder Geschäftsleben angelegten Gütern.« North, Discourses, 1691, S. 11.

die Befriedigung ihrer eigenen eitlen und unerschöpflichen Begierde ist, teilen sie mit den Armen das Ergebnis all ihrer Verbesserungen. Sie werden durch eine ›unsichtbare Hand‹ zu einer Verteilung der Lebensnotwendigkeiten geführt, die vorgenommen worden wäre, wäre die Erde in gleiche Anteile unter allen Bewohnern aufgeteilt worden, und so ohne es zu beabsichtigen, ohne es zu wissen, fördern sie das Interesse der Gesellschaft und stellen Mittel zur Vermehrung der Gattung bereit. Als die Vorsehung die Erde unter einige wenige adelige Herren verteilte, vergaß sie sie weder, noch gab sie jene preis, die anscheinend bei der Verteilung übergangen wurden. Auch die letzten genießen den Anteil an dem, was produziert wird. Was wirkliche Glücklichkeit im Menschenleben ausmacht, sind sie in keiner Hinsicht schlechter gestellt denn jene, die so viel über ihnen erscheinen. Was die Entspanntheit des Körpers und den Frieden des Geistes betrifft, befinden sich alle verschiedenen Ränge im Leben auf nahezu demselben Niveau. Der Bettler, der sich am Straßenrand sonnt, besitzt jene Sicherheit, um die Könige kämpfen.«[119]

In der ›Wealth of nations‹ ist hingegen die *invisible hand*-Passage ganz auf die Zirkulationssphäre (und somit auf Märkte) bezogen: »Nun ist aber das jährliche Einkommen jeder Gesellschaft immer genau so groß wie der Tauschwert des gesamten Jahreserzeugnisses ihrer Erwerbstätigkeit, oder besser gesagt, es ist dieser Tauschwert selbst. Da nun jedermann nach Kräften sucht, sein Kapital in der heimischen Erwerbstätigkeit und diese Erwerbstätigkeit selbst so zu leiten, daß ihr Erzeugnis den größten Wert erhält, so arbeitet auch jeder notwendig dahin, das jährliche Einkommen der Gesellschaft so groß zu machen, als er kann. Allerdings strebt er in der Regel nicht danach, das allgemeine Wohl zu fördern, und weiß auch nicht, um wieviel er es fördert. Indem er die einheimische Erwerbstätigkeit der fremden vorzieht, hat er nur seine eigene Sicherheit im Auge, und indem er diese Erwerbstätigkeit so leitet, daß ihr Produkt den größten Wert erhalte, verfolgt er lediglich seinen eigenen Gewinn und wird in diesen wie in vielen anderen Fällen von einer unsichtbaren Hand geleitet, einen Zweck zu fördern, den er in keiner Weise beabsichtigt hatte. Auch ist es nicht eben ein Unglück für die Gesellschaft, daß dies nicht der Fall war. Verfolgt er sein eigenes Interesse, so fördert er das der Gesellschaft

[119] Theory of moral sentiments, IV.i.10.

weit wirksamer, als wenn er dieses wirklich zu fördern beabsichtigt. Ich habe niemals gesehen, daß diejenigen viel Gutes bewirkt hätten, die sich den Anschein gaben, um des Gemeinwohls willen Handel zu treiben. Es ist dies tatsächlich nur eine Pose, unter Kaufleuten auch nicht sehr häufig, und es bedarf nicht vieler Worte, um sie davon abzubringen. In welchem Zweig der heimischen Erwerbstätigkeit er sein Kapital anlegen kann, und bei welchem das Erzeugnis den größten Wert zu haben verspricht, das kann offenbar jeder einzelne je nach den Ortsverhältnissen weit besser beurteilen, als es irgendein Staatsmann oder Gesetzgeber für ihn tun könnte.«[120]

Die argumentative Kraft dieser *invisible hand*-Passage ist damit erklärbar, daß Kapital bei Adam Smith nichts anderes als Lohnfonds darstellt. Durch die Kapitalakkumulation vergrößert sich der Lohnfonds kontinuierlich und damit können sowohl mehr Arbeiter Beschäftigung finden als auch die Löhne steigen: »Die Nachfrage nach Arbeitern scheint die zu ihrem Unterhalt bestimmten Fonds noch schneller zu vermehren, als sie Arbeiter finden können, um sie zu beschäftigen ... Demnach ist die reichliche Vergütung der Arbeit sowohl eine notwendige Wirkung, als auch ein natürliches Merkmal des wachsenden Volkswohlstandes.«[121] Damit kann also der Wohlstand vergrößert werden[122]. Damit gibt Smith's Werk jenen Vorstellungen eines quasiautonomen Subsystems der Ökonomie, die zum ersten Mal bei Mayerne Turquet (1611) und Antoine de Montchrétien aufdämmern, eine kohärente intellektuelle Basis.

Das Gemeinwohl-Argument der *invisible hand*-Passage in der ›Theory of moral sentiments‹ ist durch seine anthropologische Begründung im Zuge der sozialen Kommunikation plausibel zu machen; unter den Bedingungen der Kapitalakkumulation, wie sie im ›Wealth of nations‹ herrschen, wird hingegen das Gemeinwohl nur aus dem Vertrauen in ein System, das durch den anonymisierten Verwertungstrieb des Kapitals gekennzeichnet ist, erwartet. Eine vom Menschen abgelöste Mechanik, das Wirken der Marktkräfte, wird zum bewegenden Antriebsgesetz der politischen Ökonomie.

120 Wealth of nations, IV.ii.9.
121 Ebd., I.viii.21.
122 Vgl. auch Medick, Naturzustand, 1981, S. 231. Die politische Ökonomie hat sich damit zu einer abstrakten Wirtschaftslehre »emanzipiert«, deren Rationalitätskriterien sich allerdings gleichzeitig von der Lebenspraxis der Menschen und dem Ideal des *bonum vivere* abgekoppelt haben. Die tradierten moralischen Begründungen werden durch die ökonomische Analyse des Marktes ersetzt.

Zur Theoriebildung in den Sozialwissenschaften

Jeder Versuch einer Deutung des strukturellen Wandels und der langfristigen Entwicklung von Gesellschaft und Ökonomie sieht sich mit dem Problem konfrontiert, nach welchen theoretischen Ansätzen, Erklärungsmustern, Interpretationskonzepten oder Paradigmen Darstellung und Analyse organisiert werden sollen. Es ist ein generelles Problem jeder Sozialwissenschaft, daß die Erfassung von »Totalität«, und sei es nur innerhalb der »klassischen Trias« von Politik, Wirtschaft und Gesellschaft, weder durch die Flucht in eine Art von »Enzyklopädismus« noch durch »diskursive Erfassung geschlossener Systeme von interdependenten (historischen) Phänomenen oder Entwicklungsprozessen«[1] in der Praxis einzulösen ist; diese Methodik ist schon vom Ansatz her illegitim und führt nur zu einem unendlichen, nie abschließbaren Regreß. Das ergibt sich schon aus der Natur der Hermeneutik, wonach das Ganze nur zu verstehen ist, wenn man seine Einzelteile versteht, und diese wiederum nur dann zu verstehen sind, wenn man das Ganze versteht, denn: »Das Besondere unterliegt ewig dem Allgemeinen; das Allgemeine hat sich dem Besonderen zu fügen.«[2]

Im vorherrschenden Paradigma der heutigen Wissenschaft wird dieses Problem der Erkenntnisorientierung allerdings reduktionistisch zu lösen versucht, durch Zerlegung in Teilphänomene um den Preis eines Verzichts auf die Analyse von Gesamtzusammenhängen. Es handelt sich dabei jedoch um eine Art von »Wissen«, das auf tradierten Grundannahmen beruht, die auch im Lichte der einzelwissenschaftlichen Entwicklung bereits vielfach als obsolet angesehen werden müssen[3]. Das Zu-

[1] Messerschmid, Funktion der Geschichte, 1975, S. 623. Der etwa bei Talcott Parsons zugrundegelegte Systembegriff ist ausgesprochen ahistorisch und in sich geschlossen, vergleichbar mit der Gleichgewichtsvorstellung in der neoklassischen ökonomischen Theorie.

[2] Goethe, Maximen und Reflexionen, 199.

[3] Stellvertretend für die Erkenntnis der Unzulänglichkeit, alles über das mechanistische Weltbild erklären zu wollen, seien angeführt: W. Heisenbergs Un-

sammenfügen von Teilerkenntnissen darf aber nicht additiv erfolgen, sondern es ist auf Interdependenz zu achten, handelt es sich doch stets um komplexe Strukturen und vielfach vernetzte Systeme, für deren Erfassung das uns prägende analytische, zergliedernde, lineare und reduktionistische Denken, welches im cartesianisch-newtonschen Paradigma fußt, nicht mehr genügen kann. Vielmehr liegt wohl in der Theorie *offener* Systeme ein pragmatischer Ansatz, um »historische Totalitäten« von einer – wie es die Annales-Schule nennen würde – *longue durée* unter diesem Aspekt analysieren zu können. Die Systemtheorie, wie sie Ludwig von Bertalanffy in den 1950er-Jahren begründet hat, verzichtet keineswegs auf die analytische Betrachtungsweise, jedoch führt sie die Analyse unter anderen Bedingungen durch: Der Systemtheoretiker arbeitet »gewissermaßen in zwei Richtungen, indem er Schicht für Schicht, gleich einem Anatomen sich in dem System hinabarbeitet oder Schicht für Schicht hinaufarbeitet, aber immer im Bewußtsein der Ganzheiten und der Möglichkeit, zum System als Ganzes zurückzukehren«[4]. Aus der Sicht der Systemtheorie ergibt sich eine aus Systemen niederer und höherer Ordnung aufgebaute Welt, wobei jedes System eine Ganzheit darstellt, die mehrere Systeme niederer Ordnung in sich einschließt, ihrerseits aber wiederum selbst Teil eines umfassenderen Ganzen ist.

Für die Erkenntnis der sozialökonomischen Entwicklung sind die Kategorien »System« und »Struktur« von zentraler Bedeutung. Unter »System« verstehen wir ein strukturiertes Ganzes, gebildet aus miteinander vernetzten Elementen, die in einem inneren Zusammenhang stehen, also ein Beziehungsgeflecht, in dem die Veränderung eines seiner Elemente stets auch eine Veränderung der anderen nach sich zieht. Unter »Struktur« wiederum verstehen wir die Art und Weise, wie diese Elemente miteinander im Rahmen des gegebenen Systems verbunden sind, also die »Gesamtheit der Relationen« zwischen den Elementen des Systems, die »innere Organisation« eines Systems. Dabei existiert ein organischer Zusammenhang zwischen einem System und seiner Struktur[5].

schärferelation, K. Gödels Nachweis der Indeterminiertheit axiomatischer Systeme sowie die Arbeiten des Chemikers I. Prigogine über »offene Systeme«. Vgl. Gierer, Physik, 1985.

[4] Probst, Regeln des systemischen Denkens, 1985, S. 7; vgl. auch von Bertalanffy, General System Theory, 1951, S. 302 ff.

[5] Vgl. Schaff, Strukturalismus und Marxismus, 1974.

Diese Kategorien kommen dem bereits geäußerten Wunsch nach Generalisierung entgegen. Das schließt jedoch nicht aus, daß man sich dabei auf ausgewählte sozialökonomische, politische und mentale Phänomene konzentriert, wobei die Probleme im Sinne eines problemorientierten Methodenpluralismus zugleich auch vorrangige Instanzen für die Auswahl der methodischen Perspektiven sind, oder, um es anders auszudrücken: Wir gehen nicht im Sinne eines naiven positivistischen Objektivismus »voraussetzungslos« an die Dinge heran, im Sinne Leopold von Rankes etwa, der »bloß zeigen« wollte, »wie es eigentlich gewesen«. Der Mensch als empirisch erkennendes Subjekt und sein Erkenntnisprozeß selbst sind vielmehr in jedem Fall Teil der von ihm erfahrenen Wirklichkeit, auch die Ebene dieses Diskurses und die jeweilige »Ordnung der Dinge«[6] unterliegen ihrerseits einem Wandel. Das, was wir fühlen, denken und erkennen, die »Wissensproduktion«, ist gesellschaftlichen Bedingungen unterworfen; wir können nach Wahrheit streben, aber niemals abschließende Sicherheit erlangen.

Wenn wir die gesellschaftliche Eingebundenheit von Wissenschaft akzeptieren, dann können wir auch ein soziales System nicht als etwas a priori Bestehendes, als gegebenes Objekt auffassen, das ja erst durch intensive Auseinandersetzung mit dem Problem oder den vorliegenden Strukturen, also als Ergebnis eines Diskurses als System konstruiert wird: »Je nachdem aus welchem Gesichtspunkt wir ein System definieren, bzw. abhängig von den Prämissen, von denen wir ausgehen, wird eine andere Systemabgrenzung vorgenommen und werden die aus der Analyse des Systems resultierenden Handlungsempfehlungen anderer Art sein.«[7] Wie verschiedentlich gezeigt wurde, sind wir durchaus fähig, verschiedene Wirklichkeiten zu konstruieren[8]. Dabei ist die Stellung des Beobachters zentral; die Systemabgrenzung wird durch den Standpunkt, den Bezugsrahmen, das Vorauswissen, die Prämissen, Erwartungen und Werthaltungen bestimmt. Daraus folgt, zumindest für den sozialwissenschaftlichen Bereich, daß wissenschaftliche Theorien stets auch von implizit oder explizit vorhandenen Werturteilen und einer bestimmten Art der Verknüpfung mitbestimmt sind.

[6] Vgl. Foucault, Ordnung der Dinge, 1971. »Ordnung der Dinge« bedeutet eine strukturierte soziale Wirklichkeit, impliziert aber auch die Strukturierung der Wirklichkeit im Denken.

[7] Probst, Regeln des systemischen Denkens, 1985, S. 3.

[8] Vgl. Watzlawick, Erfundene Wirklichkeit, 1981.

Wie unterschiedlich fällt doch schon bei Dingen, die jeder sehen kann, im historischen Ablauf die Beurteilung, ja die Erfassung der Dinge selber aus, um wieviel mehr noch bei gesellschaftlichen und ökonomischen Sachverhalten, die nicht unmittelbar in Sinneseindrücken greifbar werden, bei denen jedoch das (Erkenntnis-)Interesse eine entscheidende Rolle spielt. Dazu zwei Beispiele: Ludwig Fleck[9] zeigt etwa, wie sehr selbst die Darstellungen des uns allen scheinbar so vertrauten menschlichen Körpers im Laufe der Zeit differieren. In alten anatomischen Atlanten, etwa bei Vesalius, wird das Skelett als »Todessymbol« schlechthin dargestellt, der moderne Anatom hält dies hingegen für »unnützes Stimmungsbeiwerk«. Dafür klingen in den osteologischen Figuren der modernen Anatomie häufig »technisch-mechanistische Motive« an, wird etwa eine funktionsorientierte Symmetrie suggeriert, die ebenfalls nicht in der Natur vorgegeben ist. Oder ein Exempel aus einem anderen Bereich: Der Archäologe German Hafner berichtet, daß die Giebel-Skulpturen des Zeustempels in Olympia, die heute zu den schönsten und den am meisten bewunderten Werken der altgriechischen Kunst gezählt werden, als sie 1877 gefunden wurden, von Fachgelehrten bloß als das Werk »peloponnesischer Steinmetzen« eingeschätzt wurden[10]. Die Beispiele verraten mehr über den Betrachter und die zeitgenössische Erfassung als über den Gegenstand der Betrachtung selbst – »Erkenntnis« und Urteil sind überall dort, wo der Mensch involviert ist, nicht zu trennen. Wenn etwa Alain Corbin[11] in der Tradition Michel Foucaults Mikroveränderungen der Sinneseindrücke nachgeht, so scheint sich auch hier das Vermögen der Macht des Faktischen und der jeweiligen »Ordnung der Dinge« nicht nur im Denken, sondern auch in den Sinnen durchzusetzen und Wahrnehmungen zu modifizieren[12].

Es sind also weniger die Dinge selbst, die sich verändern, als unsere Sichtweise, unsere Erkenntnisformen, aber auch die Ordnung, die wir ihnen zugrunde legen, die Art der Selektion im Erkenntnisprozeß und damit auch die Interpretation der Welt. Auch in diesem Fall sind »Individuum« und »Gesellschaft« zwei nicht voneinander zu trennende Dimensionen;

[9] Vgl. Fleck, Entstehung und Entwicklung, 1980, S. 185f.
[10] Vgl. Hafner, Sternstunden der Archäologen, 1978, S. 348.
[11] Vgl. Corbin, Pesthauch und Blütenduft, 1984.
[12] Vgl. auch Devereux, Angst und Methode, 1976; sowie Toulmin, Voraussicht und Verstehen, 1981.

beide unterliegen aber ebenfalls einem historischen Wandel, und die Entwicklung von Persönlichkeits- und Gesellschaftsstrukturen vollzieht sich in unlösbarem Zusammenhang beider miteinander; gleichzeitig ändert sich dabei aber auch die jeweilige Symbol- und Sinnwelt, und damit der Maßstab, nach dem wir die Dinge beurteilen, »sinnvoll« auswählen, verknüpfen, für wichtig erachten. Dies hat Goethe im ›Faust‹[13] präzise ausgedrückt: »Mein Freund, die Zeiten der Vergangenheit sind uns ein Buch mit sieben Siegeln. Was Ihr den Geist der Zeiten heißt, das ist im Grund der Herren eigner Geist, in dem die Zeiten sich bespiegeln.«

Auch das vorherrschende Geschichtsverständnis und die historische Analyse werden geprägt durch erkenntnisleitende Interessen, die in der jeweiligen Gesellschaft dominieren. Der Mensch selbst ist keine »anthropologische Konstante«, ja erst das Wissen um seine Geschichtlichkeit macht sein Menschsein aus, wodurch er sich etwa von jener »glücklichen Viehherde« unterscheidet, die Nietzsche an den Beginn seiner Betrachtung ›Vom Nutzen und Nachteil der Historie für das Leben‹ stellt. Der Mensch ist zwar ein Ensemble seiner Geschichte, er gestaltet sie aber auch.

Im Sinne des genannten Erkenntnisinteresses ist auch das apokryphe Goethewort zu interpretieren, wonach Geschichte ständig neu geschrieben werden muß, auch Benedetto Croces[14] Anmerkung, Geschichte sei immer zeitgenössische Geschichte. Das heißt aber, daß nicht nur die subjektiven Interessen des Betrachters, sondern, weil sich in ihnen in Bestätigung und Widerspruch auch die jeweils herrschenden Interessen der Gesellschaft widerspiegeln, zugleich auch letztere den selektiven Erkenntnis- und Orientierungsprozeß gegenüber der historischen »Realität« bestimmen. Es existiert also so etwas wie ein Vorverständnis; mit den Worten Blaise Pascals: »Du würdest mich nicht suchen, wenn Du mich nicht schon gefunden hättest.«[15]

Gerade hier zeigt sich aber, daß das schon erwähnte positivistische Selbstverständnis »das an der Ausgangssituation haftende Vorverständnis des Interpreten, durch das hermeneutisches

[13] 1. Teil, Verse 575–579.

[14] Vgl. Croce, Geschichte als Gedanke, 1944, S. 41.

[15] Es ist dies der sogenannte »hermeneutische Zirkel«, allerdings in der Gestalt, die Hans-Georg Gadamer im Anschluß an Martin Heidegger dem Problem gegeben hat. Vgl. Gadamer, Wahrheit und Methode, 1975.

Wissen stets vermittelt ist«, einfach unterschlägt[16]. Die Konsequenz daraus kann aber nur sein, daß wir wohl den Maßstab aus unserer Gegenwart beziehen, uns aber gleichzeitig dessen historischer Bedingtheit und damit der Ausschließung einer universellen Gültigkeit bewußt sein müssen: »Wir schreiben die Geschichte immer wieder neu, da sich mit der Zeit die Kriterien ändern, aufgrund derer die Wichtigkeit vergangener Ereignisse beurteilt wird, und zugleich mit diesen ändert sich die Wahrnehmung und Auswahl der historischen Tatsachen, folglich auch das Geschichtsbild selbst.«[17] Wenn Jacob Burckhardt in den ›Weltgeschichtlichen Betrachtungen‹ schreibt: »Nur aus der Betrachtung der Vergangenheit gewinnen wir einen Maßstab der Geschwindigkeit und Kraft der Bewegung, in welcher wir selbst leben«[18], dann muß unter den zuvor genannten Aspekten auch der Umkehrschluß erlaubt sein, daß wir erst aus der Gegenwart einen Maßstab zur Betrachtung der Vergangenheit gewinnen.

Wenn wir diese historische Dimension menschlicher Erkenntnisfähigkeit bejahen, damit auch die geschichtliche Wandelbarkeit der jeweiligen »Ordnung der Dinge«, dann heißt dies aber, auf andere sozialwissenschaftliche Disziplinen übertragen, daß soziologische oder ökonomische »Gesetze« nur in räumlich-zeitlich eingeschränktem Sinne sinnvoll anzuwenden sind, weil sie eben derselben Bedingtheit unterliegen. Es ist daher für den Zweck dieses Buches naheliegend, etwa die ökonomischen Theorien in Verbindung mit den sozioökonomischen Bedingungen jener Epoche zu setzen, unter denen sie entstanden sind. Dies bedeutet eine deutliche Abgrenzung von all jenen theoretischen Konzeptionen, die für den Bereich der Sozialwissenschaften – und dazu zählen wir auch die ökonomische Theorie – analog zu den Naturgesetzen universell anwendbare Modelle konstruieren, die aber dahinterliegende Ideologien und Interessenstandpunkte bewußt oder unbewußt verhüllen[19]. Wenn wir etwa an den mittlerweile selbst bereits Geschichte gewordenen »Methodenstreit« in der Nationalökonomie denken, können wir den Anspruch der »reinen« Theorie nur mit historischer Distanz als Ausdruck historisch gegebener Interes-

[16] Habermas, Erkenntnis und Interesse, 1973, S. 157.
[17] Schaff, Geschichte und Wahrheit, 1970, S. 227.
[18] S. 37.
[19] Vgl. Elias, Prozeß der Zivilisation, I, 1977, S. XLI.

senlagen sehen und derartige Konstrukte nur als »Theorien mittlerer Reichweite« begreifen.

Dennoch enthebt diese Feststellung uns nicht des Problems, einen theoretischen Raster zu finden, einen »Maßstab zur Betrachtung der Vergangenheit«, der einerseits weit genug ist, der historischen Eigenart verschiedener Epochen nicht Gewalt anzutun, andererseits aber die langfristig wirksamen Transformationsprozesse zum Ausdruck bringen kann. Das Problem liegt darin, daß die moderne ökonomische Theorie nur auf den Bereich der kapitalistischen Marktwirtschaft und daß heutige soziologische Stratifikationsmodelle nur auf industrielle und nicht auf vergangene oder auch zukünftige Gesellschaften sinnvoll anzuwenden sind[20].

Welcher ist aber nun dieser Maßstab, welche sind die »erkenntnisleitenden Interessen«, die unsere Gegenwart bestimmen? Noch vor kurzem schien die Beantwortung dieser Frage leicht; als Paradigmen der Forschung galten gemeinhin im Bereich der politischen Geschichte das Konzept der Staatsbildung, insbesondere die der als »historische Individuen« aufgefaßten Nationalstaaten; in der ökonomischen Theorie Fragen des wirtschaftlichen Wachstums in Verbindung mit der Höhe der Investitionsrate und der Rolle von technischen Innovationen; in der Soziologie standen Stratifikations- und Mobilitätsforschung im Vordergrund[21].

Es geht aber heute nicht nur um eine Verknüpfung und zugleich Weiterführung dieser Einzelaspekte, deren geschichtliche Bedingtheit selbst wiederum, wie gesagt, einen Gegenstand historischer Betrachtung bilden könnte, sondern um ein differenziertes Paradigma, das die relevanten ökonomischen, politischen, sozialen und kulturellen Aspekte miteinbezieht und sich gleichzeitig an einem theoretischen Modell der langfristigen sozio-ökonomischen Entwicklung orientiert. Theoretische Konstrukte, die den Anspruch erheben, diesen Forderungen zu entsprechen, demaskieren sich jedoch bei näherer Betrachtung zumeist als Gemisch von Sein und Sollen, von Sachanalysen und normativen Postulaten, präsentieren sich somit als Kernstück einer Ideologie, die den Anspruch erhebt, sowohl als Modell für alle wissenschaftliche Erforschung von Gesellschaften aller Zeiten und Räume zu dienen, als auch die behauptete Dichotomie

[20] Vgl. Polanyi, Ökonomie und Gesellschaft, 1979.
[21] Vgl. Wehler, Modernisierungstheorie, 1975, S. 11 ff.

von Theorie und Praxis aufheben zu können[22]. Es besteht der Verdacht, daß dieser »ideologische« Gehalt um so größer ist, je älter und damit traditionell verehrungswürdiger solche »Theorien« sind, die dann als »Gesetzmäßigkeiten« postuliert werden, wobei die »prinzipielle Unvorhersehbarkeit menschlichen Handelns« (MacIntyre) negiert wird. Bereits Aristoteles meint, daß nur das Unwandelbare als »Theorie« zu fassen sei, während für alles Wandelbare nur die Praxis entscheide. Da nun soziale Gebilde durchaus wandelbar sind, kann einer Theorie, so gesehen, nur eine die Praxis unterstützende Funktion im Handlungsbereich zukommen; »Theorien« haben also ihre Brauchbarkeit im Sinne einer Kritik des praktischen Handelns zu erweisen, indem sie sich über die Lösung konkreter Probleme ständig unter Beweis stellen.

Viele Sozialwissenschaftler meinten, in der »Modernisierungstheorie«, insbesondere wenn man diese sehr weit auslegt und etwa als eine allgemeine Theorie sozioökonomischen Wandels auffaßt, einen tragfähigen, noch entwicklungsfähigen Ansatz und Theoriekomplex gefunden zu haben oder zumindest eine Hypothese, welche die Genesis der »modernen Welt« recht gut erklärt. Nun zeigt jedoch bereits eine erste kritische Betrachtung die immanenten Schwächen dieses theoretischen Rasters, wie er sich beim derzeitigen Stand der wissenschaftlichen Diskussion darstellt. Die Modernisierungsforschung schließt wissenschaftshistorisch an die seit der Wende vom 17. und 18. Jahrhundert entwickelten evolutionstheoretischen Traditionen an und nahm zunächst verschiedene Theorien aus der Sozial-, Wirtschafts- und Politikwissenschaft (womit ja nur einzelne Bereiche menschlicher Tätigkeit umschrieben werden) auf, um sie in eine »Globalkonzeption« zu integrieren. Diese theoretischen Konstrukte, wie sie von den großen sozialwissenschaftlichen Denkern des 19. Jahrhunderts, von Auguste Comte, Karl Marx, Emile Durkheim, Herbert Spencer, Leonard Trelawney Hobhouse, Ferdinand Tönnies, Henry Maine bis hin zu den Vertretern der gegenwärtigen Modernisierungstheorien entwickelt wurden, waren jedoch stets auch von politisch-weltanschaulichen Idealen bestimmt[23] und zeigten damit (egal ob linear oder dialektisch gerichtet) eine deutliche Befangenheit in der Fortschrittsideologie und damit in durch und durch neu-

[22] Vgl. Elias, Prozeß der Zivilisation, I, 1977, S. XLI.
[23] Vgl. Wehler, Modernisierungstheorie, 1975, S. 14.

zeitlichen Denksystemen; die ideologische Dogmatisierung derartiger Theorien führte auch dazu, daß sie sich der Falsifikation entziehen und damit (zumindest nach Popperschen Kriterien) wissenschaftlich untragbar werden[24].

Auf diese Weise entstand mit je nach Autor verschiedenartiger Schwerpunktbildung und Akzentuierung der Idealtyp eines Modernisierungsprozesses, der aus der »traditionalen« in die gegenwärtige »moderne« Welt führt. Häufig wurde dieser Prozeß als das Ergebnis des Zusammenwirkens mehrerer Entwicklungstrends verstanden, zu denen in erster Linie das industriewirtschaftliche Wachstum auf der Grundlage wissenschaftlich-technischer Innovationen, die Ausbildung bestimmter Muster der sozialen Stratifikation und Differenzierung, der Wandel des Werte- und Normensystems, die Mobilisierung der Bevölkerung und der Ressourcen, der Kampf um politische Partizipations- und Gleichheitsrechte sowie die Institutionalisierung von Konflikten gezählt wurden[25].

Es läßt sich jedoch schon aus dem historischen Befund ableiten, daß verschiedene Entwicklungspfade zur »Modernität« existieren (was immer dies bedeuten mag), es gibt eine differenzierte Entwicklung, aber auch partielle Entwicklungsumkehr und Rückfälle in Form von Atavismen. Auch rapides wirtschaftliches Wachstum wird nicht mehr unbedingt als funktionaler Beitrag zur Systemstabilisierung angesehen, ja im Gegenteil, aus dem Auseinanderklaffen, aus der mangelnden Synchronisation von wirtschaftlicher, gesellschaftlicher und politischer Veränderung erwachsen unter Umständen systemsprengende Tendenzen[26].

Der Haupteinwand gegen derartige Konzeptionen ist jedoch prinzipieller Natur. Man kann nicht soziale und ökonomische Prozesse und Strukturen nach Begriffen der Fortschrittlichkeit oder Rückständigkeit – im übrigen durchaus spezifisch »bürgerliche« Kategorien, die zu gesamtgesellschaftlichen gemacht wurden – messen, sondern muß sich bewußt sein, daß Transformationsprozesse sowohl Progreß als auch gleichzeitig Zerstörung traditioneller Strukturen beinhalten – der Verlust an Alternativen, der als Folge einer Neuerung eintritt, stellt sich immer wieder als Problem. Im Unterschied zu den Vertretern

[24] Vgl. Popper, Logik der Forschung, 1935.

[25] Vgl. Wehler, Modernisierungstheorie, 1975, S. 16f.; vgl. auch Foucault, Archäologie des Wissens, 1973, S. 9f.

[26] Vgl. Olson, Wachstum als Destabilisierungsfaktor, 1973, S. 207ff.

der alten gesellschaftlichen Evolutions- und der heutigen Modernisierungstheorien kann man daher nicht von der Vorstellung einer linearen zielgerichteten Evolution ausgehen – ein Ansatz, der in der Biologie ohnedies seit Darwin nicht mehr möglich ist –, man muß vielmehr die wechselnden Veränderungsgeschwindigkeiten einer Gesellschaft insgesamt, aber auch ihrer einzelnen Bereiche und Elemente, in verschiedenen historischen Perioden berücksichtigen[27].

Gesellschaften und Kulturen vergangener Epochen interpretierten sich selbst, verhielten sich aber für unser heutiges Verständnis nicht weniger fremdartig als etwa rezente außereuropäische Zivilisationen, die nur mühsam zu beschreiben und kaum zu verstehen sind, und bei denen wir nur zu oft geneigt sind, unsere eigenen Denkweisen und Werturteile hineinzuprojizieren[28]. Ja es erweist sich, daß insbesondere auch die *atmosphère mentale* (Marc Bloch) von großer Wichtigkeit ist: das besondere geistige Klima einer Zeit, die Art gesellschaftlichen Fühlens, die kollektiven Vorstellungen von Wirklichkeit und Rationalität, die Welt- und Menschenbilder, in denen sich die Rechtsnormen und sozialen Gewohnheiten, die größtenteils vorbewußten Einstellungen, die unbefragten und nicht artikulierten Axiome, die gesellschaftlichen Tabus bewegen – manches läßt sich erst vom Ungesagten und »Undenkbaren«, also von der Dimension des Verschwiegenen her erschließen.

Daß sich Strukturen und Prozesse nicht einfach mit Hilfe von dichotomen Begriffspaaren (z.B. Fortschritt – Rückschritt) einfangen lassen, welche die Analyse letztlich auf zwei entgegengesetzte Zustände begrenzen, ist ein Haupteinwand auch gegen die gegenwärtigen Modernisierungstheorien; erst die »strukturierte Abfolge eines kontinuierlichen Wandels (diente hier) als Bezugsrahmen für die Erforschung von Zuständen, die sich auf einen bestimmten Zeitpunkt fixieren lassen«[29].

Es erscheint daher nicht sehr sinnvoll, den Begriff »Moderni-

[27] Vgl. Koselleck, Fortschritt, 1975, S. 392ff.

[28] Wenn etwa M. M. Postan das mittelalterliche Zunftwesen folgendermaßen charakterisiert: »In most towns of the later Middle Ages there were regulations to secure fair prices, to maintain wages, to lay down standard of quality, and above all, to protect individual masters from competition« (Postan, Why was science backward, 1951, S. 29f.), so verwendet er den modernen Kategorienapparat, der dem Wesen des mittelalterlichen Wirtschaftens absolut nicht gerecht wird. Mit einem Wort: Wogegen man sich verwahren muß, ist der gedankenlose Gebrauch von Begriffen.

[29] Elias, Prozeß der Zivilisation, I, 1977, S. XXI.

sierung« auch nur als Kürzel für ein Bündel interdependenter, vielfach verflochtener Evolutionsprozesse, für einen an sich widerspruchsvollen Prozeß voller Konflikte mit Rückschlägen und Fortschritten, Vorzügen und Nachteilen zu verwenden. Überdies offenbart sich hier auch das »Janusgesicht der Evolution«, daß nämlich (entwicklungsgeschichtlich gesehen) Entwicklungsimpulse zugleich mit ursprünglich vorteilhaften Anlagen auch den Keim der Zerstörung in sich tragen; konkret auf den heutigen Menschen übertragen, zeigt sich hier das Phänomen, das man die »Dialektik der Aufklärung« (Horkheimer/Adorno) genannt und als die prinzipielle Ambivalenz der Weberschen »Rationalisierung« interpretiert hat: Neben einem historisch beispiellosen Potential an materiellen Ressourcen zur Verbesserung der *conditio humana* hat der »moderne« *homo sapiens* zugleich die Gefahr seiner Zerstörung, bis hin zu wahrhaft monströsen, die menschliche Existenz bedrohenden Mitteln der Massenvernichtung hervorgebracht.

Aber auch eine solche Sicht ist im Grunde eine Konsequenz dessen, daß für den historischen Prozeß eine relativ geradlinige Entwicklung postuliert wird, die quasi als metahistorisches Prinzip die Geschichte im Sinne einer Vervollkommnung der Menschheit (oder auch ihres apokalyptischen Endes) forttreibt, das Wirken einer nicht beeinflußbaren Macht, gleichsam eine Wiederauflage der Hegelschen »List der Vernunft«, also im Grunde eine teleologische Vorstellung, ein historischer Determinismus.

Wenn heute der noch im 19. Jahrhundert so dominierende Fortschrittsgedanke von verschiedenen Seiten her in Frage gestellt wird, so nicht nur deshalb, weil ein auf permanentem Wandel beruhendes System prinzipiell unsicher ist, sondern auch, weil die Diskrepanz zwischen weit vorgeprellter materiell-technischer Entwicklung und dem aus unserer Sicht retardierten geistigen, moralischen und politischen Standard empfunden wird. Solche Verzerrungen als Resultat einer »Gleichzeitigkeit des Ungleichzeitigen« können nur als Bedrohung der Existenz empfunden werden; sie erzeugen kognitive Dissonanz[30], lösen Ängste, ja Massenpsychosen aus und verhelfen damit denjenigen zu großem Zulauf, die fertige Ideologien und auf Finalisierung hin orientierte Patentlösungen anzubieten ha-

[30] Im Sinne Jean Piagets ein Ansatz zur Akkomodation, die dann jedoch nicht stattfindet.

ben. Der in der Regel atavistische Gehalt derartiger finiter Ordo-Vorstellungen kommt ja auch dem *common sense* weitgehend entgegen, und bekanntlich wird »die Angst vor der Zukunft zum besten Geschichtslehrer«. In solchen Entwicklungsphasen tendiert man nur zu gerne dazu, wie Karl Kraus in der Krise der 1920er Jahre seinen Landsleuten unterstellte, »vertrauensvoll in die Vergangenheit zu blicken«.

Der Systemansatz als neues Paradigma

Beim Versuch, gesellschaftliche Entwicklungen zu verstehen, kann – schon wegen der ungeheuren Resonanz seiner Schriften – die Marxsche Erklärungsvariante nicht übergangen werden. In der Tat hat Karl Marx dazu Grundsätzliches ausgesagt[31].

Nach Marx stellt die Produktionsweise die reale Basis einer Gesellschaft dar, der ein juristischer und politischer »Überbau« sowie bestimmte Bewußtseinsformen (Denk- und Verhaltensweisen) entsprechen. Wenn nun die Produktivkräfte[32] auf einer bestimmten Stufe ihrer Entwicklung in Widerspruch mit den Produktionsverhältnissen[33] geraten, tritt eine Epoche sozialer Revolution ein: »Mit der Veränderung der ökonomischen Grundlage wälzt sich (auch) der ganze ungeheure Überbau ... um.«[34] Die Dynamik dieser gesellschaftlichen Entwicklung – und dies muß hier betont werden, weil es oft falsch gesehen wird – spielt sich jedoch nicht unabhängig vom Bewußtsein der Menschen ab. Was Marx hervorhebt, ist, daß man gesellschaftliche Entwicklungen nicht aus dem Bewußtsein der Menschen erklären kann, sondern daß »vielmehr dies Bewußtsein aus den Widersprüchen des materiellen Lebens, aus dem vorhandenen Konflikt zwischen gesellschaftlichen Produktivkräften und Produktionsverhältnissen«[35] erklärt werden muß. Gewisse,

[31] Vgl. MEW 13, S. 8f.

[32] Produktivkrafte bezeichnen die jeweiligen Möglichkeiten zur Produktion gesellschaftlichen Reichtums.

[33] Unter Produktionsverhältnissen versteht Marx spezielle soziale Beziehungen, deren Form von der jeweiligen Stellung der Personen im gesellschaftlichen Produktionsprozeß bestimmt ist.

[34] MEW 13, S. 9.

[35] Ebd.

wenn auch aus den Marxschen Schriften nicht immer eindeutig hervorgehende Fortschrittsvorstellungen prägen die Marxsche Sichtweise, wenn er beispielsweise davon spricht, daß die bürgerlichen Produktionsverhältnisse die letzte antagonistische Form des gesellschaftlichen Produktionsprozesses sind, daß mit der bürgerlichen Gesellschaft »die Vorgeschichte der menschlichen Gesellschaft« abschließt.

Ein solcher prozessualer Ansatz mündet häufig in einem historischen Determinismus, wofür die Geschichte der Marx-Interpretation genügend Beispiele bietet; die verschiedenen historischen Stufentheorien, aber auch die rezenten Modernisierungstheorien sind nicht frei davon. Das andere Extrem ist die Sichtweise einer ahistorisch angelegten Gleichgewichtstheorie und des Voluntarismus. Der weitgehende Verlust der historischen Dimension, die Eliminierung des Parameters »Zeit« in den gegenwärtigen Sozialwissenschaften führte nicht nur zu einer Verkürzung der Betrachtungsweise – die Momentaufnahme wird für das Ganze genommen, so daß heute etwa nach Parsons' Auffassung es »Aufgabe jeder wissenschaftlichen Theorie sei, alles Wandelbare begrifflich auf Unwandelbares zu reduzieren«[36] –, sondern auch dazu, daß der Begriff der gesellschaftlichen und ökonomischen Entwicklung aus der Theorie so gut wie verschwunden ist. So wie etwa die neoklassische ökonomische Theorie auf dem Gleichgewichtsmodell beruht, so geht die »klassische« soziologische Systemtheorie von der Vorstellung aus, daß der gesellschaftliche Wandel »im Sinne eines Strukturwandels als Störung eines normalerweise stabilen gesellschaftlichen Gleichgewichts« zu verstehen ist[37].

Zu Recht wurde gegen derartige statische Gleichgewichtssysteme eingewendet, daß es sich um Theorien handle, deren wachsende logische und hochformalisierte mathematische Konsistenz über ihre abnehmende Realitätsnähe nicht hinwegtäuschen könne[38]. Dabei soll gar nicht geleugnet werden (worauf schon Schumpeter hingewiesen hat), daß derartige Konstrukte etwa in der ökonomischen Theorie unentbehrlich sein mögen, »als ein Standard, mit dem der gegebene Zustand des Wirtschaftsorganismus untersucht, und wenn möglich beurteilt

[36] Parsons, Social structure, 1963, S. 258f.

[37] Elias, Prozeß der Zivilisation, I, 1977, S. 302; Parsons/Smelser, Economy and society, 1957, S. 247f.

[38] Vgl. Rose, Klassische Theorie, 1978, S. 21.

wird«[39]. Wer jedoch versucht, Bewegung, Dynamik und Wandel als eine »Störung des Gleichgewichts« oder auch als Zustand »relativ instabilen Gleichgewichts« zu interpretieren, wird für prozessuale Abläufe, Konflikte und Transformation nicht hinreichend empfänglich sein.

Das Problem liegt damit heute darin, daß das Denken in geschlossenen statischen Systemen, wie es auch den älteren Strukturalismus, insbesondere die älteren funktionalistischen Ansätze etwa von Radcliffe-Brown und Malinowski charakterisiert, abgelöst werden müßte durch ein Denken in Prozessen, oder, wie Edward H. Carr es ausdrückt, statt die »Gesellschaft im Ruhezustand (die es in Wirklichkeit gar nicht gibt) zu betrachten, gilt es, den Wandel der sozioökonomischen Verhältnisse und die Entwicklung ins Auge zu fassen«[40]. Es erscheint nichts absurder in einer Welt permanenter Veränderungen, von miteinander verknüpften, auf mehreren Ebenen ablaufenden Wandlungsprozessen, als von Stillstand zu reden und an die Vorstellung eines herstellbaren Gleichgewichts zu glauben.

Gesellschaftliche Prozesse sind immer offen nach verschiedenen Richtungen, sie haben aber keine vorgegebene Zielsetzung oder Zweckbestimmung. Das heißt aber nicht, daß sie vom blinden Zufall bestimmt wären, weil das vorher Dagewesene immer nur ein Ensemble von Entwicklungsmöglichkeiten zuläßt. Aufgrund spezifischer Figurationen ergeben sich nur ganz bestimmte Entwicklungschancen, entstehen eigenständige Prozesse und entsprechende, den Prozeß reflektierende Kategorien des Denkens. Jede auf langfristige Entwicklung abgestellte Analyse steht unter dem Postulat, die sozioökonomische Wirklichkeit als ein System, das eine bestimmte Struktur aufweist, aufzufassen. Dabei sind sowohl strukturelle als auch genetisch-dynamische Aspekte einzubeziehen – letzteres im Gegensatz zum traditionellen Strukturalismus, der von invarianten Strukturen ausgeht. Es handelt sich darum, neben den (koexistenziellen) Strukturen auch die Prozesse in die Analyse aufzunehmen, es geht um die »Untersuchung der in diesem System auftretenden strukturellen Gesetze bei gleichzeitiger Berücksichtigung ihres komplementären Charakters zur Analyse von Prozessen«[41].

[39] Schumpeter, Konjunkturzyklen, I, 1961, S. 10.
[40] Carr, Was ist Geschichte? 1963, S. 64f.
[41] Schaff, Strukturalismus und Marxismus, 1974, S. 218.

Gesellschaftliche Prozesse und das Phänomen des Übergangs von einem Gesellschaftssystem zu einem anderen können aber auch aus einem, sowohl dynamisch als auch systemtheoretisch begründeten, strukturierten Erklärungsmodell heraus interpretiert werden[42]. Es scheint, daß das anhand der Geschichte der Naturwissenschaften von Thomas Kuhn, Paul Feyerabend, Imre Lakatos und anderen, zum Teil auch erst wiederentdeckten Autoren wie Ludwig Fleck, entwickelte Konzept des Übergangs zu einem neuen wissenschaftlichen Paradigma ein beträchtliches allgemeingeschichtliches Erklärungspotential enthält. Wenn dies auch für soziale, ökonomische und politische Systemelemente zutrifft, so heißt das, daß diese ein für sie jeweils spezifisches Ensemble von Steuerungsmitteln und auch Ansätze zu Problemlösungen aufweisen, mit denen sie neue Erfahrungen und Probleme, ja selbst strukturelle Veränderungen zunächst zu bewältigen versuchen. Gelingt das nicht mehr, erweisen sich die neu andrängenden Kräfte als zu stark oder die Steuerungsmittel und Integrationskapazitäten als zu schwach, kommt es zur Krise des Systems: »Dann läßt sich in der Tat von Krisen sprechen ... (eine) Krise – ob sie nun eine Revolution mit einschließt oder sie vorbereitet – erscheint so als notwendiger Prozeß, der Geschichte voranbringt und (gleichzeitig) Kontinuität garantiert.«[43] Die Nichtreproduktionsfähigkeit der politischen, ideologischen und ökonomischen Voraussetzungen eines Gesellschaftssystems ist, so gesehen, das Ergebnis einer bestimmten Kausalität, die bereits in den Entstehungsbedingungen angelegt ist, jedoch keineswegs als teleologische Realisierung eines »inneren Prinzips« oder »Wesens« einer Geschichtsformation zu verstehen ist.

Damit kann eine Verbindung zwischen den klassischen Ansätzen der Systemtheorie und des Strukturalismus sowie evolutionär-prozessualen Entwicklungstheorien hergestellt werden, indem solche Systeme nicht als etwas Statisches, sich gleichsam im homöostatischen Gleichgewicht Befindliches, sondern als etwas Dynamisches, sich andauernd Veränderndes aufgefaßt werden, als »offene Systeme«, geprägt von Anpassung und Widerstand, von »Assimilation« und »Akkomodation«[44] gegenüber Anstößen von innen und außen.

[42] Vgl. Habermas, Rekonstruktion des Historischen Materialismus, 1976.

[43] Vierhaus, Problem historischer Krisen, 1978, S. 319.

[44] Assimilation: Der inkorporierende Prozeß eines operativen Aktes. Ein In-sich-Aufnehmen von Umweltdaten, nicht in einem kausalen, mechanistischen

Dies folgt dem entwicklungspsychologischen Ansatz Piagets, der zwar von der individuellen Ebene kommt, jedoch genügend Erklärungspotential auch für soziale Systeme enthält: »Die Erkenntnisstrukturen, mit denen er (Piaget) sich beschäftigt, gehören ebenso dem Individuum in der Gesellschaft oder der Gesellschaft von Individuen zu wie dem Individuum allein … Der Mensch ist eine lebende Organisation, die trotz oder besser aufgrund ihrer immanenten Struktur und Selbstregulation keineswegs autark ist. Die Umwelt ist kein zusätzlicher Luxus oder kein für eine im wesentlichen autonome Struktur entbehrliches Element. Die biologische Umwelt ist die unbedingt notwendige Welt, in der und durch die eine biologische Organisation lebt und mit der sie in Wechselwirkung steht. Wenn – wie es beim Menschen der Fall ist – soziale und kulturelle Einflüsse einen Teil der normalen Umwelt bilden, dann kann sich das *Erkennen* (hervorgehoben v. d. Verf.) bei den Menschen ohne die soziale und kulturelle Umwelt niemals menschlich entwikkeln.«[45] Diese Position wird nur deutlicher, wenn explizit da-

Sinne, sondern als Funktion einer internen Struktur, die kraft ihrer eigenen Natur – eben durch Assimilation potentiellen Materials aus der Umwelt – nach Betätigung strebt.

Akkomodation: Der nach außen gerichtete Prozeß eines operativen Aktes, der sich auf einen besonderen Realitätszustand bezieht. Die Akkomodation wendet eine allgemeine Struktur auf eine besondere Situation an; als solche enthält sie immer ein Element von Neuheit. In einem eingeschränkten Sinne führt die Akkomodation an eine neue Situation zur Differenzierung einer schon ausgebildeten Struktur und somit zum Auftreten neuer Strukturen. Vgl. Furth, Intelligenz und Erkennen, 1976, S. 362.

[45] Furth, Intelligenz und Erkennen, 1976, S. 37f. Die heutige biologische Anthropologie tendiert dahin, daß sich der Mensch stets in einer Interaktion von Erbanlagen und Umwelt realisiert. Dieses Zusammenspiel von genetischer Kodierung und Umwelt ist zum Teil auch neurophysiologisch abgesichert: Die Gehirnleistungen ergeben sich demnach aus der Verschaltung von Nervenzellen, die jedoch nicht im Detail, sondern nur in großen Zügen genetisch determiniert ist. Ohne externe Informationen aus der Umwelt bilden sich die spontan entstandenen Synapsen bzw. die betreffenden Nervenzellen zurück. Die Rolle der Umwelt ist es dabei, diesen genetisch vorgegebenen Plan zu realisieren und zu stabilisieren. Wenn die von den Genen zum Lernen vorbestimmte Phase nicht genutzt wird, läßt sich Versäumtes kaum mehr nachholen, wenn die jeweils sensible Phase verstrichen ist (z.B. Spracherwerb). Seine Gene statten den Menschen mit einem ungeheuren Potential aus. Damit eröffnen sich »Freiräume«, die in der Auseinandersetzung mit der Umwelt gestaltend ausgefüllt werden müssen (siehe Akkomodation und Assimilation). Vgl. dazu z.B. auch Chomsky, Regeln und Repräsentationen, 1981. Der daraus ersichtliche interaktive Prozeß läßt die traditionelle Streitfrage, ob der Mensch Produkt der Umwelt oder der Vererbung sei, obsolet erscheinen.

von ausgegangen wird, daß der Mensch ein »gesellschaftliches Wesen« ist[46].

Jedes System weist dabei nicht nur eine bestimmte innere Struktur auf, sondern funktioniert auch nach bestimmten Regeln. Dies resultiert schon daraus, daß Individuum und Gesellschaft nicht als unabhängig voneinander existierende Größen zu verstehen sind. Innerhalb spezifischer gesellschaftlicher Produktionsbedingungen zwischen Menschen existiert zunächst Übereinstimmung über die notwendigen Regeln, Erwartungen und Wertvorstellungen; »jedwedes Produktionssystem strukturiert Erwartungshaltungen entlang der Linien geringsten Widerstandes, d.h. in Konformität zu seinen Regeln«[47]. Selbst »rationales« Verhalten kann daher nicht absolut, sondern nur in einem allgemeinen sozioökonomischen Kontext gesehen werden. Die folgende Internalisierung von als »rational« anerkannten Verhaltensweisen bedingt aber, dessen muß man sich bewußt sein, ein »Abblocken« gegenüber dem Neuen (und verhindert damit auf längere Perioden bezogen die notwendige Revitalisierung eines Systems). Die heutige Diskussion zwischen Wachstumsapologeten und Ökologen liefert dazu anschauliches Material. Je stärker sich die Lebensbedingungen etwa durch ökonomische und technische Neuerungen verändern, desto schwieriger wird die gesellschaftlich institutionelle und kognitive Anpassung an veränderte Realsituationen. Unser rein wissenschaftliches technisches Wissen, das wir auch als Prämisse unseres gesellschaftlichen, politischen und wirtschaftlichen Handelns benützen, richtet sich auf spezifische, kontrollierbare unmittelbare Ziele; was ein solches Wissen aber nicht kontrollieren und prognostizieren kann, sind die vielfältigen interdependenten und komplexen Konsequenzen, die damit verbunden sind.

Aufgrund von bestimmten, in einer Gesellschaft jeweils vorherrschenden Regeln und Zielvorstellungen (z.B. Existenzsicherung, Redistribution, distributive oder kommutative Gerechtigkeit, Prinzip des »standesgemäßen Einkommens«, Wirtschaftswachstum, Kapitalakkumulation, Verfügungsgewalt über Produktionsmittel) ergibt sich zugleich auch eine ganz spezifische Präferenz bei der Auswahl materieller wie immaterieller Mittel, die zur Erreichung dieser Ziele eingesetzt werden.

[46] Vgl. Holzkamp-Osterkamp, Grundlagen, I, 1977.
[47] Thompson, Plebejische Kultur, 1980, S. 317.

Zielvorstellungen und Wahl der Mittel korrespondieren jedoch jeweils mit einer ganz bestimmten Form der Organisation, wobei man wiederum nach institutioneller Organisationsebene (z. B. Unternehmung) und gesellschaftlicher Meta-Organisation (z. B. Kapitalismus) differenzieren könnte. Letztere wollen wir als Gesellschaftsformation und -system bezeichnen[48].

Es scheint aber so, als ob jedes sozioökonomische System schon aufgrund der Bedingungen seiner Genese auch den Keim zur Krise, das heißt zugleich auch seine Grenzen vorgezeichnet hat. Die Faktoren seiner Entstehung, der zugrundegelegte Regelungsmechanismus, legen dabei zugleich auch die Grenzen fest, dann nämlich, wenn die Grundlagen des Systems nicht länger reproduktionsfähig sind. Ein Widerstand gegen das System ist am ehesten von jenen gesellschaftlichen Gruppen zu erwarten, die nicht voll integriert werden können, die das System auf der Legitimationsebene nicht mehr mittragen, und von denen auch kognitive Dissonanz zu erwarten ist. Sie können dann zur Auflösung des Systems entscheidend beitragen, wenn sie etwa aufgrund ökonomischer oder politischer Gegenmacht Destabilisierungseffekte auslösen können[49].

Ein Beispiel soll dies verdeutlichen: Die Krise des Feudalismus war gegeben, sobald kein Grund und Boden mehr zu verteilen war, der Bevölkerungsdruck sich verstärkte und eine neue Waffentechnik das bisherige Gewaltmonopol des Adels durchbrach; die Veränderungsimpulse kamen vom Fernhandel betreibenden Handelskapital, das nicht ortsgebunden war und auch die traditionellen Beschränkungen der scholastischen Wirtschaftsethik als erstes überwand. Das Eindringen geldwirtschaftlicher Beziehungen, die zunehmend länger werdenden Handlungsketten, die Einengung der autonomen Produktionsbereiche und die Etablierung von Märkten führten zur Auflösung der traditionellen sozioökonomischen Beziehungen. In der Folge kam es zur Transformation in das kapitalistisch-marktwirtschaftliche System, gleichzeitig aber auch zu einer

[48] Die Suche nach Ganzheiten innerhalb eines Ganzen ist etwa den Biologen durchaus geläufig, sie spielt aber auch in der Managementkybernetik eine Rolle; vgl. dazu das Modell von Beer, 1972 und 1975. Für den systemtheoretischen Ansatz stellt sich immer auch die Frage nach den Subsystemen oder Teil-Ganzheiten bei der Analyse eines Systems. Vgl. Probst, Regeln des systemischen Denkens, 1985; Riedl, Ordnung des Lebendigen, 1975; Lorenz, Rückseite des Spiegels, 1975; Wuketits, Biologische Erkenntnis, 1983.

[49] Vgl. Münch, Theorie sozialer Systeme, 1976, S. 117ff.

Krise der bisherigen Gesellschaftsformation, ihrer politischen Organisation und des tradierten Weltbildes. Demgegenüber zeichnet sich der Kapitalismus durch ein von seinen Gegnern immer wieder unterschätztes hohes Integrationspotential aus, wofür die Geschichte der europäischen Arbeiterbewegung Zeugnis ablegt. Das hängt damit zusammen, daß seine Expansionsfähigkeit prinzipiell erst dann an Grenzen stößt, wenn eine weitere Expansion kontraproduktiv wirkt, etwa durch steigende Umweltbelastung oder Ressourcenerschöpfung.

Was sind nun solche, stets einem Reproduktionszwang unterliegende Grundlagen für sozioökonomische Systeme? Für die Konstituierung von Gesellschaftssystemen sind folgende grundsätzliche Kriterien von Bedeutung[50].

1. Eigentums- und Verfügungskriterien, je nachdem, wer wirtschaftliche Entscheidungs-, Planungs- und Kontrollprozesse über Produktion, Verteilung und Konsumtion bestimmt[51]. Man kann demnach u.a. nach genossenschaftlicher oder herrschaftlicher Organisation, gemeinwirtschaftlicher oder privater Verfügungsberechtigung über Produktionsmittel differenzieren.

2. Informations- und Koordinierungskriterien, denn ein wesentlicher Faktor für die Funktionstüchtigkeit eines Systems liegt auch in der Art und Weise der Informationserzeugung, der Erzwingung der Akzeptanz dieser Art von Information sowie der dadurch ermöglichten Informationsbeschaffung und -verarbeitung; es herrscht eine Wechselbeziehung zwischen der Art der gesellschaftlichen Organisation und den zur Disposition stehenden Möglichkeiten der Informationsbeschaffung und Kommunikationsfähigkeit. Niklas Luhmann[52] betont zu Recht, daß jede Gesellschaft ein soziales System darstellt, das »aus der Gesamtheit der sinnhaften Kommunikationen besteht und sich über Kommunikation laufend reproduziert«. So erzwingt das Fehlen einer entsprechenden Infrastruktur im Feudalismus die Delegation von politischer Herrschaft und eine weitgehend autarke Organisation von Verwaltung und Wirtschaft. Die Entstehung des modernen europäischen Zentralstaates sowie die Etablierung von Marktbeziehungen korrespondieren hingegen

[50] Vgl. zum folgenden Kromphardt, Konzeptionen und Analysen, 1980, S. 38.

[51] Der »Property-Rights«-Ansatz mißt diesen Fragen ganz entscheidende Bedeutung für die Gesamtorganisation einer Gesellschaftsformation zu.

[52] Luhmann, Evolution – kein Menschenbild, 1983, S. 196.

mit einer (zumindest rudimentären) Verbesserung der Kommunikation und der Information. Vielfach vernetzte und immer stärker ausgeweitete Kommunikationsträger sind seither eine charakteristische Begleiterscheinung zentralistisch-bürokratischer Organisationen. Der moderne Zentralstaat und die damit einhergehende Durchsetzung von Märkten erzeugen sowohl vertikal als auch horizontal in ihrer Grundstruktur komplexe und damit höchst leistungsfähige Informationskanäle.

3. Motivationskriterien, denn es zeigt sich, daß die Zielvorstellungen, die das Handeln der auf verschiedenen Ebenen wirkenden Entscheidungsträger bestimmen bzw. verschiedene Verhaltensweisen erwarten lassen, ebenfalls historisch variabel sind. Diese Vorstellungen lassen sich zumeist auf geistig-ideologische Prägungen zurückführen; sie manifestieren sich etwa in so unterschiedlichen Zielen wie Individual- und Gemeinwohl, Solidarprotektionismus und »gerechter Nahrung«, aber auch in imperialistischer Machtsteigerung des (National-)Staates, in individualistischer Gewinnmaximierung und »gerechter« Einkommensdistribution.

Eine wesentliche Variable für das Funktionieren sozioökonomischer Systeme ist das jeweils verfügbare Energiepotential. So basiert etwa die an Autarkievorstellungen orientierte »traditionale Gesellschaft« vor allem auf sich natürlich regenerierenden Energieträgern wie Holz, Wasser und Wind. Die Alchimisten bis hin zu Johann Joachim Becher vertraten sogar ernsthaft die Meinung, die »Schätze der Erde« wüchsen ebenfalls nach (auch Metalle und Mineralien). Ein derartiges System muß auf relativ enge Wachstumsschranken stoßen, der Grad eventueller Ressourcenerschöpfung ist jederzeit deutlich erkennbar; Bewahren und Reproduktion der Produktivkräfte erscheint dann systemimmanent, hingegen ist exponentielles Wachstum und expansive Energienutzung, die mit der Produktion für sich rasch ausweitende Märkte verbunden ist, damit nicht vereinbar[53]. Charakteristischerweise beruht die Nutzung des damals wichtigsten Energieträgers Holz der allgemeinen Vorstellung nach auf gemeinschaftlichem Eigentum; auch wird Eigentum in diesem Fall nicht im Sinne von privater Verfügungsgewalt, sondern als ein gesellschaftlichen Normen unterliegendes bloßes Verfügungsrecht betrachtet, das kollektive Nutzung verlangt.

Während die alteuropäische Gesellschaft aus ihrer geistigen

[53] Vgl. Rifkin, Entropie, 1982.

Tradition und damit auch aus der konkreten Erfahrung heraus in der Natur die Manifestationen des göttlichen Schöpfungsaktes erblickte und sich nicht als ihr *maître et possesseur* (Descartes) ansehen konnte, tritt mit der Neuzeit der schon erwähnte Bruch zwischen Natur, Gesellschaft und Einzelwesen ein.

Die schon während des Frühkapitalismus im Zusammenhang mit der ökonomischen Expansion und dem Bevölkerungswachstum entstandene Verknappung des bis dahin wichtigsten Energieträgers führte Werner Sombart dazu, das 71. Kapitel seines Werkes ›Der moderne Kapitalismus‹ mit dem Titel ›Das drohende Ende des Kapitalismus‹ zu versehen. Die »Lösung« dieser ersten »Energiekrise« des noch jungen kapitalistischen Systems wurde in einem Ausweichen auf fossile Brennstoffe (zunächst auf Kohle) gesucht. Es zeigt sich jedoch, daß die Intervalle, in denen sich die Basis-Energieträger wiederum erschöpfen, offenkundig immer kürzer werden.

Versuchen wir abschließend nochmals die an eine uns vorschwebende gesellschaftliche Entwicklungstheorie zu stellenden Postulate zusammenzufassen, so stellen sich folgende (als Hypothese zu formulierende) Prämissen:

1. Die Formenvielfalt des gesellschaftlichen Lebens ist (zumindest bei sehr hohem Abstraktionsgrad) auf einige wenige Formen, nämlich auf Systeme, Prozeßmuster und Strukturen zurückzuführen.
2. Es gibt bei aller Variationsbreite historischer Erscheinungen eine generelle Tendenz zu permanenter Veränderung; daraus folgt, daß eine Theorie des gesellschaftlichen Wandels genügend Flexibilität besitzen muß, unterschiedlichste Phänomene (wie »Fortschritt«, »Rückschritt«, »Revolution«, »Reaktion«) zu erklären.
3. Diese Tendenz zu permanenter Veränderung läßt sich unter den Kategorien von »Anpassung« und »Widerstand« analysieren.

Dabei gilt, daß die folgenden Generationen jeweils geprägt sind von den – im weitesten Sinne – Erfahrungen (Institutionen, Organisationen, Innovationen usw.) der vorhergegangenen Generationen; Tradition und Erfahrung sind jeweils Orientierungsnormen und Bedingungen gesellschaftlichen Handelns. Gesellschaftliche Prozesse sind prinzipiell nicht wiederholbar; trotz Indeterminiertheit der Prozesse sind aber die aus den Ausgangssituationen resultierenden Zwänge von maßgeblicher Bedeutung. Die Wahl einer neuen Handlungsweise, auch einer neuen »Präferenz« oder »Theorie« ist gleichbedeutend mit der Eröffnung eines neuen, jedoch, wenn einmal beschritten, irreversiblen Entwicklungspfades, denn nichts geschieht zweimal in der Geschichte, oder, wie es Karl Marx einmal ausdrückte, wenn schon »zweimal«, dann »das eine Mal als Tragödie, das andere Mal als Farce«[54]. Prinzipiell ist also die Geschichte offen nach verschiedenen Richtungen; dies bedeutet aber nicht eine Willkür des Zufalls, denn aus dem Katalog von grundsätzlich unendlich vielen Möglichkeiten ergibt sich schon aufgrund des »historischen Erbes«, daß das »vorher Dagewesene« nur ein bestimmtes Ensemble von Entwicklungsmöglichkeiten zuläßt. Aus bestimmten historischen Situationen entstehen daher eigenständige Prozesse und die den Prozeß reflektierenden Kategorien des Denkens, die dann nur mehr Entwicklungen innerhalb von Bandbreiten zulassen. Die Dynamik dieser Prozesse hängt von der Stabilität der Gesellschafts(formationen)-systeme ab.

Jedes Gesellschaftssystem produziert aus sich heraus Widerstände und Konflikte, die destabilisierend und verändernd wirken. Diese können zunächst individuell als Konflikte zwischen Lebensformen und -inhalten und den Normen der herrschenden »äußeren« Gesellschaft erfahren werden; geschichtswirksam werden diese Erfahrungen aber erst, wenn individuelle Phänomene zu gesellschaftlichen werden und indirekt oder direkt auf die Lebensformen und -inhalte sowie die gesellschaftlichen Normen Einfluß nehmen. Nun gibt es offenbar verschiedene Mechanismen, durch die nicht nur gesellschaftliche Prozesse in bestimmter Richtung »präformiert« werden, sondern die letztlich auch darüber entscheiden, welche historischen Kräfte sich durchsetzen: Veränderungen erfolgen zumeist als Reaktion auf äußeren (Bedrohung, Konkurrenz) oder inneren (etwa Wandel der Präferenzen, wodurch auch immer hervorgerufenen) Druck. Kleinere Veränderungen (Abweichungen, Alternativen, Innovationen) werden zumeist vom System »assimiliert« und diesem angepaßt, hingegen werden radikale Veränderungen in der Regel wieder »eliminiert«, oder sie provozieren auch atavistische Reaktionen, die nur über eine Art von dialektischem Prozeß wiederum in eine neue gesellschaftliche Qualität münden können, oder aber das System gerät in eine existentielle Krise[55].

[54] MEW 8, S. 115.

[55] Manchmal jedoch geschieht es, daß soziale Systeme in eine Krise geraten: Dies ist vor allem dann der Fall, wenn das System seine materiellen und immate-

Über die »Stabilität« eines Systems entscheidet auf lange Sicht aber vor allem seine Fähigkeit, Neuerungen zu adaptieren und sein Konfliktlösungspotential zu mobilisieren. Dies gelingt zumeist auch, denn in der Regel erfolgen Veränderungen in Form von kleinen Schritten. Gleichzeitig ändert sich durch derartige Adaptionen auch das System selbst, so daß hier durchaus eine Anpassungsdynamik gegeben ist. »Stabilität« ist also etwas sehr Relatives[56].

Soziale Systeme sind dadurch charakterisiert, daß sie eine konsensfähige Wertstruktur besitzen, die »symbolisch die besondere Struktur der Interaktion und Schichtung der Mitglieder eines sozialen Systems« legitimiert, das heißt sie moralisch akzeptabel macht. In konkreten sozialen Systemen gibt es eine Vielzahl divergenter Wertstrukturen; freilich ist ein gewisses Maß an Übereinstimmung erforderlich, wenn die soziale Integration gewährleistet sein soll. Ob diese Übereinstimmung quasi eine hinreichend große Schnittmenge von Werten (oder Normen) sein muß oder eine »Familienähnlichkeit« (im Sinne von Ludwig Wittgenstein) ist allerdings fraglich. Eine Gesellschaft erhält von ihren Mitgliedern und von der Außenwelt ständig Anstöße, die sie veranlassen, Anpassungen in ihrer Arbeitsteilung und ihrer Wertstruktur vorzunehmen. Solange sie ihre Werte und ihre Umwelt in Synchronisation hält, kann sie unbegrenzt solche Anstöße empfangen (z.B. innovative Neuerungen, Sozialkritik, Geschmackswandel, kulturelle Einflüsse).

Nach Jean Piaget bezeichnet Intelligenz die Gesamtheit der Koordinationen von Verhalten auf bestimmten (Entwicklungs-) Stufen. Faßt man Intelligenz im allgemeinen zusammen (unter Berücksichtigung der fließenden Vorformen usw.), so entspricht sie einem »biologischen Organ«, das den Austausch von Verhalten eines Organismus mit seiner Umwelt reguliert. Das Verhalten eines Organismus (Systems) gegenüber seiner Umwelt ist seine besondere Funktionsweise; geht man von der inneren Organisation (auch inneren Struktur, Form) aus, die in der Auseinandersetzung mit dem »Außen« ins »Innere« entwickelt wurde, so schlägt sich im Verhalten die Anpassung des Organismus nieder. Eine Anpassung kann nun auf zwei ver-

riellen Grundlagen nicht mehr reproduzieren kann, denn jedes System hat in sich zunächst die Tendenz, seine eigene Komplexität zu reduplizieren, d.h. mehr oder weniger gute Kopien seiner selbst herzustellen. Vgl. Bresch, Evolution, 1983, S. 31.

[56] Ausführlich dazu vgl. Jänicke, Herrschaft und Krise, 1973.

schiedene Arten vorgenommen werden: Inkorporiert ein Organismus Umweltdaten in seine interne Organisation, so bezeichnet Piaget diese konservierende, bewahrende Tätigkeit als Assimilation. Paßt hingegen ein Organismus seine innere Organisation an die speziellen Gegebenheiten der Umwelt an, adaptiert er also, dann bezeichnet Piaget diesen Prozeß als Akkomodation, was eine verändernde Tätigkeit charakterisiert, in der u. a. neue Begriffe, neue Operationen möglich werden[57].

In der Phase der »Assimilation« sind die Handlungsschemata hinsichtlich der durch sie erfaßbaren Objekterfahrungen ziemlich konstant. Objekte werden eben durch vorhandene Begriffe, Handlungen und Diskurspraktiken erfaßt und gebildet. Beispiele dafür sind etwa mechanistische Modelle der Hydraulik, aber auch die Übernahme des Differentialkalküls, somit der ihm zugrundeliegenden Mechanik in die ökonomische Theorie. Andererseits werden in der Phase der »Akkomodation« als Resultat diverser Lernprozesse (etwa über Klassifikation, logische Operationalisierung) die Handlungsmuster der Akteure geändert. Inhalt dieser Tätigkeit ist die Überprüfung des intellektuellen Instrumentariums auf seine Tauglichkeit anhand der Realität.

In der Entwicklung ist aufgrund der Neuerung, der Umgestaltung, der Neuerschließung besonderes Augenmerk auf die Akkomodation des Erkenntnissubjektes zu legen. Der diese Umgestaltung begründende Akt wird als formale, reflexive Abstraktion bezeichnet. Nach Piaget entwickelt sich empirisches Wissen nicht additiv, durch Hinzufügen, sondern in Richtung einer zunehmenden konstruktiven Rationalität. Gepaart mit der Erweiterung der konstruktiven Rationalität ist eine zunehmende Dezentrierung des Subjektes in der Realität. Die Wegbewegung von einer egozentrischen und die Hinbewegung zu einer dezentrierten Betrachtungsweise haben beide die Erfahrung, die Assimilation zur Voraussetzung. Die dabei auftretenden Probleme, die sich aus den Schwierigkeiten der Objekterfassung mittels der bereits entwickelten inneren Strukturen ergeben, können aber erst auf einer neuen Ebene, welche die Akkomodationen infolge formaler, reflexiver Abstraktionen entwickeln, gelöst werden. Die spezifische Interpretation Piagets, seine genetische Erkenntnistheorie, verhilft uns nicht nur zu einer neu-

[57] Vgl. ebd., S. 32f.

en Einsicht in die Entwicklung von Individuen, sondern auch von ganzen Gesellschaftssystemen[58].

Zwei Betrachtungsweisen bieten sich an: In der *Assimilation* verharren die folgenden Überlegungen: Je dynamischer ein Gesellschaftssystem, je stärker etwa sich Lebensbedingungen durch ökonomische, technische usw. Neuerungen verändern, desto schwieriger wird die gesellschaftlich-institutionelle und kognitive Anpassung an veränderte Realsituationen. Sehr oft ergibt sich dann eine Dissonanz, ein zeitliches Zurückbleiben der notwendigen Anpassung der zentralen Normen und Werte, der institutionellen wie kulturellen Regulierungsmittel an die veränderten materiellen und immateriellen Lebensbedingungen[59]. Solche Situationen sind dann jeweils eine gravierende Bedrohung für den Fortbestand von Systemen. So ist etwa die Situation erhöhten sozialen Drucks eine Folge derartiger »multipler Dysfunktion«: Gibt die Herrschaftselite dem Wandlungsdruck jedoch nicht nach und führt damit kein Nachlassen der sozialen Spannungen herbei, selbst wenn sie ihre eigene Position dadurch verschlechtert, so ist sie genötigt, ständig mehr und stärkere Machtmittel einzusetzen, um ihre Machtposition zu erhalten – es entsteht eine Art von »Machtdeflation«. Chalmers Johnson[60] charakterisiert dies folgendermaßen: »Wenn sich die Führungsschicht in dieser Situation weiters als unfähig erweist, mit ihrer Politik das Vertrauen nicht-abweichender Handelnder zum System und dessen Tätigkeit zur Resynchronisierung lebendig zu erhalten, kommt es zu einem Autoritätsverlust. Das bedeutet, daß Gewaltanwendung seitens der Eliteschicht nicht mehr als legitim angesehen wird.« Wenn zu Machtdeflation und Autoritätsverlust noch bestimmte andere, begünstigende Faktoren hinzutreten, so können revolutionäre Umwälzungen mit weitreichenden Folgen entstehen[61].

Unter Berücksichtigung der *Akkomodation* gilt jedoch: Je komplexer Systeme sind, desto reichere Möglichkeiten der Adaption von Neuerungen können entwickelt werden, das heißt, zunehmende Komplexität bedeutet nicht zwangsläufig erhöhte Krisenanfälligkeit. Letzten Endes entscheidet die Fähigkeit des Systems zur Adaption, das heißt neue Dimensionen

[58] Vgl. Bauer, Kritik ökonomischer Denkweisen, 1985, S. 3ff.
[59] Vgl. Ogburn, Kultur und sozialer Wandel, 1969, S. 32.
[60] Revolutionstheorie, 1971, S. 16f., 108ff.
[61] Vgl. Jänicke, Theorie sozialer Systeme, 1976, S. 117ff.

mitzudenken und zu bewerten, über seine weitere Entwicklung. Wenn es jedoch zu derartigen »transitorischen Krisen« kommt, so kann weder von einer notwendigen Reihenfolge solcher Krisen, noch von einem allgemeinen Muster des Übergangs von einem System auf das andere gesprochen werden.

Über die Zielrichtung solcher gesellschaftlicher Veränderungsprozesse kann generell nichts ausgesagt werden, es besteht darüber prinzipielle Unsicherheit. Gesellschaftliche Transformationsprozesse lassen sich daher sinnvoll nicht mit Kriterien wie »fortschrittlich« oder »rückschrittlich« messen. Auch ein Urteil darüber, ob ein Lebensstil, eine Lebensform, eine Gesellschaftsformation besser als eine andere ist, kann daher sinnvollerweise nicht abgegeben werden[62]. Dies darf allerdings nicht mit dem relativistischen Standpunkt des Historismus verwechselt werden, wie ihn etwa Ranke in der Sprache des 19. Jahrhunderts ausdrückt, wonach jede Zeit »unmittelbar zu Gott« sei. Die neuere kritische Theorie ist gerade durch das emphatische Bemühen charakterisiert, Maßstäbe auszuarbeiten, um Lebensformen und Gesellschaftsformationen sehr wohl beurteilen zu können[63]. Geschichte ist eben nicht einfach ein neutraler und unausweichlicher Prozeß des technologischen Wandels und Fortschritts, sondern zugleich auch der »Entfremdung« und »Ausbeutung« sowie des Widerstandes dagegen, und es zeigt sich, daß man durchaus »damit Werte sowohl verlieren wie gewinnen« kann[64].

Es läßt sich prinzipiell auch keine realistische Vorhersage über längerfristige zukünftige Entwicklungen machen. Es spielt hier die in der Geschichte der Philosophie so bedeutende Frage des historischen Determinismus, der Willens- und Entscheidungsfreiheit des Menschen hinein; der Mensch kann (in persönlich sehr unterschiedlichem Maße) in einer bestimmten Figuration durch sein Handeln, seine Präferenzen und Verhaltensweisen gesellschaftliche Prozesse (vielleicht oft auch nur unbewußt) beeinflussen, wenngleich nicht auf längere Sicht planen oder steuern.

Dies hat auch etwas durchaus Befreiendes, ja Tröstliches: In-

[62] Derartige Bewertungen sind jedoch sehr wohl *innerhalb* eines Gesellschaftssystems sinnvoll, denn sie ergeben sich aufgrund der Relation der sozialen Beziehungen, d.h., jedes Gesellschaftssystem trägt die Bewertungsmaßstäbe in sich selbst.

[63] Vgl. neben Habermas, passim; Wellmer, Moderne und Postmoderne, 1985.

[64] Thompson, Plebejische Kultur, 1980, S. 62.

dem die Geschichte die Gegenwart in ihrem Gewordensein und damit auch in ihrer prinzipiellen Veränderbarkeit zeigt, trägt sie, weil sie jeweils auch Alternativen kennt und mögliche historische Weichenstellungen aufzeigen kann, dazu bei, die uns scheinbar sachzwangartig gegenübertretende gesellschaftliche und ökonomische Realität der Gegenwart nicht als die einzig denkbare und notwendige zu begreifen und zu akzeptieren. Dies ist nicht nur als deutliche Absage an jeden Geschichtsdeterminismus zu verstehen, sondern zielt auch auf einen emanzipatorischen Stellenwert der Geschichte: Geschichte hätte somit die Funktion, gesellschaftlich relevante Zusammenhänge und Strukturen aus der zeitlichen Dimension heraus verständlich zu machen und damit Problembewußtsein und kritisches Verständnis zu fördern, nicht zuletzt dadurch, daß objektive Möglichkeiten und Handlungsalternativen aufgezeigt werden, die in jeder geschichtlichen Situation vorhanden sind. Das Negieren der eigenen Geschichtlichkeit, die Verdrängung der Vergangenheit und das Nichtauseinandersetzen mit ihr erzeugt, sozialpsychologisch interpretiert, so etwas wie gesellschaftliche Neurosen oder neurotische Gesellschaften.

Wissenschaft hat, ebenso wie andere kulturelle Ausdrucksformen, in verschiedenen Zeiten und Regionen unterschiedliche Gestalt und Form angenommen. Die Akzeptanz variiert in »anerkannten Orientierungsrahmen und Disziplinen verschiedener zivilisatorischer Umgebung(en)«[65]. Wenn aber eine Theorie sich in der *scientific community* durchsetzt, so sagt dies lediglich etwas über deren gesellschaftliche Akzeptanz aus (stellt also ein soziales Phänomen dar) und noch lange nichts über ihren »Wahrheitsgehalt«; das gilt nicht nur für die »weichen« (Sozial- und Geistes-), sondern auch für die »harten« (Natur-) Wissenschaften[66]. Wissenschaft läßt sich somit nur in ihrer interdisziplinären und interdependenten Verflechtung mit soziokulturellen Faktoren verstehen – Kategorien, die den historischen Erfahrungsraum konstituieren, der wie die Wissenschaft selbst einem permanenten Wandel unterliegt: »Alle wissenschaftliche Arbeit geschieht bewußt oder unbewußt auf der Grundlage einer philosophischen Einstellung, einer bestimmten Denkstruktur, die diesem Denken einen festen Halt gibt ... Fast jeder Forscher ist auch bereit, neue Erfahrungsinhalte aufzunehmen

[65] Nelson, Ursprung der Moderne, 1977, S. 8.
[66] Vgl. Krafft, Selbstverständnis der Physik, 1983.

oder neue Ergebnisse anzuerkennen, wenn sie in den Rahmen seiner philosophischen Einstellung passen. Es kann aber im Fortschritt der Wissenschaft vorkommen, daß ein neuer Erfahrungsbereich nur dann voll verständlich wird, wenn die enorme Anstrengung geleistet wird, diesen Rahmen zu erweitern und die Struktur des Denkens selbst zu ändern.«[67]

Betrachtet man die Entwicklung der Wissenschaft unter diesem Aspekt, so scheint (aus einer rekurrenten Betrachtung heraus) das 16. und frühe 17. Jahrhundert eine geistesgeschichtlich bedeutende Zäsur anzukündigen, die als Anfang einer neuen geradlinigen Evolution, eines Bruchs mit der Vergangenheit und alten Traditionen interpretiert wird. Dies gilt aber ebenso für den Bereich der allgemeinen Geschichte. Dabei stellt sich sofort die Frage, inwieweit der Wissenschaft eine reale Bedeutung für die verschiedenen Prozesse in Zeit und Raum zukommt, und/oder ob nicht andere Entwicklungen in der Gesellschaft, der soziale, politische und kulturelle Hintergrund einschließlich des religiösen eine bedeutsame Rolle für die jeweils vorherrschenden Paradigmen der Wissenschaft spielen.

Eine Möglichkeit, dieses auf Anhieb wahrscheinlich unüberschaubare Knäuel von »Fakten«, »Theorien« und vielem anderen zu strukturieren, bieten wiederum die Kategorien, die Piaget für seine Theorie der Intelligenzentwicklung erarbeitete. Zwar wurde diese Theorie anhand der Entwicklung von Kindern entworfen, doch vermutet Piaget (und wir vermuten mit ihm), daß kognitive Prozesse, in welcher Form sie auch immer auftreten mögen, auf den nämlichen Funktionen aufbauen, unabhängig davon, ob es sich um die Entwicklung des einzelnen Menschen oder die von Gesellschaften (Kulturen) handelt. Was erkennbar ist, und was sich im Laufe der Entwicklung an Erkenntnis verschiebt und verändert, ist die Beziehung zwischen einem erkannten Objekt und einem erkennenden Subjekt. Die Vermittlung kann somit nur über in gesellschaftliche Prozesse eingebundene Aktionen geschehen, womit wir in Anlehnung an Goethes Diktum »Am Anfang war die Tat« die Piagetsche Position als »aktionistisch« einstufen können: Handlungen und deren Koordination einerseits und die Gegenstände unseres Denkens andererseits sind miteinander verknüpft[68].

[67] Werner Heisenberg in seiner Einleitung zum Briefwechsel zwischen Albert Einstein und Max Born, 1969.

[68] Vgl. Piaget, Entwicklung des Erkennens, 1975.

Es geht nun nicht darum, eine geschichtswissenschaftliche Bestätigung der Theorien Piagets zu liefern. Seine genetische Theorie der Erkenntnis soll uns erstens behilflich sein, die oben aufgeworfene Frage nach der Bedeutung der Wissenschaft für die Geschichte und vice versa zu strukturieren, zweitens und vor allem, uns das Entstehen unserer eigenen modernen Wissenschaft zwischen Kontinuität und Veränderung nahezubringen, und drittens Ansatzpunkte für die Erklärung der offenkundigen Umgestaltung – oder zumindest den postulierten Wunsch danach – unserer derzeitigen Wissenschaft zu liefern.

Den Verlust der historischen Dimension haben die Sozialwissenschaften allemal mit einer Verkürzung ihrer Erkenntnisperspektiven bezahlen müssen. Die heute vielfach zu konstatierende Rehistorisierung in der Soziologie, der Politologie und der ökonomischen Theorie ist nur eine Konsequenz aus der Erkenntnis, daß dynamisch-prozessuale Phänomene (z. B. sozialer Wandel, Konjunkturverläufe, wirtschaftliches Wachstum) mit (funktions-)statischen Modellen und ohne Berücksichtigung institutioneller Faktoren nicht befriedigend erfaßbar sind. Die Einsicht in längerfristige Veränderungsprozesse, in die Komplexität von Entscheidungssituationen, in die Multikausalität und Interdependenz derartiger Phänomene, die oft erst in der Rückschau als solche erkannt werden können, erweist häufig nicht nur die Relativität von Perspektiven, sondern vermag unter Umständen auch vom vorschnellen Auffinden von »Gesetzmäßigkeiten« und technokratischen Entwürfen zu deren Lösung abhalten. Geschichtsschreibung geschieht – so verstanden – durchaus in emanzipatorischer Absicht; so ist etwa auch das an den Beginn gestellte Goethe-Zitat aufzufassen: »Der Wissenschaftshistoriker und Wissenschaftstheoretiker kann hier nur das Feld vorbereiten, indem er durch die Rekonstruktion historischer Alternativen den Spielraum von Denkmöglichkeiten offenhält bzw. erweitert und durch erkenntnistheoretische Überlegungen die Hindernisse, die der Entwicklung von Alternativen im Wege stehen, beiseite räumt.«[69] Die Funktion der Geschichte kann, unter diesem Aspekt verstanden, in einer Einsicht in historische Strukturen und einer Aktualisierung vergangenen Geschehens zur Orientierung gegenwärtigen Handelns gesehen werden. Insofern haben historische Ereignisse Aktualität, und zwar nicht nur jene, die uns zeitlich nahe sind.

[69] Böhme, Alternativen der Wissenschaft, 1980, S. 14.

Das Bemühen, Vorhandenes, das heißt Gegenwärtiges (und das gilt auch für die ökonomische Theorie) aus seinem Gewordensein, in seiner historischen Bedingtheit zu verstehen, ist unabdingbar für das Verständnis, die Erklärung und damit auch für die Lösung verschiedenster Gegenwartsprobleme. Die Bedeutung der Historie für die Gegenwart liegt vor allem in der Erweiterung unseres Bewußtseins um die zeitliche Dimension, in der Vertiefung unseres Wissens vom Menschen und der von ihm gestalteten Umwelt. Es geht also um das Problem langfristiger Transformationen der Gesellschafts- und damit auch der Persönlichkeitsstrukturen, die miteinander verschränkt sind. Denn schließlich handelt es sich bei »Individuum« und »Gesellschaft« nicht um zwei unabhängig voneinander existierende Kräfte, sondern diese Begriffe meinen verschiedene, aber untrennbare Aspekte desselben Menschen; beide stehen in unlösbarem Zusammenhang miteinander und befinden sich in einem permanenten Wandel, wobei das Ganze auch hier stets mehr ist als die Summe seiner Teile, Gesellschaft stets mehr repräsentiert als die Summe ihrer einzelnen Teilglieder. Die Sozio- und Psychogenese der modernen Wirtschaftsgesellschaft läßt dies zumindest in ihren Konturen erkennen.

Das Buch versucht, den zuvor skizzierten systemtheoretischen Ansatz anhand der Transformation vom Feudalismus zum Kapitalismus *in concreto* auszuführen. Von einer Strukturanalyse des Feudalismus ausgehend werden die ihn konstituierenden Elemente erörtert und deren Auflösung und Transformation im sogenannten Frühkapitalismus beschrieben. Dabei handelt es sich nicht um eine streng chronologische Abfolge, sondern um teilweise parallel laufende, miteinander vernetzte, konfliktbeladene Prozesse. Im Konnex und in der Auseinandersetzung mit der Realsituation werden die Diskursebene und die sie prägende Interessenlage als wesentliche Komponenten dieser Transformation dargestellt. Die primären Sozialisationsformen der traditionalen Gesellschaft erweisen sich dabei als wichtige Elemente für die Analyse der Entstehung der modernen kapitalistischen Gesellschaftsformation. Die diskursive Veränderung wichtiger Kategorien der traditionalen Gesellschaft kann anhand einiger zentraler Begriffe dokumentiert werden. Die Ausformung des Zentralstaates und der Marktwirtschaft erscheint somit eingebettet in eine lange Tradition; es zeigt sich eine im Wandel mitunter überraschende Kontinuität. Mit der Herausbildung des »Super-Oikos« und der Ausprägung des ökonomischen »Leviathan«, mit der »Menschenproduktion« für die neue Gesellschaft, dem Paradigmenwechsel in der Wissenschaft sowie der Umformung der moralischen in die politische Ökonomie hat sich schließlich die neuzeitliche Wirtschaftsgesellschaft des modernen Kapitalismus etabliert. Projiziert man das Ergebnis dieses Prozesses als anthropologische Grundausstattung in die »Natur« des Menschen, so kann ein derartiges Gesellschaftssystem als Manifestation der menschlichen Bestimmung angesehen werden: Die Menschheit scheint dann bei sich selbst angekommen.

In das Verzeichnis wurden nur solche Titel aufgenommen, die auch im Text Verwendung gefunden haben.

ABEL, W.: Agrarkrisen und Agrarkonjunktur. Eine Geschichte der Land- und Ernährungswirtschaft Mitteleuropas seit dem hohen Mittelalter. Hamburg, Berlin 1978.

ABEL, W.: Landwirtschaft 500–900. In: H. Aubin, W. Zorn (Hg.): Handbuch der deutschen Wirtschafts- und Sozialgeschichte, Bd. 1. Stuttgart 1971.

ADLER, M.: Die Anfänge der merkantilistischen Gewerbepolitik in Österreich. Wien, Leipzig 1903.

ALBER, J.: Vom Armenhaus zum Wohlfahrtsstaat. Analysen zur Entwicklung der Sozialversicherung in Westeuropa. Frankfurt a.M., New York 1982.

ALBERTI, L.B.: Vom Hauswesen (Della Famiglia). München 1986 (um 1440).

ALTHUSIUS, J.: Politica. 1603.

ANDERSON, P.: Von der Antike zum Feudalismus. Spuren der Übergangsgesellschaft. Frankfurt a.M. 1978.

ANDERSON, P.: Die Entstehung des absolutistischen Staates. Frankfurt a.M. 1979.

APPLEBY, J.O.: Economic thought and ideology in seventeenth-century England. Princeton 1978.

ARENDT, H.: Vita activa oder vom tätigen Leben. Stuttgart 1960.

ARENDT, H.: Elemente und Ursprünge totaler Herrschaft. 4 Bde, Frankfurt a.M. 1962 (1951).

ARIÈS, PH.: Geschichte der Kindheit. München 1975.

ARIÈS, PH.: Geschichte des Todes. München 1980.

ARIKIN, A.W.: Ökonomen aus drei Jahrhunderten. Berlin 1947.

ARISTOTELES: Politik. 1. Buch. Hamburg 1978.

BABBAGE, CH.: On the economy of machinery and manufactures. London 1832.

BACHELARD, G.: La formation de l'ésprit scientifique. Contribution à une psychoanalyse de la connaissance objective. Paris 8. Aufl. 1970 (1938).

BACON, F.: Advancement of learning. London 1605.

BACON, F.: Novum organum. The works of Francis Bacon, Bd. 8. New York 1870.

BADEN-DURLACH, K.F. VON: Abrégé des principes de la science économique. 1771.

BARBON, N.: A discourse of trade. London 1690.

Barbour, V.: Capitalism of Amsterdam in the seventeenth century. London 1950.
Baudeau, N.: Première introduction à la philosophie économique; ou analyse des états polices. Paris 1846 (1771).
Bauer, Ch.: Unternehmung und Unternehmungsformen im Spätmittelalter und in der beginnenden Neuzeit. Jena 1936.
Bauer, L.: Nichteinmischung – oder doch? In: Zeitschrift für Wissenschaftsforschung 3 (1979), S. 273 ff.
Bauer, L.: Kritik ökonomischer Denkweisen. Für ein neues Menschenbild der Ökonomen. Frankfurt a. M. 1985.
Baxter, R.: A christian's directory. London 1673.
Beaud, M.: A history of capitalism 1500–1980. London 1984.
Becher, J. J.: Politischer Discurs. Glashütten 1972 (1668), (Reprint der 3. Aufl. 1688).
Becker, G., S. Bovenschen, H. Brackert u. a. (Hg.): Aus der Zeit der Verzweiflung. Zur Genese und Aktualität des Hexenbildes. Frankfurt a. M. 1977.
Beer, St.: Brain of the firm. London 1972.
Beer, St.: Platform for change. London 1975.
Ben-David, J.: The scientist's role in society. A comparative study. Englewood Cliffs 1971.
Ben-David, J.: Probleme einer soziologischen Theorie der Wissenschaft. In: P. Weingart (Hg.): Wissenschaftsforschung. Frankfurt a. M., New York 1975.
Bentham, J.: Panopticon. The works of Jeremy Bentham, Bd. 4. Edinburg 1843.
Berger, P.: Von der Ehrbegierde zum Eigennutz. Über die Verbürgerlichung der kameralistischen Bevölkerungslehre. In: Festschrift für Joszef Horvath. Szeged 1986.
Berger, P., Th. Luckmann: Die gesellschaftliche Konstruktion der Wirklichkeit. Eine Theorie der Wissenssoziologie. Frankfurt a. M. 1970.
Bernal, J. D.: Sozialgeschichte der Wissenschaften. Bd. 2: Die Geburt der modernen Wissenschaft. Reinbek 1978 (1934).
Bertalanffy, L. von: General system theory. Foundations, development, application. London 1951.
Binswanger, H.: Geld und Magie. Deutung und Kritik der modernen Wirtschaft. Stuttgart 1985.
Blaug, M.: Schematische Theoriegeschichte der Ökonomie. Bd. 1, München 1971.
Blickle, P.: Deutsche Untertanen. Ein Widerspruch. München 1981.
Bloch, M.: The historian's craft. New York 1963 (1954).
Bloch, M.: Die Feudalgesellschaft. Berlin 1982 (1939).
Blumenberg, H.: Säkularisierung und Selbstbehauptung. Frankfurt a. M. 1974.
Bobek, H.: Aufriß einer vergleichenden Sozialgeographie. In: Mitteilungen der geographischen Gesellschaft Wien 92 (1950).

Bodin, J.: Les six livres de la république. Paris 1576.
Boehn, M. von: Die Mode. Bd. 2.: Menschen und Moden im 16. Jahrhundert. München 1923.
Böhm-Bawerk, E. von: Kapital und Kapitalzins. 3 Bde, Jena 1921.
Böhme, G.: Alternativen der Wissenschaft. Frankfurt a.M.1980.
Böhme, G., W. van den Daele, W. Krohn: Experimentelle Philosophie. Ursprünge autonomer Wissenschaftsentwicklung. Frankfurt a.M. 1977.
Bois, G.: Crise au féodalisme. Economie et demographie en Normandie orientale du début du 14e siècle au milieu du 16e siècle. Paris 1976.
Bond, D.F. (Hg.): Spectator. 5 Bde, Oxford 1965.
Borchardt, K.: Grundriß der deutschen Wirtschaftsgeschichte. In: W. Ehrlicher, I. Esenwein-Rothe, H. Jürgensen, K. Rose (Hg.): Kompendium der Volkswirtschaftslehre, Bd. 1. Göttingen 4. Aufl. 1973.
Borscheid, P.: Textilarbeiterschaft in der Industrialisierung. Soziale Lage und Mobilität in Württemberg (19. Jahrhundert). Stuttgart 1978.
Borst, A.: Lebensformen im Mittelalter. Frankfurt a.M., Berlin, Wien 1979.
Borst, A.: Alltagsleben im Mittelalter. Frankfurt a.M. 1983.
Bosl, K.: Freiheit und Unfreiheit. Zur Entwicklung der Unterschichten in Deutschland und Frankreich während des Mittelalters. In: ders.: Frühformen der Gesellschaft im mittelalterlichen Europa. München 1964.
Botero, G.: Cause della grandezza e magnificenza delle cittá. 1589.
Bouman, P.J.: Kultur und Gesellschaft der Neuzeit. Olten und Freiburg i.Br. 1962.
Bourthonmieux, Ch.: Essai sur le fondement philosophique des doctrines économiques. Paris 1936.
Brandt, A. von: Die deutsche Hanse als Mittler zwischen Ost und West. Köln, Opladen 1963.
Brandt, R.: Eigentumstheorien von Grotius bis Kant. Stuttgart-Bad Cannstatt 1974.
Braudel, F.: Europäische Expansion und Kapitalismus 1450–1650. In: E. Schulin (Hg.): Universalgeschichte. Köln 1974.
Braun, R.: Steuern und Staatsfinanzierung als Modernisierungsfaktoren. In: R. Koselleck: Studien zum Beginn der modernen Welt. Stuttgart 1977.
Braverman, H.: Die Arbeit im modernen Produktionsprozeß. Frankfurt a.M., New York 1977.
Brenner, R.: Agrarian class structure and economic development in pre-industrial Europe. In: Past and Present 70 (1976).
Bresch, C.: Evolution aus Alpha-Bedingungen. In: R.J. Riedl, F. Kreuzer (Hg.): Evolution und Menschenbild. Hamburg 1983.
Brinkmann, C.: Die Umformung der kapitalistischen Gesellschaft. In: Grundriß der Sozialökonomik, Bd. 9. Leipzig 1926.

Brown, H.: Scientific organisations in seventeenth century France (1620–1680). Baltimore 1934.
Bruckmüller, E.: Soziale Organisationsformen ländlicher Arbeit. Beiträge zur historischen Sozialkunde 2/1981.
Brunner, O.: Adeliges Landleben und europäischer Geist. Leben und Werk Wolf Helmhards von Hohberg 1612–1688. Salzburg 1949.
Brunner, O.: Das »ganze Haus« und die alteuropäische »Ökonomik«. In: O. Brunner: Neue Wege der Sozialgeschichte. Göttingen 1956.
Brunner, O.: Land und Herrschaft. Grundfragen der territorialen Verfassungsgeschichte Österreichs im Mittelalter. Wien 4. Aufl. 1959.
Brunner, O., W. Conze, R. Koselleck (Hg.): Geschichtliche Grundbegriffe. Historisches Lexikon zur politisch-sozialen Sprache in Deutschland. 6 Bde, Stuttgart 1972 ff.
Burckhardt, J.: Weltgeschichtliche Betrachtungen. Stuttgart o. J.
Burckhardt, J.: Die Kultur der Renaissance in Italien. Köln 1956.
Burghardt, A.: Einführung in die Allgemeine Soziologie. München 1972.
Buridan, J.: Quaestiones super decem libros ethicorum Aristotelis ad Nicomachum (1489). In: K. Diehl, P. Mombert (Hg.): Ausgewählte Lesestücke zum Studium der Politischen Ökonomie. Wert und Preis, I. Karlsruhe 1912.
Burke, P.: Helden, Schurken und Narren. Europäische Volkskultur in der frühen Neuzeit. Stuttgart 1982.
Butschek, J.: Abhandlung von der Polizey. Prag 1778.
Byres, T. J., H. Mukhia (Hg.): Feudalism and non-European societies. London 1985.

Campe, J. H.: Über einige verkannte, wenigstens ungenützte Mittel zur Beförderung der Industrie. Wolfenbüttel 1785.
Cantillon, R.: Abhandlung über die Natur des Handels im allgemeinen (1755). Jena 1931.
Carr, E. H.: Was ist Geschichte? Stuttgart 1963.
Carr-Saunders, A. M.: World population. Past growth and present trends. London 1936.
Casanova, G.: Geschichte meines Lebens. Bd. 1, Frankfurt a. M. 1964.
Cellini, B.: Vita. Dt.: Das Leben des Benvenuto Cellini. Übersetzt und hg. von J. W. Goethe. Frankfurt a. M. 1981.
Chaunu, P.: Histoire quantitative, histoire sérielle. Paris 1978.
Child, J.: Brief observations. London 1668.
Child, J.: Observations concerning trade. London 1688.
Chomsky, N.: Regeln und Repräsentationen. Frankfurt a. M. 1981.
Cipolla, C. M.: Wirtschaftsgeschichte und Weltbevölkerung. München 1972.

Cipolla, C.M.: Die Ursprünge. In: C.M. Cipolla, K. Borchardt (Hg.): Europäische Wirtschaftsgeschichte, Bd. 1. Stuttgart 1983.
Cipolla, C.M., K. Borchardt (Hg.): Europäische Wirtschaftsgeschichte. 5 Bde, Stuttgart 1983–85.
Claessens, D., K. Claessens: Kapitalismus als Kultur. Entstehung und Grundlagen der bürgerlichen Gesellschaft. Frankfurt a.M. 1979.
Clausewitz, C. von: Vom Kriege. Frankfurt a.M. 1980.
Condillac, E.B.: De la commerce et le gouvernement considérer relativement l'un à l'autre. Paris 1776.
Conze, W.: Arbeit. In: Brunner, Conze, Koselleck (Hg.): Geschichtliche Grundbegriffe, Bd. 1.
Corbin, A.: Pesthauch und Blütenduft. Berlin 1984.
Croce, B.: Die Geschichte als Gedanke und als Tat. Bern 1944.
Cumberland, R.: A Treatise of the law of nature. London 1727.
Cunningham, W.: Adam Smith und die Merkantilisten. In: Zeitschrift für die gesamte Staatswissenschaft 40 (1884).

Daire, M.E. (Hg.): Collection des principaux économistes. Bd. 1: Turgot. Paris 1844; Bd. 2: Physiocrates. Paris 1846.
Dann, O.: Gleichheit. In: Brunner, Conze, Koselleck (Hg.): Geschichtliche Grundbegriffe, Bd. 2.
Davenant, Ch.: An Essay upon the probable methods of making a people gainers in the balance of trade. London 1699.
Deane, H.A.: The political and social ideas of St. Augustine. New York 1963.
Deane, Ph.: The first industrial revolution. Cambridge 1969.
Defoe, D.: A tour through the whole island of Great Britain. London 1724–26.
Defoe, D.: Essay on ways and means. London 1726.
Delumeau, J.: Angst im Abendland. Die Geschichte kollektiver Ängste im Europa des 14. bis 18. Jahrhunderts, Bd. 2. Reinbek 1985.
Descartes, R.: Über den Menschen (1632) sowie Beschreibung des menschlichen Körpers (1648). Nach der ersten französischen Ausgabe von 1664 übersetzt und mit einer kritischen Einleitung und Anmerkungen versehen von K.E. Rothschuh. Heidelberg 1969.
Descartes, R.: Discours de la méthode pour bien conduire sa raison et chercher la vérité dans les sciences. 1637.
Devereux, G.: Angst und Methode in den Verhaltenswissenschaften. Frankfurt a.M. 1976.
Dilthey, W.: Weltanschauung und Analyse des Menschen seit Renaissance und Reformation. In: Gesammelte Schriften, Bd. 2. Leipzig 1914.
Dilthey, W.: Das 18. Jahrhundert und die geschichtliche Welt. In: Gesammelte Schriften, Bd. 4. Leipzig 1927.
Diner, D.: Anerkennung und Nichtanerkennung. Über den Begriff des Politischen in der gehegten und antagonistischen Gewaltanwen-

dung bei Clausewitz und Carl Schmitt. In: G. Dill (Hg.): Clausewitz in neuer Perspektive. Frankfurt a. M., Berlin 1980.
Dipper, Ch.: Ständische Freiheit: Jura et libertates. In: Brunner, Conze, Koselleck (Hg.): Geschichtliche Grundbegriffe, Bd. 2.
Dittrich, E.: Die deutschen und österreichischen Kameralisten. Darmstadt 1974.
Diwald, H.: Anspruch auf Mündigkeit. 1400–1555. Propyläen Geschichte Europas, Bd. 1. Berlin 1983.
Dobb, M.: Entwicklung des Kapitalismus. Vom Spätfeudalismus bis zur Gegenwart. Köln, Berlin 1970.
Dollinger, P.: Die Hanse. Stuttgart 1974.
Donzelot, J.: Die Ordnung der Familie. Frankfurt a. M. 1979.
Duby, G.: Die drei Ordnungen. Das Weltbild des Feudalismus. Frankfurt a. M. 1981.
Duby, G.: Die Landwirtschaft des Mittelalters 900–1500. In: C. M. Cipolla, K. Borchardt (Hg.): Europäische Wirtschaftsgeschichte, Bd. 1. Stuttgart, New York 1983.
Duby, G.: Die Zeit der Kathedralen. Kunst und Gesellschaft 980 bis 1420. Frankfurt a. M. 4. Aufl. 1985.
Duby, G.: Guilleaume le Maréchal oder der beste aller Ritter. Frankfurt a. M. 1986.
Dülmen, R. van: Formierung der europäischen Gesellschaft in der Frühen Neuzeit. Ein Versuch. In: Geschichte und Gesellschaft 7 (1981).
Dunning, W. A.: A history of political theories. 3 Bde, New York, London 1953.
Dupont de Nemours, P. S.: Physiokratie ou constitution essentielle du gouvernement le plus advantageux du genre humain. Paris 1846 (1761).
Dupont de Nemours, P. S.: De l'origine et des progrès d'une science nouvelle. Paris 1846 (1768).
Dupont de Nemours, P. S.: Discours de l'éditeur. Paris 1846.
Dupont de Nemours, P. S.: Correspondance avec J. B. Say. Paris 1846.
Dürr, E. (Hg.): Wachstumstheorie. Darmstadt 1978.

Eberhard, W.: Die Krise des Spätmittelalters. In: F. Seibt, W. Eberhard (Hg.): Europa 1400. Stuttgart 1984.
Edelstein, L.: Recent trends in the interpretation of ancient science. In: Ph. R. Wiener, A. Noland (Hg.): Roots of scientific thought. New York 1937.
Eder, K.: Die Entstehung staatlich organisierter Gesellschaften. Ein Beitrag zu einer Theorie der sozialen Evolution. Frankfurt a. M. 1976.
Eggebrecht, A., J. Flemming, G. Meyer, A. von Müller, A. Oppolzer, A. Paulinyi, H. Schneider (Hg.): Geschichte der Arbeit. Vom alten Ägypten bis zur Gegenwart. Köln 1980.

EGNER, E.: Der Verlust der alten Ökonomik. Berlin 1985.
EICHBERG, H.: Der Weg des Sports in die industrielle Zivilisation. Baden-Baden 1973.
EICHBERG, H.: Der Umbruch des Bewegungsverhaltens. Leibesübungen, Spiele und Tänze in der Industriellen Revolution. In: A. Nitzsche (Hg.): Verhaltenswandel in der Industriellen Revolution. Beiträge zur Sozialgeschichte. Stuttgart, Berlin, Köln, Mainz 1981.
EICHBERG, H.: Messen, Steigern, Produzieren. Die historisch-kulturelle Relativität des Leistens am Beispiel des Sports. In: Beiträge zur historischen Sozialkunde, 13/1983.
ELIAS, N.: Die höfische Gesellschaft. Untersuchung zur Soziologie des Königtums und der höfischen Aristokratie. Neuwied, Berlin 1969.
ELIAS, N.: Über den Prozeß der Zivilisation. 2 Bde, Frankfurt a.M. 1977 (1939).
ELIAS, N.: Über die Zeit. Frankfurt a.M. 1984.
EMMINGHAUS, A. (HG.): Das Armenwesen und die Armengesetzgebung in den europäischen Staaten. München 1870.
Encyclopédie ou dictionnaire raisonné des sciences, des arts et des métiers. Hg. v. D. DIDEROT und J.-B. D'ALEMBERT. Paris 1751–1755.
ENNEN, E.: Frauen im Mittelalter. München 1984.
ERIKSON, E. H.: Der junge Mann Luther. Eine psycho-analytische und historische Studie. Frankfurt a.M. 1975.
EUCHNER, W.: Naturrecht und Politik bei John Locke. Frankfurt a.M. 1979.

FABER, K. G., CH. MEIER (HG.): Historische Prozesse. Theorie der Geschichte, Bd. 2. München 1978.
FAULKNER, J.: English colonies. London, New York 1957.
FETSCHER, I.: Rousseaus politische Philosophie. Zur Geschichte des demokratischen Freiheitsbegriffes. Frankfurt a.M. 1981.
FICHANT, M.: Die Idee einer Wissenschaftsgeschichte. In: M. Fichant, M. Pecheux (Hg.): Überlegungen zur Wissenschaftsgeschichte. Frankfurt a.M. 1977.
FICHTE, J. G.: Der geschlossene Handelsstaat. Jena 1800.
FILMER, R.: Patriarcha: Or the natural power of kings. London 1680.
FINK, Z. S.: The classical republicans. An essay in the recovery of a pattern of thought in seventeenth-century England. Evanston 1945.
FINNBERG, H. (Hg.): The agrarian history of England and Wales. Bd. IV: 1500–1640. Cambridge 1964.
FLECK, L.: Entstehung und Entwicklung einer wissenschaftlichen Tatsache. Einführung in die Lehre vom Denkstil und Denkkollektiv. Frankfurt a.M. 1980.
FLETCHER, A.: Discours of government. London 1698.
FLINN, M. W. (Hg.): The Law Book of the Crowley Ironworks. Durham 1957.

Flinn, M.W.: Men of iron. The Crowleys in the early iron industry. Edinburg 1962.
Foerster, H. von: Das Konstruieren einer Wirklichkeit. In: P. Watzlawick (Hg.): Die erfundene Wirklichkeit. München 1981.
Forbes, D.: Hume's philosophical politics. Cambridge 1985.
Foucault, M.: Die Ordnung der Dinge. Eine Archäologie der Humanwissenschaften. Frankfurt a.M. 1971.
Foucault, M.: Archäologie des Wissens. Frankfurt a.M. 1973.
Foucault, M.: Die Geburt der Klinik. Frankfurt a.M. 1976.
Foucault, M.: Überwachen und Strafen. Die Geburt des Gefängnisses. Frankfurt a.M. 1977.
Foucault, M.: Wahnsinn und Gesellschaft. Frankfurt a.M. 1977.
Frank, A.G.: World accumulation 1492–1789. New York, London 1978.
Freising, O. von: Gesta Friderici Imperatoris. Übersetzt und hg. von Ch. Mierow und R. Emery. New York 1953.
Frensdorff, F.: Über das Leben und die Schriften des Nationalökonomen J.H.G. von Justi. In: Nachrichten von der königlichen Gesellschaft der Wissenschaften zu Göttingen, Phil.-histor. Klasse. Göttingen 1904.
Freud, A.: Angst, Verdrängung, Unterdrückung. München 1964.
Freud, S.: Das Ich und das Es. Gesammelte Werke, Bd. 3. Frankfurt a.M. 1975.
Freudenberger, H.: Struktur der frühindustriellen Fabrik im Umriß. In: W. Fischer (Hg.): Wirtschafts- und sozialgeschichtliche Probleme der frühen Industrialisierung. Berlin 1968.
Freudenberger, H.: Das Arbeitsjahr. In: I. Bog u.a. (Hg.): Wirtschaftliche und soziale Strukturen im säkularen Wandel. Festschrift für H. Kellenbenz. 1974.
Friedell, E.: Kulturgeschichte der Neuzeit. Die Krisis der europäischen Seele von der Schwarzen Pest bis zum Ersten Weltkrieg. München 1959.
Friedman, M.: Essays in positive economics. New York u.a. 1953.
Friedrich der Grosse: Das politische Testament von 1752. Stuttgart 1974.
Fromm, E.: Die Furcht vor der Freiheit. Gesamtausgabe, Bd. 1. Stuttgart 1980.
Fürstenberg, F.: Industriesoziologie. Neuwied 2. Aufl. 1966.
Furth, H.G.: Intelligenz und Erkennen. Die Grundlagen der genetischen Erkenntnistheorie Piagets. Frankfurt a.M. 1976.

Gadamer, H.-G.: Wahrheit und Methode. Grundzüge einer philosophischen Hermeneutik. Tübingen 1975.
Galbraith, J.K.: Die moderne Industriegesellschaft. München, Zürich 1968.
Ganshof, F.L.: Was ist das Lehnswesen? Darmstadt 1983.
Genovesi: Lezioni di commercio ossia di economia civile. 1765.

Gide, Ch., Ch. Rist: Geschichte der volkswirtschaftlichen Lehrmeinungen. Jena 1913.
Gierer, A.: Die Physik, das Leben und die Seele. München 1985.
Gilbert, F.: Machiavelli and Guicciardini. Politics and history in sixteenth century Florence. New York, London 1984.
Ginzberg, E.: The human economy. New York u.a. 1976.
Glamann, K.: Dutch-Asiatic trade 1620–1740. Kopenhagen 1958.
Glass, D.V., D.E. Eversley (Hg.): Population in history. Essays in historical demography. London 1965.
Gloger, B., W. Zöllner: Teufelsglaube und Hexenwahn. Wien, Köln, Graz 1984.
Goldberg, J.: James I. and the politics of literature. Baltimore, London 1983.
Goldscheid, R.: Staat, öffentlicher Haushalt und Gesellschaft. In: R. Hickel (Hg.): Die Finanzkrise des Steuerstaates. Beiträge zur politischen Ökonomie der Staatsfinanzen. Frankfurt a.M. 1976.
Graunt, J.: Natural and political observations ... made upon the bills of mortality. London 1662.
Grimm, J. u. W.: Deutsches Wörterbuch (Reprint). 33 Bde, München 1984 (1854ff.).
Groethuysen, B.: Die Entstehung der bürgerlichen Welt- und Lebensanschauung in Frankreich. Bd. 1: Das Bürgertum und die katholische Weltanschauung. Frankfurt a.M. 1978.
Grotius, H.: De iure praedae. Den Haag, Amsterdam 1608.
Grotius, H.: De iure belli ac pacis. Amsterdam 1625.
Grüll, G.: Die Robot in Oberösterreich. Hg. vom Oberösterreichischen Landesarchiv. Linz 1952.
Gstettner, P.: Die Schule als ein sich selbst regulierendes System. Retzhof 1971.
Gstettner, P.: Die Eroberung des Kindes durch die Wissenschaft. Aus der Geschichte der Disziplinierung. Reinbek 1981.
Gumplowicz, L.: Grundriß der Soziologie. Aalen 1978 (Reprint).
Günther, H.: Der philosophische Freiheitsbegriff. In: Brunner, Conze, Koselleck (Hg.): Geschichtliche Grundbegriffe, Bd. 2.

Haakonssen, K.: The science of a legislator. The natural jurisprudence of David Hume & Adam Smith. Cambridge 1981.
Habakkuk, H.J.: Population problems and European economic development in the late eighteenth and nineteenth centuries. In: American Economic Review, Papers and Proceedings 53 (1963).
Habakkuk, H.J.: English population in the 18th century. In: D.V. Glass, D.E. Eversley (Hg.): Population in history. London 1965.
Habakkuk, H.J.: Population growth and economic development since 1750. Leicester 1972.
Habermas, J.: Zur Logik der Sozialwissenschaften. Frankfurt a.M. 1970.
Habermas, J.: Erkenntnis und Interesse. Frankfurt a.M. 1973.

HABERMAS, J.: Zur Rekonstruktion des Historischen Materialismus. Frankfurt a.M. 1976.
HABERMAS, J.: Strukturwandel der Öffentlichkeit. Untersuchungen einer Kategorie der bürgerlichen Gesellschaft (1956). Darmstadt, Neuwied 1979.
HABERMAS, J.: Der philosophische Diskurs der Moderne. Frankfurt a.M. 1985.
HAFNER, G.: Sternstunden der Archäologen. Düsseldorf, Wien 1978.
HAHN, R.: The anatomy of a scientific institution. The Paris Academy of Science 1666–1804. Berkeley 1971.
HALES, J.: A discourse of the common wealth of this realm of England. London 1559.
HALL, R.A. VON: The scientific revolution 1500–1800. Boston 1966.
HAMMES, M.: Hexenwahn und Hexenprozesse. Frankfurt a.M. 1983.
HANSMEYER, K.H.: Lehr- und Methodengeschichte. In: W. Ehrlicher, I. Esenwein-Rothe, H. Jürgensen, K. Rose (Hg.): Kompendium der Volkswirtschaftslehre, Bd. 1. Göttingen 2. Aufl. 1969.
HARRINGTON, J.: The Commonwealth of Oceana (1656). In: The political works of James Harrington. Cambridge 1977.
HAUSHERR, H.: Wirtschaftsgeschichte der Neuzeit. Wien, Graz 1966.
HAYEK, J.: Comparative research into mercantilistic theories in Europe of the 16th and 17th centuries. Prag 1980.
HECHT, J.: François Quesnay et la physiocratie. Paris 1958.
HECHT, O.: Die k.k. Spiegelfabrik zu Neuhaus in Niederösterreich 1701–1844. In: Studien zur Sozial-, Wirtschafts- und Verwaltungsgeschichte 4 (1909).
HECKSCHER, E.F.: Der Merkantilismus. 2 Bde, Jena 1932.
HEINSOHN, G., R. KNIEPER, O. STEIGER: Menschenproduktion. Allgemeine Bevölkerungslehre der Neuzeit. Frankfurt a.M. 1979.
HELLER, A.: Der Mensch der Renaissance. Köln 1982.
HENRICH, D.: Der Begriff der sittlichen Einsicht und Kants Lehre vom Faktum der Vernunft. In: Die Gegenwart der Griechen im neueren Denken. Tübingen 1960.
HILTON, R.: Eine Krise des Feudalismus. In: Sowi 8 (1979).
HINDESS, P., P.Q. HIRST: Vorkapitalistische Produktionsweisen. Frankfurt a.M., Berlin, Wien 1981.
HINRICHS, E.(Hg.): Absolutismus. Frankfurt a.M. 1986.
HINTZE, O.: Wesen und Wandlung des modernen Staates (1931). In: Gesammelte Abhandlungen, Bd. 1. Göttingen 1962.
HINTZE, O.: Staat und Verfassung. Göttingen 3. Aufl. 1970.
HINTZE, O.: Feudalismus – Kapitalismus. Göttingen 1970.
HIPPEL, TH. G. VON: Über die Ehe. Leipzig 1872.
HIRSCHMAN, A.O.: Leidenschaften und Interessen. Politische Begründungen des Kapitalismus vor seinem Sieg. Frankfurt a.M. 1984.
HOBBES, TH.: Elements of law. London 1640.
HOBBES, TH.: Leviathan or The matter, forme and power of a common-wealth ecclesiastical and civil. London 1651.

Hobbes, Th.: Leviathan oder Wesen, Form und Gewalt des kirchlichen und bürgerlichen Staates. Leck/Schleswig 1965.

Hobbes, Th.: De cive (1642). In: The English works, Bd. 2. London 1962.

Hobsbawm: The general crisis of the European economy in the 17th century. In: Past & Present 5/6 (1954).

Hoffmann, A.: Wirtschaftsgeschichte des Landes Oberösterreich, Bd. 1. Salzburg 1952.

Hoffmann, A.: Die Grundherrschaft als Unternehmen. In: Zeitschrift für Agrargeschichte und Agrarsoziologie 6 (1958).

Högwein, N.F.: Unterthänig gehorsamster Vorschlag zur Errichtung allgemeiner Armenanstalten für ganze Provinzen und den Staat. Innsbruck 1805.

Hölscher, L.: Zeit und Diskurs in der Lexikographie der frühen Neuzeit. In: R. Koselleck (Hg.): Historische Semantik und Begriffsgeschichte. Stuttgart 1978.

Holzkamp-Osterkamp, U.: Grundlagen der psychologischen Motivationsforschung, Bd. 1. Frankfurt a.M. 2. Aufl. 1977; Bd. 2. Frankfurt a.M. 2. Aufl. 1978.

Hont, I.: The »Rich country – poor country« debate in Scottish classical political economy. In: I. Hont, M. Ignatieff (Hg.): Wealth & virtue. Cambridge 1983.

Hont, I., M. Ignatieff (Hg.): Wealth & virtue. The shaping of political economy in the Scottish enlightenment. Cambridge 1983.

Hörnigk, Ph. W. von: Österreich über alles, wenn es nur will. Vaduz 1978, Reprint der Auflage 1753.

Howard, J.: The state of the prisons in England and Wales, with preliminary observations, on account of some foreign prisons. Warrington 1779–84.

Howard, J.: Nachrichten von den vorzüglichen Krankenhäusern und Pesthäusern in Europa. Leipzig 1791.

Hume, D.: Vermischte Schriften über die Handlung, die Manufakturen und die anderen Quellen des Reichtums und der Macht des Staates. Leipzig 1766.

Hume, D.: A treatise of human nature and dialogues concerning natural religions. The philosophical works, Bd. 1 u. 2. London 1886.

Hume, D.: The philosophical works. Hg. von Th.H. Green u. Th.H. Grose. 4 Bde, Aachen 1964, Reprint der Ausgabe London 1886.

Huizinga, J.: Herbst des Mittelalters. Stuttgart 1975.

Hutcheson, F.: A short introduction to moral philosophy. Collected works of Francis Hutcheson, Bd. 4. Darmstadt 1966, Reprint der Ausgabe Glasgow 1747.

Jacob, M.C.: The Newtonians and the English Revolution, 1689 bis 1720. Ithaca, New York 1983.

Jänicke, M.: Herrschaft und Krise. Opladen 1973.

Jänicke, M.: Theorie sozialer Systeme. Opladen 1976.

JOHNSON, CH.: Revolutionstheorie. Köln, Berlin 1971.
JOJIMA, K.: Ökonomie und Physik. Eine neue Dimension der interdisziplinären Reflexion. Berlin, München 1985.
JONAS, F.: Das Selbstverständnis der ökonomischen Theorie. Berlin 1964.
JONES, R.F.: Ancient and moderns. A study of the rise of scientific movement in seventeenth-century England. Berkeley, Los Angeles 1965.
JUSTI, J.H.G. VON: Staatswirthschaft oder Systematische Abhandlung aller ökonomischen Cameral-Wissenschaften. Leipzig 2. Aufl. 1758.
JUSTI, J.H.G. VON: Grundfeste zu der Macht und Glückseligkeit der Staaten, oder Vorstellung der Polizeywissenschaft. 2 Bde, Königsberg, Leipzig 1760.
JUSTI, J.H.G. VON: Die Natur und das Wesen des Staates. Berlin 1760.
JUSTI, J.H.G. VON: System des Finanzwesens nach vernünftigen, aus dem Endzweck der bürgerlichen Gesellschaft und aus der Natur aller Quellen der Einkünfte des Staates hergeleiteten Grundsätze und Regeln. Halle 1766.
JUSTI, J.H.G. VON: Grundsätze der Policeywissenschaft in einem vernünftigen, auf den Endzweck gegründeten Zusammenhang. Frankfurt a.M. 1969 (1756). Reprint der 3. Auflage 1782.

KAISER, K., W. NÖBAUER: Geschichte der Mathematik. Wien 1984.
KAMBARTEL, F.: Erfahrung und Struktur. Bausteine zu einer Kritik des Empirismus und Formalismus. Frankfurt a.M. 1976.
KANT, I.: Werkausgabe. Hg. von W. Weischedel. Frankfurt a.M. 1974.
KANTOROWICZ, ERNST H.: The king's two bodies. A study in medieval political theology. Princeton, New Jersey 1957. Erscheint erstmals in deutscher Übersetzung: München 1988.
KAPLAN, ST. L.: Bread, politics and political economy in the reign of Louis XV. Den Haag 1976.
KAUFMANN, F.-X., H.-G. KRÜSSELBERG (HG.): Markt, Staat und Solidarität bei Adam Smith. Frankfurt a.M., New York 1984.
KAUNITZ, W.A.: Von der oberherrlichen Gewalt (1768/69). In: J. Schasching: Staatsbildung und Finanzentwicklung. Ein Beitrag zur Geschichte des österreichischen Staatskredites in der 2. Hälfte des 18. Jahrhunderts. Wien 1954.
KEESS, ST. VON: Darstellung des Fabriks- und Gewerbswesen im österreichischen Kaiserstaate. 4 Bde, Wien 1819/20.
KELLENBENZ, H.: Der Merkantilismus in Europa und die soziale Mobilität. Köln, München 1965.
KEYNES, J. M.: Allgemeine Theorie der Beschäftigung, des Zinses und des Geldes. Berlin 1952.
KEYNES, J.M.: Vom Gelde. Berlin 1955.
KIESER, A., H. KUBITSCHEK (Hg.): Organisationstheorien. Wissenschaftstheoretische Anforderungen und kritische Analyse klassischer Ansätze. 2 Bde, Stuttgart 1978.

KIRSHNER, E.: Scholastic economic thought. In: ders. (Hg.): Business, banking and economic thought. Chicago 1974.
KIRSTEN, E., E.W. BUCHHOLZ, W. KÖLLMAN: Raum und Bevölkerung in der Weltgeschichte. 2 Bde, Würzburg 2. Aufl. 1956.
KISS, G.: Steckbrief der Soziologie. Heidelberg 1976.
KITTSTEINER, H.D.: Ethik und Teleologie. Das Problem der unsichtbaren Hand bei Adam Smith. In: F.-X. Kaufmann, H.-G. Krüsselberg (Hg.): Markt, Staat und Solidarität bei Adam Smith. Frankfurt a.M., New York 1984.
KLUGE, F., W. MITZKA: Etymologisches Wörterbuch der deutschen Sprache. Berlin 1975.
KLUXEN, K.: Die Geschichte Englands. Stuttgart 1968.
KLUXEN, K.: Die Auswirkungen der englischen Aufklärung auf Politik und Gesellschaft. In: H.G. Schoeps (Hg.): Zeitgeist der Aufklärung. Paderborn 1972.
KOCHER, G.: Spätmittelalterliches städtisches Rechtsleben. In: H. Kühnel (Hg.): Das Leben in der Stadt des Spätmittelalters. Wien 1977.
KOCKA, J.: Industrielles Management. Konzeptionen und Modelle in Deutschland vor 1914. In: VSWG 56 (1969).
KÖLLMANN, W.: Bevölkerung in der industriellen Revolution. Studien zur Bevölkerungsgeschichte Deutschlands. Göttingen 1974.
KÖNIG, R.: Vom Wesen der deutschen Universitäten. Berlin 1935.
KOSELLECK, R.: Fortschritt. In: Brunner, Conze, Koselleck (Hg.): Geschichtliche Grundbegriffe, Bd. 2.
KOSELLECK, R.: Vergangene Zukunft. Zur Semantik geschichtlicher Zeiten. Frankfurt a.M. 1979.
KRAFFT, F.: Das Selbstverständnis der Physik im Wandel der Zeit. Weinheim 1983.
KRAILSHEIMER, A.J.: Studies in self-interest from Descartes to la Bruyère. Oxford 1962.
KRAMM, L.: Politische Ökonomie. Eine kritische Darstellung. München 1979.
KRAMNICK, I.: Bolingbroke and his circle. The politics of nostalgia in the age of Walpole. Cambridge, Mass. 1968.
KREMER-MARIETTI, A.: Michel Foucault – der Archäologe des Wissens. Frankfurt a.M., Berlin, Wien 1976.
KRIEDTE, P., H. MEDICK, J. SCHLUMBOHM: Industrialisierung vor der Industrialisierung. Gewerbliche Warenproduktion auf dem Land in der Formationsperiode des Kapitalismus. Göttingen 1977.
KRIEDTE, P.: Spätfeudalismus und Handelskapital. Grundlinien der europäischen Wirtschaftsgeschichte vom 16. bis zum Ausgang des 18. Jahrhunderts. Göttingen 1980.
KRIEDTE, P.: Spätmittelalterliche Agrarkrise oder Krise des Feudalismus. In: Geschichte und Gesellschaft 6 (1980).
KROMPHARDT, J.: Konzeptionen und Analysen des Kapitalismus von seiner Entstehung bis zur Gegenwart. Göttingen 1980.

Krüger, H.: Zur Geschichte der Manufakturen und der Manufakturarbeiter in Preußen. Die mittleren Provinzen in der zweiten Hälfte des 18. Jahrhunderts. Berlin 1958.
Kuhn, A.: Tugend und Arbeit. Zur Sozialisation durch Kinder- und Jugendliteratur im 18. Jahrhundert. Berlin 1975.
Kuhn, Th. S.: ›Scientific growth‹. Reflections on Ben-David's ›Scientific role‹. In: Minerva 10 (1972).
Kuhn, Th. S.: Die Entstehung des Neuen. Studien zur Struktur der Wissenschaftsgeschichte. Frankfurt a.M. 1977.
Kuhn, Th. S.: Die Struktur wissenschaftlicher Revolutionen. Frankfurt a.M. 1981.
Kula, W.: An economic theory of the feudal system. London 1976.
Kulischer, J.: Allgemeine Wirtschaftsgeschichte des Mittelalters und der Neuzeit. 2 Bde, Darmstadt 1958.

Landes, D. S. (Hg.): The rise of capitalism. New York 1966.
Landes, D. S.: Der entfesselte Prometheus. Technologischer Wandel und industrielle Entwicklung in Westeuropa von 1750 bis zur Gegenwart. Köln 1973.
Landshut, S.: Kritik der Soziologie. Neuwied 1969.
Lange, D.: Zur sozial-philosophischen Gestalt der Marktwirtschaftstheorie bei Adam Smith, München 1983.
Laslett, P.: The world we have lost. London 5. Aufl. 1975.
Laum, B.: Allgemeine Geschichte der Wirtschaft. Gestaltwandel der Wirtschaft in der Geschichte der Menschheit. Berlin, Wien 1932.
Laum, B.: Schenkende Wirtschaft. Nichtmarktmäßiger Güterverkehr und seine soziale Funktion. Frankfurt a.M. 1960.
Le Goff, J.: Kultur des europäischen Mittelalters. München, Zürich 1972.
Le Goff, J.: Die Geburt des Fegefeuers. Stuttgart 1984.
Le Goff, J.: Für ein anderes Mittelalter. Zeit, Arbeit und Kultur im Europa des 5. bis 15. Jahrhunderts. Frankfurt a.M., Berlin, Wien 1984.
Lepage, H.: Der Kapitalismus von morgen. Frankfurt a.M., New York 1979.
Lepenies, W.: Das Ende der Naturgeschichte. Wandel kultureller Selbstverständlichkeiten in den Wissenschaften des 18. und 19. Jahrhunderts. München, Wien 1976.
Le Roy Ladurie, E.: Montaillou. Ein Dorf vor dem Inquisitor 1294 bis 1324. Berlin 1980.
Le Trosne, G.-F.: De l'intérêt social, par raport à la valeur, à la circulation, à l'industrie et au commerce intérieur et extérieur. Paris 1777.
Le Trosne, G.-F.: De l'ordre social. Paris 1777.
Letwin, W.: The origins of scientific economics. English economic thought 1660–1776. London 1975.

Lewis, W. A.: Economic development with unlimited supplies of labor. London 1954.
Lieberman, D.: The legal needs of a commercial society. The jurisprudence of Lord Kames. In: I. Hont, M. Ignatieff (Hg.): Wealth & Virtue. Cambridge 1983.
Lichtenberg, G. Ch.: Aphorismen. 1796–99.
Lippe, R. zur: Hof und Schloß – Bühne des Absolutismus. In: E. Hinrichs (Hg.): Absolutismus. Frankfurt a. M. 1986.
Lis, C., H. Soly: Poverty and capitalism in pre-industrial Europe 1350–1850. Bristol 1979.
List, F.: Das nationale System der Politischen Ökonomie. Basel, Tübingen 1959.
Locke, J.: Second essay concerning civil government. 1690.
Locke, J.: 2. Abhandlung über die Regierung. Leck/Schleswig 1966 (1690).
Locke, J.: Essay concerning human understanding. Oxford 1894 (Neudruck der Ausgabe London 1735).
Löffelholz, J.: Geschichte der Betriebswirtschaft und der Betriebswirtschaftslehre. Altertum, Mittelalter, Neuzeit bis zum Beginn des 19. Jahrhunderts. Stuttgart 1935.
Loose, H.: Die »Kleine Eiszeit« und ihre Folgen für Siedlung und Wirtschaft in den Alpen. In: Mannheimer Berichte 24 (1984).
Lorenz, K.: Die Rückseite des Spiegels. Versuch einer Naturgeschichte menschlichen Erkennens. München, Zürich 1975.
Lovejoy, A. O.: The great chain of being. New York 1960.
Luckmann, Th.: Persönliche Identität in der modernen Gesellschaft. In: H. G. Gadamer u. a. (Hg.): Neue Anthropologie, Bd. 3. Stuttgart, München 1972.
Luhmann, N.: Evolution – kein Menschenbild. In: R. Riedl u. a. (Hg.): Evolution und Menschenbild. Hamburg 1983.
Lütge, F.: Das 14. und 15. Jahrhundert in der Sozial- und Wirtschaftsgeschichte. In: Jahrbuch für Nationalökonomie und Statistik 162 (1950).
Lütge, F.: Geschichte der volkswirtschaftlichen Lehrmeinungen. München 1963.
Luxemburg, R.: Die Akkumulation des Kapitals. Ein Beitrag zur ökonomischen Erklärung des Imperialismus. Berlin 1922.

Machiavelli, N.: Discorsi. Gedanken über Politik und Staatsführung. Stuttgart 1977 (1523).
Machiavelli, N.: Der Fürst. Stuttgart 1978 (1532).
Mackenroth, G.: Bevölkerungslehre. Theorie, Soziologie und Statistik der Bevölkerung. Berlin, Göttingen, Heidelberg 1953.
MacIntyre, A.: Der Verlust der Tugend. Zur moralischen Krise der Gegenwart. Frankfurt a. M. 1987.
Macpherson, G. B.: Die politische Idee des Besitzindividualismus. Frankfurt a. M. 1973.

MALINES, G. DE: Maintenance of free trade. London 1622.
MALTHUS, TH. R.: An essay on the principle of population as it effects the future improvement of society. London 1798.
MANDEVILLE, B. DE: Die Bienenfabel oder Private Laster, öffentliche Vorteile. Frankfurt a.M. 1980 (1705/1714).
MANN, F.K.: Physiokratie. In: Handwörterbuch der Sozialwissenschaften, Bd. 8. Stuttgart 1964.
MANNHEIM, R.: Mensch und Gesellschaft im Zeitalter des Umbruchs. Hamburg 1958.
MANTOUX, P.: The industrial revolution in the eighteenth Century. New York 1962.
MARCH, J.G., H.A. SIMON: Organizations. New York 1958.
MARCUSE, H.: Der eindimensionale Mensch. Neuwied 1979.
MARGLIN, ST.: Was tun die Vorgesetzten? Ursprünge und Funktionen der Hierarchie in der kapitalistischen Produktionsweise. In: Technologie und Politik, Heft 8. Reinbek 1977.
MARSHALL, A.: Industry and trade. London 1919.
MARX, K., F. ENGELS: Werke. (MEW) 42 Bde, Berlin (Ost) 1983 ff.
MARX, K.: Enthüllungen zur Geschichte der Diplomatie im 18. Jahrhundert. Hg. von K.A. Wittfogel. Frankfurt a.M. 1981.
MARX, K.: Grundrisse der Kritik der politischen Ökonomie (Rohentwurf). Frankfurt a.M. o.J. Reprint.
MATIS, H.: Über die sozialen und wirtschaftlichen Verhältnisse österreichischer Fabrik- und Manufakturarbeiter um die Wende vom 18. zum 19. Jahrhundert. In: VSWG 53 (1966).
MATIS, H. (Hg.): Von der Glückseligkeit des Staates. Staat, Wirtschaft und Gesellschaft in Österreich im Zeitalter des aufgeklärten Absolutismus. Berlin 1981.
MATIS, H.: Betriebsorganisation, Arbeitsmarkt und Arbeitsverfassung. In: H. Matis (Hg.): Von der Glückseligkeit des Staates. Berlin 1981.
MATZNER, E.: Der Wohlfahrtsstaat von morgen. Entwurf eines zeitgemäßen Musters staatlicher Interventionen. Wien 1982.
MAURICE, K., O. MAYR (Hg.): Die Welt als Uhr. Deutsche Uhren und Automaten 1550–1650. München 1980.
MCNEILL, W.H.: Seuchen machen Geschichte. München 1978.
MEDICK, H.: Naturzustand und Naturgeschichte der bürgerlichen Gesellschaft. Die Ursprünge der bürgerlichen Sozialtheorie als Geschichtsphilosophie und Sozialwissenschaft bei Samuel Pufendorf, John Locke und Adam Smith. Göttingen 1973.
MEEK, R.L.: The economics of physiocracy. London 1962.
MELLEROWICZ, K.: Sozialorientierte Unternehmensführung. Freiburg i.Br. 1976.
MELVILLE, R.: Grundherrschaft, rationale Landwirtschaft und Frühindustrialisierung. In: H. Matis (Hg.): Von der Glückseligkeit des Staates. Berlin 1981.
MENDEL, G.: Plädoyer für die Entkolonisierung des Kindes. Olten 1973.

MENDELS, F.F.: Proto-Industrialization. The first phase of industrialization process. In: Journal of Economic History 32 (1972).
MENDELSSOHN, E. U. A. (HG.): The social construction of scientific knowledge. Dordrecht 1977.
MERCIER DE LA RIVIÈRE, P.P.: L'ordre naturel et essentiel des sociétés politiques. Paris 1846 (1767).
MERTON, K.R.: Auf den Schultern von Riesen. Ein Leitfaden durch das Labyrinth der Gelehrsamkeit. Frankfurt a.M. 1980.
MESSERSCHMID, F.: Die Funktion der Geschichte in unserer Zeit. In: Geschichte in Wissenschaft und Unterricht 26 (1975).
METTRIE, O. DE LA: L'homme machine. Paris 1981 (1748).
MIKOLETZKY, H.L.: Österreich. Das große 18. Jahrhundert. Wien, München 1967.
MILLAR, J.: Vom Ursprung des Unterschieds in den Rangordnungen und Ständen der Gesellschaft. Frankfurt a.M. 1967.
MILTON, J.: The tenure of kings and magistrates. London 1649.
MILWARD, A.S., S.B. SAUL: The economic development of continental Europe. London 1973.
MIRABEAU, V.R.M. DE: L'ami des hommes. Paris 1756.
MIRABEAU, V.R.M. DE: La théorie de l'impôt. Paris 1760.
MIRABEAU, V.R.M. DE: La philosophie rurale. Paris 1762.
MISSELDEN, E.: Free trade, or the means to make trade flourish. London 1622.
MISSELDEN, E.: The circle of commerce. London 1623.
MITTERAUER, M.: Die Entwicklung der europäischen Bevölkerung im 17. und 18. Jahrhundert. Europäische Sozialkunde. In: Beiträge zur historischen Sozialkunde 1 (1971).
MITTERAUER, M., R. SIEDER: Vom Patriarchat zur Partnerschaft. Zum Strukturwandel der Familie. München 1977.
MITTERAUER, M.: Lebensformen und Lebensverhältnisse ländlicher Unterschichten. In: H. Matis (Hg.): Von der Glückseligkeit des Staates. Berlin 1981.
MOLS, R.: Introduction à la démographie de villes d'Europe du XVIe au XVIIe siècle, Bd. 2. Löwen 1955.
MOMBERT, P.: Bevölkerungslehre. (Grundrisse zum Studium der Nationalökonomie, Bd. 15) Jena 1929.
MONTCHRÉTIEN, A. DE: Traité de l'économie politique. 1615.
MONTESQUIEU, CH.: Vom Geist der Gesetze. Stuttgart 1965.
MONTESQUIEU, CH.: De l'ésprit des lois. Paris 1748.
MOORE, B.: Soziale Ursprünge von Diktatur und Demokratie. Die Rolle der Grundbesitzer und Bauern bei der Entstehung der modernen Welt. Frankfurt a.M. 1974.
MOORE, B.: Ungerechtigkeit. Die sozialen Ursachen von Unterordnung und Widerstand. Frankfurt a.M. 1982.
MORAW, P.: Von offener Verfassung zu gestalteter Verdichtung 1250 bis 1490. Das Reich im späten Mittelalter. Propyläen Geschichte Deutschlands, Bd. 3. Berlin 1985.

MORAZÉ, CH.: Das Gesicht des 19. Jahrhunderts. Die Entstehung der modernen Welt. Düsseldorf, Köln 1959.
MORGENSTERN, O.: Vollkommene Voraussicht und wirtschaftliches Gleichgewicht. In: ders. (Hg.): Spieltheorie und Wirtschaftswissenschaft. Wien, München, 1963.
MORUS, TH.: Utopia. Basel 1981 (1516).
MOSSER, A.: Proto-Industrialisierung. Zur Funktionalität eines Forschungsansatzes. In: H. Matis (Hg.): Von der Glückseligkeit des Staates. Berlin 1981.
MOZZARELLI, C., G. OLMI (HG.): Il corte nella cultura e nella storiografia. Immagini e posizioni tra otto- e novecento. Mailand 1983.
MUCHEMBLED, R.: Kultur des Volks – Kultur der Eliten. Eine Geschichte einer erfolgreichen Verdrängung. Stuttgart 1984.
MÜLLER-ARMACK, A.: Genealogie der Wirtschaftsstile. Die geistesgeschichtlichen Ursprünge der Staats- und Wirtschaftsformen bis zum Ausgang des 18. Jahrhunderts. Stuttgart 1941.
MUMFORD, L.: Mythos der Maschine. Kultur, Technik und Macht. Frankfurt a. M. 1980.
MUN, TH.: England's treasure by forraigne trade. Oxford 1664.
MÜNCH, R.: Theorie sozialer Systeme. Eine Einführung in die Grundbegriffe, Grundannahmen und logische Struktur. Opladen 1976.

NELSON, B.: Der Ursprung der Moderne. Vergleichende Studien zum Zivilisationsprozeß. Frankfurt a. M. 1977.
NICHOLLS, G.: A history of the English Poor Law. London 1845.
NIDER, PATER J.: De contractibus mercatorum. Köln 1468.
NORTH, D. C., R. P. THOMAS: The rise and fall of the manorial system. A theoretical model. In: Journal of Economic History 31 (1971).
NORTH, D. C., R. P. THOMAS: The rise of the western world. A new economic history. Cambridge 1973.
NORTH, D.: Discourses upon trade. London 1691.

OCCIDENT, A. VON (Pseudonym für J. H. G. VON JUSTI): Physicalische und politische Betrachtungen über die Erzeugung des Menschen und Bevölkerung der Länder. Smirna 1769.
OESTREICH, G.: Strukturprobleme des europäischen Absolutismus. In: VSWG 55 (1968).
OGBURN, W. F.: Kultur und sozialer Wandel. Neuwied, Berlin 1969.
OLSON, M.: Rapides Wachstum als Destabilisierungsfaktor. In: K. von Beyme (Hg.): Europäische Revolutionsforschung. Köln, München 1973.
ONCKEN, A.: Die Maxime laisser-faire et laisser-passer. Bern 1886.
ORESME, N.: Traktat über Geldabwertungen (1355/58). Hg. von E. Schorer. Jena 1937.
ORIGO, I.: Im Namen Gottes und des Geschäfts. Lebensbild eines toskanischen Kaufmanns der Frührenaissance. München 1985.

Ortmann, G.: Unternehmungsziele als Ideologie. Zur Kritik betriebswirtschaftlicher und organisationstheoretischer Entwürfe einer Theorie der Unternehmungsziele. Köln 1976.
Ostrom, V.: Adam Smith und öffentliche Güter. In: F.-X. Kaufmann, H.-G. Krüsselberg (Hg.): Markt, Staat und Solidarität bei Adam Smith. Frankfurt a. M., New York 1984.

Pach, S.: Über einige charakteristische Züge des s. g. Preußischen Weges der Entwicklung der Landwirtschaft Ungarns in der 2. Hälfte des 19. Jahrhunderts. In: Zeitschrift für Geschichtswissenschaft 7 (1959).
Pacioli, Fra L.: Summa de arithmetica, geometrica, proportioni, et proportionalita. 1494.
Parain, Ch.: Die Entwicklung des europäischen Feudalsystems. In: L. Kirchenbuch (Hg.): Feudalismus. Materialien zur Theorie und Geschichte. Frankfurt a. M. 1977.
Parsons, T.: Social structure and personality. New York, London 1963.
Parsons, T., E. Shils (Hg.): Towards a general theory of action. Cambridge, Mass. 1954.
Parsons, T., N. J. Smelser: Economy and society. London 1957.
Pascal, B.: Pensées et opuscules. Paris 1953.
Paulet, Ch.: Guelfes et Gibellines. Paris 1922.
Petty, W.: The economic writings of Sir William Petty. Cambridge 1899.
Petty, W.: Politicall arithmetick. London 1960 (1676).
Phillipson, D.: Adam Smith as civic moralist. In: I. Hont, M. Ignatieff (Hg.): Wealth & virtue. Cambridge 1983.
Piaget, J.: Die Entwicklung des Erkennens. 3 Bde, Stuttgart 1975.
Pieper, R.: Die Preisrevolution in Spanien (1500–1640). Stuttgart 1985.
Pietschmann, H.: Das Ende des naturwissenschaftlichen Zeitalters. Wien 1980.
Pirenne, H.: The stages in the social history of capitalism. In: The American Historical Review 19 (1914).
Pirenne, H.: Sozial- und Wirtschaftsgeschichte Europas im Mittelalter. Bern 4. Aufl. 1976.
Plumb, J. H., N. McKendrick, J. Brewer: Birth of the consumer society. The commercial revolution of the eighteenth century. London 1978.
Pocock, J. G. A.: The ancient constitution and the feudal law. Cambridge 1957.
Pocock, J. G. A.: The Machiavellian moment. Florentine political thought and the atlantic republican tradition. London 1975.
Pocock, J. G. A.: Cambridge paradigms and Scotch philosophers. A study of the relations between the civic humanist and the civic jurisprudential interpretation of eighteen-century social thought. In: I. Hont, M. Ignatieff (Hg.): Wealth & virtue. Cambridge 1983.
Polanyi, K.: The Great Transformation. Politische und ökonomische

Ursprünge von Gesellschaften und Wirtschaftssystemen. Frankfurt a.M. 1978.

POLANYI, K.: Ökonomie und Gesellschaft. Frankfurt a.M. 1979.

POLANYI, M.: The tacit dimension. New York 1966.

POLLARD, S.: The genesis of modern management. A study of the industrial revolution in Great Britain. London 1965.

POPPER, K.R.: Logik der Forschung. Wien 1935.

POPPER, K.R.: Die offene Gesellschaft und ihre Feinde. 2 Bde, München 1975.

PRIBRAM, K.: A history of economic reasoning. Baltimore 1983.

PRIGOGINE, I.: Vom Sein und Werden. München, Zürich 1979.

PROBST, G.: Regeln des systemischen Denkens. St. Gallen 1985.

PUFENDORF, S.: De iure naturae et gentium. Frankfurt a.M. 1672.

PUFENDORF, S.: Droit de la nature. Paris 1734.

PULTE, P.: Die Bevölkerungslehre. München, Wien 1972.

QUESNAY, F.: Essays physiques sur l'économie animale. Paris 1736.

QUESNAY, F.: Dialogues sur le commerce et sur les travaux des artisans. Paris 1846.

QUESNAY, F.: Maximes générales du gouvernement économique d'un royaume agricole. Paris 1846 (1760).

QUESNAY, F.: Le droit naturel. Paris 1846.

QUINCEY, TH. DE: Die letzten Tage des Immanuel Kant. München 1984.

RAAB, F.: The English face of Machiavelli. A changing interpretation, 1500–1700. London 1964.

RAPP, T.K.: Enterprise and Empire. Merchant und gentry investment in the expansion of England 1575–1630. Cambridge 1967.

RAWSON, E.: The Spartan tradition in European thought. Oxford 1969.

RECKTENWALD, H.C.: Geschichte der politischen Ökonomie. Stuttgart 1971.

REDLICH, F.: Der Unternehmer. München 1964.

REINHARD, W.: Staatsmacht als Kreditproblem. Zur Struktur und Funktion des frühneuzeitlichen Ämterhandels. In: E. Hinrichs (Hg.): Absolutismus. Frankfurt a.M. 1986.

RIEDEL, M.: Metaphysik und Metapolitik. Studien zu Aristoteles und zur philosophischen Sprache der neuzeitlichen Philosophie. Frankfurt a.M. 1975.

RIEDL, R.: Die Ordnung des Lebendigen. Systembedingungen der Evolution. Hamburg, Berlin 1975.

RIEDL, R.: Die Strategie der Genesis. Naturgeschichte der realen Welt. München, Zürich 3. Aufl. 1984.

RIFKIN, J.: Entropie. Ein neues Weltbild. Hamburg 1982.

ROBERTS, M.: Die militärische Revolution. In: E. Hinrichs (Hg.): Absolutismus. Frankfurt a.M. 1986.

ROBINSON, H.: England's safety in Trade encrease. London 1641.
RÖHRICH, W.: Sozialgeschichte politischer Ideen. Die bürgerliche Gesellschaft. Reinbek 1979.
ROOVER, R. DE: The scholastic attitude towards trade and entrepreneurship. In: E. Kirshner (Hg.): Business, banking and economic thought. Chicago 1974.
ROSCHER, W.: Die große und kleine Industrie. In: Gegenwart (1855).
ROSCHER, W.: System der Volkswirtschaft. 2 Bde, Stuttgart 1881.
ROSE, K.: Klassische Theorie. In: E. Dürr (Hg.): Wachstumstheorie. Darmstadt 1978.
ROSENAU, H.: The ideal city. Its architectural evolution in Europe. London, New York 1983.
ROSENBERG, H.: Bureaucracy, aristocracy and autocracy. The Prussian experiment 1660–1815. Cambridge, Mass. 1958.
ROSENBERG, N.: Institutional aspects of the ›Wealth of nations‹. In: Journal of Political Economy 67 (1960).
ROSNER, P.: Arbeit und Reichtum. Ein Beitrag zur Geschichte ökonomischer Theorie. Frankfurt a.M., New York 1982.
ROSTOW, W.W.: Stadien wirtschaftlichen Wachstums. Eine Alternative zur marxistischen Entwicklungstheorie. Göttingen 1967.
ROSTOW, W.W.: How it all began. Origins of the modern economy. London 1975.
ROSTOW, W.W.: The world economy. History and prospect. London, Basingstoke, Ann Arbor 1978.
ROUSSEAU, J.J.: Du contrat social. Paris 1762.
ROUSSEAU, J.J.: Oeuvres complètes. 13 Bde, Paris 1905.
ROUSSEAU, J.J.: The political writings of Jean Jacques Rousseau. Hg. von C.E. Vaughan. 2 Bde, Cambridge 1915.
ROUSSEAU, J.J.: Discours sur l'origine et les fondements de l'inégalité parmi les hommes. Paris 1754.
RUSSELL, B.: Probleme der Philosophie. Wien, Stuttgart 1950.
RUSSEL, J.C.: Die Bevölkerung Europas 500–1500. In: C.M. Cipolla, K. Borchardt (Hg.): Europäische Wirtschaftsgeschichte, Bd. 1. Göttingen 1983.

SADE, D.A.F. DE: Biographie. Ausgewählte Werke, Bd. 1. Hamburg 1962.
SALIN, E.: Geschichte der Volkswirtschaftslehre. Bern, Tübingen 1944.
SANDGRUBER, R.: Die Anfänge der Konsumgesellschaft. Konsumgüterverbrauch, Lebensstandard und Alltagskultur in Österreich im 18. und 19. Jahrhundert. Wien 1982.
SANTA CLARA, A. A: Auff, auff ihr Christen. In: Reimb dich oder ich liß dich, daß ist: Allerley Materien, Discursen, Concept und Predigen. Köln 1691.
SAY, J.-B.: Cours complet d'économie politique pratique; ouvrage destiner à mettre sous les yeux des hommes d'état, des propriétaires

fonciers et des capitalistes, des savans, des agriculteurs, des manufacturiers, de négocians, et en général des tous les citoyens, l'économie de sociétés. 6 Bde, Paris 1829.

SCHAFF, A.: Geschichte und Wahrheit. Wien, Frankfurt a. M., Zürich 1970.

SCHAFF, A.: Strukturalismus und Marxismus. Wien 1974.

SCHÄFFLE, A.: Hausindustrie. In: J. Bluntschli u. a. (Hg.): Deutsches Staatswörterbuch. Stuttgart 1860.

SCHELER, D.: Grundherrschaft. Zur Geschichte eines Forschungskonzepts. In: H. Mommsen, W. Schulze (Hg.): Vom Elend der Handarbeit. Probleme historischer Unterschichtenforschung. Stuttgart 1981.

SCHLOSSER, J. G.: Die Wubdianer. In: Kleine Schriften, IV. Basel 1785.

SCHMOLLER, G.: Das Merkantilsystem in seiner historischen Bedeutung. Städtische, territoriale und staatliche Wirtschaftspolitik. Leipzig 1879.

SCHMOLLER, G.: Die geschichtliche Entwicklung der Unternehmung: Hausindustrie. In: Jahrbuch für Gesetzgebung, Verwaltung und Volkswirtschaft 14 (1890).

SCHNEEBERGER, A.: Über Entwicklung und Wert der Sozialwissenschaft. In: Mitteilungen des Instituts für Wissenschaft und Kunst 37/1 (1982).

SCHREMMER, E.: Industrialisierung vor der Industrialisierung. Anmerkungen zu einem Konzept der Proto-Industrialisierung. In: Geschichte und Gesellschaft 6 (1980).

SCHRÖDER, W. VON: Fürstliche Schatz- und Rentkammer, nebst seinem Traktat vom Goldmachen wie auch von Ministrissimo oder Oberstaatsbediensteten. Vaduz 1978, Reprint der Ausgabe von 1752.

SCHUMPETER, J. A.: Epochen der Dogmen- und Methodengeschichte. In: Grundriß der Sozialökonomik, Bd. 1. Tübingen 1914.

SCHUMPETER, J. A.: Konjunkturzyklen. Eine theoretische, historische und statistische Analyse des kapitalistischen Prozesses. 2 Bde, Göttingen 1961 (1939).

SCHUMPETER, J. A.: Geschichte der ökonomischen Analyse. 2 Bde, Göttingen 1965.

SCHUMPETER, J. A.: Die Krise des Steuerstaates. In: R. Hickel (Hg.): Die Finanzkrise des Steuerstaates. Beiträge zur politischen Ökonomie der Staatsfinanzen. Frankfurt a. M. 1976.

SCHWAB, D.: Eigentum und: Familie. In: Brunner, Conze, Koselleck (Hg.): Geschichtliche Grundbegriffe, Bd. 2.

SCHWARZ, G.: Die »heilige Ordnung« der Männer. Opladen 1985.

SECKENDORFF, V. L.: Deutscher Fürstenstaat. Hanau 1656.

SELDEN, J.: De iure naturali et gentium iuxta disciplinam Ebraeorum. 1640.

SELLIN, K.: Politik. In: Brunner, Conze, Koselleck (Hg.): Geschichtliche Grundbegriffe, Bd. 4.

SENGHAAS, D. (Hg.): Kapitalistische Weltökonomie. Kontroversen

über ihren Ursprung und ihre Entwicklungsdynamik. Frankfurt a.M. 1979.
SERVICE, E.R.: Ursprünge des Staates und der Zivilisation. Der Prozeß der kulturellen Evolution. Frankfurt a.M. 1978.
SHAFTESBURY, A.A.: An inquiry concerning virtue. London 1904 (1699).
SHAHAR, S.: Die Frau im Mittelalter. Frankfurt a.M. 1981.
SHAPIRO, J.S.: Social reform and the reformation. New York 1909.
SIEYÈS, E.: Abhandlung über die Privilegien. Was ist der dritte Stand? Frankfurt a.M. 1968.
SIMON, H.: Rational decision making in business organisations. In: American Economic Review 69 (1979).
SIMMEL, G.: Die Philosophie des Geldes. Leipzig 2. Aufl. 1907.
SISMONDI, J.S.L.S. DE: Nouveaux principes d'économie politique ou de la richesse dans ses rapports avec la population. Paris 1951 (1819).
SKINNER, A.S.: A system of social science. Papers relating to Adam Smith. Oxford 1979.
SKINNER, QU.: The foundations of modern political thought. 2 Bde, Cambridge 1978.
SLICHER VAN BATH, B.H.: The agrarian history of western Europe A.D. 500–1850. London 1963.
SMITH, A.: An early draft of part of the Wealth of nations. In: W.R. Scott (Hg.): Adam Smith as student and professor. New York 1965.
SMITH, A.: The theory of moral sentiments. Oxford 1979 (1759).
SMITH, A.: Lectures on justice, police, revenues and arms. 1752–1763.
SMITH, A.: An inquiry into the nature and causes of the wealth of nations. 2 Bde, Oxford 1979 (1776).
SOMBART, W.: Die Hausindustrie in Deutschland. In: Archiv für soziale Gesetzgebung und Statistik 4 (1891).
SOMBART, W.: Krieg und Kapitalismus. München 1913.
SOMBART, W.: Die Arbeiterverhältnisse im Zeitalter des Frühkapitalismus. In: Archiv für Soz. Wiss. und Soz. Pol. 44 (1917/18).
SOMBART, W.: Der moderne Kapitalismus, Bd. 1, München, Leipzig 3. Aufl. 1919; Bd. 2, München, Leipzig 6. Aufl. 1924.
SONNENFELS, J. VON: Grundsätze der Polizey, Handlung und Finanzwissenschaft. Bd. 1, Wien 1787; Bd. 2, Wien 1771.
SPEAMANN, R.: Bürgerliche Ethik und nichtteleologische Ontologie. In: H. Ebeling (Hg.): Subjektivität und Selbsterhaltung. Frankfurt a.M. 1976.
SPINOZA, B. VON: Tractatus theologico-politicus. 2 Bde, Stuttgart 1830.
SPRAT, TH.: History of the Royal Society. Hg. von J. Cope u. H.W. Jones. St. Louis 1958.
SRBIK, H. RITTER VON: Der staatliche Exporthandel Österreichs von Leopold I. bis Maria Theresia. Untersuchungen zur Wirtschaftsgeschichte Österreichs im Zeitalter des Merkantilismus. Wien, Leipzig 1907.

STAMM, V.: Ursprünge der Wirtschaftsgesellschaft. Geld, Arbeit und Zeit als Mittel von Herrschaft. Frankfurt a.M. 1982.

STAVENHAGEN, G.: Geschichte der Wirtschaftstheorie. Göttingen 4. Aufl. 1969.

STEIN, P.: Legal evolution. The story of an idea. Cambridge 1980.

STEINHAUSEN, G.: Kaufleute und Handelsherren in alten Zeiten. Köln 1976.

STEKL, H.: Österreichs Zucht- und Arbeitshäuser 1671–1920. Institutionen zwischen Fürsorge und Strafvollzug. Wien 1978.

STEUART, J.: An inquiry into the principles of political economy. London 1767.

STEUART, J.: Untersuchungen über die Grundsätze der Volkswirtschaftslehre. 3 Bde, Jena 1913.

STRAUSS, L.: Naturrecht und Geschichte. Stuttgart 1956.

STREISSLER, E.: Zur Vorgeschichte der wirtschaftspolitischen Vorstellungen von Adam Smith. In: F.-X. Kaufmann, H.-G. Krüsselberg (Hg.): Markt, Staat und Solidarität bei Adam Smith. Frankfurt a.M. New York 1984.

STRIEDER, J.: Studien zur Geschichte kapitalistischer Organisationsformen. Monopole, Kartelle und Aktiengesellschaften im Mittelalter und zu Beginn der Neuzeit. München 1914.

SÜSSMILCH, J.P.: Die göttliche Ordnung in den Veränderungen des menschlichen Geschlechts aus der Geburt, dem Tod und der Fortpflanzung desselben erwiesen. 4. verb. Ausgabe von Ch. J. Baumann. Berlin 1775.

SWEEZY, P.: The transition from feudalism to capitalism. London 1976.

SWEEZY, P.: Der Übergang vom Feudalismus zum Kapitalismus. Frankfurt a.M. 1984.

SWIFT, J.: The history of the four last years of the queen. Oxford 1951.

SWIFT, J.: Reisen zu mehreren entlegenen Völkern der Erde, in vier Teilen von Lemuel Gulliver, erst Wundarzt, später Kapitän mehrerer Schiffe. Ausgewählte Werke, Bd. 3, Frankfurt a.M. 1972.

TAYLOR, F.W.: Shop management. New York 1903.

TAYLOR, F.W.: Scientific management. New York, London 1947 (enthält die drei Hauptwerke).

TEMPLE, W.: Observations upon the United Provinces of the Netherlands. London 1668.

THIRSK, J. (HG.): The agrarian history of England and Wales, 1500 bis 1640. Cambridge 1967.

THOMPSON, E.P.: Zeit, Arbeitsdisziplin und Industriekapitalismus. In: ders.: Plebejische Kultur und moralische Ökonomie. Frankfurt a.M., Berlin, Wien 1980.

THOMPSON, E.P.: Plebejische Kultur und moralische Ökonomie. Aufsätze zur englischen Sozialgeschichte des 18. und 19. Jahrhunderts. Frankfurt a.M., Berlin, Wien 1980.

Thompson, E.P.: The making of the English working class. New York 1964.

Tietzel, M.: Die Rationalitätsannahme in den Wirtschaftswissenschaften oder der homo oeconomicus und seine Verwandten. In: Jahrbuch der Sozialwissenschaft 32 (1981).

Tilly, R.H.: Das Wachstumsparadigma und die europäische Industrialisierungsgeschichte. In: Geschichte und Gesellschaft 3 (1977).

Toulmin, St.: Kritik der kollektiven Vernunft. Frankfurt a.M. 1978.

Toulmin, St.: Voraussicht und Verstehen. Ein Versuch über die Ziele der Wissenschaft. Frankfurt a.M. 1981.

Treiber, H., H. Steinert: Die Fabrikation des zuverlässigen Menschen: Über die »Wahlverwandtschaft« von Kloster- und Fabriksdisziplin. München 1980.

Tremel, F.: Wirtschafts- und Sozialgeschichte Österreichs. Wien 1969.

Trevelyan, G.M.: The English Revolution 1688–1689. London 1938.

Tuck, R.: Natural rights theories. Their origin and development. Cambridge 1981.

Tully, J.: A Discourse on property. John Locke and his adversaries. Cambridge 1982.

Turgot, A.R.: Réflexions sur la formation et la distribution de la richesse. Paris 1844 (1766).

Turgot, A.R.: Mémoire sur le prêts d'argent. Paris 1769.

Turnbull, G.: The principles of moral and Christian philosophy. London 1741.

Ullrich, O.: Technik und Herrschaft. Vom Handwerk zur verdinglichten Blockstruktur industrieller Produktion. Frankfurt a.M. 1979.

Ure, A.: The philosophy of manufactures, or an exposition of the scientific, moral and commercial economy of the factory system of Great Britain. London 1835.

Ure, A.: Das Fabrikswesen in wissenschaftlicher, moralischer und commercieller Hinsicht. Leipzig 2. Aufl. 1847.

Usher, A.P.: The origins of banking. In: Economic History Review 4 (1933).

Varela, F.: Principles of biological autonomy. New York 1979.

Ven, F. van der: Sozialgeschichte der Arbeit. 3 Bde, München 1972.

Vico, G.: Scienza nuova. In: Opera. Mailand 1953.

Vierhaus, R.: Zum Problem historischer Krisen. In: K.G. Faber, Ch. Meier (Hg.): Historische Prozesse. (Theorie der Geschichte, 2) München 1978.

Vierhaus, R.: Absolutismus. In: E. Hinrichs (Hg.): Absolutismus. Frankfurt a.M. 1986.

Vierhaus, R.: Höfe und höfische Gesellschaft in Deutschland im 17. und 18. Jahrhundert. In: E. Hinrichs (Hg.): Absolutismus. Frankfurt a.M. 1986.

VINER, J.: Adam Smith 1776–1926. Chicago 1928.
VROOMAN, J.R.: René Descartes. New York 1970.

WALKERS, G.: Capitalism and the reformation. In: Economic History Review 8 (1937).
WALLACE, A.F.C.: Culture and personality. New York 1961.
WALLERSTEIN, I.: The capitalist world-economy. Cambridge, Paris 1979.
WALLERSTEIN, J: The modern world system. Bd. 1: Capitalist agriculture and the origins of the European world-economy in the sixteenth century. New York, San Francisco, London 1974. Bd. 2: Mercantilism and the consolidation of the European world-economy, 1600–1750. New York, London, Toronto, Sydney, San Francisco 1980.
WATZLAWICK, P. (HG.): Die erfundene Wirklichkeit. München 1981.
WEBER, M.: Gesammelte Aufsätze zur Religionssoziologie. Tübingen 1947.
WEBER, M.: Die drei reinen Typen der legitimen Herrschaft. In: J. Winckelmann (Hg.): Legitimität und Legalität in Max Webers Herrschaftssoziologie. Tübingen 1952.
WEBER, M.: Wirtschaftsgeschichte. Abriß der universellen Sozial- und Wirtschaftsgeschichte. Berlin 3. Aufl. 1958.
WEBER, M.: Gesammelte politische Schriften. Tübingen 4. Aufl. 1980.
WEBER, M.: Wirtschaft und Gesellschaft. Grundriß der verstehenden Soziologie. Tübingen 5. Aufl. 1976.
WEHLER, H.-U.: Modernisierungstheorie und Geschichte. Göttingen 1975.
WEHLER, H.-U.: Vorüberlegungen zu den Entwicklungsbedingungen des okzidentalen Kapitalismus und der industriellen Marktgesellschaft. In: 6. Bielefelder Tagung zur neueren Sozialgeschichte 1978.
WEISS, P.: Das lebende System – ein Beispiel für Schichtendeterminismus. In: A. Koestler, M.J. Smythes (Hg.): Das neue Menschenbild Wien 1970.
WELD, G.R.: A history of the Royal Society. 2. Aufl. London 1848.
WELLMER, A.: Zur Dialektik von Moderne und Postmoderne. Vernunftkritik nach Adorno. Frankfurt a.M. 1985.
WESTERMANN, E. (HG.): Internationaler Ochsenhandel 1350–1750. Stuttgart 1979.
WEULERSSE, G.: Le mouvement physiocratique en France de 1756 à 1770. Paris 1910.
WHITE, L. JR.: Die Ausbreitung der Technik 500–1500. In: C.M. Cipolla, K. Borchardt (Hg.): Europäische Wirtschaftsgeschichte, Bd. 1. Stuttgart, New York 1983.
WINCH, D.: Adam Smith's politics. An essay in historiographic revision. Cambridge 1978.
WINCH, D.: Adam Smith als politischer Theoretiker. In: F.-X. Kaufmann, H.G. Krüsselberg (Hg.): Markt, Staat und Solidarität bei Adam Smith. Frankfurt a.M., New York 1984.

WINCH, D.: Das Aufkommen der Volkswirtschaftslehre als Wissenschaft. In: C.M. Cipolla, K. Borchardt (Hg.): Europäische Wirtschaftsgeschichte, Bd. 3. Stuttgart, New York 1985.
WILLKE, H.: Systemtheorie. Stuttgart 1982.
WITTFOGEL, K.A.: Die Orientalische Despotie. Eine vergleichende Untersuchung totalitärer Macht. Frankfurt a.M., Berlin, Wien 1977.
WOLF, H.: Der homo oeconomicus. Eine nationalökonomische Fiktion. Berlin 1924.
WOLFF, M.: Geschichte der Impetustheorie. Frankfurt a.M. 1978.
WRIGLEY, E.A.: Bevölkerungsstruktur im Wandel. Methoden und Ergebnisse der Demographie. München 1969.
WUKETITS, F.M.: Biologische Erkenntnis. Grundlagen und Probleme. Stuttgart 1983.

YATES, F.: Aufklärung im Zeichen des Rosenkreuzes. Stuttgart 1975.

ZILSEL, E.: Die sozialen Ursprünge der neuzeitlichen Wissenschaft. Frankfurt a.M. 1976.
ZORN, W.: Die Physiokratie und die Idee der individualistischen Gesellschaft. In: A. Montaner, Geschichte der Volkswirtschaftslehre. Berlin 1967.

Register

dtv-Bücher zur Französischen Revolution

Dieser großartige und spannende Bericht liest sich wie ein historisches Drama.
dtv 4491

72 Aufrufe und Reden der wichtigsten Denker, Ideologen und Revolutionäre.
dtv 2959

Die Französische Revolution im deutschen Urteil der letzten 200 Jahre.
dtv 2960

»Ganz einfach eine neue Geschichte der Französischen Revolution« (Münchner Merkur)
dtv 2702

Eine heute noch gültige, soziologisch orientierte Geschichtsanalyse aus dem Jahr 1856.
dtv 2204

Authentische Berichte und Erzählungen eines populären zeitgenössischen Schriftstellers.
dtv 2213

Bürgertum im 19. Jahrhundert

Deutschland
im europäischen
Vergleich
Herausgegeben von
Jürgen Kocka

Originalausgabe
3 Bände / 1413 Seiten
dtv 4482

Trotz (oder auch wegen) der zeitlichen Nähe gehört die Geschichte des 19. Jahrhunderts noch immer zu den am wenigsten erforschten und ganz widersprüchlich interpretierten Epochen unserer Geschichte. Es ist das Jahrhundert der Vorherrschaft Europas in der Welt, das Jahrhundert der Industrialisierung, der Wissenschaft und der erstarkten Macht und des Selbstbewußtseins der bürgerlichen Klasse; es ist aber eigentlich auch die Jugendzeit der modernen Welt, unserer Gegenwart. Die höchst komplizierte Gesellschaftsgeschichte, die innere Entwicklung dieses Jahrhunderts der großen sozialen Umschichtungen wirft noch viele Fragen auf.
Mit diesem großen Thema beschäftigte sich ein Symposium des Bielefelder Zentrums für interdisziplinäre Forschung, ein über die Grenzen der Bundesrepublik und der Universität hinausreichendes Forschungsprojekt. Historiker, Soziologen, Ökonomen und Publizisten aus mehreren Ländern nahmen Stellung zu dem einen wichtigen Problem: zur Bedeutung des mitteleuropäischen Bürgertums für das 19. und 20. Jahrhundert. Die 45 Beiträge zu den verschiedensten Aspekten der sozialen Entwicklung ergeben eine farbige Gesamtdarstellung.

Deutsche Geschichte der neuesten Zeit

Peter Burg:
Der Wiener Kongreß
dtv 4501

Wolfgang Hardtwig:
Vormärz
Der monarchische Staat und das Bürgertum
dtv 4502

Hagen Schulze:
Der Weg zum Nationalstaat
Soziale Kräfte und nationale Bewegung
dtv 4503

Michael Stürmer:
Die Reichsgründung
Deutscher Nationalstaat und europäisches Gleichgewicht im Zeitalter Bismarcks
dtv 4504

Helga Grebing:
Arbeiterbewegung
Sozialer Protest und kollektive Interessenvertretung bis 1914
dtv 4507

Rüdiger vom Bruch:
Bildungsbürgertum und Nationalismus. Politik und Kultur im Wilhelminischen Deutschland
dtv 4508 (i. Vorb.)

Gunter Mai:
Das Ende des Kaiserreichs
Politik und Kriegsführung im Ersten Weltkrieg · dtv 4510

Horst Möller:
Weimar · Die unvollendete Demokratie
dtv 4512

Peter Krüger:
Versailles
Deutsche Außenpolitik zwischen Revisionismus und Friedenssicherung · dtv 4513

Corona Hepp:
Avantgarde
Moderne Kunst, Kulturkritik und Reformbewegungen nach der Jahrhundertwende
dtv 4514

Fritz Blaich:
Der Schwarze Freitag
Inflation und Wirtschaftskrise
dtv 4515

Martin Broszat:
Die Machtergreifung
Der Aufstieg der NSDAP und die Zerstörung der Weimarer Republik
dtv 4516

Norbert Frei:
Der Führerstaat
Nationalsozialistische Herrschaft 1933 bis 1945 · dtv 4517

Bernd-Jürgen Wendt:
Großdeutschland
Außenpolitik und Kriegsvorbereitung des Hitler-Regimes
dtv 4518

Hermann Graml:
Reichskristallnacht
Antisemitismus und Judenverfolgung im Dritten Reich
dtv 4519

Wolfgang Benz:
Potsdam 1945
Besatzungsherrschaft und Neuaufbau
dtv 4522

Die Gründung der Bundesrepublik
dtv 4523

Dietrich Staritz:
Die Gründung der DDR
Von der sowjetischen Besatzungsherrschaft zum sozialistischen Staat · dtv 4524

Ludolf Herbst:
Option für den Westen
Vom Marshallplan bis zum deutsch-französischen Vertrag
dtv 4527

Peter Bender:
Neue Ostpolitik
Vom Mauerbau bis zum Moskauer Vertrag
dtv 4528

Helga Haftendorn:
Sicherheit und Stabilität
Außenbeziehungen der Bundesrepublik zwischen Ölkrise und NATO-Doppelbeschluß
dtv 4530

Europa im Mittelalter

dtv 2909

dtv 5960

dtv 1461

Kaiser und Reich
Klassische Texte zur Verfassungsgeschichte des Hl. Röm. Reiches deutscher Nation
Hrsg. v. A. Buschmann
dtv 4384

Joachim Bumke:
Höfische Kultur
Literatur und Gesellschaft im hohen Mittelalter
2 Bände mit 40 Illustr.
Originalausgabe
dtv 4442

Gebhardt
Handbuch der deutschen Geschichte

Band 2
Heinz Löwe:
Deutschland im fränkischen Reich
dtv 4202

Band 3
Josef Fleckenstein
Marie Luise Bulst-Thiele:
Begründung und Aufstieg des deutschen Reiches
dtv 4203

Band 4
Karl Jordan:
Investiturstreit und frühe Stauferzeit
dtv 4204

Band 5
Herbert Grundmann:
Wahlkönigtum, Territorialpolitik und Ostbewegung im 13. und 14. Jahrhundert
dtv 4205

Band 6
Friedrich Baethgen:
Schisma und Konzilszeit
Reichsreform und Habsburger Aufstieg
dtv 4206

Band 7
Karl Bosl:
Staat, Gesellschaft, Wirtschaft im deutschen Mittelalter
dtv 4207

Das Buch

Dieses Werk beschreibt und analysiert die Phase der radikalen Umwandlung der europäischen Gesellschaft und Wirtschaft vom 15. bis zum 18. Jahrhundert, vom ausgehenden Mittelalter bis zur industriellen Revolution. Diese »große Transformation« beginnt mit der Auflösung der feudalen Ordnung und der alten Hauswirtschaft und mündet in die Staatswirtschaft und in den Kapitalismus. Es ist der Weg vom »oikos« zum »Leviathan«. Aus den Versuchen der Zeitgenossen, den Umwandlungsprozeß theoretisch zu verstehen und durch Kritik und Projektionen zu fördern, entstanden die Staats- und Wirtschaftstheorien der Neuzeit. Dies ist die Entwicklung von der moralischen zur politischen Ökonomie.

Die Autoren

Dr. rer. oec. Leonhard Bauer, geb. 1940 in Wien, studierte an der Hochschule für Welthandel in Wien, arbeitete in der Industrie und im Bankwesen, war von 1966 bis 1970 Assistent am Wiener Institut für Höhere Studien und ist seit 1976 a. o. Professor, seit 1984 Ordinarius für Volkswirtschaftslehre und Politische Ökonomie an der Wirtschaftsuniversität Wien. 1985 erschien sein Buch ›Zur Kritik ökonomischer Denkformen‹.
Dr. phil. Herbert Matis, geb. 1941 in Wien, studierte Geschichte an der Universität Wien und arbeitete am Wiener Institut für Höhere Studien; seit 1972 ist er Ordinarius für Wirtschafts- und Sozialgeschichte an der Wirtschaftsuniversität Wien; von 1983 bis 1985 war er deren Rektor. Veröffentlichungen u. a.: ›Von der Glückseligkeit des Staates‹ (1981); ›Hernán Cortés. Eroberer und Kolonisator‹ (1967); ›Österreichs Wirtschaft 1848–1913‹ (1972); ›Der österreichische Schilling‹ (1974).